Karl August Böttiger
Literarische Zustände und Zeitgenossen

Karl August Böttiger

Literarische Zustände und Zeitgenossen

Begegnungen und Gespräche im klassischen Weimar

Herausgegeben von
Klaus Gerlach und René Sternke

Aufbau-Verlag

Mit Anmerkungen und einem kommentierten
Personen- und Werkregister

Vorwort

Der Text des vorliegenden Buches wurde in den beinahe zweihundert Jahren seit seiner Entstehung stets für so anstößig gehalten, daß er erst jetzt zum ersten Mal vollständig veröffentlicht wird. Die Geschichte seiner Publikation ist die seiner Unterdrückung, die Geschichte seiner Rezeption die seiner Schmähung. Der Autor verstand es, ohne es zu beabsichtigen, verschiedene seiner Zeitgenossen, unter ihnen Johann Wolfgang von Goethe, Friedrich Schiller, Johann Gottfried Herder, die Brüder August Wilhelm und Friedrich Schlegel, Ludwig Tieck, Georg Wilhelm Friedrich Hegel und Friedrich Wilhelm Schelling, so zu verärgern, daß sie ihn öffentlich als »Arschgesicht«, »Vogelscheuche«, »Lügner« oder »Schmeißfliege« verunglimpften. Wie häufig, erweist sich auch hier beim näheren Hinschauen alles anders als befürchtet und erhofft. Mit Karl August Böttigers Aufzeichnungen über Persönlichkeiten, die in Weimar lebten bzw. die Stadt besuchten, liegt uns eine der wichtigsten Quellen zu den Weimarer Perioden des Sturm und Drang und der Klassik vor.

Wie der Titel des Buches ankündigt, schildert es Zustände und Personen, die das literarische Leben damals maßgeblich beeinflußten, und zwar in anschaulicher Weise direkt nach dem Erleben und aus der Perspektive des Zeitgenossen. Der Autor, ein berühmter Altphilologe und Pädagoge, war ein angesehenes Mitglied der Weimarer und später der Dresdner Gesellschaft. Er unterhielt zu nahezu allen bedeutenden Denkern seiner Zeit persönliche Beziehungen, führte einen der ausgedehntesten Briefwechsel jener schreibfreudigen Epoche und wirkte als Herausgeber und Mitarbeiter an zahlreichen vielgelesenen Zeitschriften

Deutschlands, Englands und Frankreichs mit. Der Wahrheitsgehalt der Schilderungen läßt sich durch den Vergleich mit anderen Zeugnissen jener Zeit bestätigen.

Galt das nur einmal verstümmelt gedruckte Buch bisher allein Wissenschaftlern als wichtige Quelle, so wendet sich die hier vorgelegte Edition, in historischer Orthographie dargeboten und erschlossen durch Anmerkungen und Register, auch an Liebhaber und Interessenten der Literatur des 18. Jahrhunderts. Wie kein anderer könnte Karl August Böttiger dazu beitragen, daß wir uns jener Epoche unbefangener näherten. Seine Schilderungen belegen, daß auch die Unsterblichen nur Sterbliche waren, berichten von den großen Intrigen, die im kleinen Weimar geführt wurden, und veranschaulichen dennoch, wie hier auf engem Raum eine Elite lebte, deren verschiedenartige Mitglieder einander akzeptierten und produktiv aufeinander wirkten.

Das Lesevergnügen entspringt Karl August Böttigers Texten selbst, tagebuchartigen Niederschriften, denen die Überzeugung zugrunde lag, daß das literarische Leben in dieser kleinen Residenzstadt eine über die Gegenwart und die Region hinausgehende Bedeutung habe. Goethe, Herder und Wieland waren, als Böttiger nach Weimar kam, bereits innerhalb des ganzen Heiligen Römischen Reiches Deutscher Nation bekannt. Gleich nach seiner Ankunft begann Böttiger mit der Aufzeichnung seiner Erlebnisse. Dank seinem guten Gedächtnis war er in der Lage, auch längere Gespräche weitgehend wortgetreu festzuhalten. Besitzen seine Aufzeichnungen eine außerordentliche Lebendigkeit und Authentizität, so enthalten sie aber auch vieles, was aufgrund seiner Kraßheit oder Banalität später als störend empfunden und deshalb als übertrieben oder unwahr bezeichnet wurde.

Recht bald ging Böttiger dazu über, seine zunächst chronologisch angelegten Aufzeichnungen bestimmten Personen zuzuordnen, unter denen das Weimarer Triumvirat, wie Goethe, Herder und Wieland von den Zeitgenossen genannt wurden, den größten Raum einnimmt. Wieland war es, den er am höchsten schätzte, und seine Aufzeichnungen können auch als Materialsammlung zu einer Wieland-Biographie angesehen werden. Zu der Zeit, als Böttiger in Weimar lebte, war Wieland der bedeutendste und erfolgreichste deutsche Schriftsteller. Es war ihm gelungen, als freier Autor den Unterhalt seiner vielköpfigen Familie zu bestreiten. Seine »Sämmtlichen Werke« erschienen ab 1794 gleichzeitig in vier jeweils 36 bzw. 39 Bände umfassenden Ausgaben und begründeten den Typus der »Ausgabe von der letzten Hand«. Im Vorbericht sagte Wieland über sich und seine literarische Laufbahn: »Er begann sie, da eben die Morgenröthe unsrer Litteratur vor der aufgehenden Sonne zu schwinden anfing; und er beschließt sie – wie es scheint, mit ihrem Untergange.«

Zwischen Wieland und Böttiger bestand spätestens seit 1794 ein freundschaftliches Verhältnis. Beide verband das philologische Interesse am klassischen Altertum und die journalistische Arbeit. An der Herausgabe von Wielands »Neuem Teutschem Merkur«, einer der wichtigsten Literaturzeitschriften des Jahrhunderts, arbeitete Böttiger seit 1795 mit, und in der Anfangsphase des »Attischen Museums«, einer von Wieland herausgegebenen Sammlung, in der Übersetzungen aus dem Griechischen erschienen, lieferte er Beiträge, vermittelte Mitarbeiter und führte die redaktionellen Arbeiten aus. Wie Wieland stand Böttiger, der als gerngesehener Gast und geschätzter Gesprächspartner in allen maßgeblichen Häusern Weimars verkehrte und mit Persönlichkeiten aus den Kreisen um den Herzog Karl August und die Herzogin-Mutter Anna Amalia Umgang hatte, dem Hofstaat der letztgenannten am nächsten.

Böttigers Aufzeichnungen bieten dem heutigen Leser ein umfassendes Bild von den Literaturverhältnissen in Weimar am Ende des 18. und zu Beginn des 19. Jahrhunderts. Der Leser lernt nicht nur die privaten Verhältnisse der Dichter kennen, sondern sieht sie auch in ihrer Abhängigkeit vom Buchmarkt und vom Weimarer Hof. Böttiger veranschaulicht, daß erst dieses geistige Zentrum einen befruchtenden Gedankenaustausch und hochrangige Leistungen in Literatur und Wissenschaft ermöglichte, verschweigt aber auch nicht – wenn er z. B. Wieland von seiner »Hoffrohne« reden läßt – die Frustrationen, mit denen der Zugang zu diesen günstigen Schaffensbedingungen erkauft werden mußte. Viele der aufgezeichneten Gespräche gewähren Einblick in die Arbeitsweise der Dichter, insbesondere Wielands, sind Werkstattgespräche. Auch über die zeitgenössische Rezeption wichtiger Werke erfährt der Leser viel. So enthalten die Aufzeichnungen Böttigers Eindrücke von »Hermann und Dorothea«, unmittelbar nachdem ihm Goethe sein Versepos vorgetragen hatte. Aufschlußreich sind die ausführlichen Mitteilungen über die Zusammenkünfte des Weimarer Gelehrtenvereins. In Anwesenheit der herzoglichen Familie versammelte sich in den Räumen der Herzogin Anna Amalia einmal monatlich ein bestimmter Kreis adliger und bürgerlicher Mitglieder der Weimarer Gesellschaft, um Aufsätze zur Wissenschaft, Kunst und Geschichte vorzulesen, Auszüge aus literarischen Neuerscheinungen oder Privatbriefwechseln vorzutragen, eigene poetische Werke vorzustellen oder physikalische und chemische Experimente vorzuführen und anschließend darüber zu debattieren.

Böttiger notierte das Erlebte auf eine Art und Weise, die dem heutigen Leser die Lektüre kurzweilig macht, indem er durch ungezählte »auch« und »aber« immer wieder den Gesichtspunkt wechselt, bald lakonische Bemerkungen hinwirft, sich bald in langen, durch verschiedene Einschübe unterbrochenen Sätzen verliert. Böttiger besaß das Talent, eine Konversation so festzuhalten, daß wir heute das Gefühl haben, die einzelnen Personen sprechen zu hören. Er faßte die Gespräche nicht zusammen, sondern zeichnete sie in ihrem Verlauf auf, wobei er häufig mit einer Pointe schloß. Der Stil dieser Texte unterscheidet sich stark von dem seiner wissenschaftlichen Publikationen, in welchen er den kunstvollen Periodenbau der antiken Schriftsteller nachahmte und seine Gelehrsamkeit in überquellenden Anmerkungen ausstellte, so dem Spott seiner Gegner reichlich Nahrung bietend. In seinen tagebuchartigen Notizen hingegen läßt er sich ganz von der Erinnerung leiten, folgt dem Verlauf der Ereignisse und seinen Assoziationen, was ihn keineswegs daran hindert, ironische Bemerkungen einzuflechten. Es ist die Frische dieser Aufzeichnungen, die den Leser fesselt, ihr Bilderreichtum sowie die mitunter kraß geäußerten persönlichen Urteile. Böttiger verwandelt sich oftmals in den sich als eigene Person beinahe auslöschenden Protokollanten, der seine Gesprächspartner reden läßt. Wenn dabei manches Faktum zum wiederholten Mal auftaucht, wechseln doch immer Zusammenhang und Erzähler. Böttiger manipuliert die Tatsachen nicht, um in bestimmter Weise auf ein bestimmtes Publikum einzuwirken, wie er es etwa in seinen satirischen Beiträgen tut.

Damit stellt sich die Frage, welche Absicht Karl August Böttiger mit seinen Aufzeichnungen verband. Zum einen mag es eine Sammlung persönlicher Erinnerungen gewesen sein, wie man sie in jener Zeit anzulegen pflegte. Darüber hinaus verwertete Böttiger die biographischen Informationen in seiner journalistischen Tätigkeit, verfaßte er doch für verschiedene deutsche Zeitschriften Nekrologe und arbeitete an lexikographischen Werken mit. Auch die Absicht, über Weimar später ein Buch zu schreiben, mag bei der Niederschrift bereits eine Rolle gespielt haben.

Karl August Böttiger wurde am 7. Juni 1760 als Sohn des Konrektors der Stadtschule von Reichenbach im Vogtland geboren. Am 11. Mai 1772, also noch elfjährig, trat er in die sächsische Fürstenschule zu Pforta ein, deren Zöglinge vorwiegend in altklassischer Philologie unterrichtet wurden. Am 3. Juli 1778, wenige Monate nach seinem Weggang von Pforta, wurde Böttiger von August Wilhelm Ernesti, dem Anreger der auf Philologie gegründeten theologischen Aufklärung, an der Leipziger Universität eingeschrieben, wo er den Philosophen Christian August Clodius, den Philologen Friedrich Wolfgang Reiz, den Prediger Georg Joachim Zollikofer und den Theologen Friedrich Nathanael Morus hörte. Böttigers Vater war bereits 1776 gestorben, im September 1778 vernichtete ein Brand die Fabriken des Stiefvaters in Gera, und Böttigers finanzielle Situation wurde angesichts des unzureichenden Stipendiums schwierig.

Die Hofmeisterstelle bei einem gewissen Pfeilitzer in Dresden-Neustadt, die ihm Christian Felix Weiße, der seinerzeit bekannte Dichter und Kreissteuereinnehmer, 1781 vermittelt hatte, bot dem nunmehr Einundzwanzigjährigen die Gelegenheit, Bekanntschaften zu machen, darunter die des Freiherrn von Rackwitz, der ihn noch im November desselben Jahres in eine Freimaurerloge einführte. Obgleich Böttiger »von dem süßen aber täuschenden Traume von der Erziehung des Menschengeschlechts, einer von Jahrhundert zu Jahrhundert wachsenden Vervollkommnung zu höherer Humanität« recht bald erwacht war, profitierte er stets von dem entwickelten Protektionswesen der Freimaurer und kletterte in der maurerischen Hierarchie, die nicht mit der sonst überall geltenden ständischen zusammenfiel, von Stufe zu Stufe. 1799 war er »Bevollmächtigter Repräsentant der ›Großen Loge Royale York‹ zur Freundschaft bei allen Logen Deutschlands«.

Zunächst aber bekleidete er zwei weitere Hofmeisterstellen, wurde im August 1784 in Wittenberg Magister, im Monat darauf Rektor des Gubener Lyzeums, heiratete im Juni 1786 Karoline Eleonore Adler, die Tochter eines Logenbruders, unterhielt in Guben zur Aufbesserung seines Gehaltes ein Erziehungsinstitut, verhandelte mit dem Löbauer Gymnasium, um dann letztendlich 1790 doch das Schulrektorat in Budissin, dem späteren Bautzen, zu übernehmen. Als der Oberhofprediger und Generalsuperintendent Johann Gottfried Herder einen neuen Rektor für das Weimarer Gymnasium suchte, bot er Karl August Böttiger die Stelle an, der durch verschiedene das Schulwesen und das Altertum betreffende Publikationen bereits auf sich aufmerksam gemacht hatte.

Und so reiste der inzwischen einunddreißigjährige Böttiger an einem Septembertage des Jahres 1791 nach Weimar, begleitet von seiner Frau und den beiden Söhnen Karl Wilhelm und August, der in Jena aus dem Wagen stürzte und bald darauf starb. Die Stellung, die Böttiger in Weimar bekleidete, war ehrenvoll. Er war Oberkonsistorialrat und hatte Sitz und Stimme im Konsistorium. Diese Weimarer Zeit von 1791 bis 1804, die er später seinen wahren Lebenssommer nannte, ist die Entstehungszeit der vorliegenden Aufzeichnungen. Er war in Weimar und auch später als Hofrat der vierten Klasse am Königlich-Sächsischen Hof hoffähig. Als er von Weimar nach Dresden ging, wurde dort die Stelle eines Studiendirektors am Institut der kurfürstlichen Silberpagen, in welchem junge Edelleute für den Dienst bei Hofe oder in der Armee vorbereitet wurden, extra für ihn geschaffen.

Karl August Böttiger war einer der bedeutendsten Altertumskenner seiner Zeit. Sein Hauptinteresse galt der mythologischen Auslegung antiker Kunstwerke und dem Alltagsleben der Griechen und Römer. In seinem Buch »Sabina, oder Morgenscenen im Putzzimmer einer reichen Römerin. Ein Beitrag zur richtigen Beurtheilung des Privatlebens der Römer und zum bessern Verständniß der römischen Schriftsteller« sowie in zahlreichen Beiträgen in deutschen, englischen und französischen Zeitschriften verbreitete er seine Kenntnisse und unterstützte, besonders in Frankreich, die antikisierende Mode der Zeit. Seine »Sabina« sollte später dem französischen Romantiker Alfred de Vigny das Sujet für das Gedicht »Le bain d'une dame romaine« liefern. Die These von der Entstehung der Elegie aus dem Flötenspiel, die Böttiger in der Abhandlung »Die Erfindung der Flöte und die Bestrafung des Marsyas« im 1. Stück des »Attischen Museums« vertritt, wird von der Literaturwissenschaft noch heute akzeptiert. Und vergleicht man Franz Fühmanns Erzählung »Marsyas« mit diesem Aufsatz, so muß man annehmen, daß Böttigers Text eine wichtige Quelle für Fühmann gewesen sei.

In Weimar wurde Böttigers Fachkenntnis stark beachtet. So las er am 2. März 1792, wie er in seinen Aufzeichnungen berichtet, im Weimarer Gelehrtenverein eine Abhandlung über die »Prachtgefäße der Alten« vor. Vor allem Wieland, Goethe und Schiller zeigten großes Interesse an Böttigers Wissen über die Antike. Seine diesbezüglichen Gespräche mit Wieland sind in den Aufzeichnungen mannigfach belegt. Am 11. April 1797 übersandte Goethe Böttiger »Hermann und Dorothea« mit der Bitte, alles Kritikwürdige mit Bleistift anzustreichen, um dann mit ihm mündlich darüber konferieren zu können. Am 26. Mai bedankte er sich für Böttigers Urteil. Am 3. Juni schickte ihm Goethe den letzten fast fertigen Gesang. Schließlich war es Böttiger, der das Manuskript für Goethe an den Verleger verkaufte.

In einer Zeit, in welcher der Antike weitgehend unkritisch Modellfunktion für die Gegenwart zugesprochen wurde, prangerte Böttiger in seiner »Sabina« die Sklaverei an. Dennoch sahen seine Gegner in diesem Buch nicht die sozialkritische Tendenz, sondern vor allem die Üppigkeit, mit der er den wollüstig ausschweifenden Luxus einer ihr Bad genießenden reichen Römerin dargestellt hatte. So geriet er mit seinem Interesse an den Sitten der Griechen und Römer in Widerspruch zu seinem Beruf als Pädagoge. In einem Brief an Friedrich Nicolai vom 27. Juli 1803 beklagte er sich über die Ober-Himmels-Brückenwache, die ihn beschuldigt hatte, Schlüpfrigkeiten in seinen Schriften zu verbreiten. Mochte er auch einwenden, daß er als Archäologe, als Erklärer gewisser Bildwerke, die nie zu den Jünglingen dringen, wohl auch zuweilen die Katze eine Katze nennen mußte, so wurde ihm doch das Rektorat des Berlin-Köllnischen Gymnasiums verwehrt, um das er sich bemüht hatte. Auch der Oberhofprediger und Generalsuperintendent Herder, als Ephorus des Schulwesens Böttigers Vorgesetzter, nahm Anstoß an dessen unverblümter Auslegung klassischer Autoren in den oberen Klassen sowie daran, daß Böttiger es zuließ und sogar anregte, daß sich die Gymnasiasten in ein zwielichtiges Milieu begaben, indem sie als Statisten und Chorsänger bei Theateraufführungen mitwirkten.

In noch stärkerem Widerspruch zu seinem Schulamt stand Böttigers journalistische Tätigkeit. Er wurde im »Athenaeum« und im »Kritischen Journal der Philosophie«, den Programmzeitschriften der romantischen Literatur und der idealistischen Philosophie, mehrfach persönlich angegriffen. Auf pikante Weise wurde herausgestellt, daß Böttiger als Schulmann nicht allein der griechischen Hetären, sondern auch der öffentlichen Häuser in Paris und London Erwähnung tat. Dabei wurde immer wieder die große Anzahl der Zeitschriften, an denen er mitarbeitete, als Trumpf gegen ihn ausgespielt, ihm die Mitsprache in allen Bereichen des Wissens vorgeworfen. Schelling verglich ihn mit einer großen dicken Schmeißfliege, die sich nicht nur auf einzelne Produkte, sondern auf die gesamte Literatur niederlasse.

In der Tat nahm Karl August Böttiger im Journalwesen seiner Zeit eine Schlüsselposition ein. Er gab von 1794 bis 1809 den »Neuen Teutschen Merkur« heraus, zu dem Wieland nur noch seinen Namen lieh. Das gilt ebenso für die in Weimar unter Friedrich Justin Bertuchs Namen erschienenen Zeitschriften »Journal des Luxus und der Moden« und »London und Paris«, die Böttiger von 1797 bis 1803 bzw. 1804 herausgab. Er war Mitarbeiter an zahlreichen deutschen Zeitungen und Zeitschriften, u. a. bei den beiden wichtigen bei Cotta erscheinenden Blättern »Neueste Weltkunde« (später u. d. T. »Allgemeine Zeitung«) und »Morgenblatt für gebildete Stände«, sowie an englischen und französischen Zeitschriften. Daneben führte er einen der umfangreichsten und verzweigtesten Briefwechsel seiner Zeit. Böttiger reiste, sooft es ihm sein Amt und soweit es ihm seine Mittel erlaubten, knüpfte gezielt Kontakte zu allen bedeutenden Persönlichkeiten und hielt diese über Jahrzehnte brieflich aufrecht. Alljährlich nutzte er die »Hundstagsferien« im August zu sorgfältig geplanten Reisen, um an Informationen zu gelangen und diese dann privat oder journalistisch zu verbreiten. Böttiger handelte mit Informationen und schreckte vor Indiskretionen nicht zurück. Wovon der heutige Journalismus lebt, löste damals, da öffentliche und private Sphäre noch nicht so deutlich getrennt waren, Skandale aus. So erfuhr 1799 Schiller aus einem Brief seiner Verehrerin und Gönnerin Charlotte Gräfin von Schimmelmann in Kopenhagen von einer Liebhaberaufführung seines noch ungedruckten Stücks »Wallensteins Lager« zum Geburtstag des Grafen. In der Folge bestätigte ein Verhör, das Goethe mit den Schauspielern anstellte, den Verdacht, daß sich Böttiger während der Proben das Manuskript zu verschaffen gewußt und nach Kopenhagen geschickt hatte.

Zu Goethe und Schiller geriet Böttiger in ein wachsendes Spannungsverhältnis. Gegen die Romantiker und gegen die idealistische Philosophie führte er einen erbitterten Kampf. Die heftigen Aversionen, die er bei seinen Gegnern hervorrief, hatten ihren Ursprung darin, daß er eine bedeutende Stellung im literarischen Leben seiner Zeit einnahm, von welcher aus er seine Auffassungen in ganz Deutschland und im Ausland verbreiten und meinungsbildend wirken konnte. Die wichtigste Rolle, die Böttiger in dieser Hinsicht spielte, ist möglicherweise die, daß er auf Grund seiner akzentuierten Meinungen Kontroversen auslöste.

Diese Auffassungen – es waren diejenigen der Spätaufklärung – widersprachen den ästhetischen und philosophischen Programmen seiner Gegner und waren ihrem Wirken hinderlich. Die Werke Schillers, der die Alten nie kennengelernt habe, konnten Böttiger als einem Bewunderer antiker Dichtung nicht gefallen. Folglich nimmt in seinen Aufzeichnungen Schiller nur einen geringen Raum ein. Er spricht mit Verachtung von dem »Götzen des Tages«. Goethe dagegen bewunderte er als genialen Dichter, doch fand er für dessen Versuche, nach antikem Muster einen deklamatorischen Schauspielstil zu kreieren, nur Spott. In einer detaillierten, mit zahlreichen gelehrten Anmerkungen geschmückten Beschreibung feierte Böttiger in der »Entwicklung des Ifflandischen Spiels in vierzehn Darstellungen auf dem Weimarischen Hoftheater im Aprilmonath 1796« ein Gastspiel August Wilhelm Ifflands, der sich vom 25. März bis zum 25. April 1796 in Weimar aufgehalten hatte. Hatte Goethe Iffland selbst eingeladen und in der Folge sogar nach Weimar zu ziehen gehofft, so unterschied sich doch Ifflands Spiel wesentlich von dem, welches die Klassiker zu entwickeln suchten. Er versuchte nämlich, mit technischer Perfektion den Eindruck des Natürlichen hervorzubringen. Goethe nannte Böttigers Buch, das den Ifflandschen Schauspielstil als das non plus ultra feierte, ein Flick- und Lappenwerk, zumal er sich noch in anderer Hinsicht angesprochen fühlte. Gerade hatte der Jenenser Professor Batsch eine neue Botanik erscheinen lassen, die Linnés gemischtes Klassifikationssystem in ein natürliches überführen wollte und an der Goethe selbst mitgearbeitet hatte. Nun ergriff Böttiger die Partei der Gegner Linnés und zog in seiner Iffland-Monographie ganz beiläufig Vergleiche zur Botanik: »*Eine* sorgfältig ausgearbeitete Monographie ist dem Naturforscher mehr werth, als ein ganzes Natursystem mit neuen Kunstwörtern und alten Gemeinplätzen verbrämt«, heißt es da und: »Wer auch nur eine seltnere Blume gut aufzutrocknen und in einem lebendigen Kräuterbuche aufzubewahren versteht, verdient vom Kräuterkenner mehr Dank, als wer alle Jahre einen neuen Katalog von seiner Nelken- und Aurikelnflor heraus giebt.«

Mehr noch als Goethe empörte sich über Böttigers im Iffland-Buch vertretene Kunstauffassung der junge Ludwig Tieck, der nicht einsehen wollte, wie Kleinlichkeiten und Nebensachen, die mit einem epigrammatischen Witz abzutun wären, so hoch veranschlagt und für das Wesen der Kunst ausgegeben würden. Er verspottete Böttiger in der Personalsatire »Der gestiefelte Kater«.

Den Unwillen der Klassiker und Romantiker erregte Böttigers spätaufklärerisches Verständnis von Kunst, die ihren Platz mitten im Leben haben sollte. In seiner archäologischen Vorlesung »Ueber Museen und Antikensammlungen« (1808) heißt es, daß Kunstgegenstände entweder begeistern, verzieren oder belehren könnten, die Begeisterung über die Verzierung, die Verzierung aber immer noch über die Belehrung stellend. Er beschreibt, wie sie im Laufe der Geschichte von den öffentlichen Plätzen und aus den Tempeln in die Museen gekommen seien, und kritisiert diese Entwicklung. Immer wieder fordert er, daß Kunstgegenstände öffentlich gemacht würden. Über den damals neuangelegten Wörlitzer Park schrieb er, man genieße dort doppelt, weil man mit Hunderten genieße. Wichtig war ihm der Gebrauch von Kunst. In einem nicht zum Druck gelangten Aufsatz schlug er vor, antike Kunstgegenstände als Muster bei der Herstellung von Ziergefäßen, Möbeln und Dekorationen zu nutzen. Solche Vorstellungen standen dem sich herausbildenden Konzept der Kunstautonomie entgegen.

Als Goethe in Weimar August Wilhelm Schlegels »Ion« inszenierte, schrieb Böttiger eine bittere Satire. Er attakkierte sowohl den freien Umgang des Romantikers mit dem antiken Stoff als auch die auf Illusionsbrechung ausgerichtete, mit antiken Formen experimentierende Inszenierung des Klassikers, indem er, bald nachsichtig erklärend, bald überschwenglich lobend, alle Schwachstellen des Stückes und der Inszenierung hervorkehrte. Goethe ließ die Rezension, die für das »Journal des Luxus und der Moden« bereits gesetzt worden war, konfiszieren. Und damit sie auch nicht in Wielands »Neuem Teutschem Merkur« erscheine, schüchterte er diesen mit der Drohung ein, die Direktion des Weimarer Theaters niederzulegen. Veröffentlicht wurde sie dann, bereichert um die Geschichte ihres Verbots, von Böttigers Freund August von Kotzebue im Berliner »Freimüthigen«, also im Ausland. Als im Jahre 1804 »der Böttigersche Kobold weggebannt« war, fühlte sich Goethe »in Weimar wie im Himmel«, wie er am 30. Juli an Wilhelm von Humboldt schrieb.

Nachdem Böttiger Friedrich Schlegel zunächst als hoffnungsvolles junges Talent gefördert und dem »Attischen Museum« als Mitarbeiter gewonnen hatte, geriet er zu den Romantikern bald in Konflikt. Ebenso stark war seine Abneigung gegen die idealistische Philosophie. Zunächst war Böttiger im Jahre 1794 maßgeblich daran beteiligt gewesen, daß sein ehemaliger Mitschüler aus Pforta Johann Gottlieb Fichte an die Jenenser Universität berufen wurde, und zwar als Nachfolger von Wielands Schwiegersohn, dem Philosophen Karl Leonhard Reinhold. Reinhold hatte den Ruhm dieser Universität erheblich gesteigert, indem er sie zu einem Zentrum des Kantianismus und einem Anziehungspunkt für die akademische Jugend gemacht hatte. Während viele andere Spätaufklärer von Fichtes Theorie der Selbstsetzung des Bewußtseins skandalisiert waren, nahm sie Böttiger wohlwollend auf. Daß ihr Briefwechsel nach Fichtes Berufung abnahm, deutet auf wachsende Distanz hin. Als sich Fichte 1799 dem aufgrund eines Atheismusvorwurfes von seiten des Dresdner Hofes auf ihn ausgeübten »Gewissenszwang« (Knebel) nicht beugte und die Jenenser Universität verlassen mußte, notierte Böttiger nur die spöttischen Reaktionen Goethes und Wielands auf Fichtes »Appellation an das Publikum«. Doch am 6. November 1801 sollte er seinem ehemaligen Mitschüler in einer Rezension von Hegels »Differenz des Fichte'schen und Schelling'schen Systems der Philosophie« in der »Allgemeinen Zeitung« noch einmal beispringen: »Bisher glaubte jeder, Schelling baue auf Fichte's Wissenschaftslehre seinen idealistischen Naturtempel, und Fichte schien das selbst zu glauben. Nun aber hat sich Schelling einen rüstigen Verfechter aus seinem Vaterlande nach Jena geholt, durch welchen er dem staunenden Publikum kund thut, daß auch Fichte tief unter seinen Ansichten stehe. So schnell altert hier die höchste Ohnfehlbarkeit!«

In den hier vorliegenden Aufzeichnungen findet Böttigers Feindschaft gegenüber der idealistischen Philosophie in dem Abschnitt über Madame de Staëls Weimarer Aufenthalt 1803 ihren stärksten Ausdruck. Die berühmte französische Emigrantin sammelte Material für ein Buch, das wesentlich zur Aufwertung des französischen Deutschlandbildes und zur Herausbildung der französischen Romantik beitrug. Ihr gelang es erstmals, in Frankreich Aufmerksamkeit für die moderne deutsche Philosophie zu wecken. Dabei betätigte sich ausgerechnet Karl August Böttiger, der prononcierte Gegner dieser Philosophie, als Vermittler. Die Bücher, die er Frau von Staël in die Hand gab, waren polemisch. Als Karl Wilhelm Böttiger 1855 im »Morgenblatt für gebildete Leser« diese Aufzeichnungen Böttigers abdrucken ließ, unterdrückte er den heftigen

Affekt gegen Schelling. Die hier erstmals veröffentlichten Passagen sind insofern bedeutsam, als sie zeigen, wie die französische Rezeption der klassischen deutschen Philosophie mit der Rezeption ihrer Kritik begann. Spuren davon finden sich noch in Madame de Staëls 1813 veröffentlichtem Deutschland-Buch, in dem sie, obgleich sie inzwischen den Romantikern nähergekommen war, den Wert der Schellingschen Philosophie darin sieht, daß sie als »gymnastique de l'esprit« ihren Nutzen insbesondere dann erweise, wenn man sich der Wirklichkeit zuwende.

Durch seine Parteinahme für die Französische Revolution befand sich Böttiger ebenfalls im Widerspruch zu vielen seiner Zeitgenossen. Die Auseinandersetzungen darüber konnten aber nicht offen geführt werden, ja nicht einmal eine unbefangene Berichterstattung war möglich. So zeigt der Vertrag, der Böttigers Mitarbeit an Wielands »Neuem Teutschem Merkur« regelt, daß beide diesem Ereignis gern mehr Platz eingeräumt hätten, doch waren die Nachrichten aus Frankreich »Kontrebande«. Dennoch erregte die Französische Revolution die Gemüter aufs höchste. Am 28. August 1794 spricht Goethe in einem Brief an Friedrich von Stein von »einer Zeit, wo die leidige Politik und der unselige körperlose Partheygeist alle freundschaftliche Verhältnisse aufzuheben, und alle wissenschaftliche Verbindungen zu zerstören droht«.

Auch hier sind Böttigers tagebuchartige Aufzeichnungen von größtem Interesse. Da heißt es über den Kunsttheoretiker Friedrich Wilhelm Basilius von Ramdohr, daß er einer gewissen Geschmeidigkeit bedurfte, um es beiden Parteien recht zu machen. Heute wird weithin angenommen, daß sich die enthusiasmierten Deutschen nach der Enthauptung des französischen Königs am 21. Januar 1793 von der Revolution abwandten. Doch nicht nur der zitierte Brief Goethes und Böttigers Bemerkung über Ramdohr zeigen, daß es noch im September 1794 zwei Parteien gab. Das von Böttiger wiedergegebene Streitgespräch zwischen Herder und dem hannoveranischen Politiker August Wilhelm Rehberg und Böttigers Eifer gegen den »kalten Rigoristen und Despotenanwald« geben ein lebendiges Bild der damals herrschenden Stimmung. Rehberg hatte bis 1793 in der Jenaer »Allgemeinen Literaturzeitung« den Verlauf der Französischen Revolution durch Rezension nahezu aller darüber erschienenen Bücher kritisch verfolgt. Interessant sind seine Urteile weniger aufgrund der schon früh artikulierten Tendenz gegen die Revolution als ihrer Gründlichkeit und des hohen theoretischen Niveaus wegen, auf dem er argumentierte, Rousseau entgegentrat und Fichte provozierte. Rehberg veranschlagte den Anteil der Philosophie an der Revolution sehr hoch. In den »Untersuchungen über die französische Revolution« (1793) behauptete er, die französischen Revolutionäre folgten dem Grundsatz, »alles was in der bürgerlichen Gesellschaft Rechtens seyn solle und dürfe, läßt sich aus den ursprünglichen Gesetzen der Vernunft demonstriren«. Rehberg kritisierte die der Revolution zugrunde liegende Metaphysik, die am vollkommensten in Rousseaus »Du Contrat social« (1762) entwickelt worden sei, indem er bestritt, daß sich das Eigentum naturrechtlich begründen lasse, denn wolle man die Rechtmäßigkeit des Eigentums aus dem Eigentum der daran verwandten Kräfte herleiten, so vergesse man, daß Kräfte nur bearbeiten, nie schaffen können. »An der Form der Dinge läßt sich also ein Eigenthum beweisen: aber niemals an der Materie. Nun existiert nirgends Form ohne eine Materie. [...] Rousseau selbst erkennt dies, obgleich er in seiner Theorie der Gesetzgebung sträflicher Weise von dieser Einsicht gar keinen Gebrauch macht. [...] Damit aber fällt das ganze Gebäude einer auf Vernunftgesetzen entwickelten Staatsverfassung und Gesetzgebung nieder.« Rehberg vertrat die Auffassung, daß es keine Gesetzgebung ohne willkürliche Bestimmungen und Verfügungen geben könne.

Wie Herder war Böttiger noch im Herbst 1794 begeisterter Anhänger der Revolution. Den Wandel seiner Auffassungen dokumentiert sein Beitrag über Rehberg im 3. Band des »Conversations-Lexikons der neuesten Zeit und Literatur« von 1833, der sich an die hier veröffentlichten Aufzeichnungen stark anlehnt. Während 1794 Böttiger dem 37jährigen Rehberg mit Genugtuung einen baldigen Tod voraussagte, schrieb er 39 Jahre später über den 76jährigen, daß man hoffen dürfe, er werde noch vieles wirken und vollenden, und lobte ihn, weil er »vor aller Ansteckung von dem Revolutionsfieber« bewahrt worden sei, und entdeckte »in seiner ganzen Denk- und Handlungsweise sowie in seinen philosophischen und politischen Vorstudien ein kräftiges Schutzmittel gegen alle von 1790 an in französischen und deutschen Schriften so überschwenglich angepriesenen Neuerungen und Reformen«. Böttiger nennt auch die Gründe des Stimmungswandels. Enttäuscht wurden die deutschen Anhänger der Revolution nicht durch Königsmord und Jakobinerterror, sondern dadurch, daß »die Zerstörung alles Bestehenden in Frankreich vollendet, die Constitution aber, deren Unhaltbarkeit R[ehberg] so oft ausgesprochen hatte, auch wieder vom blutigen Nationalconvent verschlungen worden war«. Und Böttiger datiert den Stimmungsumschwung. Rehbergs »Untersuchungen über die französische Revolution« waren 1792/93 erschienen: »Schon nach 10 Jahren ließ man seinen ahnungsvollen Anzeigen volle Gerechtigkeit widerfahren.«

In seiner Dresdener Zeit hätte Karl August Böttiger das in Weimar gesammelte Material gern zu einem Buch verarbeitet. Er wollte ihm den Titel »Reliquien« oder »Weimarische Nächte« geben. Doch bald hinderte ihn sein Wirken in der Dresdener Gesellschaft, seine Absicht auszuführen. Er nahm am geselligen Leben der Stadt teil, hielt vor einem erlauchten Publikum öffentliche Vorträge zur Kunstmythologie, führte mit Fackelbeleuchtung durch die Antikensammlungen, deren Oberaufseher er wurde, zeigte berühmten Fremden Dresden und die Sächsische Schweiz, wirkte im »Dresdener Liederkreis« mit. Auch plagten ihn Gicht und Augenleiden und veranlaßten ihn zu wiederholten Kuraufenthalten. Die größte Schwierigkeit aber war, einen Verleger zu finden. Perthes schrieb am 27. Juni 1834, indem er auf eine mit Böttiger während der Ostermesse geführte Unterredung Bezug nahm: »Seit ich wieder zu Hause bin, hat mich Ihr Vorhaben der Weimarschen Reliquien fortdauernd beschäftigt. Sie wissen wie ich solche Denkmäler als höchst wichtig für die Geschichte des Geistes einer Zeit halte, wie hoch ich gerade das Lebendige Ihrer Auffassung des Geistigen schätze, was hier einem bedeutenden Zeitabschnitt im Leben der Deutschen gilt. – Sie wissen, daß ich diese Herausgabe auch merkantilisch als vortheilhaft ansehe, in welcher Ansicht ich mich mehr verstärkt habe und dennoch finde ich mich gedrungen abzulehnen. [...] Ihre Reliquien übernehmend würde ich Mehrere geradezu beleidigen.«

Herausgegeben wurden die »Literarischen Zustände und Zeitgenossen« dann von Böttigers Sohn Karl Wilhelm. Als Historiker wußte er den Wert dieser Papiere zu schätzen, außerdem verfolgte er mit einer Publikation die Absicht, das schlechte Bild, das sich von seinem Vater herausgebildet hatte, zu korrigieren. Als er sie 1837 bei Duncker in Berlin herausbringen wollte, strich der Zensor Grano in dem Abschnitt »Genieperiode« kurzweg alle adligen Namen, selbst wenn nichts Anstößiges über die betreffenden Personen gesagt wurde, weil er es für möglich hielt, daß adlige Familien allein durch die Nennung ihrer Namen verstimmt würden. Darauf wandte sich Karl Wilhelm Böttiger nach Sachsen zu Brockhaus. 1838, drei Jahre nach dem Tod Karl August Böttigers, erschien dort eine dreiteilige Sammlung: tagebuchartige Aufzeichnungen und Gesprächsprotokolle, zwei Reisetagebücher Böttigers sowie Briefe »merkwürdiger Zeitgenossen«.

Karl Wilhelm Böttiger selbst war der Meinung, daß der von seinem Vater hinterlassene Text ohne starke Auswahl nicht mitteilbar sei. Die Geniezeit würde zu grell mit der Gegenwart kontrastieren. Folglich wurden Derbheiten einfach unterdrückt und Formulierungen in der offensichtlichen Absicht, das sprachliche Niveau zu heben, verändert. Wo z. B. im Druck »voll süßen Weines« steht, heißt es in der Handschrift einfach »betrunken«. Das Einfügen von Absätzen sollte den Text leichter lesbar machen, beeinträchtigte aber den Charakter des spontan Niedergeschriebenen. Was gegen die Schicklichkeit zu verstoßen schien, wurde einfach weggelassen. Da heißt es z. B. über den französischen Gelehrten Villoison: »so war er, um im Übrigen Ersparnisse zu machen, sehr geizig, vernachlässigte sich durchaus in seiner Kleidung u. Wäsche, so daß er wie ein Wiedehopf roch«. In der Handschrift fährt der Text jedoch fort: »u. jedes Glied immer einen anderen Gestank hatte. Da er den Weibern, die die Nachtstühle aus dem Schloße tragen, nichts geben wollte, so liesen ihm diese oft den ganzen Vorrath tage lang stehn. In diesem Fall pflegte er sich recht auch damit zu helfen, daß er seine Notdurft ex tempore ins Waschbecken verrichtet, und dieß Depositum wohl den ganzen Tag lang für männiglich zur Schau aufgeschüsselt da stehn ließ.« Ganz und gar unterdrückt wurden Stellen wie folgende: »Der Herzog selbst erstickte bald im Schmutz, wusch und kämmte sich nicht, und bekam endlich gar Ungeziefer.« Es fehlt in Karl Wilhelm Böttigers Ausgabe auch der Passus über die »enge, kleinliche Erziehung durch die Schnürbrust der Hofetiquette«, die der Herzog erhalten hatte, die Bemerkung, der Herzog habe »*Göthen* wenigstens die Kunst abgelernt, jedem, den er benutzen will, seine schwache Seite abzulauern«, desgleichen der Kommentar zu Goethes Plan, für den Herzog die Biographie eines ausgestopften Tigers zu schreiben: »Mit solchem Puppenspiel amüsirt man das große fürst[liche] Kind«, sowie der Bericht, wie Goethe aus dem Jägerhause »der Fürst[lichen] Liebschaft weichen« mußte.

Karl Wilhelm Böttiger fürchtete nicht allein, das Herzogtum Weimar zu brüskieren, er vermied auch den Konflikt mit dem offiziellen Bild, das sich das 19. Jahrhundert von der Goethezeit gebildet hatte. Daß er mit den Enkeln des Dichters in freundschaftlicher Verbindung stand, mag dabei eine Rolle gespielt haben. So fehlen manche unverblümten Passagen über die Geniezeit. »Einmal (bei Bertuchs Schwiegervater) machte man Einsiedeln, der gern lang im Bett liegen blieb, aus geriebenen u. eingerührten Pfefferkuchen eine Sauce unter den Hintern ins Bettuch, weckte ihn nun, u. schrie auf ihn, als einen Bettverunreiniger, los. Er sprang auf, zog das besudelte Hemde aus, und verfolgte damit neckend alle Leute im Hause. *Göthe* warf unterdessen das Bettuch durch ein Loch in die Unterstube, u. brüllte: *seht die Sau!*« Schonende Rücksicht wurde in der Ausgabe von 1838 auch auf Schiller genommen. Da heißt es: »Er liebte die unbeschränkte Freiheit.« In der Handschrift aber steht: »Er liebt die ungezügelte Freiheit.« Auch fehlen die herrlichen Invektiven gegen Schelling in Karl Wilhelm Böttigers verstümmeltem Abdruck des Staël-Kapitels im »Morgenblatt«. Zudem schonte er das Christentum, wo er nur konnte, und bemühte sich ängstlich, seinen Vater zum frommen Christen zu stilisieren. Böttiger läßt Goethe sagen: »Beym erneuerten Studium Homers empfinde ich erst ganz, welches unnennbares Unheil der Jüdische und Christliche Praß uns zugefügt hat.« Die Fortlassung der Worte »und Christliche« im Druck geben dem Satz eine Richtung, die er zuvor keineswegs hatte.

Obwohl Karl Wilhelm Böttiger sich auf diese Weise um die Sympathie des Publikums bemüht hatte, war seiner Ausgabe kein Erfolg beschieden. Ein angekündigter dritter Band kam nicht mehr zustande. Statt dessen veröffentlichte er viele Jahre später in Zeitschriften verschiedene für den vierten Teil zurückbehaltene Texte, beschnitten und in veränderter Ordnung. Zahlreiche Aufzeichnungen über Wieland wurden aus dem durch Datierung und Überlieferung gegebenen Zusammenhang, »um Ebenmaß und Raum nicht zu überschreiten«, herausgelöst. Ziel der »Literarischen Zustände und Zeitgenossen« wie der »Biographischen Skizze«, die Karl Wilhelm Böttiger 1837 über seinen Vater publizierte, war offensichtlich eine Rechtfertigung und Umbewertung der umstrittenen Persönlichkeit Karl August Böttigers. Doch hat die Veröffentlichung der »Literarischen Zustände und Zeitgenossen« dem Bilde des Verfassers eher geschadet als genützt, ja, es wurde im Laufe des 19. Jahrhunderts immer schwärzer. Mit den »Xenien« von Schiller und Goethe, dem Schiller-Goethe-Briefwechsel, der »Vogelscheuche« und dem »Kater« von

Tieck liegen wichtige Texte vor, die die Person Böttigers negativ darstellen. Die Literaturwissenschaftler haben die Urteile ihrer Helden meist unkritisch übernommen.

Oktober 1997 *René Sternke*

[Böttigers erste Aufzeichnungen in Weimar]

Herders Predigt.

[26. September 1791]

Heute früh (den 26ten Septembr[is] [1791]) predigte Herder in der Schloß- oder Garnisonkirche. Dieß war das erstemal seit länger, als einem Halbjahr, und da es schlechterdings zum guten Tone gehört, Sontags Nachmittags im Vauxhall oder in der Theegeselschaft fragen zu können: Haben Sie Herder gehört? so walfarthete noch vor 9 Uhr die ganze beau monde in diese in der äusersten Vorstadt gelegene Kirche. Wirklich fand ich auch unter den Zuhörern weit mehr Vornehme, als aus den niedern Ständen, die es wohl fühlen mögen, daß Herders Kanzelvorträge bei aller scheinbaren Simplizität doch für ungebildete und ungeübte Zuhörer schwer, oder fast gar nicht aufzufassen sind, weil sich hier alle Begriffe nur an einen locker gehaltenen Faden anreihen, und nicht in die gewöhnliche, auch dem geübten Zuhörer aus den gemeinen Ständen leichter zu übersehende Schlachtordnung von Proposition, Theilen und Unterabtheilungen gestellt und eingegliedert sind. Disposition, auf welche Herder selbst in seinen *Briefen über das Studium der Theologie* (IV Th. S. 282.) einen so ausschliesenden Werth setzt, ist gewiß auch in jeder seiner Predigten, die er, wie er mir noch diesen Nachmittag sagte, dem Inhalt nach ganz aufschreibt, aber es verfließt ein Theil in den andern so sanft und unbemerkt, daß höchstens nur die Haupteintheilung algemein bemerkbar wird.

Aus dem Evangelium von den 10 geheilten Aussätzigen nahm Herder den einzigen *dankbaren* Samariter heraus, und dieser veranlaßte ihn über das Gefühl der Dankbarkeit als ein wahres menschliches, und menschenwürdiges Gefühl eine hinreißend schöne Betrachtung anzustellen. Statt der gewöhnlichen Eintheilung sagte er: er wolle etwas zur

Beschämung u. etwas zur Belehrung sagen. Beschämend müsse die Untersuchung der Ursachen seyn, warum die Dankbarkeit so selten unter den Menschen sei. Belehrend würde die Angabe der Mittel seyn, wodurch dieß Gefühl gemerkt und gestärkt werden könne. Sehr treffend führte er bald anfänglich den Gedanken aus, daß der undankbare in der Erniedrigung der Thierheit sei. Je mehr sich selbst die Thiere dem Menschen nähern, und von Menschen Wohlthaten erhalten: desto treuer und dankbarer sind sie ihm. Das Beispiel des Hundes, so mancher Vögel, des Rosses, und selbst wilder Thiere, die nach Jahren ihre Wohltäter erkannten (der Löwe des Androclus) wurde hier leise berührt. Zu den hervorstechendsten Stellen dieses Vortrags gehörte auch eine kurze Ausführung der Worte: *und dieß war ein Samariter*, wo er mit Nachdruck gegen die hohltönende und nichts fühlende und zum Menschen wohl nichts beitragende so genannte Rechtgläubigkeit eiferte, und damit schloß: daß ein solcher selbst in den Himmel eine Hölle mitbringen müsse. Unter die Mittel zur Dankbarkeit rechnete er zuförderst, einen gesunden Leib und eine gesunde Seele. Nur ein *reingewordner* war dankbar im Evangelium. Scharfe Säfte machen scharfe Gedanken. Hier ermahnte er die Eltern, ja auch aus diesem Grunde für die frühe Gesundheit der Kinder zu sorgen pp. Bei aller scheinbaren Prunklosigkeit und Einfachheit blühte doch fast in jedem Satze ein auf dieser Stelle natürlich hervorspriesendes Blümchen. Nichts war gehascht, oder gesucht. Man sah gleichsam sein Entstehn aus dem augenblicklichen Bedürfniß des Redners. Offenbar bildete und formte sich jede Periode jetzt erst, so wie sie ausgesprochen wurde, in die liebliche Rundung und honigsüsse Fülle des Ausdrucks, dessen albiegsame Gewandheit ich nicht genug bewundern konnte. Eins ist auffallend. H[erder] macht von Anfang bis zu Ende keine einzige Bewegung mit den Händen, die er immer im Priesterrock zusammengeschlagen hält. Aber desto sprechender ist die übrige Haltung des Körpers, desto ausdrucksvoller jede Hebung und Beugung seiner schönen, sonoren Stimme, die jedoch da sie in starkem Fluße schnell fortläuft, eine größere Kirche kaum ausfüllen kann.

Ich hatte von Herders Predigt sehr viel erwartet, und seit ich jene schöne Stelle in Sturzens Schriften (II Th. S. 332) die sich anfängt: *ich habe Herdern in Pyrmont gehört*, es Jahre lang sehnlich gewünscht, ihn einmal zu hören, aber alle diese Erwartung ist übertroffen worden. Herder ist auch in seinen Predigten einzig und unnachahmlich, und dennoch sagte er mir diesen Nachmittag, daß er stets unzufrieden mit sich von der Canzel stiege, und dann erst recht fühle, was er zu sagen nicht vermocht habe, da mitten im Vortrage erst das Ideal desselben ihm vorzuschweben anfange. Er hatte die lieblichsten Blumen gestreut, und doch wollte er selbst eine auserordentliche, kanzleimäsige Trockenheit in dem heutigen Vortrage an sich bemerkt haben, Aeuserungen, die in dem Augenblick, wo er sie mir that, ohnmöglich Grimace seyn konnten, und nur dazu beitrugen, mich noch mit größerer Hochachtung gegen diesen Mann zu erfüllen.

Den 4ten Octobr[is] [1791]

Heute legte Herder bei meiner Einführung auch einen Beweiß seiner guten Lateinischen Sprachkenntniß ab. Ich habe nur Kleinigkeiten bemerkt, die ich anders ausgedrückt, oder ausgesprochen haben würde z. B. er legte den Schulcollegen das Motto der Republik der vereinigten Niederländer: concordia res parvae etc. ans Herz. Hier sprach er Batăvi. Zulezt trat er noch einmal aufs Katheder, und hielt mit der vorausgeschickten Bemerkung, daß, da bis jetzt alles Lateinisch verhandelt worden sei, doch wohl mancher Zuhörer leer ausgehn würde, noch eine treffliche deutsche Rede, worinnen er den bekannten Satz, *daß Schulen keine Privat Sache seyn*, herrlich lokalisirte. Es war mancher strafende Seitenblick auf das hiesige Publikum darinnen. Deßwegen weigerte er sich aber auch, sie mir zum Druck zu überlassen. Als er nach seiner Wiederkunft von Italien zum erstenmal wieder predigte, so redete er Weimar mit den Worten: Du liebes, kleines *Städtchen*! an, ein

Deminutivum, das dem von den Vorstellungen Roms und anderer großer Städte noch erfüllten Redner leicht zu verzeihn, aber in den Ohren der Weimaraner ein schrecklicher Uebellaut war. In dieser heutigen Rede gieng er noch weiter. Da nannte er das ganze Fürstenthum *ein Ländchen.* Auch dieß ist aufgefallen. Herders Frau, ein herrliches, gebildetes Weib, die jedoch ihre Kenntnisse aufs weiseste zu verbergen weiß, entschuldigte dieß, da ich mit ihr davon sprach, sehr fein: mein Mann, sagte sie, arbeitet jetzt am lezten Theil seiner Ideen zur Geschichte der Menschheit, wo er immer Blicke über ganz Europa und die Verhältnisse der grösten Staaten gegen einander thun muß. Gewöhnt an diese großen Blicke muß ihm freilich das Land unsers Herzogs in einem sehr verjüngten Maaßstab erscheinen. –

Wieland.
Nach einem Abendessen bei Wieland.

D[en] 8ten Oct[o]br[is] [1791]

Seine Hauptidee, auf die sich fast alle seine Lectüre und Schriftstellerei bezieht, ist die Französische Constitution und Legislatur. Er erhält aus Straßburg und Paris fast posttäglich die nouveautés du jour. Da er von dem Verleger zu einer neuen Uebersicht seiner vor mehr als 20 Jahren herausgegebnen Könige v. Scheschian aufgefodert worden ist: so macht ihm die Bemerkung ein großes Vergnügen, daß er schon vor so vielen Jahren unter dem Vehikel eines Romans fast alle die Ideen von Staats- und Volksrechten vorgetragen hat, die jetzt die Französische Nation zu realisiren sich bemüht. W[ieland] lebte damals in Erfurt, und mußte auf Befehl des Maynzer Vikariats 6 Bogen jenes Buchs unterdrücken, wo er für die damalige Zeit zu freimüthig über die Religion sich erklärt hatte. Er warf sie, als weiter nicht brauchbar, ins Feuer, wünschte sie aber jetzt gern aus der Asche wieder herzustellen.

In seinem Studierzimmer ist alles merkwürdig. Unter dem Spiegel zwischen den zwei Fenstern steht eine vortreffliche Figur eines sitzenden, mit der römischen Toga bekleideten Voltaire, vom großen Houdon in Paris in Holz geschnitzt ohngefähr in der Höhe eines Fußes. Der Anblick dieser Figur lenkte das Gespräch auf V[oltaire] von welchem W[ieland] mit Entzücken und Begeisterung sprach, u. grade zu erklärte, daß nie ein Mensch eine solche *algemeine* Revolution in der Ideenwelt mit so weniger gewaltsamer Erschütterung hervorgebracht habe, (Luthers Reformation kostete tausenden das Leben) als Voltaire. Ehrgeiz war die Triebfeder seiner Handlungen. Hätte ihn dieser nicht im 80 Jahre noch nach Paris gepeitscht, so lebte er vieleicht noch.

Im ganzen Zimmer ist übrigens nur noch ein Kupferstich von West, der Abschied des Regulus, aufgehangen, ein vollendetes Meisterstück, dessen Schönheit ich W[ieland] sehr gern entwickeln hörte.

W[ieland] ist ein trefflicher Familienvater. Sein ältester Schwiegersohn, der Rath Reinhold, war eben mit seiner Frau und einem lieben Kinderpärchen aus Jena da. Wie wir zuerst ins Zimmer traten, war die ganze Familie bei einander. *Dieß ist meine älteste Tochter*, sagte er und präsentirte die Reinhold, *dieß meine jüngste*, die kaum 5 Jahre alt seyn konnte, und von der ältesten Enkeltochter kaum ein Jahr Abstand hatte.

Beim Abendessen, das nicht durch die Menge, aber durch die köstliche Zubereitung der Schüsseln auch dem physischen Geschmack unsers Wirths Ehre machte, erzählte W[ieland] seine erste Liebe im Hause seiner Eltern zu Biberach in Schwaben. Dort habe ein niedliches 15jähriges Mädchen von der Post die Briefe in die Stadt ausgetragen. Er habe gefunden, daß sie einige Volkslieder sehr hübsch singen könne, und seine Eltern beredet, daß sie sie mehrmals beim Abendessen vor sich hätten singen lassen. Er sei wirklich in sie verliebt geweßen. Aber zum Unglück habe das Mädchen in der ganzen Stadt *der Postklepper* geheisen. Dieser Zunahme habe seine Delikatesse zu sehr choquirt, und so sei es bei platonischen Ideen geblieben. Der Geh[eime] Rath Göthe, der mit bei Tische saß, und dießmal sehr aufgemint war, erinnerte seinen Herrn Bruder (Wieland, Göthe u. Herder nennen sich *du u. H[err] Bruder*) an das *Lied des König Wenzels von Böheim.* Dieß ist ein sehr zärtliches Produkt aus der Zeit der Minnesänger, das Bodmer in seine Sammlung aufgenommen hat. Hier erzählt Wenzel, wie er eine ganze Nacht in der Kammer seiner geliebten Magd, die er minnte, mit ihr zugebracht, u. sie aus Ehrfurcht doch nicht angerührt habe.

Ferner erzählte W[ieland] verschiedene interessante Anecdoten aus der Zeit, wo er der Instructor des jetzigen Herzogs war, besonders von Oberkonsistorialrath *Seidler,* der den Prinzen den Religionsunterricht so pedantisch ertheilte, daß diese alle Stunde wenigstens 4mal den Abtritt besuchten.

Da von der Blatterinokulation geredet wurde, führte W[ieland] an, daß es doch einige Rücksicht verdiene, was so oft schon behauptet worden sei, daß die erkünstelte Blatter die Seelenkräfte der Inoculirten schwäche. Er habe die natürlichen Blattern im stärksten Maaße gehabt, und ein sehr reizbares Nervensystem nebst einer Schwäche im linken Auge rühren gewiß davon her, vieleicht, setzte er hinzu, hat sich aus dem Blatterngift bei mir auch die leidige materia peccans in mir entwickelt, die mich zum Dichter gemacht hat.

Auch über die Ursachen wurde gesprochen, warum man in hiesiger Gegend so wenig erträgliche Gesichter unter den Bauernmädchen fände. W[ieland] fand die vorzüglichste in dem vielen Kuchenfressen, da es jährlich wohl 8 Festtage giebt, wobei der Magen mit Kuchenteig volgestopft wird. Göthe bemerkte, daß die hier überalgewöhnliche Sitte jede Last auf dem Rücken zu schleppen, den Körperwuchs zerdrücke, und platte Physiognomien hervorbringe. Bei den alten Griechen und in Italien trugen die Mädchen alles auf dem Kopf. Es gebe eine sehr angenehme Form im Umriß, ein schlankes Mädchen mit einem gutgeformten Wasserkrug auf dem Kopf mit größter Leichtigkeit einhergehn zu sehn. In Italien gebe es auch, die Seehäfen ausgenommen, selbst unter dem männlichen Geschlecht wenig

Lastträger u. Crocheteurs. Der ärmste Kohlgärtner halte doch seinen Esel, den er früh mit Gewächsen beladen hereintreibe, und dafür den Dünger empfange, den er wieder in sein Gärtchen aus der Stadt hinausschleppe.

Göthes Erzählung von dem aus zwei natürlichen Felsen gehaunen Theater zu Taormina in Sicilien. Die Alten benutzten die Natur zu solchen grosen Werken, daher G[oethe] auch die Geschichte mit dem Sosthenes, der dem Alexander die architektonische Gaskonade gemacht haben soll, nicht so ganz unwahrscheinlich fand. Le Voyage pittoresque par M[onsieu]r Houel sehr empfohlen.

Uebrigens versicherte mich Göthe, was ich auch von andern Reisenden so oft bestätigt gehört habe, daß unter den niederen Volksklassen in Italien noch fast durchaus die Sitten, Denkarten u. Gebräuche wiedergefunden werden, wie wir sie in den alten Schriftstellern bezeichnet finden. Auch die Religion ist überal auf Heidnische Superstition gepflanzt. – Vom ungesunden Klima in Rom. Ueberal giebt es Häuser daselbst, die wegen der mal'aria nicht bewohnt werden. Oft ist es jedoch nur Vorurtheil. Man könne mit Recht sagen, daß die Römer aus Drang und Noth Welteroberer geworden wären, weil es ihnen zu Hause in ihrem inficirten Neste nicht gefallen konnte. Doch sei es glaublich, daß bei der stärkern Cultur der campagna di Roma vorzeiten das Clima weniger Krankheitsstoff in sich gehabt habe. – Einige Engländer haben den Einfall gehabt, die Tiber in ein anderes Bette um Rom herum zu leiten, um in ihrem ausgetrockneten Bette Schätze dort versenkter Alterthümer wiederzufinden. Es ist aber dieß ein der Lage Roms nach unmögliches Unternehmen. Die Tiber hat übrigens gewiß allein den ältesten Bewohnern Roms Veranlassung gegeben, das auf dem hohen Berg göttlich liegende Alba zu verlassen, und sich in diesem Sumpfloch anzusiedeln, welches ohne diesen Bewegungsgrund ein Unternehmen von lauter Tollhäuslern geweßen wäre.

Göthe bereißte Italien vorzüglich der Kunst wegen. Seinem Kennerauge ist hier nichts entgangen. So wurde z. B. die Frage aufgeworfen, wie die Alten bei ihren Riesengebäuden die ungeheuren Steinmassen in solche Höhen hinaufgebracht hätten. Hier sagte Göthe, daß er in Sicilien einen unvollendeten Tempel gesehn hätte, wo an den Quadersteinen noch an beiden Seiten die Henkel sichtbar geweßen wären, um welche man die Seile geschlungen, u. die man alsdann beim Aneinanderpassen abgeschlagen habe. Uebrigens habe man lauter solche schneckenförmig auflaufende Gerüste gebraucht, wie sie in Merians Bilderbibel noch um den Babylonischen Thurm herum zu sehen wären.

Göthe bewundert auf den alten Münzen die schönen festen Umrisse aller Formen z. B. auf der Münze von Tarent den Delphin. Aber auch hier hat er über Verhältnisse und Proportionen treffliche Betrachtungen angestellt. So frappirte ihn z. B. lange die Bildung eines Menschenkopfs an einem Stierleib auf mehrern Münzen des untern Italiens, wo ein schönes Menschengesicht doch einzig auf den Körper eines Ochsen paßt. Allein das Geheimniß besteht darinnen, daß der Künstler zwischen den festern, hervorstehenden Theilen des Gesichts ungewöhnlich verlängerte Zwischenräume angebracht hat, so wie im Gegentheil beim non plus ultra weiblicher Schönheit, der Mediceischen Venus, jene Zwischenräume auserordentlich verkürzt sind.

Es ist Wonne, Göthen über solche Gegenstände mit lichtvoller Präcision sprechen zu hören. Wieland spricht weit weitschweifiger, so wie seine Perioden in Prosa auch sehr auseinander fliesen. Aber à force de parler (wie sich Herder sehr schön über ihn ausdrückte) gewinnt er jeder auch noch so frivollen Sache neue und frappante Ansichten ab, oder drückt sie wenigstens neu aus. Er wollte z. B. eine große Thorheit der Franz[ösischen] Aristokraten rügen, er machte viel Worte, endlich nannte er es eine Ungereimtheit, die 100 Elephanten nicht wegschleppen könnten. Seine größte Stärke besteht darinnen, daß ihm seine Phantasie alles bis zur höchsten Täuschung vergegenwärtigt. Darum konnte er auch den Horaz und Lucian so unnachahmlich verdeutschen. Seine dichterische Schwärmerei geht so weit, daß er, als er den Horaz übersetzte, oft im Ernste behauptete, die Seele des Horaz sei in ihm wohnhaft, und so auch beim Lucian. Das leztere Zeitalter ist übrigens der Zeitraum, in welchen sich Wieland in der ganzen Geschichte am liebsten hineindenkt, weil damals das ganze cultivirte Menschengeschlecht von Adrian an bis zum lezten Antonin beinahe 80 Jahre lang eine fast ununterbrochene, sanfte Ruhe und wohlthätige Denkfreiheit genossen habe.

Auf mein Befragen, mit welcher Lieblingsidee jetzt seine Schriftstellerei beschäftigt sei, sagte er mir, daß es mit dieser ziemlich zu Ende sei. Er pflege sich gern mit Bileams Esel zu vergleichen, der nur durch Göttlichen Antrieb gesprochen habe. Er müsse auch warten, bis ihn der Geist treibe, und dieser statte ihm jetzt weit seltnere Besuche ab.

Göthe

[Oktober 1791]

Der unabhängigste aber auch launenvolleste Mann in Weimar. Vor seiner Italienischen Reise wollte er öffentlich regieren, und hatte trotz der erklärten Liebe seines Herrn Bruders, des Herzogs, zu ihm, tausend Verdruß. In Italien hatte er die Kunst besser gelernt. Sogleich nach seiner Rückkunft gab er selbst Sitz u. Stimme im Geheimenrathskollegium auf, u. behielt sich nur die Ilmenauer Bergwerksdirektion, die Aufsicht über die Zeichenakademie, und das Theaterwesen vor. Aber nun herrschte er erst heimlich unumschränkt. Der Herzog thut nichts ohne seine fiat.

Seine Versuche über Farben u. Lichtbrechung, wovon er jetzt die ersten Sätze in einer Schrift, die im Industriekomtoir diese Messe herauskommt, bekannt macht, erregen bei Kennern z. B. bei dem H[errn] v. Zach in Gotha, viel Achselzucken, und bei den Spöttern bons mots. So sagte der trockne Geh[eime] Rath Bode, die Geißel der hiesigen Genies, als von Göthes Prisma gesprochen wurde: die Genies müssen immer eine Puppe haben, womit sie spielen, und, weil sie Kraft in sich fühlen, so wollen sie mit Felsenstükken wie mit Schnellkäulchen spielen. – Man erwartet jetzt ein neues Schauspiel von ihm aufs Theater gebracht zu sehn, worinnen er die geheimen Geselschaften persiflirt. Aber die Schauspieler sollen sich erst besser eingespielt haben.

Man glaubt noch immer, daß er seine bisherige Maitresse, die Dem[oiselle] Vulpius, einmal heirathen werde. Als vor einiger Zeit ein junger Göthe aus dieser Verbindung in die Welt gewandert kam, so bat er den Herzog zu Gevattern, und dieser war auch, zum großen Aerger aller ehrlichen Weimaraner, mit vielem Vergnügen dabei gegenwärtig. Diese Vulpius ist übrigens eine kleine, unansehnliche Person, die mit dem so wohlgewachsenen, männlichschönen Göthe (man sehe das äuserst wohlgerathene Portrait von Lips) nicht wenig kontrastirt.

Weimarsches Geniewesen

[1791]

Dieß kann niemand mit so viel Laune und Sachkunde schildern, als der Leg[ations] Rath Bertuch, der als Chatouiller des Herzogs die Genies kleiden und füttern mußte. Es lassen sich in dem Weimarschen Geniewesen mehrere Epochen fixiren. Die erste, wo der Geniedrang am heftigsten und der Herzog selbst am stärksten dafür eingenommen war, fängt sich bald nach Göthes Ankunft in Weimar und Verbrüderung mit dem Herzog an. Von allen Seiten walfahrteten Kraft- und Dranggenies hieher, um auf Göthes Flügeln auch mit zur Sonne aufzufliegen, in deren wohlthätigen Stralen sich jener so schön sonnete. Da kam aus Reval der seiner Anomalieen wegen von seinem Vater enterbte Lenz (sonst auch Mendoza oder der tolle Lenz genannt). In der größten Sommerhitze trug er einen blauen Sammtrock, und als er im Winter auf der Post reißte, zog er sich, während die andern Passagiere für Frost klapperten, barfuß aus, weil es ihm unausstehlich heiß sei. Bei einem Hofball setzte er einmal die ganze Noblesse in Alarm, als er sich erdreistete, uneingeführt im Ballsal einzutreten, und ein Fräulein zur Menuet einzuführen. Der Herzog, der innerlich seinen Wohlgefallen daran hatte, ließ ihn dann doch auf sein Zimmer rufen, und scheuerte ihn tüchtig. Dieser Lenz hat sich in der Folge noch lange in Deutschland herumgetrieben, und solche Anfälle von Tollheit gehabt, daß er hat gebunden werden müssen. In den lichten Intervallen lehrte er Tacktik, wenn sich ihm ein Schüler darinnen anvertrauen wollte; zuletzt kam er als Lehrer der Cadetten nach Petersburg, und noch jetzt irrt er in den Russischen Provinzen unstät herum. Fast zu gleicher Zeit mit Lenzen wanderte auch das Kraftgenie Klinger ein, ein roher, ungeschlachter

Naturmensch. Einst sah er beim Rath Krause zum Fenster heraus auf eine gleich unten befindliche Fleischbude. Auf einmal fing er beim Anblick der schönen Schöpskeulen gewaltig über die Ausartung des Menschengeschlechts zu wehklagen an, und prieß das Zeitalter, wo die Menschen das Fleisch noch roh verzehrt hätten. R[at] Krause fragte: ob er nicht Lust habe, zur Ehre jener Heroen ein Stück rohes Fleisch sogleich auf der Stelle zu verschmausen. Warum nicht? sagt Klinger. Man wettet, u. Krause läßt augenblicklich durch seine Bediente ein Pfund Fleisch in seiner natürlichen Sauce heraufholen. Diesen Ernst hatte Klinger nicht vermuthet, er fing an Ausflüchte zu machen, und sagte endlich, da Krause immer dringender wurde: er habe die Sache gar nicht so gemeint. Es sei bloß *eine poetische Phantasie* geweßen.

Nach Klingern hielt D[oktor] Kaufman (jetzt in Herrnhuth) seinen Einzug. Von dem Physiognomen Lavater zum Universalgenie gestempelt (in Lavaters Physiognomick steht unter Kaufmans Schattenriß: *er kann, was er will*) suchte er sich hier durch auffallende Sonderbarkeiten auszuzeichnen. Im Hause des Gen[eral]Sup[erintendenten] Herder und eines gewissen Herrn v. Lynker in Tennstädt hielt er sich viel auf. Im leztern hatte er es besonders mit dem Weiblein zu thun. Diese Kunst übte er in der Folge auch bei der gutmüthigen Fürstin von Dessau (wo er in Frießhosen u. einem Frießwamms bei der Tafel erschien) und bei dem Grafen v. Haugwitz in Schlesien aus.

Friedrich Schulze führte der L[egations] R[at] Bertuch zuerst mit seinem Moritz im Deutschen Merkur auf. Er hatte von Dresden aus, wo er sich damals kümmerlich behelfen mußte, ein ganzes Paket jugendlicher Versuche an Wielanden für den Deutschen Merkur eingeschickt, und sich dafür weiter nichts, als ein Exemplar dieser Zeitschrift, die er sich selbst nicht schaffen könne, ausgebeten. Bertuch entdeckte im ersten Buche des Moritz, das unter jenen zum Theil sehr schwülstigen, zum Theil auch sehr süßlichen Produkten war, gute Anlagen, verbesserte einiges, u. schrieb Schulzen, er solle in dieser Manier fortarbeiten.

Schulze schrieb von Magdeburg, seiner Vaterstadt, aus eine lange Dankepistel, und wurde dann von Bertuch veranlaßt, sich nach Weimar selbst zu wenden. Er ist auser dem erstenmal noch zweimal hier geweßen, und ist jetzt zu seinem eigenen Erstaunen Prof[essor] der Geschichte in Mitau. Er hat viel Phantasie u. einen schönen Firnißtopf, aber die Grundlage ist seicht. Dieß war lange auch bei *Schillern* der Fall. Dieser aber hat sich durch anhaltendes Studium hier in Weimar auch solide Kenntnisse erworben. Schiller wurde von seinem Vater einem Wirtembergschen Hauptmann in die Stutgarder Militairacademie gegeben, und dort in mehr als einer Rücksicht verwahrloßt. Wider seinen Willen mußte er in der Folge Regimentsarzt werden. Aber sein Geniedrang machte sich bald Luft, und erregte durch seine shakspearisirende Muse in den Räubern, Fiesko, u. Cabale u. Liebe zuerst Aufmerksamkeit. In dieser Periode machte der Herzog v. Weimar in Darmstadt seine Bekantschaft, ertheilte ihm den Rathstitel, u. bewog ihn, sich nach Weimar zu wenden. Hier merkte er zuerst, wo es ihm fehle, u. arbeitete seinen Versuch über die Geschichte der Revolutionen aus, womit er im historischen Fache zuerst debütierte. In der Folge hielt er sich lange Zeit beim Apellationsrath Körner in Dresden auf, der wahrscheinlich auch jetzt an seiner Fortsetzung des 30jährigen Kriegs großen Theil hat. Er arbeitet periodisch mit erschöpfender Anstrengung Tag u. Nacht, wo er sich durch Caffee munter erhält. Bei einem ihm stets vorschwebenden Ideal von Volkommenheit arbeitet er auch sehr mühsam, und muß alles gleichsam erst aus sich herauspumpen. Als er seine erste Vorlesung als Professor der Geschichte in Jena hielt, hatten mehrere hundert Studenten die Treppen u. den Vorhof seines Auditoriums dermaßen umlagert, daß er auf der Stelle seinen Entschluß, da zu lesen, ändern, u. den Geh[eimen] Kirchenrath Griesbach um sein Auditorium, das geräumigste in Jena, bitten mußte. Auf einmal heißt es unter den Studenten: Schiller ließt in Griesbachs Hörsal. Nun stürzt alles fort, und sucht durch die kleinen Gäßchen einander zuvor zu laufen. Dieß ungewöhnliche Rennen so vieler

Menschen an einen Ort macht so viel Geräusch und Aufsehn, daß nun alles auf die Straße läuft, u. plötzlich das Geschrei entsteht: bei Griesbach ist Feuer, worüber sich ein entsetzliches Getümmel in der ganzen Stadt erhebt. – Seit seiner lezten Krankheit hat Schiller sich in Erfurt aufgehalten. Er ist bis zum Schatten ausgetrocknet. Durch seine antikritische Triplik in der A[llgemeinen] L[iteratur] Z[eitung] auf Bürgers Antikritik hat er seinen Verdiensten den Kranz aufgesetzt.

Auch aus Frankreich kam vor 8 Jahren ein schöner Geist hieher, der bekannte Anse de Villoison. Er bewohnte Herzogliche Zimmer, überschwemmte einen jeden mit einer Fluth von Worten, lernte in 2 Jahren, daß er sich hier aufhielt, kein Wort Deutsch (worüber Wielanden mehr als einmal die Galle gewaltig überlief) gieng aber dem ohngeachtet in die Kirche, und starrte den Prediger an, von dem er kein Wort verstand, und führte im Ganzen eine sehr cynische und unreinliche Lebensart. Da er alle philologischen Bücher, deren er habhaft werden konnte, zusammenkaufte, u. Kistenweise nach Paris schickte: so war er, um im übrigen Ersparnisse zu machen, sehr geizig, vernachlässigte sich durchaus in seiner Kleidung u. Wäsche, so daß er wie ein Wiedehopf roch, u. jedes Glied immer einen anderen Gestank hatte. Da er den Weibern, die die Nachtstühle aus dem Schloße tragen, nichts geben wollte, so liesen ihm diese oft den ganzen Vorrath tage lang stehn. In diesem Fall pflegte er sich recht auch damit zu helfen, daß er seine Notdurft ex tempore ins Waschbecken verrichtet, und dieß Depositum wohl den ganzen Tag lang für männiglich zur Schau aufgeschüsselt da stehn ließ.

Er war übrigens auserordentlich theilnehmend an allem, was seine Freunde betraf, und verschwenderisch in Lob, wovon seine hier geschriebenen epistolae Vinarienses auf jeder Seite Beweise enthalten z. B. *doctissimus Zinserlingius.* Die Jenerische Lateinische Geselschaft beehrte ihn mit ihrer Mitgliedschaft, eine Ehre, die sich hier wegen der notorischen Nichtsnutzigkeit dieses kaum noch vegetirenden Instituts jederman verbitten würde. Er fand sich dadurch so geschmeichelt, daß er sich noch in seinem neuesten Werke, der Ausgabe der Ilias mit den scholiis ineditis sodalem societatis Ienensis Latinae unterschrieben hat.

Als Villoison einmal bei der Herzog[lichen] Tafel von einer schönen Dame, die aber nicht Französisch sprach, angeredet wurde, und er sich denn dieß verdolmetschen lassen mußte: so fragte ihn sein Nachbar, warum er sich nicht selbst entschlösse, deutsch zu lernen. Linguam vestram *scabiosam* discere nolo, war seine Antwort. Denn mit Gelehrten sprach er eben so fertig Latein, als seine Muttersprache.

Weimarsches Geniewesen.

[undatiert]

Einen eignen Act desselben macht der mineralogische Convent zu Ilmenau 1776. Er nahm ein sehr tragisches Ende. Der Herzog zog ein altes, aber muckisches Philisterpferd, das Bertuch sonst eigen besessen hatte, als alles zu einer Cavalcade gesattelt stand, am Schwanz. Das Pferd schlug hinten aus, u. zerschmetterte dem Herzog beinahe den Fuß, der sogleich niederstürzt, u. in Betten nach Weimar gebracht werden mußte. Die größte Geniepoliconnerie beging damals der Erbprinz von Darmstadt, der jetzige Landgraf, der unter anderm einen Hund, der viel Unruhe anrichtete, von zwei Jägern halten ließ, u. ihn so im Hintern eine Caraffe mit Wasser, als Clystier, eintrichterte.

Göthe boxte sich gewöhnlich bei Landparthien mit dem Kammerherr v. Einsiedel manchmal so ernstlich, das Blut darnach floß.

Der Rugantino in *Göthes Claudine von Villa Bella* ist das Original, das Göthe damals spielte.

Oft setzte sich Göthe mit Einsiedeln grade unter den Tisch, wo gedeckt war, auf den Boden und spielte paschen mit ihm in Würfeln. Einsiedel hatte beständig ein paar Würfel in der Westentasche, u. wo sie ankamen, wurden diese so gleich hervorgehohlt, u. zum großen Erstaunen der Amtleute u. Pächter, die mit dem Huth in der Hand die Minister des Herzogs bewilkommten, auf der Treppe oder auf den Steinen vor der Thüre so gleich exercirt.

Einmal (bei Bertuchs Schwiegervater) machte man Einsiedeln, der gern lang im Bett liegen blieb, aus geriebenen u. eingerührten Pfefferkuchen eine Sauce unter den Hintern ins Bettuch, weckte ihn nun, u. schrie auf ihn, als einen Bettverunreiniger, los. Er sprang auf, zog das besudelte Hemde aus, und verfolgte damit neckend alle Leute im Hause. *Göthe* warf unterdessen das Bettuch durch ein Loch in die Unterstube, u. brüllte: *seht die Sau!*

Merk, Kriegzahlmeister in Darmstadt, kam zu Pferde mit einem ärmlichen Mantelsack u. einem einzigen Frack angezogen, u. hatte von Frankfurt bis hieher nicht mehr als 1 Ducaten Reiseunkosten gehabt, weil er immer nur in Fuhrmannskneipen eingestallt hatte.

Er war es, der in Ettersburg Jacobis Woldemar an einen Baum annagelte, u. so ein Vogelschießen darnach veranstaltete.

Durch seine unglückliche Unternehmungssucht verwirrte er seine Geschäfte dermaßen, daß er sich endlich erschoß. Bertuch will ihn noch einmal zum Held eines Romans im Geschmack des dicken Mannes machen, ein Beispiel, wohin ungeregelte Speculationssucht den witzigsten Mann bringen kann.

Die *Geschichte des alten Oheims* im Deutschen Mercur ist von ihm. Auch hat er eine interessante Schrift über die Physiologie der Pflanzen verfertigt. Er wollte eine artistische Maler und Kunstwerk Reise durch Deutschland machen, u. sie so schreiben, wie Nicolai. Aber Bertuch wollte nicht entriren. Er war mit Varrentrapp u. Wenner in Frankfurt associirt.

Zum Geburtstag des Herzogs stellte Göthe einmal nach einer Zeichnung von *Kraus* als Bänkelsänger, in der *Kraus* den Pajazzo macht, den zweiten Theil vom Jahrmarkt zu *Plundersweilern* vor.

Damals erlaubten sich auch die Genies, alles was ihnen beim Besuch in eines andern Stube gefiel, grade zu einzustecken, und ohne Wissen des Besitzers zu entwendten. Man nannte es mit dem Studentenausdruck: *schießen*. So hat Krause selbst noch ein krayonirtes Portrait von Göthe, da er Wielanden gezeichnet hat, auf diese Weise sich zugeeignet.

D[en] 6ten Novembr[is] [17]96. bei Herder.

Ueber das unfruchtbare Weimarische Land. Als der Teufel, laut Klopstocks Messias, den Judas durch ein Traumbild verführte: so zeigte er ihm eine traurige steinigte Einöde als sein Erbtheil, während den übrigen Jüngern fette Länder zu Theil wurden. Dieß war die Gegend um Weimar nach Buchfarth zu.

Wir haben noch keine Theorie des Romans. Was Mendelsohn in den Literaturbriefen sagt, ist doch zu einseitig. Er gestattet übermenschliche Ideale. Dieß ist falsch. Göthe sollte doch selbst sagen, wie er die poetische Gerechtigkeit in seinem Wilhelm Meister, dieß passivum, um das sich so viele activa drehn, gehandhabt habe. Warum muß die Mignon um der Schuld ihrer Eltern so jämmerlich verschmachten.

Eine der lächerlichsten Genieperioden war die bergmännische in Weimar, als die Bergwerke in Ilmenau wieder gangbar gemacht werden sollten. Da war der Mensch gar nichts, der Stein alles. Göthe fand in der Organisation des Granits eine göttliche Dreyeinigkeit, die nur durch ein Mysterium erklärt werden könne. Damals hatte Göthe an Knebel einen Schildknappen. Alles mineralogisirte. Selbst die Damen fanden in den Steinen hohen Sinn, und legten sich Cabinette an z. B. die Göchhausen. Noch jetzt ekeln Herdern alle Steingespräche seit dieser Periode an. Trebra führt uns ins Unglück. Voigt hilft seinem Bruder.

Eine der glücklichsten Perioden war die Zeit, wo die Herzogin, die noch etwas vom Glanz ihrer Regentschafft beibehalten und nun ihrer Muße genießen wollte, in Ettersburg lebte. Zigeunerwirtschafft. Comödie bey Fackelschein im Walde. Bode spielte die erste Violine, Einsiedel das Violoncello. Die schönsten Quartetts von Boccarini wurden geschlachtet. Der immer dienstfertige Seckendorf komponirte und versifizirte, was man haben wollte, konnte sich aber doch nur einige Jahre erhalten, und es war ein Glück für ihn, daß ihn der König v. Preußen im Beyreuthischen employirte. Knebel machte den Hofstaat des Prinzen Constantin in Tiefurth sehr liberal, hatte wöchentlich mehrmals offene Tafel, bildete den Prinzen zum Dilettanten in den Musenkünsten, (die er nie verstand, u. lieber den Kammerdiener zu seinem Vertrauten u. Kuppler machte,) u. reichte immer nicht mit dem Gelde des Prinzen aus.

[12. November 1796]

»*Merk* war mit Göthen schon früh Compan und Lebebruder geweßen, ohngeachtet er ohngefähr 6 Jahr älter war. Er hatte einst seine Frau in flagranti mit einem Liebhaber ergriffen, und zweifelte daher an der Echtheit seiner Kinder. Weil er sich nun selbst actäonisirt wußte, bezweifelte er auch die Treue der übrigen Weiber, und streuete überal, wo er Eheglück fand, Saamen der Zwietracht aus. Ueberhaupt fand er eine teuflische Lust darinnen, Leute, die sich glücklich fühlten, auf die linke Seite aufmerksam zu machen, und ihr Glück zu stören. Ihn hat daher auch Göthe zum Original des Mephistopheles in seinem Faust (dieß ist Göthe selbst) genommen, und mehrere Szenen sind Anspielungen auf wirkliche Begebenheiten, die er mit Merk erlebt hatte z. B. die Szene in Auerbachs Hof und das Liedchen vom Floh. Schade nur, daß dieser Faust, so wie wir ihn jetzt in seinen Werken haben, ein aus frühern und spätern Arbeiten zusammengeflicktes Lappenwerk ist (so wie auch der Wilhelm Meister), und daß die interessantesten Wollustscenen (z. B. im Gefängnisse, wo Faust so wüthend wird, daß er selbst den Mephistopheles erschreckt) unterdrückt worden sind.«

Wieland, d[en] 12ten Novembr[is] 1796.

[12. November 1796]

Der jetzige Landgraf von Darmstadt war als Erbprinz auserordentlich lustig, und ein Held im Mönchs- oder Küchenlatein. Einst verfluchte er feierlich eine Eiche in Tiefurth, die sehr fatal stund, mit den Bannformeln des h[eiligen] Ernulfus. Thusneldus, qui habuit clitorem.

Die Herzogin als Regentin ließ schon zuweilen alle Fürstlichkeit zu Hause und liebte einen Scherz. So einmal in Belvedere eine Mondscheinszene Abends, wo Studentenlieder gesungen wurden, u. Wedel als Jagdjunker sein: Bruder auf dein Wohlergehn! intonirte.

Ein andermal fuhren sie zu 8 auf einem Heuwagen nach Denstädt von Tiefurth. Halb Wegs brach ein Gewitter los. Die Herzogin u. die Hofdamen waren sommerhaft angezogen. Wieland gab ihr seinen Ueberrock. Alle wurden bis auf Hemden durchnäßt. In Denstadt mußte die Linkern Hemden u. Garderobe fourniren. Algemeiner Jubel über diese Expediton.

Wieland eadem vespera.

D[en] 14ten Novembr[is] [17]96.

Eines der muthwilligsten Stücke von Göthe war während der theatralischen Epoche ein Drama, das auf dem geselschaftlichen Theater mit fürstlichem Aufwande (es kostete mehr als 1000 Thaler) aufgeführt wurde betitelt: *Die geflickte Braut.* Was in Göthes Werken unter dem Namen: *Der Empfindsame*, abgedruckt ist, kann kaum als ein Schattenriß jener ächt aristophanischen mit 8 Ballets und allen möglichen Gesängen, tragischen Auftritten, komischen Embroglios u. s. w. durchwebten Farce gelten. Statt der lebenden Braut (der Dem[oiselle] Schröder) wurde eine Puppe aufs Theater gebracht, die aber völlig so angekleidet war, wie die lebende (weiß mit Gold). Dieser wurde der Bauch aufgeschnitten, und ihre Eingeweide untersucht, die aus Broschüren und damaligen Modebüchern bestanden. Es kamen beisende Anspielungen auf Wielands Alceste und auf die Mondscheinepidemie darinnen vor. In einem pathetischen Gesang an den Mond, der die Laterne des Himmels genannt wird, kam vor: und jedermann staunt deine kalte Schnuppe an. Hier mußte der Sänger (der noch lebende Hoftanzmeister Aulhorn) bey Schnuppe einen langen Läufer machen, zum unbeschreiblichen Gelächter der Zuhörer, indem er die Arie grade gegen eine Mondscheinschwester, ein Fräulein, die mitspielte, u. gar nicht wußte, wie ihr geschah, absang. Die Musik war von Seckendorf zu einem ganz andern italienischen Text komponirt u. wurde durch diese Anwendung gleichfals travestirt. Der Held des Stücks war ein empfindsamer Prinz, der die Luft nicht mehr vertragen kann, und allen Empfindsamkeitskram, Singvögel, Westwinde, *Mondschein* in Kästen in seine Zimmer bringen läßt. Der alte geh[eime] Rath v. Schardt pflegte immer zu erzählen, daß er einmal bei einer Sitzung auf dem Grase in die Hosen Ameisen bekommen hätte. Auch diese Anecdote wurde bei dieser Gelegenheit angebracht. Alle die Personen, deren Sottisen hier parodirt wurden, waren als Zuschauer gegenwärtig, unter andern auch die Obersthofmeistern Gianini. Dieß vermehrte denn eben das Treffende des Witzes und die algemeine Lust. Göthe hatte sich selbst dabey nicht geschont, u. Werthers Leiden wurden dabei wacker durchgenommen. Dadurch erkaufte er sich eben das Recht, auch alle übrigen zu mishandeln. Und da der Herzog alle diese Witzexplosionen volkommen billigte: durfte niemand Empfindlichkeit bliken lassen.

Um die Theaterlust noch besser zu büßen, wurde das noch bestehende größere Theater gebaut. Die erste Geburtstagsoper der Herzogin war auch von Göthes Composition, ein Feenstück, wo aus häßlichen Pygmeen schöne Mädchen, aus einem rohen Felsen, den die Bergleute bearbeiteten, ein Cupido hervorsprang. – In Ettersburg wurden auch die zwey Acte der *Vögel* aufgeführt. Weiter kam es mit diesem Stücke nicht.

Die schöne Seele, wovon Göthe im 3ten Bande seines Wilhelm Meisters die Geständnisse gegeben hat, soll, wie die Frau v. Berlepsch versichert, eine Frau Schultheß in Zürich seyn, eine gemeinschaftliche Freundin Lavaters und Göthes, mit welcher Göthe jetzt noch zuweilen Briefe wechselt. Auch hängt ihr Portrait noch jetzt in Göthes Zimmer.

Zum Weimarischen Geniewesen

[29. November 1798]

Lenz studierte in Königsberg. Zwei Herrn von Kleist sollten von dort in französische Dienste kommen. Keiner von den Junkern verstand ein Wort französisch, keiner konnte recht lesen und schreiben. Sie bereden Lenzen, als ihr Dolmetscher, mit ihnen zu gehn. So kamen sie alle drei nach Strasburg. Aber bald kam der arme Lenz dort in große Noth, da beide Kleists bei ihren Regimentern bekannt wurden, und ihre Wechsel aufgezehrt hat[ten]. Ein Bruder wieß ihn immer an den andern. In dieser Noth mußte Lenz sich mit Stundengeben erhalten, und in dieser Lage lernten ihn Göthe u. Lerse kennen, die beide damals in Strasburg sich aufhielten. Als Göthe nach Weimar gekommen war, vernahm Lenz seines H[errn] Bruder Glücksfall, und machte sich nun auch auf den Weg, um diesem Stern sich zu nähern. Er kam eines Tages sehr zerlumpt und abgerissen in Weimar im Erbprinzen an, und schickte sogleich eine Karte an Göthe, der dem Herzog eben bei einer Unpäßlichkeit Gesellschafft leistete, des Inhalts: »Der lahme Kranich ist angekommen. Er sucht, wo er seinen Fuß hinsetze. Lenz.« Göthe lacht laut auf, als er dieß Billet erhielt, u. weißt es dem Herzog, der so gleich befiehlt, er solle geholt werden. Sein Ansehn war äuserst lächerlich. Eine kleine zusammengedrückte Figur, aber voll Selbstgefühl und Keckheit. Die er denn auch gleich den folgenden Abend bewieß. Da war Hofball, über welchen damals der zeremonieuse Graf Görz noch seine Hand hielt, so sehr sich auch der Herzog darüber formalisirte. Lenz hört im Erbprinzen, es sei diesen Abend Hofball en masque. Er läßt sich einen rothen Domino hohlen, u. erscheint so Abends im Saal, wo nur Adliche Tanzrecht und Zutritt haben. Ehe man ihn noch durchbuchstabiren kann, hat er schon ein Fräulein v. Lasberg (die sich nachmals mit Werthers Leiden in der Tasche in der Ilm ersäuft, weil sie ihr Liebhaber, ein Lievländer, sitzen ließ) an der Hand, u. tanzt frisch weg. Es wird ruchbar, daß ein bürgerlicher Wolf unter die Heerde gekommen sei. Alles wird aufrührisch. Der Hofball desorganisirt sich. Der Kammerherr von Einsiedel kommt athemlos zum Herzog herauf, u. erzählt ihm die Geschichte. Dieser befiehlt, Lenzen heraufzuholn, und ließt ihm ein derbes Kapitel. Nun wird er von Fuß auf gekleidet, und bei allen Geniestreichen als plastron gebraucht. Als man hier nicht länger mit ihm stallen konnte, schickte man ihn fort, u. so kam er nach Emmendingen zu Göthes Schwager, Schlosser. Gegen ein *Klein*isches Produkt verfertigte er noch eine Satire Nielk (Klein) die Lerse noch im M[anu]sc[rip]t besitzt, und 2 Tage darauf zeigten sich die ersten Spuren der Tollheit. In Belvedere sonnte er sich einmal nach dem er an der Krippe geweßen war, und rief aus: ach mir ist so wohl, wie einem Kuhblatter! – Auch Klinger kam nach Emmendingen, als er von Weimar verabschiedet war. Lerse fragte ihn, warum er sich nicht lieber in Weimar eine Stelle verschafft hatte, wo sein Landsmann (Klinger ist auch ein Frankfurter) für ihn sorgen konnte. Da erzählte er, daß Göthe eben ihn fortgebracht hatte. Man habe damals im Gange des Herzog[lichen] Wohnhauses sich oft im Schießen nach dem Ziele geübt. Dabei sei es Sitte geweßen, statt der Zielscheibe ein Portrait hinzusetzen. Er habe einst Göthes Portrait hingesetzt, wornach auch wirklich geschossen worden sei. Dieß habe ihm Göthe nie verzeihn können. Indeß waren, wie Bertuch bemerkt, noch andere Gründe seiner Ungnade vorhanden. Er hatte allerlei Klätschereien zwischen der alten Herzogin und der jungen gemacht, u. wurde als ein tracassier verabschiedet. Als er nach Emmendingen kam, konnte er kaum richtig schreiben, und rechnen, u. wollte sich doch mit aller Gewalt dem Militair widmen.

Weimar den 29. Nov[embris] 1798. Als *Lerse* mich früh besuchte.

[Der Weimarer Gelehrtenverein]

Versammlungen bei der Herzogin Amalie
im Jahre 1791.

Den 4ten November. [17]91

Diesen Abend wohnte ich zum erstenmal einer Sitzung der neuen gelehrten Geselschaft bei, die sich jeden ersten Freitag im Monat bei der Herzogin Mutter versammelt. Diese edle Fürstin widmet all ihre Muße den Wissenschaften und Künsten. Nichts ist ihr fremd, nichts wissenswürdiges liegt auser ihrem Kreise. Doch ist die *Italienische Sprache*, in die sie unsere Classiker übersetzt und ihren Freundinnen in Rom u. Neapel zuschickt, wenn sie es vorher ihrem Bibliothekar, dem Rath Jagemann zur Prüfung vorgelesen hat, die Musik und die Malerei ihr Lieblingsgeschäft. Ihr verdanken nun seit einiger Zeit Weimars denkende Köpfe einen gemeinschaftlichen Versammlungsort in ihrem Palais. Sie ist bei diesen Sitzungen selbst mit ihren zwei Hofdamen, die sie einst auch nach Italien begleiteten, gegenwärtig. Aber auch der regierende Herzog und dessen Gemahlin sind aufmerksame Zuhörer. Dieß bringt übrigens bei den Anwesenden nicht den geringsten Zwang hervor. Jeder sitzt, wo er hin zu sitzen kommt, während das vorlesende Mitglied seinen Platz an einem besondern Tisch einnimmt. In der Mitte des Saals steht eine große runde Tafel, auf welche die mathematischen Instrumente, Zeichnungen, naturhistorischen Merkwürdigkeiten u. s. w. auf welche die Vorlesenden sich beziehn, hingelegt werden. Ist nun eine Vorlesung vorbei, so steht alles auf, tritt um die Tafel herum, spricht, macht Einwürfe, hört und beantwortet die Fragen des Herzogs, und der Herzoginnen, die nun mitten im Zirkel stehn, und nun gehts zu einer neuen Vorlesung, und jeder nimmt wieder seinen Stuhl ein. Da eine Session immer 3 Stunden, von Abends 5 Uhr bis 8 Uhr, dauert, so würde ohne diese kleinen Pausen die

Zunge vom Schweigen, und der Körper vom Sitzen ermüden.

Die Ordnung der heutigen Sitzung war folgende: Der Präsident der Geselschaft der Geheime Rath v. Göthe eröffnete sie mit fortgesetzten Betrachtungen über das Farbenprisma. Er wiederholte erst ganz kurz die Resultate dessen, was er im *ersten Hefte seiner Beiträge zur Optik* weitläuftiger erwiesen und durch 24 kleine illuminirte Kupfertäfelchen, die dazu ausgegeben werden, veranschaulicht hat. Die Hauptsätze demonstrirte er an einer schwarzen Tafel, wo er die Figur schon vorher angezeichnet hatte, so lichtvoll vor, daß es ein Kind hätte begreifen können. Göthe ist eben so groß als scharfsinniger Demonstrator an der Tafel, als ers als Dichter, Schauspiel und Operndirector, Naturforscher und Schriftsteller ist. Er erklärte sich hier im kleinen Zirkel grade zu gegen Neutonsfarbentheorie, die durch seine Versuche ganz umgeworfen wird, und zeigte zugleich an diesem Irrthum des grosen Neutons, den nun ein Jahrhundertlang alles nachgebetet hat, sehr schön, wie Nachbeterei auch unter guten Köpfen so tief Wurzel schlagen könne.

Hierauf laß *Herder* einen trefflichen Aufsatz über die wahre Unsterblichkeit für die Nachwelt vor, den wir wahrscheinlich bald im 4ten Theil seiner zerstreuten Blätter zu lesen bekommen werden. Der Gang seiner Ideen war ohngefähr folgender: Es giebt mancherlei Unsterblichkeit. Von der Unsterblichkeit der Seele nach dem Tode kann hier die Rede nicht seyn. Sie ist doch nur ein Samenkorn im menschlichen Herzen, ein leises Ahnden, ein bebender Blick in die verschleierte Zukunft. Unsterblichkeit des Namens durch Thaten und Schriften ist in unsern späten Zeitaltern, wo selbst ein Friedrich doch nie zu dem Universalruhm eines Alexanders u. Cäsars kommen wird, in dem Maaße, wie ihn die Vorwelt errungen hat, schwer oder vieleicht gar nicht mehr zu erwerben. Es wäre also sehr schlimm mit uns bestellt, wenn uns allen nicht auch noch eine Unsterblichkeit übrig wäre. Diese besteht in gemeinnützigen Anstalten, neuen durch uns unter die Menschen gebrachten Denkformen u. Ideen, u. s. w. Je weniger wir unser *Ich* diesen Dingen aufprägen, je mehr wir aus uns selbst herausgehn, und nur Gemeinwohl, Gemeinkultur beherzigen, desto empfänglicher und würdiger sind wir dieser Unsterblichkeit. Dieß wurde durch eine Untersuchung erläutert, von dem, was eigentlich bei allen unsern Vorstellungen und Kenntnissen aus uns selbst entsprungen ist. Fast gar nichts. Wir haben alles durch Unterricht und Belehrung empfangen, u. so müssen wir es wiedergeben. Rückblick auf die frohesten Stunden der Jugend, wo wir von Menschen und von der Natur noch am unbefangsten und liebsten empfingen. Klage, daß so wenig Originalität im Gedankenreiche sei, und daß nur die allerwenigsten Menschen etwas anders sind, als wozu sie durch frühen Unterricht, Umgang und Tradition fremder Meinungen auf sie gestempelt wurden. Also nicht Fortpflanzung des toden Namens, sondern ein Beitrag von irgend etwas gutem zur Summe des schon erfundenen und gestifteten ist wahre Unsterblichkeit. Hier lebt man durch das, worin sich unser Geist abdrückte, in den entferntesten Generationen fort – Am Ende ein Versprechen, in einer kommenden Vorlesung eine Erklärung von Genien und Dämonen zu geben, unter welche das Alterthum diese Art von reiner Unsterblichkeit verhüllte.

Auf Herdern folgte der Geheime Rath und Archivarius *Voigt*, der uns aus dem hiesigen an den ehrwürdigsten Documenten so reichen Archiv ein sehr merkwürdiges Diplom vorlegte und erläuterte, daß der Kaiser Friedrich der Rothbarth im Jahre 1167. zu Erfurth dem Abte Ekhard im S[ankt] Georgenstifte zu Naumburg ertheilte. Erst eine historische Einleitung über den Kaiser Friedrich den Rothbarth, in der die Sottise Albrechts des Unartigen nicht ungeahndet blieb, der seinen Sohn, Friedrich mit der Gebissenen Wange lieber verhaftet hielt, als ihn nach Neapel schickte, die Erbschaft des unglücklichen Conradins zu empfangen. Dann über die Sache, worüber das Diplom ausgestellt wurde, nemlich den *Heerschild*, den aus Nachahmungssucht der weltlichen großen Fürsten nun auch Prälaten u. Aebte bei sich einzuführen, und in ihren Vasallen auch einen solchen Glanz um sich herum zu verbreiten suchten. Ferner eine kurze Geschichte der Stiftung des St. Georgenstifts bei Naumburg. Es stiftete es eine fromme Gräfin im Jahr 1099, grade wie man das Ende der Welt erwartete, eine Pfaffenlüge, um damit recht viel Ritter in die Creuzzüge zu sprengen, u. von ihnen große Schenkungen zu erhalten. Die Gräfin Mathilde ließ, da sie nicht bestimmt war, wo sie das Stift erbauen sollte, einen Raben fliegen. Da wo er sich niederließ, wurde der Bau angefangen. Hier webte Voigt, um diese historische Wildniß etwas reizender zu machen, ein kleines selbstverfertigtes Gedicht ein, worinnen er sehr komisch das Krächzen des hungrichen Raben mit dem Kirchengeplerr der nachmaligen an diesem Orte hausenden Klosterbrüder verglich. Darauf laß er eine Uebersetzung des in lateinischer Sprache, wie damals noch durchaus gewöhnlich war, gefertigten Diploms, erklärte das Siegel u. machte einige kennerhafte Bemerkungen über das *Siegelwachs*, (wovon er ein Stückchen dem Bergrath Buchholz, unserm großen Chymikus, zur Untersuchung gegeben hatte) theilte Aufschlüsse über das unten befindliche Monogramm mit (diese Gewohnheit stammt von Carl dem Großen, der nicht schreiben konnte) und über andere Merkwürdigkeiten in der äusern Form des Diploms mit. Während deßen ging das Diplom in dem Zirkel der Zuhörer herum, wo denn ein jeder mit einem Blick alles vergleichen konnte. Nach der Beendigung dieser Vorlesung ließ sich der Herzog über sein Archiv noch manches von Voigten sagen, und wir Umstehenden erfuhren dabei manches, was man sonst nur dem Fürsten sagt. Die älteste Urkunde des hiesigen Archivs ist von Kaiser Otto II.

Hierauf laß der Professor der Botanik, D[oktor] Bartsch, als Ehrenmitglied, eine sehr Sachreiche Abhandlung vom Schiffsbote oder dem *Nautilus* und einer kleinen Schneke, die im Meeressand gefunden, und erst durchs Mikroscop deutlich wird, mit Hinsicht auf größere u. kleinere Petrefacten und gewisse Resultate vor, die daraus von der jetzigen Bildung der Erde und ihrer frühern Gestalt, ehe sie vom Ocean verlassen wurde, nothwendig folgen. Während der Vorlesung giengen sehr schöne Exemplare vom Nautilus und den kleinen Schneken auf silbern Präsentirtellern im Zirkel herum. Auch hierüber wurde nach dem Ende der Vorlesung vieles gesprochen. *Herder* fand Bestätigung seiner im ersten Theil seiner Ideen zur Geschichte der Menschheit vorgetragnen Hypothese. Es war mir aber vorzüglich interessant, ein Gespräch des alten, ehrwürdigen Hofrath Büttners aus Jena, der auch zugegen war, mitanzuhören, worinnen er uns seine Ideen von der Urwelt und dem Zurücktreten des Ozeans, so weit es seine Ideenfülle und die daraus entspringende Weitschweifigkeit erlaubte, mittheilte.

Nun zeigte der M[agister] Lenz, der jetzige Inspector der Kunstkammer und des Naturalienkabinets in Jena, eine Reihe Intestinalwürmer in Spiritus, die er selbst aus den Eingeweiden vieler Thiere hervorgesucht und präparirt hatte. Unter andern war auch ein Exemplar des Blasenwurms dabei, aus welchem das bekannte Drehen der Schaafe entsteht. Dieser Lenz ist ein sehr unermüdeter Naturforscher. Er hat besonders in der Helminthologie seltne Kennt[nisse] und zeigte uns hier verschiedene Gattungen, die Götze in seinem schönen Werk über die Eingeweidewürmer noch nicht aufführt. Er soll auf 30 neue Gattungen entdeckt haben.

Am Ende wurde noch eine artige Entdeckung mitgetheilt, die der Hofmedicus Hufeland von der Wirkung des Lichtes an einem im Rahmen gefaßten Schattenriß des Herzogs gemacht hatte.

Es war indessen schon spät geworden, und da es stark auf 9 Uhr gieng, mußten einige Vorlesungen z. B. die des Legationsraths Bertuch, der uns über die Farbentinten der Japaner und Chineser unterhalten wollte, auf die künftige Sitzung verschoben bleiben.

Geselschaft den 17. Februar[ii] 1792.

Der Geh[eime] Rath Göthe laß zuerst einen kleinen gedruckten Aufsatz vom Hofrath *Moritz* vor: *Grundlinien zu meinen Vorlesungen über den Styl.* Berlin. 1791. ein halber Bogen. Alles dreht sich um den sehr einleuchtend dargestellten Grundsatz herum: Man muß sich erst, so viel wie möglich, vom Ausdruck ab auf die Gedanken hinkehren. Diesen, wo sie deutlich und mit Intereße gedacht sind, folgen die Worte selbst. Eigentlich ein Commentar zu den Worten des Horaz: rem praevisam verba sequentur. Einzelne bekannte Sätze sind sehr treffend ausgedrückt z. B. der 12te: »So lange man noch nicht im Stande ist, *die Hauptsache mit wenig Worten zu bezeichnen*, hat man auch den Hauptgesichtspunkt für das Ganze noch nicht ausgefunden«, und der 18te »Wer beim mündlichen oder schriftlichen Vortrag seine Gedanken nie von der Hauptsache abschweifen läßt, *denkt richtig*: wer die Richtung seiner Ideen schnell verändern kann, *denkt lebhaft*: wer aber blos seine Ideen schnell verändern kann, *denkt gar nicht.*[«]

Nach diesem Leitfaden hat nun Moritz, wie uns Göthe dann noch im Diskurs mittheilte, seine Vorlesungen schon angefangen. Sie werden alle einzeln gedruckt. Einige davon hat Göthe schon in Händen, und wird uns davon gelegentlich etwas mittheilen. In einer der lezten hat er eine Stelle aus Werthers Leiden meisterhaft kommentirt.

Ich laß hierauf eine Abhandlung über die im Alterthum zu findenden Spuren von der algemeinen Sitte roher Menschen, sich zu bemahlen u. zu tättowiren, vor. Die *einäugigten* Cyklopen mahlten sich das eine Auge an der Stirn. So mehrere vorgeblich einäugige Nationen. *Gemahlte* Bildsäulen der Griechen u. Römer. Gestreifte Zeuge Nachahmung dieser barbarischen Sitte. – Wieland will die Abhandlung ins *Aprilstück des Deutschen Merkurs* aufnehmen.

Der Kammerherr v. Knebel (ehemals Hofmeister des Prinz Constantin, jetzt mit einer trefflichen metrischen Uebersetzung des Lukrez beschäftigt, der sein vieljähriger Liebling ist) unterhielt uns hierauf mit einer hinreisend geschriebenen Abhandlung, der er selbst den Titel gab: *Wohlwollen, Werthschätzung, Höflichkeit, eine moralische Rhapsodie.* Die Ideen waren nur an einem losen Bande zusammengeknüpft, und daher im Zusammenhang schwer aufzufassen.

Aber das ganze war ein gar liebliches Blumengewinde. »Prometheus, sagt die Fabel, setzte den thierischen Menschen aus den entgegenartigsten Eigenheiten des Löwen, Bären, Fuchs, Schweins u. s. w. zusammen. Athene bließ den Gottesathem ein. Diese Vernunft äusert sich vorzüglich in dem Prärogativ des Menschen vor allen instinktmäsig sociabeln Thieren« in dem auf Verleugnung selbstischer Ichheit gegründeten Wohlwollen. Die Wiege der Menschheit war ein milderes Clima, wo der Mensch keine Kleider brauchte, und überal in der Natur seinen Tisch gedeckt fand. Wir sind ausgewanderte Polarmenschen. Unsere erwärmende Sonne muß *gegenseitiges Wohlwollen* seyn. Uns ist dieß doppeltes Bedürfniß. Ohne sie starren wir in nie zerschmelzende Eisgruben. Dieß wurde schön durch den Contrast ausgeführt. Aber veredeltes Wohlwollen wird *Werthschätzung.* Wohlwollen borgt nur, Werthschätzung giebt. Je uninteressirter sie giebt, ohne auf kleinliche Erwiederung zu rechnen, desto reiner ist das Wohlwollen, aus welchem sie entspringt. Aeuserung dieser wohlwollenden Werthschätzung wird *Höflichkeit* im wahren Sinne des Worts. Klage über muthwillige Einschränkung dieses edeln Begriffs auf leere Etiquette. Erläuterung der wahr[en] Höflichkeit durch Beispiele. Ihr karakteristisches ist überal gutmüthige (nicht erkünstelte) Hintansetzung seines Eigendünkels, Eigennutzes, Eigenwillens. Hierin übertrifft der von uns mit dem Namen des Wilden herabgewürdigte freiere Naturmensch uns durch Erziehung und Convention früh gemodelte Europäer bei weitem. Beispiele aus einem Aufsatz von Fränklin von den Nordamerikanern, und aus Cooks Reisen von den Bewohnern der Südseeinseln. Aber auch das von vielen lästig gefundene Cäremonial hat seine guten Seiten. Die Sinesen sind das zeremonienreichste Volk unter der Sonne. Darum, sagt Dü Halde, haben sie in [die]sem Jahrhundert noch gar keinen, und überhaupt *unter sich* nie Krieg gehabt. Mitunter einige *starke* Reflexionen. z. B. »Andere Nationen nennen die Höflichkeit mit Ausdrücken, die vom Adel hergenommen sind. (gentillesse, gentlemanlike.) *Auf deutschem Boden geht das nicht.*«

»Die Fürsten erhielten ihre Hochschätzung zuerst, weil sie die *stärksten und klügsten* im Volke waren. Diese Hochschätzung ist erblich unter der Voraussetzung geworden, daß der Nachkomme des Fürsten den Wechsel richtig bezahlen werde, den sein Vorahne auf ihn zog.« Der wackre Knebel, dem der Herzog laut seinen Beifall zu erkennen gab, hat uns diese Vorlesung mitzutheilen versprochen. Ists möglich, so nehme ich eine Abschrift davon.

Der Bergrath *Bucholz* verband hierauf mit einer kleinen Vorlesung ein chemisches Experiment. Eine Flasche mit faulem Selterswasser erfüllte das ganze Zimmer mit häßlichem faulen Eiergeruch. Es mußte so gleich geräuchert werden. Durch einen beigemischten Zuschlag von Kohlestaub ward so gleich dießer Geruch getilgt, und durch eine kleine Eindünstung ihm auch sein stechender Geist so gut wiedergegeben, daß man zwischen dem frischesten neuen Selterwasser und diesem restituirten nicht den geringsten Unterschied finden konnte. Die ganze Operation ist eben so leicht, als wohlfeil, und ihre Wichtigkeit wird dann erst einleuchtend, wenn man bedenkt, daß oft ganze Schiffsladungen solches Wassers z. B. nach Ostindien, nach Batavia, wo jeder rechtliche Mann fast nichts anders trinkt, auf der weiten und warmen Reise ganz umschlagen, die nun durch dieß einfache Mittel volkommen rehabilitirt werden können.

Der Geh[eime] Rath *Voigt* vertheidigte hierauf in einer sehr beziehungsvollen Abhandlung zuerst die neue Preusische Legislation, die aus dem *vorliegenden* alten nichts ganz neues schaffen konnte. Er stellte hierauf eine doppelte sehr artige Vergleichung an. Einmal die *Geschichte* der Justinianeischen Gesetzgebung mit der Preusischen. Natürlich erhielt hier die übereilte Compilation des Tribonianus und seiner Genossen nicht den Vorzug über die langsam gereifte und durchgeprüfte, Preusische Legislation. Beiläufig wurde des Kaisers Justinians Karackter berührt. Seine Bulerin *Theodora* beherrschte ihn, und schwang sich bis zu seiner Gemahlin. Er war, oder wollte wenigstens sehr fromm seyn, baute Kirchen, und glaubte damit seine Wollüste abzukaufen, wenn er ein Pfaffenknecht wäre: Dieß alles wurde so künstlich gestellt, daß uns allen das neue Gegenstück in der Dönhoff und der Wölnerisch-Oswaldischen Clique Handgreiflich vor Augen stand, und doch wurde niemand genannt. Zum zweiten wurden einige Stellen aus dem Römischen und Preusischen Gesetzbuch buchstäblich gegen einander gehalten. Der Herzog hatte auf dem jetzigen Landtag den Ständen den Antrag gemacht, die neue Preusische Legislation über den Punct, *wie* der andere sein wildes Wasser von höher liegenden Feldern und Wiesen über die Besitzungen des Nachbarn hin ableiten dürfe, worüber die Pandecten sehr unzulänglich, die neuen Pr[eußischen] Gesetze aber äuserst bestimmt und zur Beförderung der Landeskultur zweckmäsig entscheiden. Die Stände hatten indeß keine Ohren gehabt. Darum nahm Voigt gerade diesen Punct, und nachdem er die Gesetze aus beiden Gesetzbüchern vorgelesen und mit einander verglichen hatte, hob er die Einwürfe, die allenfals noch gegen die weisen Preusischen Vorschriften gemacht werden könnten. Es lag in dem ganzen Aufsatz ein feines Compliment für den Herzog. Um diese etwas trockne Materie für die Zuhörerinnen geniesbarer zuzurichten, wurden am Ende noch einige Lächerlichkeiten und Naivitäten, die in den Pandekten und dem Codex Justin[ianus] vorkommen, aufgetischt. z. B. daß vidua und virgo einerley seyn könnte daß zur Wolle auch die Ziegen, Haasen und *Gänse*wolle gehören, daß die Statthalter und Gerichtspfleger darauf angewiesen werden, sie sollten sich nicht darnach richten, wie es in der Hauptstadt zugienge, sondern, wie es da zugehn *sollte*, eine Vermahnung, schloß unser Vorleser, die auch heut zu tag den Amtleuten und Aufsehern kleinerer Provinzialdistrikte mit Hinsicht auf größere und kleinere Haupt- und Residenzstädte zugerufen werden möchte.

Hierauf theilte uns der Legations Rath Bertuch aus den neuesten französischen Missionsberichten aus China eine Nachricht von den so gerühmten hellen Chinesischen Farben und Pigmenten mit, die unsere Maler sich so oft vergeblich wünschten. Der Pater Bourgeois hat von einem

Freund in Frankreich, der ihm darüber geschrieben hat, diese Farben ihrer Zurichtung und Chinesischen Benennung nach sehr genau beschrieben. Diese Beschreibung und Namen erhielten wir nun im lehrreichen Auszug. Die Chineser lassen sie auch auser Lands gehn, und nun kann sie ein jeder Künstler durch Schwedische, Holländische oder Englische Chinafahrer unter dem rechten Namen unmittelbar aus China kommen lassen. Die schönste rothe Farbe Tchin-keng-tou wird aus gefärbten und imbibirten Cattunläppchen wieder ausgekocht, und die Brühe muß auf einem porcellanenen Teller evaporiren.

Am Schluß hatte H[err] Meyer, der Schweizer Maler, der bei Göthe wohnt, und viele Jahre in Italien zugebracht hat, sein neuestes Gemälde holen und vor uns aufstellen lassen. Meyer hat nach den neuen prismatischen Versuchen von Göthe das Colorit eingerichtet, und man muß gestehn, es thut auch jetzt am Abend unerwartet herrliche Wirkung. Aber auch von der Seite des Gegenstandes und der Composition verdient dieß sehr schöne Stück die laute Bewunderung, die besonders beide Herzoginnen darüber äuserten. Es stellt die Gebrüder Castor und Pollux vor, wie sie beide zu gleicher Zeit die zwei Töchter des Leucippus rauben. Beide holde Mädchen liegen ihren Räubern schon in den Armen, halten sich aber von oben noch fest umschlungen. Dieß und die dahinter stehenden Roße machen eine herrliche, reiche Gruppe. Köpfe und das ganze Costum sind nach ächten Antiken. Wieland stand mit unbeschreiblichem Enthusiasmus lange vor diesem Bilde, zeigte uns, welche Vorzüge dieß für die so oft wiederholte Vorstellung des Sabinerinnenraubes hätte, und nannte es ein Stück von seinem *Heidnischen Evangelium.*

Unter andern Fremden lernte ich heute hier auch den vor kurzem erst aus Paris zurückgekomnen Graf Beust kennen. Er hatte einst die Sächsischen Salinen, entzweite sich mit Walwitzen, und verließ Dresden. Jetzt führt er die Aufsicht über die Salinen in Polen (woher er auch den Stanislausorden hat) und Maynz, hat Kobaltgruben in den Pyrenäen und will die ganzen Französischen Salinen reformiren.

Aus Verdruß, daß sein rapport schon mehrere Monate der Nationalversammlung nicht vorgelegt worden, ist er jetzt aus Paris weggegangen, u. nach Weimar, wo er seine Familie, unter andern eine Tochter, die für die gröste Schönheit in ganz Thüringen gehalten wird, hat, auf einige Zeit zurückgekommen. Er erzählte mir von seinen Grundsätzen und Erfahrungen manches, und machte besonders über Dresden sehr treffende Bemerkungen, warum dort keine solche literarischen Zirkel zusammen kommen können. –

Versammlung

Den 2ten März. [1792]

Der H[err] Hofmedicus D[oktor] Hufeland setzte heute seine vor 8 Wochen angefangenen Vorlesungen über die verschiedenen Mittel, seine Lebensdauer zu verlängern, durch sehr interessante Betrachtung über das, was eigentlich *Lebenskraft* heise, und über die Erscheinungen dieser Kraft in der organischen Schöpfung fort. Er machte gleich zum Anfang die treffende Bemerkung, daß überal wo das Wort *Kraft* vorkomme, die Philosophie sich im Gedränge befinde, wenn sie eine befriedigende Definition davon geben solle. Kraft sey eigentlich nur das x in der Algebra, die Benennung einer unbekannten Quantität. So lasse sich also auch die Lebenskraft nicht eigentlich definiren, aber wohl durch gewisse Eigenschaften und Wirkungen erkennen. Dergleichen Kennzeichen wurden nun 12 nacheinander aufgezählt. Z. B. sie bindet die Materie, die mit ihr durchdrungen ist, und hält zusammen. Fäu[l]niß und Verdunstung *zerstören* nur tode Körper. Das Leben kann in *gebundnem* Zustand im Saamenkorn Jahrelang, im Ey viele Monate, in der Raupenpuppe viele Wochen lang da seyn. Aber so lange sind auch diese Dinge vor innrer Zerstörung und Fäulniß sicher. Gewisse Dinge nähren und vermehren die Lebenskraft, andere zerstören sie merkbarer oder unmerkbarer.

Als Nahrungs- und Beförderungsmitel der Lebenskraft

wurden *Licht*, *Wärme* und *Luft* aufgeführt, und ihr Einfluß durch treffende Beispiele erläutert. Ohne jenen feinen, ätherischen Lichtstoff ist eigentlich gar kein Leben gedenkbar. Ingenhouß neueste Versuche mit Pflanzen. Kartoffelkeime, die sich zu entwickeln fangen, leuchten im finstern Keller. Faules Holz, in dem es zu neuem Leben gebildet wird, schimmert im Dunkeln. In der tiefe der Erde, wo kein Lichtstral mehr hindringen kann, hört alles Leben, alle Vegetation auf. Die Wärme ist entweder Wirkung oder Folge des Lebens. Dieß läßt sich noch nicht recht entscheiden. Frühlingswärme belebt alles. Ein in Strasburg im Rhein ertrunkner Soldat wird *bloß* durch Wärme ins Leben zurückgebracht. Das Gegentheil zerstörender Frost. Einige Bemerkungen hierüber. *Luft*.* Dephlogistisirte, eigentliche Lebensluft. u. s. w. Aus allem diesen sehr fruchtbare Folgen. Schon hieraus erhellt, daß da sich die Lebenskraft nach der gleich zum Anfang von der Natur ertheilten grösern oder kleinern Summe von Lebensstoff, nach der Festigkeit oder Schlaffheit der Organe, nach dem grösern oder kleinern Aufwand, den der Mensch in seiner Lebensart davon macht, stärker oder geringer seyn muß: sich auch darnach diese Kraft verlängern oder verkürzen lassen muß. *Intensives, extensives Leben.* Die gewöhnliche Redensart: *schnell* leben, ist sehr wahr. Der Schlaf unterbricht das *intensive* Leben, damit das *extensive* Leben länger dauere. Betrachtungen über den Winterschlaf der Thiere und Pflanzen.

Die ganze Abhandlung kommt im Deutschen Merkur.

Hierauf laß ich eine Abhandlung über die *Prachtgefäße der Alten* vor. Sie ist für[s] Modenjournal bestimmt, und durch die neue Erfindung von Wedgewood, die Enkaustik der Etrurischen Gefäße täuschend nachzumachen, veranlaßt. Da sehr viel von diesen gemahlten Gefäßen die in Etrurien u. Campanien gefunden worden, in meiner Vorlesung vorkamen: so ließ die Herzogin Mutter einige dergleichen ächte Antiken aus ihren Zimmern holen, die sie von ihrer

* Viele Gewächse, Fordycas Goldfische, ein Französischer Offizier, der sich zu tod hungern wollte, und 46 Tage nichts aß, lebte von diesem Element.

Reise aus Italien selbst mitgebracht hat. Ich werde vielleicht künftig über die Gemälde, die sich auf diesen befinden, einige Mutmaßungen vortragen. Da fast die Hälfte der hier anwesenden Geselschaft selbst in Italien zu Florenz und Portici die schönsten Sammlungen dieser Prachtgefäße gesehn hat: so waren die durch meine Vorlesung entstandenen Unterredungen mir sehr belehrend.

Der Geh[eime] R[at] v. Göthe laß hierauf Proben eines Lehrgedichts *über die Pflanzen* in deutschen Hexametern vor, das ihm die Gräfin Harrach aus Wien zugeschickt hatte. Der Verfasser ist ein Schüler Linnées, ein Schwede, der aber die deutsche Sprache vortrefflich in seiner Gewalt haben muß. Ich erinnre mich nicht, in diesem Fache etwas hinreisenderes je gehört zu haben. Vater Wieland war ganz entzückt drüber. Hier war mehr als Kleist und Haller. Die Alpenscenen, die Schilderungen der Ost- u. Westindischen Blumen, die abstrakte botanische Sprache durch die glänzendsten Bilder gehoben z. B. *von der Begattung der Pflanzen*, alles verrieth einen grosen Meister, dessen Werk freilich auch noch durch Göthes meisterhafte Deklamation sehr gehoben wurde.

Wegen der Länge der schon gehaltnen Vorlesungen u. der dazwischen eintretenden Intermezzos von Gesprächen mußten einige andere Abhandlungen aufs künftige mal verschoben bleiben.

Unter unsern Gästen befand sich dieß mal auch der Bruder des Herzogs von Gotha, der Prinz August, ein sehr gelehrter u. liebenswürdiger Herr. Er ist zweimal in Rom und Neapel geweßen, und erzählte einige höchst interessante Anecdoten. –

Den 23ten März. [17]92.

Wegen der Abreise des Prinz August von Gotha, die künftige Woche erfolgen solle, wurde heute schon die Versammlung für den April gehalten. Aber der gute Prinz war diesen Nachmittag sehr gefährlich krank geworden. Er konnte nicht in unserer Mitte seyn. Mit ihm blieben noch einige weg, die uns heute besuchen wollten.

Prof[essor] *Kästner* setzte zuerst seine psychologischen Bemerkungen über das Vorstellungsvermögen der Seele fort, und bestimmte und klassifizirte heute die Gründe der deutlichern oder dunklern Apperception, alles noch als Vorbereitung auf die Lehre von den fixen Ideen, und den verschiedenen Graden des Wahnsinns, die damit verbunden sind, und davon nun die folgende Vorlesung selbst handeln wird. Zu den Dingen, davon das kleinere oder größere Maaß der Deutlichkeit unserer Vorstellungen abhängt, rechnete er unter andern 1) *die uns umgebenden örtlichen Gegenstände.* Ein wohlgenährter Landprediger konnte nur bei einem gewissen bestimmten Aufputz seiner Studierstube auf seine Predigt meditiren, und hatte auch einen eignen *Denkstuhl.* 2) die Schärfe gewisser Sinne für gewisse Ideen. 3) das Interesse der Lebensart, des Berufs, der Liebhaberei, wobey man für gewisse Ideen auserordentlich empfänglich, für andere ganz stumpf ist. Connoisseurship auf der einen, Pedanterei auf der andern Seite. 4) das Interesse des Selbsterfundenen. Pädagogische Folge daraus für den Vortrag beim Unterricht. Wer nicht die Kunst versteht, seinen Lehrling oder Leser zu dem Gesagten oder Angedeuteten vieles selbst hinzu erfinden zu lassen, ist kein guter Lehrer. Hierauf gründet sich alle Sokratische Hebammenkunst. 5) verschiedene Ideenempfänglichkeit des zarter organisirten weiblichen, und des festern männlichen *Geschlechts.* Schnellere, freiere, im kleinen Kreise alles inniger umtastende Rezeptivität ist das Prärogativ des Weibes. Abschweifung zum Lob dieses Vorzugs. Wunsch ihn durch Erziehung zu schärfen und zu veredeln. 6) Verschiedenes Auffassen der Ideen nach Verschiedenheit des Alters. Anders faßt und hält die Ideen der Knabe, anders der Jüngling, anders der Mann, anders der Greiß. 7) nach Verschiedenheit der Temperamente. Ausgesuchte Beispiele und ein gewählter Ausdruck gaben dieser Vorlesung einen mannigfaltigen Reiz.

Der Leg[ations] Rath Bertuch unterhielt uns hierauf von Alter und Ursprung der Englischen Gärten. Zuerst eine Blume auf Hirschfelds Grab. Seine Gartentheorie, wozu er die Keime auf seiner Schweizer reise sammelte, u. wodurch er deutschem Fleiß und deutschem Geschmack ein fortbestehendes Monument lieferte, würde doch von dem trefflichen Mann noch wichtige Verbesserungen haben erhalten können. So scheint seine Erklärung von der Entstehung der Englischen Gärten nicht recht gründlich zu seyn. Er glaubt, die Engländer hätten die Idee dazu aus ihren mahlerischen Dichtern Milton, Thomson u. s. w. geschöpft. Aber dieß konnte es nicht allein machen. Kent, der große Schöpfer der Englischen Gartenkunst, zerbrach das Joch des berühmten Le Notres, und seiner Baumscheere und gradlinichten Alleen Zwang grade um die Zeit, wo die Englische Ostindische Compagnie ihre große Ausbreitung erhielt, und jeder reiche Engländer von Geschmack Italien besuchte. Aus diesen zwei Quellen schöpfte der Engländer seine Gartentheorie. Die *Chinesischen Gärten* gaben ihm die Idee der vermannigfaltigten Naturszenen. Die Betrachtung der alten villas und der Römischen Baukunst weckten und bereicherten den Geschmack an schönen Gebäuden in diesen Gärten. Castell on the villas of the Ancient kam zu London in groß fol[io] fast um eben die Zeit heraus, wo die neue Englische Gartenkunst sich zu bilden anfieng. Der König[liche] Gärtner William Chalmers reißte selbst nach China, und ließ bei seiner Rückkehr Ansichten (views) von Chinesischen Gärten stechen, die, sollten sie auch hier u. da etwas verschönert seyn, doch gewiß nicht bloße Geschöpfe seiner Fantasie seyn können. Er gab auch einen Versuch über die Orientalische Gartenkunst (Essay on Oriental gardening) heraus. Aber was die Sache noch deutlicher und unwidersprechlicher macht, ist ein Chinesisches Gedicht, das ein Mandarin, ein gelehrter Chinese schon im Jahre 1300 unsrer Zeitrechnung auf seinen eignen Garten machte, und das uns nun B[ertuch] aus den memoires sur la Chine in einer sehr getreuen, doch schönen Uebersetzung am Schluße vorlaß. Der ganze Garten umfaßte 60 Morgen Lands, und hatte all die Abwechslung u. Szenerei, der nur immer der schönste Englische Park sich rühmen kann. Ungeheure Grotten, zwischen Felsenwänden eingeschlossene Wasserspiegel u. Seen, Einsiedelein, Belvederes auf einem schiffbaren Strome, eine Gartenbibliothek, Cascaden, Stauden und Gesträuchpflanzungen (shrubberies) alles schildert der Chinesische Gartensänger mit so neuen, orientalischkühnen Bildern, daß dieß selbst schon für die Aechtheit des Stücks bürgt. – Das Gedicht machte auf uns alle einen sehr starken sinnlichen Eindruck, und es wurde hierauf vieles über die Frage gestritten, ob man auch diesem Gedichte, oder wenigstens dem Französischen Dolmetscher trauen dürfe? Als Jesuiten und Missionairs sind sie freilich sehr verdächtig. Als *solche* hatten sie ein großes Interesse, alles Chinesische sehr herauszustreichen!

Nun überraschte uns *Göthe* mit einem Aufsatz, dessen Ankündigung eben so befremdend, als die Ausführung hinreisend und unterhaltend war. Es gieng ein auf einen Bogen gezeichneter Stammbaum herum, und zugleich kündigte uns Göthe an, er wolle uns etwas über Cagliostros Stammbaum und die Familie dieses Wundermannes vorlesen. Als ich, fing er an zu erzählen, im Jahr 1787. mich auf meinen Reisen einige Zeit zu Palermo in Sicilien aufhielt, wurde in allen Geselschaften vom Grafen Cagliostro, als ein geborner Palermitaner, dessen mehrsten Blutsfreunde noch in kümmerlichen Umständen in Palermo lebten, gesprochen. Man sagte mir in einer Geselschaft, ein sehr geschickter Advocat habe auf Requisition des Französischen Hofs die Familienumstände des Herrn Landsmanns genau untersucht, und darüber ein memoire nach Paris geschickt, wo sich damals der bekannte Halsbandsproceß für Cagliostro damit geendigt hatte, daß dieser frey gelassen u. nach England gegangen war. Meine Neugierde, diesen Advocaten selbst kennen zu lernen, wurde durch die Dienstfertigkeit eines aus der Geselschaft bald befriedigt, der mich schon des andern Tages bei diesem Mann einführte. Dieser legte mir hierauf den ganzen Stammbaum des Abentheurers und zugleich eine Abschrift des Memoires vor, das er nach Frankreich zur Entlarvung des Herr Balsamo geschickt hatte. Sein mütterlicher Großvater hatte wirklich Joseph Cagliostro geheisen, unter welchem Namen sich noch Verwande in Messina befinden. Sein Vater war ein

Kaufmann, der insolvent geworden, u. bald gestorben war. Der junge Balsamo hatte einige Zeit in einem Kloster der Barmherzigen Brüder zugebracht, wo er eben sein bischen empirische Medizin gelernt hatte, weil dieser Orden die Krankenpflege in den Spitälern besucht. Als er dieser Klosterzucht entlaufen war, lernte er alle Hände meisterhaft nachmachen, kam dieser Kunst wegen ins Gefängniß, und entkam durch eine Flucht nach Rom, wo er seine Seraphina, eine Gürtlerstochter heirathete, durch ihren *Erwerb* nun die Rolle eines Grafen *Peligro* zu spielen anfing, u. unter diesem Namen selbst die Unverschämtheit hatte, wieder nach Palermo zu kommen. Aber hier wurde er erkannt, u. zum zweitenmal fest gemacht. Aber auch dießmal wußte er sich seine Freiheit durch die Schönheit seiner Frau zu verschaffen, deren erklärter Liebhaber, ein roher junger principe den Advocaten, der gegen Balsamo diente, so mishandelte, daß dieser aus Angst nun selbst die Loslassung des Gefangenen bewirkte. Nun verließ unser Held Palermo zum zweitenmal, nahm seines Großvaters, Cagliostro, Namen an, u. durchstrich, wie bekannt, Europa. Dieß und vieles andere lernte ich aus jenem Memoire, das ich vom Advocaten zum Ansehn erhielt, so wie ich mir auch den dabei befindlichen Stammbaum kopirte. Der Advocat hatte die Data zu dem lezten von seiner noch lebenden Mutter u. Schwester auf eine gute Art zu erhalten gewußt. Dieß machte mich neugierig, diese Familie selbst kennen zu lernen. Es hielt schwer, da es arme Leute waren, die jeden Besuch eines Fremden sehr verdächtig finden mußten. Aber der Schreiber des Advocaten, der mir die Sache kommunizirte, erbot sich doch, mich als einen Engländer dort bekannt zu machen, der genaue Nachricht von der Befreiung Cagliostros aus der Bastille u. seine glückliche Ankunft in England zu überbringen habe. Der Anschlag glückte. – Nun erzählte Göthe mit seiner unnachahmlichen Kunst zu erzählen, u. Familienszenen zu mahlen seinen Eintritt in die kleine Wirthschaft dieser armen Bürgerfamilie. In der Küche wusch Cagliostros Schwester eben das Eßgeschirr auf, und deckte so gleich beim Eintritt der

Fremden, die hier durch die Küche in die Wohnstube passiren mußten, durch Ueberschlagen der Schürze den noch weniger abgetragenen u. verschossenen Vordertheil ihres Rocks auf. In dem Wohn- und Familienzimmer, die ganze Familie hatte nur dieß einzige, sah alles ärmlich, doch reinlich aus. Schwarze Heiligenbilder hiengen an der Wand, die einst gefärbt geweßen war. Die Rohrstühle waren einst vergoldet geweßen. Ein einziges Fenster erleuchtete das Zimmer, an dessen einem Ende die alte harthörige Mutter, an dem andern eine kranke schlafsüchtige Frau saß, die man in der Familie, trotz alles eignen Mangels, aus Barmherzigkeit unterhielt. Göthe mußte nun der alten Mutter die Nachricht von ihrem Sohne weitläuftig verdolmetschen lassen, da er des gemeinen Dialects der Sizilianer nicht ganz kundig war. Die Schwester, die selbst schon 3 erwachsene Kinder hatte, u. eine arme Witwe war, erzählte, daß es ihr kränkend sey, daß ihr ihr Bruder, der große Schätze besitzen solle, nicht einmal die 13 Unzie d'oro (Dukaten) wieder schickte, womit sie ihm bei seiner lezten Abreise aus Palermo seine versetzten Sachen eingelößt habe. Frage an Göthe, ob er nicht das Rosalienfest in Palermo mit abwarten werde, ob er einen Brief an ihren Bruder nach England bestellen wolle. Die alte Mutter fragte, ob er nicht ein Ketzer sei u. s. w. Beim Abschied, der schon sehr traulich war, verspricht Göthe morgen wieder zu kommen, und den Brief selbst abzuholen. Er kommt auch den andern Tag wirklich wieder, u. erhält einen Brief, und einen pathetischen (rührend geschilderten) mündlichen Auftrag von der alten Mutter, die keinen ganzen Mantel mehr hat, um in die Messe gehn zu können. Beim Abschied rührende Zunöthigung, das Fest der heil[igen] Rosalia noch in Palermo u. in der Geselschaft dieser guten armen Leute zu feiern. – Hätte es Göthens Reisekasse auf der Stelle erlaubt, er hätte seinen kleinen Betrug sogleich dadurch gut gemacht, daß er unter dem Vorwand, er wolle sich dieß Geld in England vom Bruder wieder geben lassen, der Schwester noch vor seiner Abreise die 13 Dukaten geschickt hätte, die sie vor ihren Bruder ausgelegt hatte.

Was indeßen damals nicht geschehn konnte, ist später noch aus Deutschland geschehn. Göthe hatte diese Auftritte in einigen Zirkeln seinen Freunden erzählt. Diese setzten ihn in Stande, der armen Familie noch mehr zu schicken, als jenes betrug. Der Englische Kaufmann in Palermo Cort, an den es Göthe spedirte, händigte es ohne alle Adresse ein. Die guten Leutchen meinten, dieß käme wirklich von ihrem Bruder aus England, u. dankten ihm schriftlich. Auch diesen Brief, den Göthe von jenem Kaufmann zugeschickt erhielt, laß er uns jetzt vor. Er war sehr rührend. Die Gabe war grade zum Weihnachtsfest angelangt. Die Mutter schrieb die Rührung des Herzens ihres Sohns dem heiligen Mutter Gottes Kinde zu. Noch hat Göthe eine Summe in Händen, die er der armen Familie, die durch neueste Schicksale Cagliostros in Rom aller Hofnung beraubt seyn muß, noch zu schicken wird.« – Einer aus der Geselschaft glaubt, es sei das Honorar daß Göthe von *Unger* in Berlin für das M[anu]sc[rip]t des Groskophta erhalten hat. Mir ists auch aus andern Gründen wahrscheinlich und so wäre es in der That höchstsonderbar, daß eine Summe Geldes, die durch ein Schauspiel erworben wurde, das Cagliostros Betrügereien und stirnlose Frechheit geißelt, dieses nähmlichen Cagliostros alter Mutter u. hilfloser Schwester in Palermo zur Erquickung gereichte, und daß beides ein und der selbige *Deutsche* that.

Vergeblich würde ich mich übrigens bemühen, die Schilderungen und kleinen entzückenden Details wieder zu geben, die Göthe in die Erzählung dieses kleinen Reiseabentheuers zu verweben gewußt hatte. Enfin la sauce valoit bien la viande. So schwebt mir jetzt gleich noch das Gemälde vor Augen, wie beim ersten Besuch in der Familie Göthe mit seinem Begleiter ins grose, leere Gemach eingewiesen worden war, so verweilte die Schwester, die sie in der Küche angetroffen hatten, noch etwas in der Küche. »Als sie hereintrat, erzählte Göthe, hatte sie eine reine weise Schürze umgethan, und statt der klappernden Korkpantoffeln Schuhe mit einem rothen Bändchen angezogen. Sie setzte sich mir schief über, stemmte beide Hände auf die Kniee, und befühlte nun so vorwärts gebogen mit arglosem, unbeleidigendem Blick jede Muskel bewegung des ihr fremden Mannes.«

Vieles, was später in den zu Rom aus dem Verhör gedruckten Nachrichten von Cagliostro stand, war noch ausführlicher in jenem Memoire des Palermitanischen Advokaten, das Göthe blos darum nicht ganz kopirte, weil er gewiß glaubte, man würde es in Paris selbst so gleich drukken lassen.

Den Beschluß machte für dießmal der Geh[eime] Rath *Bode*, indem er uns eine Probe seiner neuen Dolmetschung von Montaigne vorlas, die bey La Garde in Berlin heraus kommen, und gewiß nicht schlechter ausfallen wird, als seine früher algemein bewunderten und studirten Uebersetzungen des Tristram Shandy, Tom Jones, des Predigers von Wakefield u. s. w. Es gehört gewiß sehr viel dazu, diesen alten launichten, aber oft sehr *cynischen** Sonderling schön und doch so überzusetzen, daß der alte Ehrwürdige Rost nicht ganz weggewischt wird. Die uns vorgelesene Probe das 1 Kapitel des 2ten Buchs: *vom Inconsequenten in unsern Handlungen* bewieß hinlänglich, welches Meisterstück wir zu erwarten haben.

Zwei versprochne Abhandlungen vom *Durchstechen der berühmtesten Isthmen* zum Behuf der Handlung in alter und neuer Zeit vom Geh[eimen] Rath *Voigt*, und über die Venus vom Major von *Knebel* mußten wegen Kürze der Zeit aufs künftige mal aufgehoben bleiben. –

* Das schwerste und unsauberste Kapitel im ganzen Montaigne ist gewiß das *über die Einbildungskraft*. Bode laß uns jüngst die Uebersetzung auf seiner Stube vor. Er hat sich meisterhaft geholfen. L'art de peter, die Kunst zu fo....n, hat er die *Bauchredner*kunst, peter, die *Orgelei des Afters* übersetzt.

Johann Wolfgang von Goethe

[1795]

In seiner Jugend und Genieperiode war er als einer der schönsten Männer von Mädchen und Frauen angebetet. Oft ging er, als er noch in Frankfurt war, zu Fuß nach Darmstadt. Da gaben ihm die artigsten Frauen das Geleite bis zur Stadt hinaus, und in Darmstadt setzte er sich vor Merks Haus, wo auf einer steinernen Treppe einige Bänke vor der Hausthür standen, um den um ihn versammelten Mädchen Genieaudienz zu ertheilen, die oft länger als eine Stunde dauerte.

Als ihn unser Rath *Krause* zuerst in Frankfurth kennen lernte, (Krause suchte das Patrocinium seines Vaters, der viel im Rathe galt, um den in einer Gilde verbundenen Malern zum Trotz eine Zeichenschule in Frankfurt errichten zu können) schlotterte alles an ihm, er trug ein großes Pflaster um den Hals, sah ekelhaft gelb im Gesicht, und hatte beinahe keine Haare mehr am Kopf. So sehr hatten ihn seine Kämpfe auf dem Schlachtfelde der Venus volgivaga zum Invaliden gemacht. Jetzt hat er fast alles von seiner schlanken Apollofigur durch das sich überal ansetzende Fett verloren. Er extendirt sich täglich durch Embonpoint, u. seine Augen sitzen im Fett der Backen. Nur wenn er aus *Voßens* Iliade vorließt, verherrlicht sich seine Gestalt, und da, sagte mir Schulz, der ihn vor 10 Jahren kannte, finde ich den alten Göthe wieder.

Nichts ist einfacher, als seine jetzige Häußlichkeit. Abends sitzt er in einer wohlgeheitzten Stube eine weise Fuhrmannsmütze auf dem Kopf, ein Moltumjäckchen u. lange Flauschpantalons an, in nieder getretnen Pantoffeln u. herabhängenden Strümpfen im Lehnstuhl, während sein kleiner Junge auf seinen Knieen schaukelt. In einem Winkel sitzt stilschweigend und meditirend der Maler *Meyer*, auf der andern Seite die Donna *Vulpia* mit dem Strickstrumpf. Dieß ist die Familiengruppe.

Göthe hat nach einer reifen Ueberlegung, warum die Zauberflöte einen solchen unbegreiflichen Eindruck aufs deutsche Publikum macht, selbst einen Versuch gemacht, den 2ten Theil dazu im Text zu verfertigen, weiß aber keinen Compositeur dazu zu finden. Es ist nicht, wie die Zaubercyther und andere dergleichen Nachäffungen, nur Wiederholung sondern *Fortsetzung* und Erhebung des Stücks, wobey doch alle die vorigen Personen u. Decorationen vorkommen, und also für die Directionen sehr vortheilhaft seyn müßten.

Beym erneuerten Studium Homers empfinde ich erst ganz, welches unnennbares Unheil der Jüdische und Christliche Praß uns zugefügt hat. Hätten wir die Sodomitereien und Aegyptisch- Babylonischen grillen nie kennen lernen, u. wäre Homer unsere Bibel geblieben! Welch eine ganz andere Gestalt würde die Menschheit dadurch gewonnen haben!

Er hat lange Untersuchungen über das so genannte os intermaxillare, welches die Thierphysiognomien nach *Camper* und *Blumenbach* von der menschlichen unterscheiden soll, angestellt. *Loder* wird sie herausgeben.

Es ist äuserst interessant, ihn seine Abentheuer beym Feldzug in die Champagne 1792, wo er den Herzog begleitete, erzählen zu hören. Er hielt sich immer zum Vortrapp, wo es am lustigsten zugieng. Anecdote von einem Bauer bey Verdün, der sich allein in einen Weinberg versteckt hatte, und gegen die Preusische Armee *schoß*. Er sollte gehängt werden, u. man fand keinen Baum, woran man ihn hätte hängen können. Endlich ließ ihn der Preusische Major mit 25 Arschprügeln laufen. Ein niedliches Bauernweibchen, die sich hatte flüchten wollen, brachten sie mit ihren zwey Wägen und Effekten glücklich in ihr Dorf zurück. In Verdun ließ sich Göthe Empfehlungsbriefe nach Paris an die schönen Weiber geben, weil er auch gewiß überzeugt war, es ging grade nach Paris. Ein Blatt vom Moniteur, das sie auf einem feindlichen Wagen erbeuteten, und worin stand: les Prussiens pourront venir à Paris, mais il[s] n'en sortiront pas bestärkte sie alle in diesem Glauben. Göthe ließ sich schon die Specialkarten zum Marsch nach Paris durch einen Soldaten, der dieß Geschäft als Feldbuchbinder trieb, auf Leinewand ziehn.

Im Anfang des Januars 1795 ging er auf 14 Tage nach Jena um 2 Stunden täglich bey Loder Syndesmologie zu hören. Beyläufig machte er mit *Göttling* chemische Versuche, um die achromatische Flüssigkeit herauszubringen, die jüngst im Reichsanzeiger aus England angezeigt war.

Physiologische Bemerkung. Gewisse Configurationen im menschlichen Körperbau tragen noch die letzte Spur der veredelten Thierheit zum prototypen der organischen Schöpfung, zum Menschen, sehr deutlich an sich. z. B. das os coccygis, der Rest des thierischen Schwanzes, die *Milz* (Anecdote, die *Loder* Huntern [verdankt,] von einem Englischen Soldaten, der bey Culloden verwundet worden war, u. die halbe ihm weggeschnittene Milz mit chirurgischen Attestaten zur Schau herum trug, und darauf bettelte. better, than ever) und das überzwerg Schleudern der Hände wen man geht (Nachahmung des 4füssigen, überek schreitenden Thiers, daher auch diese Spur der Thierheit in der feinen Welt für unanständig gehalten wird.) ⟨Ich, sagt Göthe, laß immer beide Hände schleudern, wenn ich allein übers Feld gehe. Denn so gehe ich naturgemäßer. ἀποσοβειν. Nie geht er mit einem Stab.⟩ Zu was nutzen die papillae an der Brust des Mannes. (Schon *Sterne* in seinem Koran findet dieß unerklärlich) Man muß annehmen, es sey gleichsam ein algemeiner Typus in der Natur für die menschliche Organisation. Hier sind beim Mann wenigstens noch die Spuren der Brüste, die sich beym Homo Lar nur auf zwey herauf vermindert haben. Die Natur hat gewiß Generalformen, die sich auch da abdrücken, wo sie kein unmittelbares Bedürfniß erfüllen z. B. bey allen unsern Rohrgewächsen liegt am untern Schilfblatt ein Auge, daß sich *nie* entwickelt.

Des Grafen *Fritz Stolbergs* lächerliche Hypothesen in seinen Reisen. Gott gab dem ersten Menschen eine Getreide garbe mit aus dem Paradiese. Die alten Götter sehn in den Bildsäulen so ernsthaft aus, weil ihre Urbilder ohne Hoffnung der Unsterblichkeit waren. Dominichino's Sacrament des heiligen Hieronymus.

Göthe machte noch von Frankfurt aus mit den Stolbergen, dem Grafen Haugwitz und einigen andern Genies eine Reise in die Schweiz auf physiognomische Abentheuer. Bei dieser Gelegenheit wurde das enge Freundschaftsband mit *Lavatern* geknüpft, an welches Göthe in der Folge auch den Herzog v. Weimar ankettete. *Lavater* borgte, unter Göthes Vorschub, vom Herzog 1500 Thaler, und versprach dafür Kunstwerke und artistische Seltenheiten zu schicken. Er schickte auch wirklich von Zeit zu Zeit Gemälde und Kupferstiche mit den größten Lobpreisungen, und gab ihnen den Namen von den größten Meistern, ohngeachtet es abscheuliche Kopien waren. Beim Rath *Kraus* hängen noch einige davon. Der Herzog nahm auch mehre Exemplare von Lavaters französischer Physiognomik. Am Ende fand sichs, daß Lavater noch 400 R[eichs]-th[aler] herausbekommen müsse, die aber der Herzog *nie* bezahlt hat. ⟨Damals schrieb auch der Herzog an Lavater. Lavater hat diese Briefe drucken lassen, u. dieß kann ihm der Herzog nie verzeihen.⟩

Göthe hat in allen bildenden Künsten Versuche gemacht. Er hat in der Schweiz Landschaften, in Italien nach Antiken gezeichnet, und überhaupt im Zeichnen ein treffliches Auge und eine festere Hand, als man bei der wenigen Uebung, die er gehabt hat, glauben sollte. Er hat auch radirt. *Salzmann* in Strasburg zeigte *Storchen* einige Skizzen von Göthes Hand. S[iehe] *Storchs Skizzen* auf einer Reise durch Frankreich.

Als ich in meinen frühern Jahren einmal auch die Bibel, wie ein anderes vernünftiges Buch durchzulesen anfing, fiel mir unter andern der sonderbare Umstand auf, daß Moses die 10 Gebote gar nicht geschrieben habe. Denn da wo sie eigentlich vorkommen sollten, im 2ten Buch Moses, da ist bloß die Bundesformel zwischen Jehova u. den Israeliten angeführt, und im 5ten Buch, daß Moses doch auch nach der alten steifen Hypothese nicht einmal geschrieben [haben] soll, kommen sie erst vor, u. so sind sie durch ein ὕστερον πρότερον erst später in die 2 Tafeln hereingebracht worden. Ich habe dieß damals selbst in einem gedruckten theologischen Aufsatze (in *Göthes* Schriften, älteste Berliner Ausgabe) kund gethan, man scheint aber darauf nicht gemerkt zu haben.

Die orthodoxen Schulen in allen Wissenschaften die aus Bequemlichkeit gern beim Herkömmlichen bleiben, halten ihr altes System noch mit den Zähnen, wenn ihnen schon beide Arme abgehauen sind. Aber natürlich ist dann der Sturz auch um so plumper u. schneller.

In seinem alten Garten am Park hat er selbst 6 Linden gepflanzt, die in den 16 Jahren das er hier ist, hohe Bäume geworden sind, und um deren willen er diesen Garten, den er übrigens fast gar nicht mehr besucht, doch nie verkaufen will.

Eine Menge Kunstwerke hat er durch eine ganz eigene Art, das Eigenthum gewisser Dinge in suspenso zu lassen, zu seinem Eigenthum gemacht. So ist es auch mit der prächtigen *Gemmensammlung*, die er aus dem Feldzug in die Champagne mitgebracht hat, und über die er so mysteriös spricht. Diese Gemmen gehören der verwitweten Fürstin Gallizin. S[iehe] in *Hennings* Briefen.

Weimarsche Genieperiode. von 1775–[17]81.

Der Graf Görz hatte dem Herzog absichtlich eine enge, kleinliche Erziehung durch die Schnürbrust der Hofetiquette gegeben, um über ihn zu gebieten, und in der Folge die Rolle des Statthalters, Grafen v. *Bünau* im Weimarschen Lande spielen zu können. ⟨Dafür bekam er beim Abgang 20,000 Thaler Präsent vorzüglich von den Landständen. *Rie-*

del wollte sie auch haben. Der Herzog wollte wirklich auf 6000 Thaler bei den Ständen antragen. Riedel verdarbs durch seine Grobheit.⟩ Uebrigens affectirte *Görz* auch bellettristische Liebhaberei, und interessirte sich stark für *Wieland*. Als der Herzog 1775 nach Darmstadt zur Vermälung reißte, bat Görz Göthe in Frankfurth zum Dejeuner beym Herzog im rothen Hause. Der Herzog hatte Göthes Götz v. Berlichingen gelesen, und den borstigen Ritterton allerliebst gefunden, war also schon dadurch begierig geworden, den Schöpfer dieses *deutschen* Kunstwerk persönlich kennen zu lernen. *Göthe* gefiel auserordentlich, wurde nach Weimar eingeladen, und der nachmalige *Kammerpräsident v. Kalb*, damals Kammerjunker in der Suite des Herzogs, erhielt den Befehl, das Frankfurter Kraftgenie in dem von Brüssel erwarteten Staatswagen mit nach Weimar zu bringen.

So kam Göthe im Triumph in Weimar an, und Kalb logirte ihn, bis er selbst eine bequemere Wohnung hatte, bei seinem Vater, dem damaligen alten Kammerpräsidenten ein, erwieß ihm, da er bald merkte, daß dieß der alvermögende Liebling des 18jährigen Herzogs werden dürfte, alle möglichen Gefälligkeiten, u. Gastfreundschaft, und hatte selbst gegen die Liebelei, die der schmucke Göthe mit seiner damals noch unverheiratheten Schwester, der jetzigen Fr[au] v. *Seckendorf* trieb, nichts einzuwenden. Nur der alte Kalb rief seiner Tochter ein: *Mädchen mit Rath!* zu, u. rettete sie. Göthe vertauschte bald diese Liebe mit der Seladonschaft bey der damals reizend aufknospenden *Kotzebue*, nachmaliger *Gildemeister*, der zu gefallen er damals auch das liebliche kleine Stück: Die *Geschwister* schrieb, worinn er sich mit seiner Geliebten selbst kopirte. Später kamen die Liebschaften mit der Frau v. Stein, davon der Park ein so schönes Epigramm zum Denkmal enthielt.

Das Genie *Göthe* konnte seinen *Weltgeist* (damaliger Modeausdruck) nicht in einer engen Ausdünstungspfütze, vulgo, Stadt gefangen nehmen. *Bertuch* mußte ihm seinen Garten am Park abtreten, und dort etablirte er nun seine Geniewirthschaft. Billets, wie folget, kamen gewöhnlich alle Morgen an den Herzog:

»Da sitz ich hier noch immer in der *Scheiserei*, in der abscheulichen Scheiserei. Wilst du, Lieber,* bei mir diesen Mittag essen, so habe ich nichts vorzusetzen, als ein todgeschlagenes und der Jagd entrissenes Rebhuhn. Das übrige mußt du mitbringen. – *Wolfgang.*«

Eine gewisse Gemeinschaft der Güter machte die Genies den Quäkern u. Heilandsbrüdern ähnlich. So schickte G[oethe] oft zu Bertuchs Frau, u. ließ sich ein Schnupftuch holen. Hatte er keine weisen Canevaßweste u. Hosen (die damals Genietracht waren) so ließ er sich von der Herzog[lichen] Garderobe sein Bedürfniß holen. Versteht sich, daß nie etwas zurückgegeben wurde. Oft schickte er in ein Haus, und ließ sagen, er würde heute Abends da essen. Der Herzog selbst erstickte bald im Schmutz, wusch und kämmte sich nicht, und bekam endlich gar Ungeziefer. Ein fürchterlicher dicker Corporalstock war seine Stütze.

Göthens Affe und Pajazzo war der Major v. *Knebel*, der mit des Herzogs Bruder, dem Prinzen Constantin, in Tiefurth im Kleinen alles so trieb, wie Göthe es im grösern mit dem Herzog machte. Auch behandelte ihn G[oethe] ganz wie seinen Pickelhering, der jeden seiner Bockssprünge durch einen noch höhern Sprung in Karrikatur zu bringen suche. Encore plus haut, Pajazzo! –

Göthes Fortun zog zuerst *Lenzen* hieher, der gradezu als Hofnarr behandelt, als er aber einmal zwischen der alten Herzogin, die Göthen mehr als bloß gewogen war u. der begünstigten Liebhaberin der Frau v. Stein eine Klätschrei gemacht hatte, plötzlich fortgeschafft wurde, u. von *Kalben* noch einige L[ouis]d'or Reisegeld bekam. Dann kam der alles zermalmende, rohes Fleisch kauende *Klinger.* Mendoza-Lenz hatte auf des Herzogs Unkosten sein Geniewesen getrieben, u. war in allem aus der Herzog[lichen] Schattulle erhalten worden. Bei *Klingern* wurde man schon sparsamer. Nun erschien *Kaufmann*, das Genie, das alles kann, was es will, aber hier bald fand, daß er Göthen nicht aus der Gunst des Herzogs zu bringen, u. selbst Hahn im Korbe werden

* so nannte Göthe gewöhnlich den Herzog.

könne. Kaufmann wanderte also nach *Dessau*, wo der ehrliche Leopold den zweiten Theil zum hiesigen Geniewesen, das Philanthropinwesen betrieb. Die von Lavatern exaltirte Fürstin empfing diesen Apostel Lavaters mit offnen Armen, u. da sich Kaufmann das Ansehn zu geben wußte, als wolle er in das philanthropinische Chaos, das *Basedow* damals schon aufzugeben gesonnen war, ein schöpferisches: *es werde Licht!* rufen, u. viel von Constitution des Philanthropins sprach, (dem er doch nichts, als seinen Schimmel abließ, der noch lange in Dessau als der Philanthropinschimmel seine Rolle fort spielte.): so gewann er auch das Zutraun des Fürsten. Um seinen Genieberuf zu beurkunden, ging *Kaufmann* in einer grünen Friesjacke und Charivaris, die Brust bis auf den Nabel nackt, Mähnen artig flatternde Haare, u. einen gewaltigen Knotenstock. *So* kam er in der Fürstin Zimmer u. zum Fürsten an die Tafel. Der damalige Pagenhofmeister *Behrisch*, Erdmannsdorf u. der Prinz Hans Görge öffneten endlich dem gutmüthigen Fürsten die Augen über ihn, die Fürstin fand an einem Kammerlackay mehr Behagen u. das Genie Kaufmann trollte sich nach Marschlins, wo er Barthen ausstach, bald aber selbst auch zum Rückzug blasen mußte. Von da kam er zu Haugwitz, debauchirte dessen Gemahlin, (sie war eine Tochter des General Tauenzien, der es *Kaufmannen* geschworen hatte, ihm von der Hauptwache den Hintern ausfuchteln zu lassen, wenn er seiner habhaft würde) ging in die Schweitz, kaufte ein Gut, nahm zwei Weiber u. s. w.

In Weimar trat indeß *Merk* auf, den Göthe selbst, als seinen ersten Lehrer im einträglichen Geniewesen respectirte. ⟨Märk kannte *Göthes* Schwäche, der gegen jeden Spott äuserst verwundbar ist.⟩ Dieser predigte Kunstgeschmack, verschacherte Kupferstiche und Kunstwerke, und schnitt sich aus jedem Rohr eine Pfeife. Er logirte einige Zeit bei der Herzogin in Ettersburg, und wuste sich durch seinen beisenden Witz überal in Ansehn zu setzen, war übrigens Brocanteur u. Genie in Eins amalgamirt.

Als Intermezzo diente die Erscheinung der beiden *Stol-*

berge, die mit Lavaters Gnadenöl gesalbt aus der Schweiz zurück hieher kommen. Unter andern wurde damals auf *Bertuchs* Stube im Fürstenhause ein Geniegelag gehalten, das sich gleich damit anfing, daß alle Trinkgläser zum Fenster hinausgeworfen, u. ein paar schmutzige Aschenkrüge, die in der Nachbarschaft aus einem alten Grabhügel genommen worden waren, zu Pokalen gemacht wurden. Fritz Stolberg hielt eine pathetische Anrede an dieß heilige Gefäß, das die Asche eines ächten alten Deutschen umschlossen habe, und brachte Thuiskons Gesundheit aus, die einer nach dem andern aus dieser Scherbe soff.

Zu den kostbarsten Geniestreichen gehörte eine Schweizerreise *zu Pferde*, die der Herzog mit Göthe u. Knebel machte, u. die in 6 Monaten 18,000 R[eichs]th[aler] kostete. Man nahm um kompendieus und wohlfeil zu reisen, kaum ein paar Hemden in einem Mantelsack mit, bezahlte aber alle Bedürfnisse desto theurer auf dem Wege. In *Stuttgard* bekam man den Einfall, an Hof zu gehn. Plötzlich mußten alle Schneider herbei, und Tag u. Nacht an Hofkleidern arbeiten. Nach der Rückkunft von dieser Expedition in die Schweiz war Göthe ganz metamorphosirt, erschien zuerst in gestickten Westen u. Staatskleidern, und stimmte einen ganz andern Ton an. Ueberhaupt rettete sich *Göthe*, wenn es in einer Periode bedenklich zu werden anfing, allezeit durch eine *Reise*. So ging er auch schnell u. unvermuthet von Carlsbad sogleich nach Italien.

In der Genieperiode hieß jeder, der Ordnung u. Anstand nicht mit Füßen treten wollte, ein *Spießbürger*. Alles wurde silhouettirt, und Lavaters Urtheil unterworfen, der die unverschämtesten Aussprüche that, u. die bravsten Menschen auf die Schädelstätte (zu den Räubern) verwieß. Ueberhaupt hat Lavater einen vielfältigen Einfluß auf die hiesige Genieperiode gehabt. – Man warf von innen aus den Zimmern die Fensterscheiben mit großen Thalern ein, ließ diese aber auf der Gasse sorgfältig wieder aufsuchen.

Der Kammerpräsident Kalb wurde dem Herzog vorzüglich durch eine Spielgeschichte, die der Hofrath *Redicker* gegen ihn geltend machte, (da er die Billets aus dem Ofen wiederhervorgeholt hatte, die Kalb hinein geschmissen hatte) dem Herzog verdächtig gemacht. Und da die Kammer nichts mehr schaffen und borgen wollte (man hatte unter andern 30,000 R[eichs]th[aler] in Bern aufgeborgt): so ließ endlich der Herzog durch *Fritsch* dem C[ammer] P[räsidenten] bekannt machen, daß er sein Zutraun verloren hätte. Nun wurde Göthe Kammerpräsident.

Der Herzog hat *Göthen* wenigstens die Kunst abgelernt, jedem, den er benutzen will, seine schwache Seite abzulauern, und ihn bei dieser so lange zu kitzeln, bis er alles thut, was Ihrer Durchlaucht belieben.

Göthe brachte durch die *Selma* aus Ossian bei Kosegarten das erste lebhafte Gefühl hervor, Ossian in der Originalsprache zu studieren. *Gräter's Bragur* III, 457.

G[oethe] hatte den Wunsch, in Verbindung mit Herdern u. einigen andern Weimarschen Gelehrten ein *Musterjournal* herauszugeben. Da dieß aber nicht ging, verband er sich mit Schillern, den er früher gar nicht ausstehn konnte, und dieß um so lieber, da er von diesem die kritische Philosophie in Quintessenz vorgetragen erhielt. *Göthe* quetscht gern solche Citronen aus.

Ifflands Urtheil über Göthe. Es ist etwas unstetes und mistrauisches in seinem ganzen Wesen, wobey sich niemand in seiner Gegenwart wohl befinden kann. Es ist mir, als wenn ich auf keinem seiner Stühle ruhig sitzen könnte. Er ist der glücklichste Mensch *von ausen.* Er hat Geist, Ehre, Bequemlichkeit, Genuß der Künste. Und doch möchte ich nicht 3000 Thaler Einnahme haben, und an seiner Stelle seyn.

Es war eine frühere Periode, wo Göthe auf die Alten, den Horaz, Virgil u. s. w. als auf alte Knasterbärte schimpfte u. Wieland persiflirte, daß er sich so mit ihnen abgeben könnte. Allein in spätern Zeiten änderte sich der Ton u. Göthe sagte z. B. Wielanden über seine Uebersetzungen u. Erläuterungen des Horaz die übertriebensten Schmeicheleien.

Göthe wollte eine gewiße Fräulein v. *Voß* heirathen, jetzige Fr[au] v. Staff in Eisenach. Diese aber zog Staffen vor. Par depit gegen die Fr[au] von Stein (die ihn eigentlich moralisch ausgesogen, u. alles das Mistrauen eingeflößt hat, was ihm jetzt die Menschheit verleidet) griff er zur Dame Vulpia. Es ist lächerlich u. tritt alle Ideen des Wohlstandes mit Füssen, daß sie, indem sie ihr 7jähriges Göthetum an sich sitzen hat, sich öffentlich im Theater u. sonst Mamsellisiren läßt. *Wieland* drückte sich einmal so darüber aus: das geschieht alles aus Göthischer Machtvolkommenheit. Göthe hat gewiß poetische Momente, wo er sich für den heiligen Geist, die Vulpia für die gebenedeite Jungfrau und seinen Jungen für das Christuskind hält.

ex ore Kalbii.

Es wurden einst eigene Künste hier gespielt, um Göthen spielfähig mit der regierenden Herzogin zu machen. Erst gieng er nach Meiningen, wo er am Hofe öffentlich mit den Herrschafften Whist spielte. Nach dieser Einleitung kam er hieher u. nun mußte die Sache so eingerichtet werden, daß der Stalmeister v. Stein mit der Herzogin spielte, plötzlich abgerufen wurde, u. nun Göthe, der schon darauf wartete, bat, sich indeß für sie einzusetzen. Nun war das Eis gebrochen, und die Sache gieng von nun an ohne Schwierigkeit. Mit dieser Gewissenhaftigkeit sticht es sehr ab, daß man einst einen englischen Roßkamm, der eine Carte als Ecuyer abgab, als Esquire an die Tafel invitirte, der auch in Reiterhabit erschien u. nach Tische seine Pferde als gute Kundschafft recommandirte.

Den 6ten Febr[uarii] 1796. Abends, als Gotter da war.

Von den Gemmen, die Göthe aus Hemsterhuis Sammlung durch die Fürstin Galliczin hat, fing Mayer die vorzüglichsten zu zeichnen an. 10 sind davon fertig. Auch zeichnete M[eyer] den priapischen Carpophoros, den Göthe von dem *H[errn]* v. *Murr* bey seiner Rückkehr aus Italien kaufte. Schon bey der Hinreise hatte ihn Murr und wollte 20 Ducaten dafür haben. Jetzt bekam ihn G[oethe] durch die feine Art, mit [der] er dem Brocanteur Gold zeigte, für die Hälfte.

Hierbey einige Anecdoten von Murrs Erwerbfleiß. Als Göthe bei ihm war, kam die Magd herein, u. hatte in einem Korb alte Bücher, die eben drausen auf dem Trödel feil geboten würden. Murr beschwerte sich höchlich über den lästigen Ueberlauf, u. kaufte einige davon für wenig Kreuzer. Wollen Sie, sagte er zu Göthen nicht etwa auch so einen Rathkauf machen. G[oethe] ließ sich wirklich beschwatzen, und legte einige 20 # an. Hinterdrein erfuhr er, daß Murr den ganzen Boden voll solchen alten Brast, den er Centnerweise kauft, hat, und den Fremden, die bei ihm zusprechen, auf diese Weise einige Kreuzer ablockt, daß er ihnen, unter dem Schein eines fremden Trödels, einige davon aufhängt. Er selbst hat allerlei alte Schächer, Unkepunze u. s. w. drucken lassen. Diese verschenkt er an die Fremden, die sie aber durchaus nicht selbst mit nach Hause nehmen dürfen. Er schickt sie ihnen durch die Magd ins Logis, und das Trinkgeld, was man dieser geben muß, bezahlt diese Makulatur vierfach. Vermuthlich ist die Magd auf diesen Erwerb angewiesen.

Göthe kaufte herrliche Handzeichnungen und Cartons in Rom, unter andern einen Ezechiel von Pietro de Cortona u. andre fast kolossalische Zeichnungen, zu denen er einen eignen grosen Saal, wie man etwa zu Florenz und Mayland für die Cartons besonders hat, haben müßte. Jetzt liegen sie auf seinem Boden zusammengerollt und oft deliberirte er mit Mayern, ob er nicht die blosen Köpfe davon besonders ausschneiden wollte. M[eyer] hat einen Poussin für ihn in Gouache gekauft, den er eben noch vom Untergang rettete, da das Weib kurz vorher drei andere Poussins um die Leinewand zu bekommen, ausgewaschen hatte. M[eyer] ist zweifelhaft, ob er die Ariadne im Vatican, oder die Madonna von Raphael in der Villa Borghese, oder die Aldobrandinische Hochzeit mit größtem Fleiß mahlen solle. Er fragte Göthen darüber, der ihm aber die Frage zurückschob. Wird wohl die Aldobr[andinische] Hochzeit wählen. M[eyer] schreibt kalt und desto *wahrer.*

Hamilton in Neapel hatte in den frühern Jahren noch herrliche Gelegenheit, Antiken um ein Spottgeld zu kaufen. Als G[oethe] dort war, fand er selbst in seinem Gewölbe, wo *verkäufliche* Sachen standen, einige prächtige Candelabern, die aus Portici gestohlen worden waren, ganz nachlässig in Breter eingenagelt. Als G[oethe] wieder nach Rom zurück kam, hörte er, daß großer Lerm darüber entstanden sei, u. H[amilton] habe sie dem König zurückgegeben. Jetzt mag Hamilton leicht selbst für eine gute Vase 20 bis 30 Ducaten bezahlen müssen. Sonst konnte er sie wohlfeiler haben.

Göthe, sagte Wieland neulich, will aller Künste Meister seyn, will alle Culturstufen u. Arten zu seyn in sich repräsentiren. Leicht möglich, daß er auch einmal den Spieß gegen die Schriftsteller kehrt. Vor 4 Jahren konnte er Schillern kaum nennen hören.

Zur neuen Oper: *der Spiegel in Arcadien* schickte er die Zeichnungen für Eckebrecht selbst aus Jena herüber. – In Jena schrieb er an seinem Wilhelm Meister. – Hier in Weimar wird er zu oft unterbrochen.

D[en] 18ten März. [17]96.

Heute hielt uns Göthe einen freien mündlichen Vortrag über crystallisirte, strahligte Schwefelkießkugeln, die er beym unglücklichen Zug in die Champagne pouilleuse 1793. auf der Ebene von Grand-preu auf freiem Felde entdeckte. Nach der berühmten, fürchterlichen Canonade fanden die Soldaten Kugeln, die sie für verschossene Kanonenkugeln hielten: *Göthe* erhielt eine, und entlangweilte sich durch ihre sorgfältigere Betrachtung, wobey er zu seinem Erstaunen bemerkte, daß sie von ausen crystallisirt zu sein schien. *Crystallisirte Canonenkugeln!* ein wunderliches Phänomen. Zufällig wurde ihm beym Packen die Kugel zerschlagen, und hier entdeckte sichs denn auf dem Bruch, daß es ein eisenhaltiger Schwefelkies sey. Man fand beym

Nachsuchen bald kleinere und größere Kugeln der Art in zahlloser Menge. Bey Rückzug fanden sie solche noch mehre Meilen weit. Einige der vorzüglichsten unter andern eine doppelte, aneinandergewachsene, hob Göthe zum Andenken auf und zeigte sie uns vor. So mineralogisirte Göthe, während alles in der größten Verwirrung und Angst wahr, ganz ruhig, und machte gelehrte Ausbeute, wo andere ihre Habseeligkeiten im Stich ließen.

Von *Sonnenburg* im Meiningischen hat Göthe eine volkommene Collection aller dortigen Artefakte, und erzählte uns, wie wunderbar alles Holz und Schiefer dort zu Fabrikaten bearbeitet werde.

Göthe liest mir seinen Hermann und Dorothea.

Den 25 Decembr[is] [17]96.

Warum ist das Städtchen so leer, so öde die Straßen? Damit fängt sich ohne alle weitere Ankündigung oder sonst gewöhnliche Anrufung der Muse das Gedicht so gleich dramatisch an zu bewegen. In einem niedlichen Landstädtchen ohnfern dem Rheine ist Alt und Jung und alles was Füsse und Wagen hatte, hinaus auf die Landstraße gegangen, um dort einen langen Zug von Auswandernden mit ihrem Gepäck und Gewirre vorüberziehen zu sehn. Der Dichter denkt die Szene zu Anfang des Julius dieses 96 Jahres, wo vor dem Andringen der Neufranken sich die wohlhabendsten Anwohner des Rheins in unabsehlichen Haufen flüchteten. Der Wirth zum goldenen Löwen mit seiner *verständigen* Hausfrau ist zwar aus Bequemlichkeit und weil ihn der Anblick zu sehr verwunden würde, zu Hause geblieben, hat aber seinen einzigen 20jährigen Sohn, *Hermann* zu Wagen hinausgeschickt, u. die sorgsame Mutter hat ihm ein Paket alte Leinewand und des Vaters cattunenen Schlafrock, so wie auch Mundprovision mitgegeben, um den Nothdürftigsten damit auszuhelfen. Unterredung des auf der steinernen Bank vor dem Hause sitzenden Wirths mit seiner Frau, die sich mit dem Wunsche endigt: wenn doch mein

Hermann mir bald eine junge Wirthin ins Haus brächte! Unterdessen kommen die Haufe der Neugierigen zurück, es wird lebendiger auf den Straßen, es kommt auch der geschäfftige Apotheker und der ehrwürdige *junge* Pfarrherr zurück, der erste der Nachbar, der zweite der Hausfreund des Gastwirths. Beide referiren, was sie gesehn. Eine hohe epische Stelle, wobey man sich doch der Thränen kaum erwehren kann. Laßt uns in die kühle Hinterstube gehn, sagt der Wirth, und dort ein Glas Wein zur Stärkung und Erquickung trinken! *Ende des ersten Gesangs.*

Hermann kommt zum Hofthore hereingefahren, tritt dann in die Stube und erzählt, daß er über dem sorgsamen Einpacken der Mutter verspätet, den eigentlichen Emigrantenzug nicht mehr angetroffen, wohl aber einen einzelnen Wagen, mit zwey großen ausländischen Ochsen bespannt und von einer trefflichen, beyhergehenden jungen Dirne getrieben, eingeholt habe. Die Treiberin bittet ihn mit edelm Stolze um Hülle und Leinewand für die im Wagen befindliche grade vor dem Eintritt der Flucht entbundene junge Frau. Hermann langt mit bewegtem Herzen sein mütterliches Packet hervor und eilt ihr, als der Wagen schon vorwärts ist, um dem im nächsten Dorfe Nachtquartier machenden Zuge noch nachzukommen, noch einmal nach, und hier giebt er der holden Treiberin auch noch die Lebensmittel zur Vertheilung und Selbstgebrauch, die er anfänglich selbst ins Dorf zu überbringen entschlossen war. So weit die höchstrührende, Herzergreifende Erzählung des jungen Hermanns. Reflexionen der Geselschafft. Der Vater wiederholt seinen schon früher gegen die Mutter allein geäußerten Wunsch noch einmal laut gegen den Sohn: er möge sich doch bald von den Töchtern des gewerbsamen Kaufmanns im schönen grünen Hause gegenüber eine zur Frau aussuchen. Es sey doch gut eine bemittelte Frau sich zu wählen. Da würden Kisten und Kasten gefüllt u. s. w. Nun erwiedert Hermann seine Zweifel. Er sey sonst auch der Meinung geweßen, sey aber, als er jüngst im erwählten Sontagsputz die Mädchen besucht habe, von Vater und Töchtern wegen seiner Unwissenheit, wer Tamino und Pamina sei, spöttisch verlacht worden, da eben Minnchen am Clavier Arien gespielt habe. Diesen Spott könne er *nie* vergeben. Nun poltert der Vater hitzig auf, schilt den Sohn einen Bauerntölpel, der ihm nie Ehre machen werde, und versichert grade zu: ein armes Mädchen werde er nie als Schwiegertochter über die Schwelle kommen lassen. Der Apotheker spricht seine Sentenzen über den Luxus der Zeit, und Hermann schleicht betrübt zur Thüre hinaus. *Zweiter Gesang.*

Während der Pfarherr *zum Frieden* redet, schleicht die gute Mutter dem Sohne nach, erfährt im Hofe, er sey in Garten am Hause gegangen, findet ihn auch da nicht, geht durch die Pforte in der Stadtmauer hinaus, auf ihren hart anliegenden Weinberg, findet auch da nichts, und geht ihm bis eben an den großen Birnbaum, der hinten ihre Aecker begränzt, mit schwerem Herzen nach. Hier beschleicht sie den Sohn mit einer Thräne im Auge aufs Gebirge hin blickend. Der unmuthsvolle will Soldat werden, u. vors Vaterland fechten. Sohn, sagt die Alte, du täuschst mich nicht. Dir blutet eine tiefere Wunde. Rührende Geständnisse des Sohnes im Schooß der treuen Mutter. Das holde Mädchen, die den Wagen trieb, muß heute noch meine Braut werden, oder ich heurathe nie. Aber der Vater will nicht. Also – Tröstender Zuspruch:

Steht doch immer ein Mann dem Mann, wie ein Felsen dem andern!

Du mußt bitten können, ich will auch helfen. Komm zum Vater! *Dritter Gesang.*

Eben hat der Prediger ein treffliches Wort zu seiner Zeit gesprochen, als die Mutter mit dem Sohne hereintritt, u. in sanfter, doch fester Rede den Entschluß ihres Hermanns dem Vater kund thut, worauf auch dem Sohne die Zunge gelößt wird. Der Prediger stimmt ein. Der Apotheker erbietet sich so gleich als Brautwerber ins Dorf zu fahren. Endlich willigt auch der überwundene Vater ein, daß Hermann so gleich mit dem Prediger und Apotheker hinausfahren soll. Jene beiden sollen sich nach dem guten Namen und den Umständen des Mädchens erkundigen. Dieß soll entscheiden. Es wird angespannt. Hermann führt sie fort, und hält, als sie ans Dorf gekommen sind, unter den Linden am Anger. Die Abgesanden gehn, nachdem H[ermann] ihnen zuvor das Mädchen durch eine meisterhafte Schilderung kenntlich gemacht hat. So weit laß Göthe auch den *vierten Gesang* vor. Man erräth schon das Ende. Dorothea, so heißt das Mädchen, wird noch beim Mondschein diesen Abend *heim*geführt. So läuft die ganze Geschichte ununterbrochen fort, in dem engen Zeitraum von Nachmittag um 3 Uhr bis Abends um 9 Uhr eingeschlossen.

Man sieht, daß die Fabel des Gedichts so äuserst einfach ist, daß sie sich kaum auch nur erträglich erzählen läßt. Aber desto mehr Breite, desto belebenderes Detail, gestattet nun diese scheinbar einfache Alletagsgeschichte. Und hier ist Göthe Homerisch groß und *neu.* Stellen, wie die Episode, wo die Wirthin erzählt, wie vor 21 Jahren, als das Städtchen abbrannte, ihr jetziger Mann auf der rauchenden Brandstätte ihr seine Hand anbot, Schilderungen, wie der Gang der Mutter durch Garten, Weinberg, Kornflur mit den bezeichnenden Localumständen, Lebenssprüche, wie sie der edle Pfarherr zu verschiedenenmalen ausspricht, müssen alle Classen und alle Stände gleich stark ergreifen und hinreißen. War je eine Epopöe *Volksgedicht,* so muß es dieß werden. Der gemeinste Verstand wird es *fühlen,* der geübteste und gelehrteste wird es *bewundern.*

Göthe gieng seit 2 Jahren mit diesem Süjet schwanger, und versuchte es erst als Drama, dann als eine Idyllenreihe. Aber grade durch diese vorbereitenden Studien wurde er erst des Gegenstandes ganz mächtig, u. konnte nun alle diese mühsamen Vorbereitungen wie Blüthenblätter zu einem Fruchtknoten schließen.

Des großen Meisters würdig sind folgende Rücksichten bey diesem Gedichte. Es steht auf einer ungeheuren Basis, auf der französischen Revolution, und eilt schon dadurch einer ganzen Generazion zuvor, indem es Effekte schildert, deren Umfang und Größe erst nach 30 bis 40 Jahren ganz gemessen werden wird. Nur durch diesen fürchterlichen und in ihrer Art einzigen Länder- und Völkerumsturz wurde dieß Gedicht möglich, und doch sieht man ihn die Schrecknisse nur aus der Ferne, hört das Gewitter nur hinter dem Gebürge, wird nie im fröhlichen Genuße der sichern Gegenwart gestört. Dabei kennt der Dichter kein Vaterland, keine Parthei. Das Gedicht kann jenseits des Rheins mit so herzlicher Theilnahme durchgenossen werden, als disseits. Es sind *menschliche*, nicht Nationalscenen. Es kann so gar in alle Sprachen übersetzt, und in allen Zungen gleich herzlich empfunden werden. Es ist die *einzige Odyssee*, die in unsern Tagen noch möglich schien. Denn wie sich dort die Irsaale eines einzigen Menschen doch auf den gewaltigen Hintergrund des Kampfes zweier Welttheile miteinander, des zerstörten Troja und [der] bei der Rückkehr verderbten Griechen lehnen: so stützt sich hier die *schnelle* Bewerbung eines erbar redlichen Gastwirthsson um eine in flüchtender Armuth edle Braut auf eine Kriegsfluth und Emigration, wie sie vieleicht kein folgendes Jahrhundert wieder sieht.

Das Colorit des Gedichts ist das hellste, was nur unser nordisches Clima gewähren kann. Es ist ein heller klarer Sommertag in der Jahreszeit, wo alles den Scheunen und Kellern entgegen reift, in schwellender Ueppigkeit und glühender Sonnenbeleuchtung. Darum wandeln auch alle Figuren in so reinen, klaren Umrissen; man sieht im Anfang des Gedichts den Flüchtlingszug auf der bestaubten Chaussee, man fühlt die Kühlung im Hinterzimmer des Wirths, man greift den Seegen des Jahres im Dahingehn der Mutter durch den Obstgarten, wo sie die Stützen der Bäume richtet, u. die Raupen vom Kohl abließt, und in die Geißblattlaube guckt, und alle die Naturgeschenke, die *ihr* gehören, mit Hausmütterlicher Aemsigkeit durchschreitet. Man erblickt von der Anhöhe des Birnbaums herab das Kammerfensterchen Hermanns, auf das er im Gespräch der Mutter hindeutet, von den Stralen der sinkenden Sonne beschimmert u. s. w. Um dieß Kunststück zu vollenden, wird im 6ten Gesang eben diese Gegend noch einmal im *vollen* Mondschein aufgethan werden.

Die Charaktere der handelnden Personen sind aus der

Menschenklasse genommen, die in unsern Tagen allein noch Individualität und Naturgepräge haben, und doch ist es keine phantastische Idyllenwelt. Es sind die sogenannten Honoratioren einer kleinen Stadt, wie sie leiben und leben. Dieß, sagte Göthe, ist Voßens Verdienst, ohne dessen Luise dieß Gedicht nicht entstanden seyn könnte. Voß hat durch die epische Behandlung einer Landpredigersfamilie einen verständigen Fingerzeig gegeben, *wo* unser Epos hingehört. Nun kann seine Luise darum schon kein eigentliches Heldengedicht seyn, weil ihm alle Continuität, aller Zusammenhang fehlt. Dann hat er auch durch alzuausführliche Malerei des kleinsten hors d'oeuvre den epischen Eindruck vernichtet.

Die Charaktere selbst vereinigen die zwey so schwer zu vereinbarenden Foderungen, daß das bestimmteste Individuum doch überal Repräsentant seines ganzen Geschlechts sey. Man hat solche Mütter, solche Väter, wie Hermanns Eltern sind, solche verschlossene, tiefe, aber im entscheidenden Augenblick unwiderstehlich hervordringende Gemüther, wie das des jungen Hermanns ist, solche behäglich pedantische Apotheker, wie hier der Nachbar aus der Engelsapotheke ist, oft schon im Leben bemerkt. Aber durch die sinnige Behandlungsart des Dichters würde man doch die hier gezeichneten Menschen wieder unter tausend ihrer Art und Gattung herausgreifen können.

Da alle Cultur der neuern Zeit von der Bibel ausgegangen ist: so kann der kluge Epopöendichter, der sich in dem angeführten Kreise bewegt, kaum der Citaten und Anspielungen auf die Bibel, auf gewisse Kernsprüche und Trostsentenzen entbehren. Auch in diesem Gedichte läßt der Dichter den Wirth einigemal *biblisch* sprechen. Der Prediger hingegen, der schon auf einer höhern Culturstufe steht, bedient sich dieser Sprache nie selbst. Seine selbsterprobte Weisheit ist aus keinem Sprachregister geschöpft. Er ist gleichsam der Gott des Stückes selbst, der nicht durch fremde Offenbarung zu helfen braucht, und erhält schon dadurch den Rang der ersten und vornehmsten Figur in dieser Gallerie.

Denn an eine Maschinerie einer von ausen herein übernatürlich eingreifenden Kraft, die man sonst vom Heldengedicht unzertrennlich dachte, konnte natürlich *ein Göthe* nicht mehr denken. Sein höheres Wesen, sein Jupiter oder Minerva ist, wie gesagt, der Prediger. Aber noch eine *Neuigkeit* dieses Gedichts ist: es kommt kein einziges Gleichniß darinnen vor. Auch diesem Nothbehelf früherer Zeiten entsagt der Dichter.

Der Gang des Hexameters in diesem Gedichte ist der rascheste Wechseltanz, den je eine nordische Sprache in griechischer Modulation einherschwebte. Wie verschieden von dem leichtsinnigen Hüpfen im Reinecke Fuchs, und von dem pathetischen Gang in einigen Uebersetzungen homerischer Hymnen. Man fühlt es, daß der Dichter bis auf das Sylbenmaaß selbst, in dem er sich bewegt, Schöpfer war, und seyn *wollte*. Jeder Vers mahlt, und doch ist kein Gedanke an kindische Ziererey. Freilich, um alles zu verstehn, mußte man den göttlichen Rhapsoden sein Gedicht selbst deklamiren hören.

Wohl mir, die heutige Weihnachtsfreude war die genußreichste meines Lebens!

D[en] 15 April[is] [17]97.

Ich habe diesen Abend die letzten 5 Gesänge von *Hermann und Dorothea* vom Meistersänger selbst vorlesen hören. Welch eine Welt von Handlung und Gefühl in welchem engen Raum mit wie wenigen Mitteln?

Göthe fühlte, daß so bald seine Dorothea auftrete, Hermann gewissermaaßen nur zur zweiten Figur herabsinken müsse, und daß je später sie auftritt, desto größer die Spannung der Hörer (Leser möcht ich bei einem Gedicht nicht sagen, daß eigentlich nur durchs Ohr empfangen werden sollte) seyn müsse. Im 5ten Gesang fährt Hermann mit den zwey Brautwerbern ins Dorf. Da ist noch gar nicht die Rede von ihr. Aber im 6ten dreht sich alles um sie. Hermann signalisirt sie nach ihrer Kleidung und Wesen, damit sie von seinen Begleitern, die sie unter dem Getümmel im Dorfe aufsuchen sollen, erkannt werden könne. Hier die erste sinnliche Beschauung der Heldin, die doch noch nicht gesehn wird. Nun erzählt der Richter der fliehenden Menge dem Pfarherrn eine Großthat vom Mädchen, die ihre geistige Physiognomie ohngefähr eben so treffend charakterisirt, als vorher Hermanns Schilderung ihre Aeuserlichkeit. Immer höher wird die Erwartung gespannt. Nun hat sie der spähende Apotheker unter dem Apfelbaume im Garten die *Docke wickelnd* gefunden. Er kommt und erzählt es dem Pfarherrn. Beide gehn hin. Jetzt erscheint sie wirklich, durch alle Vorbereitungen ein Wesen höherer Art. So wird bei einem Schaugepränge, oder theatralischen Aufzug dadurch die Hauptfigur, der König, der Gott auf dem Triumphwagen durch jeden vorausgehenden im Zuge gleichsam um eine Stufe höher gestellt.

Als sie der Pfarrer erblickt, gesteht er: *so ein Mädchen finde er selbst vor allen ihres Geschlechts liebenswürdig!* Die Art, wie er dieß Geständniß ablegt, ist im Kleinen völlig mit jenem berühmten Geständniß der Trojanischen Greise auf dem Skäischen Thore von der Helena im 3ten Gesange der Ilias parallel: οὐ νέμεσις κ.τ.λ.

Aber noch immer wird sie nur *gesehn*. Hermann entläßt seine Begleiter, die nun zurückfahren. (Ein herrlicher Kunstgriff. Hätte Hermann, wie man anfangs erwartet oder vielmehr *befürchtet*, seine Dorothea im Wagen heimgeführt: so wäre alle patriarchalische Hoheit und Simplicizät des Gedichts, auf welches doch alles zusammengehalten ist, verloren gegangen. Er muß mit ihr im Mondschein nach Hause *gehen*.) Er bleibt in Gedanken verloren am Brunnen vor dem Dorfe sitzen.

Siebenter Gesang. Da tritt Dorothea plötzlich, wie Pallas Athena offt in der Odyssee erscheint, selbst hervor. Sie kommt mit zwey Wasserkrügen reines Brunnenwasser an diesem Quell zu schöpfen. Hier finden sich die Liebenden. Hermann hilft ihr schöpfen. Ihre im Quell sich spiegelnden Gesichter begegnen sich. Eine unbeschreiblich schöne, rührende patriarchalische Pastorale! Aber Hermann erblickt an Dorotheens Finger einen goldenen Ring (sie hatte wirklich einen Liebhaber gehabt, der aber in Paris guillotinirt worden war) Fürchterliche Zweifel bekämpfen seine Brust, u. als nun das Mädchen fragt: Warum kamst du hieher? antwortet er sich verstellend: Dich als Haushälterin bey unserm großen Hauswesen zu dingen. Sie entschließt sich auf der Stelle: sie will, statt ein herumstreifendes Leben zu führen, *dienen*. Hier eine der schönsten Stellen über die Bestimmung des Weibes: *Nur durch Dienen kann sie herschen!* Abschied von den Ihren im Garten. Eine Szene, wobey der Vorleser und wir Zuhörer die Thränen im Auge hatten.

Achter Gesang. Nun wandeln sie, Hermann vorausleitend, den Fußpfad zur Stadt durch reifende volle Kornfelder. Ein Gewitter thürmt sich vor die untergehende Sonne. Wechselgespräch. Hermann beschreibt seiner Geworbenen die Gemüthsart seiner Eltern. So gelangen sie unter den Birnbaum. Dieß alles ist mein! sagt Hermann. Nur der Anblick des verhaßten Ringes kämpft das Geständniß zurück in die pochende Brust. Im Mondschein schimmert das Kammerfenster Hermanns. Sie steigen die Weinbergstreppe hinab. Dorothea tritt fehl und sinkt dem vorausgehenden Jüngling an die Brust. Aber er bekämpft sich, er bleibt starr und unbeweglich. *Dadurch* wird er Dorotheens wert, die den Muth hatte, sich zum Dienen zu erniedrigen. Ein magischer Zug des Gedichtes.

Neunter Gesang. Aengstliches Harren im Hause des Gastwirths. Endlich treten sie, wie höhere Gestalten, zur Stubensthür ein. Gewaltige Misverständnisse. Ehe der auf die Seite gerufene Pfarherr dem alten Vater das Verständniß öffnen und ihm sagen kann, daß die eigentliche Brautwerbung noch gar nicht gethan sei, platzt dieser los, u. bewillkommt sie als Braut. Dieß muß Dorothea als bittern Spott nehmen. Ihr gekränkter Stolz macht sich Luft. Der Pfarrer reizt sie absichtlich noch mehr. Nun gesteht sie selbst ihre Liebe zu Hermann, aber auch den festen Entschluß, auf der Stelle zu den Ihrigen zurückzukehren. Hermann, die Mutter springen dazwischen. Alles entwickelt sich. Die letzten 100 Verse ein treffliches Nachhallen u. Besänftigen.

O, es ist eine unnennbare Kunst in der ganzen Composition. Man kann es kühn versuchen, irgend einen Fall, einen Knoten der Verwicklung anders anzunehmen. Nirgends käme *dieser* Effekt heraus. Die Alten sagten eben dieß von der Odyssee.

Im ganzen Gedicht kommen nur 2 Gleichnisse vor, und die Anrufung der Musen erst im letzten Gesange.

Die herrlichen Verse, die in einen vollen Spondeus ausgehn.

Göthes Urtheil über Iflands Schauspiele:

[April 1796]

Sie haben alle zwei Hauptfehler. 1) Alle moralische Besserung wird in seinen Stücken von ausen herein, nicht von innen heraus bewirkt. Daher das Gewaltsame, Unwahrscheinlichzusammengedrängte und Ueberhäufte in seinen Stücken. z. B. der Commissair *Wallmann* in der *Aussteuer* ist schon viele Jahre bei der entehrten Wirthschafft seines Bruders Augenzeuge geweßen, ist schon viele Jahre so heftig, auffahrend, gewaltsam geweßen. Aber erst heute, wo das Stück zu spielen anfängt, regt sich der Brausekopf, stürmt an der großen Glocke, poltert und will das gut machen, was bei frühern nur halb so heftigen Warnungen an seinem Bruder und dessen Kindern nicht halb so schlimm geworden wäre. Es ist also durchaus keine zureichende Ursache da, warum dieß alles erst jetzt, wo das Stück eintritt, so von *ausen herein* kommen müsse. So macht der Staabschirurgus *Rechtler* im *Scheinverdienst* heute erst Lärm und Ordnung, da er doch schon 20 Jahre lang sein Pfeifchen bey seinem amicus geraucht und die Scheinversuche seiner Frau und Kinder mit angesehn hat. Eben darum, weil alle Motife nur von ausen herein blos zufällig zur Hauptentwicklung werden, nicht aus dem Character selbst hervorgehn, braucht Ifland so viele Nebenfiguren und unnütze Ausstaffierungen zu seinen Stücken, weil er durch sie den Ausgang motifiren will.

2) Er setzt überal Natur und Cultur in einen falschen Contrast. Cultur ist ihm immer die Quelle aller moralischen Verdorbenheit, wenn seine Menschen gut werden

sollen; so kehren sie in den Naturstand zurück, der Hagestolze geht auf seine Güther und heurathet ein Bauernmädchen u. s. w. Dieß ist ein ganz falscher Gesichtspunkt aus welchem er alle Cultur verunglimpft, da vielmehr das Geschäfft eines Schauspieldichters in unserm Zeitalter seyn sollte, zu zeigen, wie die Cultur von Auswüchsen gereinigt, veredelt und liebenswürdig gemacht werden könne. Die Idyllenscenen aus Arcadien, die in Ifflands Stücken so wohlgefallen, sind eine süsse, aber darum nur um so gefährlichere Schwärmerei. Freilich sieht er auch in Manheim die Grundsuppe der sogenannten Cultur in ihrer haßenswürdigsten Abscheulichkeit. Losgerissen von diesen herzlosen Modepuppen würde er auch ganz andere Charaktere zeichnen, und ganz neue Ansichten in seine Stücke bringen können.

D[en] 28ten May. [17]97. in Jena

1.

Göthe hat die Idee, Bernhards von Weimar Biograph zu werden, wozu er große Sammlungen angelegt und unter andern von Gotha, wo das meiste darüber ist, ganze Kisten voller Acten erhalten hatte – völlig aufgegeben. Seine Sammlungen hat er theils dem Geheimen Rath Voigt, theils dem Prof[essor] Woltmann abgetreten. Letzterer ist fest entschlossen, das Werk nach Göthes Plan auszuführen. Bernhards Größe besteht weit weniger in Thaten, als in großen Entwürfen, in Visionen eines Reichs, das ihm sein Heldenmuth erwerben sollte. Von dieser Seite müßte also sein Biograph Interesse in das Leben zu bringen und mehr das zu beschreiben suchen, was er thun wollte, als was er gethan hat. Man denke an *Vogts Gustav Adolph oder die deutsche Republik.*

2.

Göthe arbeitet seine Gedichte alle erst im Kopf aus, wo er sie fest eingeprägt mit sich herum trägt. Sind sie so weit vollendet, läßt er sie niederschreiben, und da kann er die

Niedergeschriebnen noch 8 Tage lang täglich feilen und verbessern. Dann ist es ihm aber unmöglich, wieder dazu zurück zu kehren. Sie sind ihm gleichsam zum Ekel geworden, u. es kostet ihm die größte Ueberwindung, noch einmal zu ihnen zurück zu kehren. Ganz anders bei Wielanden. Man sehe seine Sämmtlichen Werke u. in diesen den Amadis u. Oberon.

3.

Jeder Mensch hat einen chien de tendre, wie es die Franzosen nennen, sagte er Schleußnern, der sich Reichards annahm. Man hat ja wohl selbst etwas der Art, aber man spricht nicht gern davon. (Vulpiam suam innuebat.) Die Geschichte mit den Sachsenhäusern, die über den Exstudenten herfielen, der auf ihrer Gasse wetzte, ihn aber herzlich bedauerten, als sie hörten, er sei betrunken.

D[en] 26 Novembr[is] 1798. Auf einer Reise von Jena.

Göthes Vater war ein steifer, ceremonieuser Frankfurter Rathsherr. Alles eckigte, gezwungene, gezwickte Ministerartige hat Göthe von seinem Vater, der ihn übrigens in früher Jugend selbst unterrichtete, und überhaupt ein sehr gelehrter Mann war (wie auch seine schöne Büchersamlung beweißt, wovon Göthe einen großen Theil an sich genommen hat.) Das gewande, genialische hat er von seiner Mutter.*

Als Knabe war er sehr ernsthaft und ärgerte sich, wenn seine Gespielen, die er oft hofmeisterte, Polissonerien begingen. So war er in einer gemeinschaftlichen Zeichenstunde der fleisigste. Huschen aber (noch jetzt Kunstkenner in Frankfurt, von welchem wir ein *artistisches Magazin.* Frankf[urt], gedruckt bei Bayrhoffer 634 S. in gr[oß] 8. mit zwei Kupfertafeln haben) war immer unfleisig, und aß Wecken. Da rief Göthe immer: Hüßchen frißt Wecken.

* J. Paul Richter merkte dabei an, daß ausgezeichnete Männer meist das Gute von ihrer Mutter hätten. Dieß ist auch der Fall bei Wielanden.

Auch war er Schiedsrichter, wenn sich die andern bei den Perrücken zerrten. Denn damals trugen die Knaben noch Perrücken. Göthes Mutter ist noch jetzt eine der lebhaftesten und modischsten alten Frauen in Frankfurt. Sie trägt eine Perrücke, hoch frisirt und lebt alle Tage hoch. Mit G[oethes] Verbindung mit der Donna Vulpia ist sie zufrieden, weil sie es seyn *muß*. Als er ihr die Nachricht von ihrer letzten Entbindung schrieb, antwortete sie: es sei ihr lieb, doch wünsche sie, daß sie sich dieses Enkels auch rühmen könne. Als Göthe 1797 die Reise nach der Schweiz zu Meyer antrat, nahm er die Vulpia nebst seinem Sohne mit nach Frankfurt. Da bekam die Mutter sie beide erst zu sehn, und betrug sich sehr artig gegen sie, fand sie auch sehr artig und rühmte sie.

Göthe fühlt indeß das Misverhältniß seiner Verbindung sehr gut, kaufte deßwegen in Roßl[a] das Gut, weil auch sein Sohn große Lust zur Oekonomie hat.

In Jena ist er darum so gern, weil er 12 Stunden dort zu seiner Disposition hat. Nach dem Mittagsessen geht er gewöhnlich eine halbe Stunde im Zimmer, der Verdauung widmend, auf und ab. Er trinkt dabei viel Bier, aber keinen Caffee.

Auch an die Mutter schreibt er durch die Hand seines Bedienten, und *sie* nimmt es nicht übel.

Ex ore Gerningii.

Lerse im Club. den 30 Nov[embris] 1798.

Im Jahr 1770 kam Lerse von Gießen nach Strasburg, und 1771 kam Göthe nach Strasburg, nachdem er schon vorher in Leipzig mit Clodius bataillirt und viele Geniestreiche gemacht hatte. In Strasburg sollte Göthe Doctor Juris werden. Dazu schrieb er eine Dissertation, worin er bewieß daß die 10 Gebote nicht die Bundesgesetze der Israeliten wären, sondern daß nach Deuteronomium 10 Cäremonien eigentlich die 10 Gebote vertreten hätten. Sie paßirte die Censur des Decans nicht, und nun schrieb Göthe [eine,] die noch viel ketzerischer war. Lerse war sein Respondent, und stellte sich zum Schein gewaltig orthodox. Er trieb Göthe so in die Enge daß dieser deutsch anfing: Ich glaube, Bruder, du wilst an mir zum Hector werden. Wie L[erse] merkte, daß dem Decan der Spaß zu arg wurde, schloß dieser mit einem feingedrechselten Compliment, und die Sache hatte damit ihr Bewenden. Sie waren in dieser Zeit unzertrennlich. Oft giengen sie auf den Münster, u. saßen Stundenlang auf seinen Zinnen. Dort entstandt Göthes *Erwin*, die erste Schrift, die G[oethe] überhaupt drucken ließ. Oft fuhren sie den Rhein hinauf, lasen bei der Laterne in Ruprechtsau Ossian und Homer, schliefen in einem Bette zusammen, ohne doch zu schlafen. Da gerieth Göthe oft in hohe Verzückungen, sprach Worte der Prophezeiung und machte Lersen Besorgnisse, er werde überschnappen. Er hatte ein unbegrenztes Zutrauen in Lerse, der ihn lenken konnte, wohin er wollte. Sechs Wochen, nach dem er aus Strasburg war, schickte er ihm seinen Götz von Berlichingen ganz vollendet, da er vorher gewiß noch nicht daran gearbeitet hatte. Lerse tadelte einige gar zu freie Stellen, und diese blieben auch weg. Er schrieb damals sehr fleisig an Lerse, der auch dieße Briefe, zum Theil die interessantesten, die Göthe jemals schrieb, noch aufbewahrt. Jetzt sind sie bei Pfeffel in Verwahrung. Als Göthe nach Weimar gekommen war, fiengen seine Briefe an, seltener zu werden. Dafür empfahl er Lerse an seine Schwester, die Schlosserin. So wurde L[erse] mit Schlosser bekannt, bei welchem er oft Wochenlang in Emmendingen sich aufhielt. Mit Schlosser korrespondirte Lerse 10 Jahre lang fast wöchentlich über die interessantesten Vorfälle im politischen u. literarischen Kreise.

Göthe – erzählte Bertuch bei dieser Gelegenheit – wälzte sich damals oft in Bertuchs Zimmer auf dem Schlosse auf der Erde, band sich die langen Haar auf, um einen recht tragischen Nimbus zu bekommen, und tragirte so nach Herzenslust.

D[en] 16 Januar[ii] [17]99. bei Göthe.

Schiller wünscht keineswegs die Ausrottung der Pockennoth, weil es die einzige Krankheit sei, bei der durch Austreibung des Krankheitsstoffs nach ausen die Aerzte das Fieber studiren und etwas lernen könnten. Censeo Carthaginem non delendam esse. Sch[iller] bewundert das Mühlethal bei Jena und sieht es im Geiste in einen Park umgeschaffen. Trockne Luft sei ihm äuserst fatal. Er würde in Holland trefflich gedeihen. Im Regenwetter sei ihm am wohlsten. Bei Tische erzählte er seine Unterhandlungen mit H[errn] von Braun in Wien wegen seines Wallensteins. Man verlangte es zu kaufen. Sch[iller] erwiederte, da er es doch beträchtlich umändern müsse, wenn es nur irgend in Wien tolerirt werden solle, so wünsche er doch vorher zu wissen, ob es überhaupt die Censur passiren werde, damit die Mühe nicht vergeblich sei. Nach 4 Wochen kommt die Antwort: es werde unter keiner Gestalt die Censur passiren. Schiller schrieb an den Graf von Waldstein, einen Seitendescendenten des großen Wallensteins, um handschriftliche Nachricht zu haben. Dieser aber entschuldigt sich mit den Verdrießlichkeiten, die daraus entstehen könnten, subscribirte aber auf drei Exemplare. Die Schauspieler können nicht einmal den Unterschied eines 5 und 6füßigen Jamben begreifen. Schillern ist sehr bange vor der Aufführung. *Herder* findet nur die Periode des Wallensteins wahrhaft brillant, wo er zuerst auftritt und gar nichts vom Kaiser, als unumschränkte Gewalt verlangt. Der todtgekaufte, von Nürnberg gefroren geschickte, von *Roux* in Jena gezeichnete, von Loder anatomirte und Lenz ausgestopfte und skelettirte Tiger. Der Herzog hatte ihn vorigen Winter schon lebendig hier von Mayer zeichnen lassen. – *Voigt* bringt die Medaille auf die Zorndorfer Schlacht ob barbaros prostratos aus der Tasche. Sie circulirt und ihre Unform wird belacht. *Herder* war damals in Königsberg, Arnold, der erste Schloß und Hofprediger mußte für diesen *vorgeblichen* Sieg der Russen eine Dankpredigt in der Schloßkirche thun, sprach von etwas ganz anderm und schloß endlich nur am Ende mit den Worten es ist auch befohlen worden, die siegreiche Schlacht bei Z[orndorf] abzukündigen, u. Gott dafür zu danken. Es steht geschrieben: Freuet euch mit den Freuenden und weinet mit den Weinenden. Amen! Der Gouverneur *Korf*, der selbst in der Kirche war, that als ob er schlief, wurde aber von andern gereizt, und schickte dem Prediger nach der Kirche Wache ins Haus. Bertuch spricht vom doppelten Nashorn und der Mühe, die er sich gegeben habe, ächte Abbildungen davon zu erhalten. Kraus hat der Sängerin Calderini Moden abgesehn, und soll seinem Vetter Mylius deutsche Lustspiele für die Mayländische Nationalbühne schicken. – Nach Tische wird die Aldobrandinische Hochzeit (jetzt unter Glas in der Mauer) aufgezogen. Schöne Beleuchtung durch den gegenüber auf den Dächern befindlichen Schnee. Göthe äusert dabei die Mutmaaßung, daß vielleicht der Mahler, der eine etwas frechlustige Composition machen wollte, die Hauptfiguren, die pronuba und die nova nupta nach einem Gemälde des Echion, die Plinius (XXXV, 10) 〈S[iehe] Theusel VIII, 90.〉 nova nupta verecundia notabilis nennt, kopirt, das andere aber aus verschiednen Stücken komponirt habe. Die Gemälde aus der villa Negroni kommen als farbigter Staub in England an. Der König von Spanien läßt ein köstlich gemachtes Oelgemälde von 7 Schuh Höhe hinter einer besonders dazu gegossenen Glastafel stellen, um es desto gewisser in der stockenden Luft hinter dem Glase verderben zu lassen. Das Ambigu Jupiter mit dem Ganymed, von dem man nicht weiß, ob es alt sei, oder von Mengs, war für 500 Scudi zu verkaufen. Weil es aber zweifelhaft war, kaufte es niemand. – Schiller spricht mit Bitterkeit von dem Leichtsinn der Franzosen in der Behandlung geraubter Kunstwerke. Darum würden auch die Rollen von Portici schlecht in ihren Händen seyn. Man solle sie wie Cuxe im Bergbau behandeln u. auf alle Universitäten und Academien austheilen. Gerning sagte dieß dem König. Wir können es selbst erwiederte dieser. Von 900 sind höchstens 100 aufwickelbar. Aber chemische Processe sind noch nicht daran versucht.

Göthes Witz an Gerning: er nehme die Königinnen nicht [in] acht. Die Syracusanische Königin Philistis sei ihm abhanden gekommen. Voigt zieht auch bei Tische die Zeitung heraus über den Krieg[,] der Sachsen erklärt worden sei. Er hat den Sectionsbericht über den verstorbenen Minister Gutschmidt. Göthe wünscht sich Racknitzens […] zu sehn. Voigt möchte das ganze Naturalienkabinet des Kurfürsten, so wie es jetzt ist, nicht geschenkt haben. Unser Herzog wirft 2 Landtagsschriften ad ignem.

D[en] 19 Jenner. [17]99

Ich fahre mit Bertuch nach Belvedere zu Mounier. Im Wagen. Göthe will eine Biographie des Tigers schreiben, dessen gefrornen Cadaver der Herzog aus Nürnberg bekommen hat. Die Ahnen wird er von dem Menageriehalter Albi erfahren. Loder, der immer geschäftige Handlanger Göthes und des Herzogs Procyon wird anatomische Vorlesungen öffentlich über den Tiger halten. Mit solchem Puppenspiel amüsirt man das große fürst[liche] Kind.

Er hat 1800 R[eichs]th[aler] als Geh[eimer] Rath und das Logis frei. Das Haus, was er bewohnt hat die Kammer für ihn für 6000 R[eichs]th[aler] von D[oktor] Helmershausen gekauft und vielleicht eben so viel zum Ausbau verwand. Als der Finanzminister Schmidt brummte, erbot sich endlich Göthe die Verzierungen selbst [zu] bestreiten. Da man große Treppen und Säle habe, und den Medusenkopf in die Mitte des Saals mahlen lasse, wenn man hausen Salve gesagt hat. Wieland mußte damals weichen! Lächerliche Szene. ⟨migratio gentium.⟩ Der Herzog will seine Geliebte Emily Gore nahe haben. Dieser Familie wird das Jägerhaus eingeräumt. Nun wohnt Göthe im Jägerhause. Dieser muß also der Fürst[lichen] Liebschaft weichen. Drei Häuser weiter wohnt Wieland zur Miethe, hat sich das Haus angenehm zurichten lassen, hat hinten einen Garten für die Kinder u. s. w. Göthe sagt: ich will *da* wohnen, u. Wieland wird die Miethe aufgekündigt. Dieser bewegt superos et Acheronta. Göthe wird bange. Wieland kauft sich ein eignes Haus am

Markt, viel zu theuer, von einem listigen Gauner, dems bald über den Hals zusammenfällt. Unterdeß mag Göthe selbst dort nicht einziehn. Der Herzog ist zwischen zwei Feuern. Die Kammer blutet.

Voigt spricht am meisten, wenn er in Verlegenheit ist und spielt immer aus der Tasche. Das Geld zum Gutkauf in Oberroßla hat sich Göthe theils erschrieben, theils von seiner Mutter bekommen.

Petitesse de la cour. Der Prinz soll nach Berlin, lernte erst etwas Denken durch Mounier. Mellish, Kammerherr des Herzogs (ob wohl ein zu früh Geborner) dringt darauf, das seine Frau, eine geborne Fräulein v. Stein am Hofe diniren könne. Darein willigt die regierende Herzogin nicht, die streng aufs Cäremonial hält. Denn die Fraun der Kammerherrn können nur soupiren. Der Herzog weiß sich nicht zu helfen. Er räth Mellish selbst, Preusischer Kammerherr zu werden. Nun kann seine Frau am Hofe diniren. – Die Frau des Kanzlers und ihre Töchter. – Der Leg[ations] R[at] Gerning kann nicht zum adlichen Ball gezogen werden.

[8. Juli 1799]

Ein Hauptunterschied zwischen Göthe und Wieland ist in ihrer sinnlichen Organisation. Wieland hat äuserst blöde Sinne, besonders Augen. Daher ist alle seine Poesie Feenwerk, Fantasiespiel, Vision und Exaltate des innren Auges, ohne ganz reine, bestimmte, äusere Form. Göthe hat sehr scharfe äusere Sinne, hat frühzeitig selbst zeichnen und mahlen gelernt (doch waren seine Zeichnungen immer nicht bloß feste, sondern auch hart) und daher umfaßt er die sinnlichen Gegenstände mit unwiderstehlicher Gewalt und *Wahrheit.* Daher seine crystallhelle Klarheit im Ausdruck, seine kurz geschlossenen, fest- und symmetrisch gegliederten Perioden, sein Hang zur rein-epischen Dichtung, da Wielands Gedichte alle nur romantische Epopöen sind.

D[en] 8 July. [17]99.

Herder d[en] 30. Nov[embris] [17]99.

Als Göthe noch Kammerpräsident war, arbeitete er dafür, daß dem Herzog ein fester Etat der Ausgaben und Einnahmen vorgelegt und der Herzog verpflichtet werden könnte, sich selbst anheischig zu machen, seine Foderungen *nie* darüber zu erstrecken. Dazu hatte aber der Herzog wenig Lust, und dieß verleidete Göthen seine Präsidentschaft so sehr, daß er, um die ganze Sache los zu werden, die Reise nach Italien unternahm.

Die verwitw[ete] Herzogin an eben diesem Tage

Göthe kann es niemand, der als Schriftsteller seine Verbesserung und Rath fragt, sagen, wie er es anfangen müsse, um eine Sache zu bessern. Aber bei italienischen Opern und seinen eignen Schauspielen konnte er sich allerdings viel Mühe zur Belehrung und Abrichtung der Schauspieler geben.

D[en] 6. Novembr[is] 1800.

Göthe hat nicht den Muth, gewissen äusern Eindrücken zu widerstehn. Viele Menschen flieht er z. B. schon darum, weil sie Tabak rauchen, und weil ihm dieser Geruch unausstehlich ist. Neben seinem Hause wohnt ein Leineweber. Das Pochen und Anschlagen an den Webestuhl, was das Geschäft dieses Handwerkers mit sich bringt, ist ihm so verhaßt, daß er alles angewendet hat, um diesen pochenden Kobold zu bannen oder ihm zu entfliehn. Er wollte ihm sein Haus abkaufen: vergeblich! Darauf hat sich Göthe entschlossen, lieber in seinem Gartenhause vor der Stadt zu wohnen, das er seit vielen Jahren nicht mehr bewohnt hatte, weil ihm die Erinnerungen an früher dort verlebte Tage unangenehmer waren, – als den Leinweber zu hören. Oft ist er deßwegen auch schon Wochenlang nach Jena gezogen. Indeß muß er sich doch manches durch häußliche Umgebungen eingeengt, gefallen lassen. Neulich fand es Dame Vulpius so gar für gerathen, Schweine, deren Geruch ihm eine Pest ist, einzustallen. Hier indeß drang sein Widerwille durch, und die Circeischen Gesellen mußten so gleich geschlachtet werden.

Traum

[undatiert]

Als noch die Bellomische Geselschafft in Weimar spielte, träumte Göthen einst, er sitze in einer sehr vertraulichen Stellung mit Mad[ame] Bellomo (mit [der] er doch nie auch nur von fern in Verbindung getreten war) auf einem Sopha. Indem trete einer seiner Freunde herein und mache eine sehr spöttisch-bedauernde Bewegung mit dem Kopfe u. der Hand. Auf der Stelle rächt sich Göthe träumend mit einem Epigram in 4 Versen:

Du spottest über deinen Freund,
Den Zufall nur mit einer Sängerin vereint.
Ach möchtest du zum Lohn für deine Sünden
Dich wirklich selbst in ihrem Arm befinden.

Kaum hatte er diesen Vers gesagt, so erwachte er und lachte selbst über seine Traumpoesie.

Johann Gottfried Herder

Den 16ten Novembr[is] [17]94.

»Um eine schöne oder wenigstens gern gelesene Reise schreiben zu können, muß man auf der Reise selbst grade so wohl und behäglich geweßen seyn, um seine Individualität zur Hälfte vergessen und zur Hälfte mit allem, was man sah, u. niederschrieb verweben zu können. Wer schon mit einem bestimmten Zweck z. B um Alterthümer, Gemälde u. s. w. aufzusuchen reißt, trägt überal *nur allen* seine Individualität zur Schau. Die höchste egoistische Individualität ist in der enthusiastischen Schilderung. Daher sind mir z. B *Meyers Darstellungen über Italien* so unausstehlich. Ich habe mich nie ganz behäglich in Italien gefunden. Daher werde ich mirs auch nie einfallen lassen, eine Reise über Italien zu schreiben. Muster von jenem Geheimnisse zu interessiren sind *Barettis* Reisen durch Spanien, u. *Brydone's* durch beide Sicilien. *Riedesel* ist schon weit einseitiger, und ungenießbarer, weil er gar nicht individuell ist. Weit besser lesen sich seine übrigens sachlehren Reisebriefe über Griechenland, die *Dohm* aus dem Franz[ösischen] Original übersetzt hat.«

Herders Beschäftigung in *Bückeburg* nicht lange nach seiner Verheirathung waren die Kritik des N[euen] Testaments, Wetstein, Griesbach u. die Varianten. Daher hat seine Frau noch einen innigen Grimm gegen alle Varianten, und freute sich heute der lustigen Persiflage über das leidige Variantenwesen, das Henke im Archiv 1 Jahrg[ang] IV St[ück] S. 188. ff. hat abdrucken lassen. Bey dieser Gelegenheit wurde über die dort ebenfals protocollirte Absagung vom Lutherthum der 3 mittelmärkischen Gemeinden gesprochen, wobey Herder behauptete, der König habe nicht anders sprechen können, als er dort gethan habe, u.

überhaupt viel Anhänglichkeit an die Form bewieß, auch Tellers frühere Neuerungssucht bey den Neckerein auf die Trinität u. die Taufformel nicht billigte.

D[en] 22ten Novembr[is] [1794]

H[erder] wartet mit Ungeduld auf de Pauw noch ungedruckt liegende Recherches sur les Americains. Da wird er ja wohl auch das Tatarische Blut, das in den Teutschen rinnt, nicht vergessen. Wir gehören eigentlich zu den Saporogern u. ans Caspische Meer zu Hause. Unsere Fürsten verleugnen diesen Tatarischen Ursprung am wenigsten. Hier sind zwei oft wiederkommende charakteristische Züge merkwürdig. Herders bittre Verachtung der plumpen deutschen Nation und der fürstlichen fox-hunters. Es machte ihm daher auserordentliche Freude, als er von ungefähr in der neu herausgekomm[enen] Uebersetzung des Icon animorum von *Barkley* uns heute den Charakter der Deutschen vorlesen, und darinnen so viele, leider, auch jetzt noch völlig treffende Züge zur Bestätigung der deutschen Unförmlichkeit anzeichnen konnte.

Urtheil über den neu verstorbenen Archivar Ignaz *Schmidt*, den Geschichtschreiber der Deutschen. Einige leicht abzuwischende Provinzialismen ausgenommen ein trefflicher Historiker. H[erder] der eben den Theil, worinnen der Anfang des 30jährigen Kriegs, gelesen hatte, lobte seine höchstmögliche Unpartheilichkeit. Ihm, Herder, würde angst seyn, wenn er als Protestant eben so unpartheiisch über diesen Krieg schreiben sollte. –

Seine Reise nach Italien trat er in Geselschaft des Barons v. Dalberg u. der *Frau v. Seckendorf* an. Letztere versicherte den H[of]R[ath] *Schulz* im Kissinger Bade, daß H[erder] auf der Reise bald auf Dalberg, der ihr schön that, eifersüchtig geworden wäre. Bald versuchte er es, seinen Nebenbuhler durch Witz und Händedrücken aus der Gunst der Donna zu heben. Da dieß ging, wurde er unausstehlich knurrig und mislaunig, wollte bey jedem kleinen Unfall wieder nach Weimar zurück reisen, stellte sich im Wagen immer schlafend, und trennte sich endlich wirklich in Rom ganz von seinen Reisegefährten.

D[en] 15 Xbr. [Decembris] [1794]

Die Aufführung von Kotzebues *Benjowsky* machte einen unaussprechlich fatalen Eindruck auf ihn. Er wollte beym dritten Act schon heraus gehn, u. aß vor Angst alle Bonbons in seiner Tasche auf. Ihm ward die Russische *Uniform* wieder so lebhaft, und [er] erinnerte sich, wie er einst selbst zweimal dem Russischen Scepter huldigen mußte, einmal als Student in Königsberg, als die Russen Preußen besetzt hielten, das zweitemal, als er schon Collaborateur in Riga war, als grade bey der Feier des Friedensfestes die Thronbesteigung Katharinas bekannt gemacht u. ihr in Riga gehuldigt wurde. Empfehlung von *Opitz* Schicksalen in der Calmückischen Gefangenschaft. Eine äuserst darstellende Lectüre.

Ein wahres Wort war heute bey Abschied gesprochen, als sich die Herdern über die schlechten Theaterstücke beschwerte: *wenn nirgends mehr Gerechtigkeit auf Erden ist, so muß sie auf dem Theater seyn!*

Schöne Vergleichung des Italienischen u. Deutschen *Don Juan*: Dieseits der Alpen kommt unsre moralisirende Religion ins Spiel. So moralisirt bey uns Leporello, woran im Italienischen nicht zu denken ist.

Die Engländer haben auser *Shakespear* keinen Dichter. Sie haben nur gereimte Gedanken. Sie können kein *ganzes* Bild auffassen.

Er laß einmal die ganzen Göttingischen gelehrten Anzeigen vom Anfange an durch, und zieht noch bis jetzt diese Zeitungen allen übrigen vor. Die Alg[emeine] Lit[eratur] Z[eitung] ließt er, seit dem im 4 Stück des ersten Jahrgangs die unfreundliche Recension von Kant über seine Ideen zur Geschichte der Menschheit gekommen ist, gar nicht mehr, und hat einen bittern Widerwillen gegen alles, was darauf Beziehung hat. Auch spottet er bey jeder Gelegenheit über die Lächerlichkeiten der kritischen Philosophie, den Imperativ u. s. w.

Was er mit den Göttinger Anzeigen gethan hatte, wolte er auch mit den Actis eruditorum Lipsiensibus thun. Hier erdrückte ihn aber doch die Last des ungeheuren Werkes, u. er mußte seine Idee aufgeben.

Als ich mein Vaterland, Preußen zum erstenmal verließ, erzählte er, hätte ich vor Freude an der Grenze bey Polangen auf die Erde fallen, u. sie wie Brutus küssen mögen. In Riga habe ich die fröhlichste Blüthe meines Lebens gehabt, u. ich erinnere mich noch immer mit Vergnügen daran. Bey meiner Reise durch Frankreich hat mirs in Bretagne am besten gefallen.

Er hat viel Herrschsüchtiges und einen grosen Egoismus, dem nichts gut dünkt, dem er nicht selbst das Siegel der Billigung aufgedrückt hat. *Wer sind sie?* zu Fr[iedrich] Schulz, als sie zusammen an Reinholds Hochzeitabend aus Wielands Wohnung nach Hause gingen. – Er konnte es Reinholden nicht verzeihn, daß er *ohne ihn* nach Jena gekommen war, da er doch sonst Reinholds groser Schutzpatron geweßen war. – Aus eben diesem Grunde ist er jetzt *Fichtes* erklärter Gegner. Denn er ist ja in seinen Augen nichts als eine Creatur von *Voigt*. – Er protegirte einst das Liebesverständniß, das *Schiller* aus sehr selbstsüchtiger und unedeler Absicht mit der Majorin v. Kalb unterhielt, und als diese auf eine Scheidung von ihrem Manne bestand, handelte sie wahrscheinlich nach seinen Eingebungen.

D[en] 25ten Janu[a]r[is] [17]95.

Nirgends, sagte H[erder] fühle ich die 2 Seelen in mir lebhafter, als wenn ich in schlaflosen Stunden des Nachts durch den Andrang der Lebensgeister zum Kopf mich beym wunderlichen Spiel der bildlichen Ideen, die sich fast jede Secunde mit seltsamer Plastik in neue Kunstformen umbilden, leidend erhalte, und gleichsam zusehn muß, wie dieß Gaukelspiel oft halbe Stunden lang fortdauert. Um diese Vorspiegelungen los zu werden, springe ich plötzlich aus dem Bette auf, u. gehe einmal im Zimmer auf und ab, wodurch ich wieder Herr meiner Ideen werde.

In Neapel verrichtete er zwei Trauungen. Des Englischen Consul *Douglas* Tochter mußte wegen alzugenauer Bekantschaft mit einem jungen Engländer schnell kopulirt werden. *Heigelin*, der Bankier der Herzogin, u. der Hausfreund bei *Douglas* bat also Herder, die Trauung nach Englischem Ritus in Gegenwart eines Notarius zu volziehn. Der alte *Douglas* laß sorgfältig nach, damit auch die Französische Uebersetzung dem Original volkommen entspräche, u. nichts ausgelassen würde. *Herder* bekam nie einen Dank für diese Bemühung, geschweige ein Präsent. – Die zweite war in *Hamilton's* Hause, wo eine Genferin mit einem Hausfreunde nach Genfer Ritual getraut werden mußte. Auf der Stelle, wo die Trauung volzogen worden war, machte Miß *Heart* gleich darauf ihre Attitüden.

Herder schrieb während seines Aufenthalts in Neapel immer in seinen Briefen an seine Frau Lobpreisungen von der *Angelika Kaufmann*. Dafür rächte sich seine Frau durch eben so große Panegyrikos, die sie nach Italien von *Moritz* schrieb, der sich damals hier aufhielt, und alles durch seine köstliche Art zu erzählen an sich fesselte. Aus diesen gegenseitigen Neckereien wäre bald eine wirkliche Verkältung entstanden.

In Rom besuchte er den alten wackern *Reifenstein* sehr oft. R[eiffenstein] ließ sich ganz von einem häßlichen Weibe, einer Römerin, bei der er im Hause wohnte, und deren Töchter ihn aussogen, tyrannisiren. Er hatte eine einzige Stube im Erdgestock, wo die Fenster sehr hoch von der Erde waren. Daher nannte Herder dieß nur Reifensteins Wolfshöle. Einmal gab er ein feierliches Dejeuner. Bei dieser Gelegenheit führte R[eiffenstein] seine Gäste durch ein anderes Zimmer in einen Saal, den er sich vermutlich von seiner Gebieterin zu dieser Absicht erbettelt hatte. In dem

Zimmer, durch welches man dahin kam, standen eine Menge Antiken, Gemälde u. Kunstwerke. Als *Herder* über diesen Schatz seine Verwunderung zu erkennen gab, erklärte R[eiffenstein] das Räthsel dadurch, daß dieß lauter Sachen wären, die seine Freunde durch ihn gekauft, aber weder zu bezahlen noch abzuholen für gut befunden hätten. Herder nannte daher dieß Zimmer den *Gottesacker seiner Freunde.* R[eiffenstein] war durch seine Charge, die er von der Russischen Kaiserin hatte, Oberster. Wer ihn daher necken wollte, rief ihm zu, wenn er unter seinen Büsten und Anticaglien saß: voilà vos troupes, M[onsieu]r le Colonel. Er hatte die Raserei, den Protector machen zu wollen, und wurde dadurch gegen fremde Talente sehr ungerecht. *Azara* war darum sein großer Gönner, weil er mit *Winkelmann* u. *Mengs* gelebt hatte. Der Kaiserin v. Rußland schickte er viel verlegene und nichtsnutzige Kunstwerke zu, um seine Protegés zu bereichern. Dieß zog ihm, wie der Russische Minister v. *Kalkof* im Haag versicherte, eine Verkältung von Petersburg zu.

In *Neapel* ging H[erder] viel mit *Hackert* um. Dieser hat bei aller seiner Generosité (besonders gegen seine arme Familie im Brandenburgischen) einen großen Hang zur ἀλαζονεία, und verachtet seine Malertalente bloß darum, weil er eigentlich zum Minister geboren sei. Bei einem köstlichen Gastgebot, daß H[ackert] Herdern zu Ehren gab, war er unausstehlich durch das großsprecherische Hererzählen aller Schüsseln u. Weine, so daß Herder, der damals seine Art noch nicht kannte, im Ernste für seinen Verstand besorgt zu seyn anfing. Artige Anecdote mit dem Wirtenberger Maler *Gmelin.* Dieser arbeitete mit Hackerts jüngerm Bruder, Georg Hackert, täglich bei Hackert, u. hatte von seinen Launen viel auszustehn. Endlich sagte er zu seinem Leidensgefährten, dem jüngeren Bruder: er wolle heute gewiß den alten Brumbär zahm machen. Er solle nur Acht haben. Als sie nun alle drei in einem Zimmer zusammen mahlten, fing Gmelin auf einmal an: Herr Hackert? Was giebts, erwiederte jener äuserst unfreundlich. Nun sagte Gmelin: ich denke, sie sind ein großer Meister. Jederman, selbst ihre Neider, müssen ihren Talenten Gerechtigkeit widerfahren lassen. Hackert, unverwendet fortmahlen[d]: Meint er das im Ernste? Sollte ich nicht, erwiedert der andere, da ich selbst Augenzeuge von dem bin, was andere zum Theil nur aus Hörensagen lobpreisen, und so geht der unverschämteste Panegyrikus immer weiter fort, während der jüngere Hackert seinem Freund bald die Fußzähen abtritt, damit er doch die Sache nicht zu weit treiben möchte. Auf einmal legt der ältere Hackert den Pinsel weg, u. sagt: nun das muß ich gestehn, Gmelin, ich habe ihn seither ganz verkannt. So viel Verstand und Klugheit habe ich ihm nicht zugetrauet. Ja aber, erwiedert Gmelin, bei allem dem hätte ich doch viel an Ihnen auszusetzen. Wie meint er das? Antwort: Sie sind zu ganz etwas anderm geboren, als zu einem Maler. Sie sollten bei ihren Talenten Minister seyn, und ein ganzes Land glücklich machen. Hier konnte sich H[ackert] nicht länger halten, schmiß die Staffelei um, u. die Palette zu Boden, und flog mit heiser Umarmung Gmelin um den Hals, der von dieser Zeit sein Liebling war.

Einen besondern Widerwillen hat H[ackert] auf *Tischbein* geworfen. Als sie einst zusammen mahlten, kramte H[ackert] seine Idee aus, daß jeder Mensch eine Thierphysiognomie habe. Weiß er, fragte er, wem Reifenstein ähnlich sieht? einem Löwen. Ich? einem Adler. Er? einem Strauß. Nun machte er zu jedem die Auslegung, wobei denn Tischbein, als ein sehr dummes Gesicht wenig geschmeichelt wurde. Dieß nahm natürlich der ehrliche Tischbein sehr übel, und sagte: nun der Strauß versteckt seinen Kopf, u. zeigt seinen Feinden den Hintern. Mit diesen Worten kehrte er Hackerten den Rücken zu, und ging zur Thüre hinaus. So erzählte es Tischbein Herdern selbst. Hackerts Stärke besteht in Seestücken, Bäumen, und Thierstücken. Historische Portraits mahlt er abscheulich. So sah H[erder] ein fertiges Gemälde für den König bei ihm, wo der Act vorgestellt war, da in Gegenwart des Königs u. des ganzen Hofs ein Kriegsschiff in die See gelassen wird. Alle Figuren, u. besonders die aufgezogene Wache, waren unausstehlich steif und widerlich. Er bewohnt einen der schönsten Paläste mit der herrlichsten Aussicht in Neapel, den ihm der König geschenkt hat. Dort einen von ihm selbst mit ausgelernter Kochkunst zubereiteten Caffee zu trinken, ist die größte Delikatesse.

D[en] 14ten Mai[i] [17]95.

»Zwei Dinge sind schändlich hier in Weimar. Der falsch erborgte Schimmer, mit dem wir auswärts Gleisnerei treiben, u. die jämmerliche Geistes und Bücherarmuth, in der wir hier schmachten. Ich werde künftig Breitkopfs Buchdrukkerzeichen: *der Bär, der an seiner Tatze saugt*, zur Titelvignette aller meiner Bücher nehmen, mit der Ueberschrift: ipse mihi sum nutrimentum.

Auch die Völker haben ihr eigenes Schicksal wie die Individua. Aber dieß mag ich nicht schreiben.«

Seine aus Leberverstopfung u. Hämorrhoiden complicirte Krankheit nennt er einen ehernen Reif, der um seine Lenden gelegt sei.

»Die genievollsten Menschen *sonnen* sich am liebsten. Der König v. Preußen ließ sich zuweilen recht durchsengen u. ausrösten. *Herder* ging vorigen Sommer in den brennen[d]sten u. zurückprallenden Stralen am Mittag spaziren, um sich auszukochen. Insolatio der Alten«

»In Italien fehlt die Mittelklasse der Leser, die bei uns die Lesebibliotheken u. derg[leichen] erhält. Daher ist dort auch keine Schriftstellerei für sie möglich, keine Romane, moralische Schriften u. derg[leichen]. Wegen *dieser* Geistesarmuth möchte Herder auch nicht sein Leben in Italien beschließen.«

In dem Portrait, das Tischbein für Frauenholz gemalt hat, ist er im geistlichen Ornate. *Wieland* sagte über dieß ihn trefflich kleidende Costum, wenn man dieß sieht, so erkennt man es recht lebhaft, daß Herder dazu gemacht ist, *um der Erzpriester des menschlichen Geschlechts zu seyn.*

Seine freie Stirn zeigt Licht und allumfassende Uebersicht. Sein helles Späherauge scheint die Natur in ihren verborgensten Geheimnissen ausspähen zu wollen. Er hat oft die Haltung eines lauschenden Horchers, um die leisesten Töne und Harmonien in der Geisterwelt zu vernehmen.

Von Riga aus erhielt er den Antrag, den Erbprinzen von Oldenburg auf seiner Reise durch Deutschland u. Frankreich zu begleiten. Er nahm dieß unter der Bedingung an, seine Station so gleich, wenn es ihm beliebte, verlassen zu können, u. schlug, um sich frei zu erhalten, alle funkelnden Belohnungen aus. Der Prinz, der nachmals für wahnsinnig, u. der Regierung unfähig erklärt worden ist, u. noch jetzt im Schlosse zu Plön sein Wesen treibt, war schon damals ein großer Sonderling, ohne doch Spuren der Verirrung und Neigung zur katholischen Schwärmerei zu zeigen. Weder sein Oberhofmeister der H[er]r von *Kappelmann*, noch der Hofjunker v. Quaelen, seine zwei übrigen Begleiter, vermochten das Geringste über ihn. Aber *Herder* hatte große Gewalt, u. arbeitete seinem Hang zum sinnlichen, katholischen Pomp u. den Marienbildern aus Kräften entgegen. Als sie aber nach Strasburg kamen, fand es H[erder] für gerathen, nach Oldenburg zu schreiben, u. seine Dimission zu fordern, weil man hier an der Grenze grade noch einen andern Begleiter finden, er aber hier nicht bleiben könne. Später, als Herder schon in Bückeburg war, erhielt er noch einmal von den Eltern des unglücklichen Prinzen die Auffoderung, nach Darmstadt zu reisen, und dort den Prinzen zur Heirath mit einer Hessischen Prinzessin zu bereden. Er reißte auch hin, u. fand ihn eben über des Tasso Gierusalemme liberata, wo er Stellen angestrichen hatte, denen er einen mystischen Sinn unterlegte. H[erder] steht noch jetzt mit ihm in Briefwechsel, und ist überzeugt, daß wenn er sanfter von seinem Vater (der ihn bei der Rückkunft von der ersten Reise mit dem Stock empfing) behandelt, u. von seiner Mutter weniger verhätschelt worden wäre, u. wenn man ihm eine Frau mit einem Mariengesichte gegeben hätte, die ihn dann zu regieren verstanden hätte, er dann ein so guter Regent geworden wäre, als hundert andere, die vieleicht den Verstand nicht haben. Denn eine große mathematische Combinationsgabe (er konnte auf den ersten Blättern oder bei den ersten Szenen so gleich das Ende des Romans oder des Schauspiels sagen) viele Sprach u. artistische Kenntnisse sind ihm nicht abzusprechen. Jetzt scheint er Wasser im Kopfe zu haben.

Den 20ten Novembr[is] [17]95.

Man muß es meinen Schriften ansehn, daß ich sie in einer gepreßten Lage schrieb, und daß es mir an der Kraft fehlte, alles so recht bestimmt und handgreiflich herauszusagen. Da lob ich mir Wieland. In seinem Danischmende z. B. in den ersten Kapiteln da ist kein Räthsel. Das ist alles fein hübsch breit und verständlich. Er hat darin sich selbst und seine frühern Empfindungen zum Leben abkonterfeyt. –

Auch ich bin einmal in jener ängstlichen Stimmung und schwärmerischem Rigorismus geweßen, wo ich alles für eine Todtsünde hielt (vermuthlich bei Hamann.)

Canitz hatte weit mehr Gedichte hinterlassen, als der pietistische *Bogazky* in Halle gesammelt hat. Herder sah noch im Holsteinischen in seinen jüngern Jahren ein Gedicht in Handschrift, worinnen Canitz die Einweihung der Universität Halle unter Friedrich I. komisch schilderte, alle Ceremonien und die Begleiter des Königs einzeln aufführte u. s. w. Er bedauert es sehr, daß er es damals nicht abschrieb. Jetzt erinnert er sich nur noch eines Verses daraus:

Der arme Wurm Cellarius
erregte manchen viel Verdruß
und stieg nun aufs Catheder.

Canitz ist einer der zartesten Dichter, ein Horaz seines Zeitalters, der nicht vergessen werden sollte. Als er sterben wollte, sagte er voraus, er werde mit der aufgehenden Sonne verscheiden, ließ sich aus der Stube ins freie hinaustragen, und sah wirklich die Sonne aufgehn, eh er zum letz[t]en athmete.

Auch um *Liscovs* beste Sachen sind wir dadurch gekommen, daß er seine Papiere an eine engbrüstige Frau in Sachsen vererbte, der ihr Beichtvater solange das Gewissen darüber schärfte, bis sie solche in seiner Gegenwart ins Papier warf.

Die Deutschen haben die Unart der nordischen Völker, die Worte nur mit einem Hauptton auszusprechen, u. die darauf folgenden Sylben alle abzuschleifen aus Faulheit. Die Engländer thun es noch ärger. Aber wir auch z. B. *Großmuth.* Wir sagen alle *Größmuth.* Da doch Muth seiner Natur nach so lang ist, als Groß. Aber diese verkürzende Faulheit muß der Dichter nicht nachahmen, und das alles für Dactylen halten, was unsere faule Zunge nur dafür herauspoltert. Er muß vielmehr das als zwei lange Sylben brauchen, was seiner Natur nach zwei lange Sylben hat. Er ist os populi und das Volk muß von ihm *sprechen* lernen. Nicht aber muß er dem Volke nachsprechen. Herder hat in mehrern seiner Distichen diese Regel zu seiner Norm gemacht, ist aber darüber von Manso und andern Recensenten gemeistert worden, weil man ja solche Worte auch dactylisch aussprechen könne. – Klopstock geht vielleicht auf der andern Seite zu weit, wie z. B in seiner *Feldmaus, Stadtmaus.* Aber die andern Hexametrifexe machen doch offenbar auch Unfug, und daher werden wir mit so vielen Dactylen überschwemmt, die es doch ihrer Natur nach gar nicht sind.

D[en] 17ten Januar[ii] [17]96. bei Knebel

Herder findet nur zwei Nationen in Europa, wo die Männer sehr schön sind. Die Italiener (die Lazzaronis in Neapel betteln auf ihre Schönheit) und die Schweden (der Graf v. Fersen). Nur daß der leztern Schönheit zu wenig belebt ist.

H[erder] erhielt den Ruf nach Göttingen als er noch in Italien war. Er machte daher absichtlich eine Reise zu Frank in Pavia, um von diesem Auskunft über Göttingen zu erhalten, u. brachte einige Tage bei ihm zu. F[rank] lebte nur mit Volta in einigen Verhältnissen, war aber übrigens überal angefeindet und verfolgt. Selbst der wackre Graf *Wilzek*, der Gouverneur v. Mayland, hielt ihn von sich entfernt. Die Vorlesungen dauern nur 4 Monate. Die übrige

Zeit kann der Professor machen [was er] will. F[rank] wurde bis nach Genua zu Kranken geholt, und imponirte sehr durch sein Aeuseres.

Großer Widerwille gegen die Engländer. Ihre beste Geschichte von Henry kennt fast niemand in Deutschland.

H[erder] findet die Erklärer bey Beschauung der Kunstwerke, besonders der Gemälde, unausstehlich. *Hirt* war ihm daher in Rom äuserst zuwider. Nur *Meyers* wenige, aber sinnige Winke waren ihm angenehm, u. daher ging er mit diesem am liebsten. Als er mit Jacobi die Düsseldorfer Gallerie sah, fand er, daß Jacobi bloß auf den Effekt der Farben und ihre Haltung reflectire, u. daß er bloß aus diesem Gesichtspunct die ganze Galerie beurtheile, u. nun auch H[erder] darauf bloß aufmerksam machen wolle. H[erder] sieht aber lieber auf Zeichnung, Haltung u. andere wesentliche Stücke.

Bei Herder. D[en] 27 Novembr[is] [17]96.

Agnes von Lilien im 10ten Stück der Horen von Kosegarten ein treffliches Stück voll tiefer Empfindung und edler Sprache. Er hat mich dadurch, sagte *Wieland*, wieder mit sich ausgesöhnt, da ich ihm wegen seines Gedichts: *Die Harmonie der Sphären* im Schillerischen Musenalmanach herzlich gram geworden war. Denn sichtbare Gegenstände lassen sich wohl durch Beschreibungen versinnlichen, aber nie Töne, wenns auch im Himmel Töne gäbe. Darum, bemerkte ich, ist Heinsens Hildegard ein so thörichtes Unternehmen, in so fern nehmlich uns gewisse Eindrücke der Musik sinnlich zurückgegeben werden sollen. Frage von der *Frau v. Berlepsch*: wo sich Heinse jetzt sich aufhalte, da Fritz Jacobi sein großer Wohlthäter emigrirt sei? *Wieland* erzählte dabei, wie er aus seinen ästhetischen Collegien, als er noch sein Zuhöhrer in Erfurth war, seine berüchtigte Laidion zusammengestoppelt, aber nur mit seiner Satyrnatur durchwebt habe.

Nun kömmt die Rede auf die gestrige Theatervorstellung, *Julius von Tarent*. Leisewitz hat sich durch die concetti der Italiener zu falschem Witz verführen lassen. Die sentenzenreiche Sprache liegt wie Bley auf den Schauspielern. Es mußte also verunglücken. Ich, sagte *Herder*, spiele jetzt in meinem Hause Comödie, die uns besser zusagt, als die auf den Bretern. Alle Abende wird aus dem Shakespeare vorgelesen. Ueber Sh[akespeares] Richard III. *Major v. Kalb* erzählt, wie Eckhof den Traum im Richard gespielt habe.

Warum Lessing eigentlich die französischen Trauerspiele bei uns so verrufen habe? Weil wir nie die Theaterlüge so planmäßig einstudieren, nie beym Mangel *eines* Vereinigungspunctes in einer Hauptstadt alle Talente zum Ensemble einer einzigen Vorstellung vereinigen können, wie in Paris, weil unsere Sprache zu tief für die klingenden Tiraden ist.

Fritz Stolberg hat den 2ten Theil seines übersetzten Plato an Göthe und alle seine hiesigen Spötter geschickt. *Christliche* Rache.

Ueber die Xenien. Die Frau v. Berlepsch lobt vorzüglich die philosophischen von Schiller. Wieland versichert, daß doch im Grunde den Meisten ganz recht wiederfahren sei, daß sie um ihrer Sünden willen einen öffentlichen Product erhalten hätten. Herder lobt die theatralischen.

Ueber Ifflands Schauspiele. Sie sind *zu* treu. Die Familien- und Schlafrockszenen gehören nicht aufs Theater, weil hier von einem veredelndem Kunstwerk die Rede ist. Daher haben uns Ifflands Stücke so gewaltig zur Plattheit und Mittelmäsigkeit herabgezogen. Ich, sagt Herder, soll schon meinem Stande nach die Moralprediger lieb haben. Aber auf der Bühne sind sie sehr am unrechten Ort. Und Iffland moralisirt und hält Strafpredigten durch ganze Szenen. Der Teutsche will das, sagt Madame Herder, er will überal eine Lehre u. Nutzanwendung. Das *reine* Kunstwerk kann er nicht ohne moralische Tendenz denken. In Aristoteles Poetik u. Horazens ars poetica, erinnerte ich, ist nirgends eine Sylbe von der Moral eines Schauspiels.

Der Major v. Kalb erzählt, daß Iffland den Posert in dem *Spieler* Zug für Zug am General Stengel, der dieß Jahr in Italien fiel, kopirt habe.

Ifflands zweideutiger Ruf. Frau v. Berlepsch erzählt, daß als er vor 12 Jahren zum ersten mal nach Hannover in seine Vaterstadt zurückkam, er plötzlich binnen 4 Stunden die Stadt verlassen mußte. Seinen redlichen Vater machte man glaubend, er habe schnell nach Manheim zurückkehren müssen, aber seinem Bruder sagte man die wahre Ursache. Er hatte seine Augen auf einen schönen, jungen Soldaten geworfen, u. dieß hatten die Offiziere erfahren.

Morgen will uns die Fr[au] v. B[erlepsch] sein neuestes und schönstes Stück den *Hausfrieden* bei der verwitweten Herzogin vorlesen. Sie hält alles für Verleumdung, wie billig.

Ist Iffland wirklich in Berlin bestohlen worden? Dann ist es sicher sein eigener Bedienter, über welchem man sich in Manheim mit allerlei Geschwätz trägt. –

Ueber das Lächerliche teutscher Schriftsteller, sich gern im Auslande übersetzt zu lesen. Wieland hatte vor kurzem eine neue traurige Erfahrung drüber. Der französische Lector in Jena brachte ihm eine metrische Uebersetzung seines Sinibald, ein abscheulicher Treue und Geistesmord. Wieland gerieth in Gegenwart des zitternden Verf[assers] in eine solche Wuth, daß er die Stunde verfluchte, wo er die erste Feder angesetzt habe. Ich bin mir bewußt, setzte er jetzt hinzu, daß ich unter 50 möglichen Formen die einzig *beste* wähle. Der Uebersetzer wählt unter den möglichen nur die ihm einzig *nothwendige.*

Die Fr[au] v. Berlepsch sagt täglich ihrer heranwachsenden Tochter zehnmal: *vergieb dir nichts!* Ich erinnere, daß dieß bestimmte Grenzlinien und Gerechtsamen voraussetze. Hierüber wird discutirt. Lottchen Campe.

Ueber die Sprachreinigungsgeselschafft, an deren Spitze Campe steht. Die darinnen gereinigten Herrn Wieland u. Herder haben beide keine Notiz davon. Doch hat das Hörensagen schon Wielanden bewogen, in seiner neuen Ausgabe alle unnöthigen Antipurismen auszumerzen. Herder erzählt von einem gewissen *Ratichius,* der im vorigen Jahrhundert hier in Weimar lebte, und in einer kleinen Schrifft: *Wesenkündigung* (so übersetzte er Metaphysik) alle Terminologie der Philosophie so witzig verdeutschte, daß es zu wünschen wäre, Kant hätte dieß Büchlein gekannt.

Mechanischen Periodenbau übersetzte Campe kunsttriebmäsigen Gliedersatzbau, wie die Frau v. Berlepsch, der dieß Journal große Freude macht, anführt. Wielands Parodie aus dem Stegreife. Die Deutschen können im gemeinen Leben noch nicht richtig sprechen. So lange dieß nicht Mode wird, so lange man einer Frau ein Ridicul dadurch giebt, wenn man sagt: sie spricht wie ein Buch (der Frau v. Berlepsch ist dieß, wie sie versichert, offt passirt): so lange ist an keine algemeine Cultur zu denken. Nun beginnt Herder eine Deduction, daß dieß allein die Schuld der französirenden Fürsten u. des Adels sey, der seit dem Westphälischen Frieden nur mit dem nicht zu seiner Caste gehörigen Pöbel deutsch sprach. Wieland deducirt, welch unendlichen Schaden Friedrichs II schiefköpfiges Buch Sur la literature Allemande angerichtet habe. Ueberhaupt sei dieser bewunderte Friedrich nie sein Held, weil er sich allein lebend, alles andere als Maschine in seiner Hand gedacht habe.

Bei Herder. D[en] 18 Xbr. [Decembris] [17]96.

Ueber Hottingers acroama auf Steinbrychel. Nur ein Republikaner konnte mit dieser Würde von sich selbst sprechen, indem er einen fremden lobte. Die Recension, wodurch Steinbrecheln alle fernere Literatur verleidet wurde, war von Grillo. Die Namen auf O sind unglücklich: Manso, Philo u. s. w.

Ueber *Voß*. Herder spricht ihm alle innere Genialität ab und findet seine Liederfruchtbarkeit sehr trostlos. Wieland vertheidigt das Gegentheil u. versichert, Voß gehöre zu denen, bei deren Verskunst er oft seine eigene Schwäche fühle. Alles, was Herder endlich einräumt ist daß er die Holsteinische Natur sehr gut zu homerisiren verstehe.

Ich habe heute im 4ten Theil des Flamings eine Lästerung gegen viele gute Menschen gelesen, sagt Wieland, bei der Gelegenheit wo die sterbende Iglon ihre Selbstbiographie verbrennt, und der Dichter alle die Herrn, die Selbstgeständnisse und Memoires über ihr eignes Leben schreiben, für unausstehliche Prahler angiebt, die alles, was der Zufall in ihrem Leben für sie gethan hat, ihrem eigenen Verdienst u. Klugheit zuschreiben. Ich, sagte W[ieland] gehöre gewiß nicht unter diese Kategorie. Niemand kann demüthiger von dem, was er selbst bei seinem Ruhm gethan hat, denken, als ich, und schreibe ich für Göschen die Geschichte meiner Schriftstellerei: so soll jedermann sehn, daß ich recht aufrichtig erzähle, was der Zufall für jedes meiner Erzeugnisse gethan hat.

Ueber das Hundetaschenbuch bei Nicolovius. Man hält Friedrich Schulz für den Verfasser. Die Idee ist äuserst glücklich für Abnehmer. Ich mache mich anheischig ein Spinnentaschenbuch zu schreiben, wenn ich einen Verleger finden kann. Mein Plan!

Von Hunden kommts auf die Schweine. Ihre Schöpfung allein, sagt W[ieland] kann ich der Natur nicht verzeihn. Ihre Thierheit, ihre *Antigrazie* ist mir schon in der Vorstellung ein Abscheu. Herder führt nun die Sache der Schweine mit großer Beredsamkeit und vertheidigt ihre Ehre 1) weil sie mit den Menschen die größte Ausbreitung auf der Erde haben 2) weil sie in ihrem innern Bau so viel Aehnlichkeit mit den Menschen haben 3) weil sie ächte Republikaner sind. Als er vorigen Sommer auf einem Landgute die Oekonomiegebäude besah, sagte der Oekonom, daß die sämmtlichen Schweine beym Schreien eines einzigen in Aufruhr und sympathetisches Angstgefühl geriethen. Die Probe wird auf der Stelle gemacht u. ein Schwein am Hinterfuß gezerrt. Auf einmal erhebt sich in allen benachbarten Schweinekoben ein algemeines Lamentabile. Die Koben werden geöffnet, u. die Sauen springen von allen Seiten dahin, woher die Angststimme erscholl, so daß die Geselschafft sich kaum vor ihnen retten konnte. Ja das ist eben die Brutalität dieser Sansculotten, erwiedert Wieland u. erzählt eine Anecdote, die er noch in Biberach erlebte, wo der dicke Haushofmeister des Grafen Stadion von einer Heerde Schweine, die auf der Mast in einem Eichenwalde war, beinahe ermordet worden wäre, weil er zum Spaß ein blindes Feuer auf sie machte, diese aber mit Heereskraft auf ihn einstürmten u. ihn nöthigten sich auf einen Baum zu flüchten. Als sie ihm da nicht beikommen konnten, fingen sie an die Wurzeln des Baums auszuwühlen u. versuchten so den Baum zu fällen, welches am Ende auch geschehn wäre, wenn nicht der Hirte u. Jäger nicht noch zu Hilfe gekommen wären. – Der Schottländer Macdonald, der heute mit in der Geselschaft war, wundert sich über diese Schweinedissertation und der ältere flüsterte mir ins Ohr: 'tis very strange indeed, that such men as Mr. Herder and Wieland should engage so deeply in a dispute about swine. How would my countrymen laugh, if they heard it! In Schottland hat jetzt ein Herr Maan Hundebraten zum most fashionable dish gemacht.

W[ieland] erzählt, daß er vor einigen Tagen einen Brief vom Rath seiner Vaterstadt Biberach erhalten hat, worinnen dieser sich mit Schwäbischer Treuherzigkeit an ihn wendet, um eine Anleihe von 50,000 fl[orin] für sie zu negociiren, da sie durch die Franzosendurchzüge erstaunlich gelitten haben.

Meiners Hypothese über die Menschenracen: Er ist mit seinen schwarzen Haaren selbst ein Mongole, u. hat keinen Hinterkopf, wie seine auffallende Silhouette in Lavaters Physiognomik beweißt. *Hißmann* sagte, daß auch die Mutterliebe nichts natürliches, sondern bloß ein Trieb sich der Milch zu entledigen sey, u. daß die Mutter ihr Kind grade so liebe, wie ein gutes Stück Fleisch.

Liebe, verliebt, Liebhaber. Herder bemerkt, daß sich die Völker in solche unterscheiden, die in einem Jambus lieben, als ămour, ămore, ἔϱαν, u. in solche, die in einem Spondeus, als Līebe, lōve. Wieland empfahl die englische Redensart *to fall in* love. Der Rath Schlegel (der Uebersetzer des Dante u. Shakspear) der mit seiner Frau, der Tochter des Ritter Michaelis auch gegenwärtig ist, beklagt sich über das Wort *verliebt*, welches immer eine lächerliche, u. etymologisch so gar eine falsche Idee giebt. Es ist neues Gepräges. Luther hat es nicht gekannt. Vorzug der Holländischen Sprache. Der Schotte Macdonald führt die Eigenschafft der Galischen oder Ersischen Sprache, seiner Muttersprache an, die den Begriff *verlieben* so ausdrückt: die Süssigkeit eines Mädchens einhauchen (to inhale) und *haßen*, über jemand seinen Haß senken.

Viel über Mirabeau und Chamfort, dessen Werke Schlegel vor kurzem in der Lit[eratur] Z[eitung] recensirt hat. Seine Liebe zu Sophie Ruffey war doch gewaltig sinnlich.

Göschen will eine Prachtausgabe des Griechischen N[euen] T[estaments] veranstalten nach Griesbachs Recension. Mad[ame] Schlegel erzählt ihres Vates, des seel[igen] Michaelis, Wünsche darüber.

Ueber Ramdohr, dessen Urania Göschen für 1500 R[eichs]th[aler] übernommen hat, aber gern wieder los seyn möchte. Er heurathet eine altadlige Frau, die schon Großmutter, eine Tochter des H[errn] von Busch zum größten Misvergnügen ihrer Familie. Es macht ihn ewig unglücklich, daß er als neuer Adliger nicht auf der adligen Bank im Apell[ations]Gericht in Celle sitzen kann. Des Doctors Unzer in Hamburg beisende Abschiedrede: Sie sitzen auf der adligen Back! R[amdohr] will Wielanden in Dresden, während sich dieser von Graff mahlen läßt, desennuyiren!

Ueber die Xenien. Großer Schaden, den sie wegen der Gesinnungen der Höfe und Höflinge über die Gelehrten anrichten. Der Verfasser der witzigen Recension – so fand sie selbst Mad[ame] Schlegel, deren Mann doch als Göthes Panegyrist darin aufgeführt ist – ist Trapp in Wolfenbüttel. Mad[ame] Herder, die den alten Gleim herzlich liebt, spricht mit Heftigkeit gegen die in den Xenien vorkommenden Ausfälle gegen den Pelias. Selbst Wieland, der übrigens die Schwäche des alten 78[jährigen] Dichtergreises gern einräumt und besonders seine neusten Producte im Göttinger Musenalmanach unter aller Critik findet, stimmt ein. Denn, sagt er sehr naiv, welcher Dichter darf es nun wagen, alt zu werden?

Den 12ten July. [1797]

Heute predigte *Herder* über das Evangelium der Eintracht: *wer zu seinem Bruder sagt, du Narr* pp. wahre Worte des Lebens. Feindschaft und gehäßige Gesinnungen verkürzen uns und andern das Leben. Im Gegentheil ist Offenherzigkeit, Milde, Verzeihlichkeit Lebensbalsam für uns und andere. Gleich das Exordium hatte herzergreifende Schilderungen des Unfriedens und des *Kriegs.* »Was muß die über uns schwebende Alliebe, der Geist, der alle Erschaffenen in eine Kette der Harmonie verknüpfen möchte, über die bittre Feindseeligkeit empfinden, womit einzelne Menschen und ganze Völkerschaften sich wechselseitig verfolgen und morden. Wenn Geister von andern Planeten, vom Jupiter oder Monde, herabschwebten, oder hörten, daß es auf der Erde Geschöpfe gebe, die sich mit unbeschreiblicher Wuth zerrissen, mordeten, bekriegten, wie würden sich diese verwundern! Was würden wir von einer Classe von Thieren sagen, die immer Heerdenweise gegen ihr eigenes Geschlecht zu Kampf und Mord auszögen? Geist des Christenthums, werde lebendig unter uns!«

Herder arbeitet jetzt an einem neuen Landeskatechismus. Er sagte, für ihn sei es keine schwere Aufgabe. Er werde vieles aus dem Lutherischen beibehalten. Was in der Bibel mit klaren Worten stehe, sei christlicher Lehrbegriff, und dieß müsse aus einem christlichen Lehrkatechismus nicht hinausgedeutelt werden. Eine ganz andere Frage sei freilich die: ob nun *dieß* Christenthum für alle Zeitalter gültig und gleich brauchbar sei? Hier müsse man aber als Diener des Staats u. der Kirche beiden getreu bleiben. Er misbillige daher die plumpe Heterodoxie der Preusischen Aufklärer. Der achtungswürdigste schien ihm immer noch *Teller.* Aber seine Religion der Volkommnen u. alle übrigen Schriften wären ihm doch unausstehlich neuerungssüchtig. *Löffler* in Gotha schlage dem Fasse den Boden ganz ein. Auch hätten die Preusischen Theologen dabei eine unverzeihliche Nachlässigkeit und Aufgebundenheit im Stil und Ausdruck, die ihm sehr ekelhaft sei. So in *Tellers* Predigten. Er (sc[ilicet] Herder) wisse nicht, wie er (sc[ilicet] Herder) bei diesen Grundsätzen so sehr in Geruch der Heterodoxie gekommen sei?

In eben der Stunde, wo er sich so lebhaft für die altgläubige Form erklärt hatte, sprach er mit vieler Stärke und Wärme für die Aufrechthaltung des neuen Francinism, und hoffte mit Zuversicht, daß *Sieyes* und Consorten es nie zu einem Rezidiv der ganzen Nation in den Xlichen Aberglauben kommen lassen würden.

D[en] 24 Septembr[is] [17]97.

[»]In Bückeburg war zu meiner Zeit *Kleuker* Hofmeister bei einem Justizrathe. Durch mich lernte er den Zendvesta kennen. Von mir hatte er ihn geborgt. Da spukten lauter Arimans und Oromasdes in seinem Kopfe. Einsmals war es bis zu Schlägen zwischen ihm und seinem Prinzipal gekommen. Da kam er schreiend zu mir gesprungen und rief die Wunde auf seinem Gesichte zeigend: Da hat Ariman seine Krallen eingesetzt. Er hat den Classikern nie Geschmack und Form abgewinnen können, und sein Hang zum Mysticismus hat ihn immer verworrner und schwärmerisch gemacht. Auch in Lemgo war er nicht glücklich. Dann hat er eine brave Frau bekommen, eine Verwande von Möser, ein Fräulein. Er möchte gern von Osnabrück aus der Schule zu einer Theologischen Professur. Es hat ihm aber bis jetzt nicht gelingen wollen. Er hing mit Falk in Hannover zusammen. Daher sein Μαγικον. Gegen diese Schwärmerei wollte ich einmal schreiben, u. hatte schon ein Gespräch fertig liegen. Bode widerrieht es mir aber, weil es mir zu viel Feinde machen würde.«

Ich statuire 3 Völkerstämme in Europa 1) die Celten, die superieuren Menschen, diese hatten mehr Regierungsform. 2) die Germanen, die konnten über Bündnisse der Stämme und Hermanneien nicht hinaus. Noch jetzt ist alles Völkerbund. 3) die Slaven, ein Hirten und Kaufmannsvolk, das aber gegen die Germanen, die immer zuschlugen, nicht bestehn konnte.

Nur die Sprache ist wahre Umgangssprache, wo ich du

oder Ihr sage. Da seh ich den Menschen ins Gesicht. Unsere Sprache geht durch die 3 Person des Singular oder Plural immer kriechend um die andern herum.

Ich nehme keinen Zirkel in der Geschichte der Menschheit an. Es kommen wohl ähnliche Ereignisse in der spätern Geschichte, aber immer in erhöhter Potenz. So ein Rezidiv, wie nach Cromwall die Engländer unter Carl II erlitten, kann in Frankreich kaum statt finden. Es wird nicht bei der gegenwärtigen Regierungsform bleiben, aber es wird etwas Chinesisches werden. Die Religion der Aufgeklärten, der Bonzen, u. das, was mitten inne ist.

Unsere Sprache nannte schon Leibnitz eine Jäger und Bergmannssprache.

D[en] 24 Septembr[is] [17]97.

»Ich habe die glücklichsten Tage in Bückeburg verlebt. In einer schönen nach italienischer Bauart gebaueten Kirche, wo eine äuserst wohlgezogne Gemeine, wo ohngeachtet 2 Dörfer mit eingepfarrt waren, die pünktlichste Ordnung herrschte, jeder auf seiner Stelle saß, jeder Bauer seine Bibel mitbrachte und nachschlug, die Confirmation äuserst rührend war u. s. w. hatte ich nur eine Predigt Sontags zu thun, die ganze Woche ganz frei für mich, alle Vierteljahre nur einmal Consistorium, und den 3ten jedes Monats nur eine Armenconferenz, eine schöne Wohnung, vorn und hinten Garten, eine bestimmte Einnahme in baarem Gelde, die administrirt wurde und von dem Graf so viel Zuschuß, als an der bestimmten Summe fehlte, einen Collegen im Amte (es ist auser dem Superintenden[ten] nur noch ein zweiter Prediger da) der mir alles an den Augen absah u. zu Gefallen that. Was sollte man mehr wünschen? Tausendmal hab ich mich in der hiesigen Weimarischen Kirche u. bei der Unvernunft des hiesigen Pöbels nach Bückeburg zurückgesehnt.[«] »Mein Mann, fiel die Herderin ein, predigte einmal ein ganzes Jahr über das Leben Jesu. Da war selbst der gemeinste Bauer so aufmerksam auf die Fortsetzung an jedem Sontag, daß er um keinen Preiß auch nur eine Predigt verfehlt hätte.[«]

»Es hat mir Leid gethan, daß mich der streitsüchtige Frohriep einmal kompromittirt hat, indem er sich bei einer Gelegenheit auf mein Beispiel berief.«

D[en] 17 Nov[embris] 1798.

Herder hat aus seiner Jugenderinnerung noch immer die empörenden militärischen Executionen und Corporalsmishandlungen in der Erinnerung, womit damals in Preußen die arm gestohlnen Polen, wenn sie desertirt waren, nachdem man ihnen den Contract nicht gehalten hatte, belegte. Dieß hat ihm auf immer den Preusischen Raubadler (damals regierte schon Friedrich II) verleidet. – Er war in Italien auserordentlich munter und genialisch. So hat ihn die Angelica in einem Bilde dargestellt, das Gerning aus Italien mitbrachte, u. gegen eines von Reifenstein angefangenes, von der Angelica nur retouchirtes (was viele Jahre im Visitorzimmer hieng) vertauschte. Die Herderin urtheilt von dem erstern Bilde der Angelica, sie habe ihn verjüngt. Aber Herder war auch wirklich dort im Quell der Hebe gebadet. Er war mit dem Cammerherrn Einsiedel in Neapel bei Philipp Hackert, der ihnen zu Ehren ein Ministermaal gab, den ersten Platz oben einnahm u. Herdern zur Rechten, Einsiedeln zur Linken sitzen ließ. Herder besorgte wirklich bei diesem Gastgebote, daß es mit Hackert, der viel trank, überschnappen möchte. Denn beide Gäste turlepinirten den guten Hackert auf die Dauer. Herders Urtheil über Melodramen: Musik und Declamation begegnen sich alle Augenblicke, und können doch nicht zusammen kommen (S[iehe] Jahrbuch der Preusischen Monarchen 1798. Juny). Daher war ihm Ifflands Pygmalion unausstehlich.

D[en] 18 Nov[embris] 1798.

Schütz hatte gestern Herdern die Recension von den Humanitätsbriefen, die er selbst in der Alg[emeinen] Lit[eratur] Z[eitung] no. 345–46. 1798 davon gemacht hat, zugeschickt. H[erder] sagte sie sei in Schützens leichtsinniger, frecher Weise gemacht. Besonders verdroß ihm die Beehrung der Stelle, wo H[erder] von Homer spricht, und doch noch keine Kenntniß der Wolfischen Hypothese zeigt, *wiewohl* dieß dort auch nicht nöthig sei (ein offenbarer Widerspruch, wo das folgende das vorhergehende aufhebt) u. das Aufmutzen seiner Anonymitätssünde vor 20 Jahren. Er will ihm scherzend antworten, daß er gar wohl ein Exemplar auf so schönem Papier lesen würde (Sch[ütz] hatte ihm geschrieben, da er die Alg[emeine] Lit[eratur] Z[eitung] nicht läse, schicke er ihm hier die Bogen) wenn er eins umsonst erhielte. – Theinet gab 1772 eine neue Frankfurter gel[ehrte] Zeitung heraus, worinnen damals Göthe sehr genialische Recensionen machte, und Herder auch ohngefähr 7 bis 8 anonym lieferte, die gewaltig viel Lärm machten, eine gegen Michaelis, die dieser sehr übel aufnahm, und gegen Schlözer, wogegen Schlözer ein ganzes Buch, den zweiten Theil seiner Weltgeschichte voll Anzüglichkeiten gegen Herder schrieb. Der Graf von Bückeburg sagte damals zu Herdern, indem er ihm zuerst Schlözers Angriff kund that: »Machen Sie es, wie ich. Ich lese nie das Urtheil, wenn ich einen Prozeß verloren habe.« Herder laß auch die Schlözerische Schrift nie, die Sch[lözer] in der Folge selbst leid that, wie er denn erst im vorigen Jahre seine zwei neuesten historischen Schriften über *das Alter der Wechsel* u. s. w. ihm mit einem sehr höflichen Brief u. der Bitte schickte, sie in der Erfurter Z[eitung] anzuzeigen, welches auch Herder mit viel Feinheit wirklich gethan hat. Von *Deinet* bekam *Bahrdt* die Frankfurter Zeitung in seine Klauen. Man verg[leiche] *Bahrdts Briefwechsel*, wo viel darüber vorkommt, auch über Herdern. Herder glaubt sich nicht schämen zu dürfen, daß er jetzt in Absicht auf Nahmensnennung seine Meinung geändert habe. Herder erörterte heute aufs neue seine Meinung, die er schon in den Humanitätsbriefen so treffend vorgestellt hat. Schlechte Bücher werden gar nicht recensirt. Gute werden ihrer Haupttendenz nach gebührend gewürdigt. Im Mittelmäsigen wird doch die Absicht des Verf[assers] herausgehoben, und der Rec[ensent] zeigt, wie sie leichter und besser erreicht werden könnte. Lessings Spruch, den Schütz vor die Anonymität angeführt hat, sei, wie vieles, ein Sophism. Lessing sagt nemlich: der Recensent sei bescheidner, wenn er nicht durch Autorität seines Nahmens wirken wolle. – Gerning bringt eine schlechte Nemesis auf einer Gemme vor. Der gleichen haben wir, sagt Herder, als sie in Rom geweßen wären, auf dem Platz Navona zu Dutzenden, das Stück 3 Paolo, gekauft. Es sei unter der Weimarschen Colonie eine Convention geweßen, daß niemand eine Gemme über 4 Paoli bezahle. –

Den 2ten Xbr. [Decembris] [17]98.

Abends bei Herder, nur Mayer war gegenwärtig.

Meyer hatte sein *menschliches Leben*, einen Cyclus von Genienspielen, die das menschliche Leben von der Verkörperung einer Psyche bis zu ihrem Eingang zu der Pforte des Hades, wo Hypnos und Thanathos vor der Thüre stehen, und was in einem runden Vorzimmer der Herzogin Luise im neuen Schlosse als Friese gemahlt werden soll, zu unserer aller Erbauung vorgezeigt. Ich erzählte etwas aus meinen mythologischen Entwicklungen. Meyer läßt die Genien noch vor der Geburt an die Alma Mater, die vielbrüstige Ephesische Diana, anspringen. Den einen aber, der eben verkörpert werden soll, hält sie auf dem Arm, und dieser hält die Mutter nur beim Daumen. Ach, sagte Herder, mich hat diese Mutter vor der Geburt nicht auf den Armen gehalten, ich bin bloß einer von denen, die da unten heraufgucken. Wir protestirten natürlich dagegen, und erklärten ihn auch für ein Schooßkind. Darauf begann er folgendes aus seiner Jugendgeschichte:

Mir wurde es in der Jugend gar nicht süsse gemacht. Ich habe den schlechtesten Unterricht gehabt. *Mohrungen* mein Geburtsort ist so klein, daß die Schule daselbst eigentlich niemand auf die Universität dimittiren konnte und durfte. Es waren in Preußen nur 4 Städte, die dieß Recht hatten. Durch einen sonderbaren Zufall traf sichs, daß der damalige Rector in Mohrungen vorher schon auf einer größern

Schule Rector geweßen war, sich aber dort durch Zänkereien und Zwistigkeiten so übel verwickelt hatte, daß er die höhere Stelle verließ und diese kleinere Stelle annahm. Ab equis ad asinos descenderit, sed mox eum poenituit consilii. Er fing also an auf dieser kleinern Schule seinen Stolz darauf zu setzen, Knaben gleich zur Universität zuzustutzen. Dazu gehörte Herder mit noch 4 andern seiner Aequalen. Aber der Ehrenmann, der Rector, der noch im vorigen Jahrhundert geboren war, fühlte doch seine Schullast sehr stark, und war mürrisch und pedantisch. Herder blieb ins 19 Jahr auf dieser Trivialschule, und kam von da gleich nach Königsberg auf die Universität. Auf der Schule war das neue Testament, und höchstens einige Gesänge des Homers gewaltig durchanalysirt worden. *Baumeisters* Compendium der Wolfischen Logik und ein handvestes Compendium der Theologie waren wacker getrieben worden. Daher auch Herder versicherte: alle seine Theologie und seine Syllogismenfertigkeit schreibe sich bloß noch von jener Schule her. ⟨Die Alterthümer lernte er nach Moldenhauers aus Schutz gezogenem Compendium⟩ Das junge aufsproßende Gemüth wurde unmenschlich mit finstern Schulstunden geplagt, früh von 7 bis 11 1/2 Uhr, Nachmittags von 1 Uhr bis 3. Herder schildert noch mit lebhafter Erinnerung die Freude, mit welcher er und seine Gespielen bedachtsam auf Befehl des Rectors aus dem Schulhof gehend, in schnellstem Galopp davonrannten, so bald sie um die Ecke herum dem Späherblick ihres Seelenhirten entschlüpft waren.

In Königsberg war damals auch eine jämmerliche Trokkenheit und Barbarey unter den Lehrern. *Langhansen*, der Oberhofprediger, war der langweiligste Saalbader und Polemiker, u. Herdern durchaus ungenießbar. Ein gewisser *Bock* war Prof[essor] der alten Sprachen, ein erbärmlicher Hecht, der das Neue Testament voranalysirte, u. bei welchem es Herder nur eine Stunde aushalten konnte. Dieser Bock ist übrigens doch als Schriftsteller in einigen Fächern bekant. *Kypke* war damals auch Prof[essor] der Theologie, wohnte aber weit drausen in der Vorstadt, wo er Mohrrüben und Zwiebeln aus seinem Garten verkaufte, und über die Genese ein sehr ungenießbares Collegium laß. Ein gewisser Buck laß Mathematik, aber immer nur nach Wolfs Anfangsgründen, und nie drüber hinaus, indeß hörte ihn Herder doch mit großem Fleise, so wie auch die Physik, die äuserst plump vorgetragen wurde. Zum Theil mußten die Professoren so schülermäßig Collegia lesen, weil die Zuhörer äuserst unvorbereitet waren. Da war das Albertinum für die Polen, wo der häßlichste Pennalismus herschte, und die kleinen Buben den großen aufwarten mußten. Von diesem Collegium wurde nun die Universität bevölkert. Vor allen ein Gott stralte damals schon Kant auf dem Katheder. Bei ihm allein hörten auch die Livländer und Curländer, die nur galante Studien trieben. Aber er sprach viel konfuses Zeug untereinander. Herder konnte seinen Vortrag nur dadurch sich nützlich machen, daß er sich in den Collegien die Hauptpunkte anmerkte, und nun das Gehörte zu Hause auf seine eigene Weise ausspann und verarbeitete. ⟨S[iehe] Herders Urtheil über Kant in den Humanitätsbriefen, das auch Schütz in seiner Kritik ausgezogen hat.⟩ Aber eben die grundlose Sophisterei Kants trieb Herdern unwiderstehlich zu den Alten, die nun sein Lieblingsstudium wurden nebst der Literatur. Auf der Schule hatte er zuerst im 18 Jahre Haller und Hagedorn kennen lernen. Nun betrieb er Sprachstudium und Philologie mit der zweckmäsigsten Benutzung der Quellen. Schon im zweiten Jahre seines Universitätsaufenthaltes wurde er Collaborator an dem Fridericianum, wo er die obere Secunda in den Classikern zu unterrichten bekam. Dort herrschte freilich damals der fürchterlichste Pietismus und die Directoren der Anstalt mochten wohl manchmal den heiligen Geist anbeten, daß er dem profanen Herder das Herz regieren möchte. Allein weil durch ihn die Classe herrlich gedieh getraute sich doch niemand ihn in seinem ketzerischen Separatismus anzutasten. Damals waren *Borowski* und *Moldenhauer* seine Schüler am Fridericianum. (Hippel war schon Advocat.) Auserordentlich wohlthätig für fernere Ausbildung war Herdern der Aufenthalt in Riga, wo er gerade die Wissenschaften zu lehren hatte, die hie in Weimar der Professor vorträgt. Damals hatte der brave Hartknoch seinen Buchhandel in Riga errichtet, und dieser ruhte nicht eher, als bis er Herdern jedes Buch, auch das kostbarste, zum Lesen geschafft hatte.

Ich bin überzeugt, sagte Herder, daß seit diese Superintendur steht, nicht so viel Heidenthum hier getrieben worden ist, als weil ich hier wohne. Wieland hatte noch an diesem Morgen (es war der erste Advent, der hier mit den großen Glocken eingeläutet wird) eine feierliche Satire auf die Liturgie in Herders Stube gemacht. Da wurden die Menschen zusammengeläutet. Wozu denn? Da käme ein Pfäfflein und plärrte etwas am Altar, dann antworteten die Jungen oben in eben dem Jargon u. s. w. Herders treffendes Urtheil über *Lerse.*

D[en] 30 Octobr[is] 1800.

Als Hartknoch bei Herdern war.

Herder stand mit Hamann in ununterbrochnem Briefwechsel. Zu der Zeit, da H[amann] sein Golgatha und Schlebimini herausgeben wollte, schrieb er Herdern er habe eine Metakritik über Kants Kritik der reinen Vernunft geschrieben. Herder bat um deren Mittheilung und communicirte eine Abschrift dieser äuserst unleserlich geschriebenen Blätter an Jacobi. Wahrscheinlich hat sie dieser seinem Schwiegersohn Nicolovius mitgetheilt und durch diesen sind sie in Rinks, des Herausgebers der Sammlung über die metacritische Invasion Hände gekommen. Denn da das dort Abgedruckte bis auf die geringste Kleinigkeit mit dem Originalaufsatz in Herders Händen übereinstimmt: so ist es unwahrscheinlich, daß der junge Hamann in Königsberg das M[anu]sc[rip]t seines Vaters mitgetheilt haben könne, das gewiß Varianten gegeben hätte.

Hamann wollte zu Herdern, als er auf seiner Reise nach Westphalen zur Fürstin Gallizin begriffen war, schrieb noch aus Magdeburg, daß er seinen Plan höchst ungern aufgebe und wollte auch von Westphalen aus noch zu Herdern. Ja als er an einem Faulfieber sterbenskrank war, stand schon der Wagen angespannt, der ihn zu Herdern bringen sollte. Jacobi hatte ihn aber so umlagert, daß er nicht fort konnte, u. eher seinen Geist aufgab. H[erder] besitzt einen herrlichen Schatz von handschriftlichen Aufsätzen, worunter viele sehr bitter gegen *Magister* Kants Dünkel und neue Hypothesen sind: diese könnte H[erder] jetzt mit Fug ediren, da K[ant] ihn gereizt hat, scheint aber doch keine Lust dazu zu haben. (Man fodert im Reichsanzeiger n. 179. 1800 zu einer Ausgabe der Hamannischen Schriften auf, worauf ein Ungenannter antwortete, Jacobi, Herder u. Jean Paul würden sie vielleicht herausgeben. n. 251.)

Als Herder Königsberg verließ, sprach Kant mit dem damaligen 19jährigen Jüngling u. ermahnte ihn, er solle doch nicht so viel über Bücher brüten, sondern vielmehr seinem Beispiel folgen. Er sei sehr gesellig und nur in der Welt könne man sich bilden. (Wirklich war damals Magister Kant der galanteste Mann von der Welt, trug bordirte Kleider, einen Postillon d'Amour, u. besuchte alle Cotterieen) Darauf erhielt Herder in Riga einen Brief von Kant, worin er ihn zur Theilnahme an einem neuen philosophischen System ermahnt u. erinnert, ob er auch seinem Rathe getreu viel in Geselschaften komme u. s. w. Darauf ist nun der Brief, den Kant in Rinks Invasion selbst hat publiciren lassen (eine Aufführung, die selbst der kantisirende Recensent dieser Invasion in der Goth[aer] Gel[ehrten] Z[eitung] 1800 n. 86. S. 717 nicht billigt) bloß eine Antwort.

H[erder] versichert, es sei ihm nicht eingefallen, daß er Hamanns M[anu]sc[rip]t habe; sonst hätte er selbst Stellen daraus angeführt. In einer neuen Ausgabe werde er den ganzen Aufsatz von Hamann vordrucken lassen. Es gereut ihm nicht, so stark und bitter in der Metakritik gesprochen zu haben. Denn nur durch diesen schneidenden Ton konnte Aufmerksamkeit erregt werden. Die Metakritik schrieb er in einem Fluß unglaublich geschwind, wie keines seiner andern Bücher. In der Kalligone sind ganze Abhandlungen weggeblieben, weil das Werk unter der Hand zu 3 Bänden anwuchs.

Weimarische Schulencyclopädie!

Johann Christoph Friedrich Schiller

[1797]

Nirgends weht in Schillers Geistesproducten die leichte genialische Muse, die es uns ganz vergessen läßt, daß dem Dichter seine Erzeugnisse Anstrengung und Arbeit gekostet haben. Auch rächt sich der Mangel an Schulkenntnissen und einer gebildeten Erziehung sehr oft an ihm. Der Vorwurf in den *Gegengeschenken an die Sudelköche in Jena und Weimar* von Manso, daß er nicht einmal den Strada zu seiner Niederländischen Geschichte habe lesen können, ist vieleicht sehr treffend.

Er könnte ein sehr glücklicher Mann seyn, wenn er das sich ihm hold darbietende Glück in Manheim nicht mit Füssen gestoßen hätte. Der alte Buchhändler Schwan hatte eine einzige Tochter, ein schönes, muntres Mädchen, die Schillern liebte u. in seinem Besitz sehr glücklich geweßen wäre. Er war damals Theaterdichter. Wenige Tage vor seiner Abreise von Manheim hielt er förmlich beym Vater um sie an. Dieser hatte eine herzliche Freude darüber, und versprach ihm seine Tochter mit dem ganzen Vermögen von 50,000 fl[orin] zu geben, wenn er das unstete Theaterdichterleben aufgeben u. die trefflich organisirte Buchhandlung annehmen u. fortsetzen wolle. Er selbst, der alte Schwan, habe die Buchhandlung nicht kunstmäßig erlernt u. die Sache sei so schwer nicht, zumal da er sich einen guten Partner halten könne. Habe er aber dazu keine Lust, so solle er sein medicinisches Studium fortsetzen, wozu er ihm die Kosten gern geben wolle, u. dann als Arzt seine Tochter heirathen. – Schiller reißte einige Tage nach dieser Verhandlung fort (nach Weimar) und soll heute noch auf diese Erbietungen des Vaters antworten. Er liebt die ungezügelte Freiheit.

Als sich im J[ahr] 1792 die Nachricht selbst in den Zeitungen verbreitete, daß Schiller todt sey, wollte ihm der Herz[og] v. Augustenburg ein Monument setzen. Diese Gesinnung benutzte Reinhold u. wirkte Schillern eine Pension von 800 Thalern aus, die ihm der Herzog noch jetzt in Verbindung mit der Schimmelmannischen Familie auszahlt. Um so mehr sollte Sch[iller] seine niedersächsischen Freunde schonen. In seinem Aufsatz in den Horen: *Die sentimentalischen Dichter* hatte er in einer langen Note einen bittern Ausfall gegen Claudius gethan. Herder, dem er das M[anu]sc[rip]t vorher zur Dur[ch]sicht schickte, brachte es durch seine dringenden Vorstellungen endlich doch dahin, daß er diese Note wieder ausstrich.

[1798]

Die Frau v. Wolzogen schrieb zu ihrer Agnes eine kleine Nachschrift, die ganz am Ende des zweiten Theils, als von der Agnes von Lilien an ihre Kinder geschrieben, abgedruckt werden sollte. Der Buchhändler *Unger* versteht das falsch, und glaubt, dieser im Geist des Romans geschriebene Epilogos sei eine Vorrede der Verfasserin in ihrer eigenen Person, und läßt diese Blätter also besonders paginirt dem zweiten Theil der Agnes als Dedication vordrucken. Nun entstehen daraus die lächerlichsten Quiproquos. Caroline Wolzogen ist eine junge blühende Frau und hat erst ein einziges Kind mit ihrem jetzigen Mann, mit dem sie in der Schweiz niederkam, und es dort von einer gesunden Schweizerin säugen ließ. In dieser Vorrede spricht ein *altes Mütterchen* zu ihren *Kindern*. Die Frau von Wolzogen war untröstlich, als sie vor 8 Tagen ein ganzes Paket Freiexemplare bekommt, und in allen diesen den lächerlichen Misgriff fand. Sie hat von Schillern, ihrem Schwager der das M[anu]sc[rip]t an Ungern gegeben hatte, auf der Stelle verlangt, daß er bei Unger auf einen Umdruck dieses Bogens dringen soll. Indeß sind schon die Exemplare in aller Welt Ende ausgeflogen, und die Verfasserin bleibt ein altes Mütterchen. Dies hat zu mancherlei Scherz hier Anlaß gegeben.

Ihre Bekanntschafft mit dem Stuttgarder Hof, wo sie mehrere Jahre lebte, setzte sie in Stand, gewisse Hofscenen in diesem Roman in *Absicht auf weibliche Herzen* treffender zu schildern, als es bis jetzt in irgend einem Roman geschehen konnte.

Bemerkungen über die Jungfrau von Orleans aus Schillers Munde

d[en] 26 No[vembris] 1801.

Das Mädchen von Orleans ist ein in seiner Art einziges Sujet in der Geschichte und ein beneidenswerther Stoff für den Dichter, ohngefähr wie die Iphigenie bei den Griechen. Sch[iller] hatte dreierlei Plane mit der Bearbeitung desselben, u. hätte er Zeit, so würde er die beiden andern auch noch ausführen. Besonders lockend ist ihm der, wo ein treues Gemälde der damaligen Sitten und vor allem der gedanklosen Ausgelassenheit am Hofe Carls VII (den Sch[iller] jetzt nur schwach und liebenswürdig geschildert hatte, dessen asotische Denkart aber mehr Verachtung verdient) mit den Angriffen der Engländer und der begeisterten Entschlossenheit der Jeanne d'Arc ganz anders contrastirt werden u. alles bloß historisch geschildert werden müßte. Dann würde auch die Johanna in Rouen verbrannt. Ueberhaupt kostete es ihn großen Kampf, als er mit den ersten 4 Acten fertig war, von der Geschichte abzugehn. Er mußte deßwegen nach Jena u. erst nach einer Wochenlangen Ablenkung aller Gedanken von seiner bisherigen Arbeit kam ihm der Geist und Entschluß zu der romantischen Ausführung, wie sie nun ist. Er arbeitetete im Ganzen 7 Monathe daran.

Der König war damals der Schutzgott des dritten Standes, des Bürgers u. Landmanns gegen die stolze Gewalt der hohen Vasallen u. des Adels. Darum mußte er der Schäferin Johanna schon in einem rettenden, milden Lichte erscheinen und darin glaubt Sch[iller] einen Zug der weiblichen Natur durchgeführt zu haben, daß sich Johanna, die das Reich als ein Abstractum gar nicht denken konnte, sich doch nur immer den guten, liebenswürdigen König bei allen ihren Anstrengungen als letzten Zweck dachte. Daraus erklären sich mehrere Stellen besonders im Abschiede am Schluß des Prolog-Acts.

Die Szene mit dem Walliser Montgomery ist eine Lieblingsepisode des Dichters, die er ganz im Geiste Homerischer Dichtung nach der Art bildete, wie dort in der Ilias Lykaon das Leben von Achilles erfleht; nur darum nahm er auch hie die Jamben des alten Trauerspiels, die Senarios oder Trimetros zur Ausführung. Diese sind unser[er] Cäsur wegen außerordentlich schwer, aber auch so schön u. voltönend, daß es Sch[iller] schwer wurde, nun wieder zu den Fünf-Füßlern zurückzukehren. Montgomeri muß durch ein Frauenzimmer gespielt werden.

Das Stilschweigen der Johanna, als sie vor allem Volk vom Vater der Zauberei angeklagt wird, ist in ihrer visionären Schwärmerei selbst volkommen gegründet. Dazu kommt die Vorstellung, sie dürfe aus Pflicht dem *Vater* nicht widersprechen. Bei diesem wirkt die gemeine Natur, in der es im Mittelalter u. Christianismus gegründet ist, bei auserordentlichen Erscheinungen weit lieber auf ein übermenschliches böses, als gutes Prinzipium zu schließen, und überhaupt lieber böses zu denken, und böse Motive unterzuschieben. Dazu ist Thiebault ein melancholischer, schwarzgalliger Mensch, mit dem auch die Johanna nicht ein Wort *spricht.* Doch ist sie seine Tochter, und es ist psychologisch, daß von einem solchen Vater eine solche der Schwärmerei empfängliche Tochter geboren werden konnte. Der Himmel bekräftigt des Vaters Zeugniß und er entsühnt sie wieder durch ein Donnerwetter, auf dessen Erfolg die Johanna sich auf einmal für schuldlos hält.

Der schwarze Ritter soll dazu dienen, uns mit einem neuen Band an die romantische Geisterwelt zu knüpfen, da hier immer zwei Welten mit einander spielen. Eigentlich dachte sich Schiller dabei den Geist des kurz vorher verschiednen (als Atheist der Hölle zugehörigen) Talbot. Immer sind die Menschen auf der höchsten Spitze stehend gefallen. Das widerfährt von dieser Szene auch der Johanna. Vollenden ist nur Sache der Götter. Sie muß, da sie nun ein Wort spricht, was die Nemesis beleidigt, u. wozu sie keinen Auftrag vom Himmel hatte, S. 170.

Nicht aus den Händen leg ich dieses Schwert,
als *bis das stolze England untergeht*

für diesen Uebermuth gestraft werden. Die Strafe folgt in der Verliebung in Lionel auf dem Fuß nach. Sie begehrt mit Geistern zu streiten. Eine einzige Berührung des Geistes lähmt sie.

Am Ende ist doch der ganze Handel mit der Verliebung nur eine Prüfung. Nur die *geprüfte* Tugend erhelt zuletzt die kanonisirende Palme.

Christoph Martin Wieland

Den 10 Novembr[is] [17]94. Im Club.

Er erklärte sich aufs neue sehr stark gegen die Epidemie der Kantischen Philosophie. Alle guten Köpfe müßten en masse gegen ein Unwesen aufstehn, das alle Humanität und Philologie umzustürzen drohe. Ein Fürst solle die Barmherzigkeit haben, für die transscendentalen Herrn ein Tollhaus anzulegen. *Kants* eigne Schriften würden als Denkmäler des subtilsten menschlichen Scharfsines bestehn. Aber seiner Jünger Schriften würden wie Spreu zerstieben.

Waser, der Uebersetzer des in Zürich bey Füßly in 4 Bänden herausgekommenen Lucians war Wielands Jugendfreund. Wieland wollte, als er noch in Biberach war, eine Uebersetzung des Lucians unternehmen. Da ließ ihm Waser sagen, daß er bald bis zur Hälfte mit seiner Uebersetzung fertig sey, und nun stand W[ieland] so gleich von seinem Unternehmen ab. Auch, als er im Jahre [17]86 den Entschluß zu seiner Uebersetzung faßte, prüfte er erst noch einmal die Wasersche Uebersetzung, und als er sie durch Provinzialismen (Waser war nie aus Zürich herausgekommen) und Archaismen völlig ungenießbar fand, beschloß er erst, selbst Hand ans Werk zu legen. W[ieland] hat ein Makulaturexemplar des Lucians. Dieß war lange Zeit seine Lectüre und Serviette, wenn er im Tempel der dea Cloacina saß. Hier, gestand er mir, konnte er sich oft selbst nicht genug über die glücklichen Wendungen und Originalität seiner Uebersetzung wundern, so daß er einigemal sogleich in seine Bibliothek lief, um zu sehn, ob Lucian hier auch *treu* übersetzt sey, aber allezeit fand, daß er dem Griechen sein volles Recht habe wiederfahren lassen.

Wenn ich, sagte er, als von seinem Gedächtnisse die Rede war, jetzt meine Anmerkungen zu *Horazens Satiren u.*

Episteln aufschlage: so ist mir alles so fremd, als wenn ich sie nie gesehen, geschweige denn geschrieben hätte. Ueberhaupt ist mein Gedächtniß für bestimmte Wortformen und ganze Stücke nur sehr ungetreu, weil ich immer nur mit der Imagination gearbeitet, und also alles, was das Gedächtniß aufnahm, meiner eignen Phantasie assimilirt und dort gleichsam eingeschmolzen habe. Doch war mein Gedächtniß in der Jugend sehr stark. Ich konnte lange Stellen des Virgils u. Horaz auswendig, und war besonders *in der Bibel*, wozu mich mein Vater stark anhielt, auserordentlich *bewandert*. Jetzt kann ich von *allen* meinen Gedichten nur die erste Stanze des Oberon, und auserdem noch die 1ten 10 Verse aus der Iliade u. Aeneide auswendig. Ganz anders sey es mit *Göthe*. Dieser wisse fast alle seine Werke auf den Nagel herzusagen, denn, setzt er hinzu, es sind Emanationen seines *Ichs*, das er unbeschränkt lieb hat. *Göthe* ist der größte Egoist, den ich je kennen lernte.

Er giebt bey der jetzigen letzten Revision seiner Werke sehr strenge auf alle ursprünglich fremde Wörter Acht, und verbannt ein jedes, das er zu leichtsinnig eingebürgert hatte. Aber viele Wörter müssen unangetastet bleiben, was auch der H[err] Schulrath *Campe*, mein alter 20jähriger Freund, dagegen erinnern mag. Dieser wackre Mann reformirte gern die Staatsverfassungen. Da dieß nicht gehn will, müssens die Inquilien der Sprache entgelten.

Von allen seinen bis jetzt zur Revision gediehenen Gedichten waren *die Grazien* das Einzige, wo er seiner besten Ueberzeugung gar keine Veränderung machen durfte, mithin auf den ersten Guß das vollendeste. Er dichtete sie in Erfurt in der glücklichsten Rosenperiode seiner Dichterexistenz.

Blankenburg in Leipzig sey einer der trefflichsten Menschen, die er je kennen gelernt habe. Um seinetwillen wünsche er in Leipzig leben zu können. Er habe noch die Loyauté eines alten Preusischen Offiziers, die ungeschminkten Attentionen gegen Frauen, die den alten Preusischen Kriegern so eigen sey, und eine alumfassende, trefflich verdauete Gelehrsamkeit.

Den 21ten IXbr. [Novembris] [1794] In der Comödie

»Ueber den Druck seiner Werke.« Alle die Schwierigkeiten, die ich Göschen voraussagte, sind eingetreten. Bey der großen Hitze sind die Bogen für die 4 Prachtausgabe beym Anfeuchten zum Druck fleckigt geworden. Jetzt muß also jedes Exemplar der ersten Lieferung wieder durchgeschossen und genau untersucht werden, ob fleckigte Bogen dabey sind. Diese werden nachgedruckt. Eine höchstmühsame Arbeit! Göschen befriedigt nur die entferntesten und ungestümtesten Abonnenten, die nähern müssen sich noch lange gedulden. Ich bin ganz unzufrieden, daß G[öschen] um seiner Buchhändlereitelkeit willen eine Prunkausgabe meiner Werke veranstaltet, deren wenigstens die Hälfte zu einem solchen Staatskleide gar nicht geeigenschaftet sind. Eine niedliche gr[oß] 8 Ausgabe wäre *mir* die liebste und geziemendste geweßen.

»In meiner frühen Jugend lernte ich das Clavier und begriff selbst die Elemente des Generalbaß. Seitdem habe ich nur selten ein Instrument angerührt, das letztemal vieleicht, als meine älteste Tochter, die *Reinhold*, es *bey mir* lernte.«

Sein äuserst feines musikalisches Gehör, das ich oft bey dem geringsten Miston Zuckungen in ihm hervorbringen sah, schrieb er bloß seiner Organisation zu. Oder der Seele, sagte ich, nach Aristoxenus Erklärung, dem die Seele nichts als *Harmonie* ist. Nein, das verbietet Lucretius mir zu glauben antwortete er, und diesem Gewährsmann folge ich sehr gern.

Es wurde eine Verdeutschung des Stücks von Goldoni Il servitore e i due maëstri gegeben, worin der Diener zweyer Herrn der Arlechino Bergamasco der Italier ist. Warum, sagte Wieland, wagt man es nicht gradezu den Arlechin *in seinem Habite* zu rehabilitiren. Er nannte dieß Stück in der Art der Alten, des Menander u. s. w. geschrieben. Beyläufige Bemerkung: »Die Alten Schauspieler arbeiteten nie auf Illusion. Sie waren τεχνιται. Ihr Spiel sollte idealisirtes Kunstwerk seyn. Daher lassen sich Masken und aller ihr

Theaterpomp, in dem die Chorage sich selbst zu übertreffen strebte, erklären. Unsere neue Schauspielkunst jagt dem leeren Phantom nach, sich mit der vorgestellten Person selbst zu identifiziren. Daher die höchst *natürlichen* Carrikaturen, die Iflandischen Schlafrocksstücke, wobey man vor lauter Nachahmung der lieben einfältigen Natur unaussprechlich platt und fade wird, und endlich ganz vergißt, daß dramatische Darstellung Kunstideal, und *Spiel* dieser Stücke Kunstwerk ist.

Im Club. Den 24ten IXbr. [Novembris] [1794]

Auch im Schlaf äusert sich die Reizbarkeit von W[ielands] Nerfensystem. Ich darf, sagte er heute, nur etwa mit einiger Ungeduld einen Brief erwarten, so kann ich schon die halbe Nacht nicht schlafen. Nachdem er bemerkt hatte, daß er jetzt im Winter vor 8 Uhr früh nicht aufstehe, setzte er hinzu: und ich habe wohl die Erlaubniß, so lange zu schlafen, als mirs beliebt. Allenfals dürfte ich wohl 24 Stunden schlafen. Ich habe mirs sauer werden lassen, bei meiner Schriftstellerei, und keinen meiner Verse aus dem Ermel geschüttelt. Komische Schilderung seiner Schlafkammer; wo er auf der einen Seite das Hungergeschrei von 6 Schweinen, die nur höchstkärglich gefüttert werden, und auf der andern das Stampfen der Pferde im Stalle des benachbarten Gasthofes die ganze Nacht durch hört. Jetzt sey er daran gewohnt, u. mache ihm dieß thierische Conzert, zudem noch das Enten- und Hahnengeschrei beym Anbruch des Morgens käme, so gar Vergnügen.

Die Ritter des Aristophanes will er im künftigen Frühjahr vollenden. Dann hat er sich noch die zwey Symposia des Plato und Xenophon, und die Kaiser und den Barthhasser des Julians zu übersetzen vorgenommen.

Ueber *Broxtermann*, von dem eine sehr originelle Uebersetzungsprobe des Ariost im Decemberstück dieses Jahres des T[eutschen] M[erkur] steht. Er ist ein gebohrner Osnabrücker, u. jetzt auch Advocat in Os[nabrück]. *Geron der Adelich* von Wieland weckte zuerst, als er noch Schüler auf dem dortigen Gymnasium war, sein poetisches Talent, und so schickte er noch von der Schule seinen *Bischoff Benno*, der im T[eutschen] M[erkur] abgedruckt ist, an Wielanden. Dieser entdeckte in dem Producte eines 16jährigen Schülers große Anlagen, und munterte ihn durch seinen Beyfall auf. Aus Bescheidenheit schrieb er an W[ieland] von Göttingen aus nur selten, und bedauerte es sehr, als er hörte, W[ieland] habe einen jungen Brandenburger zu sich ins Haus genommen (Lütkemüller) da er so gern alle diese Dienste auch geleistet hätte.

Wieland verlor einmal auf dem Wege von Belvedere nach Weimar ein Rohr mit einem goldenen Stockknopf, u. ließ ihn im hiesigen Wochenblatte ohne Erfolg, zurückfodern. Man sagte ihm, ein hiesiger Krämer, der ihn gefunden hätte, wolle ihn nicht herausgeben. *Wieland* erklärte diesen in der Hitze für einen Dieb, u. jener, dem nichts bewiesen werden konnte, verklagte Wielanden injuriarum bey der Regierung. Diese, worunter einige Herren sich bei dem erst kürzlich damals erschienenen Abderitenproceß wegen des Eselsschatten getroffen gefunden u. sehr geärgert hatten, freueten sich, Wielanden edictaliter bey 5 Thalern Strafe, wenn er sich nicht persönlich zur Abbitte u. Ehrenerklärung stelle, zu citiren. Ueber diesen vermeintlichen Schimpf wollte Wieland ganz unsinnig werden, u. ungewohnt mit dem Curialstyl hielt er dieß für eine absichtlich zu seiner Schmach erfundene Formel, die ihn eben so sehr beschimpfe, als wenn er 50 Prügel bekommen hätte. Er wollte sich durchaus nicht stellen, u. eher Weimar verlassen. Man besorgte, daß wenn man ihn doch zum Erscheinen nöthige, er die ganze Regierung ins Angesicht seegnen möchte, u. so vermittelte es *Göthe*, daß sich der Krämer ⟨Helmershausen.⟩ endlich eine Privaterklärung gefallen ließ, und von der Injurienklage abstand. *Wieland* konnte diese Geschichte ein ganzes Jahr lang nicht verwinden.

[19. Januar 1795]

Wieland spricht stets mit der innigsten Ehrfurcht von dem vorigen Kurfürsten von Maynz durch den er nach Erfurt berufen wurde. Dort schrieb er seine Könige von Scheschian, die er, wie er versichert, nachdem er einige Jahre am hiesigen Hofe gelebt hatte, sich nicht mehr getraut haben würde zu schreiben, weil er dann tausend Beziehungen im Leben gefunden hätte, die er damals, als er bloß nach dem Ideal dichtete, nicht ahndete.

Wie hat man, fuhr er fort, nicht Anspielungen entdeckt, die ich in meinen Abderiten haben solle einfließen lassen, und doch ist auser der Nürnberger Brunnengeschichte kein einziges neues Factum von mir beym Niederschreiben der Abderiten wirklich berührt worden.

Er litt einige Zeit sehr an Augen, und mußte also mehr als gewöhnlich seiner innren Contemplation und Phantasiespiel Raum geben. Eben hatte er in der Revision in seinen Gedichten den Wünscher *Pervonte* (auserlesene Gedichte 5ter Theil) durchgegangen. Da fand er, daß noch der dritte Theil dazu fehle. Auf einmal berührte ihn Apoll mit seinem Stab, und die alte Dichterfertigkeit wachte auf. Er machte nicht allein einen dritten Theil zu seinem Pervonte, in dem sich der Wünscher nach und nach aller seiner Wünsche durch Erledigungswünsche wieder begiebt: sondern die süsse Wollust der dichterischen Empfängniß reizte ihn auch zum Dichten eines neuen Stücks in mehrern Gesängen das auch schon fertig ist. Ich weiß nicht, sagte er jüngst zur verwitw[eten] Herzogin, ob es mir etwa auch geht, wie dem alten Klopstock. Wenigstens werden mir in meinem 62 Jahre die Verse so *leicht*, als sie mir in mein[em] 42 nicht geworden sind!

Pomphaft war im Jahr [17]72 die erste Ankündigung des Mercurs. Die beiden Jacobi Fritz und der Düsseldorfer, hatten große Beyträge versprochen, u. Subscribenten in Menge zusammengetrommelt. Allein schon in der ersten Hälfte des ersten Jahrgangs fehlten Materialien. Fritz Jacobi schickte einige Recensionen der Musenalmanache ein, Georg Jacobi einige Phantasien u. damit wars gut. Wieland hatte damals seine Alceste im Kopf, lief ins Theater u. wohnte allen Proben bey, u. der arme Mercur, der dazu nicht einmal im Orte, sondern in Rudolstadt in klein Octav mit Cicero gedruckt wurde, befand sich in kläglichen Umständen. So kam [17]73 *Bertuch* hier an, u. fand alles in trauriger Verwirrung. Wieland bat himmelhoch, er solle ihm beystehn. B[ertuch] ritt nach Erfurt zu *Meuseln*, überlegte mit diesem die äusere Form, die dem Mercur forthelfen könne, u. beschloß, ihn nach Art der Englischen Journale monatlich Heftweise im blauen Umschlage zu versenden. Hierdurch bekam er erst Umlauf und Absatz. Denn beym ersten Jahrgang hatten die wenigsten Subscribenten, die besonders die Jacobis zusammengetrieben hatten, bezahlt, u. die Herrn Jacobis wollten nun noch oben drein Honorar haben. Wieland stopfte seine Briefe über die Alceste ein, u. machte sonst manchen Geniestreich, der dem Mercur viel Unheil brachte. Weil er höchst ungern geschriebenes ließt: so machte er oft die erste Revision eines Beytrags, den er auf gut Glück abdrucken ließ, erst bey der Correctur, und rächte sich nun, wenn ein Autor ihn berückt hatte, durch beisende und viele Autoren ganz zurückschreckende Anmerkungen. Einmal ließ er die erbärmlichste Sudelei eine Uebersetzung einer Italienischen Novelle 4 Bogen lang abdrucken, und wußte sich am Ende nicht anders zu helfen, als durch die Schlußanmerkung: *Dieß seie ein lehrreiches Beispiel, wie man nicht übersetzen müsse.* ⟨Oft hatte Wieland wegen der Aufsätze im Merkur Verdrießlichkeiten. So wollten z. B. mehrere Sächsische Offiziers wegen des in den Briefen eines Hypochondrischen *(Schulz)* über die Sächsische Armee gefällten Urtheils Genugthuung haben.⟩ Im Jahr [17]76 wurde Bertuch als Geh[eimer] Sekr[etär] des Herzogs angestellt, und da nun der Buchhändler *Hofmann* hier in W[eimar] den Debit und die mercantilische Besorgung übernahm; trat Bertuch zum erstenmal ab. Im Jahr [17]80 war alles wieder so sehr böse, daß B[ertuch] aufs neue Theil nehmen mußte, um die Maschine nicht ganz ins Stocken gerathen zu lassen. Aber im

Jahre [17]85 errichtete nun Wieland, der sich gar nicht mehr zu helfen wußte, einen förmlichen Contract mit Bertuch zu gleichen Gewinn u. Verlust, und daß der Ueberlebende von beiden der Familie des andern eine gewisse Entschädigung schuldig seyn solle. Bald kam *Reinhold* aus Wien, und wußte Wielands Herz und Tochter zu gewinnen. Nun hätte W[ieland] gern für R[einhold] die Theilhaberschaft am Mercur gehabt, getraute sichs aber doch nicht, Bertuchen laut zu sagen. Es gab allerley Verdrießlichkeiten. Endlich als Reinhold Bertuchen seine Heirath notifizirte, machte ihm Bertuch mit seinem Contracte ein Hochzeitgeschenke. Indeß dauerte die Freude mit Reinholds Theilnahme auch nicht alzulange. Wieland zog alles an sich, u. R[einhold] führte oft selbst gegen B[ertuch] die bittersten Klagen. ⟨Wieland brauchte damals oft kleine Summen von 100 Thalern u. drüber. Diese schoß der Buchhändler *Hofmann* stets mit Vergnügen u. Gewinn vor. Als aber dieser todt war, kam die Vormundschaft der Hofmannischen Kinder unter den Bergrath Bucholz. *Wieland* verlangte, wie vorher, zu viele Vorschüsse. Bucholz wurde böse darüber, u. sagte Wielanden den Kauf ab. So verlor die Hofmannische Buchhandlung den Verlag des Merkurs.⟩ *Aus Bertuchs Munde.*

In Erfurt laß Wieland mit ungemeinen Beyfall eine Geschichte der Menschheit nach *Iselin*, an welchen er sich doch nur wenig zu binden pflegte. Rath *Becker* in Gotha war damals sein Zuhörer, und sagte ihm oft während der Vorlesung das Verbum, welches er beym Abwickeln der Periode nicht finden konnte. Er hatte sich zu diesen Vorlesungen nur einige Hauptsätze auf ein kleines Papier aufgeschrieben. Uebrigens hielt er einen freien Vortrag. Beckers abgöttische Verehrung für Wieland erhielt dadurch einen großen Stoß, daß er einmal vor dem Glockenschlag in den Saal, wo W[ieland] in seinem Hause die Vorlesungen hielt, gehn wollte, diesen aber verschlossen fand, u. durch eine andre Thüre Wielanden im Nachtkamisol mit einem Prügel drohend vor der Magd stehn sah, und ihn wie einen Lanzenknecht fluchten und toben hörte. *Riedels* Empfehlung brachte Wielanden nach Erfurt.

In seinem 18 Jahre liebte er schon die nachmalige *La Roche*, geborne Guntersmann. Ihr Vater war ein geschickter Arzt, aber voll Eigenheiten und thörichter Phantasien. Sie verlor früh ihre Mutter, die der Vater zu Tode gepeinigt hatte, und lernte schon hier Resignation. Als sie Wieland liebte, war sie im 19ten Jahre ein Mädchen voll unaussprechlicher Naivität und der holdesten Herzensgüte, einem schönen Wuchs und hellblauer Augen. La Roche, der gewandeste Weltmensch, der alle neuen Sprachen fertig schrieb und sprach, in jedem Ton sich mit der grösten Leichtigkeit stimmte, über Pfafferei u. Religion spottete (er schrieb die *ersten* 2 Bände der Briefe über das Mönchswesen) ward auf mehrere Jahre das Factotum bey dem Grafen Stadion zu Clausingen, eine halbe Stunde von *Biberach*, wo Wieland damals Stadtsekretair war, u. täglich im Stadionischen Hause aus und einging. Der alte 60 jährige Stadion, ein Zögling Voltairs in jedem Sinne des Wortes, der alles durchgenossen u. *eitel* erfunden hatte, huldigte selbst den Reizen des jungen Weibes seines Lieblings, und Wieland blieb ihr auch, als Ehefrau, noch hold, wurde in der Folge Hebamme ihres ersten Geniekindes, der Fräulein von Sternheim, und erzog ihren ältesten Sohn Theodor, der jetzt ein reicher Americanischer Pflanzer ist, einige Jahre in seinem Hause. Ob sie gleich viele Jahre unaufhörlich in den grösten Zirkeln gewesen ist (vom Grafen Stadion kam ihr Mann zum Kurfürsten von Trier, dessen Minister er wurde, u. in Coblenz almächtig, u. mit Redlichkeit regierte, aber auf dringendes Verlangen des Päbstlichen Nuncius u. der Pfaffen, die ihn als Atheisten verleumdeten, endlich vom Kurfürsten ungern mit einer Pension entlassen wurde, sich nach Speier u. zuletzt nach Offenbach wendete) so hat sie doch nie die gewöhnlichen u. konventionellen Farben des Modetons annehmen wollen. An diesen Tact vor Schicklichkeit fehlt es ihr ganz. Sie überläßt sich ungestört ihrer Begeisterung u. gutmüthigem Seelenerguß, ohne im geringsten auf Ort und Personen Rücksicht zu nehmen, ist bis zum eigenen Darben freygebig und mildthätig (daher muß sie zuweilen zum Erwerb der

Schriftstellerin schreiben, den sie sonst nach ihrer Lage wohl entbehren könnte) und kleidet sich ohne allen Geschmack. Dieß hängt ihr noch von den frühesten Jahren ihrer Ehe an. Da hatte sie wirklich Geschmack in ihrem Anzuge, aber ihr Mann sagte ihr, daß ihr nur eine einzige Coaffüre gut stünde. Diese behielt sie nun, trotz alles Modenwechsels, bey, u. Wieland sah sie nach 12 Jahren in Coblenz als geheime Räthin noch in eben der Coaffüre im Theater, in welcher er sie im Stadionischen Hause gesehn hatte. Der Tod ihres geliebten Franz hat sie auserordentlich gebeugt. Sie schreibt nicht korrekt, hat aber eine herrliche Intuitionsgabe für Naturscenen selbst von dem schnell vorübereilenden Reisewagen heraus. Ihre Bücher sind bloß für ihr Geschlecht geschrieben, aber diesem auch auserordentlich lehrreich und wilkommen. Aber ihre *Miß Lony*, ihr bestes Product, soll auch kein Mann ungelesen lassen. *Aus Wielands Munde d[en] 19ten Januar[ii] [17]95. im Club.*

Das Schicksal eines jeden Menschen, sagte *Herder* als wir von Wieland sprachen, ist eigentlich nichts als der Abdruck seines eigenen Wesens in die ihn umringende Mitwelt, u. modifizirt sich also immer nach seinem eigenen Einwirken in die Umgebungen. So schuf sich Wieland selbst die bequeme Lage, in welcher er sich nach Herzenslust pätscheln und verzärteln kann. Er sucht alles Unangenehme aus seinem Gesichts- und Ideenkreise zu verbannen, läßt oft Briefe, in denen er eine unangenehme Stelle ahndet, zu halben Jahren unentsiegelt liegen, oder läßt sich wenigstens nur die Hauptcontente daraus referiren, ohne sie selbst anzusehn – Er hat, seinen eigenen Versicherungen zu folge, nie Kopfschmerzen gehabt.

In Jena spricht *Schiller* mit seinem Anhange sehr verächtlich von ihm als Dichter und productivem Genie. Nirgends, selbst in seinem Oberon, sei Individualität u. Haltung der Charactere. Schiller schlug daher auch die Recension der neuen Auflage seiner Werke aus, weil er nicht wisse, was er, auser den Verdiensten des Verlegers, daran loben solle.

D[en] 27ten Januar[ii] [17]95.

Heute erzählte er mir, daß er diesen Morgen eine auserordentlich genußreiche Stunde gehabt hätte. »Ich bin es gewohnt, Lobeserhebung u. Schmeichelein zu hören. Aber das Lob von einem Naturmenschen, der nicht schulgerecht zugeschnitzelt, sondern alles durch sich selbst ist, wiegt mir die Lobpreisungen von hundert Hochgelahrten Recensentenzünften auf. Ein solches Lob hat mir diesen Morgen ein wakrer Kaufmann im Oldenburgischen (Mart[in] Hemken zu Bockhorn im Oldenb[urgischen]) in einem langen, aber sehr interessanten Brief durch einen Jenaischen Studenten (Süver) ins Haus geschickt. Es ist der warme Erguß seiner Empfindungen so gleich nach der ersten Lecture meines Agathons in der neuen Ausgabe, der ihm aber schon als Ideal seiner Hoffnung im Dunkeln vorgeschwebt war, ehe er noch seine Existenz kannte. Ich kann mir vorstellen, was auf einen solchen Mann, der die Alten nicht gelesen hat, u. dem also keine Reminiscenzen die Frischheit der schönsten Bilder wegwischen, diese poetische Schöpfung für einen Eindruck gemacht haben kann. Gelehrte können diesen Genuß schon nicht so rein und unvermischt erhalten. Wenn ich mir nun denke daß noch mehrere *solche* Eindrücke auch dann, wenn ich längst nicht mehr bin, bey dieser Lecture empfinden werden: so freue ich mich dieser *gewissen* Unsterblichkeit. Denn die andere müssen wir nur glauben, *und ich weiß nichts davon.*« Dieser sehr gebildete Mann, dessen Brief mir W[ieland] dann zum Lesen mittheilte, ist auch Verfasser eines Gedichts: *Die Nacht*, das er an Herdern geschickt hat, weil er über die Erziehung u. Fortschritte des Menschengeschlechts mit ihm übereinstimmig denkt. Auch ist das Gedicht auf Coburg im Deutschen Mercur 1793 von ihm, doch hat es W[ieland] hier und da verbessert.

Wieland feilt seine Gedichte ohne Unterlaß. Jetzt hat er wieder sein Cephalus und Procris unter dem Hammer. Nur dann, sagte er, wenn mir eine ganze Passage, die ich sonst für gut erkannte, auf einmal mißfällt, traue ich mir selbst nicht, und lege das Gedicht weg, weil ich dieß Misbehagen auf körperliche Indisposition u. Verstimmung schiebe. *Denn einmal muß man auch aufhören können.*

D[en] 16ten Febr[uarii] [1795] im Klub.

Eine der Schriften, bei deren Verfertigung W[ieland] auf eine viel größere und lebhaftere Sensation gerechnet hatte, als sie wirklich hervorbrachte, war sein *Peregrinus Proteus.* Lucian erzählt bekanntlich von diesem Cagliostro des 2ten Jahrhunderts viel böses. Wieland nahm sich bey Gelegenheit seiner Uebersetzung des Lucians vor, besonders zu erweisen, daß alles, was Lucian von ihm sagt, wahr seyn, und er doch nur Schwärmer und Dupe seiner eignen Empfindungen geweßen seyn könne, *wie Lavater in unsern Tagen.* Zugleich aber wollte W[ieland] unter diesem Vehikel seine Ueberzeugungen von der Entstehung, schnellen Ausbreitung u. eben so schnellen Ausartung des Xianismus mittheilen. »Vorausgesetzt, daß mir die Legende von den Wundern, durch die das Christenthum gegründet u. ausgebreitet worden seyn soll, seit ich *manbar* geworden bin, nie mehr in Sinn gekommen ist, so habe ich mir doch nie recht deutlich die unglaublich schnelle Ausbreitung des Christianismus, und die frühe Einwurzelung der Hierarchie denken können. Endlich glaubte ich den Schlüssel gefunden zu haben, u. diesen habe ich in meinen Peregrinus offen hingelegt. Die Christen waren ursprünglich ein geheimer Orden, eine Brüderunität, die sich an der herzlich gutgemeinten, aber auf jüdische Messiasideen gepfropfte Vorstellung vom *Reiche Gottes* weideten und von der Vereinigung mit Gott schöne Träume hatten. So ging es in der Apostolischen und frühern Kirche bis ins zweite Jahrhundert. Dort aber mischten sich feine Schlauköpfe, Jesuiten ante Lojolam ins Spiel, und legten in dieß bequeme Nest ihre Guckukseier. Daher die schnelle Depravation ihrer ursprünglichen Reinheit. Dieß habe ich nun in meinem Peregrinus exemplificirt. Das Buch fiel in die unglückliche Periode, in der das Französische Ferment zu gähren anfing, und hat daher jetzt wenig Eindruck gemacht, aber diesen wird und *muß* es in der Folge noch machen. Das hier eingesenkte Saamenkorn schlummert nur in der Erde.[«]

Als über den *Egoismus* gesprochen wurde, sagte er: wir haben alle zwei ewig in Streit liegende Prinzipien in uns, die Sinlichkeit, die sich überal zum Mittelpunct aller Genüsse und Vortheile macht, d. h. der Egoismus, und die Vernunft, die alles aufs algemeine bezieht, alles generalisirt, und im bürgerlichen Verhältniß zum Gemeingeist u. Patriotismus, im Geistlich[en] zur reinern Bruderliebe, im Mysticismus zur Vereinigung mit Gott veredelt und sublimirt wird. Diese beiden Prinzipien liegen beständig miteinander in Streite, beengen und beschränken einander.

La Roche

[2. März 1795]

Der Graf Stadion hatte den Cardinalnepoten, wie man ihn damals am Maynzer Hof nannte, zum Fenster hinaus werfen wollen, und erhielt daher Befehl nach Warthausen eine Stunde von Biberach, wo er Oberamtmann war, sich zu verfügen, u. nicht eher, als gerufen, wieder bey Hofe zu erscheinen. Um sich die Zeit zu vertreiben, ließ er aus dem Städtchen am Weihnachts Heiligen Abend alle Kinder aufs Schloß holen, und bescheerte ihnen Christgeschenke. Unter diesen Kindern war auch ein sehr drolliger 5jähriger Junge, *Frank*, dessen Vater ein geschickter Chirurgus im Städtchen gewesen war, u. ein ansehnliches Vermögen hinterlassen hatte. Da dieser von allen Kindern den meisten Geist zu haben schien, so beschenkte ihn der Graf reichlicher, als die andern, so daß ein Bedienter daran zu tragen hatte. Der Graf fragte ihn aus, und überal wußte der Junge trefflich Bescheid zu geben. Nun Michel, sagte der Graf beim Weggehn, komm bald wieder! Dem kleinen Michel stieg diese Caresse so zu Kopf, daß er bey Tagesanbruch in der Nachtjacke seiner Mutter in der Stadt heimlich davon lief, u. in der größten Kälte aufs Schloß spatzirte, wo er durchaus zum gnädigen Grafen gelassen zu werden verlangte. Auf sein ungestümes Drängen ging der Kammerdiner wirklich ins Schlafzimmer, u. sagte dem eben erwachenden Herrn die kleine Aventüre. Bringt mir den Jungen herein! rief Stadion, u. der kleine Michel trat ganz erstarrt und blau für Frost zum Grafen ans Bette. Junge, sagte der Graf, diese Liebe will ich dir gedenken. So gleich hob er ihn zu sich ins Bette, und legte ihn zwischen sich und seine Gemahlin, wo er ihn wieder aufwärmte und erquickte.

Noch an eben diesen Tag setzte der Graf der Mutter des kleinen *Frank* so lange zu, bis sie endlich einwilligte ihm das Kind ganz [zu] überlassen, u. nun trat Stadion in Vaterstelle, lehrte den Jungen selbst die Elemente aller Dinge, lesen, schreiben, Französisch. Stadion liebte die Französische Literatur bis zur Raserei, u. konnte daher den deutschen Namen Frank nicht ausstehn. Sein Liebling hieß nun *La Roche*, und in der Folge ließ er ihn gar nobilitiren. Im 18ten Jahre war der junge La Roche der feinste Weltmann, den man sich denken kann. Er konnte *Stadions* Handschrift zur höchsten Täuschung nachmahlen, und jederman, dem L[a] R[oche] im Namen des Grafen schrieb, glaubte die Briefe wären eigenhändig von St[adion] geschrieben. St[adion] führte eine sehr freie Lebensart – seine Gemahlin war eine Betschwester – und da es damals Sitte war, der Dame, bei der man des Nachts eine Schäferstunde gehabt hatte, früh ein niedliches Billet auf den Nachttisch zu legen: so mußte La Roche auch diese Empfangscheine im Namen des Grafen schreiben.

Aus *Wielands* Munde im Club den 2ten März 1795. wo er zugleich äuserte, daß der D[oktor] *Frank* in Pavia wohl ein Verwandter von dem *La Roche* seyn könne.

Streit mit Nikolai.

[undatiert]

Wieland hatte in einer Rezension in seinem Merkur *Nikolais* Sebaldus Nothanker alle Gerechtigkeit wiederfahren lassen, aber doch am Ende hinzugesetzt: *man sähe* ihm die Lampe an. Als ferner der mit so vielem Pomp angekündigte *Bunkel* erschienen, und überal für ein sehr mittelmäsiges Product erklärt worden war, auch in Weimar, wo man durch Nicolais Rodomontaden geblendet, häufig darauf subscribirt hatte, algemein Unzufriedenheit herrschte, ergrimmte *Wieland* im Geiste, und schrieb einige Aufsätze dagegen im T[eutschen] Merkur. Dies erwiederte nun Nicolai durch eine hämische Rezension der kleinen Gedichte Wielands in der Alg[emeinen] deutschen Biblioth[ek] wo er unter andern einige schlüpfrige Stellen auszog u. sie mit dem Epiphonem begleitete: *Pfui du Bock!* Ueber diese Unbilde entrüstete sich besonders *Friedrich Schulz*, der sich in dem Jahr [17]83 grade in Berlin aufhielt. Er schrieb also einen Roman: *Firlifimini*, und da Bertuch eben damals gute M[anu]sc[rip]te für einen seiner Freunde, einen angehenden *Buchhändler* (Göschen) suchte, so schickte ihm Schulz dieß Product, wovon hernach *Bertuch* in den Anzeiger des Merkurs eine sehr preisende Rezension machte, um deren willen *Wieland* nun Händel befürchtete, und daher darüber sehr unzufrieden war. Der Held jenes Romans ist ein armer Autor (Schulz nahm selbst aus seiner eigenen damaligen Erfahrung den Stoff dazu) der zu Nicolai kommt, und von diesem sehr gemishandelt wird. *Nicolai* rächte sich in der Folge an *Schulz* dadurch, daß er bei seiner Beförderung nach Mietau in der kleinen Anzeige am Ende eines Bandes der Bibliothek die Nachricht setzte: »Der durch seine *Romane* bekannte Friedrich *Schulz* ist Professor der *Geschichte* in Mietau geworden.« Die Versöhnung zwischen *Schulz* und *Nicolai* stiftete *Bode*, der auch der Friedensherold zwischen *Herdern* und *Nicolain* wurde.

In Hüttners Briefen aus China interessirt ihn nichts so sehr, als daß der 83[jährige] Kien-long noch *Gedichte* mache. Daß sey der Doyen aller Dichter auf der Welt. Er habe wohl Lust, ihm seine Gedichte zuzuschicken.

Zur Musarion gab Wielanden ein Brief aus dem Aristänetus die erste Veranlassung.

Ich habe, sagte W[ieland] diesen Abend bei der Herzogin, hier schon sonderbare Abwechselungen erlebt. Es war eine Zeit hier, wo man mich für einen Imbecile, für ein Kind, dem man ein Geiferlätzchen vorbinden müsse, erblickte, weil ich den Horaz für einen Dichter hielt. Seitdem ist eine Zeit gekommen, wo man mirs lebhaft gedankt hat, daß man durch meine Uebersetzungen des Horaz nun erst diesen trefflichen Dichter recht genießen könne. Hoc oblique in Goethium dictum erat.

Damit hat mich Gott demüthigen wollen, daß *Ramberg* die sämmtlichen Kupfer zur Prachtausgabe meiner Werke geliefert hat.

D[en] 15ten März. [17]95. als Baggesen da war

Er sprach mit großer Vorliebe von der besten seiner Jugendarbeiten, dem *Cyrus*. Als ich ihn dichtete, dachte ich mir immer den König von Preußen als Gegenstück dazu, weil dieß damals wirklich mein Abgott war. Der Hexameter in diesem Versuch ist mir nicht schlecht gelungen. Ich wollte die Politur des Virgils nachahmen.

»Ich habe darum die interessantesten Gegenden der Schweiz nicht gesehen, weil ich während meines 7jährigen Aufenthaltes in Bern und in der Schweiz als Professor dort angestellt zu werden hoffte. Dieß wäre auch möglich geweßen, wenn ich mich zum Courmacher bey der gnädigen Herrin zu dergleichen Hofdiensten (Gelegenheitsgedichten) hätte brauchen lassen wollen. Einen der lächerlichsten Auftritte habe ich dort mit dem als Geizhals algemein gehaßten *Tscharner*-Königssohn (von seiner Vogtei so genannt) gehabt. Er war der Vater von drei liebenswürdigen

Söhnen, mit denen ich viel Umgang hatte. Eben darum wurde mirs zur Pflicht gemacht, den Alten auch zu besuchen. Ich that es in optima forma, und der Alte, der schon von mir viel Rühmliches gehört hatte, und nun auch seine Wissenschaft über das deutsche Reich u. s. w. auskramen wollte, sprach eine ganze Stunde ununterbrochen, und fand an mir, was ihm in Bern nie zu Theil wurde, einen geduldigen Zuhörer. Der Mann konnte von dieser Zeit an mein unübertroffenes Talent zur Unterhaltung nicht genug lobpreisen.

Zum alten Stadion, auf dessen Villa Voltairens Muthwille und Spottsucht wohnte, kam auf sein Geheiß ein rechtgläubiger Landpfarrer, der durch die Wirtenbergische Closterschulen u. Vicariate durchgegangen und mächtiger Streiter gegen Freigeisterei und Deismus war. *Stadion* hetzte zuerst den *La Roche* auf ihn, der aber seiner Disputirweise nicht gewachsen war, und sich daher wirklich, da er nur den reinen Deismus vertheidigen wollte, in die Enge getrieben fand. Nun winkte Stadion mir. Ich fing gleich damit an, daß ich mich für einen völligen Atheisten erklärte, und brachte dadurch meinen Landprediger so sehr auser aller Fassung, daß er endlich grade zu erklärte: weder Teufel noch Hölle könnten ihn von *seinem* Glauben abbringen. In dem Fall des Landpredigers, setzte W[ieland] hinzu; bin ich allezeit, so oft man mir Lavaters Schelmenstreiche vorspricht, und mich in meinem Glauben an seine Ehrlichkeit irre machen will.

D[en] 3ten April[is] [17]95

Den Palmsonntag nannte er mit besonderem Nachdruck den *Palmeselsonntag*, denn so sagte er, nennen wir in Katholischen Ländern erzogenen diesen Sontag. Nun folgte eine Beschreibung der Prozession, die er an diesem Tag zu *Biberach* von dem Katholischen Klerus, dem Senat u. der Bürgerschafft mit einem hölzernen Esel u. hölzernen Herr Gott darauf (auf dem Boden Stechpalmen gestreut) noch zu W[ielands] Jugendzeit gehalten wurde.

Das Publikum fragt mich nie: was hast du gethan, sondern was thust du jetzt, u. was wirst du noch thun. *Schröder* in Hamb[urg] hat daher sehr unrecht, seine schon erwiesene Gefälligkeit dem Hamburger Publikum vorzurechnen. Da von einer Reise nach Hamburg die Rede war, hieß es: Mir geht es, wie jenem Griechischen Philosophen mit dem Heirathen. Anfänglich sagte er immer, es ist noch zu bald. Später, es ist nun zu spät. Was soll ich auch mein bischen Reputation aufs Spiel setzen? Könnte mirs nicht gehen, wie es den Griechen mit den Aegyptischen Tempeln ging. Sie erwarteten nach den äusern Ansehn und nach den vielversprechenden Vorhöfen irgend ein großes Götterbild im Sacrario, u. siehe, sie fanden eine Katze oder Ratte. Ich, setzte er hinzu, habe höchstens noch ein bischen Hausverstand übrig geblieben. Mein Gedächtniß ist weg. Ich kann nicht mehr *beißen* und antworten. – Vielleicht fühlte er sich nie jugendlicher u. muntrer, als bey dieser *Ironie*!

Ebert in Braunschweig schrieb noch wenige Wochen vor seinem Tode an Wieland einen sehr warmen u. zärtlichen Brief, worinnen er ihm eine Sünde ans Herz legte, die er in einem seiner kleineren Gedichte begangen habe, wo er Hypĕrion gesagt hatt, statt Hyperīon. Er bat Wielanden dringend, diesen Fleck wegzuwünschen, u. Wieland der den Vers nicht füglich ändern kann, wird ihn ganz weglassen.

Wieland u. Salomo *Geßner* waren 5 Jahre lang in Zürich vertraute Freunde, lasen sich einander alle ihre Arbeiten vor, u. standen auch nach ihrer Trennung noch viele Jahre im zärtlichsten Briefwechsel. Nun ist es ein Triumph für Wieland, daß seine Lieblingstochter Lottchen einen Sohn Gesners, den Buchhändler, heirathet. Die alte Madam Gesner, eine geborne *Heidegger* hat eigentlich diese Heirath gestiftet.

Wieland hat durch seinen Oberon und Idris (Amadis) den Geschmack an Ritterromanen u. Tournierschauspielen befördert, aber auch manche Untersuchung für alte deutsche Art u. Kunst veranlaßt. *Gräter* in dem *Bragur* III, 518.

Seine Abderiten empfing er in einer Hinterstube, deren Aussicht jämmerlich eingeengt und beschränkt war, in einer Stunde des Unmuths. Die Manheimer haben es ihm erlassen, daß er bei den Theaterscenen in Abdera nicht ihre damalige Theatergeschichte gemeint habe. Ein Augspurgisches Abderitenstückchen kommt auch darinnen vor. Dort sind in einem lichtleeren Rathssaal einige vortreffliche Gemälde aller Beschauung entnommen.

Auch die Aussicht von seinem jetzigen Quartiere ist äusserst unreinlich und uneinladend. Ich möchte, rief er im Unwillen aus, einen Maler haben, der mir dieß Geniste zum Andenken aufbewahrte! Seine Seele war bei diesen Worten in Zürich.

Er klagt häufig über Abnahme des Gedächtnisses. Lustige Anecdote von Verlegenheit, wie er dem Geh[eimen] Rath v. Schard Excellenz bei Hofe einen Fremden präsentiren sollte.

Er spricht mit Entzücken von den süssen Träumen, die er oft die ganze Nacht durch hat. Noch erinnert er sich mit Vergnügen eines seiner Jugendträume, wo ihm träumte, er läse die verloren gegangenen Dithyramben des Pindarus. Selbst als er aufwachte, glaubte er noch ein paar Verse, die er eben hoch bewundert u. um der kühnen Bilder willen zu lernen beschlossen hatte, haschen zu können. Jetzt ist ein oft wiederkehrendes Traumbild seiner Seele die Vorstellung, als wandle er in einem prächtigen Lustschlosse, oder als bewohne er ein Haus, wo das obere Stockwerk eine ganze Enfilade von den geräumigsten, prächtig meublirten Zimmern habe, u. in welchen er, wenn es ihm in seiner Wohnstube zu enge sei, behäglich herumspatzire. (NB. Ist leicht aus seiner beengten Wohnung, wo er den ganzen Winter in der Wohnstube im Getümmel seiner Familie zubrachte, zu erklären.)

Wieland kann durchaus kein Geräusch um sich bei seinen Arbeiten leiden. Schon in *Biberach* hatte er sich einen einsamen Garten gemiethet, wo er seine besten Gedichte verfertigte, u. die vielen katholischen Feier- und Aposteltage, die dort noch alle begangen werden, darum sehr seegnete, weil sie ihm so viel Gelegenheit verschafften, frei von seinem Actenschranke sich bloß in seinem Garten den

Musen zu widmen. Auch Sonntags vergrub er sich in diesen Garten, u. kam, nur um seines ehrlichen und frommen Vaters willen (der damals lutherischer Oberpfarrer in Biberach war) zuweilen in die Kirche.

Wieland fühlt sich immer verjüngt, wenn er von seinen Jugendwanderungen in der Schweiz, besonders im Appenzeller Land spricht. Einmal befand er sich mitten unter solchen eingefleischten Appenzellern. Da gab ihm einer das Räthsel auf: *wer war der Vater der Kinder Zebedäi?* W[ieland] zerbrach sich vergeblich den Kopf über die Auflösung, u. bereitete dem Frager einen seeligen Geistestriumph.

Der *Kilpgang* der Appenzeller endigte allezeit in Onanie. Harte Strafgesetze gegen *Hurerei.*

Er hat als Pfalzgraf das Recht, Notarios zu ernennen, hat sich aber desselben nur sehr selten im ganzen dreimal bedient. Seinen Schreiber, den er sich als er noch Canzleidirector in Biberach war, herangezogen u. mit nach Erfurt genommen hatte, machte er am Ende zum Notarius, bekam aber seinetwegen die Zumuthung, die von Erfurt aus durch die hiesige Regierung an ihn gemacht wurde, endlich die Zeit zu erhärten, wo er ihn zum Notarius gemacht habe. W[ieland] weigerte sich durchaus, u. spricht noch jetzt mit Wärme über diese *Anmuthung* eines Eides.

Er pflegt oft zu erzählen, daß ihm geträumt habe, es werde ihm in seinem 80sten Jahre ein Geburtstagsgedicht überreicht. Daraus leitet er seine Ansprüche auf Longävität ab. Er hofft er werde nach und nach zu einer Cicade, wie dort die Greise auf dem scäischen Thore, mumisirt werden.

Wielands Dichtererstlinge.

In *Ketschau* bei einer Familienmahlzeit
d[en] 22ten July. [1795]

Er lernte früh von seinem 5ten Jahre an von einem Schreibemeister, der sich nach den Vorschriften des Hallischen Waisenhauses gebildet hatte, schön schreiben. (Sein Vater schrieb ihm selbst die Griechischen und Ebräischen Buchstaben vor.) Als er nun schon im 7ten Jahre anfing, Verse zu machen, so hatte er die sonderbare Liebhaberei, sich vom feinsten Holländischen Briefpapier, damit ihn der Vater reichlich versah, auserordentlich kleine Sedez und Vigesimalidez Bücherchen zusammenheften, und dann diese mit den kleinsten und niedlichsten Versen zu beschreiben. Er erinnert sich noch immer des ersten Verses, den er in seinem Leben gemacht hat: *Fromme Knaben, die gern beten / Werden in den Himmel treten.* Seinen lateinischen Unterricht genoß er bey dem damaligen Rector in *Biberach* privatissime. Der arme Mann war oft sehr verlegen über die Einwürfe, die der 10jährige Wieland ihm über Stellen des Virgil u. Horaz machte, oft billigte er mit einer weisen Mine die jugendlichen Mutmaßungen u. Erklärungen seines Schülers, zuweilen verwieß er ihm aber auch seine Naseweisheit. Dieser Rector, eine dickstämmige, runde Figur von kleiner Statur hatte ein noch kleineres, dickeres, unförmlicheres Weibchen, eine strenggebietende, leicht zu erzürnende Trutschel. Der Knabe Wieland hatte aus des *Boethius* consolatio philosophica das Adonische Sylbenmaaß sehr lieb gewonnen. Er versucht also ein lateinisches Gedicht auf die ehrsame Hälfte seines Rectors im genere Adonico, und es gelang so gut, und die kleinen Verschen paßten so niedlich in das beliebte Format, daß ihre Zahl bald in die Hundert ging. Alle diese deutschen und lateinischen Dichterversuche füllten nach u. nach mehre Kästen und Schachteln, und wurden von *Wielands* Mutter als heilige Dichterwindeln gewissenhaft aufgehoben. Als Wieland im Jahr 1749 von Erfurt das erstemal zurück in sein Vaterland kam, brachte einmal die Frau Mama alle diese Siebensachen mit großem Triumph getragen, der aber bald in Weinen und Schluchzen verwandelt wurde, als der Herr Sohn ungesäumt diesen Schatz dem lodernden Caminfeuer tardipedi ustululandum deo übergab. In solchen Fällen pflegte denn Wieland immer seine Mutter dadurch zu beschwichtigen, daß er ihr vorwarf, er habe ihr oft als Maschine zum Garnabwickeln dienen müssen, welches die ihren Sohn abgöttisch verehrende Mutter gegen andere gradezu leugnete, u. nur mit Herzbeklemmung ihm selbst eingestand. Wielands Vater hatte gar keine Freude an der leidigen Versmacherei des Sohnes, und hinderte diese Musenliebschaft auf allem Wege. So, sagt W[ieland] hatte auch ich das Schicksal Ovids, und Tasso's. In Klosterbergen lernte W[ieland] brav lateinisch sprechen und schreiben, welches damals unter dem Abt *Steinmetz* wacker getrieben wurde. Damals konnte er auch so viel Ebräisch, daß er auch noch einige Jahre später oft ein Psalmbuch im Original als Taschenbuch auf seinen Spaziergängen mit sich trug, u. die einfache Sublimität mancher Psalmen nicht genug bewundern konnte.

Von Klosterbergen kam er auf ein Jahr nach Erfurt, wo er einem Professor der Medizin *Baumer* unendlich viel zu verdanken hatte. Dieser Mann war früher Theolog und schon Prediger in der Grafschaft Castell geweßen, hatte aber, weil er die Pfafferei nicht ausstehn konnte, und großes Aergerniß an den symbolischen Glaubenszwingen fand, freiwillig resignirt, und war durch keine Bitten und Vorstellungen seiner ihn sehr liebenden Gemeine u. selbst seiner Obern von diesem Entschluß abzubringen geweßen. Er ging nach Halle, und legte sich mit solchen Eifer auf die Medizin, daß er in anderthalb Jahren promoviren und von da als ausübender Arzt und Professor nach Erfurt kommen konnte. Chemie hatte er schon früher getrieben, u. es war auch jetzt sein Lieblingsfach. Zu ihm, als einen Verwandten, ging *Wieland* im Jahr 1749; als er Klosterbergen in seinem 17ten Jahre verließ, und hielt sich mehrere Monathe bei ihm auf. Baumer laß ihm ein Privatissimum über Logik und Metaphysik, und ein anderes Collegium über den *Don Quixotte*. Diesem letzten verdankte er zuerst helle Einsichten über Despotie und Pfaffenpolitik, über verjährte Vorurtheile, und was die heimliche Lectüre des *Voltaire* u. *Baile* in Klosterbergen vorbereitet hatte, wurde hier vollendet. Is, sagt Wieland, avias veteres mihi de pulmone revulsit. *Baumer* kam in der Folge als Professor der Chemie nach Gießen, wo er für damalige Zeit viel Celebrität hatte, und als ihn Wieland später einmal in Gießen besuchte, sich für Freude über einen *solchen* Schüler gar nicht zu lassen wußte.

Als Wieland nach Biberach zurückkam, entsponn sich seine platonisirende Liebe zur Sophie Guntermann, nachmalige La Roche. Er trug ihr oft in Stunden der Weihe seine religieusen und philosophischen Ueberzeugungen vor, und gab ihr auf ihr wiederholtes Andringen das Versprechen ihr von Tübingen aus seine Philosophie in einem Lucrezischen Gedichte mitzutheilen. Als er nach Tübingen kam, kostete er einige Collegien, die seinem Gaumen wenig behagten. Er überließ sich also ganz seiner dichterischen Begeisterung. Zum Glück bewohnte er aber ein Logis, wo er eine ungeheuer große Stube, und hausen herum eine lange Galerie hatte. Hier lief er nun Stundenlang im vollen Paroxysmus herum, und wenn er sich nun recht durchdrungen und befruchtet fühlte, schüttete er dann seine Hexameter aufs Papier. So entstand *in 3 Monaten* sein Gedicht die Natur der Dinge in 6 Büchern. Auser Lucrez u. Antilucrez von Polignac hatte er nur Popens Lockenraub im Kopfe. Von Virgils Georgikon ahndete er noch nicht einmal, daß dieß ein Lehrgedicht sei, das er sich zum Muster nehmen könne. Viele Stellen, sagte er, könnte ich jetzt, durchaus nicht so machen. Damals hatte der Prof. *Meyer* in Halle durch die Art, mit der er Klopstocks Messias öffentlich empfohlen, u. gegen die Gottschedianer vertheidigt hatte, sich Wielanden sehr empfohlen, auch überhaupt als feiner Aesthetiker einen großen und nicht unverdienten Ruf. Ihm schickte Wieland das reinlich abgeschriebene Gedicht mit einem anonymen Brief zu, des Inhalts, daß er das Gedicht in einigen verlornen Stunden prüfen, und, wenn er es der Bekanntmachung nicht ganz unwerth fände, drucken lassen möge. Der Verf[asser] bedinge sich in diesem letztern Fall nur 10 Exemplare aus, die *Meyer* an den Amtmann *Theiser* in Vorderösterreich, (einem Schwager Wielands), schicken möge. Uebrigens behauptete W[ieland] nicht nur das strengste Incognito, sondern er ließ sogar auch noch eine Art von Schicksalsprobe über sein erstgebornes Musenkind entscheiden. So bald er dieß M[anu]sc[rip]t fortgeschickt hatte, verbrannte er auch das, wovon er die Abschrift genommen hatte, und überhaupt alle dahin gehörigen Papiere. Verunglückt das M[anu]sc[rip]t auf dem Wege, dachte er, so ist es ein sicherer Beweiß, daß das Product seiner Natur nach ein Sterbling und also durch kein Mittel zu retten war. Es kam indeß richtig an die Behörde. Meyer gerieth in Entzükken, und vermuthete alles eher, als daß ein unbärtiger Jüngling von 18 Jahren der Schöpfer dieses Werkes seyn könne. Aufgemuntert durch diese Aufnahme schrieb W[ieland] noch in eben diesem Jahre seinen *Antiovid* und *seine moralischen Briefe.*

»Meinen prosaischen Stil habe ich vorzüglich nach *Mosheim* gebildet. Dieser bleibt in seiner Art noch immer ein Muster.« Dieß sagte er, als er die Unverschämtheit der Herrn Jenisch und Engelschall scharf züchtigte, die sich erfrecht haben, zu behaupten, wir hätten schlechte, oder gar keinen Prosaiker.

Den 25ten July. [1795] Als Wieland bei mir speiste.

Der alte Graf *Stadion* hatte eine Herschaft in Vorderösterreich, die ganz vom Wirtembergischen eingeschlossen ist, Benningenheim, wo er sich auch während seines Exils von Maynz einmal ein Jahr selbst aufhielt, als er sich mit den Biberachern, u. besonders mit Wielanden, der fast täglich von Biberach in Warthausen war, verunzweit hatte. Durch eine ausdrückliche Klausel seines Testaments wurde sein Pflegesohn La Roche Amtmann in Benningenheim, welches auch der junge Graf Stadion pünktlich in Erfüllung brachte. Als sich *La Roche* dort als Amtmann aufhielt, ward seine Frau sehr melancholisch und mismuthig. Ein ihr sehr ergebener Freund rieth ihr, sie solle sich durch Schriftstellerei zerstreun, und ihre Empfindungen in einen Roman einkleiden. Auf diesen Rath erleichterte sie ihr gepreßtes Herz durch die Feder, und so entstanden *die Briefe des Fräulein von Sternheim.* Da es ihr erster Versuch war: so schickte sie das M[anu]sc[rip]t *Wielanden* mit der Bitte, dem Kinde die Windeln zu waschen, welches auch W[ieland] mit vieler Treue that, alles wacker durchackerte, ganze Stellen strich, aber doch so viel als möglich das Zarte und Weibliche schonte, wodurch auch dieser Roman so viel Glück gemacht hat, daß er nicht allein mehrere Auflagen, sondern auch Uebersetzungen ins Holländische, Französische und Englische erlebt hat. Nun lernte die La Roche die Feder immer fertiger u. kecker führen, doch schonte sie Wielanden, und wendete sich lieber an *Bode*, der bei *Rosaliens Briefen* Vaterstelle vertrat, und sonst viel von ihren Zudringlichkeiten auszuhalten hatte.

Als von den Versuchen der Ausländer, *Wielands* Schriften zu übersetzen die Rede war, sagte W[ieland] Er habe ja gar nicht für Engländer, Franzosen u. s. w. geschrieben. *Die wüßten das alles schon besser, als er es ihnen sagen könne.* Auf den Inhalt u. Canevaß komme es bei seinen Schriften überhaupt weit weniger an, als auf die Art, wie es gesagt worden sei, und auf die Einkleidung, die wohl schwerlich in eine andere Sprache überzutragen seyn dürfte. Sein *Oberon* u. seine *Musarion* wären durchaus unübersetzbar. Erbärmlich wären neulich seine Göttergespräche mit trivialen Anmerkungen von einem Wiener Sprachmeister nach einem Carlsruher Nachdrucke ins Italienische versudelt worden, an welcher Sünde *Retzers* ungemessene Sucht zu glänzen, und sich fremden Schultern aufzuhucken, weil er selbst durch sich nicht inclaresciren könne, Schuld sei. *Junkers* Uebersetzerversuche in Paris sind auch sehr fehlerhaft und Stümpereien. Neuerlich schickte ein junger Emigrant aus Leipzig einen Uebersetzerversuch, der viel Fleiß verrieth. Doch rieth ihm Wieland, von weiteren Versuchen abzustehn.

Die Franzosen übertreffen selbst die Römer und Griechen an Präcision. Man sieht es ihrer Sprache an, daß sie seit Jahrhunderten bearbeitet ist, qu'elle a été travaillée depuis des siecles, sagte er aus Nachgiebigkeit gegen den Abbé *Le Surre*, der mit speißte. – Begeisterte Lobsprüche auf Fenelon, und die Schriftsteller vom *Port Royal.*

Als Kalbsbraten auf seinen Tisch aufgetragen war, der neu geschnitten und kalt war: bat er man möchte ihn wegnehmen, u. im Zimmer räuchern, weil der Geruch des ausgedampften Bratens seiner Nase unausstehlich sei. Nur im Dampfe rieche der Braten lüstern.

Wielandi[a]na.

D[en] 18ten Octob[ris] 1795.

Ueber sein attisches Museum. Auser der Uebersetzung des Panegyrikus von Isokrates hat er auch schon das erste Stück vom Agathodämon ausgearbeitet. Dieß ist die Geschichte des Appolonius v. Tyana nach Wielandischer Hypothese, ein Seitenstück zum Agathon u. Peregrinus. So wie Agathon zu Delphi erzogen (nach dem Muster des Ion beim Euripides) von jugendlicher Schwärmerei und Alempfindsamkeit zu dem Punct geläutert wird, wohin wir wohl alle zu kommen wünschten, u. so wie Peregrinus auf der andern Seite ein betrogener Betrüger und fanatisirender Fanatiker ohne Bosheit und Arges bleibt, so lang er lebt, so ist Agathodämon der kraftvolle Mensch, der zu stolz um durch Volksvorurtheile oder süsse Schwärmereien geblendet zu werden, verzehrt von Ehrgeiz, etwas auserordentliches zu sagen, wozu ihm die Natur selbst den Freibrief durch große Anlagen ertheilte, sich eine neue Bahn bricht, u. da er bei der römischen Weltmonarchie u. nach der Lage seines Zeitalters nicht als Krieger oder Staatsmann primiren kann, sich an geheime Geselschaften anschließt, Volkstäuschungen für erlaubt hält, u. die ganze Natur seinen Zwecken unterzuordnen weiß. Er tritt in seinem 80 Jahre auf den Berg Dicte in Creta auf mit seiner einzigen im 70ten Jahre von einer Sclavin seiner Mutter erzeugten Tochter, und einem treuen Scherasmin, der viel von den Thaten seines Herrn erzählt. Ueber Weltreformen u. Menschenbeglückungsplane wird Wieland hier sein letztes Glaubensbekenntniß ablegen. Auch kommt Apollonius-Agathodämon auch noch mit der keimenden Christensaat zusammen, u. sagt ihren Einfluß aufs römische Reich u. s. w. voraus.

Ueber Solons Legislatur wird auch ein Aufsatz im Museum erscheinen. Auszüge bis auf Julian u. Libanius herab.

»*Herder* hat mich immer, wie ein Kind behandelt, u. viele meiner Schriften nicht einmal gelesen. Neulich sagte er mir ganz naiv, daß er doch auch tiefe philosophische Blicke darinnen gefunden hätte, besonders ist er gegen ein Lieblingsproduct meines glücklichen Aufenthalts in Erfurt *Beiträge zur geheimen Geschichte des Verstandes u. Herzens* (das in die 3te Lieferung kommen wird) sehr ungerecht eingenommen geweßen. Freilich habe ich immer in meiner Ideenwelt geträumt, aber in diesen Träumen war doch nicht blose Phantasie. Sie waren aus der Blüthe menschlicher Beobachtungen aller Jahrhunderte zusammengesetzt.«

»Die Bücher, die in Klosterbergen sehr stark auf mich wirkten, waren Xenophons Cyropädie u. Memorabilien, die Proömien zu Ciceros philosophischen Schriften, Cicero de Senectute, de amicitia u. Somnium Scipionis (dieß vorzüglich!) u. der vergottschedete Spectator u. Tatler.

Mein erstes Französisch lernte ich an den *Aventures de Rosigli* und einer Französischen Uebersetzung der Pamela für mich selbst mit Hilfe eines erbärmlichen Wörterbuchs (meist durch Errathen, wie alle meine neuern Sprachen)

Rosigli war zu Anfang dieses Jahrhunderts ein Robinson, der wirklich in allen Welttheilen Abentheuer erlebt hatte, u. sich dann in seinen alten Tagen zu *Haag* niederließ, u. ein stark besuchtes Caffehaus etablirte, wo er seine Gäste stattlich mit Erfrischungen u. abentheuerlichen, bestens ausgeschmückten Geschichten seines Lebens unterhielt, u. diese Unterhaltung endlich auch drucken ließ (der alte Graf Stadion hatte sie ihn noch in Haag erzählen hören). Er u. Pamela waren damals allen in Klosterbergen zu lesen erlaubt. Der bestallte Französische Lehrmeister in Kl[oster] B[erge] sprach immer in den höchsten Octaven, u. ob er gleich ein baumlanger Kerl war, so klar, daß jedermann lachen mußte. Der Lehrling Wieland lachte zweimal hintereinander in einer Lehrstunde, ohngeachtet er sich Hölle u. ewige Verdammniß vorstellte, um ernsthaft zu seyn (ein Mittel zur Ernsthaftigkeit, das damals auf Wielands fromme Seele noch große Wirkung thun konnte). Beim zweitenmal kam der Lehrer von seiner Stelle, u. gab dem 14jährigen Wieland eine derbe Ohrfeige. Ueber diesen Schimpf wollte sich Wieland todt heulen, u. der Abt Steinmetz mußte selbst seinen Liebling den Sprachmeister, der seiner frömmelnden Heuchelei wegen in der Folge auch Conventual wurde, um Wielanden zu besänftigen, zu einer Art von öffentlicher Abbitte in der Lection zu bewegen suchen. Aber W[ieland] besuchte von dieser Zeit doch keine französischen Lehrstunden weiter. Als W[ieland] etwas später an die Clarissa gerieth, wollte er sich blind weinen, je näher es zum Tode hin kam. Unter der Clarissa dachte er sich immer seine geliebte La Roche, u. so erhielten Clarissens Leiden die fürchterlichste Wahrheit für ihn.

Auserordentlich war die Wirkung, die die ersten Gesänge vom Messias auf ihn machten. Er konnte sie bald auswendig.

Von Kl[oster] B[erge] ging W[ieland] im 16ten Jahre zu seinem Vetter dem Arzt Baumer in Erfurth, zwar nur in der Absicht, ihn auf einige Tage zu besuchen, entschloß sich aber bald, privatissima über Wolfs Anfangsgründe der Philosophie u. s. w. bei ihm zu hören. Baumer hatte sich sein eigenes System gebaut, was meist Idealismus war, aber wohl auf Atheismus hinauslaufen konnte. W[ieland] hat das Wolfische Compendium mit seinen klar mit Bleistift beigekritzelten Anmerkungen noch unter seinen Büchern. Zum zweiten laß Baumer den Don Quixotte mit ihm, u. lehrte ihm daraus zuerst Menschen und Menschentand kennen. Baumer lachte darüber, daß man glaube, Cervantes habe hier bloß die spanische Chevalerie lächerlich machen wollen. Don Quixotte u. sein Sancho, sagte er, sind die wahren Repräsentanten des Menschengeschlechts, es mag schwärmen u. fanatisiren, wie es will, u. über diesen vieldeutigen Text ließ sich dann herrlich kommentiren.

Von hier gings nach einem halbjährigen Aufenthalt in Biberach zur Juristerei nach Tübingen.

Die Mutter von Wielands Vater hatte den einen ihrer Söhne Gott zum geistlichen Stande gelobt. Wielands Vater hatte schon in Tübingen bei dem berühmten Publicisten *Schwerder* einen herrlichen Cursus der Jurisprudenz gemacht, als er auf einmal von Hause Befehl erhielt, zur Theologie umzusatteln, weil sein älterer Bruder, der Theolog plötzlich gestorben war. Nun ging er nach Halle u. saß zu den Füssen der dortigen Gamaliels Anton, Franke, Lange u. s. w. Die hier eingesogene engherzige Dogmatik blieb freilich sein ganzes Leben über der Zauberkreiß, über welchen hinaus er sich nie wagte, aber doch war [er] als Senior in Biberach sehr tolerant. Zwar predigte er Jahr aus Jahr ein die Heilsordnung u. entschuldigte, als sich Wieland einst, da er schon Stadtsekretair war, erkühnte ihm darüber Vorstellungen zu thun, damit, daß ja doch immer noch einer in der Gemeinde seyn könnte, dem diese Heilsordnung nicht publizirt worden wäre, dieser eine gelte ihm mehr, als alle Unterrichteten: aber er gab doch einem gewissen *Brechter*, den der junge Wieland als Bruder lieb gewonnen hatte u. durch Hilfe des Bürgermeisters, der Wielanden gern zum Schwiegersohn gehabt hätte, zur Wahl bei einer vacanten Stelle als Prediger beförderte, sein Votum, das ihm die übrigen 3 Schwarzröcke aus Pfaffenkabale verweigerten, ohngeachtet auch der alte Senior nicht ganz gleichförmig mit ihm dachte. Aber er war doch besser, als 3 andere arme Schächer, die vor ihm Probe gepredigt hatten, u. darum hielt der alte W[ieland] für Gewissenssache, ihm seine Stimme nicht zu verweigern. Der eine von den gegencabalirenden Pfaffen hatte durch seine Correspondenz allerlei widrige Nachrichten von dem gewählten Brechter ausgeforscht, u. stürmte nun mit einem Theil der Bürgerschaft dem Bürgermeister Abends um 9 Uhr noch das Haus, u. bat um Suspension der Wahl. Die Bürger wollten den Verläumdeten nicht auf die Kanzel lassen. Der Stadtsekretair W[ieland] u. der Bürgermeister nahmen den neuen Prediger in die Mitte, u. führten ihn so durch die drohenden Reihen der Bürger bis zur Kanzel. Nach einem jährigen Kampf siegte Brechter, aber der alte Senior Wieland hatte das ganze Jahr lang alle Insinuationen u. Drohungen, daß er auch seine Stimme ändern möchte, muthig zurückgewiesen. Bei diesem Handel lernte der junge Wieland alle Pfaffenschliche recht genau kennen u. verabscheuen. Brechter ist hinter drein ein bekannter Schriftsteller geworden.

Probst *Reinbecks Betrachtung* laß doch auch der alte W[ieland] mit großer Andacht. W[ieland] der Sohn schätzt sie wegen der Reinheit der d[eutschen] Sprache. – Die reine Prosa geht mit dem Hamburger Patrioten u. den Zürcher Mahlern, die schon weniger wässrigt sind, an. Dann kommt Mosheims zierlicher und perioden reicher Ciceronianismus, und jetzt völlig ungenießbar. Jenisch verweigert *Wielanden* die Ehre eines guten Prosaikers, weil er keine *moralische Tendenz* habe.

D[en] 26ten Octobr[is] [17]95.

Eine Uebersetzung von Wielands Werk, der Diogenes, ist unter seinen Augen gemacht, und selbst durch Zusätze vermehrt, die Wieland bei der Revision des M[anu]sc[rip]ts hinein paßte, und damit der Französischen Uebersetzung einen entschiedenen Vorzug vor dem deutschen Original selbst gab. Der Uebersetzer war französischer Legationssekretair in Dresden, ein H[er]r von Marbois, der auch die Briefe der M[a]d[a]me Pompadour so meisterhaft, als wären sie von ihr selbst, geschrieben hatte. Er legte sich während seines Aufenthalts in Dresden mit viel Eifer auf die deutsche Sprache, u. schickte Wieland das M[anu]sc[rip]t zu, der es mit großem Fleiß durcharbeitete, u. dem Franzosen selbst französische Sprachfehler zeigte.

Reich hatte sich einmal hart mit Wieland entzweit. Es erfolgte aber eine feierliche Aussöhnung, u. nun hätte Wieland gewiß auch seine große Ausgabe bei ihm veranstaltet, wenn er gelebt hätte. *Gräff* versah es damit, daß er anfänglich nur immer durch den dritten Mann bei Wieland anhorchte, auch auf diesem Weg eben so viel bot, als Göschen. Endlich kam er selbst, u. behauptete ziemlich unhöflich die Prioritätsrechte seiner Handlung, die doch nicht ausdrücklich stipulirt worden waren. W[ieland] kann nie ohne Galle an diesen Handel denken.

Wielands Don Sylvio ist ins englische übersetzt. Dieß, sagt Wieland, ist das einzige Buch, das ich um eine Summe Geldes zu bekommen, noch in Biberach geschrieben habe. Ich mußte für eine zweite mir sehr theure Person Geld schaffen, und so schrieb ich das erste und letzte mal absichtlich *um ein Honorar.*

D[en] 8 Novembr[is] [17]95.

Meine Frau muß es bezeigen, rief Wieland indem er auf den in seiner Stube liegenden *Adelung* wieß, wie oft ich täglich diesen Hund nachschlage, aus Angst, ein undeutsches Wort zu schreiben. Und doch schreibe ich nun 50 Jahre deutsch. Noch immer muß ich wegen meines Vaterländischen Schwäbischen auf meiner Huth seyn, da mir doch zuweilen noch ein Suevismus entwischt.

Wenn die, die über meine Saumseeligkeit in Beantwortung ihrer Briefe klagen, nur meine häußliche Lage kennten, und wüßten, wie sauer mir mein Schreiben würde.

Eine Conjectur von Hemsterhuys, Bentley, Wolf kann mich unendlich glücklich machen. Die irren sehr stark, die glauben, daß solche Männer blose Büchermotten geweßen wären. Sie hatten Genie zu allem, was sie anfingen. Sie hätten eben so gut große Dichter, als große Critiker werden können.

Gutta cavat lapidem. Wer nur nicht müde würde, Wielanden bescheiden zu schreiben, wenn er auch nicht antwortete. Diese Bescheidenheit *rührte* endlich, u. er antwortete doch. So rührte ihn ein Brief von Voß, mit welchem er ihm seinen Almanach von [17]96 schickte, u. nichts von Wielands Unterlassungssünden gedachte. So beschloß er, *Reinharden* dem Göttinger zu antworten.

Den Chevalier du Vau mochte er doch nicht zum ami de

la maison machen. Denn, sagte er, ich habe erwachsene Töchter in meinem Hause, und die Franzosen sind des Teufels. Uebrigens bevatert er ihn in literarischer Rücksicht auf jede Weise.

Den Panegyrikus des Isokrates habe ich darum zum Anfang meines Museums gewählt, weil er gleichsam durch seine Lobschrift auf Athen ein prächtiges Portal zu diesem Resurrection-house der Hellenen ausmache.

Er wisse nicht ob er *Hegemonie*, die oft im Panegyrikus vorkommt, durch Primat übersetzen kann. Das Wort sei fremd, und seit Campe seine puristischen Kritteleien treibe, wolle er sich doch so sehr, als möglich, für fremden Worten hüthen.

Ueber *Göthe und Herder*. Ihm und Göthe fehlte es an Selbsterkenntniß. Sie glauben, das Publikum müsse alles dankbar auflecken, und wenn sie noch größere Cruditäten ausspinnen. Herder ziehe alles in sein Gebiet, und wolle überal herschen. Da wäre in den Horen ein Cloacinentempel errichtet worden, in welchen die großen Männer ihre Nothdurft verrichteten, u. sich für ihr cacatum non pictum 4 L[ouis]d'or bezahlen ließen. Das ganze sei doch nur eine mercantilische Speculation von Schillern. Anfänglich sei es eine Bundeslade geweßen, die niemand habe anrühren dürfen, ohne das Feuer daraus hervorgegangen sei, und die Frevler zu verzehren gedroht habe. Jetzt könne man schon menschlicher mit ihnen umgehn. Der Aufsatz von Göthe im 10ten Stück [17]95 das Feenmährchen finge prächtig an, ende aber sehr mattherzig. Amphora coepit, urceus exit. Es werde ihm bange, daß es mit dem Wilhelm Meister auch so gehn könne.

Herder nehme sich nicht Zeit genug, ein Ganzes, Vollendetes auszuarbeiten, und daher liefre er immer nur kleine Aufsätze, Fragmente. Selbst sein größtes Werke habe er mit Recht nur *Ideen zur Geschichte der Menschheit* genannt, mehr wären sie auch nicht. Dieß thue ihm in den Augen der Kenner Schaden. Wenn man einen so vollendeten, tief gedachten Aufsatz, wie den über den Seneka in der *neuen deutschen Monatsschrift 1795* lese, so müsse man wünschen, daß er einmal hier auch ein Werk liefre, wie Lessings Nathan. Der jugendlichen Petulanzen in seinen *kritischen Wäldern* u. s. w. schäme er sich jetzt selbst.

Den 15ten Novembr[is 1795]

Die Mährchensammlung *Dchingistan* entstand, da Wieland auf seinem Garten einmal von einer schweren Arbeit ausruhen und grade zu etwas arbeiten wollte, wobei er nur in ein Buch zu sehen brauche. Dieß waren die Feenmährchen von *Monkrif* und der M[a]d[a]me *d'Aulnoy*. Einige übersetzte er bloß. Andere erhielten unter seiner Ueberarbeitung schon eine andere Wendung und Ausgang. Zwei aber sind darunter ganz von seiner Erfindung. Das eine ist *die Salamanderin und die Bildsäule*. Wieland hat in der Vorrede zum 3ten Band selbst einige Notizen darüber gegeben. Das schönste Mährchen der d'Aulnoy ist der oiseau bleu. Auch die Mährchen müssen eine Einheit und etwas haben, wofür man sich herzlich interessiren kann. Dieß ist in *Göthes* neuesten Mährchen im 10ten Stück der Horen nicht der Fall.

»Gewisse Bücher habe ich als Tröster in der Noth. Wenn mir der Geschmack zu allem übrigen vergangen ist, so bleiben diese, als eine feine Hauslectüre. Hierher gehören einige Stücke des Lucians. Den Rabelais würde ich gern auch hieher nehmen, wenn ich ihn vom Blatt weg lesen könnte. Lange Zeit war der Tristram Shandy dieß Leibbuch. Ich habe ihn wohl 30mal durchgelesen, und nun ist er mir doch etwas zu bekannt. Da hat sich aber neulich ein gewisser Herr *Richter* in Hof hervorgethan, dessen Hesperus, oder 45 Hundsposten habe ich mir auch von Leipzig als ein solches Noth- und Hülfsbüchlein für meine alten Tage kommen lassen. Der Mensch ist mehr als Herder und Schiller. Er hat eine Allübersicht wie Shakespeare. Göthe urtheilt von ihm: man müsse sich mit diesem Menschen in Acht nehmen, und ihn weder zu viel, noch zu wenig loben. Ein sehr altäglicher Orakelspruch.«

Auf Akenside's Pleasures of Imagination, die er aus Eberts Auction erhalten hat, freut er sich, als auf einen alten Bekannten. Er sah und laß ihn nur einmal vor 36 Jahren bei Bodmer in Zürich.

Die wahre Humanität ist eigentlich das Ideal menschlicher Volkommenheit. Wer sie ganz besäße, vereinigte alle geistigen und körperlichen Volkommenheiten im höchsten Grade, wäre stark wie Hercules, behende wie Achilles, klug wie Ilysses, weise wie Sokrates, scharfsinnig wie Chrysippus, witzig wie Lucian. pp. Nun begreift man leicht, daß diese Humanität in den wirklichen Menschen nur *theilweise* stattfinden kann, daß wir ihr aber alle, so wie der Tugend, nachstreben müssen nach besten Vermögen. Das Sokratische καλοκἀγαθος war das Ideal der Athenischen Humanität, aber nicht der Griechischen. Nur die Athener konnten sich unter den Griechen bis dahin erheben. Aber die Humanität nationalisirt sich überal, u. ist nur in der Platonischen Ideenwelt rein.

Die englische Geschichte beweißt, daß diese stolzen Insulaner im Grunde stets den Gott Stupor anbeteten. Trotz ihrer Constitution ließen sie sich stets aufs abscheulichste tyrannisiren.

Den 26ten Novembr[is] [17]95.

»Ich weiß nicht, wie mir der Vorwurf gemacht werden konnte, ich sei ein schlüpfriger Schriftsteller. In meiner Seele ist nichts von dem Stoff, der hier gähren müßte, wenn ich das seyn sollte. Es sollte mir wohl auch verecundia wie dem Virgil gegeben werden. Noch jetzt in meiner neuen Ausgabe habe ich sorgfältig geprüft, wo etwas der Art anstößig seyn könnte. Ein alter Mann, der Kinder u. Enkel um sich herum laufen hat, ist wohl von allem Kitzel frei. Ich habe überal Originale kopirt, u. mich sorgfältig in Acht genommen, der menschlichen Natur Bockfüsse zu geben, wo sie keine hat. Da hat *Weiße* in Leipzig in seinen sonst sehr bewunderten Gedichten weit mehr anstößige

Sauf- und Hurenlieder. Bei mir handeln die Personen ihrem Wesen gemäß, u. der Wollüstling kann nicht anders sprechen, als ich ihn reden hörte. Hätte ich die Menschen *so* geschaffen, dann könnten mich Vorwürfe treffen. Aber die hat Gott so gemacht. – Nur eins meiner frühen Gedichte habe ich deßwegen auf immer verdammt, weil es teuflische Carikatur u. Bordellcharakter hat, *Juno und Ganymed.* Eine Gräfin, die mir und meiner Freundin (bei Stadion) groß Herzeleid zufügte, hatte meine Galle so gereizt, daß sie in diesen Erguß gerieth.

Ueber Schiller. Er branlirt sich, um tief zu scheinen. Er begeht dadurch die Sünde gegen den heiligen Geist, daß er das, was ihm sein Genie bestimmte, die Dichterei verleugnet um Philosoph zu seyn. Sein Geisterseher u. die Götter Griechenlands sind menschliche schöne Producte mit Schillers eigenthümlicher und in dieser Mischung sehr angenehmen Stimmung. Er hat nie die Alten kennen gelernt. Darum ist seine Schreibart so ungeheuer. In seinem Don Carlos ist Philipp ein gigantisches Unding u. alles ist Colossal, aber der Schwanz, der alles verdirbt ist die *Eboli*, ein unerklärliches Geschöpf voll Widersprüche. Wenn der gute Schiller weniger Krämpfe hätte, würden auch seine Darstellungen weniger konvulsivisch seyn. Was er gutes schrieb, entfloß ihm in heiteren Stunden. Wenn ich jetzt meinen Rath an einen jungen Dichter wieder abdrucken laße, werde ich am Ende noch eine Nachschrift beifügen, ohngefähr des Inhalts: »Sind sie mit Krämpfen je behaftet geweßen; so lassen sie sich nie mit den Musen ein. Diese Buhlschaft vermehrt die Krämpfe entsetzlich (auf Schiller). Ist Ihnen etwa einmal durch einen Pfuscher die Krätze in Leib zurückgetrieben worden, so machen sie ja keine Verse (auf Baggesen, dem dieß wirklich in der Jugend passirte, u. der daher ewig eine innere Inconsistenz bei der größten Kraftfülle behält).«

Ueber Göthe. Bei Ende des zweiten Bandes des Wilhelm Meisters hoffte G[oethe] mit 4 Bänden auszukommen. Jetzt spricht er schon von 5 Bänden. Die 4 Fr[iedrich]d'or pro Bogen schmecken so gut, daß noch 6 oder 8 daraus werden können. Die Geständnisse der *schönen Seele*, die die größte Hälfte des 3ten Bandes ausmachen sind von einer verstorbenen Dame, die Göthe nur nach seiner Art zuschnitt. Man sieht ihnen das fremdartige auf jedem Worte an. Es fehlte eben Göthe an M[anu]sc[rip]t. Das ganze Buch hat dadurch schon eine auffallende Ungleichheit, daß morceaux aus ganz verschiedenen Perioden Göthes darinnen sind. Ueberhaupt arbeite Göthe so, daß er Stücke (z. B. bei einem Schauspiel Scenen aus dem 1 u. 5ten Act) einzeln ausarbeitet, u. sie dann sehr lose zusammenhängt. Das *erste Buch* im Wilhelm Meister war schon vor 10 Jahren *viel lebendiger* einmal niedergeschrieben. Aber seltsam ist es, daß der Göthe, der in seinem Serlo u. Meister solche Ideale einer guten Theaterdirection aufstellt, selbst ein so abscheulicher Director ist, und bald den Geschmak des Weimarischen Publikum auf Haberstroh reduzirt haben wird (z. B. die Zaubercither).

D[en] 29ten Novembr[is] [17]95.

»Er sprach mit großem Respect von *Mounier*, der ihn oft besucht u. vorplaudert. Wen ich überlege, sagte er, was wir armen Bücherwürmer und Stubenphilosophen für elende Wichte gegen einen solchen practischen Mann sind, so halte ich es schier für ein sacrilege, ihm Einwürfe zu machen oder zu widersprechen.

Ueberhaupt sind wir Gelehrte u. Büchermacher doch eigentlich *zu nichts nutze*, und nur eine Ausgeburt überfeinerter Staaten (das macht Wieland hatte nie bei seinem literarischen Leben eine eigentliche Function, ein Amt, einen Actenkasten). Das habe ich oft meiner Frau gesagt, wenn ich so Sümmchen von Reich zugeschickt erhielt: was sind die Menschen für Narren, daß sie für beschriebenes u. bedrucktes Lumpenpapir, das doch am Ende nur dazu gut ist, Käse einzuwickeln, oder zur Serviette zu dienen, so viel Geld wegschmeisen.

Wir Gelehrte sehn uns für viel zu wichtig an. Wir sind Drohnen und Faulthiere im Bienenstock!«

D[en] 24 Xbr. [Decembris] [17]95.

Merkwürdige Recension über Wielands Prachtausgabe, besonders über den neubearbeiteten Agathon von *Jacobs* in der *neuen Bibliothek der sch[önen] Wissenschaften* LVI,I. Als ich mit Wieland darüber sprach, äuserte er daß ihm besonders die Stelle sehr treffend geschienen hätte, wo das unaussprechliche Etwas, das wie ein Zauber über alle seine Bilder gegoßen ist, bemerkbar gemacht wird. »Ich kenne dieß, sagte W[ieland] sehr gut. Zum Theil entspringt es aus meinen blöden Augen, die ich schon in dem frühesten Knabenalter so gehabt habe. Diese Blödsichtigkeit umschleierte gewissermaßen alle Gegenstände auser mir mit jenem zartgewebten ätherischen Duft, der der Phantasie so wohl thut. Dieß würde aber doch nur Nebelbilder hervorgebracht haben; wenn nun nicht in mir selbst ein unablässiges Streben nach sinnlichklaren, festen Umrissen meiner Phantasiegeschöpfe gekommen wäre.«

Sehr wahr fand er auch, was J[acobs] bemerkt hatte, daß W[ielands] Nachahmer alle so sehr verunglückt wären, u. er überhaupt keine eigentliche Schule von Jüngern u. Nachfolgern gebildet habe. Dieß sei daher gekommen, weil er nichts schreibe, auch das muthwilligste, oder kleinste scherzhafteste Gedicht nicht, dem nicht etwas von Lebensphilosophie und sokratischer Weisheit, etwas von dem Horazischen ridendo dicere verum beigemischt sey. Dieß Horazisch-Lucianische Ingredienz von spottender, lächelnder, strafender Ironie mache das Salz seiner üppigsten, u. muthwilligsten Dichtungen, und dieß fehle allen seinen Nachahmern.

Unzufrieden war er mit dem Tadel, daß des Sophisten Hippias plötzliche Erscheinung im Agathon am Ende zu wenig motifirt sey. Hippias habe ja in Olympia Agathons Schicksale in Syracus gehört. Veranlassung genug, um ihn dort aufzusuchen.

Wielands lobende Briefe sind oft sehr gemißbraucht worden. So zog der M*** mehr als ein Jahr mit einem solchen Briefe durch ganz Teutschland herum, u. bediente sich seiner als eines literarischen Passeports für seinen Subscribentensammlungsunfug.

So ließ *Arvelius* im Intelligenzblatt der Alg[emeinen] L[iteratur] Z[eitung] [17]95. eine Stelle aus Wielands Lobpreisungen seiner Gedichte gegen Alxingers scharfen Tadel der selben, als Aegide, abdrucken. Arvelius hatte im Jahr [17]94 Wielanden ein splendides Dedicationsexemplar seiner Gedichte geschickt, die aber W[ieland] der eben damals Kopf und Hände voll hatte, nicht einmal ansah, u. in der Hoffnung besserer u. ruhigerer Zeiten seiner Bibliothek ohne weiters einverleibte. Seitdem hatte W[ieland] nicht weiter daran gedacht, u. den ganzen Handel rein vergessen. Ein Jahr darauf ging Arv[elius] vom Carlsbade durch Weimar durch, u. ließ sich bei W[ieland] melden. Dieser schnauzte seiner Gewohnheit nach, da es ihm eben sehr ungelegen kam, die Mission an, u. war nicht zu Hause. Eine zweite Beschickung mit dem Vermelden: H[er]r *Arvelius* wünsche den H[er]r[n] Hofrath nur auf ein paar Worte zu sprechen. Eine zweite noch unwilligere Verweigerung. Indeß fällt dieß W[ieland] doch aufs Herz. Arvelius, den Namen solltest du doch schon gelesen, oder gehört haben. Er denkt nach, u. endlich erinnert er sich, wie durch einen Nebel, des Dedicationsexemplars. Kaum ist er in seine Bibliothek getreten, so fällt ihm auch der prächtige Band in die Augen. Er greift zu und blättert, ließt, seines Unrechts sich bewußt, mit Bedauern gegen den armen Arvelius, findet wirklich recht artige Stellen, findet nun alles artig, u. zürnt wegen seiner Rusticität auf sich selbst. Indeß jetzt muß er zur Herzogin u. die Sache ist einmal geschehn. Als er Abends nach Hause kommt, findet er einen Brief von Arvelius im bescheidensten Ton voll Klage über sein Unglück, u. mit der Bitte, ihm wenigstens sein Verdammungsurtheil nicht vorzuenthalten. Nun setzt sich Wieland zu einer amende honorable hin, und schreibt freilich mit größrer Wärme des Guten, als er es sonst gethan haben würde, um den gebeugten Verfasser wieder aufzurichten. So etwas läßt nun H[err] Arvelius aus allem Zusammenhang herausgerissen öffentlich, ohne den Schreiber zu fragen, abdrucken.

Alxinger schrieb Wieland einen langen Brief zur Entschuldigung, daß er so verschieden von ihm geurtheilt habe. Im Januarstück [17]96 des Merkurs will W[ieland] den ganzen Hergang erzählen. Mit Alxingers wunderlicher Art, sich selbst durch Apostrophen zu chikaniren, ist W[ieland] durchaus unzufrieden.

Reinhold sondirte kurz vor seinem Abgang nach Kiel W[ielands] sämmtliche Briefschaften, und nahm große Packete der wichtigsten mit sich. Unter ihnen fand sich auch der interessante Brief von Lessing an Wieland, den Reinhold dann in der Schleswiger Monatschrift [17]94. abdrucken ließ. Nach Wielands Willen, werden, so bald er todt ist, alle seine Briefschafften in eine Kiste gepackt und Reinholden zugeschickt. –

[Ende 1795]

Als ich zu ihm kam, hatte er eben den hämischen Ausfall *Schillers* in den Horen 1795. XII St[ück] gelesen, und war über der letzten Revision seiner Abderiten begriffen. Warum, fragte er, gedenkt der Herr dieses in seiner Art gewiß vortrefflichen humoristischen Buchs mit keiner Sylbe. *Schiller* wollte die *Vorrede* zur großen Ausgabe von Wielands Werken machen, und schrieb deßwegen an W[ieland]. Dieser lehnte es bescheiden ab; daher die erste Mislaune. Einige kleine Billets von Schiller beantwortete W[ieland] nicht. Das verdroß wieder. Nun fröhnt er Göthen. –

Komme ich einst dazu, die Geschichte meiner Schriften zu schreiben, so werde ich vieles über die mir angeschuldigte Schlüpfrigkeit meiner Schriften zu sagen haben. Ich habe besondere Vorstellungen von den sacris phallicis des grauen Alterthums. Es waren die ehrwürdigsten Naturfeierlichkeiten. So bald der Mensch nur ein Glied an seinem Leibe hat, dessen er sich schämen muß, hat er seine Unschuld verloren. Man tadelt es, daß nackte Figuren da aufgestellt werden, wo Mädchen im Hause sind. Hätte ich nur recht viel, ich wollte alle meine Zimmer davon anfüllen. Warum ziehn wir denn den Hunden und Ochsen nicht auch Hosen an? Der heiligste Naturtrieb ist durch Pfafferei entadelt und verschrien worden. Um dieser Bigoterie zu entgegnen habe ich solche Themen ausgemahlt, die ich absichtlich gegriffen habe, nicht daß sie mir, wie Schiller beliebt zu sagen, unglücklicherweise in die Hände gefallen wären.

D[en] 6ten Januar[ii] [17]96.

Er hatte von Reinhold die Einladungsschrift *Entwurf zu einem Einverständnisse unter Wohlgesinnten über die Hauptmomente der moralischen Angelegenheiten, als M[anu]sc[rip]t gedruckt* durch mich erhalten, u. darinnen zu lesen angefangen.

»Wenn nur die Herrn erst eine Sprache sprächen, die auch der Layenbruder verstehn könnte. Ich möchte wissen, ob denn die Kantische Schule auch die Vernunft in dem Sinne nehme, wie Cicero seine ratio. So lange diese Herrn nicht allen verständlich sind, ist u. bleibt ihre Philosophie leere Terminologie. So weiß ich nicht, ob das, was Reinhold Gewissen nennt, probehaltig ist. Ueberhaupt habe ich in meinem Leben mit dem, was man Gewissen nennt, nicht recht fertig werden können. In meiner platonisirenden Jugendperiode laß ich einmal eine mystische Schrift eines Schweizer Edelmanns aus dem Pays du Vaud, *Muralt*, L'instinct divin betitelt, darinnen wird das Gewissen als die einzige in dem Menschen befindliche particula aurae divinae, als das τὸ ἀποσπασμάτιον des aldurchdringenden Gottes in dem Menschen vorgestellt. Damals machte die Lectüre dieser Schrift auserordentlichen Eindruck auf mich, u. ich werde mir bey meiner Reise in die Schweiz alle mögliche Mühe geben, es wieder aufzutreiben, und nun in meinem jetzigen Ideenkreise noch einmal durchzulesen. (Beiläufig: Dieser Muralt war ein herrlicher Kopf in der frühen ersten Hälfte dieses Jahrhundert. Er ist Verfasser der Lettres sur les Anglois et les François, in denen [er] diese zwei Nationen richtiger parallelisirt hat, als später Voltaire. M[uralt] zeigte den Franzosen, daß ihre zwei angebeteten Schriftsteller *Moliere* u. *La Fontaine* nicht einmal von Seiten der Moral u. Naivität, worauf beiden so große Lobsprüche ertheilt werden, ächt wären, u. nahm gleich die erste Fabel von La Fontaine Maitre corbeau in scharfe Censur, indem er ihre Plattheiten zeigte. Darüber erhoben die Franzosen ein Creuzige! gegen ihn. Später aber gerieth dieser Muralt in den Mysticismus u. ging verloren.) Wäre das Gewissen etwas göttliches; so könnte es nicht irren, noch übertäubt werden.

Ueber Humanität u. den Begriff, den die Alten damit verbanden. Ihnen war sie die Perfectibilität des ganzen Menschen nach Seele u. Körper, alles was durch unendliche Stufen vervolkommt, den Menschen über die Thierheit hebt. Bildungsfähigkeit und wahre Ausbildung des Körpers durch Gymnastik, Musik, schöne Künste, der Seele durch Geschichte, Poesie (humaniora) u. s. w. Reinholds Unterschied (am angez[eigten] Orte § 2. S. 5.[)] zwischen *Humanität, Menschlichkeit und Menschheit* ist höchst wilkürlich.

Bey Gelegenheit der rührenden Trauhandlung, durch welche *Herder* in Belvedere 1795 Heinrich Gesner mit Lottchen Wieland verband, u. wobei alles bis zu Thränen gerührt wurde, erzählte W[ieland] wie rührend der Actus geweßen sei, als sein biedrer Vater ihn u. seine Braut (eine geborne Augspurgerin) selbst mit sichtbarer, ihm aber sonst sehr seltener Bewegung in Biberach getraut hatte. W[ielands] Vater verschloß alle seine tiefen Empfindungen in seine Brust, weil er nach dem Wegsterben seines einzigen Freundes niemand in Biberach fand, der ihn gefaßt hätte. So kam also seine Empfindung nur selten zum Vorschein. Auch war seine Mutter keineswegs dazu geschaffen, den H[errn] Oberpfarrer Wieland dem steifen Priesterkragen abzubinden. Diese war viel zu lebhaft, viel zu sehr dem Spiel der Phantasie unterthan. Bei Wielands Trauung war ein alter, in Hagestolzenstand verhärteter Bürgermeister von Biberach gegenwärtig. Dieser kam nach dem Trauactus zum Bräutigam, drückte ihm die Hände, u. sagte, um *so* getraut zu werden, möchte ich wohl selbst noch heirathen.

Als Wieland in Zürich war, hatte Salomo Gesner die muntere Heidegger noch nicht geheirathet. Gesners Vater wolte in diese Heirath lange nicht willigen, weil der Zunftherr Heidegger ein wildes, ausgelassenes Leben führte mit Maitressen lebte, u. sich daher um seine Tochter wenig bekümmerte. Auch hatte Jungfer Heidegger damals die Meinung der Zürcher gegen sich, u. als Salomo G[eßner] endlich als einziger Sohn dennoch durchdrang, hielt man ihn wegen dieser weltlich gesinnten Frau algemein für verloren. Aber grade diese Frau wurde eine musterhafte Gattin und Mutter, ordnete Salomos Kunstgenie zum Erwerb, den sie anfangs, wo S[alomon] G[eßner] nur noch Diener in der Buchhandlung des Vaters war, wohl nöthig hatten. Auf sie freut sich Wieland jetzt mit voller Seele.

Unbeschreiblichen Genuß macht ihm die splendide Ausgabe von Gesners Werken 2 Vol[umina] 4. vom Jahre 1778. mit den von Gesner selbst vortrefflich geäzten Kupfern, wovon er so eben ein herrliches Exemplar aus Zürich geschickt erhalten hatte. Könnte ich Kupfer stechen: wie viel besser als Ramberg, wollte ich meinen Agathon in der neuen Prachtausgabe auch von dieser Seite ausgeschmückt haben!

13 Oelgemälde von S[alomon] Gesner bewahrt die Familie noch als einen besondern Schatz. –

D[en] 13ten Januar[ii] [17]96.

»Ich habe große Noth, das Datum von meinen frühern Producten [zu] fixiren, und muß mich dazu selbst oft des Meusels bedienen. Panthea u. Araspes war eigentlich im Plane meines Cyrus, ist aber alsdann während meines Aufenthalts in der Schweiz in Prosa geschrieben worden. Dieß ist meine erste gute Prosa geweßen, wiewohl sie freylich noch viel jugendliche Declamation enthält. In keiner meiner Schilderungen der Liebe ist die Sache so psychologisch vom ersten Keim bis zur smania amorosa fortgeführt, und darum gebe ich diesem Product einen entschiedenen Werth. Der größte Theil des Agathon und der Idris sind im ersten Jahr nach meiner Verheirathung zum Theil im Gartenhäuschen in Biberach geschrieben. Von Musarion war nur ein Fragment fertig, was lange in meinem Pult lag, ehe daß ich sehr darauf achtete. Einmal komme ich darüber, und finde beym neuen Durchlesen, daß sich doch wohl etwas daraus machen ließe.« –

»Mit dem neuen Amadis debutirte ich in Erfurt, wo sich freilich alles kreuzigte und seegnete, daß der erste Professor der Philosophie solches Zeug schreiben könnte. Ich machte mir aus all diesen Geschnatter nichts, da ich mich auf die Gunst des Kurfürsten von Maynz u. seines ersten Ministers sehr verlassen konnte.

Die gehässigsten Rezensionen gegen mich erschienen in der Nicolaischen alg[emeinen] Bibliothek. Da war das Lastthier Musäus mein Recensent. Diesem ehrlichen Mann habe ich in der Folge zu einem Honorar von 2 Friedrichs d'or an dem Bogen von Freund *Hayns Erscheinungen* bei *Steiner* geholfen, wovon er ganz entzückt war. Musäus Jovialität litt keinen Thaler im Sack. Daher war er immer in Geldnoth, und mußte für Nicolai große Stöße von aller Welts Schriften den Bogen zu 4 Thalern recensiren.«

[»]Ich bin noch immer sehr furchtsam über die Stimme des Publicums gegen mich, u. verspreche mir für mein *attisches Museum* kaum 500 Abnehmer«

»Ich kann es nicht oft genug wiederholen: niemand sey pfiffig. Alle Pfiffigkeiten holt der Teufel mit Gestank[«] – Dieß sagte er bey Gelegenheit eines Kunstgriffs von Göschen, wo er die Käufer der großen Quartausgabe bald durch Alphabet bald durch Band pro 5 Thaler getäuscht hatte.

Wieland ist in allen mercantilischen und buchhändlerischen Einrichtungen stets fremden Raths bedürftig. –

D[en] 17ten Januar[ii] [1796] bey *Knebel.*

Das Gartenhaus, worinn *Wieland* so angenehme Besuche von den Musen während seines Aufenthalts in Biberach erhielt, hatte eine reizende Aussicht auf ein reiches, in malerischen Krümmungen sich lang hinschlingendes Thal, u. begeisterte mit jedem Blick den Dichter.

Der alte Graf Stadion trieb auf dem Schloße *Warthausen*

eine prächtige Wirthschafft. Er hatte unter andern eigne Gärtner für die Mistbeete und Treibhäuser, die im Winter mit einander wetteiferten, wer die meisten Producte auf zwei langen im Vorsaal dazu aufgestellten Tafeln zu einem vom Grafen bestimmten Tag vorweisen könnte.

Schon gereut es *Wielanden* daß er überal F statt Ph. schreibt. Er machte diese Neuerung vorzüglich deßwegen, weil es den armen Kindern so sauer werde, zu begreifen, daß Ph. so viel als F. sei, und er diesen also eine Erleichterung verschaffen wollte. Er hoffte algemeine Nachfolge und findet mit Verdruß, daß niemand es nachthun will. Daher gereut es ihn eben so, wie die hartnäckige Beobachtung des *teutsch* statt deutsch. In der großen Ausgabe seiner Werke schreibt er wirklich überal *deutsch*.

Aber der Merkur muß schon der Gleichheit wegen teutsch bleiben. Herder behauptet bey dieser Gelegenheit mit Recht, daß es weder deutsch noch teutsch sondern *theutsch* (Theut. Thaut, Thot, Seuther, es war ein *zischender* Buchstabe.) heisen müsse. Herder macht die Schreibart mit dem F immer dadurch lächerlich, daß er sagt nach dieser Orthographie heise *Filosophie* die *Fadenweißheit*.

W[ieland] schimpfte sehr auf das Wortgemengsel aus allen Sprachen in der englischen Sprache. Unwillen auf den lächerlichen Nationaldünkel der Engländer. Wie schändlich sie ihren großen Baco behandelt haben. Nur die Deutschen lassen fremdem Verdienst unter jeder Zone Gerechtigkeit widerfahren.

W[ieland] wünscht ein Gemälde der römischen und griechischen Sclaverei mit einander kontrastirt im Merkur zu erhalten.

D[en] 24ten Januar[ii] [17]96.

[»]Die Art wie ich arbeite ist ohngefähr der Arbeit eines Zeichners ähnlich, der nur immer Linien und Striche hinkritzelt, immer mit seinem Brote wegwischt, immer zusetzt, und endlich doch etwas ganz leidliches hervorgehn läßt. So wie ich etwas aus mir selbst produzire, so schreibe ich gleich aufs Papir. Aber mein Gedanke bildet, u. formt sich erst, indem ich ihn drei, viermal u. noch öfter umkehre, ausstreiche, drehe, wende. Daher nichts fürchterlicher, als meine Brouillons. – Daher muß ich auch meine Augen mit möglichster Sorgfalt schonen, weil ich durchaus mich in diesem Alter nicht ans Dictiren gewöhnen könnte. Wer dictirt, muß schon alles in der Seele vor sich fest stehn haben.«

»Meine Uebersetzung soll möglichste Approximation zum Autor selbst seyn. So hat aber z. B. weder *Auger* noch *Gillis* den Isokrates übersetzt. Jener hat einen vornehmen Prälaten, der eine eloge funebre halte, dieser einen Landkanzler Thurlow aus ihm gemacht.«

»Die Engländer haben einen eisernen Ring um den Hals, der sie hindert, rechts u. links zu sehn. Sie sehen Büffelartig nur immer auf einen einzigen Punct. *Den* sehen sie scharf und richtig. Aber alles ist einseitig und pedantisch.«

»Da Lucians Werke selbst im Gehalt sehr verschieden sind, so habe ich nur auf die große Sorgfalt gewendet, wo ers verdient. Viele seiner Jugendproducte sind unausstehlich geschwätzig und uncorrekt. Diesen mußte ich nachhelfen, u. da übersetzte ich freier. Aber seine guten Werke, seinen Timon, Nigrinus, Reviviscentes habe ich mit größter Treue wiederzugeben gesucht. Meine Hypothese über des Demosthenes Encomion halte ich für sehr scharfsichtig.«

Den 3ten Febr[uarii] [17]96.

»Ich will alles anwenden, um aus meinem 24jährigen Fürstendienst noch am Ende meiner Tage loszukommen! Ich werde allezeit au premier venu aufgeopfert. Z. B. Seit vielen Jahren stand ein Fortepiano hier in meiner Stube, das mir fast unentbehrlich geworden war, weil ich die Gewohnheit habe, oft vor mich selbst darauf zu phantasiren, und ein erträgliches cantabile darauf zu spielen. Das ist Musik fürs Haus, die niemand weiter hören darf. Vor kurzem schreibt Einsiedel an mich, ob ich es nicht auf einige Zeit entbehren könne. Herzlich gern! Aber nun schickt ers, wie ich von den Leuten höre, die es abholen, zu Mounier.

Und dieser, und dessen Tochter spielen – *nie* darauf! Dieß, ich gestehe es, hat mir meine gute Laune mehrere Tage verdorben. Jetzt lasse ich mir mein altes Clavier zurecht machen, das mir freilich darum weniger zur Hand ist, weil ich nicht Virtuose genug bin, um in der Zartheit des blosen Claviers zu entriren.«

»So erhalte ich auch keinen Reisewagen von der Herzogin. Ich werde es in den Anzeiger setzen lassen, wer mir einen ablassen will.«

»An Galle gegen diese Hofmishandlungen hat es mir nicht gefehlt, u. ich habe ihr auch immer Luft gemacht. Mein Danischmende bin ich selbst. In dem verklagten Amor sind hiesige Hofformen abkonterfeyt. Die *Abderiten* entstanden in einer Stunde des Unmuths, wo ich von meinem Mansardenfenster herab die ganze Weimarsche Welt voll Koth und Unrath erblickte, u. mich an ihr zu rechen beschloß.« ⟨(Die Hälfte meiner Schriften wäre nicht da, wäre ich nicht in Weimar geweßen)⟩

»Man hat in meinen Abderiten viel Anspielung gefunden, an der ich völlig unschuldig bin. Niemand aber fand sich mehr gekränkt, als der ehrliche Mahler *Müller* in Manheim. Ich hatte an ihn in Manheim selbst einen graden, braven Mann kennen lernen, voll Geniedrang, aber eine gute Haut, bonne pâte d'homme. Nun hatte er aber ein ganz ungenißbares Kind seiner Phantasie zur Welt gebracht, *Niobe*. Dieß that mir um seinetwillen leid, u. ich suchte es absichtlich zu vergessen, daß *er* Vater dieses Wechselbalgs sey. In meinen Abderiten brauche ich aber eine Instanz, u. nehme die Niobe, ohne nur zu ahnden, daß dieß Müllern treffen werde, dessen Vaterschaft ich wie vergessen hatte. Dieser wurde indessen, da jedermann mit Fingern auf ihn wieß, unbeschreiblich dadurch gebeugt. Man schrieb mirs, und ich gab mir alle mögliche Mühe, ihm wenigstens zu beweisen, daß ich *ihn* nicht habe kränken wollen.«

»Ueberhaupt hat mir in diesem Fall mein Gedächtniß oft einen bösen Streich gespielt. Ich behalte die Sache, und vergesse den Namen, halte die Sache für meine Erfindung, brauche sie als die meinige, und finde am Ende, daß es eine

Reminiscenz geweßen, die der Deutungssucht einen offenen Spielraum gewähre. Ich habe eigentlich nur *eine* Person in meinem Leben gemeint, das ist die Gräfin *Schall*, Tochter des Grafen Stadion, gegen die ich eine große Wuth hatte, und die ich als *Juno* figuriren lasse. Aber darum ist mir jetzt das Stück unrein und verhaßt. Sonst hat man mir wohl auch Schuld gegeben, daß ich im Dionysius meines Agathons den vorigen Herzog von Wirtemberg geschildert habe. In einigen können die Leute wohl recht haben. Aber es ist doch nicht *mit Bewußtseyn* geschehn. Ich verfahre bey allen diesen Schöpfungen, wie Zeuxis zu Croton mit seiner Helena. Man mochte indeß dem Herzoge selbst etwas der Art von mir gesagt haben, u. als er hier war, u. ich u. Herder ihm vom Herzog präsentirt wurden, affectirte er, uns gar nicht zu kennen. Dagegen hielt er in Jena ein großes Gastgebot, wo er die Pedanten alle zusammen bat, u. sie von seiner neuen Universität Jena unterhielt, ihnen streitige Puncte zur Entscheidung vorlegte, aber allezeit vorausschickte: *der Gesetzgeber* (sich selbst meinend) hatte darüber so gesprochen! – Ich konnte mich damals nicht enthalten, ein Epigramm auf diesen Dionysios zu machen von ohngefähr 8 Zeilen, das aber die Leute sehr beissend fanden, und fleisig zirkuliren ließen.«

Einst sprach der große Friedrich von mir mit Herzberg, und bezeigte seine Verwunderung, daß ein Mann in Deutschland wäre, der berühmt seyn soll, aber seine Bekanntschaft nicht gemacht hätte. Freylich hätte ich ihm huldigen, ihm etwas dediziren sollen u. s. w. So wollen es die großen Leute haben.

Amores
In Gegenwart der Demoiselle Schröder.

D[en] 17ten Febr[uarii] [17]96

Man hielt mich in Zürich (1763) für einen Genius, ein Wesen höhrer Art, der nicht zur Sinnlichkeit herabsteigen könnte. Ich selbst lebte damals nur in platonisirenden Morgenträumen, und hatte eben die *Briefe der Todten an die Lebendigen* geschrieben. Ich wohnte in Zürich bey einer *Devoten* im Hause, die mich durch ihre frömmelnde Sprödigkeit oft in vergötternde Extasen, oft in Verzweiflung setzte. Ihr zu gefallen dichtete ich damals auch die *Empfindungen des Christen*. Als mir später die Schuppen von den Augen fielen, ergrimmte ich besonders über diese heilige Prüderie und affectirte Züchtigkeit, und die Martern, die mir damals jene tantalisirende Fromme, mit der ich unter einem Dache wohnte, angethan hatte, die Erfahrungen, die ich damals gemacht hatte, haben gewiß vorzüglich viel dazu beygetragen, daß ich zu meinen Gedichten dem Anschein nach so wollüstige und lockende Themen genommen, und con amore, (aber immer mit dem reinsten Sinn) ausgemahlt habe. Ich wollte gewißen Tartüffen und Keuschheitskrämerinnen dadurch wehe thun, und konnte mich herzlich freuen, wenn ich dachte, wie diese sich grade bey diesem oder jenem dünnverschleierten Gemälde gebärden würden. Ich weiß wohl, daß ich mir dadurch selbst geschadet (*in mein eignes Nest gethan*) habe, aber verführen, reizen wollte ich gewiß nicht. Als ich als 20jähriger Jüngling nach Zürich kam, war die höchste Keuschheit und Reinheit in meiner Seele. Sinnliche Genüsse waren mir ein wahrer Abscheu, und als ich mehrere Jahre drauf von meinem Freund *Kirchhof* in ein Berner Bad (Bagnio) geführt wurde, und uns da ein appetitlich angekleidetes, niedliches Berner Stubenmädchen den Caffee hereinbrachte; wurde mirs so eng und beklommen in dieser von einer Entweihten verunreinigten Atmosphäre, daß ich durchaus fort mußte, und erst im Freien, diesem Zauberkreise entrückt, wieder freie Luft schöpfte. Ich weiß, daß diese übertriebene Züchtigkeit und das subtile Gift platonisirender Schwärmereien damals an meinem innigsten Lebenskeime genagt und mich mehr geschwächt haben, als eine gröbere Debauche, und ich habe in der Folge zur Erhaltung meiner Gesundheit diese übertriebene Keuschheit vieleicht weniger geübt. Nur daß ich kleine Ausweichungen dieser Art zu meinem Schaden gar zu liberal gegen dabey befangene Personen ausgeglichen, und mir dadurch selbst geschadet habe.

(NB. Seine Frau hört dieß alles mit an, und W[ieland] sagt dabey: *Du weißt alles, vor dir habe ich kein Geheimniß!*)

Meine feurigste Liebe in Zürich war zu einer Frau v. *Grebel*, einer jungfräulichen Witwe von 40 Jahren. Ihre frühere Geschichte war folgende. Sie war ein feines Mädchen, Jungfer *Lochmann** in Zürich, und heurathete da den Junker v. Grebel. Er war mit 2 andern Brüdern von einer Mutter erzogen, die eine unübertroffene Virtuosität im Geiz hatte, und unter andern unaufhörlich die diätetische Regel predigte, daß die Kinder viel zu viel äßen, und mit einem Drittel des gewöhnlichen Essens weit besser gedeihen würden. (Hier ein Excurs, wie abscheulich dieß sey. Die armen kleinen müssen viel essen, u. *so oft* sie Hunger haben. Sie müssen mehr zu setzen, u. ihre Verdauung kann manche Nahrungsmittel noch nicht ganz zerlegen) Dadurch waren alle 3 Brüder ausgetrocknete Schwächlinge, und keiner von ihnen konnte, als endlich die Mutter ihr hungerleiderisches Cicadenleben geendigt hatte, Kräffte genug zusammen bringen, um seinen Stamm fortzupflanzen. Der älteste Grebel fühlte indeß, daß er bey seiner Kränklichkeit eine Pflegerin brauche, u. warb um Jungfer Lochmann, ohne ihr durch den Werber seine Unvermögen zu verschweigen, aber zugleich mit der Aussicht, daß sie einst seine Universalerbin werden solle. Bei ihren Umständen galt es keine lange Wahl. Grebel hatte Cultur und liebte die Lectüre. Sie wurde seine Vorleserin und pflegtete und wartete ihren kränkelnden Mann aufs treueste und zärtlichste. So hatten sie viele Jahre mit einander gelebt und gewohnt. Aber sie war eine unberührte Jungfrau geblieben, u. dabei hatte sie sich trefflich conservirt (doch konnte sie die Zeichen der Ueberreife, die solche Personen gewöhnlich zu karakteri-

* Ihr Bruder Lochmann, war der Oberste eines Zürcher Regiments in Französischen Diensten, u. hatte das seltene Unglück nur in zwei Actionen im 7jährigen Kriege mit zu seyn; in der ersten zerschmetterte ihm eine Kugel den Arm in mehre Splitter. Als nach einer schmerzhaften Operation in Jahresfrist diese Wunde geheilt war, kam er gleich drauf zum Treffen bey Minden, wo ihn eine Canonenkugel auf der Stelle tödtete.

siren pflegen, nicht verleugnen.) Besonders hatte sie eine feine Coquetterie in studierter Reinlichkeit und modestem Anzuge. Endlich ward sie Witwe, war aber so an ihren Mann gewöhnt worden, daß sie ihn ernstlich beweinte und nicht bloß die Trostbedürftige Witwe spielte, sondern auch war. Grade in dieser Periode kam ich nach Zürich. Sie hatte meine Briefe der Todten gelesen, die so sehr zu ihrer Stimmung einklangen, u. wünschte sehnlich, den Verfasser kennen zu lernen. Es wurde eingerichtet, daß sie an einem Ort zum Besuch war, wo ich den Nachmittag hinkommen sollte. Hier sah ich sie also zum erstenmal, in schwarzer Trauerhülle, die aber ihren blitzenden Augen sehr wohl that. Indeß machte sie erst beym zweiten Wiedersehen, als ich sie mehr sprechen hörte, und immer mehr Beweise ihres gebildeten Geistes u. feinen Geschmacks erhielt, einen tiefen Eindruck auf mich. Nach u. nach kam es zum Einverständniß. Nur hielt es sehr schwer, sie unter 4 Augen zu sprechen. Zu ihr zu gehn, wäre nach Züricher Wohlstandsgesetzen ein Staatsverbrechen geweßen. So blieb mir lange nichts übrig, als sie, wenn wir uns in Geselschaft zusammentrafen, Abends nach Hause zu führen, welche Ehre mir, als einem Fremden, niemand leicht abstreiten konnte. Indeß geschah es doch zuweilen, daß mir diese langberechnete Freude durch Dazwischenkunft eines andern, der sein Näherecht geltend machte, vereitelt wurde. Da war ich denn immer untröstlich. Lange hatte schon unsre Bekanntschaft gedauert, als ichs noch nicht einmal gewagt hatte, ihr die Hand zu küssen. Und doch hätte ich oft, wenn ich sie nach Hause führte, eine Welt darum gegeben, um nur dieser lieben Hand einen Kuß aufzudrücken. Endlich wurde verabredet, daß ein junger Lochmann, ihr Neffe und präsumtifer Erbe, dessen Erziehung sie besorgte, ein Privatissimum bey mir hören sollte, über die Philosophie, und so erhielt ich dadurch ein Recht, ihr Rechenschafft von ihrem Vetter geben, und sie nun selbst in ihrem Hause besuchen zu können. Der Herr Vetter brachte nur immer ein zugesiegeltes Buch von seiner Tante, und ich schickte ihr wieder eins durch eben diesen Botschafter. Aber in diesen Büchern lagen immer gegenseitige zärtliche Briefchen. Bald kam es so weit, daß fast kein Tag ohne in einem Briefchen uns gegenseitig gestreichelt zu haben, verfloß. Indeß blieb es auch bei der innigsten, vertrautesten Verschmelzung unsrer sympathetischen Gefühle doch nur bey einem feurigen Händekuß. Dieß war der einzige, oberste Lohn meiner Minne. Einmal wo wir im zärtlichsten stillen Genuß unsrer himmlischen Empfindungen waren, lößte der selbige Gedanke auf einmal unserer beider Lippen. Ach! Warum können Sie mir nicht 20 Jahre geben? sagten wir beide zu einer Zeit. Denn diese Ungleichheit des Alters war das unübersteiglichste Hinderniß. Hätte ich sie wirklich geheirathet, so wären ich u. sie mit Verachtung und Spott beladen worden, wir hätten in Zürich nicht leben können. Man hätte mich für einen elenden Glücksritter gehalten. Bis jetzt hatte niemand an unsrer platonisirenden Liebelei etwas arges gehabt. – Nachdem dieß einige Jahre gedauert hatte, bewarb sich einer der ersten Zürcher Herrn, ein *Witwer* der viel gelebt, aber in seinem 56 Jahre noch viel Kraft und Ansehen hatte, um ihre Hand. Sie machte mich zum Vertrauten dieses Antrags. Es mußte ihr schmeicheln, eine Frau *Statthalterin* (die nächste nach der Bürgermeisterin) zu werden, u. ihr ansehnliches Vermögen mit einem ebenso ansehnlichen zu verdoppeln. Dieß überblickte ich sehr wohl, und rieth selbst herzlich zu dieser neuen Verbindung. Meine blatternarbige, unansehnliche Gestalt vertrieb mir auch alle Narcissusgedanken. So endigte sich eine Liebe, die auch *Zimmermann* in seinem Buche über die Einsamkeit, da ich sie ihm einmal mündlich erzählt hatte, nach seiner gewöhnlichen Indiscretion dem Publikum Preiß gegeben, und oben darein nicht einmal richtig erzählt hat.

Auf 14 Tage liebte ich in Zürich auch eine Jungfer *Füßli*, fand aber bald, daß das artige Lärvchen kein Gehirn habe.

Aber meine leidenschaftlichste Liebe war die Bernerin *Julie Bondely*, die älteste Tochter eines Berner Patriciers von sehr vornehmen Geschlecht, und die witzigste und klügste ihres Geschlechts in der Schweiz. Auch dieß war reine, himmlische Engelsliebe, die sich aber, da der Vater arm starb, wohl in eine Ehe hätte auflösen können, wenn ich sie nach Biberach zu führen, wo wir beide durchaus aufeinander reduzirt gewesen wären, Herz genug gehabt hätte. Julie hatte eine sehr grazieuse Figur, eine Welt voll Verstand in ihren schönen Augen, ein niedliches Kinn, aber in dem ober Theile ihres Gesichts viel unregelmäsiges und verhäßlichendes. Besonders waren Nase und Stirn dem Eindruck des Ganzen sehr zuwider, so daß sie doch mehr häßlich, als schön war. Aber die süsseste Schwärmerei goß etwas unnennbar liebliches über ihr ganzes Wesen. Wir wurden bald so vertraut, daß es wohl auch die Mutter merkte, die aber nichts böses befürchtend bloß der jüngern Schwester den Auftrag gegeben hatte, uns genau zu beobachten. Diese jüngere Schwester, der Liebling der Mutter, ein 12jähriges muthwilliges Geschöpf machte es wie alle Mädchen, die selbst noch keinen Roman spielen können, sie half uns redlich den unsrigen spielen, und verieth uns im geringsten nicht, ob sie sichs gleich wohl merken ließ, daß sie uns ganz durchschaue. Julie hatte eine Freundin, *Mariane Fels*, eine geschworne Männerfeindin, die lange Zeit bei Julien alles aufbot, um ihre Neigung gegen mich zu bekämpfen, sich endlich aber doch auch mit unserer Liebe aussöhnte, da sie bloß geistiger Art und von jeder Sinnlichkeit völlig entkörpert war. Ich erinnere mich, daß ich nach einer herzigen Unterredung mit Julien eine ganze Stunde neben ihr auf dem Sopha gesessen habe, ihre Hand in der meinigen gehalten, und so bloß sie angesehen habe, ohne eine Sylbe zu sprechen, oder von ihren Lippen zu hören. Dieß war eine Himmlische Extase, die keine Worte auszudrücken vermochten, und so war in diesem Stilschweigen der höchste Ausdruck des Gefühls, die seeligste Genußfülle. Einesmals berührte ich indem ich ihr quer zur Seite saß, ganz unwilkührlich mit der Hand, die meine Reden durch Geberden unterstützte, ihre Kniee. Da entflammt sich auf einmal ihr rollendes Auge, und sie bekam im Augenblick ein so fürchterliches Megärenansehn, daß ich ganz davon erschüttert wurde, und in mich zusammenfuhr.

Was ist Ihnen, fragte ich? Sie faßte sich aber so gleich, u. sagte: nichts! Es ist vorüber! Damals hatte ich das Herz noch nicht, sie um Erklärung dieses räthselhaften Benehmens zu bitten. Als wir aber noch vertrauter geworden waren, und ich einmal bemerkte, daß sie mir, indem ich wieder mit der Hand so gesticulirte, leise auswich: so erinnerte ich sie an das, was früher vorgefallen war, und bat um Enträthselung. Da vertraute sie mir denn, daß sie als ein 16jähriges Mädchen einmal bey einem Balle einem berauschten Engländer in die Hände gefallen sey, der sie abseits zu lokken, und auf das unanständigste zu betasten gewagt hätte. Sie habe gekrazt, geschrien, geschlagen u. sich damit allerdings aus seinen Händen befreiet: empfinde aber seit dieser Zeit bey der leisesten Berührung einer fremden Hand eine Art von konvulsivischer Zuckung, der sie sich selbst nicht erwehren könne. Dieser kleine Zug bürge für die Reinheit meines Umgangs mit Julien. Um mir zu gefallen, legte das holde Mädchen alle ihre Wildheit und mutwillige, nekkende Laune ab, und lößte sich ganz in sanfte, süsse Schwärmereien auf, die meiner damaligen Stimmung allein angemessen waren. Einesmals sagte sie mir, sie glaube gar nicht an meine Liebe. Sie halte dieß alles oft für bloße Illusion. Sagen sie mir, sagte sie, indem sie mich mit ihrem durchbohrenden Blick anheftete, werden Sie nie eine andere mehr als mich lieben können? Ich betheuerte das Gegentheil. Endlich gab ich aber dennoch so viel zu: daß der Fall nur dann allenfals für Momente eintreten könne, wenn ich eine noch schönere Person, als sie – sie wußte, daß sie nicht schön war, u. dieß konnte sie nicht beleidigen – im unverdienten Elende versunken, höchst unglücklich u. doch dabey höchst tugendhaft fände. Nun, sagte Julie, wenns weiter nichts ist, dann habe ich nichts dagegen.

Allein, was damals als Scherz gesagt und angenommen war, wurde in der Folge doch wahr durch *Cateau Gutermann*, die Schwester der *Sophie La Roche*.

D[oktor] Gutermann Arzt in Augs[b]urg hatte zwey Töchter, die ältere Sophie hatte erst *Bianconi*, der als sächsischer Resident in Rom starb, heirathen sollen, hatte aber dann den La Roche, Stadions Liebling auf *Warthausen* ohnweit Biberach geheirathet. Sie war meine erste Liebe, u. als ich mit Sophie umging, hatte die jüngere Schwester, eine 16jährige Schönheit in her full blossom schon mit mir zu kokettiren angefangen; ich hatte sie aber über die ältere völlig übersehen. Ein Herr v. *Hiller*, der nächste nach dem Bürgermeister in Biberach, ein roher Mann, der aber gewisse äusere Talente und männliche Schönheit hatte, bewarb sich um *Cateau*. Sophie, die ältere Schwester, wünschte ihre jüngere Sch[wester] in der Nachbarschaft in Biberach zu haben, und beförderte diese Heirath. Dieß war alles während meiner 6jährigen Abwesenheit in der Schweiz vorgegangen. Die Frau von Hiller hatte eine Stieftochter, und legte nun mit ihrem Mann den Plan an, mich aus der Schweiz nach Biberach zurückzuangeln, und mit ihrer Tochter so zu verkuppeln, daß ich ihr Schwiegersohn und Anbeter zu gleicher Zeit würde. Darum erhielt ich die Stelle als Stadtsekretair in Biberach, u. mußte sie auf dringendes Bitten meiner Eltern auch annehmen. Als ich von Bern abging, ward *Julien* ewige Liebe geschworen, und unser Briefwechsel ging ununterbrochen fort. Bald wurde mir aber die Frau v. Hiller, die ihre unglückliche Ehe (ihr Mann betrank sich damals fast täglich) sehr gut zu Klagen benutzte, und durch ihre reizende Figur eben so gut, als durch ihr Unglück sich mir interessant machte, Bedürfnis des Umganges. Ich schrieb in der Aufrichtigkeit meines Herzens immer feuriger und lobpreisender von meiner neuen Herzensfreundin, ohne auch nur etwas böses darinnen zu ahnden. Allein sie war scharfsichtiger, und was sie nicht sah, enthüllte ihr Mariane Felß. Auf einmal, nachdem sie schon einigemal in ihren Briefen Winke gegeben hatte, die ich nicht verstand, ein sehr interessanter, bildschöner junger Berner von ihrer Jugendbekanntschafft sei aus Holländischen Diensten nach Hause gekommen, und viel bei und mit ihr. Nun fing ich Feuer, und machte ihr Vorwürfe darüber. Sie wurde nun auch empfindlicher, u. schrieb mir aus meinen Briefen Stellen ab, worin ich die Reize meiner Biberacher Freundin mit der mir damals eigenen Dichterbegeisterung geschildert hatte. (Ich konnte damals gar nichts kalt schreiben. Alles war dichterisch ausgeschmückt, und meine Briefe wandelten auf Blumenbeeten) Ich wollte recht behalten, und schrieb mit meinen Entschuldigungen neue Vorwürfe. Nun kam ein völliger Aufkündigungsbrief. Der Nebel ihrer Illusion sei zerflossen. Ich habe sie *nie* aufrichtig geliebt u. s. w. Ich wurde bald wüthend über diesen Brief, wälzte mich, wie ein Unsinniger, auf dem Boden des Hauses im Stroh herum, und schrieb Brief auf Brief, wovon keiner mehr beantwortet wurde. Nach länger als einem Monat erhielt ich Nachricht von Mariane Felß, daß Julie tödlich krank geweßen, ein schreckliches Gallenfieber gehabt u. mich bäte, ihrer zu schonen. Mariane machte mir dabei die Hölle recht heiß, u. unsere Liebe hatte ein Ende. Hätte ich gleich selbst nach Bern reisen können; so wäre alles auszugleichen geweßen. So aber hieß es nun auch bey mir les absens ont toujours tort.

Durch mich war auch die La Roche in genaue Bekanntschaft mit Julien gekommen, und durch sie erhielt ich auch später noch von Zeit zu Zeit Nachricht von Julien, die sich noch immer lebhaft für mich interessirte, u. viel litt, als sich von Weimar aus das Gerücht verbreitet hatte, ich sei mehr als Günstling der Herzogin Amalia. Sie starb am Genuß eines giftigen Sallads; (in welchen statt esbarer Kräuter etwas giftiges gekommen war). Eines Abends erzähle ich meiner Frau auf einmal, ohne durch irgend eine merkbare Ideenverbindung darauf geleitet worden zu seyn, mit ungewöhnlichem Eifer diese Wonnestunden meines Lebens, und sie wurde dadurch so gerührt, daß ihr Tränen von den Wangen traufelten, als ich sie genauer ansehe. Sonderbar, sage ich, daß ich, da ich, in vielen Monaten an Julie Bondely nicht gedacht habe, ganz ohne alle Veranlassung mit solcher Begeisterung dir unsere Liebe erzähle! Einige Zeit darauf meldete mir La Roche, daß Julie todt sey, und so viel wir mit der Berechnung nachkommen konnten, traf ihr Todt gerade mit jener Abendstunde, wo ich ihrer so innig gedachte, zusammen.

Der Herr Bürgermeister v. Hiller starb in seinen besten

Jahren sehr plötzlich, da er kaum ein paar Tage krank geweßen war. Bei der Section fand sich, daß er etwas sehr unverdauliches gegessen hatte. Ich war grade in der letzten Zeit mit ihm entzweit geweßen, und lange nicht in sein Haus gekommen. Mir war daher die Nachricht von diesem schnellen Todesfall eben so überraschend als unglaublich, u. erst als ich zu meinem Vater auf den Pfarrhof gegangen war und auch von ihm, der ihn so eben noch eingeseegnet hatte, die Bestätigung erfuhr, glaubte ichs. Damals schien mir in der That nichts gewissers, als daß durch diese unerwartete Auflösung des Knotens die schöne Witwe meine Frau werden würde. Zwar schien die La Roche, der ich so gleich meine Gedanken eröffnete, einige Zweifel zu haben. Aber ich konnte nichts anders denken, als: Das Schicksal hat mich sehr geliebt! Wie erstaunte ich daher, als ich nun die erste Condolenzvisite machte, und es für bekannt annahm, daß sie *erlößt* sei, meine schöne Witwe in den klingendsten Phrasen ihren Verlust bedauern und ihren seel[igen] Mann eine Lobrede halten zu hören. Hier gingen mir auf einmal die Augen auf. Durch die La Roche, die nie mit der Eitelkeit ihrer Schwester zufrieden geweßen war; u. mir oft gesagt hatte, *sie liebt nur sich selbst*, erfuhr ich nun, daß sie zu stolz sey, um von der Frau Bürgermeisterin zur Frau eines bloßen Official, dazu gehörte der Stadtschreiber, herabzusteigen. Zwar möge sie wohl die Gattin eines berühmten Dichters seyn, aber selbst diesem Ruhm könne sie ihren Rangstolz nicht aufopfern.

Da [ich] nun durch den Tod des Bürgermeisters, um dessen Tochter willen ich meine damalige Stelle eigentlich erhalten hatte, aus einem sehr lästigen Verhältniß gesetzt war, und nicht mehr besorgen durfte, durch eine fremde Heirath mir seinen Zorn zuzuziehn; meine Liebe zur Witwe auch eine Endschafft hatte: so konnte ich den dringenden Bitten meiner Eltern nicht widerstehn, und suchte mir dieß Weibchen (auf seine Frau zeigend) aus Augsburg, an der mir der Himmel ein großes Gut bescheert hat.

Ueberhaupt hat mich dieser sehr lieb gehabt, daß er mich durch so manche Klippen so durchgeführt hat. Hätte ich *Julie Bondely* geheirathet: so wäre ich im ruhigen Selbstgenusse mit ihr nie der Schriftsteller geworden, der ich bin. Ganz unglücklich aber wäre ich geweßen, wenn ich die Hillern zur Frau bekommen hätte. Sie war eine imposante, herrschsüchtige Frau, die hie in Weimar überal Unmuth und Misvergnügen erregt hätte. Schreckliche Demüthigung für sie war die Nachricht, daß ich vom Kurfürst *Emmerich Joseph* mit dem Character eines Regierungsrath und unter den schmeichelhaftesten Bedingungen auf die erneuerte Academie Erfurt berufen sei. Da wäre sie gern meine Frau geweßen!* Nicht einmal Kinder hätte ich mit ihr erzeugen können. Denn sie war im ersten Wochenbette so unglücklich geweßen, daß die Aertze versicherten, sie könne nicht mehr Mutter werden. Was ist aber eine Ehe ohne Pfänder der Liebe. Nein, es war so im Schicksal, daß diese Wesen von mir ihr Daseyn erhalten sollten! (zärtlich auf seine jüngste Tochter Luise und die zum Abendessen versammelten ältern Töchter blickend).

Als wir aus Biberach abreißten, war sie sehr krank. Sie ließ mich aber bitten, daß ich kommen möchte, Abschied von ihr zu nehmen. Sie hatte sich dabey auf eine sehr pathetische Rede gefaßt gemacht, durch welche sie auch mein Herz in Bewegung setzen wollte. Aber ich vereitelte ihr diesen Plan, indem ich sie nicht zum Worte kommen ließ, und schnell Abschied nahm.

Sie hat ein schreckliches Ende genommen, und ist elend auf einem Bunt Stroh gestorben. *Salzmann* sollte ihre warnende Geschichte schreiben, u. sie als eine Verlassenschaft fürs künftige Jahrhundert deponiren. Die einzige Tochter, die sie mit ihrem Mann erzeugt hatte, wurde ein sehr schönes Mädchen, aber äuserst verzogen, so schön sie auch selbst über Erziehung schwatzen konnte. Eine sehr annehmliche Partie für ihre Tochter, wo ein rechtlicher Be-

* W[ieland] wurde bey dieser Professur von allem möglichen Handwerksgebrauch, disputiren u. s. w. entbunden, u. man wolle schon zufrieden seyn, hieß es, wenn er nur eine Stunde täglich läse, selbst wenn er nur den jungen Leuten, die an ihn adressirt würden, beiräthig wäre, u. gar nicht läse, sey man zufrieden.

amter um sie anhielt, verschlug sie dadurch, weil der Schwiegersohn ihr nicht vornehm genug war. Sie bediente sich am Ende ihrer eigenen Tochter, um Liebhaber für sich anzulocken, verschwendete ihr Vermögen in eiteln Bestrebungen nach höhern Verhältnissen, und erlebte schreckliches Elend. Zwar that die La Roche viel an ihrer Schwester. Aber endlich konnte oder wollte sie ihr nicht mehr helfen. Denn darüber verdient sie doch wohl einen Vorwurf, daß sie am Ende ihre Hand zu sehr von ihr abzog.

D[en] 28ten Febr[uarii] [17]96.

[»]Ich habe nie etwas gedichtet, wozu ich nicht den Stoff auser mir in irgendeinem alten Roman, Legende, oder Fabliau gefunden hätte. So half mir ein ganz unbekannter Romanzier Caveccio aus dem 16ten Jahrhundert, dessen tolles Geschwäz in den Melanges tirées d'une grande bibliotheque steht, auf die erste Idee von meiner *Clelia und Sinibald*, meinem Lieblingsstücke unter den kleinern.«

Ja wenn ich so volgestopfte Scrinia hätte, wie *Herder*! Aber ich habe nie in meinem Leben etwas in voraus gearbeitet.

Ich wollte *Falken* lieber die 200 Thaler selbst geben, u. ihn bitten, er möge mir lieber seine Materialien zum Calender für den Merkur geben. –

Von meinem 14 Jahre bin ich in Klosterbergen geweßen. Nach 3 Jahren auf ein halbes Jahr zurückgekommen. Dann bin ich wieder vor der Universität zu Hause geweßen. Dann 6 Jahre in der Schweiz. Beinahe 5 Jahre in Zürich, und 1 in Bern. Dann wieder 9 Jahre in Bieberach.

In *Memmingen* möchte ich Patricier seyn. In Biberach ist wegen der Parität keine heilsame Besserung möglich.

D[en] 6ten März. [1796]

Bertuchen habe ich durch den Einfluß von Görz zum geh[eimen] Sekretair des Herzogs gemacht. Er hatte viel auszustehen, als die Göthische Genieperiode anging, wo er immer nur der Philister hieß. Dafür warf man ihm aber zuweilen auch etwas zu. Dahin gehörte die Bewilligung, den alten fürst[lichen] Garten für einen sehr leichten Canon zu besitzen. Hier erbauete er mit den 2000 Thalern, die er durch seinen Don-Quixot gewonen hatte, durch die Erleichterungsmittel, die ihm als Sekretair des Herzogs zu Gebot standen, sein Haus. Sonderbar ists, daß der ehrliche Cervantes, der in seinem undankbaren Vaterlande fast Hungers starb, einem Deutschen, einer Thüringer Heringsnase ein Haus erbauen mußte. Zur Abbonententrommel bediente sich B[ertuch] des Merkurs, der ihm überhaupt treffliche Dienste leistete, um seine Bekanntschafften zu erweitern. Uebrigens weiß ich wohl, wie weit B[ertuchs] Freundschaft gilt. Thaten wollte ich sehen, nicht Worte. Er hat mir statt Ducaten schönglänzende Souvenirsdor aufgeschwatzt, wobei er das Agio trefflich zu benutzen wußte. Ich war Kind genug, um die blanken Goldstücke liebzuhaben. Da gab er mir die Puppe. Er hat mich beschwatzt, an der Dessauer gelehrten Buchhandlung Theil zu nehmen, und ich habe baare 1000 Thaler dabey verloren, worüber er mir nie eine Rechnung vorgelegt hat. Die Idee zur Alg[emeinen] Lit[eratur] Z[eitung] ist eigentlich die Meinige. Ich hatte damals von meiner Schwiegermutter einiges geerbt. Das sollte wuchern, u. so kauften wir *Mauken* die Pressen. Zwey Billets, die ich u. Schütz einander gleich in der ersten Woche übel nahmen, brachte die Trennung hervor. Auch wollte ich nicht *umsonst* an dem Gewinn Theil nehmen. Bertuch machte grade nur so viel Gegenvorstellungen, als die Höflichkeit foderte. –

Ueber Solon will ich schreiben. Seine Gesetzgebung hatte stets Regulatif der Athener bleiben sollen, er hatte das rechte Temperament zwischen Aristokratie u. Demokratie gefunden.

Eine Charakteristik der Athener.

Vertheilung des Athenäus Bücherweise.

Die letzten 2 Bände der groß Ausgabe sollen Memoires pour servir a l'histoire literaire de M[onsieu]r Wieland erhalten.

D[en] 10ten März [17]96.

Die Empfindung der Christen, Sympathie, Briefe der Verstorbenen u. s. w. gab Wieland den Orell Füßlischen Handlungen umsonst, erhielt aber vieleicht für 20 Thaler werth Bücher dafür. Darum konnten auch diese nichts dagegen haben, wenn er diese für die Supplementbände seiner Opera omnia reclamirte. Sie haben damals großen Gewinn gebracht.

Das erste, wofür W[ieland] einen Dukaten Honorar bekam, war Araspes und Panthea.

Für den Shakspear erhielt er pro Band *im Deutschen gedruckt* 10 Carolin.

Es war etwas unerhörtes, als Reich Wieland 2 Louisd'or pro Bogen zahlte, und nun für den ganzen Agathon (ohngefähr 36 Bogen) 1 Carolin auf einem Brete. Reich wußte dieß auch in allen seinen Briefen recht geltend zu machen, zumal da er allerdings das Unglück hatte, daß immer in 4 Wochen auch schon ein Nachdruck des Wielandischen Werks da war. (*Anecdote*, der Buchdrucker *Schmieder* in Carslruhe inhibirte den Nachdruck des Oberon, als er hörte der rechtmäßige Verleger Hofmann sei todt, u. habe Witwe u. Kinder hinterlassen. Ex Büttneri ore, qui tum forte Caroliruhae degebat.)

W[ieland] kann noch jetzt die kleinste Elzevirische Ausgabe lesen, u. wünscht sich einen Horaz besonders in dieser Form gedruckt.

Der prächtige Oberlinsche Horaz ist das einzige Präsent, was W[ieland] vom Herzog, als seinem fürst[lichen] Zögling, erhielt.

Rezension des Mangelsdorfischen *Hausbedarfs der Geschichte* in der Alg[emeinen] Lit[eratur] Z[eitung] macht Wieland große Mühe. War Olympia *keine* Stadt? Soll man nicht *Piräus* schreiben?

D[en] 16ten März. [17]96.

Ich habe immer die Meinung gehabt, daß die Menschen eigentlich nur als eine höhere Classe von Affen mit einer besonderen Perfectibilität, die bey ihnen statt des Instincts ist, zu betrachten wären. Gewisse höhere Genien haben sich von Zeit zu Zeit verkörpert, um dieß Affengeschlecht zu civilisiren. Etwas von diesem genialischen haben alle Musenpriester. Ich will dieß einmal besonders ausführen.

Ich wollte den Isokrates mahlen, wie er ausgesehen haben muß, und aus der Pnyx herauslesen, wenn ich in der εκκλησία wäre. Er ist auch der Rhetor im Sokrates geweßen, er hat Bonhommie. Ihm ists Ernst, daß aus den Athenern etwas gescheides werden möge. (Die Untersuchung, wie die chronologischen Zweifel über die Zeit der Verfassung des Panegyrikus gelößt werden können, beschäftigte ihn eine Wochelang).

Ich bin zu *Holzheim*, einem Biberachischen Dorfe 4 Stunden von der Stadt geboren, u. die ersten 2 Jahre meines Lebens erzogen. Dort war mein Vater Pfarrer, u. kam von dort erst in die Stadt. Ich habe Reminiscenz, daß ich in meinen frühen Jahren noch Reminiscenzen aus diesen ersten zwey Kinderjahren gehabt habe. Mein Vater wurde durch ein hitziges Fieber auf ein Vierteljahr auser Stand gesetzt, sein Amt zu verrichten. Da erinnerte mich sonst noch, wie der sein Amt indessen vertretende Vicar mich im Käppchen auf die Wiese geführt u. mich in den gelben Blumen spielen gelassen hat, wie ich diese Blumen gepflückt u. s. w. Einen Kinderstreich aus dieser Periode erzählte mir sonst meine Mutter. Ich habe schon winzig klein viel Bonhommie gegen Menschen und Thiere gehabt. Damals trug ich [in] einem kleinen Säckchen immer Haber (*Häberle* nach dem Schwäbischen Dialect) bey mir, den ich die Lämmchen mir von der Hand weglecken ließ. Einst schlich ich mich in die benachbarte Wohnung einer Bauerfrau, deren halbjähriges Kind eben in der Wiege recht bauerjungenmäsig das Maul aufsperrte. Ich trat vor ihn, u. während die Mutter drausen zu thun hat, u. ich allein in der Stube bin, fange ich an dem Kleinen Häberle ins Maul zu stopfen, so daß der Junge, der nicht mehr schreien konnte, ohnfelbar erstickt wäre, wenn nicht die Mutter noch zur rechten Zeit zu Hilfe kam, mich aber doch als des Pastors Prinzen hochachtungsvoll nach Hause führte.

Mein Urgroßvater war ein reicher Bürgermeister in Biberach geweßen. Daher hatte sein dem Herrn geweihter Sohn bald die Pfarrey in Holzheim gekriegt, von wo aus denn die Pfarrer gewöhnlich in die Stadt ascendirten. Allein mein Großvater war ein Lebemann, der lieber als kleiner Pabst auf dieser Pfarrey haußte, sichs mit dem vom Vater ererbten, u. mit meiner Großmutter erhaltenen Vermögen wohl seyn ließ, u. nicht in die Stadt mochte, auch im 70ten Jahre auf dieser Pfarre starb. Mein Vater wurde hier anfänglich sein Nachfolger, wo auch ich geboren wurde, ging aber nach einigen Jahren in die Stadt. Mein Großvater hatte 12 Kinder, daher vertheilte sich sein großes Vermögen sehr. Er schickte immer zwey Söhne zusammen auf die Universität nach Halle, die nicht eher schrieben, als bis sie neue Wechsel brauchten. Darüber wollte sich nun der Vater halb krank lachen, schickte seinen *Batzenschmelzern*, so nannte er sie im Scherz, mit Vergnügen neues Geld u. war immer lustig und froh.

Wieland erhielt zugleich mit Riedeln einen Antrag zu einem Lehrstuhl in Wien von Maria Theresia. Dieß wurde aber von Pater Jordan Simon in Prag, der noch Wielands Zeitgenosse in Erfurt geweßen war, durch eine Betschwester der Gräfin Ogilwy in Prag, die ein ordentliches Tagebuch für die Kaiserin hielt, und ihr also die Gefahr dieser Freigeister schilderte, hintertrieben.

Algemeiner literarischer Anzeiger 1799. n. 36 d[en] 5 März. S. 352.

Den 20ten März. [17]96.

»Vieleicht erlebe ich es noch, daß kein Deutschland mehr ist.«

»Ein gewisser Lehrer an einem Forstins[ti]tute bey Meiningen schickte Wielanden Dichtererstlinge u. nannte ihn in seinem Brief den *Meistersänger* Deutschlands. Diese Benennung machte ihm große Freude. Dabei erzählte er, daß er sich als Kind in Biberach noch die letzte Hefe der dortigen Meistersänger bey Hochzeiten u. an Neujahrstagen vor den Thüren singen gehört zu haben, erinnere.«

»*Hottingers* Leben von Salomo Gesner hatte ihm großen Genuß bereitet. Auch Wielands erste Dichterbekanntschaft war *Brockes*. Als 9 jähriger Knabe lustwandelte er den Brockes in der Tasche in der schönen Thalgegend bei Biberach, u. seine ersten Dichterversuche waren in Brockes Manier.«

Ganz richtig ist, was H[ottinger] von *Bodmers* dictatorischem Stolze bemerkt. Auch Wieland trennte sich die letzte Zeit seines Aufenthalts in Zürich bloß darum fast ganz von Bodmern. Einst kam Wieland zu Breitinger, wo sich auch Bodmer befand. Beide legten Wielanden eine eben angekommene Ode von *Rammler* vor, gegen welchen sie, so wie gegen Lessing, sehr eingenommen waren. Sie sagten aber, dieß sei der neuste Bombasterguß von Gottsched; er solle nur lesen. W[ieland] laß u. mit jeder Strophe mehrte sich sein Erstaunen, daß Gottsched so etwas gedichtet haben soll. Beide lauerten indeß hämisch, was W[ieland] sagen würde. Dieser bekannte endlich, daß ihm hier durchaus sein Verstand stille stehe, die Ode sei trefflich, u. habe sie Gottsched gedichtet: so müsse er wiedergeboren seyn. Er soll sie, sagten jene, nur noch einmal lesen. Er werde gewiß ihres Sinnes werden. Aber W[ieland] blieb bei seiner Ueberzeugung. Endlich kam es wohl heraus, daß Rammler der Verfasser sei, daß aber Rammler ein schwülstiger Narr sei. Nun anatomirte man die ganze Ode. W[ieland] ging voll Aerger fort.

Gesner war ein wahrer Hanswurst in der lächerlichen Mimik. Dabey erinnerte sich W[ieland] daß er einst in Winterthur mit Bodmer u. Breitinger beym Schultheiß *Zereli* zu Gast war, wo auch der Winterthurer Conrector *Kinzli* u. der Diakonus *Waser* (Swifts Uebers[etzer]) gegenwärtig waren. Waser hatte eine hervorstehende anbohrende Physiognomie, u. war zum kaustischen Spott geboren. *Kinzli* war Horazens *sittiger* Satire personifizirt, qui circum praecordia ludit. Beide hatten das rare Talent, alle Menschen meisterhaft nachzuäffen, u. Kinzli konnte die altäglichsten Begebenheiten seines Lebens (wie Musäus) in eine komische Epopöe verwandeln. Hier geriethen nach

Tische u. inter pocula beide in ihre beste Laune, u. W[ieland] war nahe dem Ersticken. Besonders hatte sich *Kinzli* noch im 50ten Jahre einfallen lassen, mit ein paar jungen reichen Schweizern nach Paris eine Reise zu machen. Wenn er diese Reiseabentheuer erzählte, da war er ganz in seinem Elemente. Z. B. gleich den Eintritt in die barriere, wo er seinen Namen auf Schweizerisch aussprach, u. der Franzos ihn durchaus so nicht schreiben konnte.

W[ieland] wird vor Zürich auf dem Lande in einem für ihn gemietheten Landhause künftigen Sommer seine villeggiatura halten u. dort den Areopagitikos von Isokrates übersetzen.

Den 27 März. [17]96.

Als ich zu ihm kam, war er mit der Ausfeilung seines Oberon für die Göschensche Ausgabe beschäftigt. Ist es möglich, daß Sie noch viel zu ändern finden? fragte ich verwunderungsvoll. O, ja war die Antwort, sehen sie selbst! In der That waren in den 4 bis jetzt revidirten ersten Gesängen fast auf allen Seiten richtige Verbesserungen. »Das wird so in der ersten Hälfte fort gehen. In der zweiten kommts seltner, denn da war ich im Fluße.« Er sucht jetzt wo möglich alle die kleinen Spuren lächelnder Laune wegzupoliren, die in den ersten Ausgaben stehen geblieben sind. Denn Oberon soll ein reines Werk objektiver Darstellung seyn, und muß darinnen, wie im Homer, den Dichter gar nicht merken. Zum Beweiß gab er mir eine so eben emendirte Stelle. *3ter Gesang Str[ophe] 36.*

Allein beim ersten Stoß, den Hüons gutes Schwert
auf seinen Harnisch führt, *vergeht ihm schon das Lachen.*

Dieser Ausdruck ist zu komisch, u. kann gewissermaßen nicht recht ohne Lächeln gesprochen werden. Darum paßt er nicht in Oberon, u. so ist er nun getilgt.

Manche grammatische Kleinigkeiten, einige schielende Reime z. B. *zurücke* und *Blicke* sind nun auch weggekommen. Ingleichen macht er sichs zu Regel überal die Anapästen auszustreichen, wo sie nicht eigentlich mahlen w[ie]

z. B. *Gesang II. Str[ophe] 42.* wo sie allerdings stehen bleiben mußten.

Wieland erhielt nach der algemeinen Verbreitung seines Oberons einen Brief von dem Minister des Herzogs von Parma, der seit Jahr und Tag seiner Dienste entlasen worden ist *Reconi.* Dieser hatte deutsch gelernt u. den Oberon im Original gelesen. Er dankte dem Dichter für den Genuß den er aus diesem *reinen* Kunstwerk geschöpft habe, und den ihm kein Italienischer Dichter der romantischen Epopöe je gemacht habe. Der Brief ist wahrscheinlich in Reinholds Händen.

Im Roman, dem W[ieland] den ersten Stoff zum Oberon verdankt, im *Huon de Bourdeaux* ist Oberon ein Sohn des Julius Cäsar u. einer Hexe ohngefähr ein solcher boshafter Kobold, wie ihn *Scherasmin* jetzt noch dem Hüon in der Beschreibung des Zauberwaldes schildert. Wieland hat ihm das gutmüthige aus Shakspears Mid-summernight gegeben, u. doch das Knabenhafte Elfenwesen mit größerer Majestät vertauscht. Darauf thut er sich jetzt noch eben so viel zugute, als in der Vorrede zum Oberon selbst.

Auf einen Fehler im Oberon ließ ein Reisender Wielanden durch Göschen aufmerksam machen. Es ist geographisch unrichtig, daß es in Tunis nicht Nacht werde, sondern nur ein halbdüsterer Abend mit dem Morgen abwechsle, wie es W[ieland] irgendwo vorgestellt hat. Der Reisende war selbst in Tunis geweßen. Diese Stelle wird viel Arbeit in der Umänderung kosten.

In der berühmten Schilderung der Wirkung der Phantasie, wo die Todtenhand hervorlangt, hat Wieland mehr als einen Tag damit verloren, das Wort *Gaden*, das vielen (z. b. dem Prinzen August) ganz unverständlich ist, wegzubringen. Aber es ließ sich durchaus nicht machen. Jetzt soll ein kleines *Glossarium veralteter Worte* gleich den Eingang zum Oberon machen. Ich habe vesprochen, dazu behilflich zu seyn.

D[en] 24ten April [1796] auf einer Promenade im Park.

Ein gewisser Tettenrieder aus Ulm, ein Büchsenspanner, der eine Büchsenspanners witwe in Biberach geheirathet hatte, ein Frauenzimmer schuster, der in Paris geweßen war, u. Carlin spielen gesehen hatte – er machte in der ganzen Gegend die niedlichsten Frauenschuhe und Pantoffeln – waren die Hauptacteurs beym Bürgerschauspiel in Biberach, als Wieland aus der Schweiz dahin zurückkam, u. als Stadtsekretair und unterster Senator die Aufsicht über dieß Schauspiel bekam. Es waren nemlich sonst in den meisten schwäbischen Reichstädten eigene Corporationen von Schauspielern, die aus Bürgern und Bürgermädchen bestanden, und jährlich bei gewissen Gelegenheiten ohngefähr in der Manier spielten, wie Shakspear sein Pyramus und Thisbe aufführen läßt. Die Sache stand unter der Aufsicht des Magistrats u. hatte alle mögliche Rechtmäßigkeit. Wieland wollte nichts gewöhnliches aufführen lassen, und so verfiel er darauf, den Sturm von Shakspear zu bearbeiten. *Dieß gab ihm die erste Idee zur Uebersetzung des ganzen Shakspears.*

Die Tochter des Chordirectors und Cantors *Knecht* in Biberach spielte in diesem Stücke eine Nymphe, zur Miranda hatte sie aber nicht Stimme genug. Von dieser Zeit bekam Jungfer Knecht einen unwiderstehlichen Hang zum Theater, den der obenerwähnte H[er]r Tettenrieder, der mit seinem Eheteufel zu Hause sehr schlecht lebte (sie hatte ihn eigentlich als einen jungen Burschen gekapert) und in Jungfer Knecht verliebt war, listig zu unterhalten wußte. Bald spielte sie in einem Privattheater auch die Alzire von Voltaire, und träumte wachend und schlafend nur von dem hohen Genusse theatralischer Darstellung. In der That ist es sehr begreiflich, wie ein Mädchen von lebhafter Fantasie und Selbstgefühl sich das Leben einer Schauspielerin als die höchste Vollendung denken kann. Denn nur als solche kann sie *öffentlich* vor sich stehn.

Endlich entspann sich ein förmliches Liebesverständniß zwischen Tettenrieder und J[ung]f[e]r Knecht, um welches

Wieland wohl wußte, da sie ihn zu ihrem Vertrauten gemacht hatten. Es wurde verabredet, daß J[ung]f[e]r Knecht zuerst davon gehen, ihr Liebhaber mehre Monathe später nachfolgen sollte, um allen Verdacht eines Einverständnisses zu vermeiden. Dieß alles wurde auch der Verabredung gemäß ausgeführt. Ihre Flucht machte kein großes Aufsehen. Die Matronen hatten einen solchen Schritt von einem schauspielthörichten Mädchen längst erwartet. Aber des H[er]rn Büchsenspanners Entweichung, der seine Frau mit 2 Kindern sitzen ließ, erregte algemeinen Unwillen u. selbst gegen Wieland einiges Murren, der sich nur dadurch zu helfen wußte, daß er selbst auf diese Handlung wacker schimpfte, u. seine völlige Unwissenheit versicherte.

Diese war zum Theil auch völlig gegründet und W[ieland] wußte einige Jahre nicht, was aus beiden geworden sei. Endlich erhielt er einen Brief von H[er]r[n] *Abt*, so hatte sich der Herr Büchsenspanner umgetauft, worin dieser ziemlich räthselhafft seine Geschichte errathen ließ, u. seinen hinterlassenen Kindern durch W[ieland] Unterstützung zu schicken versprach. J[ung]f[e]r Knecht hatte sich wirklich mit ihm kopuliren lassen, und – war die bedauernswürdigste Sclavin eines Unholds geworden, der sie aufs abscheulichste tyrannisirte, den sie aber doch nie aus Großmuth verlassen wollte. Sie hatte 2 Kinder von ihm. *Er* spielte nur eine Rolle gut, den Tartüffe von Moliere, sonst war er ein Wirrkopf und sehr schlechtes Subject. Sie fesselte alles durch ihre Kunst und ihre Natur, durch ihr seelenvolles Auge, durch ihre Silberstimme. Sie war nicht schön, aber unbeschreiblich anmuthig.

Als Wieland nach Erfurt versetzt wurde, war Mad[ame] *Abt* die Göttin des Tages. Sie hatte hier in Weimar gespielt, u. der Herzogin auserordentlich gefallen. Man glaubte algemein, sie sei ein entführtes Fräulein aus dem Reiche. Ihr edles Wesen rechtfertigte diesen Verdacht, u. W[ieland] ließ jederman gern in diesem Irrthum. Er sah sie hier in Weimar nur 8 Tage lang, als sie mit der Verzweiflung rang, in die sie die abscheuliche Lage mit ihrem Henker von Manne gestürzt hatte. Am letzten Abend, wo sie bey Wieland Abends zu Tische war, schilderte sie ihr Elend so herzergreifend, daß Wielands Frau selbst mit überwallendem Gefühl zuerst den Vorschlag that, sie im Hause zu behalten, u. als Schwester zu behandeln. Aber die Abt wollte doch ihren Mann, den sie übrigens wie die Hölle haßte, nicht im Elend verschmachten lassen. Sie hielt es für eine Strafe ihres Vergehens, an diesen lebendigen Leichnam gefesselt zu seyn. Sie schlug Wielands Anerbietungen großmüthig aus. Und dieß, setzte Vater Wieland hinzu, war sehr gut. Denn so ge[wiß] ich ihr jetzt nur gut war, wie allen ausgezeichneten Frauen, so hätte doch dieß contubernium zu keinem guten Dinge führen können. Denn in Manchem gleiche ich doch dem Hofrath in Ifflands Hausfrieden, u. wer ist der Mann von Geist, dem dieß nicht zuweilen passirte!

Mehr noch war ich Anbeter der Koch, als sie meine Alceste so vortrefflich spielte. Da verlieh ihr meine Fantasie alle Reize des Ideals, die ich meiner Alceste angedichtet hatte. Ich hatte damals erst 3 Kinder, war noch heiter u. heftiger. Da hielt ich in meinem Hause oft kleine Soupers fins, wo Seyler die besten Mitglieder seiner Geselschafft mitbrachte. Der Fräulein Göchhausen springt der Champagner ins Gesicht. Einst hatte mich der Kochen Spiel als Alceste so entzückt, daß ich, so wie ich aus dem Spiele nach Hause kam, sogleich ein Gedicht noch in dieser Nacht auf sie machte, u. es ihr den andern Morgen mit der ausdrücklichen Bitte zuschickte, zu niemand eine Abschrifft davon zu geben. Wie groß mußte daher mein Unwillen seyn, als ich dieß Gedicht im folgenden Theaterkalender von Reichard abgedruckt u. mich dadurch dem Spott der Herzogin, die auf die Kochin jalous war, u. sie zuletzt gar nicht leiden konnte, ausgesetzt fand. Dieß hat auch gemacht, daß ich dieß Gedicht nicht in meine Sammlung aufgenommen habe, ob ich es gleich für eines meiner besten halte. Nach meinem Todte mag es herauskommen u. aufgenommen werden. Immer habe ich der Koch keine solche verliebten Geckereien vorgetändelt, als Voltaire der *Gossin*.

NB. Hier ist wieder ein Beweiß, daß Voltaire immer als Vorbild in W[ielands] Seele schwebt.

D[en] 16ten Mai[i] [17]96. bei Herder.

Beim alten Stadion auf Warthausen wurde mancher Spaß fertig. Einmal war ein dicker Bernhardiner bei St[adion] zu Besuch, der einen horrorem naturalem vor allen Ketzern hatte. Es wurde ihm bei Tische weiß gemacht, Wieland sei ein *Hußite*, welches er, weil er es bloß für eine politische Secte hielt, noch passiren ließ. Nun griffen Stadion u. La Roche den Orden u. den heiligen Bernhard ganz unbarmherzig an, u. setzten dadurch den armen Tropf, der auser seinem Brevier nie in die Welt geguckt hatte, in die größte Angst. Wieland nahm sich seiner an, u. hielt auf den H[eiligen] Bernhard eine feierliche Lobrede, und als der Mönch darüber triumphirte, platzten die übrigen heraus, u. sagten: W[ieland] sei ja ein Erzketzer u. Lutheraner. Der Mönch, der nun jene ganze Lobrede für bittern Spott hielt, wollte sogleich die Tafel verlassen u. man hatte Noth, ihn zu besänftigen.

Durch La Roches Hetzereien zerfiel W[ieland] im ersten Jahre seiner Heirath mit Stadion völlig, der sich nun durch bittre Ausfälle auf W[ieland] in Schreiben an den Biberacher Rath rächte, von niederträchtigen Menschen sprach, die bei ihm vorlieb nähmen u. s. w. Jedermann im Rathe wußte, daß dieß auf den Canzleidirector W[ieland] ging. W[ieland] sah sich daher bewogen, laut zu erklären, daß er mit Stadion alle Verbindungen abgebrochen habe und ihm schon nach Gebühr auf seine Grobheiten an den Rath officialiter antworten wolle. Man nahm dieß einstimmig an. Zum Glück trug der regierende Bürgermeister, der H[err] von Zen, der Wielands einziger Freund im Rathe war, u. mit ihm oft in Warthausen gespeiset hatte, darauf an, daß dieser Brief erst von dem geheimen Rath gesehen und signirt würde. W[ieland] griff nun in seiner officiellen Antwort den Concipienten der Warthausischen Epistel mit bittern Spott an u. that gar nicht, als ob er wisse, daß Stadion u. La Roche selbst die Concipienten wären. Das Wielandische Concept erhielt den Beyfall u. die Signatur der übrigen Mitglieder des geh[eimen] Raths u. ging so nach

Warthausen ab. Nun erklärte Stadion den Krieg öffentlich gegen die Reichsstadt Biberach, hatte aber doch die List, die übrigen Herrn des Raths, denen bis jetzt immer noch die Stadionischen Mahlzeiten das Maul gewässert hatte, fleisig zu sich einladen zu lassen, wodurch er sie bald alle zu seinen Freunden machte, den braven Bürgermeister ausgenommen, der allein auf W[ielands] Seite stand u. ausharrte. Stadion verboth nicht allein seinen Bauern u. Unterthanen, irgend etwas von Lebensmittel in die Stadt zum Verkauf zu bringen oder zu kaufen, sondern La Roche reiste auch bei den benachbarten Prälaten u. Klöstern herum, u. brachte es dahin, daß 4 davon auch ihren Unterthanen verboten, in die Stadt etwas zu liefern. Als nun bei Krämern u. Hökern das Wehklagen u. Verwünschen in der Stadt darüber anging, insinuirte Stadion den Biberachern, das ganze Unglück käme von dem unruhigen Poeten, dem Wieland her, der ihre Stadt verwirre u. sich auch gegen ihn gröblich vergangen habe. Da hatte nicht viel gefehlt, daß nicht die Biberacher W[ieland] ausgeliefert hätten. Nur der Bürgermeister vertheidigte ihn durch die von dem geh[eimen] Rath signirte Volmacht. Indeß mußte W[ieland] der mit dem Geiste der Alten genährt seinen Biberachern gern Despotenhaß eingeflößt hätte, doch diesen Aerger allein in sich hinein schlucken u. bekam darüber das einzige Gallenfieber in seinem Leben. Denn sonst hat er von jeher die Gewohnheit gehabt, jeden Aerger so gleich durch Ausbrüche in Worten oder mit der Feder von sich [zu] geben, u. sich so zu erleichtern, daß ihm nie Angriff etwas geschadet hat. Damals schrieb W[ieland] eben seinen Agathon, u. daher die große Bitterkeit im zweiten Theil in der ältesten Ausgabe. Denn in den folgenden ist dieß alles weggeblieben, weil ihm diese Gallenexcremente selbst zuwider waren. Aber dieß war damals das einzige Mittel sich Luft zu machen. Uebrigens wurde St[adion] bald der armseeligen Schlafmützen aus Biberach satt, u. ging aus Verdruß und Langeweile auf sein zweites Gut *Bennighausen* im Würtembergischen. Nach einem Jahr ennuyirte er sich dort so, daß er nach Warthausen zurück kam, u. durch Vermittlung der

Mad[ame] La Roche zu einer Aussöhnung selbst die Hände bot. Nun kam W[ieland] nach wie vor aufs Schloß u. logirte oft mehre Tage dort, war auch noch den Abend vorher da, ehe der 77jährige Stadion an der Brustwassersucht seinen Geist aushauchte. Abends saß er noch in seiner Duchesse in der Bibliothek u. fragte Wielanden aufs Gewissen, ob wohl Sokrates u. Plato de bonne foi eine Unsterblichkeit behauptet hätten, u. als es W[ieland] bejahte, taugte dieß nicht in den Kram eines Weltmenschen, der von seinem 20 Jahre aus dem Espion Turc, u. später aus Voltaire alle Spöttereien gegen das Christenthum eingesogen u. stets auf den Lippen u. im Herzen gehabt hatte. Den folgenden Morgen ließ er sich doch noch bey veschlossenen Thüren das viaticum mit auf den Weg geben, – ehe er starb. – Die La Roche antwortete immer, wenn sie gefragt wurde, was für eine Religion sie habe: ich bin meines Mannes Frau. Eine anderes Religionsbekenntniß brauche sie nicht zu geben.

Der verst[orbene] Buchhändler Voß fragte bei Wieland an, ob er etwas dagegen habe, wenn er die LiteraturBriefe wieder abdrucken lasse? W[ielands] frühere Schriften sind darinnen hart angegriffen, aber W[ieland] hat sich wohl in Acht genommen, sie je aufmerksam zu lesen, weil er überhaupt die Gewohnheit hat, etwas gegen sich selbst gar nicht zu lesen. W[ieland] antwortete auf jene Anfrage sehr gutmüthig, daß er gar nichts dagegen habe. Zwar wisse er wohl, daß er scharf darinnen mitgenomen sey, allein zum Theil möge er es wohl verdient haben, zum Theil habe er es nie gefühlt. Darum machte ihm die Voßische Buchhandlung später ein Geschenk mit Lessings sämmtlichen Werken. Lessing, sagte er, hat sich meiner doch zuerst mit gegen Göthes u. Gerstenbergs Neckereien über seine Uebersetzung des Shakspears ernstlich angenommen, habe zuerst mit die Deutschen auf seinen Agathon aufmerksam gemacht u. s. w.

Den 31 Octobr[is] [17]96. bey Herder.

Wieland laß Wilhelm Meister vor, im 4ten Theil von da, wo Jarno dem Wilhelm den Lehrbrief erklärt.

Herder klagte darüber, daß Göthe so oft bloß Sophisterei treibe, in Lothario, dem er überal huldigt, dem Eigenwillen der Großen Kopfkissen unterlegt, und in Szenen, wie in der Erzählung von Philinen, die der Graf Friedrich macht, seine eigene laxe Moral predigt. Den Einfall der Philine, die sich mit schwangerm Leib im Spiegel sieht und ruft: pfui! wie niederträchtig sieht man da aus, hat Göthe seiner vorigen Geliebten, der Fr[au] v. St... abgeborgt.

Man mag unter allen diesen Menschen nicht leben, sagte Herder ferner, nichts spricht in uns an. Wie ganz anders ist es in Lafontaines Romanen. Als der H[err] v. Knebel bei der Herzogin Clara dü Plessis vorgelesen hatte, glaubte H[erder] die Töne noch zwei Tage darauf um sich zu hören, und H[erders] Frau bekam die Nacht, da die Lectüre geendigt war, beinahe ein Fieber.

W[ieland] hatte so eben den 3ten Theil von *Flaming* gelesen, u. hielt ihm eine große Lobrede. Das großherzige des Helden, wo die Gutmüthigkeit immer seinen Verstandsgrillen den Vorrang abläuft, thut ihm so unaussprechlich wohl. Aber, setzt W[ieland] hinzu, Angst ist mirs, daß meine Töchter über diese Leserei gerathen. Es ist in diesem dritten Theil wieder eine Liebesepisode mit einer Gluth, mit einer ergreifenden Wahrheit geschildert, die grade dadurch einem jungen Mädchen mit gesunder Phantasie doppelt gefährlich wird, daß sie in moralischer Rücksicht untadelhaft ist. Mein Amadis, ja selbst mein Idris ist nicht halb so gefährlich. Nun kams auf die Clarissa zu sprechen. Wieland weinte sich über sie im 17ten Jahre fast blind, u. ist jetzt ein enthusiastischer Lobredner derselben. Herder hat sie nie gelesen. *Warum*, fragte H[erder] finden wir jetzt alle diese Phantasieschöpfungen so unausstehlich lang. Zeigt es von wirklichen Fortschritten?

Ich fragte H[erder] ob er Hildegard hinausgelesen habe? Antw[ort]. Erst den zweiten Theil, der ihn doch weniger, als der erste befriedigt habe. Die musicalischen Lectionen – denn dieß wären sie doch im Grunde – beträfen hier die Opernmusik, wozu man in Deutschland zu wenig Kenntniß hätte. Der nur zu sehr davon getrennte Roman beschäftige sich nur mit zwey unbescheidenen Griffen. Natürlich greife der Musikmeister sicherer.

Wieland erzählt hierauf von den Eindrücken, die Zürich, wo er 5 Jahre der blühendsten Jugend verlebte, auf ihn vorigen Sommer gemacht habe. Er hatte erwartet, daß ihm auf einmal alle Jugenderinnerungen sich wieder aufdringen u. das verlorne Arcadien zurück zaubern würden. Allein alles war und blieb ihm nur, wie ein Traum. Er fand sogar noch die Frau am Leben, der er als Witwe einst so zärtlich die Cour gemacht u. es nur bis zum Händekuß gebracht hatte (S[iehe] Zimmermanns Erzählung in seinem Buche über die Einsamkeit). Sie war jetzt eine 80jährige Matrone u. ging wirklich, trotz ihres hohen Alters, noch so grade, wie vor 40 Jahren. Allein sie blieb eißkalt, als sie W[ieland] aufsuchte, und Wielanden überliefs auch ganz schauerlich. Er versprach wiederzukommen, betrat aber während der ganzen 3 Monate ihre Schwelle mit keinem Fuße wieder. Er hatte sich auserordentlich darauf gefreut, wieder in das Haus zu kommen, wo er bei Vater *Bodmer* 2 Jahre gewohnt hatte, die Stube, der Tisch war ihm noch gegenwärtig, wo er mit Bodmern zugleich geschrieben und gelesen hatte. Als er aber bald nach seiner Ankunft hingehen wollte: erfuhr er, daß ein Junker Meyer von Knonau, ein Sohn des Fabeldichters, dieß Haus gekauft und alles umgekehrt hatte. Wirklich sah er auch in der Ferne – das Haus liegt in der Vorstadt auf einer kleinen Anhöhe – die neugeweißten Wände, u. verlor alle Lust, dieß Grab seiner Jugendfantasien zu besuchen. Nur der Anblick der bezaubernden Naturschönheiten um Zürich beseeligte ihn für Gegenwart und Erinnerung. Dabei hörte er aber täglich so viele Abderitenstreiche und Sultanismen des Raths, daß es ihm bey so manchem Blick auf diese Stadt – er wohnte auf einem kleinen Landhause an der Sihl eine halbe Stunde vor der Stadt – immer nur wehe ums Herze wurde, weil so viel elende, zusammengeschrumpfte, lilliputtische Menschen in dieser herrlichen Natur zusammen brüten. Ein einziges mal thaute Jugendfreundschafft sein Herz ganz auf, als ihm der 84jährige *Schultheß*, der wackre Uebersetzer des Arrian, mit welchem er einst bei Bodmer oft zusammen geweßen war, vom Lande, wo er Prediger ist, zu besuchen kam. Als er ihn eine Strecke weit beim Abschied begleitet hatte, fielen sie beide einander beim letzten Lebewohl in die Arme und mischten ihre Thränen. Dieß war aber auch die einzige empfindsame Szene der Art. Am liebsten war er auserdem mit Hottinger, einem edeln Manne, der aber sehr unglücklich in seinem Hause durch eine zänkische und herschsüchtige Frau ist. – Einmal kam ein Rathsherr der bekannte Hirzel, ganz ängstlich zu ihm, u. bat ihn behutsamer in seinen Reden zu seyn, weil die Zürcher gar wunderliche Menschen wären, und wohl eher einem schon den Kopf vor die Füsse gelegt hätten. So sehr W[ieland] darüber lachen mußte, so sehr verdroß es ihn doch auch innerlich. Noch an eben dem Abend erklärte er in einer großen Geselschaft: daß es doch wohl möglich wäre, daß er noch einen dritten Theil zu seinen Abderiten schriebe.

Die größte Freude auf der ganzen Reise machte ihm ein alter Rector von der Sebaldusschule in Nürnberg. Als W[ieland] in einem großen Gefolge die Sebalduskirche besah, schickte dieser neben an wohnende Schülermonarch seine Magd in die Kirche u. ließ W[ieland] bitten, ob er ihn nicht, wenn er aus der Kirche käme, in seinem Hause besuchen kommen wolle? Die Begleiter W[ielands] waren ungehalten über diese Unschicklichkeit, Wieland aber versprachs auf der Stelle u. ging wirklich hin. Er fand ein altes, eingeschrumpftes, aber feuriges Männchen, das ihm mit der Wielandischen Uebersetzung des Horaz entgegenkam u. ihm nicht genug für die daraus geschöpften Belehrungen danken konnte. Die pedantisch aufrichtige Art, mit der der Rector dieß alles vorsagte, machte W[ieland] auserordentlich vergnügt, weil er sich überzeugte, daß dieß kein studiertes Compliment sey. –

Als Göschen hier war. Den 13 Novembr[is] [1796]

Thümmel habe sich weder durch seine Wilhelmine noch durch seine Reisen einen bleibenden Ruhm erwerben können, weil sie beide zu schlüpfrig wären u. ohne alle moralische Tendenz. – Zur Erhaltung seiner Gesundheit nimmt er Rhabarberpillen u. ein Digestivpulver, das in wenigen Minuten Herzklopfen und Magenkrampf stillt, der *Teufel* genannt – Er lernte das Lhombre zuerst in Biberach, als er mit seinem Bürgermeister spielen mußte, dann spielte ers mit dem jüngern Stadion. Jetzt liebt er es so leidenschafftlich, daß er Tag und Nacht fortspielen könnte. Nur ein schöndeclamirtes Gedicht u. eine vorzügliche Musik würden ihm noch lieber seyn. Die 9 Blätter geben dem Verstand u. dem Zufall grade so viel zu thun, als nöthig ist, die Aufmerksamkeit und das Interesse beim Spiel zu unterhalten, u. eine angenehme Succession von Vorstellungen in der Seele hervorzubringen. Er spielt jetzt kaum alle 14 Tage einmal. – Für den Shakspear erhielt er von Orell, Geßner pp. pro Band 100 fl[orin]. Seine Hilfsmittel bestanden in Warburtons Ausgabe, in Bowyers French and English Dictionary, u. einem kleinen Wörterbuch über Shakspears veraltete Worte und Phrasen, das er nicht nennen kann, u. das ihm damals der La Roche als unentbehrlich mittheilte. –

Noachide. Als Wieland in seinem 18ten Jahre sie zuerst laß, erstaunte er über die Schätze der Fantasie und Szenerey. Als er aber nach und nach die englischen und italienischen Dichter selbst gelesen hatte, denen Bodmer seine Feder verdankte: so entdeckte er das Mosaik. – Was mich zuweilen zu einem recht lebhaften Gefühl meiner Schwäche und meines Unvermögens bringt, ist, daß ich nun an einigen Gedichten schon 30 Jahre feile und putze, und doch immer, wenn ich sie jetzt zur neuesten Ausgabe recensire, aufs neue so viel daran zu ändern und zu feilen finde. – Gewisse Freiheiten muß sich jeder Dichter im Reime gestatten. So habe ich mir zum B[eispiel] nie ein Gewissen daraus gemacht, bald *itzt*, bald *jetzt* am Ende des Verses zu brauchen, weil das *itzt* oft einen vortrefflichen Vers zuspitzt.

Der seel[ige] *Reich* pflegte Wielanden immer seinen *theuren* Wieland (with a sly look) zu nennen, und hat durch dergleichen Insinuationen es wirklich dahin gebracht, daß man nun Wielanden algemein für sehr eigennützig hält. Göschen hat völlig die gegenseitige Erfahrung gemacht und die merkwürdigsten Actenstücke darüber in den Händen.

– »Ich ärgerte mich allezeit, so oft ich Reinholden mit seinem Vorstellungsvermögen im Kampfe sah.« sagte Wieland. Aber eben darum würde Reinhold ein schlechter Biograph Wielands seyn.

Wieland hat die Büsten der Faustina und der Sapho. Diese liebkoste er oft mit platonischer Inbrunst auf seinem Zimmer. –

Im Nachlaß des Diogenes ist ein Ideal einer Republik, das W[ieland] vorzüglich schätzt, und von welchem er glaubt, daß nach dessen Lesung niemand weiter eine Republik zu schreiben sich einfallen laßen sollte.

Er überreichte heute der Fr[au] v. Berlepsch bey Herdern das 5te Evangelium Lavaters, das er von Zürich mitgebracht hatte, *kniend und huldigend.*

Herder d[en] 20ten Novembr[is] 1796.

Wieland hatte immer einen gewissen Pythagorismus zu seiner Lieblingsphilosophie. Dieser blickt schon in seiner Natur der Dinge hervor, ist im Archytas im Agathon sehr deutlich (über den Archytas wollte W[ieland] vor 20 Jahren ein eigenes Buch schreiben) und kömmt in seinem Agathodämon wieder zum Vorschein.

Wenn ich den Agathon jetzt lesen sollte, so müßte ich gewisse kritische Resultate daraus ziehn u. niederschreiben können, wozu sonst das zwecklose Lesen!

Wieland hat oft erklärt, daß er den Idris und die komischen Erzählungen gern zurückkaufen möge. Er hatte, als er diese glühenden Gemälde entwarf, eine Maitresse. Hinc illae lacrymae!

Schade daß er seinen Cyrus so *roh* in seine revidirten

Werke aufnahm, ohne die Hexameter einen kritischen Freund sichten zu lassen. Sie haben fast keine Cäsur, u. noch die Härte der Hexameter vor 30 Jahren. Jetzt haben wir doch die Sache fast [in] eine Theorie gebracht.

Den 24 Decembr[is] [17]96.

anch'io son pittore des Correggio erklärte Wieland nicht als Ausruf des stolzen, zuversichtlichen, sondern des bescheidnen sich verwundernden Correggio, der seiner eignen Größe sich nicht bewußt beym Anblick der Raphaelischen Gemälde zum erstenmal fühlte, daß er doch nicht in einem so weiten Abstand von dem Gotte der Mahler stünde.

Spinfüßeleien nennt Wieland seine scharfen Kritiken über kleine historische Unrichtigkeiten. So rügte er meine fehlerhafte Benennung des Octavianus in einer Anmerkung zum 2ten Stück des attischen Museums, wo von Apollo Tortor die Rede ist, u. ich von der coena δωδεκαθεοι sage, *August* habe ihr als Apollo beygewohnt. Dieß sei um so unverzeihlicher, da Octavian als August sich solcher ὕβρις gewiß *nie* schuldig gemacht habe, weil ihm alsdann von Mäcenas und Agrippa schon der Kopf zu Recht gesetzt worden. Dieß habe er in seiner Anmerkung im Horaz bewiesen. Hierbey ereiferte er sich, daß man trotz seiner Deductionen den Horaz immer noch für einen Schmeichler, die Faustina immer noch für eine Hure hält. Bei letzterer, sagte er, will [ich] nur meine Apologie ablesen u. ihre Büste daneben stehen haben, u. kein Teufel soll die Reinheit dieses Engelkopfes anfechten.

Brockes der alte Liebling erhält in den Gesprächen über den Almanach T[eutscher] Merk[ur] 1797. 1 Stück neue Elogen.

Ich besuche den Club, weil ich gern loyal in Beobachtung jeder geselschaftlichen Pflicht bin, u. weil ihn so viele andere nicht besuchen.

In *Vossens Musenalmanach* 1797 steht S. 143 ein Lied von *Baggesen*, Ja und Nein, oder die Grazien des Widerspruchs. Dieß ist, wie man sagt, von B[aggesen] auf Lottchen Wieland, jetzige Madam Geßner in Zürich gemacht, die allerdings diese schwebende Unbestimmtheit in ihrem ganzen Wesen hat, gewißer maaßen ein Erbtheil ihres Vaters, der auch die sonderbare Gewohnheit hat, einen hart und rund ausgesprochnen Satz nach und nach so lange wieder zu mildern und zu umschränken, bis die ganze Sentenz ihre völlige Kraft verliert. *Herder.*

D[en] 8ten Januar[ii] 1797. *bey Herder.*

Der gute Wieland schickt sich zu allem eher, als zu einem Kritiker. Es fehlt ihm die hier unerläßliche Schärfe und Präcision. Er hängt zu sehr von augenblicklichen Eindrükken und Launen ab. So sagte er einmal im Club, daß er alle seine Gedichte für Voßens Idyllen hingeben wollte, und in der Recension der Almanache für [17]96 bewunderte er Voßens glückliche Stanzen ganz auserordentlich. In der dießmaligen Recension der Alamanache setzt er ihn eben so sehr herab. Da heißt es denn, wie dort von Demetrius dem Goldschmidt geschrieben steht: *und die Gemeinde wurde irre an ihn.*

Wieland will die Geschichte seiner Werke (des Assimilationsprocesses seiner Ideen mit fremden) schreiben und dieß wird wieder ein sehr liebliches Gedicht werden. Aber über die Selbstbekenntnisse und Selbstbiographieen bin ich, sagte Herder, ganz des wackern La Fontaines Meinung. Wer unter uns könnte es aushalten, sich 3 Stunden nach einander ununterbrochen im Spiegel anzusehn? Der Selbstbekenner hat ein bestimmtes Publikum, für welches er *wahrhaft* schreiben sollte.

Soll er für Kinder, für Weiber, für den lieben Gott schreiben? Aber was ich sehr wünschte, wäre, daß jedermann das Wort zum Räthsel seines Lebens, die wenigen Hauptmaximen und das simulacrum, was ihn immer umschwebte, als Testament, niederschreiben möchte. So wie der Bildhauer zuerst auf den Marmorblock in wenigen Ausenlinien die Höhe und die Umrisse seines Bildes zeichnet: so hat gleichsam die Natur für einen jeden Menschen ein solches Maaß angegeben, das aber wenig Menschen nur durch die glücklichste Combinationen erreichen. Aber alle Menschen tragen dieß Urbild, diesen Maaßstab dunkel in sich herum und das Gefühl der Unzufriedenheit mit sich selbst, das dunkle Emporstreben zu etwas, was man gern seyn möchte, und nie werden kann, ist dieß unentwickelte Bewußtseyn jenes Simulacri. Dieß macht zugleich die geheimsten Wünsche des Menschen, die eigentlich nur ein König laut werden lassen darf. So dachte Friedrich Wilhelm I, des großen Friedrichs Vater, in seiner Morennatur als das höchste Ideal den Erbstatthalter, an dessen Hof er in früher Jugend geweßen war. Diesem ahmte er laut nach. Uebrigens war ein *Oberster* zu seyn, das höchste Maaß seiner Natur und noch auf seinem Todtenbette bat er seine Gemahlin, sich ja nicht unter den Rang eines Obersten zu verheirathen. Was dieser als König laut sagte, tragen 1000 Menschen verschlossen in ihrem Herzen. Ich selbst trage etwas in mir, das ich sehr wohl weiß, das ich nie erreichen werde, was mich unglücklich macht, daß ich es nie erreichen kann, und das ich nie sagen kann. Dieß ist mein Simulacrum. Dann sollte jeder Mensch bey seinem Tode geschrieben hinterlassen, was er eigentlich immer für Possen- oder Puppenspiel hielt, aber nie aus Furcht vor Verhältnissen laut dafür erklären durfte. Wir alle haben solche Lügen des Lebens um und an uns, und es müßte uns wohl thun, sie wenigstens dann auszuziehn, wenn wir den Todten kittel anziehn.

Ich führte hier das Beispiel des Bischoff *Hunt*, eines der größten Vielwisser und Demonstratoren an, da wir seine evangelische Demonstration noch jetzt für ein encyclopädisches Repertorium ansehn können. Dieser bekannte sich durch ein opus posthumum für einen vollendeten Skeptiker.

D[en] 19 Januar[ii] [17]97.

Ich habe stets zu sehr in der Ideenwelt geschwebt, um einige Tauglichkeit zu einem dramatischen Schriftsteller in mir zu fühlen, wozu ich übrigens vor 20 und mehrern Jahren offt Lust in mir fühlte. Denn wer kann in kürzerer Zeit auf ein größeres Publikum wirken, als der fleisig gespielte dramatische Dichter. Aber dazu muß man die Menschen um sich her genau belauschen und auch auf ihre kleinen Züge Jagd machen können, welches mir nie möglich geweßen ist.

So ist es mir, als ich noch im hiesigen Hof verflochten war, oft vorgekommen, daß mir die Verhältnisse der Höflinge gegen einander und gegen die Fürstin ganz fremd blieben, während alle Welt um und neben mir davon unterrichtet war, und mich selbst darin verwickelt glaubte. So bin ich fast täglich mit der Fr[au] von Werther umgegangen, ohne ihr Verhältniß zu dem H[er]rn v. Einsiedel zu ahnden, von dem sie sich in der Folge aus dem Grabe entführen ließ. Jedermann glaubte damals, ich müsse um diese Liebesintrigue gewußt haben, und doch war ich so unschuldig, wie ein neugebornes Kind.

Göthes Alexis und Dora eröffnet uns ein ganz neues Genre. Auch hier beweißt er wieder, daß er alles kann. Hätte er gereimte Stanzen machen wollen, so bin ich sicher, daß er mich auch hier aus dem Felde geschlagen hätte, wie ein Fragment eines seiner Gedichte in Stanzen hinlänglich beweißt. Er kann, wenn er will, alles, sein Zauber hat mich in der ersten Zeit seines Hierseyns dahin gebracht, daß ich ganz in ihm verliebt war und ihn wirklich anbetete. Wir fuhren im Jahre [17]76 im Winter nach Stetten zu der Mutter der Frau v. Bechtolsheim in Eisenach (das Gut hat jetzt der Graf Keller ihr Sohn). Da freute ich mich recht innig, wenn er so auf alle Leute einen recht großen Eindruck machte, und besang ihn in einem Liede an die Frau v. Bechtolsheim, die damals erst an ihren jetzigen Mann versprochen war, das in dem T[eutschen] Merkur in jener Periode steht. Bei der Sammlung u. Revision meiner

Werke stand ich lange an, ob ich dieß Gedicht nicht auch einer neuen Feile unterwerfen u. mit aufnehmen sollte. Allein ich habs doch unterlassen. Dieß Monument einer Idololatria, die ich späterhin zu offt nur zu bereuen Ursach gehabt habe, sollte nicht auf die Nachwelt kommen. Mir fällt immer der Spruch des Plato dabey ein: der Liebende ist der Schwache u. Bedürftige: der Geliebte der starke u. selbstständige, u. in diesem Verhältnisse stand ich zu Göthe, dessen große Kunst von jeher darin bestand, die Convenienzen mit Füssen zu treten, und doch dabei immer klug um sich zu sehn, *wie weit* ers gerade überal wagen dürfe. In Stetten z. B. war er gegen die Alte weit respectvoller als hier gegen die alte Herzogin, in deren Gegenwart er sich offt auf dem Boden im Zimmer herumgewälzt und durch Verdrehung der Hände und Füsse ihr Lachen erregt hat.

D[en] 25ten Januar[ii] [17]97

Ich muß aufs Land! Hier in Weimar wird mein Geist durch den Hof, mein Körper durch das fatale Clima gemordet. Wollt ihr also mein längeres Leben: so misgönnt mir diese ländliche Ruhe nicht. Ich habe mir übrigens alle Nachtheile gedacht, die diese Isolirung für mich haben kann. Allein der ist glücklich, sagt Epictet, der was die Nothwendigkeit gebietet, gern thut. Mit dieser Lebensphilosophie bin ich immer ausgekommen. Tannrode ist ein altes Schloß. So eine Junkerburg habe ich mir immer gewünscht. Je gothischer von ausen, je besser. Das Schloß hat den Grafen von Gleichen gehört. Es liegt auf dem Berge. Die Bergluft hat mir in Belvedere und Ettersburg stets vortrefflich zugesagt.

Ich will ihnen doch auch einmal zeigen, daß ich kein *Honi Jule*, wie die Schweizer sagen, (süsser Julius) bin, sagte Wieland, als er eben die Kritik über den famösen Schillerschen Musenalmanach schrieb, und in den Berlocken No. 87. gelesen hatte: Wieland.

Gegen sich selbst ist er streng, nur gegen Andre vol
Nachsicht.
Was er sich selbst nicht erlaubt, findet an andern
er schön.

Ich muß immer, sprach er von derselben Arbeit über den Schillerschen Almanach, so viel ausstreichen, daß ich es dann noch einmal abschreiben muß. Aber durch dieß Abschreiben und Lecken wird es erst gut. Ohne diese wiederholte Abschreibung wird von mir nichts Erträgliches hervorgebracht.

Eine etwas selbstgenügsame Tirade in einer Note zum ersten Aufsatz im ersten Stück des Merkurs [17]97 nannte er eine Bertuchheit.

Wielands Dunciade.

[Februar 1797]

An einem schönen Abend setzten sich Meister Gottsched, seine zärtliche Hälfte Culmus, Hermann-Schönaich, und Magister Schwabe, ergrimmt über den Sieg des Feuers der Bremischen Beiträger über ihr Element, das Wasser, traulich zusammen und schmiedeten das berüchtigte *ästhetische Wörterbuch*, worinnen Haller, Bodmer, Breitinger, Klopstock und seine Freunde mit einer Flut Gottschedischen Wassersuppenwitzes begossen wurden.

Bey dem gewaltigen Zwiespalt, der damals zwischen den Zürcher und Leipziger Schöngeistern eine unergründliche Kluft befestigte, machte dieß Werklein mehr Aufsehn, als es verdiente, u. that dem von Breitinger gestachelten Bodmer, dessen Schooßkind die Noachide besonders gemishandelt war, auserordentlich weh. Wieland, damals 19 Jahr alt und von Bodmer und Klopstock aufs höchste begeistert, kam grade um diese Zeit zu Bodmer nach Zürich und theilte diesem seine Idee mit, die Leipziger Dunce nach Gebühr zu züchtigen. Nichts konnte B[odmer] erwünschter kommen, als ein solcher Wasserträger. Breitinger entflammte seinen Muth noch mehr und so schrieb Wieland in einigen Tagen im Jahre 1752 in 9 Bogen eine *Ankündigung einer Dunciade für die Deutschen*, worinnen er Schwefel und Naphta auf das Haupt seiner Feinde goß. Doch zeigte sich auch schon hier der edle Charakter des Mannes, der nie etwas bloß darum that, *um zu schaden*, sondern immer lehren und bessern wollte. Denn ein großer Theil dieser Schrifft beschäftigt sich mit algemeinen Ideen über den Werth und die Würde der Dichtkunst, wozu eine Stelle aus Baco de augm[entis] scient[iarum] die erklärt wird, Veranlassung giebt.

W[ieland] schickte diese Schrift *anonym* an Gleim nach Halberstadt, der selbst nicht wußte, woher sie kam, aber sie mit Vergnügen drucken ließ. Denn auch er paradirte im ästhetischen Wörterbuche. Die Auflage war wahrscheinlich nicht stark und wurde schnell vergriffen. Wieland hat selbst nie ein Exemplar davon besessen u. fand die Schrifft viele Jahre später bey einem seiner Freunde, wo er sich selbst über seine damalige Heftigkeit tadelte und den Feuereifer seiner Kunstjüngerschafft für Bodmer, den er indessen strenger zu würdigen gelernt hatte, belachte.

Hätte er Gleimen in der Folge nicht selbst gestanden, daß er der Verfasser dieser Satire sey: so wäre diese Jugendsünde nie dem Publikum bekannt worden, zu der er sich nun in der Recension des Schillerschen Musenalmanachs im *Merkur* [17]97 *Febr[uar]* S. 201 öffentlich, doch misbiligend selbst bekennt.

D[en] 2ten Febr[uarii] [1797]

Wenn ich meine Memorabilien u. den Agathodämon geschrieben habe, dann bin ich mit dem fertig, was ich aus mir selbst herausspinnen möchte. Dann soll es besonders an eine Uebersetzung der Memorabilien des Xenophons gehn. Eine schwere Aufgabe, so schwer als die Uebersetzung des Aristophanes! Ich denke mir ein eigenes Ideal dieser Uebersetzung. Aber erreichbar müßte es denn doch seyn. Dieß alles soll in meinem secessus zu Tannrode geschehen.

Der Herzog hat mich seit 15 Jahren nicht einmal ernstlich angehört. Wenn ich auch kein Ducatengold bin; so bin ich doch Kronengold, u. auch dieß wirft man nicht so muthwillig weg.

Als der Doctor und Exadvocat Göthe als Favorit des Herzogs hier eintrat, fand ihn auch die verwitwete Herzogin äuserst liebenswürdig und witzig. Seine Geniestreiche u. Feuerwerke spielte er nirgends ungescheuter, als bei ihr. Er hat ihr sehr mit Undank gelohnt. – Alle Welt mußte damals im Wertherfrack gehn, in welchem sich auch der Herzog kleidete, und wer sich keinen schaffen konnte, dem ließ der Herzog einen machen. Nur Wielanden nahm der H[erzog] selbst aus, weil er zu alt zu diesen Mummereien wäre. Damals war noch ein *Hof* in Weimar. Nur Görz hielt es mit der regierenden Herzogin. Sonst zog die verwitwete alles an sich. Offt stellte sich der Herzog mit Göthen stundenlang auf dem Markt und knallte mit ihm um die Wette mit einer abscheulich großen Parforce karbatsche. Nieman[d] kann diese Periode besser beschreiben, als Bertuch, der dabei abscheulich mystificirt und einmal so geärgert wurde, daß er bald an einem Gallenfieber gestorben wäre.

D[en] 26ten Feb[ruarii] [17]97.

Der Kaiser[liche] General Nauendorf hatte sich mit seiner liebenswürdigen jungen Gemahlin 5 Tage hier aufgehalten, u. Wieland war fast täglich in seiner Geselschafft geweßen. Er hatte interessante Dinge vom jetzigen Kaiser (er hat eine absolute Geschäfftsscheu, verfärbt sich sogleich, wenn nur von Geschäfften die Rede ist, u. unterschreibt nicht einmal *selbst* die Ausfertigungen, geht auch nur alle 14 Tage einmal pro forma ins Conseil, u. wenn er zurückkommt, klagt er seinem Kammerdiener seine Plage) und von Kaiser Joseph erzählt, mit dem er in Cherson geweßen war. Joseph habe auch Wielands goldnen Spiegel gelesen. Doch ziehe er, der General, den Diogenes von Sinope allem vor.

Und dadurch beweißt der Mann, fuhr Wieland weiter fort, daß ihm der Kopf auf dem rechten Platz sitzt. Denn dieser Diogenes ist eines meiner besten Producte. Ich weiß nicht, ob ich ein besseres in Prosa geliefert habe. Ich habe darinnen den Diognes auf meine eigene Weise idealisirt. Denn vom alten Diogenes ist nur der Hang zur Unabhängigkeit darinnen geblieben. Hätten die Franzosen meine Republik des Diogenes gelesen: so wären sie auf einmal von ihrer Republikensucht geheilt worden. Denn da hab ichs sonnenklar bewiesen, daß die Bedingungen, unter welchen eine wahre Republik auf dieser Erde möglich wäre, gar nicht sublunarisch sind. Sie und der Mann im Monde sind meine besten Stücke im Diogenes, u. diese sind auch luzianisch, ob ich gleich damals von Luzians Spottsucht noch nichts in mir hatte. Denn ich schrieb den Diogenes in meiner glücklichsten Lebensperiode in Erfurt, als ich von den verdrießlichen Acten meiner Biberacher Kanzleistelle entfesselt, unter den annehmlichsten Bedingungen meiner literarischen Freiheit recht froh wurde. Denn meine Stelle in Erfurt war so zwanglos, daß man mich so gar von allem Collegienlesen dispensirt hatte, und schon zufrieden war, wenn ich nur in Erfurt lebte. Indeß las ich wirklich Collegia, nahm aber nie Geld dafür, welches so weit gieng, daß ich so gar einem Grafen einmal ein Privatissimum gratis las. Meusel (ein Mann von eisernem Gedächtniß, aber ohne alles Genie) Riedel (voll petillirendem Champagnergeist, nur durch Klotzens Eingebungen zur Klopfechterei und Oberflächlichkeit verleitet) und einige andere meiner dortichen Collegen boten alles auf, mir das Leben recht süsse zu machen, u. hätten nicht die Kränklichkeiten meiner Frau und ihre häufigen Niederkunften meine Freude zuweilen etwas gedämpft: so wäre ich vieleicht zu glücklich, wäre übermüthig geworden. Unter diesem wolkenlosen Frühlingshimmel sprang mein Diogenes hervor. Aber nachdem ich ein Jahr in Weimar geweßen war, fing die Milch meines Gemüths schon an nach und nach Salz abzusetzen, und soviel acidum einzusaugen, daß auch meine Schriften davon gesalzner und constringirender wurden. Alles kaustische und bittre ist mir nur *gegeben*, und nicht in meiner Natur. Aber wie hätte [ich] auch diese Hoflaunen gleichmüthig ertragen können. Heute nahm mich die Herzogin vor dem ganzen damals sehr brillanten Hofstaate an ihre Seite, u. machte mir die schmeichelhaftesten Confidenzen, daß ich selbst nicht wußte, wie mir geschah. Morgen that sie gar nicht, als ob ich in der Welt sei u. peinigte mich mit dieser mordenden Kälte oft mehrere Tage hintereinander. –

Seit 4 Wochen hat mir mein Gutskauf alle Ruhe zum Studieren geraubt. Ich habe blos Güteranschläge durchgegangen und gerechnet (die Beylage, worinnen mir Wieland Zeitungen zuschickte, beweißt dieß auch) und ich kann nicht eher ruhig werden, als bis ich das rura bobus excolit suis praktisch erfahre.

D[en] 9ten März. 1797.

Ein armer Emigrirter in Jena, der mit Frau u. Kindern bald verhungern möchte, u. eine Art von Sprachmeister dort macht, hat W[ieland] vor einigen Monathen viel Pein verursacht. Der Mensch hatte sichs durchaus in Kopf gesetzt, er müste Clelia u. Sinibald von Wieland in französische Verse übersetzen. Er kam selbst u. brachte eine Uebersetzung, die auserdem, daß sie alle Grazie des Originals tödtete, auch so gar gegen die Prosodie der franz[ösischen] Alexandriner sündigte. W[ieland] hatte alle mögliche Mühe, dem zudringlichen Menschen begreiflich zu machen, daß dieß nicht einmal französische Verse wären. Endlich versprach ihm W[ieland] sein ganzes Vermögen, wenn er ihm einen solchen Vers in Boileau oder Voltaire, auf die sich der Franzmann in der Angst berufen hatte, vorzeigen könnte. Nun gieng er zwar in sich, hatte aber die eiserne Beharrlichkeit, seine ganze Uebersetzung noch einmal auf den Amboß zu legen, u. sie so umgearbeitet W[ieland] zum zweitenmal mit unendlicher Selbstgefälligkeit zu überreichen. Dieß brachte W[ieland] wirklich aus aller Fassung. Er wollte doch nicht ganz grob seyn, und ihm grade zu heraussagen: Herr, ihr könnt mich nicht übersetzen. Nun hielt der Franzos W[ielands] schonendes Abrathen für bloße Bescheidenheit und Blödigkeit, versicherte ihm höflich, daß er gar kein Bedenken tragen dürfe, sich auch in der Uebersetzung seinen Landsleuten zu zeigen. Kurz, er brachte W[ieland] so weit, daß dieser in eine ungewöhnliche Wuth gerieth und die Stunde verwünschte, wo er geboren wurde. Der arme Franzos zitterte am ganzen Leibe und schlich sich ganz betreten davon.

So hatte ihm eben vor einigen Tagen H[err] *Nehrlich*, ein armseliger Empfindler, ein Trauerspiel aus seiner Fabrik zugeschickt, das über alle Beschreibung erbärmlich war, u. wovon er mir diesen Abend die ersten Szenen zu meiner größten Gedultsprüfung vorlas. Diesen Unsinn will er ganz durchlesen. So verdirbt W[ieland] manche schöne Stunde. Ich lerne, sagte er mir auf meine Vorstellungen darüber, aus den schlechtesten Büchern oft das meiste. So wird mir dieser liber ineptiarum ein Cursus der Psychologie, wie ihn kein Professor geben kann. So hat er vorige Woche le chevalier de l'ordre du Cygne von der Mad[ame] Genlis durchgewürgt.

Dem armen Nehrlich hat er nicht das Herze geradzu zu schreiben: er sei ein erbärmlicher Wicht. Er will ihn an Kreißeinnehmer *Weise* in Leipzig verweisen.

Das wahre Gegenbild seiner Frau ist die Hausmutter, wie sie Xenophon in seinem Oekonomikus den Ischomachus schildern läßt. Als ich diesen Abend in sein Wohnzimmer trat, wärmte er selbst am Ofen die Betten für seine Frau, die ein kleines Katarhfieber gehabt hat.

Ueber Kritiken. Die jungen Aristarche, die sich über uns alte Männer zu Richtern setzen, sollten bedenken, daß wir das doch wohl auch so gut wissen, wie sie, u. in der Folge gewiß wegwischen werden, auch ohne ihre virgulas censorias. Schon jetzt bin ich mit meinem Isokratischen Panegyrikus äuserst unzufrieden und kommt es zur Sammlung aller meiner Uebersetzungen; so wird sehr vieles ausgefeilt. Meine ganze Schriftstellerei hält und nährt sich an der Feile. Ich möchte das kleinste Billet zweimal schreiben, u. was ich drucken lasse, schreibe ich gewiß mehrmals ab.

D[en] 26. März [17]97.

Als Herder Wielanden das 6te Bändchen seiner zerstreuten Blätter schickte, gaben sich die Herdern und Wieland das Wort, sich in versiegelten Billetten die Nahmen der am Ende dieses Bändchens stehenden Legenden mitzutheilen, die jedem am besten gefallen hätten. Heute wurden die Billets entsiegelt. Wieland hatte *die Geschwister* aufgeschrieben. Die Herdern *die Krone* u. *den himmlischen Garten.*

Wieland freute sich besonders, daß Herder den heiligen Franz so zu Ehre gebracht hätte. Denn dieß sei schon in früher Jugend sein Held geweßen, wie er den Fischen gepredigt u. s. w.

Göthe sollte die Vulpia als Pagen mit nach Italien nehmen, damit die Italiener auch einmal etwas zu sehn bekämen. Sie sei eine Sau mit dem Perlenhalsband.

Wegen seiner Briefschreiberey: Ich könnte manche Stunde Briefe schreiben, wo ich nichts besseres thue. Allein ich begreife recht, wie ein Bösewicht verhärtet werden kann. Es ist blose Verstockung, daß ich so lange schon keine Briefe mehr schreibe.

D[en] 4ten April[is] 1797. bei Herder.

Niemand ist verpflichtet, durch sein Beispiel zu lehren u. zu warnen. Darum werde ich über die Thorheiten meiner Jugend auch in meinen Memoires stilschweigend weggehen. Was ihr jetzt an mir seht, sind nur die kümmerlichen Ueberreste, die das wilde Feuer meiner Jugendhitze übrig gelassen hat. In meinem 18ten Jahr habe ich unaussprechlich feurig geliebt, u. doch konnte ich den Gegenstand meiner Liebe auf alle Weise peinigen und unglücklich machen, durch Verdacht kränken. Im Bette fiel mir mein Unrecht ein, u. das brachte mich zuweilen fast bis an den Rand der Verzweiflung. Es war als wären in alle Glieder eiserne Pflöcke geschlagen. Ich hatte Anfälle des hitzigen Fiebers u. fürchtete in diesen Augenblicken den Verstand zu verlieren.

Einst wäre ich bald lebendig gebrühet worden. In meinem 20ten Jahre ging ich mit andern Freunden ohnweit Zürich in die Bäder von Baaden, setzte mich in eine Wanne, und hatte ein sehr interessantes Buch, das ich indessen laß. Man hatte mir gesagt, daß ich, wenn mir das Wasser zu kalt würde, aus einem Hahne warmes zulassen könne. Mir wird es auf [ein]mal kalt. Ich lasse den Hahn auf und heises Wasser in der Quantität zufließen, daß ich beinahe verbrühe, aber immer nichts merke, weil die Hitze nach u. nach zunimmt. Zum Glück kommt ein Badeknecht herein, dem die Sache verdächtig vorkommt. Er erschrickt, als er alles um mich herum dampfen sieht. Er kann den Finger nicht in dem siedend heisen Wasser halten. Ich werde mit genauer Noth gerettet. Dieß hat mein ganzes Nervensystem zerstört. Hätte ich diesen Streich nicht begangen, ich müßte 120 Jahr alt werden, so eine feste Constitution ist in mir.

Wieland hat immer eine Art von Coquetterie mit seiner eignen Gestalt gehabt, u. schimpft auf die Mahler, die ihn so häßlich machen. videatur sein von Bause gestochenes Bild zu seinen Werken u. Göschens Brief darüber. Als er noch sehr jung war, bekam er einmal eine Hitzblatter auf der Nase. Dieß ärgerte ihn so sehr, daß er sich selbst mit großer Gefahr u. Schmerz aufschnitt. Heute erst ließ er sich noch einen schwarzen Fleck auf der Nasenspitze von [dem] jungen Doctor Herder besehn, der ihn, so oft er sich im Spiegel besehe, sehr unglücklich mache. Herder sagte dabey, daß dieß das schwarze Fleckchen sei, das der Engel Gabriel dem Mohamed aus dem Herzen, als Erbsünde, genommen u. auf die Nasenspitze gesetzt habe.

Als W[ieland] im vorigen Sommer in Zürich war, wollte ihm die Madam Geßner ihren eignen Verlag, die Lobewasserschen Psalmen, Gebetbücher u. s. w., treffliche Artikel, wovon sich Salomo Geßner viele Jahr fast ganz allein nährte, nicht zeigen, weil es ja abscheuliche Tröster und Schächer wären. Wie wunderte sie sich, als Wieland sie endlich doch zu sehn bekam, u. eine große Lobrede auf diese Tröster hielt, weil sie bürgerliche Ordnung erhielten, u. zu vielen Dingen nutz wären.

Wielands freier Sinn wurde schon dadurch geweckt, daß sein Großvater Bürgermeister in Biberach geweßen war, u. daß [er] einen mütterlichen Oncle hatte, der in kais[erlichen] Diensten Major war. So etwas erhebt in einer solchen Schwäbischen Reichsstadt schon zu einem halben Patriciate.

Als W[ieland] von Erfurt nach Weimar zog, kaufte er eine ganze französische Bibliothek. Den Folioband zu 1 Thaler, den Quart zu 12 g[uten]g[roschen] u. s. w. bloß um doch mit Büchern einzuziehn. Jetzt macht ihm der Gräviussische u. Gronoviussche Thesaurus, den er aus Goslar für 90 Thaler gekauft hat, große Aussicht für seine villeggiatura.

D[en] 16. April[is] [17]97. bei Herder.

Herder will beweißen, daß der Nahme *Wieland* so viel bedeute, als Italiener. Wieland erbittet sich ein *Dissertatiönchen* darüber. Wäre ich je nach Italien gekommen, sagt W[ieland] so wäre ich Catholik geworden, u. nie wieder herausgegangen. Ich war in meinen frühern Jahren so nahe, u. konnte doch nicht hinkommen, so wenig als den Mont Blank sehen. Herder glaubt in Wielands Physignomie, der Stirn, der Oberlippe etwas italienisches zu finden. W[ieland] findet einige Aehnlichkeit zwischen seinem eigenen und Ariosts Gesicht, nur daß dieß weit feiner geschnitten sey.

Die Wielandische Familie stammt aus einem Dorfe im Biberachischen Gebiete, wo seine Vorfahren Bauern geweßen sind. Noch giebt es dort Wielande dieses Nahmens, grobe *Knallfinken* und Lümmel.

Humor und Talente, sagt Herder, hat man von der Mutter, die festern Theile der Organisation vom Vater. Wenn ich etwas link oder pedantisch mache, sagte Herder, so denke ich an meinen Vater. Aber mit vieler Liebe erinnre ich mich der Mutter. Das ängstliche, ungeduldig trippelnde, imaginative habe ich ganz von meiner Mutter, sagt Wieland.

Wielands Vater war äußerst orthodox, als Oberpfarrer in

Biberach. Daher mußte W[ieland] Bibel und Gesangbuch fast auswendig lernen, Scrivers Seelenschatz täglich vorlesen, und in der Passionszeit Joh[ann] Christ. Rambachs Passionsbetrachtungen durchkäuen, die ihm durch die ekelhaften Beschreibungen der Martern, womit Jesus belegt worden sey, äuserst verhaßt wurden, aber doch die Wirkung auf seine Seele machten, daß er früh die zarteste Theilnahme für fremde Leiden in sich entwickelte. Noch erinnere ich mich, sagte W[ieland] des unbeschreiblichen Entrückens, mit welchem ich in der Bibliothek meines Vaters, als dieser einmal auf einer Sitzung des Consistoriums abwesend war, über *Schneiders* philosophisches Lexicon herfiel u. hie zum erstenmal die Hypothese der alten Philosophen über die Entstehung der Welt stümperhaft genug erzählt fand.

Beim Abt Steinmetz in Klosterbergen, wohin er von Biberach aus geschickt wurde, war W[ieland] anfänglich einer der erwecktesten und frömmsten Beter, und, wenn Steinmetz in seiner Salbung 2 Stunden lang in den Betstunden seinen Unsinn hinplauderte, wurde niemand so sehr davon gerührt, als der Knabe Wieland. Er hatte in dieser Periode oft heilige Zerknirschungen und Ekstasen, flehte oft kniefällig Gott um Gnade, und glaubte erst wirklich, als der Volmond hinter dem Gebüsch aufgieng, und durchs Fenster zu scheinen anfing, das jüngste Gericht und die Glorie des Weltrichters sei in Anzug. Allein diese Herrlichkeit nahm bald ein Ende. W[ieland] borgte sich von dem fast allein vernünftigen Rector des Klosters Knap Bayles Wörterbuch, das ihm dieser nur ungern, u. nach einem langen Examen gab. Heißhungrig fiel W[ieland] über die Artikel Anaxagoras, Leucipp, Epikur her, und gerieth bald in die sonderbarsten Labyrinthe über die Entstehung der Welt. Daß ein Gott die Welt geschaffen, wurde ihm alle Tage unglaublicher. Bald gerieth er auf den Gedanken, seine aus Anaxagorischen und Leucippischen Ideen wunderbar zusammengeschmolzene Hypothese ins französische zu übersetzen, u. bey *Lüzak* in Leiden drucken zu lassen, damit endlich die Binde des Irthums fiele, u. die klüger gewordenen Menschen auch in unausbleiblicher Progression besser würden. Er arbeitete des Nachts späte an diesem opusculo, während seine Stubenkameraden schon lange zu Bett waren, u. der Stubenaufseher auch schon schnarchte. Dieser merkte aber endlich Unrath u. beschlich ihn, als er eben seine Abhandlung über die Nichtexistenz Gottes vollenden wollte. Er riß ihm das M[anu]sc[rip]t aus den Händen und legte das schreckliche corpus delicti dem Abte vor. Es wurde ein fürchterliches Blutgericht über diesen verruchten Sünder gehalten u. nur den muthigen Vorstellungen eines einzigen Conventualen verdankte es der Jüngling, daß er nicht beschimpfend bestraft wurde. Nach diesem Vorgang blieb er nur noch ein halb Jahr im Kloster, in dessen Schularchiv noch jetzt viel Verse von Wieland, als Schülerversuche, aufbewahrt liegen müssen. Denn alles assimilirte sich schon damals bei ihm zur Poesie. So hatte er selbst sein atheistisches Werk dichterisch durch die Entstehung der Venus aus dem Meerschaum eingekleidet.

Wielands beste frühere Gedichte waren in Wien völlig unbekannt, als zufällig der Chevalier *Boufflers* hinkam, u. alle Welt fragte: ob sie die Philosophie der Grazien gelesen hätten? Durch diese Anfrage des Ausländers wurden die Wiener mit W[ielands] Verdiensten bekannt.

In *Bodmers Briefwechsel gesammelt von Städlin* kommen mehrere Briefe vor, die Wieland noch von Tübingen aus an Bodmer schrieb voll Gelehrsamkeit und bescheidenem Urtheil, wie Herder darüber urtheilt.

W[ieland] bat mich heute, ihm alles, was über Xenophons Memorabilien vorhanden ist, zu verschaffen. Eine Uebersetzung derselben mit dazugehörigem Commentar zu liefern, ist der letzte Wunsch Wielands.

D[en] 26ten Juny [17]97.

Bodmer wollte die sündige Menschheit zum drittenmale ersäufen. Denn er wollte noch eine Noachide schreiben. Die erstere wollte er lange Zeit nicht für sein Werk ausgeben.

Hallern und Klopstocken sah Wieland in seiner frühesten Periode als unerreichbare Wesen an. Er wundert sich jetzt, wie er bei dem hohen Grade von Enthusiasm, den er in Tübingen, den Klostergang auf- und niederlaufend bis nach Mitternacht, bei der Verfertigung seiner Natur der Dinge wirklich hatte, nicht etwas *erträglicheres* hervorgebracht habe. Allein der Reim machte ihm damals noch auserordentliche Mühe. Hätte ers nur so hin schreiben können, wie ers in der Fantasie empfangen hatte. Es wäre gewiß besser geworden.

In der ersten Ausgabe des Agathons sind vom 2ten Theile an bittre Ausfälle gegen Adelsdespotismus u. s. w. die dann in der folgenden vertilgt worden sind. Diese schrieben sich aus individuellen Veranlassungen her. Graf Stadion und sein treuer Helfer La Roche hatten Wielanden u. seinen getreuen Gehilfen, den Bürgermeister von Biberach schrecklich gemishandelt. Dieß brachte Wielanden ein Gallenfieber, u. gab ihm die Galle gegen die Tyrannen. Es ging damals so weit, daß Stadion in Verbindung mit den umliegenden Reichsprälaten, die er durch Liebkosungen und persönliche Besuche gewonnen hatte, all ihren Unterthanen verbot, in Biberach nichts zu kaufen und zu verkaufen. Daraus entstand in Biberach bald ein Aufruhr. Die Majorität des Raths legte sich gegen Wielands Meinung zum Ziel, und schickte eine Deputation nach Warth[a]us[en]. Darauf kam ein Brief an den Rath, worin von Wieland abscheulich gesprochen, der ganzen Comune aber Verzeihung zugesichert wurde. Die Mad[ame] *La Roche* wurde indeß auch von ihrem Mann sehr gemishandelt, als eine Anhängerin von Wieland.

Die La Roche *schreibt* nur Empfindungen. Bode führte sie zu ihrem Mann in Offenbach.

Wieland laß über *Iselin* die Geschichte der Menschheit, widerlegte 4 Wochen, dann warf er ihn ganz weg. Denn er hatte das Collegium in Erfurt angeschlagen, ohne den Iselin selbst noch genau gelesen zu haben.

Der junge La Roche, den W[ieland] mit nach Erfurt nahm, wurde dort gewaltig liederlich. Die Wielandin mußte ihm einmal Rock u. Schuhe einsperren, damit er nicht auslaufen konnte. Dann ging er als Offizier nach Amerika.

D[en] 12. Nov[embris] [17]97.

Wielands Mutter lebte in den letzten Jahren hier in Weimar bei ihm. Sie hatte pietistische Grundsätze und war daher offt ganz untröstlich, daß ihr Sohn, den sie übrigens mit zärtlichster Mutterliebe und tiefem Hinanstaunen betrachtete, durch seinen Unglaube zur Hölle fahren sollte. Bei ihrer äusersten Reizbarkeit, die sie auch in reichlichem Maaße auf ihren Sohn vererbt hat, konnte es nicht an Gelegenheiten fehlen, wo sie ihren Sohn an sein Seelenheil erinnerte, und da setzte es denn immer Stürme. Einst war die Geh[eime] Räthin v. Schardt zum Wochenbesuch bei seiner Frau, und die Mutter äuserte in Wielands Gegenwart ihre andächtigen Himmelsseufzer. Da gerieth er in Zorn und sagte ihr harte Worte, warum sie denn jetzt da sie schon so lange bei ihm geweßen, noch immer solch elendes Zeug schwatzen könne. Die Frau Seniorin – so wurde sie gescholten – gerieth in heftige Bewegung, stotterte eine Entschuldigung, daß sie es ja nicht so gemeint habe, und schlich sich fort zur kranken Enkeltochter, der nachmaligen Reinhold, in ein anderes Zimmer. Wielanden gereute auf der Stelle seine Hitze, u. als die geh[eime] Räthin v. Sch[ardt] Abschied nahm, bat sie Wieland, ob sie nicht auch seine kranke Tochter auf einige Augenblicke besuchen wolle. Er begleitete sie dahin, weil er wußte, daß seine Mutter da sey. Als sie so ans Bette getreten waren, ergriff W[ieland] auf einmal die Hand seiner Mutter, küßte sie inbrünstig und rief laut zur Geh[eimen] R[ätin] v. Sch[ardt]: Sie haben vorhin gesehn, wie unartig ich meiner Mutter begegnete. Werden Sie nun auch Augenzeugin, wie ich es ihr feierlich abbitte. Noch jetzt spricht er offt mit Rührung davon, daß er doch seiner guten Mutter manche Kränkung verursacht habe.

Wenn er in der Hitze recht aufgefahren ist, und jemand

hart angelassen hat: so thut es ihm in wenig Minuten so weh, daß er selbst kommt, und das Unrecht abbittet, und dieß sind seine schwächsten Momente, wo man alles von ihm erhalten kann. Diese benutzt seine *kluge* Gattin meisterhaft, und erhält in ihnen alles, was sie sonst nie errungen haben würde. Er weiß es auch sehr wohl, und sagt oft laut: jeder Mann, der kein Bösewicht sei, stehe in gewissen Stunden unvermeidlich unter dem Pantoffel, und müsse sich diese Herculesschwäche zur Ehre schätzen. Er ist offt auch gegen seine Töchter sehr auffahrisch, aber auch der Mann dazu, der der beleidigten Tochter förmlich sein Unrecht abbittet. Sehr pathetische Szenen der Art kamen vor, als Reinhold noch nicht sein Schwiegersohn war, aber im Hause seines nachmaligen Schwiegervaters schon wohnte. Reinhold pflegte seinem damals hier privatisirenden Freunde Fr[iedrich] Schulz zu erzählen, daß Wieland nach einem heftigen Zwist einmal noch gegen Mitternacht an sein Bette gekommen sei, und ihn weinend um Verzeihung gebeten habe.

So macht er sich jetzt harte Vorwürfe, daß er dem armen *Gräter* aus Schwäbischhall, der ihn im October auf 14 Tage besuchte, bei verschiednen Gelegenheiten (als z. B. bei der Betrachtung des Portraits der Herzogin von der Angelica Kaufmann in des Herzogs Sommerhause, wo W[ieland] über die kalte Frage, was es denn vorstelle, gewaltig ergrimmte, und ihm gerade zu sagte: *so* ein Gemälde stelle sich selbst vor, hier nach Aehnlichkeit zu fragen, sei ein Schwabenstreich) hart angelassen habe.

Gräter war etwas vergeßlich und *trödelte* gern, wenn aufgebrochen werden sollte. »Dieß, sagte nun W[ieland] ist das wahre Zeichen von uns Schwaben. Wir verzetteln und vergessen hundertlei. So bringe ich gewiß täglich mehr als eine halbe Stunde mit Aufsuchen verlegter Kleinigkeiten zu.[«] –

Die größte Noth in Osmanstädt ist um einen Barbier. Jetzt unterwirft sich W[ieland] dem Scheermesser eines *Maurers* im Dorfe, der freylich die Steine besser handhabt, als den Bart des Weisen. Haßte W[ieland] nicht alles, was nur von fern den Sonderling durch Anmaaßung verrathen könnte, so ließ er sich gewiß den Bart patriarchalisch wachsen.

D[en] 28 Decembr[is] [17]97 bis 30 Decembr[is] [1797]

Wieland wollte den Rest dieses Jahrs in Weimar beschließen. Es war lange daran gearbeitet worden. Er hatte mit dem Herzog in Unterhandlungen über die Patrimonialgerechtsame seines Gutes gestanden. Wieland, der edle Kosmopolit, hätte ein Gefängniß bauen und Ketten für Verbrecher anschaffen lassen müssen, wenn ihm sein Wunsch Gerichtsherr und Patron von Osmanstädt zu werden, gewährt worden wäre. Der Herzog schrieb eigenhändig an ihn, und stellte ihm die Ursachen vor, warum er ihm sein Verlangen nicht erfüllen könne. Er machte den Mann zum Gerichtshalter, den Wieland gewünscht hatte. Er setzte ihm ein Deputat von 12 Haasen und 24 Rebhühnern aus, statt ihm die lästige Jagd aufzuhalsen. Er behandelte seinen ehemaligen Lehrer durchaus edel und wie wir es von unserm Herzog erwarten können. Die Folge davon war, daß Wieland mit seiner ihm unentbehrlichen Gattin froh herein kam.

So wie er mir seine Ankunft zu wissen thun läßt, eile ich zu ihm im Gasthof. Kaum bin ich ins Zimmer getreten, so bricht ein Donnerwetter über Weimar, über seinen dummen Einfall, hieherzureisen, und über alles, was ihn umgiebt, los. Er wolle aber auch nie wieder einen solchen Schwabenstreich (sein Lieblingsausdruck, weil er selbst oft über seine Landsleute spottet) begehn, u. *nie* wieder nach Weimar kommen u. s. w. Ich höre ganz gelassen zu, setze mich stille auf einen Stuhl, und fange von allerlei Dingen an zu sprechen, die ihm angenehm seyn mußten. Darüber vergißt er etwas seinen Unmuth, und zieht sich nach und nach fertig an. Wie ich fortgehn will, ergreift er traulich meine Hand, und sagt: »Nun will ich Ihnen sagen, lieber Böttiger, warum ich vorhin so böse war, und – noch bin. Wie jetzt meine Sachen ausgepackt werden, findet sichs, daß ich zweierley Tuchstiefel (seine beständige Chaussüre) habe. Sehn Sie nun selbst, wie das aussieht.« Ich versichere, daß man selbst mit einem Mikroscop keinen Unterschied finden werde. Dieß erheitert ihn sichtlich. »Nun fährt er fort, fahre ich deßwegen meiner Frau, die sie eingepackt hat, gewaltig auf den Hals. Ich habe sie gewiß seit Jahr und Tag nie so hart angelassen. Sie ist fortgegangen. Und nun begreife ich, daß ich meiner guten Frau sehr unrecht gethan habe. Es war beim Einpacken Nacht. Ich hatte mehrere, dergleichen Stiefeln. Es war leicht sie zu verwechseln. Aber eben das ist mir nun so ärgerlich, und eben darum bin ich nun auf mich selbst so böse, daß ich meiner guten Frau so unrecht, um einer solchen Nichtswürdigkeit so viel böses angethan habe.« Und nun war vollends Sonnenschein! Alles vergessen. Denn er hatte sein Herz erleichtert.

Solche Kleinigkeiten können den äuserst reizbaren Mann auser alle Faßung bringen. Sein Arzt hat mir gesagt, daß er bei solchen Vorfällen offt gleich fieberhaft werde. Er, der Arzt, hat einmal 122 Pulsschläge in diesem Zustand an ihm gezählt, da er in seinem Alter höchstens 70 haben könnte. Seine Gesundheit hat übrigens auf dem Lande mächtig zugenommen. Er ist gegen viele Unannehmlichkeiten der Witterung jetzt völlig abgehärtet.

Wir sprachen über die Recension von Schlegel in der Alg[emeinen] Lit[eratur] Z[eitung] wo Göthe auf Unkosten Homers und Virgils gelobt ward. Sogleich gab W[ieland] eine treffliche Idee von der Aeneide. Sie sei nach seiner Meinung gewiß in nuce in dem Verse enthalten: Tu regere imperio populos, Romane, memento. »Die höchste Blüte der Aeneaden ist unter einem Julier, dem August.« Dieß sei der geheime Plan dieses Nationalheldengedichts. Göthes Unglück sei, nichts *vollenden* zu können. So sehe man dem Schluß von Hermann und Dorothea offenbar den Ueberdruß an, daher auch die Verschrobenheit am Ende, wo der vorher rechtliche Gastwirth die Dorothea durch einen pöbelhaften Scherz beleidige, und nun Dorothea selbst *tragisch* werde, und gegen ihren Character herausgehe. So sei es in allen Werken Göthes. Er, Wieland, habe bei seinen größern Werken gerade gegen das Ende am meisten Ruhe und Fassung angewand. Als er den Oberon zu vollenden sich anschickte, habe er sich selbst immer zugerufen: Ruhig, ohne Eile.

Wieland besuchte vor vielen Jahren Göthes Vater in Frankfurt und machte diesen dadurch sehr glücklich, daß er mit seiner breiten Manier zu erzählen Nachsicht hatte u. ihm geduldig zuhörte. Göthes Vater war Kaiserlicher Rath und Rathsherr in Frankfurt, hatte in seiner Jugend eine Reise nach Italien gemacht und sprach gern und mit einer klugen Mine über alles, was er nicht verstand, Kunstwerke, Dichter u. s. w. Unter andern wieß er Wielanden ein prächtig eingebundenes M[anu]sc[rip]t, die Juvenilia seines Wolfgangs enthaltend, die Göthe als er noch das Gymnasium in Frankfurt besuchte, schon gedichtet hatte. W[ieland] versichert, daß er sich noch lebhaft erinnere, es seien sehr genialische Stücke darunter geweßen, da von Göthe in der Folge wohl selbst noch einiges gebraucht hätte.

Dem Herzog u. der Herzogin schlug er gestern, als er mit ihnen u. Göthe allein speiste, den besten Plan zur Rettung Deutschlands vor. Es sollten sich nemlich alle kleinern Fürsten entweder zu Oesterreich oder Preußen schlagen, so daß *Deutschland* ganz aufhöre, und die Fürsten Vasallen entweder von Oesterr[eich] oder Preußen würden.

Bei der Betrachtung von der trefflichen Copie der Madonna della Seggiola in Göthes Hause glaubt Wieland so eine weibliche Gestalt, wie die Madonna, sei nirgends in Deutschland anzutreffen. *Meier* behauptete: wir fänden sie überal. Göthe setzte die Erklärung hiezu: die Künstler sind wie die Sontagskinder. Nur sie sehn Gespenster. Wenn sie aber ihre Erscheinung erzählt haben: so sieht sie jedermann.

Wieland spielte sonst leidenschaftlich gern L'Hombre. Diese 5 Tage, die er wieder in der Stadt geweßen ist, hat er keine Karte angerührt. Als ich ihm meine Verwunderung darüber bezeigte, versicherte er mir, daß er jetzt höchstens nur noch spielen würde, um einem andern gefällig zu seyn. Darüber müssen Sie sich nicht wundern: ich treibe alles leidenschaftlich. Und so war mirs Spiel auch Geschäfft. Aber keine Leidenschafft ist permanent.

»Als ich in Tübingen Jurisprudenz studiren sollte, hatte ich die Liebe (zur La Roche) im Leibe (ich bediene mich dieses Ausdrucks ohngefähr so, wie man sagt: die Ratte hat Gift im Leibe) und dichtete an der Natur der Dinge. Dieß misfiel freilich meinem Vater. Aber ich disputirte mit ihm, und so wurde er endlich einmal recht böse. Ich muß mirs daher schon gefallen lassen (sein ältester Sohn, Louis, der in Jena studiert, war gegenwärtig) wenn mein Sohn zuweilen das Wiedervergeltungsrecht übt. Nur damit könnte er mich zur Verzweiflung bringen, wenn er sich ganz der Fichtischen Ichphilosophie ergäbe.«

Den 30 Decembr[is] [17]97.

Als ich Wielanden diesen Brief vorlas, und auf die Stelle kam: sie glauben wohl, zu wissen, wie alt ich bin etc. unterbrach er mich, und sagte:

Da wird vermutlich so eine Rechnung kommen, wie ich auch immer mache: denn ob ich gleich jetzt erst 64 Jahre alt bin, so verlange ich doch mit Recht, daß mir ein jeder noch 6 Jahre mehr zurechne. Billiger kann meine Foderung gar nicht seyn, da es ein baares Wunder ist, daß ich jetzt noch leben kann. Man bedenke nur, daß ich immer eine forcirte Treibhauspflanze geweßen bin. Von meinem 4ten Jahre an saß ich so – (er saß mir gegen über am Tische, und legte sich nun mit der Brust klemmend an die Schärfe des Tischrandes mit der Attitüde, die ein kurzsichtiger Schreiber macht) und in solcher Positur habe ich einen großen Theil meines Lebens zugebracht. Rechnen Sie dazu den Kampf der sinnlichen Liebe mit dem überspanntesten Platonismus in meinen frühen Jünglingsjahren, und etwas später die religieuse Frömmigkeitswuth, wo ich wegen des geringsten peccadillo, oder vielmehr wegen der leisesten Anwandelung eines mir sündlich scheinenden Fantasiespiels die schrecklichste Gewissensangst bekam, so als wenn mich Satanas mit Fäusten schlüge. Setzen Sie dazu die vielen Kinder und Bücher, deren Erzeugung doch auch nicht ohne Kraftaufwand abgieng. Rechnen Sie um die Summe voll zu machen, die 22jährige Hoffrohne, die Indigestionen bei den Supers, die Verkältungen u. s. w. und sagen Sie mir, ob ich zuviel fodere, wenn ich auf alles dieß wenigstens 6 Jahre gut zu haben verlange? Wie ganz anders hat sich da Klopstock abzuhärten und die Hülse seiner Psyche zu bewahren gewußt. Als er in Zürich bei Bodmer war, gab er Beweise von körperlicher Fertigkeit, von Geschicklichkeiten im Fechten und Reiten, die noch lange nachher als halbe Wunderlegenden erzählt wurden, und auf die ich mich wohl noch besinnen zu können wünschte. Er war der größte Eisläufer. Kein Tag vergieng ihm ohne Gymnastik. Und dabei fühlte er nie den Zwang des Hoflebens, war stets sein Herr und Meister. Da läßt sich wohl auf ein hohes Alter zählen. Er *muß* so alt werden, als Bodmer. Wenn ich 70 Jahr alt werden sollte: so ists ein Wunder, und mit jedem Tag weiter hinaus wächst dieß Wunder.

Als die Stelle mit den Harzschmerlen kam, unterbrach er mich durch eine Erzählung vom Wohlschmack der Alpenforellen, die er im Canton Appenzell beim Kaufmann Wezzetten im Jahre 1748 gegessen hatte. Die Forellen kamen in dreierlei Zurichtung alle als verschiedene Gerichte. Nun war man dick und satt, als noch ein *unendlicher* Kalbsbraten von einer Alpenheerde aufgetragen wurde. Da erinnerte Wieland die Gäste an das Geschichtchen vom schwäbischen Bauernmädchen, die auf einem Hochzeitsschmause sich gleich am ersten Gerichte, Kraut und Fleisch, so *pumpsatt* gegessen hatte, daß sie von dem nachfolgenden Gebratnen und Gebacknen nichts anrühren konnte, und nun bitterlich zu weinen anfing, und auf die Leute schimpfte, die sie nicht gewarnt hätten.

Als wir auf die Bemerkungen über den Messias kamen, gerieth Wieland in eine seiner seltenen, hohen Entzückungen, indem er den Eindruck schilderte, den das Lesen der ersten Gesänge auf ihn, den Jüngling, gemacht habe, und den Anstoß anzugeben suchte, den diese Lectüre ihm zu seinen Dichtungen gab. »So unendlich verschieden auch der Messias und meine Musarion nach Zweck und Ausführung seyn mögen: so stehen sie doch in so fern in engerer Beziehung, als man glauben sollte, in wiefern diese ohne jenen *nie* gedichtet worden wäre. Das hohe Ideal, die Begeisterung, die ich dem Messias und einigen Elegien, die ich zuerst aus den Bremischen Beiträgen kennen lernte, auf immer verdanke, haben mich zur Hervorbringung einiger Himmelweit verschiedener, aber doch auch nicht ganz schlechter Werke zuerst geschickt gemacht.« – »Es waren in meinem frühern Leben Zeiten, wo ich gern zu Klopstock gewalfarthet wäre, um ihm dieß selbst zu sagen. Jetzt erwacht diese Begierde lebhafter, als je, in mir. Wenn ich nicht Scheuern bauen, und Ochsen kaufen und alles zusammennehmen müßte; so reißte ich bloß um seinetwillen noch einmal nach Hamburg.«

Das möchte ich Kl[opstock] nicht sagen, daß nur die ersten Gesänge und was in den letzten mit jenen gleichzeitig ist, das Gepräge der Unsterblichkeit hat, das übrige aber weit mehr Kunst-, als Geniewerk ist. Es ist aber doch so. –

Unter seinen Epigrammen sind einige sehr witzig, einige sehr fein, nur zu fein. Allen aber sieht man die Kunst zu sehr an. Es sind mehr Witzbestrebungen, als Witzergiesungen. Und nun führte er die bekannte Definition des Epigramms von Lessing an, die selbst ein Epigramm ist.

D[en] 15 July 1798 bei Wieland in Osmanstädt.

»Klarheit ist jetzt das Lieblingswort von Göthe. Das Genie hat sich zu Boden gesetzt, und klares Wasser schwimmt oben. Als Göthe zuerst nach Weimar gekommen war, bat er sich oft selbst bei Wielanden Abends zu Gaste. Denn der Herzog, mit welchem Göthe alle Mittage aß, speißte Abends nur selten, auser wenn er alle seine Umgebung mit delicaten Brastwürsten tractirte, die in *unendlicher* Menge gemacht werden mußten. Damals war das Wort *unendlich* überal wiederkehrendes Stichwort. Wenn Göthe Abends bei Wielands essen wollte, so schickte er seinen Bedienten (der beiläufig in allem seinen Meister nachahmte, so gieng, den Kopf schüttelte, sprach u. s. w.) vorher ins Haus, und ließ sich eine *unendliche* Schüssel *unendlicher* Borstorferäpfel (gedämpft) ausbitten. Trat er ins Haus so nahm er jedes der Kinder beim Kopf, und gab ihnen komische Nahmen, schüttelte, hob sie auf die Arme u. s. w.

Als Göthe mit dem Herzog von Lavater zurückkam, war ihm jedes hübsche Mädchen ein *Müßchen* (der schweizerische Deminutif von *Maus.*)

Wieland erklärte sich von seiner Seite gegen den Gebrauch des Wortes *Tugend*, und machte es überal lächerlich, weil er den Unsinn dieses so sehr gemisbrauchten, unverständig gelallten Wortes haßte, und es für den Alletagsgebrauch zu vornehm hielt.

Mit größter Heftigkeit spricht er gegen die Philosophie um so mehr, da *Reinhold* aus Bonhommie der Fichtischen Wissenschaftslehre gehuldigt habe, da er doch selbst über alle Kantische Philosophie durch ein System der Popularität sich hätte die Oberherrschaft erwerben können. Er (Wieland) werde einem solchen philosophischen reinen Ich eine Tracht Stockprügel auf den Hintern aufzählen lassen, um ihn zum Geständniß zu bringen, daß sich das reine *ich* nicht ohne das *Nichtich setzen* könnte.

Mit innigem Wohlgefallen zeigte er das Titelkupfer des *Gundibert*, der ihm überhaupt sehr wohlgethan hatte.

Agnes von Lilien, die er eben geleßen hatte, könnte ein klassisches Buch der Nation geworden seyn, wenn nicht die Verfasserin im Verfolg des Buches auf einmal in Schillers mystischer Metaphysik zu sprechen gelüstet hätte.

Ueber Bürger. Sein hohes Lied habe ihm stets die widrigste Empfindung gemacht, weil es der Frau eines andern gegolten hätte. *Diese* Art von Galanterie war Wielanden von jeher am allerunausstehlichsten. Bürger besuchte ihn gerade zu der Zeit, wo er dieß Lied im Musenalmanach eingerückt hatte, u. hoffte große Lobsprüche zu empfangen. Wieland hatte seit 3 Monaten den ihm von Bürgern zugeschickten Musenalmanach ungelesen liegen lassen, und mußte ihm dieß auf endliches Befragen gerade heraus gestehn. Bürger gestand ganz unbefangen, daß dieß das Gedicht sei, womit er selbst am meisten zufrieden wäre.

Die erste Bekanntschaft mit Wieland stift[ete] Bürger dadurch, daß er Proben seiner jambischen Uebersetzung des Homers für den Merkur einschickte. Diese entzückten Göthen und Wielanden dermaßen, daß sie damals in Weimar und Gotha von den Fürstenkindern eine so ansehnliche Subscription zu erpressen beschlossen, die Bürgern Muße geben könnte, das Werk auszuführen. Aber der veränderliche Dichter gab die Idee selbst auf.

»Möchte ich nur einen so billigen Biographen erhalten, als *Althof* Bürgern gewesen ist.«

Es sei manchem, der ihm zur unrechten Stunde gekommen sei, sehr schlimm gegangen. So erinnerte er sich noch immer eines sehr braven jungen Mannes, der von Göttingen kommend ihn überfallen habe (den Nahmen könne er nicht mehr nennen). Ich verfluche die Stunde, wo ich die erste Feder ergriffen habe. Meine Celebrität ist mein Tod u. s. w. Der erschrockne Fremde wollte sich endlich zurückziehn; da erkannte Wieland auf der Stelle sein Unrecht. Da sie mich böse gesehn haben, müssen sie mich auch wieder gut sehn! Er hielt ihn zurück, und sprach noch einige Stunden recht herzlich mit ihm.

Diese *compensirende* Güte wußte stets Wielands Frau, die von seiner Hitze viel auszustehn hatte, trefflich zu benutzen.

Als Kraus im Juny d[ieses] J[ahres] die *La Roche* in Offenbach besuchte, u. ein Weimaraner, die Dem[oiselle] Schnauß mitbrachte, fing diese gleich an: freuen Sie sich nicht, Wielands Doris kennen zu lernen!
Die La Roche erhielt durch anonyme 3 Frauenzimmer schon 2mal 10 Carolins *wegen des Nutzens aus ihren Schriften* durch einen Frankfurter Bankier unter der Bedingung ausgezahlt, daß sie nie forschen sollte.

Sie verlor nun auch ihre kleine Pension in Speier. Jetzt lebt sie von der Erziehung ihrer 3 Enkel *Brentano*.

D[en] 4 Novemb[ris] [17]98.

Wieland sprach Richtern deßwegen, daß er durch seinen Sommerrock anfänglich hier angestoßen hatte, Trost zu, und erzählte einzelne Auftritte von seiner Hofunerfahrenheit, als er nach Weimar kam. Am ersten Tag wurden ihm *als einem Edelmann* die Charten präsentirt. Er nahm sie an, unbekümmert ob sich das schickte, oder nicht. Den andern Tag hatte man es herausgebracht, daß er kein Edelmann sei, u. präsentirte ihm keine Karten. Er äuserte darüber gegen den Oberhofmeister Grafen Görz seine Verwunderung u. erfuhr, daß daß nicht Hofsitte sei. Er wußte lange nicht, was *Cortege* machen sei, und ging immer zuletzt bei der Herzogin. Bis ihn endlich Görz fragte, warum er nicht Cortege mache. (*Herder* erzählte einige Tage darauf noch ein anderes Stückchen. Die Herzogin Regentin legte damals schon sehr stark roth auf. Wieland, der ihr oft bei der Tafel gegenüber saß, bat sich geradezu die Erlaubniß aus, sie mit der Lorgnette beschauen zu dürfen. Er erhielt diese Erlaubniß und lobte nun mit allem Feuer seiner Dichterberedsamkeit die Rosen ihrer Wangen so lange und so stark, bis ihm endlich einer gerade zu zurief: es sei genug.)

W[ieland] gestand, er habe jetzt gar keine Lust mehr Verse zu machen, er könne nur noch Prosa und auch diese nur mit enger Zuziehung des Adelungs schreiben. Als Schwabe wisse er immer nicht, ob ein Verbum *habe* oder *seyn* zu sich nehme. So sei ihm diesen Morgen erst zweifelhaft geworden ob man sagen müsse: *gestanden habe* oder *gestanden sei.* Adelung habe ihn auch sitzen lassen. Er habe sichs endlich so gelößt: *seyn* bedeute mehr selbstständig, activen, *haben* mehr passiven Zustand. So sage ich: Der Lesestein hat lange schon hier gestanden. Aber ich sage von einem Bettler: er ist an der Thüre gestanden. Oft bewundre er seinen Oberon so sehr, daß er selbst nicht begreifen könne, wie er dieß zu dichten vermocht habe.

Er hat sich einen neuen Flügel von Schenk machen lassen u. fantasirt nun vor seiner Frau ein eigenes cantabile, oder spielt eine leichte Arie von Mozart. Man braucht so eine Stimmung der Seele durch ein äuseres Instrument doppelt in seinen Jahren.

D[en] 28 Nov[embris] 1798.

Wieland logirt bei Herdern.

Ich hoffe, fing er an, Falk wird mir verzeihen, daß ich dießmal nicht bei ihm logire. Ich bin hier im Hause meines lieben Herders so unaussprechlich glücklich. Nun wurde über Falk gesprochen. Er habe, sagt Herder, eigentlich nur ein Talent zur Persiflage. Dieß habe er unglücklicherweise für ein *Talent zur Satire* angesehen. Dazu fehle es ihm durchaus an Galle. Er sei nur Milch, und sein sanftes Turteltäubchen, sein Weibchen, könne ihn weder stählen noch fassen. Man müsse einem jeden, erwiedert Wieland, in der Liebe seinen Geschmack lassen. Ihm falle von seinem 8ten Jahre her das Verschen ein:

Quisquis amat ranam, ranam putat esse Dianam,
Quisquis amat cervam, cervam putat esse Minervam!

Solche Verslein wünsche er noch recht viel zu wissen. Ueberhaupt thue es ihm leid, daß er nicht alles aus der Jugend mehr behalten habe, aus dem Blüthenmonde des Lebens. Da muß mans, sagt Herder, nur machen, wie es Leibnitz machte, der immer noch seine frühern Schulbücher wieder laß, und sie selbst auf spätern Reisen mit sich führte. Ja, sagt Wieland, das ist es eben, daß ich gar keine Bücher mehr aus dieser Zeit habe. Wenn ich z. B. nur noch Heideggers Acerra philologica haben könnte! Die ich ihm geben kann, sagte der kleine Rinaldo (der heute zweimal vergnügt ist, weil er zum erstenmal in die Comödie, in die Zauberflöte gehn darf, und den W[ieland] kurz vorher mit dem schon aufgestellten Bild seines Vaters von der Angelica verglichen hatte). *Wieland.* Dafür sollstu ein Buch mit schönen Bildern einen Louisdor im Werthe von mir erhalten, wenn du zu mir kommst. Ich bedaure nur, daß ich bei meiner letzten Anwesenheit in Zürich (1796) nicht all die Bücher mitnehmen konnte, die man mir dort mitgeben wollte. Unter andern hätte ich sogar das Helvetische Museum mitgenommen, worin der Obmann Füßly eine mit interessanten Briefen beurkundete Biographie Bodmers bis an die *Briefe der Mahler* fortgeführt hat. Herder erbietet sich dieß zu leihen, und fragt ob er nicht wisse, wo ein Bild vom Neapolitanischen Tischbein, Bodmers Kopf im hohen Greisenalter, hingekommen sei. Da habe der Greiß mit seinen dick straubigten Augenbrauen wie ein Mann vor der Sündflut ausgesehn. Bodmer habe seinen ersten Anstoß vom italienischen Himmel auf einer Fußreise über die Alpen bekommen, wo er aber nur bis Mailand und Genua gelangte. Hätte, sagte Wieland, Bodmer [sich] damals statt [mit] einigen frommen Ascetikern, die er sich in Taschenausgaben in Italien kaufte, schon mit Ariosts Dichtungen bekannt gemacht, welche Nicht-Noachiden hätten wir da erhalten können. Uebrigens wußte fast niemand bei meiner letzten Anwesenheit nur ein Wort von Bodmer und Breitinger mehr in Zürich zu erzählen. Selbst seine Schüler sind fast alle schon abgestorben. Ueberhaupt ist aber nichts *undankbarer*, als Republiken. Der große Heidegger, der zu Anfang dieses Jahrhunderts der Pericles von Zürich und beinahe von ganz Helvetien war, wäre beinah zuletzt, weil er sich nicht für jeden Zunftmeister knechtisch bücken mochte, abgesetzt worden. – *Darwin's* Botanic Garden lag auf dem Tisch. Wieland blättert und findet Füßlys Tornado, ein sublimes Ungeheuer. Herder sagt, in Darwin sei alles, was je ein Engländer neues oder frappantes über physische Gegenstände gedacht oder erfunden habe, zusammengesetzt. Ich nenne es, das brittische Witz-repertorium. Herder hat Benzlern in Wernigerode aufgefodert, eine prosaische Uebersetzung davon zu geben.

Bei Tische erzählt Wieland, wie es mit seiner Musik stehe. Er hat jetzt ein schönes Instrument ein Pianoforte von unserm trefflichen Claviermacher Schenk für 15 L[ouis]d'or erhalten. Da will er sich aufs neue üben. In seinem 12 Jahre hatte er bei einem Organisten in seiner Vaterstadt, der alle Woche 2 mal zu ihm ins Haus kam, ein Jahr hindurch Unterricht, und kam bis in die Principien des Generalbasses, lernte aber doch nie die Accorde zusammenschmelzen. Indessen leitete ihn doch sein eigenes Gefühl auf die Theorie, die *Gretry* später geübt und niedergeschrieben hat. Gewöhnlich fantasirt er jetzt bloß auf seinem Instrumente. *Schweizer*, fuhr er fort, hat mir doch zuweilen, wenn ich bei ihm auf dem Clavier fantasierte, Lob gegeben und gesagt, daß wünsche er in Noten zu setzen. Schweizer war ein armer Chorjunge in Hildburghausen, wo ihn der vorletzte Fürst, einer der geschmackvollsten und prachtliebendsten Fürsten damaliger Zeit, auf der Gasse aufgriff, und sein herrliches Talent zur Musik entwickelte. Als dieser Fürst selbst nichts mehr hatte, harrte Schweizer aus Dankbarkeit so lange bei ihm aus, bis ihn dieser selbst gehn hieß. Er nahm den Titel Capellmeister mit von ihm weg, und engagirte sich bei Seylern zur Direction seines Orchesters. Mit diesem kam er auch nach Weimar, wo er aber bald an Capellmeister Wolf und dessen Cabalenschmiedender Frau heftige Widersacher fand. Ich lernte ihn damals von Erfurt aus kennen, wo ich oft zur Herzogin hinüberfuhr, und – ich mag es nicht leugnen, der schönen, damals 34jährigen Regentin mit vollem Enthusiasmus huldigte. Als ich einst allein in dieser Stimmung nach Erfurt zurückfuhr, entwarf ich im Wagen den Plan zu einem Geburtstagsvorspiel Aurora, worin ich der Herzogin die süssesten Dinge sagen durfte. Das Ding hat jetzt für mich keinen Werth mehr, und ich hab es daher weder in meine Werke selbst, noch in die Supplemente aufgenommen. Aber als ein Kind des begeisterten Entzückens für den Augenblick mag es damals immer große Freude erregt haben. Vor allem aber gefiel der Herzogin auch die Musik, und sie lobte sie laut gegen mich. Indessen war ich nun selbst nach Weimar verpflanzt worden. Meine Frau war sehr gefährlich krank geweßen, und war gleichsam aus der Unterwelt zurückgekommen. Da verfiel ich plötzlich auf die Alceste, die mir mein Euripides so angenehm macht. Das Personal des singenden Theaters bestand nur aus 4 Personen. Soviel konnte ich also nur Personen annehmen. Besonders gefiel mir die Idee, der Alceste 2 Kinder zu geben, weil ich selbst damals nur zwei Kinder hatte. Als ichs der Herzogin vorgelesen hatte, fragte sie mich, wer es denn komponiren würde. Der brave Schweizer, antwortete ich. Aber warum denn nicht der gute Wolf? entgegnete die Fürstin. Da gerieth ich in Feuer zum Lobe Schweizers, und bewieß mich freilich als ein schlechter Hofmann. Aber das bin ich so stets geweßen. Wolfs Frau war schon damals taub. Ich hatte 3 Jahre mit ihr gesprochen und wußte es noch nicht, bis mirs endlich einmal die Herzogin sagte. Meinetwegen könnte ein Hof so viel Hoffräuleins haben, als Tage im Jahre sind, und diese Hoffräuleins könnten sämtliche mit ihren resp[ektiven] Kammerjungfern hochschwanger seyn, ich würde nichts davon ahnden, als bis das Generalaccouchement vor sich gehn müßte. – Schweizer war auserordentlich dankbar für mein Zutrauen. Er kam oft zu mir, und bat mich ich sollte ihm in frölicher Gemüthsstimmung die Alceste vorlesen. Auch muß ich ihm das Zeugniß geben, daß er vieles selbst nach meiner Declamation zu setzen wußte. Eines Tages kam er, und sagte, er müsse wohl die ganze Composition aufgeben. Da sei eine Stelle (da wo Alceste aus Elysium wieder hervortritt) wo Alceste die Worte spricht: *noch wehet ein Geist der Unvergänglichkeit mich an.* Hier müsse ein gewaltiger Uebergang statt finden, der ihm aber unmöglich zu treffen sei. Ich sprach ihm Muth ein, rieth ihm diese Arie vor jetzt nur ganz bei Seite zu legen. Es finde sich dann von selbst. Mir gehe es mit gewissen Dichtungen, ja so gar einzelnen Reimen eben so. Acht Tage darauf kam er mit Sonnenschein im Auge wieder. Ich glaube es gefunden zu haben. Wirklich ist es eine der sublimsten Stellen geworden. Der Uebergang von b Dur zu h Dur (nach Tische spielte es W[ieland] am Clavier) ist überraschend, und bei vollem Orchester erschütternd. Bei den vielen Proben ging es mir bekanntlich sehr schlimm. Einesmals war es im (damaligen) Hoftheater bei der Probe sehr dunkel. Ich stehe hinter einem Pfeiler, und rufe der Alceste-Koch, die sich in einer Stelle selbst übertrifft, zu: *o du Engel* (eine Phrase, die ich bei jedem mir lieb gewordenen weiblichen Wesen ohne alle Beziehung brauche). Unglücklicher Weise hat die Herzogin, die mir unbewußt auf einer andern Seite des Theaters uns behorcht, dieß gehört. Vier Wochen lang war ich aus aller Gnade gefallen. Sie sah mich gar nicht an, oder, wenn sie dieß nicht vermeiden konnte, warf sie mir Blitz und Flammen mit ihrem Blick zu. Endlich klärte sich dieß Räthsel (denn dieß war es für mich durchaus geweßen) auf, und alles, kam ins alte Gleis. Am Geburtstag des Herzogs wurde dann noch *Hercules am Scheideweg* aufgeführt, auch von Schweizern komponirt. Eine gewiß gute Sängerin, aber ein häßliches Schätzchen, Dem[oiselle] Heuß sang die Wollust ganz vortrefflich. Die Koch, als Tugend, apostrophirte am Ende den 16jährigen Herzog selbst, der dadurch ungemein gerührt wurde. Solche Sachen galten damals noch etwas, und Loyauté wog selbst manches andere Mangelhafte aus. So konnte man ja Hermanns *treue Köhler* sogar, trotz ihrer gewaltigen Plattheit, gut finden und mit Beifall wiederhohlen. Jetzt kam die Auffoderung von Manheim, eine neue Oper für das damals in ganz Deutschland primirende Orchester und Operntheater in Manheim zu schreiben. Aus Addison's, meines Lieblings, Spectator fiel mir nach langer Suche die schöne Rosamunde ein. Freilich wußte ich unhöfischer Tropf nicht, daß der Kurfürst auch viel dergleichen Rosamunden hatte, und mit ihren Kindern das Land bevölkerte. Schweizer hatte sich in der Composition (die nun ganz vertilgt ist, und wahrscheinlich beim letzten Bombardement von Manheim 1794 mit verbrannte) selbst übertroffen. Kranz mußte die Tänze zu den Balletten setzen, und ich nahm ihn auch mit nach Manheim, als ich zur Aufführung hinreißte. Dort hatte man sich über meine Wahl des Thems auserordentlich gewundert und Beziehungen hineingelegt, die mir nicht im Traume vorgekommen waren. Die Kurfürstin war erstaunlich darüber ungehalten. Aber der Kurfürst hatte sich nichts daraus gemacht. (Man fragte Wieland, nachdem er angekommen war, im Vertrauen, warum er gerade dieß Them gewählt habe, und beruhigte sich, als man sah, daß er nichts arges dabei hatte.) Als ich nach der zweiten Probe beim Minister Hompesch speißte, kam die Stafette der Kurfürst von Bayern sei gestorben. Dieß zerstörte alles. Hompesch gieng von der Tafel weg. Der Kurfürst reißte schnell ab, befahl aber doch, daß die Proben fortgesetzt und bloß vor Wieland das Stück bei verschlossenem Theater aufgeführt werden solle. Die tiefe Landestrauer machte die öffentliche Aufführung unmöglich. Der Kurfürst wollte gewiß nach Manheim zurückkommen, und da sollte es vor ihn aufgeführt werden. (S[iehe] *Ifflands theatralische Laufbahn*). Es ist nie geschehn. Damals war der große Bassist Fischer schon beim Manheimer Theater. Aber W[ieland] hatte nichts für ihn gesetzt. Auch der erste Tenorist war beleidigt. Jetzt denke ich noch die Pandora zu erleben, die ich nach einem franz[ösischen] Original für Kranz bearbeitet habe, u. der auch Göthe und Schiller ihren Beifall gegeben haben. Vor meiner Abreise hatte ich noch bei der Kurfürstin eine Audienz, die es sehr übel genommen hatte, daß ich ihr am Anfang aufzuwarten unterließ. Sie war *höfisch* freundlich, that als wenn sie von meinem frühern Dasein gar nichts wisse, und zog bei meinem Abschied den Handschuh ab, um mich zum gnädigen Handkuß zu lassen.

Es wurde über Kotzebue gesprochen. Wieland erinnerte sich noch der ersten Verse, die er ihm von Jena aus zuschickte, u. die unter aller Kritik waren. Warum er fortdauernd so viel Beifall erhalte. Herder giebt zur Ursache an, weil [er] die *Materie* des Drama gut inne habe, u. alle Schwächen, besonders des weiblichen Geschlechts, unbarmherzig aufstelle. Man sei bei ihm immer in einem feinen Bordell.

Ueber Jean Paul Richter. Er habe einen trefflichen Tact den Menschen zu erfühlen. Herder versichert, er habe ihm über Menschen, die er zum erstenmal sprach, so richtige Urtheile gefällt, als er (Herder) sie nach Jahrelanger Bekanntschafft nicht besser zu fällen sich getraue. Er gehöre zu den reflectirenden Menschen, wiederhohle sich also auch im Stillen, was er in Geselschafft gesagt habe, bessere sich, gebe besser auf sich Acht. In allen diesem finde ich große Aehnlichkeit mit mir, ruft Wieland, und welcher gute Mensch fände sie nicht, sagte Herder. Ich wenigstens verlasse selten eine Geselschafft, wo ich mir nicht heimlich sagen muß, da sprachst du zu stark, da zu scharf, da wurdest du zu warm u. s. w.

Ueber Zwerge. Wieland wünscht sich eine ganze Schüssel voll und mißt an den Fingern ab, wie groß die Kinder geweßen seyn müssen, wovon jene Brabantische Gräfin 365 erhalten hat. Herder sagt, er könne sich die Zwerge recht gut aus den in der Jugend gelesenen und gehörten Geschichten von dienenden Berggeistern denken, und erzählt die Dichtungen davon. Er hoffe, es werde ihm immer einer noch einen Ring oder einen Becher bringen, der auf seine Familie forterbe.

Wallensteins Lager findet W[ieland] höchst unmoralisch, so wie die Elegie: Amyntas im M[usen]Almanach von 1799. die aber übrigens zu dem vollende[t]sten gehöre, das unsre Sprache aufzuweisen hat, ausgenommen die *klägliche Klage.* Er ließt mir Schillers *Dionysius der Tyran* aus eben diesem Almanach vor; u. zeigt das unpassende des Metrums, das Schielende der Construction, das gothisch abentheuerliche in dieser schönen, aber einfachen griechischen Erzälung. Das Unglück komme vom Vielschreiben.

Der helle Sonnenschein im Ausdruck, den Addison so liebt, sei ihm vorzüglich in Cicero über alles angenehm. Er lese jetzt täglich eine halbe Stunde Cicero, um sich gegen die Pest des Zeitalters zu bewahren. Göthes Propyläen sind auch klar und stralend.

Der Merkur hat manchem geholfen u. glücklich gemacht. So erhielt W[ieland] erst vorige Woche noch eine Danksagung von *Teschadik* aus Ungarn. Eine neue Motife ihn noch fortzusetzen. Agathodämon geht jetzt ununterbrochen seinen Weg fort. Den Aristophanischen Uebersetzungen möchte er gern die Länge verkürzen.

[2. Dezember 1798]

Wieland schläft seit seiner Schweizer Reise stets in eine wollne Decke so eingewickelt, daß seine Frau sie ihm ordentlich so umwickelt, wie man ein Kind einwickelt. Er liegt darauf. Bei seiner äuserst dünnen und transspirabeln Haut ist dieß nothwendig. Er hatte sich wirklich in den zwei letzten Tagen seines jetzigen Hierseyns (d[en] 1 und 2 Xbr [Decembris]) viel zugemuthet u. eine böse Diät gehalten. Daher bekam er vom jungen Herder zu schwitzen, was ihn doch wieder stark incommodirte. Göthe vermag viel über ihn. Dieser muß ihm zureden, daß er künftig den December, Januar u. Februar in der Stadt zubringt. Er hat ja nun seine eignen Pferde. – Bei seinem Gute hätte er 30 Akker mehr für eben das Geld haben können, wenn er nicht so hitzig geweßen wäre.

D[en] 20 Januar[ii] [17]99. Hier bei Falk.
Als ich ihm meinen Ruf nach C[openhagen] gesagt hatte.

»Ich bin nur zweimal in dem Fall geweßen, meine Lage verändern zu müssen. Das erste mal als ich von Biberach zum Professor nach Erfurt berufen wurde. Beide mal war ich so gleich determinirt. Ich hatte Vortheil und Nachtheil ruhig abgewogen. Nun war die Entscheidung leicht. Ich riß mich ungern aus Biberach los. Das λαθε βιωσας, das ich dort so vorzüglich ausüben konnte, wo mich nicht einmal Journallectüre und Zeitungsblätter, in so fern diese damals schon statt fanden, stören konnten, wo ich in der größten Unabhängigkeit von fremden Urtheilen nur meiner Phantasei nachhängen konnte, war so unaussprechlich süß und lokkend für mich. Aber es kam ein Reichhofrathsconclusum, welches der Stelle des Staatsekretairs eine unangenehme Responsabilität in Geldsachen aufbürdete – eine Sache, die mir stets äuserst verhaßt geweßen ist – und dieß verleidete mir zuerst meine Stelle. Ein Assessor beim Kammergericht in Wetzlar, Loskant, war früher Sekretar des Grafen Stadion in Maynz geweßen und kannte mich von dieser Zeit her, war nun aber seit der Erscheinung meines Agathons, in den er ganz vernarrt zu seyn schien, mein wärmster Anbeter, und glaubte seinen gnädigen Herrn, dem wackern Kurfürsten Joseph Emmerich zur Realisierung seiner Idee, die Universität Erfurt blühend zu machen, keine wesentlichere Hilfe leisten zu können, als wenn er mich ihm auf alle Weise empföle. Durch ihn wurden nun auch die Unterhandlungen eingeleitet, und ich – gieng nach Erfurt unter Bedingungen, die ich mir ganz allein selbst gemacht hatte. Der alvermögende Minister Großschlag war mein warmer Gönner, und der Canzler *Benzel* ein steifer und taciturner, aber mir herzlich gewogener Mann unterstützte ihn darin.

Als mir von der Herzogin Regentin die Anträge geschahn, den Erbprinzen hier zu erziehn, lockte mich wieder der Gedanke: einen Prinzen für künftiges Völkerglück zu erziehn, mit unwiderstehlichem Reiz. Ich wandelte damals in den Blumengärten meines goldenen Spiegels, den ich so eben geschrieben hatte. Einen so süßen Traum verwirklichen zu können, das war der Stolz meiner Wünsche. Freylich banden mich Seile der Liebe und Dankbarkeit an meinen guten Kurfürsten Emmerich. Aber dagegen stand der Gedanke seiner Sterblichkeit (und wirklich starb er ein halbes Jahr nachdem ich in Weimar war, wo mich in Erfurt eine Hölle erwartet hätte) und daß ich jetzt in ein bloß protestantisches Land kommen könnte. Ich willigte in meine Berufung, *wenn* die Herzogin Mutter es durch ihre Vorstellungen dahin bringen könnte, daß mich mein Landesherr und Freund *gern* entließe. Zu dieser Absicht mußte der hiesige Minister Fritsch (wider seinen Willen) einen demüthig bittenden Bettelbrief an den Kurfürsten von Maynz schreiben, und ihm die Sache so dringend vorlegen, daß er fast nicht abschlagen konnte. Die Antwort entsprach der Erwartung. In einem kurzen, aber trefflich gefaßten Handschreiben entließ mich der Kurfürst, bat sich aber nur dieß noch aus, daß ich ihm zum Andenken den Titel Maynzischer Regierungsrath auch in Weimar behalten möchte. Fritsch hat mir in der Folge das Concept jener Supplication selbst lesen lassen.

Zu den Bedingungen, die die Regentin mir machte, gehörte eine Pension von 600 Thalern auf Lebenszeit. Der Herzog hat mir aber 1000 Thaler gegeben, das Verzehren derselben aber auf sein Land eingeschränkt. Wäre dieß letztere nicht geweßen, so wäre ich vor 3 Jahren sicher aus dem belobten Weimar in mein liebes Schwabenland zurückgezogen. Der Plan war damals so gut, als gewiß. Denn immer betrachete ich mich als nicht recht einheimisch und auf dem hiesigen Boden eingewurzelt. Erst jetzt, da ich im Weimarischen angeseßen bin, ist es mir, als gehöre ich zu diesem Lande, und könne auch hier begraben werden, wo ich Grundeigner bin.

Man legt hier auf entsetzliche Kleinigkeiten einen großen Werth. Wie hoch hat man mirs nicht angeschlagen, daß mir der Herzog die Jagdgerechtigkeit im meinem eignen Garten erlaubt und die Freiheit zugestanden hat, die Haasen zu schießen, die meinen Gartenkohl abfreßen!

Der Herz[og] v. Augustenburg hat Wielands goldnen Spiegel schon in seinem 14ten Jahre gelesen, u. dadurch einen Hang zum Länderreformator und Menschenverbesserer bekommen, der freilich oft in wunderliche Grillen ausarten mag.

»Guter Alter, Sie müssen morgen mit mir essen!« Einladung des Herzogs an Wieland in der Comödie gestern Abends.

D[en] 20 Januar[ii] [1799]. Abends. Bei Falk.

In meinem 18 Jahre glaubte ich einmal sterben zu müssen. Ich hatte eine Fischgräte verschluckt und fürchtete daran zu ersticken. Meine Mutter saß geängstet bei mir. Ich spreche von Unsterblichkeit und Wiedersehn, wie ein begeisterter Bramine, gerade immer mehr in Eifer und halte mir selbst eine herzschmelzende Standrede, so daß meine Mutter in Thränen zerfließt, schluchzt, wehklagt. Während des großen Eifers hat sich die Gräte gelößt, ich fühle es, und sage nun auf einmal: ich wolle noch fortleben. Es sei alles gut!

Wieland wundert sich, daß man Göthes Reinecke Fuchs

nicht mehr schätze. Er lese oft mit Vergnügen darin. Falk tadelt die Hexameter. Hier hätten bloß Knittelreime hingehört. Wieland nimmt sich des Hexameters an. Hexametri grandiloquentiam rebus frivolis accomodatam augere vim ridiculi. Ita esse in versiculis rythmicis (Knittelverse) si argumentis gravibus optentur. Wieland hat nur einmal wahre Knittelverse gemacht in der *Titanomachie*, eine Burleske gegen das hiesige Geniewesen. Er verbittet sichs aber, daß man *Liebe um Liebe* ja nicht zu diesem Genre rechnen möge. ⟨Wieland will Schillers Piccolomini nur so bei der Aufführung hören als sei es eine auswendig gelernte Vorlesung, immer besser, als eine bloße Vorlesung. Richter widerlegt es, weil beim Lesen auf dem Zimmer die Phantasie mehr wirke.⟩ Streit über die Alten u. Neuen. Richter behauptet, die Alten hatten aus Mangel tiefeindringender Verstandescultur nirgends wahre Charaktere geschildert, sie hatten nichts komisches im Vergleich mit Neuern gehabt. Aristophanes und Shakspear. Wieland wird ungeduldig. Falk versetzt ihn. Wieland sagt Richter: er soll doch nicht so dociren, und die Leute wie mit einem Ocean überschwemmen. Richter befindet sich nur wohl, wenn er gespannt ist. Das Disputiren spannt ihn. Daher sucht er diesen Reiz überal, und ist ein animal disputax. Nur der, der ihm recht Gegenpart hält, gilt bei ihm. Nüchtern kann er kaum etwas schreiben. Er trinkt, wenn er komponirt, viel Bier oder Wein und sitzt erstaunlich warm, wie in einem Schwitzofen. Er sagte: man soll auf meinen Grabstein setzen, daß nie ein Mensch so viel Gleichnisse gemacht hat, als ich.

D[en] 21 Januar[ii] [17]99.

Wieland negociirte für seine Vaterstadt Biberach eine Summe von 50,000 Fl[orin] ohne einen Heller Profit zu nehmen, da sie ihm es doch besonders anboten. Er erhielt dafür ein herzlich abgefaßtes Danksagungsschreiben vom Bürgermeister und Rath der Stadt Biberach, mit 50 Thaler pro cura. Dieß nahm er herzlich wohl auf, weil es mit Schwäbischer Treuherzigkeit gegeben war, und sagte: und wenn sie mir nur einen Laubthaler geschickt, und ihn so herzlich gegeben hätten, so machte er mir mehr Freude als 1000 Fl[orin] erjüdelte Provision.

In Klosterberge laß man cursorisch den Livius, als Wieland dort war. Einer der Schüler wurde aufgerufen, und mußte gleich deutsch vom Blatt weg lesen. Dies erregte gewaltige Aemulation, und war sehr nützlich. Der Lehrer brauchte dabei eben kein großer Held zu seyn.

E[ine] Szene in Osmanstädt. Wieland sitzt in den Visionen seines Agathodämons. Der kleine Enkel (ein wilder, stämmiger Bube, der gar nicht zu bändigen ist) schießt auf einmal unten im Hause eine Flinte los, daß das ganze Gebäude erdonnert. W[ieland] springt mit Entsetzen auf. Alles läuft beim Vater zusammen. Man glaubt der kleine Liebeskind habe sich erschossen. Wieland wird pathetisch, beklagt das Elend, mit solchen Ranken geplagt zu seyn, erkennt den Kleinen gar nicht für seinen Abkömmling, decantat diras tragicas. Niemand will zur Thüre hinaus, um das Unglück zu beaugenscheinigen. Endlich wagt die eine Tochter das Hinabgehn. Man findet die Flinte des Jägers (für die Haasen im Garten,) im Hause, ein Loch in die Thür geschossen. Der Schütz ist über alle Berge. Neue Declamation von Wieland. Dieß dauert drei Stunden. Die Frau, die Töchter versuchen vergeblich Besänftigung. Nur noch ingens detumet ira.

D[en] 22 Januar[ii] [1799] Wieland und Herder bei Falk.

Wieland behauptet gegen die M[ademoise]lle Schröder, daß er nie ein Frauenzimmer wegen ihrer Schönheit geliebt habe, selbst die in ihrer Jugend unwiderstehliche La Roche nicht. Julie Bondely war so häßlich, daß er sich erst an ihren Anblick gewöhnen mußte. Doch hatte sie ein paar sehr schöne, sprechende Augen und eine süße Stimme. Die Liebe zu einer häßlichen Frau ist die dauerhafteste. Die klugen Weiber lieben nie die Schönheit an den Männern, sie ziehn so gar, sagte Herder, schon aus Coquetterie u. Widerspruchsgeist die unansehnlichen, aber klugen Männer vor. Ich, sagt Herder, bin nie durch die Liebe einer Frau gebildet oder gehätschelt worden. Und ich, sagt Wieland, bin alles, was ich bin, durch edle Weiber. Aber die Männer sagt M[ademoise]lle Schröder, suchen doch zuerst die Schönheit an der Frau, oder vielmehr an den Frauen. Denn an einer genügts nie. – Lieben Sie nur eine Blume, fragt hierauf Herder. Dieß war eine sehr *männliche* Frage, erwiedert die Schröder.

Ueber Fichtes Appelation. Wieland macht eine komische Kritik derselben. Sie sei im ersten Theil ein Seufzer nach dem Unendlichen, im zweiten eine Stimme. Man empfinde ein Sehnen, ein Seufzen nach etwas, was die Sinnenwelt nicht befriedigen könne. Dieß sei eben das Uebersinnliche, das aber eben darum gar nicht gefaßt und gedacht werden könne, weil es Uebersinnlich sei. Es sei eine Gotteslästerung zu sagen: Gott sei. Dieß setzt ja schon ein sein in etwas voraus, und also Verkörperung in Zeit und Raum. Jesus selbst sei nach Fichtes Meinung ein *Fichtling*. Im zweiten Theil neige sich Fichte zu hypermetaphysischem Mysticismus. Die Stimme in uns gebiete uns die Pflicht. Man müsse alles aus Pflicht thun. Der Teufel lehre die Maxime des Eudämonismus. Es schließ[e] also mit dem Motto: ihr Fische thut eure Pflicht. Was wir Menschenkinder *nichts* nennen, ist Fichtes *Ding an sich*. Herder erinnert dabei an Wetzels Narrheit, der sich für Gott hält. Wieland räth dem Kurfürst von Sachsen, ein Narrenhaus für die kritische Philosophie zu bauen. Aber Fichte hat am Ende den Dresdner Mystikern den Hof gemacht, wo er sich als einen frommen Religiosen schildert, den heute der Pabst kanonisiren kann.

Das zarteste Stück in Herders Legenden ist *Porphyrite* oder die Krone S. 276. Dieß hält Richter für den Triumph der reinsten Weiblichkeit. Wieland kann sich nicht darauf besinnen, sagt aber Herders zerstreute Blätter lägen bei ihm zum Sommergenuß in der bibliotheca selectiori.

D[en] 22 Januar[ii] [17]99.

Göthe äuserte gegen Wieland, daß die ursprünglich einzige vis comica in den Obscenitäten und den Anspielungen auf Geschlechtsverhältnisse liege, und von der Comödie gar nicht entfernt gedacht werden könne. Darum sei Aristophanes der Gott der alten Comödiendichter, sagt Wieland, und darum hätten wir eigentlich gar kein Lustspiel mehr. (Selbst die Comödie des Menanders hatte noch einzelne bons mots, die das Volk unendlich belustigten Lepus tute es, et pulpamentum quaeris. Ego illum vel sobrius. Quis heri Chrysidem habuit? u. s. w.) Es ist auch wahr, fuhr Wieland fort, daß selbst der strengste, ernsthafteste Mann, sobald er es unbemerkt thun darf, bei einem glücklichen Einfall aus dieser Fundgrube des Witzes, der den Bettler wie den König belustigt, seine Stirn entrunzelt, und daß diesem universellen Mittel aus Democritus Apotheke eigentlich kein Sterblicher widerstehen kann. (Darum die Aeschrologia und ιθυφαλλικα in den ernsthaftesten und heiligsten aller alten Religionsgebräuche in den Mysterien der Ceres, von welchen man erzählte, sie hätten selbst der unaussprechlich bekümmerten Mutter, wenn Sie auf dem ἀγέλαστος πετρα gesessen habe, Lachen abgelockt) Darum ist eben mein Aristophanes kein solcher Schweinigel, als ihn unsere Ueberverfeinerung achten will.

Wieland ließt eine Stelle aus einer der ersten Fabeln der Metamorphosen nach der Vossischen Uebersetzung, die ihm ihr Bewunderer Falk dazu geliehn hat. Er findet auch hier alle Unarten und Härten des Vossischen Hexameters und geräth darüber in seiner Art in einen gewaltigen Eifer. Es sei abscheulich, daß ein solcher eigensinniger, bocksbeiniger, mit Hamburger Rindfleisch gestopfter Queerkopf durchaus der teutschen Sprache seine Gesetze aufdringen wolle, die nie Gesetze werden könnten. In den ersten Versen kommt gleich *Jener* statt *er* vor. Er hat dem leichtfüßigsten aller römischen Dichter Reuterstiefeln angezogen. Er (W[ieland]) habe doch auch Hexameter gemacht, und sein Cyrus gefalle ihm jetzt noch: aber solcher Unbilde habe und werde er sich nie zu Schulden kommen lassen. Voß hat die ganze Ilias eben so, wie die *erste* Odyssee im M[anu-]sc[rip]t liegen.

D[en] 6 Febr[uaris] [17]99. Schlittenfarth zu Wieland.

Göthe erklärt sich stark gegen die, welche Weimars Gemeinvortheil verrathen. Wieland sagte einst zu ihm: aber wie könnte ich mich so ekelhaft loben lassen, H[err] Bruder, wie es die Sch... thun. Antwort: Man muß sich das eben so gefallen lassen, als wenn man aus vollem Halse getadelt wird – W[ieland] misbilligt M[ac]donalds blinden Eifer gegen die Kantische Philosophie. Man müsse nie gegen etwas Lärm schlagen, was man nicht durchaus kenne. Darum enthalte auch er sich, von der Kantischen Ph[ilosophie] zu sprechen, ob er gleich lueurs davon habe. Auch gegen Fichte werde er nie öffentlich etwas sagen, ob er gleich seine letzte Apellation kindisch finde. Das Kind singt im Finstern, wenn es Gespenster fürchtet. Ihm brandert es schon, sagte Göthe, darum schreit er vom Scheiterhaufen. – Plato habe die Sophisten als dumme Jungen antworten lassen. Lucian habe die Form des Dialogs schon weiter gebracht. Am weitesten Shaftsbury. In seinem Philosopher sei es jedem der Colloquirenden *voller* Ernst. Er, Wieland, habe einige Dialoge geschrieben, mit denen er nicht unzufrieden sei z. B. in den neuen Göttergesprächen das zwischen Zeus und dem Unbekannten (Jesus). Jenes Gespäch enthalte, was Jesus anlangt (man kann diesen Nahmen mit Ehre nicht wohl aussprechen, auser in der Katechismuslehre) den Keim zu dem, was er jetzt im Agathodämon ausgeführt habe. Herders Helldunkel. Er begreife nicht, wie Herder das Evangelium von Johannes so rein und unverfälscht halten könne, da gewiß nur der geringste Theil von Johannes sei, sondern der bei weitem größere gnostische angeflickte Lappen. Jesus habe gar keine Religion stiften wollen, sondern den Religionsschlendrian zerstören. – In seinen *Osmantinischen Unterhaltungen* ⟨ad modum Quaestionum Tusculanarum⟩ werde auch sein Liebling Aristipp noch bedacht werden. Dessen Philosophie sei die einzig wahre. Er laß mir den Anfang der Revolution zu Syrakus unter dem Dion vor. Ueberal dachte er dabei an Bern und Zürich. Mit unendlichem Wohlgefallen laß er die zwei Einleitungskapitel. So lange ich noch so schreiben kann, lebe ich auch. Wenn ich aber fühle, daß es dicker und trüber fließt, dann lege ich die Feder weg und gehe schlafen. Er citirte ein altes Sprüchelchen: Si qua sede sedes, hac tu sedere memento. Dieß bleibe ihm noch aus der Jugend. Was er jetzt lese, das könne er nicht brauchen, weil alles nur einen schwachen Haupteindruck hinterlasse.

D[en] 3 März. [1799] Zum Besuch bei Wieland.

Wie soll ich gleich das Wort ἀπομνημονεύματα übersetzen. A[ntwort] *Nachrichten.* Ich wollte mit rechter Liebe daran gehn, allein imperiosa necessitas. Göpferd drängt.

Er gab als er in Bern war, an die zwei einzigen Sprößlinge von der uralten Familie Tormann Lehrstunden in der Philosophie, und empfand dabei ein inniges Vernügen, ihnen ihre Abstammung von *Tor* und *Mann* recht eindringlich zu machen. Eintheilung der schweizerischen Patricier. 3 Classen. Die *Gruber* und *Haller* gehören in die letzte. Die Tscharner Steiger in die mittlere. Die *Erbacher, Buberhausen*, in die älteste, uradliche.

Er habe bis in sein 50 Jahr ein ganz vortreffliches Gedächtniß gehabt. Jetzt wisse er oft über den zweiten Tag nicht, was er geschrieben habe. Auf Veranlassung eines Gedichts von Schillern: *Das Bürgerlied*, was er hier getadelt, dann in einem Brief sehr gelobt hatte.

Er werde jetzt wieder, was er in seiner Jugend geweßen sei, sehr launisch. Er könne seinem Dichtergenius folgend heute auf jemand viel böses sprechen, und bald darauf gar nicht wissen, daß ihm so ein Wort entschlüpft sei. Er erinnere sich, daß ihm einst Breitinger in Zürich vor diesen Kreuzsprüngen seiner Laune nachdrücklich gewarnt und ihm gesagt habe: er habe in einer Geselschaft sehr spöttisch über ihn (Breitingern) gesprochen. Wieland wurde darüber aufgebracht und versicherte, daß dieß gewiß nicht seyn könne. Nun überwieß ihn Breitinger, indem er es selbst hinter einem Busch mit angehört hätte.

Es treffe sich sonderbar, daß sein Agathodämon in seinen Geständnissen über seine eigene Religion fast ganz mit Fichte übereinkomme. Man müsse jetzt Fichtes Sache vertheidigen, weil sie die Sache der algemeinen Preß- und Denkfreiheit sei. Doch könne Fichte nichts anders sagen, als was er im deutschen Merkur einst bei Veranlassung des Preusischen Religionsedicts gesagt habe.

Wieland hatte im Januarstück des Merkurs [17]99 Mallet du Pans brittischen Merkur eine incendiarische Schrift genannt, u. ihn neben der Eudämonia und Schirachs politischem Journal rangirt. Darüber ergrimmte H[er]r M[agister] Dyk in Leipzig und ließ in einigen Bemerkungen des Uebersetzers in dem Buche: *Zerstörung des Schweizerbundes ein historischer Versuch von M[allet] d[u] Pan.* Erste Hälfte (Dyk [17]99). S. 279 seinen ganzen Grimm darüber aus. Mallet sey von Ludwig XVI selbst an die österreichischen und preusischen Minister nach Frankfurth geschickt worden u. ein wahrer Staatsmann. »Einen solchen Politiker über die Achseln anzusehn, mit ein paar Federstrichen aburtheilen zu wollen, ist doch fürwahr – eine etwas starke poetische Licenz versetzt mit kleinstädtischer Gelehrtenpedanterie. H[er]r Wieland der Dichter ist höchst verehrungswerth; H[err] Wieland der Mensch liebenswürdig selbst in seinen Schwachheiten; aber Herr Wieland, der Politiker, der den Corsen Bonaparte gern auf Frankreichs Thron sähe, u der oft Einfälle mit Räsonnement verwechselt, kommt gegen einen Mann, wie M[allet] d[u] P[an] gar nicht in Betracht; denn der politische Scharfblick eines solchen Staatsmannes verhält sich zu dem literarisch theoretischen des Weimarischen Dichters wie ein Herschelsches Fernrohr zu einem gewöhnlichen Gucker.« Und auf der vorhergehenden Seite: »Je nun man stellt vielleicht H[er]rn Wielands komische Erzählungen zwischen Grecourt und Crebillon dem Sohn u. seine politisch-philosophischen Schreiberein zwischen Mably und den Abbe St. Pierre oder neben Condorcets posthumes Werk über die Perfectibilität der Menschennatur (implicit die Narrheit) und Merciers Visionen.[«] –

Wieland nach Falks Beobachtungen

[kurz vor 4. Mai 1799]

Falk hatte sich vorgenommen eine Parallele *Wieland und Horaz* zu schreiben. Es hat wohl selten congenialere Geister gegeben als diese beide. Falk logirte einigemal mehre Tage auf Wielands Osmantino u. hatte da die beste Gelegenheit, den Alten recht zu beobachten. Sequebatur perreptantem hortulos suos et deambulantem in viridariis. Einmal entzückte sich der äuserst myopisch sehende Wieland über eine schöne Schotenblüte. Es ergab sich aber bei genauer Beaugenscheinigung, daß es ein Sperlings koth auf einem Blatte war. Immer schimpfte der Alte die verwünschte Hoffrohne, und doch führte er die bittersten Klagen, daß ihn die Herzogin gar nicht zu sich holen lasse. Endlich kommt ein Bedienter der Herzogin. Es sei der Graf N. N. angekommen, der sie in Tiefurt besuchen werde. Wieland solle kommen. Da erhebt sich ein Donnerwetter, W[ieland] schimpft, tobt: er habe mit solchen Grafen nichts zu schaffen, man solle ihn mit Frieden lassen. Der Bediente steht drausen u. hört alles mit an. Unterdessen wird er von seiner Frau u. Tochter angeschuhet, angewamset, angezogen. Er klopft an die Westentasche. Dieß bedeutet, daß man die Schnupftabacksdose hineinstecken solle. Murrend und brummend setzt er sich endlich in den Wagen u. wenn er Abends nach Haus kommt, glänzt sein Angesicht vor Freuden und er wird 2 Tage nicht fertig, den allerliebsten Grafen zu loben. So müssen alle Menschen und Gegenstände bei ihm alle Grade des Lobs und Tadels durch. In Horazens Satiren u. Episteln kommen viel ähnliche Stellen vor.

Mit Recht hat Göthe Wielanden die *zierliche Jungfrau von Weimar* genannt. Er ist kaum ein Viertel Mann. Dennoch ging alle seine Begeisterung eigentlich vom penis aus und daher kann er jetzt durchaus nicht mehr dichten. Daher die Sehnsucht nach seiner Frau. Sein genialischstes Product ist Pervonte. Da ist er unvermuthet selbst schaffend geworden.

Gewaltiger Auftritt, als der kleine (wildherumschweifende) Liebeskind die geladne Flinte des Jägers losgeschossen hatte.

D[en] 4 Mai[i] [1799]

Ich habe, sagte er bei der Herzogin heute bei Tische, ungemein wenig Imagination u. gleichwohl hat man immer nur die Phantasiegeschöpfe bei mir in Anschlag gebracht. Das ärgert mich. Ich habe aber seit 50 Jahren eine Menge Ideen in Umlauf gesetzt, die den Schatz der Nationalcultur vermehrt u. nun gar nicht mehr den Stempel ihres Urhebers tragen. Dieß ist mein Verdienst. Die Anzeige seiner Philosophie der Grazien im 2ten Stück der Archives literaires macht ihm große Freude. Die Griechen seien am Ende doch ein wahres luftiges Lumpengesindel geweßen u. könnten die Hochachtung nicht verdienen, die man ihnen grade jetzt zollte. Er habe in seiner Jugend den Cicero auserordentlich geliebt u. noch sei eine Ausgabe von Cicero unter seinen Büchern, wo er viele Stellen angestrichen, ja sogar mit guillemets bezeichnet habe. Zu einem kleinen Lucrez habe er in seinem 18 Jahr, 2 Jahre nachdem er Klosterbergen verlassen, *widerlegende* Anmerkungen geschrieben. Auch dieser Lucrez ist noch unter seinen Büchern.

D[en] 29 May [17]99. In Osmanstädt,
mit Häberlin und Weyland.

Er hatte den Mittag nicht gegessen, weil seine Frau plötzlich krank wurde. Ich bin ein Republikaner geweßen. Dieß sieht man schon aus dem ersten Theile meines Agathons.

Ich habe meinen Vater von meinem 18ten Jahre nichts mehr gekostet.

Ich habe nie einen Eid geschworen oder eine Verpflichtung feierlich auf mich genommen. In Biberach wurde ich durch eine kaiserliche Commission in das Amt eines Stadtschreibers eingesetzt, über dessen Besetzung sich der Katholische und Protestantische Magistrat viele Jahre gestritten hatten. Da ich anfänglich die Stelle nur provisorisch verwaltete, verpflichtete man mich durch keine Eidsformel und später hatte man zu großen Respect vor der kaiserl[ichen] Plenipotenz. Als ich hier in Weimar Instructor des Erbprinzen geworden war, sagte mir der Graf Görz, man würde mich ersuchen, im geh[eimen] Conseil einen Verpflichtungseid auf die symbolischen Bücher abzulegen. Ich erklärte sogleich, daß wenn man darauf bestünde, ich sogleich einpacken und fortgehn würde. Dieß hinterbrachte G[örtz] der Regentin, und es [ist] nie seitdem die Rede davon geweßen. Jetzt verlangt man, ich soll den Lehnseid ablegen (zum erstenmal muß einer in eigener Person erscheinen) ich hoffe der Herzog wird mich dispensiren u. die Sache per mandatarium abthun lassen. Wie kann ich alter schwacher Mann schwören, daß ich den Fürst mit Leib und Leben vertheidigen wolle.

Er macht sich selbst über seine Einschiebsel in der Rede lustig, worüber er jetzt, wo sein Kopf schwach zu werden anfange, oft den Faden der Rede verliere. Er sei stets sehr dünn und mager geweßen. Vergleicht sich deßwegen mit Breitinger.

Offenes Geständnis über seinen ältesten Sohn Louis.

D[en] 29 Juny [17]99. bei Falk.

Im Jahre 1775 war Wieland bei Gleimen zum Besuch. Anfänglich ging es vortrefflich. Doch konnte Wieland schon dem lärmenden gewaltigen Ton Gleims und seiner Vergötterung des großen Friedrichs (den Wielands stets für einen großen Unmenschen hielt) keinen rechten Geschmack abgewinnen. Aber in einer heiligen Stunde der Weihe laß ihm Gleim die schwärmerischen Herzensergiesungen der Karschin (die es eigentlich darauf anlegte, Gleims Frau zu werden, Gleims des ewigen Junggesellen und Wassertrinkers) mit großer Emphase vor. Wieland, der diese Liebelei nicht recht goutirte, erlaubte sich einige persiflirende Bemerkungen dazwischen zu werfen. Darüber ergrimmte Gleim aufs äuserste u. warf seinem Gast einige so derbe Brocken (in der neuesten Geniesprache Xenien) an Kopf, daß Wieland (der nach seinem eignen Geständniß da dreimal gröber wird, wo er nur einfache Grobheit bemerkt) Gleim wieder die härtesten Dinge sagte, aufsprang und auf der Stelle Gleims Haus und Halberstadt verlassen wollte. Endlich gossen die Weiber, Gleims Nichte und Wielands Frau, ihr weibliches Oel in diesen Essig so reichlich, daß sich das Ganze wieder freundlich mischte. Wieland hat indessen von dieser Szene noch ein sehr lebhaftes Andenken behalten, und nennt noch in diesem Augenblick Gleim einen groben Knollen, dessen Willen nie gebrochen worden sei.

Wieland schildert sich sehr lächerlich, wie er in Biberach den senatorischen Ornat, einen langen schwarzen gros de tournen Mantel getragen habe.

Falk erzählt, wie er noch vor 3 Jahren Gleimen in seinem Garten über einen breiten Graben habe springen sehn, welchen Sprung sich keiner der viel jüngern Anwesenden zu machen getraute.

D[en] 5 July [1799].

Während der Anwesenheit des Königs von Preußen.

W[ieland] verbat sichs so gleich, nicht an die Tafel gezogen zu werden, und wurde daher während der Vorstellung des Wallensteins vom Herzog selbst dem König und der Königin vorgestellt. Der König sagte er freue sich, einen Mann persönlich kennen zu lernen, von dessen Schriften er *vieles* gelesen hätte. Er machte eine feine Bemerkung, wie vortheilhaft einem Dichter der Aufenthalt auf dem Lande seyn müsse. Denn er wußte, daß W[ieland] in Osmanstädt wohne. Endlich sagte er auch: es freut mich, daß die Deutschen gerecht gegen Sie sind, und eine so schöne Ausgabe Ihrer Werke gemacht haben. Wieland erwiederte, dieß hätten vielleicht andere Schriftsteller noch weit mehr verdient. Es sei vorzüglich Gunst seines Verlegers. Nein, sagte der König, es ist Ihr Verdienst. Die Königin sagte Wielanden: sie hätte seinem *Mönch und Nonne* zu gefallen in Eisenach diesen Felsen so hoch es gehn wollte, erstiegen, und bezeugte ihre Verwunderung, als W[ieland] versicherte, er habe diese Gegend bloß in voraus beschrieben, ohne sie noch gesehn zu haben, und dieß sei ihm öfters passirt, daß er in prophetischem Geiste Gegenstände so schilderte, wie sie wirklich waren, ohne sie je gesehn zu haben. Nun gieng die Königin ins Detail über seine Schriften und zeigte große Belesenheit darin, *vorzüglich im Oberon.* W[ieland] war ganz entzückt über ihre anspruchslose, von aller Gefallsucht entfernte, Grazie. Die Schmeichelei habe nur die Grazien vervielfältigt. Er als ein guter Monarchist habe von jeher nur eine einzige Grazie geglaubt und heute die volkommenste Bestätigung seines Monotheismus gefunden.

Mit des Königs Kammerdiener, dem Geh[eimen] Kämmerier Wolter wurde er bald vertraut (lächerlicher Irthum beim Anmelden des geh[eimen] Cämmerier *von König*). Wolter nannte er einen Socratischen Kammerdiener. Als ihm Wolter sagte, er lasse seine Töchter doch nicht alle Schriften Wielands lesen, sagte Wieland: die meinigen dürfen mich erst ganz lesen, wenn sie verheirathet sind. Er verweißt gegen Woltern, daß in der Preusischen Monarchie der Adel noch zu gewissen Stellen, besonders beim Militär, ausschließlich berechtige. Wolters geschickte Apologie der Sache.

Der Erbprinz von Mecklenburg-Strelitz bat Wielanden um Gottes willen, er solle ihm doch einen Zweifel lösen, der ihn längst sehr beunruhigt habe. Er habe nehmlich gehört, Wieland habe gesagt, er zöge sein Clelia und Sinibald noch dem Oberon vor!!

[17. August 1799]

Der Chevalier Angiolini, Toscanischer Gesander in Rom und neuerlich in Paris kommt nach Weimar und besucht hier einen Prinzen Moncanigo, einen Venezianer, seinen alten Freund, der am Tertianfieber krank liegt, und den er mit ächter China, wie sie Azara jährlich vom König von Spanien zum Geschenk bekommt, curirt. Beiläufig geht er auf die Bibliothek, spricht dort Schmidten, hört von hiesigen Gelehrten, und vor allem vom *teutschen Voltaire*, Wieland, dessen Nahmen er noch nie hatte aussprechen hören, sieht seine Werke und läßt sich nun von Schmidten recht viel vorplaudern. Nun kommt er zur regierenden Herzogin, kramt da seine so eben empfangnen Notizen als alte Wissenschaft aus, spricht davon, daß er il gran Wilanda, von dem Italien und Frankreich voll sei, kennen lernen müsse, ich bekomme Auftrag von der Herzogin, begleite ihn den andern Tag zu Wielanden, den er mit Fleuretten überhäuft und eine seelige Stunde macht.

So geht es mit unserer literarischen Fama. Eben dieser Angiolini pflückt Saamenschoten von Blumen im Park, um sie in sein Landgut in Toskana anzusäen, invitirt, als er noch Gesander in Rom ist, wöchentlich die Künstler einmal zu sich, und läßt sich dafür Gemälde, Kunstwerke, geschnittene Steine bringen, und behält ein der Dame Reubel zu machendes Präsent, das er hie durch Bretari zu verschachern sucht.

D[en] 17 August[ii] [17]99.

D[en] 31 August[ii] [17]99.

Ich habe Göthes Hermann und Dorothea wieder gelesen und gefunden, daß der letzte Gesang mich jetzt ganz befriedigte, so wenig er mir sonst gefallen wollte. Nur durch das dort eingeleitete Mißverständniß konnte sich Dorothea so herrlich zeigen. Ich bin mit Humbolds Critik ganz zufrieden und lese sie mit großer Aufmerksamkeit. Schade nur, daß er seine ganze Theorie in die Beurtheilung des Göthischen Gedichts einflicht. Er hätte jene unabhängig von diesem vorausschicken sollen. Bei dieser Lectüre habe ich mich aufs neue überzeugt, Göthe sei eigentlich zum Künstler geboren. Die Figuren in Hermann und Dorothea sind alle in großen Raphaelischen Umrissen herrlich gezeichnet. Es sind Figuren in Marmor gehauen. Ans Colorit muß man dabei nicht denken. Auch dieß könnte Göthe geben, wenn er *mahlen* wollte. Aber hie ist er Bildhauer. Alles ist im großen Stil. Die Vernachläßigung des Verses kommt daher, weil er alles dictirt. Jamben und Hexameter sind ihm ohngefähr gleich geläufig. Aber er achtet es nicht, 10 Verse von demselben Einschnitt aufeinander folgen zu lassen. Ich erinnere mich aus den ersten Jahren noch einer Aufgabe, wo wir ein englisches Liedchen zusammen aus dem Stegreife übersetzen sollten. Ich bin nie ein Improvisator gewesen. Aber Göthe nahm das Buch, übersah eine Strophe und dictirte nun, es mochte brechen oder klappern, wenns nur ohngefähr der Sinn war. –

Ueber die neusten Schlegeleien (Athen[aeum] 4tes Stück) Ich habe mich nie für einen großen Dichter gehalten. Lange Zeit sind meine Gedichte nur Studien für mich geweßen. Wenn ich dichtete, waren mir nicht einzelne Stellen gegenwärtig. Ich verarbeitete Ideen, die *mein* geworden waren. Aber wo die Herrn mir Schuld geben, traf ganz bei Bodmer ein. Als ich seine Noachide laß, hielt ich alles für seine Erfindung. Als ich zu ihm kam, schrieb ich unter seinen Augen ein Buch über die Noachide voll des ungemessensten Lobes, das auch gedruckt wurde. Unterdessen laß ich seine ganze Bibliothek durch, u. lernte Englisch und Italienisch während meines 1½ jährigen Aufenthalts bei ihm. Da sah ich, daß er alles zusammengestohlen hatte. Die naiven Schäferideen die der Tochter des Sima zugeschrieben werden, aus Lemenes Pastorale. Er hatte ganze Sätze aus Montesquieu hexametrisirt u. s. w. – Ich möchte doch gern sehen, wie es die H[er]rn anfangen wollten, mir zu zeigen, daß ich meine Musarion zusammmengetragen hätte. Man sollte sie auffodern dieß Mosaik vor den Augen des Publikums zu zerlegen. Mir sollte es die größte Unterhaltung gewähren.

Während der Anwesenheit der La Roche
im July und August [17]99.

Die 69jährige Frau verbindet mit der lebhaftesten Phantasie ein auserordentlich getreues und gehorsames Gedächtniß. Sie erinnert Wielanden stündlich an Dinge, wovon keine Spur mehr in seinem Gedächtniß übrig ist. Man redet ihm daher von allen Seiten zu, er solle doch jetzt, wo dieser Buchhalter seiner frühern Lebensgeschichte bei ihm wohnt, anfangen seine eignen Memoires zu schreiben. Haben Sie schon etwas darüber niedergeschrieben, fragte die Herzogin vorigen Sontag (den 28ten July, wo Herder und Wieland nebst mir da eingeladen waren). Ich kann keine Unwahrheit reden, sagte Wieland, und daher muß ich gestehn, daß ich noch keinen Federzug gethan habe. Ich kann nicht dazu kommen und nehme es für einen Wink meines Genius, daß ich es nicht thun soll. – »Die Frau La Roche hat alles selbst gesehn, erfahren, umtastet. Daher ist ihr Gedächtniß durch Autopsie so treu. Dahingegen mein Gedächtniß bloß Buchstaben und darauf gegründete Phantasiegemälde umfaßte«, sagte Wieland –

Sie erinnerte Wielanden an ein zierliches Gedicht, daß er ihr einst des Morgens nach Warthausen geschickt habe, als sie den Abend in der Promenade mit ihm einen Kinderstrumpf für ihren Franz im Stricken verloren hatte. Sie hebt dieß Gedicht noch auf, so wie jedes Papier, aus Wielands Hand. Wieland dichtete ein καταστερι[σ]μόν. Amor fand das Strümpfchen, und da er nicht herausbringen konnte, an welchen schönen Fuß es passe, so bat er den Zeus, daß er ihm neben Berenices Locken ein Sternbild anweisen möchte. W[ieland] wußte von allen diesem jetzt kein Wort mehr. Nur machte er die Bemerkung, daß er wohl jetzt neben *Lalandes Katze* (S[iehe] [Allgemeine] Geogr[aphische] Ephem[eriden] [17]99. July S. 42. nebst der Kupfertafel) zu stehn kommen würde.

Wielands Gedächtniß wird indeß durch alle jene Gespräche auch wieder angefrischt. So erzählte er einige Tage vorher (bei Gerning am Tische): es habe mit ihm zu gleicher Zeit in Tübingen noch ein *Wieland*, eines Schneiders Sohn aus Ulm (ein Queer- und Hohlkopf, den sein Vater Theologie studiren ließ, weil er keinen Wams zuschneiden konnte, u. Stipendia für ihn bei den hochmögenden Herrn in Ulm erbettelt hatte) studiert. Als nun das Gerücht von

Halle her kam, es habe ein Wieland in Tübingen das algemeines Aufsehn erregende Gedicht von der Natur der Dinge verfertigt; so kannte unsern Wieland kein Mensch in Tübingen, weil er in kein Collegium ging, bloß in die *Faberei* (so hieß das Haus, der Stiftung von Faber) sich einschloß, und um niemand zu begegnen meist in der Mittagsstunde in der größten Hitze spazieren ging. Man konnte also gar nicht begreifen, wie auf einmal der heilige Musengeist auf den Ulmer Schneider, den jederman zum Besten hatte, ausgegossen worden sei, bis dieser den Irthum selbst entdeckte, und von freien Stücken zu Wieland kam, und ihm sagte: daß er ganz unschuldiger weise für einen Dichter gehalten werde.

Die La Roche ist in Kaufbeuren geboren, wo auch die H[eilige] Crescentia geboren worden seyn soll. Daher sagte sie zu unserer Herzogin, da diese auf ihrer Italischen Reise durch Kaufbeuren gekommen ist: Sie mußten durch den Ort, der die heiligste und profanste Frau erzeugt hat. Denn eine Romanschreiberin ist freilich die profanste von allen.

Sie klagt beständig, daß sie nicht nach Italien gekommen sey. Als sie einst auch diese Klage vorbrachte, erinnerte sie Wieland an den Atapaliba, der zu seinem winselnden Diener sagte: glaubst du denn, daß ich auf Rosen liege? So, sagte W[ieland] könnte ich auch sagen, glauben Sie denn, daß es mir etwa besser gegangen sei, als Ihnen?

Herder erinnert sie an die Zeit, wo sie in Darmstadt seine Frau, als Mamsell Heß gesehn habe. Sie beschrieb die Herderin als eine herrliche, schön dahin schwebende Gestalt, und wußte noch ihre Kleidung anzugeben.

Erzählung vom Besuch in Bedlam in London, wo der Aufseher eine Aeolusharfe hatte. Von einem Besuch in St. Cyr. Von einem Besuch in Brede auf dem Schloß des Präsidenten Montesquieu.

Herders Entschluß nach Italien zu gehn, war ganz unabhängig von dem der Herzogin. Er arbeitete noch in Nürnberg Ephoralien und Acten fürs Consistorium aus, die er hieher zurückschickte. Der Baron v. Dalberg, des Coadjutors Bruder, reißte auf Musik. Darum ging er über Venedig.

In Verona war Herder nur 24 Stunden der Herzogin voraus. Dann reißte er längst dem adriatischen Meer hinab, während sich die Herzogin lange in Florenz aufhielt. Herders treuer Bedienter (jetzt bei der Herzogin) Werner wurde in Rom tödlich krank. Die Römischen Aerzte sind alzumal stümperhafte Quaksalber u. es war daran, daß sie ihn zur Pyramide des Cestius schicken wollten. Da erschien wie ein heilbringender Engel die Herzogin mit ihrem Gefolge in Rom, und der Arzt der Herzogin, Huschke, rettete Wernern. Im Winter ging die Herzogin 5 Wochen nach Neapel, wohin sie Herder begleitete. Dann wohnten sie in einer Villa ohnweit Rom all beieinander. Man sagte es sei eine Villa des Luculls. Die Angelica konnte hinten durch den Garten aus ihrer Wohnung zur Herzogin kommen, u. hatte also Zeit, Herdern u. die Herzogin recht con amore zu mahlen. Herder hält es allerdings für einen sehr glücklichen *Zufall*, daß er mit der Herzogin (la Duchessa di Sassonia, der Schwester des Herzogs von Braunschweig, der vor kurzem in Italien geweßen war, und Nichte des Königs von Preusen) in Italien alles besehn konnte.

Auf mein Befragen: *wie* sie Wieland verändert gefunden habe? sagte sie mir: sie bemerke, sein gutes Herz liege jetzt noch mehr zu Tage. Er könne auch jetzt noch sehr heftig werden, aber er werde *gleich* wieder gut, und suche seine Heftigkeit zu compensiren. Dieß wäre vordem nicht so geweßen. So sei z. B. der Bruch zwischen ihm und dem Grafen Stadion auf Warthausen durch eine solche Heftigkeit Wielands unheilbar geworden. Stadion stichelte immer auf die hohlköpfigen Rathsherrn von Biberach, die er häufig verspottete, in Gegenwart ihres Canzleidirectors, der doch am Ende Unrecht verstand und was ihm nicht gelten sollte, als gälte es ihm, mit verfocht. – Sie hat Wielanden eine Zeichnung von Warthausen mitgebracht. Da wieß sie uns die Allee, wo sie den Strumpf verloren habe, da, indem sie zwei Fenster im herrschaftlichen Gebäude bezeichnete, wohnte Wieland, da daneben hatte ich mein Zimmer, obgleich die Wohnung des Amtmanns (dieß war eigentlich

La Roche) hier in einem andern Hause im Hofe war. Der alte Stadion wohnte ganz eigentlich in seiner Bibliothek. Dort bei Stadion lernte auch der Minister Grosschlag Wielanden kennen, und ruhte nicht eher, als bis er ihn aus dem Abderitennest Biberach nach Erfurt gebracht hatte.

Die La Roche sagte mir gestern (d[en] 30ten July, wo ich in Osmanstädt war) Wielands zweite Periode gehe erst davon an, als er nicht mehr in der engen Verbindung mit ihr gestanden habe. Sie habe *nur* die drei ersten Producte seiner Muse veranlaßt: *die Natur der Dinge, die moralischen Briefe*, und die *moralischen Erzählungen*. Wäre sie bei oder um ihn geblieben, so hätte er gewiß eben so wenig ein Idris, als – eine Wasserkufe gedichtet. Die moralischen Briefe wären dadurch veranlaßt worden, daß sie Wieland mit *Barthes* Poesien in der Hand angetroffen habe. W[ieland] nahm sie und warf sie in einen Winkel, indem er versicherte, daß er wohl noch etwas besseres machen könnte, als der Franzos.

Sie ließ der Wielandin die Gerechtigkeit widerfahren, daß sie sich weit besser für diesen Mann schicke, als sie sich geschickt haben würde, weil sie weit duldender und gefaßter sei, als sie. Dabei die Vergleichung: nur die Frau könne mit voller Faßung und Freude viel tragen. Ein Sinbild davon wären die Caryatiden, die zierlich und mit gesenkten Händen die größte Last trügen. Dagegen die Atlanten die Hände auf beiden Seiten gewaltsam unterstützten.

Fast alle Briefe, die ihr Wieland in seiner feurigsten Periode schrieb, sind *französisch*, wie sie auch antwortete. – Sie erkennt nur den ersten Franz, und Carl für ihre Söhne, da diese beide nur von ihr erzogen worden wären, Fritz der älteste war das Ebenbild des Vaters. Er war französischer Offizier im N[ord]Amerikanischen Krieg, rettete 600 Franzosen auf einem Transportschiff bei Rochefort, und quittirte, da er nicht zeitig genug das Ordenskreuz deßwegen bekam, den Dienst, kam dann unter die gardes Françoises durch die Protection des Hauses Rohan, spielte dem Cardinal Rohan in der Bastille ein Billet in die Hand, und ging daher, auf des Versailler Pfeffels Rath, auf Urlaub nach Holland mit einem Cameraden, einem holländischen Baron. Dort sah er in einem großen Concert eine schöne junge Holländerin mir einer goldnen Brille auf der Nase. Dieß frappirte ihn so sehr, daß er sich so gleich zu ihr machte, sie um der Ursache ihrer Brille, die so helle schöne Augen verdeckte, befragte, und so gleich so weit ging, von ihr die Erlaubniß zu erhalten, sie besuchen zu dürfen. Die junge Witwe wurde mit 200,000 Fl[orin] seine Frau. Er zog nach Offenbach, erbaute ein prächtiges Palais, lebte fürstlich (das Großthun hatte er von seinem Vater, sagte *mir* Wieland) und sah sich bald in die Nothwendigkeit versetzt, das Haus zu verkaufen, und sich mit dem Rest seines Vermögens nach N[ord]Amerika zu begeben, wo ers wieder auf großen Fuß anfing, ein Landjobber wurde, betrog und *betrogen wurde* und so ganz arm nach 2 Jahren wieder nach Deutschland kam. Nun stürzte er sich in den Strudel der franz[ösischen] Revolution, wo er sich in Paris, oder Gott weiß, wo er noch herumtreibt. Seine äuserst tugendhafte und liebenswürdige Frau gab der La Roche die Nachricht von der Familie am See Oneida, die sie dann zu der *Erscheinung* benutzte. Auch *Rochefoucauld* spricht in seinen Reisen davon. – Dieser ungerathne Fritz ist es nun, der der Mutter das meiste Herzeleid bereitet hat (von dem sie jedoch mit vielem Pathos die schöne Handlung erzählte, worüber sich Wieland so ärgerte) und den Wieland in Erfurt bei sich hatte, aber nichts aus ihm machen konnte.

Wielands Vater war ein äuserst formeller, ängstlich frommer Mann, der oft seufzte, oft ergrimmte, seinen Sohn auf so Seelenverderblichen Wegen mit Voltairischem Spottgeiste erfüllt zu sehn. Dagegen war Wielands Mutter die lebendigste, geistvollste Frau. Gerade dasselbe Verhältniß nur in einer höhern Instanz trat bei Göthes Vater und Mutter ein.

Mutterwitz (nur die Deutschen haben dieß Wort bemerkt' ich) das schönste Erbtheil!

Die *La Roche* war die älteste von 13 Schwestern und zum 14ten kam noch ein Sohn. Sie mußte die Erzieherin und Bildnerin aller ihr nachfolgenden Schwestern machen. *Brucker* hat sie getauft. Dieser war Rector in Kaufbeuren, und ging Sonnabend, nachdem er gepredigt hatte 8 Stunden nach Ulm um die dortige Bibliothek zu benutzen. Als der Cardinal Passionei durch Augsburg ging, machte er den Lutherischen Bürgermeister auf diesen ihren berühmten Landsmann aufmerksam, und wunderte sich, daß die Augsburger ihn nicht an sich gezogen hätten. Darauf wurde Brucker als Prediger an die Heilige Geistkirche nach Augsburg berufen. Als Mädchen war sie oft bei Bruckern und lernte manches von ihm.

Mit immer neuem Entzücken spricht sie von England. Als sie bei der Gräfin Reventlow in Richmond war, ging sie eines Morgens früh allein spaziren, und fiel auf einem der Hügel, von welchen man die herlichste Aussicht hat, anbetend und dankend zu Gott auf ihre Knie. Diesen Fleck beschloß sie durch eine Schrift zu verherrlichen, u. so wurde hier der Keim zu Miß *Lony* gelegt.

Stop, go on! im englischen Theater, in Gegenwart des Königs. Sie war äuserst unzufrieden mit der Carricatur von dem Schreibepult, die Gräff durch einen Sudler in Leipzig hat machen lassen, auch hat sie Gräffen darüber sehr heftig geschrieben.

Herder sagte von der La Roche: sie spricht bloß die Canzeleisprache, aber nicht die Cabinetssprache des Herzens. La Roche war trierischer Geheimerrath, ohne es in der That zu seyn.

Einmal wurde Wieland während ihrer Anwesenheit sehr empfindlich, da sie mit ihm Abends von Weimar zurückfuhr, und alle Augenblicke wegen des schlechten Weges ängstlich auffuhr und schrie. W[ieland] zankte mit ihr und wunderte sich über ihre Aengstlichkeit, da sie doch so weite Reisen gemacht hätte. Sie aber versicherte, daß sie die Wege nirgends so halsbrechend angetroffen habe. Nun aber hat sie von Schönebek aus amende honorable gethan, indem sie die Wege hinter Eisleben noch viel abscheulicher gefunden hat[,] es sei ein Ideal eines schlechten Wegs. Dabei schrieb sie die jacobinische Bemerkung: die Wege würden schlechter, je größer die Fürsten würden, in deren Lande man reise.

Es fehlt ihr, sagte W[ieland] durchaus an Tact und Menschenkenntniß, ob sie gleich 40 Jahre mit Menschen aus den obersten Ständen umgegangen ist. In Trier war ihr Mann Canzler des Kurfürsten und sie galt durch die Schwester des Kurfürsten, die Prinzessin Cunigunde alles, nur konnte sie, als nicht von stiftsfähigem Adel, nicht an öffentlichen Hoftagen erscheinen.

[11. September 1799]

Wieland kam d[en] 11 Septembr[is] [17]99. zur Vorstellung des Lustspiels *Alles aus Eigennutz* und der Comödie aus dem Stegreif, die von Liebhabern gespielt wurde, von Osmanstädt herein, langweilte sich aber ganz gewaltig bei der bis zu 9 Uhr verlängerten Vorstellung, weil er überhaupt immer den Sinn für solche Dinge verliert. Denn die Vorstellung war wirklich gut.

Er hatte diesen Morgen einen Brief von *Werthes* aus Stuttgard bekommen, den er mir mittheilte. Werthes kam aus Stutgard von freien Stücken zu Wielanden nach Erfurt 1771, bloß von der hohen Bewunderung der wielandischen Gedichte getrieben. W[ieland] behielt ihn von nun an bei sich. Er hatte eine unbeschreibliche Musolepsie und Jucken zum Versedrechseln. Aber W[ieland] machte ihm das Leben auserordentlich schwer. Oft vergoß er Thränen des Unmuths, das man sich die Hände unter seinen Augen hätte waschen mögen, weil er W[ieland] gar nichts recht machen konnte. Damals ergieng auch das strenge Urtheil über den ersten Act des Conradin, dessen er in seinem heutigen Brief gedenkt.

Endlich brachte er es doch dahin, daß er Wielanden mehrere Schäferpoesien so zu Dank machte, daß eine kleine Sammlung derselben gedruckt werden konnte. Unterdessen war er mit W[ieland] nach Weimar gezogen, und blieb auch da noch einige Zeit bei ihm, bis ihn W[ieland] an Fritz Jacobi übergab, der sich seiner treulich annahm und ihn eine Zeitlang bei sich hatte. Von hier kam er nach Italien, wo er Gozzi übersetzte und den Tasso. Von da wurde er Professor in Pesth, und später Geselschafter und Reisebegleiter eines reichen Russen, wo er sich so viel erübrigte, daß er nun unabhängig in Stuttgard seine Tage beschließen kann.

Ja, wenn ich die beiden Schlegel auch so eine Zeitlang hätte unter der Ruthe haben können: so sollte wohl auch etwas daraus geworden seyn. Bald wird man sagen müssen: Hüthet euch vor den jungen Griechen!

D[en] 28 Decemb[ris] [17]99.

Seit Wieland in Osmanstädt ist, kann er weit mehr vertragen. Er hat gar keine Herzklopfen mehr. Sein Teufelspulver allein ist seine Panacee. Wenn er verdauen will, muß er die ersten zwei Stunden sehr hoch mit dem Kopf und dem Obertheile des Leibes liegen, dann kommt er durch das Hinabgleiten algemach ins Horizontale. Er hatte 3 Bediente. Der eine begleitete ihn von Biberach nach Erfurt. Dann bekam er einen, der jetzt am Hofe ist, u. den Herzog nach Holland begleitete. Der dritte Geißel wurde zuletzt seine Geisel. Der Revolutionsteufel fuhr ihm im Leib. Vor seiner Zürcher Reise dankte er ihn ab, und seitdem ist die Frau Hofräthin sein Kammerdiener. Doch möchte er jetzt wohl einen Gärtner zum Bedienten haben.

Nichts ist ihm verhaßter, als Parade und geräuschvoller Pomp. Daher klagt er noch heute über den Verdruß, den ihm die Krönung und Ueberreichung seiner Werke in Leipzig, als er 1795 nach Dresden reißte, verursacht habe. Er mußte freilich damals einen Bissen über Macht nehmen, um Göschen nicht weh zu thun. Aber er hat es noch nicht verwunden.

Bei Gelegenheit eines erbärmlichen Schauspielers, Haldenhof, der den Titus hier im Mozartschen Stück kreuzigt, erzählte er folgende Anecdote aus seinem Biberacher Leben. In Biberach, so wie in vielen Schwäbischen Reichsstädten spielten sonst die Bürger selbst des Jahrs zweimal Comödie, wobei immer einer der jüngern Reichsmänner

Director war. Diese Beamtung wurde in Biberach Wielanden zu Theil, der sich in diesem wichtigen Posten eines gewissen *Dettenrieder*, nachmals als Schauspieldirector *Abt* hinlänglich bekannt, zum Adjutanten bediente. Wieland schnitt zu dieser Haupt- und Staatsaction ein Stück aus *Shakspears* Midsummernight's dream u. Tempest zusammen, und da er damals einen gewaltigen Haß gegen alle Könige hatte, so wünschte er für den dort vorkommenden König von Neapel einen recht abscheulichen, klapperbeinigen, ungestriegelten, ungeleckten Lümmel zu haben, der auch wirklich in einem eben von seiner Wanderschaft zurückgekommnen Schneider gefunden wurde. Dieser hatte besonders das Talent, sehr hörbar und pathetisch zu gähnen, im seltenen Grade und erschütterte dadurch das Zwerchfell der Biberacher Auditoren aufs allerangenehmste. Doch merkten die emunctae naris homines in Biberach sehr wohl, daß dieß eine neuer trick von dem μισοτυραννου Wieland sey.

Als ich ihm Hammers *Schirin* vorlas, machte er feine Bemerkungen über die Oberdeutschen u. Obersächsischen Reime. Wir reimen *steigen* und *reichen* ohn Arges. Dieß ist der abscheulichste Miston in den Ohren eines Schwaben. Dagegen haben jene wieder viel ächte Reime, die uns ganz entsetzlich auffallen.

Eine englische Scheer von seinem Vater, die erst vor kurzem abhanden kam, und 50 Jahre diente.

[undatiert]

Wir haben eigentlich gar keine Philosophie mehr. Nur die Griechen hatten dieß Wort und die Sache dazu. Ich wünschte dieß einmal in einer eignen Schrift zu zeigen. Unsere heutige Philosophie ist ein Rezidiv in die Scholastik, durch Egoismus eisern gemacht.

Ich habe mir in meinen Schriften eine eigene Interpunction gemacht. Da wo ich wünsche, daß der Vorleser einen Hauch inne halten möge, mache ich ein Comma: Es mag dieß nach der gewöhnlichen Art Sitte seyn, oder nicht.

Wo mehrere Sätze eine Periode zerlegen, ein Semicolon: wo die Periode gerade halbirt wird, ein Colon.

Jeder Teutsche hat *seine* Interpunction wie seinen Glauben für sich.

Der Bondische Horaz wurde Wieland 2mal gestohlen. Man schenkte ihm in Wittenberg editiones minutissimas.

[undatiert]

Athenäum II, 72.

»*Wieland* hat gemeynt, seine beinahe ein halbes Jahrhundert umfassende Laufbahn habe mit der Morgenröthe unserer Literatur angefangen, und endige mit ihrem Untergange. Ein recht offenes Geständniß eines natürlichen optischen Betrugs.«

Wieland hat wirklich dieß in der Vorrede zum 1 Band seiner Werke gesagt.

Klopstock hat in seinen grammatischen Gesprächen erzählt, daß Wieland den Adelung auf sein Pult genagelt hatte. Klopstock hat dieß Wieland nicht übel genommen, wohl aber dessen Nachbeter *Campen.*

[undatiert]

Bürgers Charakteristik von Althof S. 93.

»Wenn ein Gedicht vollendet war, wurde es von ihm sauber und gemeiniglich auf dem feinsten Papier aufgeschrieben, u. wenn in der Folge in dieser Abschrift nur einzeln Wörter verändert wurden, so mußte es so fort abermals ins Reine geschrieben werden.«

Hierzu macht der Recensent in der Goth[aischen] Gel[ehrten] Z[eitung] [17]99. n. 53 S. 443 den Zusatz: »Die Ursache war, um immer mehr zu vollenden. Denn nach B[ürgers] Aeuserung gegen den Recensenten hatte es großen Einfluß bei ihm auf das Gelingen des Gedichts so wohl als der Verbesserungen, wenn er das schon fertige sauber vor sich hatte.«

Wieland ist in demselben Fall. Nur durch öfteres sauberes Abschreiben erhalten seine Gedichte alle Vollendung der Feile. Er hat den Oberon 7mal abgeschrieben, eh er ihn im Merkur in Druck gab. Die Recension des Schillerschen Musenalmanachs von [17]96 worin die Xenien war[en], schrieb er dreimal ab, und jederzeit milderte und sänftigte er vieles, was ihm noch zu hart schien.

Es hat jemand angemerkt, daß viel darauf ankomme, wie ordentlich es auf dem Schreibtische des Arbeitenden aussehe (etwa wie auf dem Schreibtisch Büffons). Viel unordentlich herum zerstreute Papiere und Massen stören die Reinheit der Conception. So ist es auch mit einem reinlich abgeschriebenen M[anu]sc[rip]t. Hier sieht man erst die Ueberbeine und Höcker des Stils.

[undatiert]

Freund Sander hatte W[ieland] ein Geschenk mit der Prachtausgabe des Ramler gemacht. W[ieland] bezeigte seine dankbarste Freude darüber. Es ist nicht unbillig, setzte er dann hinzu, daß ich Ramlers Gedichte in ihrer schönsten, mit Bimsenstein geglätteten Form besitze. Denn ich bin zweimal um sie zum Märtyrer geworden. Die Ode des *Granatapfel* kam, besonders und anonym gedruckt, aus Leipzig gerade um die Zeit nach Zürich wo ich mit Bodmern und Breitingern im engsten Verhältniß stand. Sie waren eben mit Gierigkeit kritischer Wölfe über sie hergefallen, und, weil sie sie Gottscheden zuschrieben, in vollem Zuge, die bittersten Dinge über diesen neuen stolzen füssigen Wechselbalg des Wasserpoeten an der Pleise auszusprudeln: als ich in ihre Mitte trat, und sie nun gleich mit allen burlesken Verbremungen ihres Witzes mir vorlesen lassen mußte. Ich fühlte sogleich, daß hier ein ganz anderer Genius wehe, und versicherte die Herrn, wenn Gottsched dieß Product hervorgebracht habe; so sei mit ihm ein noch weit größeres Wunder vorgegangen, als mit den Aposteln am Pfingstfest. Gottsched könne durchaus der Verfasser dieses nichts weniger als tadelnswürdigen Gedichts nicht seyn u. s. w. Anfänglich nahm man meine Behauptungen für Spaß. Als man aber den Ernst erblickte, womit ich mich der Sache annahm, verlängerten sich Gesichter und Nasen und von dieser Unterredung datirt sich eine Erkältung, die von nun an zwischen Bodmer und Breitinger einerseits und mir andrerseits eintrat, und die zuletzt in sehr harte Aeuserungen von beiden Seiten ausartete.

Nicht lange, nachdem Göthe in unsern Kreis hier getreten war, wurde in einer Geselschaft beim Herzog mit äuserster Verächtlichkeit von Ramlers Talent gesprochen. Ich nahm mich des Verlästerten nachdrücklich an. Nun citirte man die Oden: *Der du den blutenden Cäsar* (n. XII) und *Liebe, die du* (n. 37) und lachte über diese lächerliche Partikelvermählung. Ich vertheidigte frisch weg, was mir doch selbst fatal war. Nun beschloß man mir den Anfang der letzten Ode so lange vorzusingen, bis es mein Ohr nicht länger aushalten könnte. Wirklich machten nun auch die sämmtlichen Anwesenden eine Art von Kanon daraus, und so dauerte es einige Stunden wobei ich aber wacker aushielt, und meine Voraussagung erfüllte: daß eher ihre Kehlen heiser, als meine Geduld müde werden würde.

D[en] 3 Januar[ii] 1801.

W[ieland] war unzufrieden mit manchen Nachrichten im Monthley Magazin 1800. *December.*

Die Dichtkunst sei ihm gekommen, wie dem unschuldigen Mädchen die Liebe. Mit seinem Gedicht *Natur der Dinge* sei er grade so zu Fall gekommen, wie manches Mädchen seine Unschuld verliere, in einer ungehütheten Schäferstunde.

Sein Vater hätte den ganzen *Brockes* viele Jahre an einen Biberacher Patricier verborgt, der ihn auf einmal zurückschickte. Der 16jährige Knabe Wieland der seine Sprache nur aus der Bibel, die er bei seinem frommen Vater fleisig lesen mußte, u. aus dem Gesangbuche kannte, und nur mit der Mutter und dem Dienstmädchen im Hause sprach, erstaunte als er den poetischen Reichthum in Brockes Vergnügen mit Gott zum erstenmal erblickte, und fiel mit unglaublicher Begierde darüber her. Von nun an machte er auch selbst Versuche, die natürlich sehr lahm ausfallen mußten.

Sophie Guntermann nachmalige La Roche wurde seine erste platonische Liebe. Er sah sie als ein Wesen höherer Art an, und hätte sie an einen andern Liebhaber sogleich abgetreten, weil er sich für unwürdig hielt, einen solchen Engel zu besitzen.

Wielands Vater hatte eines Sontags über den Text gepredigt: Gott ist die Liebe, und seinem damals von Kloster-Bergen zurückgekehrten Sohn höchlich misfallen. Denn schon war der Jüngling Wieland wechselsweise Idealist mit Plato, Atheist mit Spinoza, u. s. w. gewesen. Den Plato kannte er nur aus Ciceros philosophischen Schriften, die er damals mit großer Liebhaberei las. – Nach der Kirche führte W[ieland] seine Sophie in der brennenden Sonnenhitze spatziren und theilte ihr nun sein System von der Liebe, (Aphrodite), die das Chaos bildete, mit einer Exaltation und Beredsamkeit mit, wodurch die arme Sophie bis in die Wolken entrückt und er selbst so hingerissen wurde, daß er von Stund an der Bitte seiner Geliebten nicht widerstehen konnte, dieß alles zu Papier bringen und in ein Ganzes zu ordnen. So entstand die Natur der Dinge, ein Gedicht, das wenn es mit der ursprünglichen verve niedergeschrieben worden wäre, noch jetzt zu den merkwürdigsten Erscheinungen gehören müßte, dadurch aber, daß W[ieland] den Lucrez und Antilucrez dabei zum Muster nahm, freilich eine Fehlgeburt werden mußte.

Seine religiöse Schwärmerei, die von der Sophie allerdings geweckt worden war, nährte eine geheime Liebe zu einer 40jährigen Witwe in Zürich, die er vor einigen Jahren in Zürich unaussprechlich liebte, und die im höchsten Grad religiös war. ⟨Meine jetzigen Religionsüberzeugungen liegen alle im Agathodämon zu Tage. W[ielands] Mutter kränkte sich oft über seine Ketzereien. Am Ende schwiegen beide über diesen Punct.⟩

Man macht mir den Vorwurf ich sei [nicht] originell. Man

sollte doch *finden* und *erfinden* unterscheiden. Was ist überhaupt der Stoff unsrer Gedichte. Fast alles läßt sich bis auf die entfernteste Periode des Menschengeschlechts zurückführen. Woher nahmen die Mauren den Stoff der Contes u. Fabliaux, woraus die Provenzalpoesie und später die romantische Epopöe der Italiener hervorging. Haben nicht Shakspeare und Milton fast alle Stoffe entlehnt? Woher nahm Homer seinen Stoff? Es müssen einmal in Asien Menschen gelebt haben, deren Ereignisse, die ersten Keime der Fabel geworden sind. Nebenbei mögen auch *Träume* Stoff für Wachende geworden seyn. – Ich habe selbst einige Träume der Art gehabt. Aber die Bearbeitung des Stoffs ist die wahre Erfindung. So hab ich den Agathon, die Musarion, den Idris erfunden. Oder wo hat irgend eine Nation ein so erfundnes u. komponirtes Gedicht, wie meine Musarion ist, aufzuweisen?

Merkel hatte in seinem Briefe über den Aristipp. (XIII) gesagt, daß W[ieland] keine Verse mehr machen könne und solle. Nun hat er große Lust, ihm Lügen zu strafen. Zwar fühle er eine merkliche Schwäche seines Gedächtnisses. Aber es komme auch nur auf einen Versuch an.

Ein Grundsatz bei ihm sei immer der geweßen, sich nicht die höchsten Muster vorzustellen, die zu erreichen man stets verzweifeln müsse. Er habe nur das Mittelmäsige vor sich gestellt, und so etwas weniger mittelmäsiges geliefert.

Der Hofmeister seiner Enkel, *Erler* macht ihm große Freude. Er ist in seiner Beschränktheit ungemein diensteifrig und schreibt W[ielands] M[anu]sc[rip]t sehr reinlich ab, und schneidet ihm treffliche Federn.

Geifer gegen die Eitelkeit seines Schwiegersohns, *Stichling*.

D[en] 16 März. [1801?]

Wieland klagt darüber, daß er immer nur Halbwisser im griechischen geblieben sei. In frühester Jugend habe ihn sein Lehrer, Hennicke, ein eingefleischter Pedant, durch die albernste Methode das griechische so verleidet, daß er damals, unter dem Vorwand, daß er kein Theologe werden wolle, dieser Sprache ganz Valet gegeben, dagegen recht gut lateinisch sprechen und schreiben gelernt habe.

»Schade, daß ich nicht reich genug war, um mir einen Sekretair zu halten. Der hätte die Kataloge durchsuchen u. mir eine Bibliothek complettiren müssen. Ich hätte dann noch mehr gelesen, übersetzt, weniger geschrieben u selbst erfunden.« Ist also recht gut, erwiederte ich.

Alceste. Daß sie ihm so geraten, komme aus der damaligen Lage seines häußlichen Lebens. Er war im Begriff, seine Frau in der Schwangerschaft zu verlieren und phantasirte sich nun in seine Frau eine sich opfernde Alceste. Schweizer kam selbst zu Wieland, u. ließ sich das Gedicht von ihm vordeclamiren. Nach dieser Lectüre komponirte er vortrefflich, vor allem schön das Lied, da Alceste denn Lethe trinken soll. Mißverständnisse mit der Herzogin Amalia, die Schweizer haßte, wegen der Frau des Kapellmeisters Wolf, die ihre Kammerfrau geweßen war. Als die Alceste in Flor war, war in Wielands Hause alles alcestisirt. Sein 6jähriges Lieblingstöchterchen Sophie spielte die Alceste nach dem Modell der Koch zur Bewunderung aller Anwesenden. Die Partitur zur Rosamund ist ganz verloren. In Manheim verbrannte das letzte Exemplar beim Bombardement 1794. Die sämtlichen Musicalien Schweizers, Körbe voll, dienten einem hiesigen Becker, bei dem er gewohnt hatte, u. bei dem sie auf dem Boden lagen, zum Ofenheizen.

Der Oberhofmeister Graf Görz führte das Spiel mit Plumpsack und Schmitzchen mit dem Finger zu schlagen beim Erbprinzen ein. Wieland bat bei den Hofleuten um Gnade, weil er zu zarte Hände und Finger habe. Der Herzog damals als Erbprinz, schlug immer gewaltig zu, u. wurde geschont. Endlich schonte man ihn nicht mehr, u. belehrte ihn durch Gefühl: do as you will be done by.

Wielands Mutter hatte alle Knabenversuche von Wielands ersten Poetereien, die sehr sauber auf winzig kleine Blättchen geschrieben waren, mit mütterlicher Pflege aufgehoben, mit Seide umwunden und als Reliquien verehrt. Als sie zu Wielanden hieher nach Weimar zog, brachte sie diese Sächelchen sämmtlich mit; sah aber mit unbeschreiblichen Schrecken sie sogleich im Camin dem Vulkan geopfert.

Mitleid gegen angehende Dichter, weil ein Versuch im Merkur abgedruckt oft das Glück eines armen Teufels in seinem Kreise gemacht habe. Arvelius nahm sich sein Unglück so zu Herzen, daß er melancholisch wurde u. darüber starb.

Der Pfarrer in Osmanstädt ist ihm ein Pfahl ins Fleisch. Seine Rede im Garten bei der Beerdigung von Sophie Brentano. Gartengeschichte: Sündenfall, blutiger Schweiß, Auferstehung.

D[en] 11 April 1803.

Ich hätte dieß Gut nie kaufen sollen, sagte der ehrwürdige Wieland als ich ihn heute zum letztenmal auf seinem nun verkauften Osmanstädt besuchte. Die Passivschulden u. bei einer Wirthschaft nicht zu berechnenden Fehlschlagungen drückten mich zu sehr. Ich mußte mehr schreiben, als gut war, bloß um diese Ausfälle zu decken. Von nun an kann ich sorglos leben. Ich weiß, wie viel ich habe u. kann darauf mit Sicherheit zählen. Indeß verdanke ich diesem Besitz doch auch sehr herrliche Stunden. Die ersten 2 Jahre 1797. [1]7[9]8 waren sehr genußreich. In dieser Fülle entstand mein Aristipp, der sonst nie empfangen u. geboren worden wäre. Mit 1800 welkte manche Freude. Da starb Sophie Brentano. 1801. im Herbst starb der Engel, mit dem ich 33 Jahre gelebt hatte. Von nun hörte aller Genuß für mich hier auf. Ich rechnete darauf, daß mein guter Genius, der mir schon oft half, auch dießmal noch eintreten würde. Er trat wirklich ein u. schickte mir den wackern Hamburger Kühn, der ungehandelt so gleich gab, was gefodert wurde (30,000 Thaler).

Wir durchwandelten den Garten. Dießmal nichts von Pflanzung u. Anlagen. Die Bäume waren in diesem frühen Frühjahr wie mit Knospen übersäet. Die junge Allee in der Mitte, die Wieland all erst pflanzen ließ, versprachen eine seltne Fruchtbarkeit. Vor zwei Rene Claude-Bäumen blieb er mit Rührung – Neid kannte seine reine Seele nicht – stehen u. rief: wie wird sich Kühn freuen! Er zerschlug im Weitergehen einen Maulwurfshaufen. Stundenlang hab ich diese Maulwurfshügel geebnet u. Steine weggelesen: so daß ich oft ganz durchnäßt vom Schweiß Wäsche wechseln mußte u. von meiner Frau bittende Vorwürfe hörte. Nun, auch dieser Zeitverteib ist hin! Wir kamen in das Bosket, wo die Gräber der Sophie Brentano u. seiner Gattin neben einander mit jungem Rasen umkleidet sich zeigten. Diese zu verlassen, in fremden Händen zu lassen, kostete dem Alten vielen Kampf. Auch eine der Töchter, die verwitwete Diakonissin Schorcht stand mit nassem Auge davor. Die Brentanoische Familie in Frankfurt, die längst ihre Schwester gern auf geheiligtem Boden begraben gesehn hätte, ergreifft jetzt diese Veranlassung, auf die Entfernung ihres Sarges aus dem verkauften Besitzthum zu dringen. Wollen sie es auf ihre Kosten thun; sagte Wieland, so muß ich mirs gefallen lassen. Dem wackern Käufer meines Gutes traue ich aber zu, daß ihm die Stätte, wo ich auch neben meiner Gattin einmal noch begraben zu seyn wünsche, stets heilig seyn werde. (Ich werde morgen deßwegen selbst mit Kühne sprechen). Wir besahn noch manchen interessanten Platz. Jedes Baumes Frucht wußte der Alte herzuerzählen. Eine große Ammerkirsche stand an der Mauer. Ihr ertheilte W[ieland] große Lobsprüche. Von ihm habe noch seine alte, treue Freundin Sophie La Roche gekostet. Ein großer Korb auf dem kleinen Blumen-Parterr vor dem Hause hatte ihm allein auf 40 Thaler gekostet. Auch von ihm schien er sich ungern zu trennen. Doch machte ihm selbst der Gedanke, daß der neue Besitzer da Blumen und Früchte pflücken könne, wo er nur wildes Gestripp u. Graß fand, sichtbare Freude.

Klopstocks Todtenfeier hatte ihn äuserst gerührt. Wir sprachen von einer Piece: *Er über ihn* die man aus Stellen aus Klopstocks Werken in Hamburg zusammengezogen u. so eine Autobiographie des Mannes verständig gesammelt hatte. Man könnte, sagte W[ieland] dasselbe auch aus meinen Werken thun, man müßte aber meine geheime Geschichte ganz genau wissen. So ist mein Idris im ersten Jahr meiner

Ehe in Biberach gedichtet. Aber meine geliebte Frau wurde durch die Unvernunft eines Arztes, der sich bei uns einzuschmeicheln gewußt hatte u nach der damaligen neuesten französischen Heilmethode die der Schwangern unaufhörlich kleine Aderlassen verordnete, so geschwächt, daß sie eine Fehlgeburt hatte u. mir dadurch alle Lebensfreude verbitterte. Darum konnte ich damals den Idris um keinen Preiß fortsetzen u. darum hab ich ihn nie geendet. Als jener Sturm vorüber war, kam mir die Idee zum neuen Amadis. Ich lebte damals ganz abgeschlossen von aller teutschen Literatur, laß kein Journal, beantwortete keinen Brief u. überließ mich ganz dem Treiben meines eignen Genius. Tristram Shandy erschien damals auf Subscription. Dazu kam ein äuserst humoristisches englisches Gedicht New Bath Guide. Dieß gab mir den letzten Anstoß zum neuen Amadis, bei dem ich mir vornahm mich ganz dem freien Flug meiner Fantasie zu überlassen, so daß ich weder den Plan vorher ängstlich entwarf, noch das Metrum regelte. Ich durfte dabei wohl meinem musicalischen Tact u. innern Ohr traun. Es haben seitdem viele in eben dieser regellosen Manir gedichtet. Aber wenigen ist wohl diese Freiheit zum Wohllaut geworden. Dasselbe gilt von meinen Perioden. Ich weiß es, daß sie oft zu sehr mit eingeschobnen Sätzen angefüllt sind. Allein mein Bestreben nach Deutlichkeit und Bestimmtheit gestattet mirs nicht anders. Und haben nicht Isocrates u. Cicero dieselben Perioden. Die in der neuesten Ausgabe des Agathon u. in Aristipp sind die besten. Die Grazien wurden zur Hälfte auch noch in Biberach, zur Hälfte in Erfurt gedichtet.

Die Wolfische Philosophie machte hell durch klare Vorstellungen. Wielands Vater hatte zu Anfang des vorigen Jahrhunderts unter dem großen Theologen Joachim Lange studiert u. daher manch mystische u. dunkle Idee mitgebracht. Allein die Wolfische Philosophie siegte am Ende bei ihm, besonders durch des Probsts Reinbeck in Berlin Schriften.

Mit Unwillen sprach er von Göthes neuerer Gefallsucht, dem Hof durch Sentenzen die die Wilkühr begünstigen, sich zu verbinden, wie dieß bei dem neuesten Product: der natürlichen Tochter, wieder sehr auffallend geweßen ist. Amboß oder Hammer seyn! Göthe hatte die vorige Woche ein Dejeuner gegeben, bloß um sich wegen seines neuen dramatischen Products von den Hofdamen u. s. w. loben zu hören. Die Thränen hatten ihm in den Augen gestanden. Wielands Bemerkungen darüber.

Unterredung mit Wieland. D[en] 19 April 1804.

»Ich habe eigentlich seit dem Tod meiner Frau alle Lebenslust verloren und der Glanz, den sonst die Sachen für mich hatten, ist auf immer verschwunden. Ich suche mich absichtlich zu zerstreuen, um mich über diesen mich beim Einschlafen und Erwachen begleitenden Verlust so gut es gehn will zu betäuben. Ich habe nie in meinem Leben etwas geliebt, als meine Frau. Wenn ich nur wußte, sie sei neben an im Zimmer, wenn sie nur zuweilen in mein Zimmer trat, ein paar Worte mit mir sprach u. dann wieder ging: so wars genug. Mein Schutzengel, der alles Widrige von mir abhielt und auf sich nahm, war da! Seit sie todt ist, gelingt mir auch keine Arbeit mehr recht nach Wunsch. Freilich hätt' ich mir kaum vorgestellt, daß sie nach ihrem schwächlichen Körperbau 35 Jahre mit mir leben würde. Aber warum konnten wir nicht an einem Tag sterben! Ich mußte Osmannstädt auch schon um der Erinnerung willen an sie verkaufen. Die ersten zwei Jahre, wo wir dort zusammenlebten, waren noch ein wahrer Himmel. Wir hatten nur unser Gartenreich zu bewirthschaften. Das darauf folgende war fruch[t]bar u. als das erste Jahr der eignen Wirtschaft voll Hoffnung. 1800 war entre deux. Nun sank die Gesundheit meiner Frau. Ihr Todesjahr war voller Kampf zwischen Hoffnungslosigkeit und Täuschungen.«

[»]Darum kann ich auch jetzt nicht mehr daran denken, Verse zu machen. (Dennoch wollte ers für Ungern noch einmal versuchen.) Es ist unbeschreiblich, wie schwach ich mich jetzt fühle, wenn ich die Erinnerung damit vergleiche, wie mirs damals zu Muth war, als ich den Oberon zu dichten anfing.«

[»]Er hatte die (Bothische!) Anzeige seiner Uebersetzung des Ion im Freimüthigen gelesen, u. sie hatte ihn eine halbe Stunde geärgert. Dann hatte er sich selbst gestanden, daß es doch mit der Verwässerung des Prologs seine Richtigkeit hätte, daß dieß alles aber weit glimpflicher hätte gesagt werden können. Er ließ noch einige Empfindlichkeit über das unbedingte Lob blicken, das Herder in der Adrastea dieser Bothischen Uebersetzung gegeben habe. Bothes Uebersetzung sei griechischer und dem Original unendlich treuer. Allein man könne sie keiner Dame vorlesen. Seine Uebersetzung sei genießbarer. Er verzichte auf die kalte Bewunderung seiner Griechheit, die jedermann lobe und niemand in seinem Kämmerlein haben möge.«

»Er habe einen guten Genius, wie einmals das attische Volk. Was er albernes begehe, mache dieser Genius zur Weißheit. Das Werk dieses Glücksdämons sei es gewesen, daß da er sich in seiner Osmanstätter Wirthschaft kaum mehr zu helfen gewußt habe, ein fetter Hamburger Kaufmann (Kühne) sein Kapital hier anzulegen gekommen sei, u. natürlich wohlfeil gefunden habe, was hier zu Lande alle Welt enorm theuer hielt.[«]

Den 22 April[is] [1804]

Herder habe ich viel zu erstatten gehabt. Er glaubte noch als Collaborator in Riga, Wieland sei der Verfasser gewisser sokratischer Gespräche, die Weguelin in Zürich herausgegeben hatte und schwang daher seine petulante Geißel ganz unbarmherzig gegen Wieland in seinen kritischen Wäldern. Als er nach Weimar gekommen war, hielt er es weit mehr mit Göthe gegen Wieland. Fast alle 6 Wochen kam eine Aussöhnung. Wieland beschwor die Herderin, doch ja keiner Klätscherei über einen humoristischen Ausfall, dem sich Wieland freilich damals weit öfterer überließ, das Ohr zu leihen, sondern ein für allemal von seiner Liebe zu Herders überzeugt zu seyn. Allein man verfiel doch immer wieder in den alten Fehler. Erst seit Göthe u. Herder einander fremd wurden, näherten sich Wieland u. H[erder] unzertrennlich. Für Herder hatte die Herzogin Mutter eine große Neigung und einen gewissen Respect, weil sie ihn nicht immer verstand.

Vater Wieland schien heute sehr unangenehm berührt von einem Gespräch in Herders (posthumer) Adrastea II Stück S. 91.92 *Deutschlands falsches Epos*. Er schien zu ahnen, daß unter diesem falschen Epos seine eigenen romantischen Epopöen verstanden seyn könnten u. was dort vom Oberon im Gegensatz des befreiten Jerusalem von Tasso gesagt wird, schien ihm sehr kahl.

Geständniß. Er habe immer noch einmal den *Tristan von Lionel* zu einem Gedicht sogar als Gegenstück zum Oberon versuchen, vielleicht auch eine Suite von Romanzen (wie Herder aus der Geschichte des Cid) daraus machen wollen. Er habe es auch jetzt (wo Unger in Berlin um einen Beitrag gebeten hatte) ernstlich zu verschiednen malen versucht. Allein die μανία εκ τῶν Μουσῶν fehle ihm gänzlich, und ohne Begeisterung, dieß hieße, ohne innigstes Interesse für den Gegenstand, sei doch gar nichts erträgliches zu machen. Das komme aber theils von seinem Alter, theils von dem Bewustseyn, daß es geckenhaft in seinem 70 Jahr seye, verliebte Szenen, ohne welches jenes Gedicht gar nicht ausführbar sei, mit Feuer auszumahlen. Da sei noch eine schöne Zeit der Begeisterung geweßen, als ihm einmal geträumt, er habe Pindars verloren gegangene Dithyramben gefunden u. als er sie wirklich im Traum gelesen habe. Er beneide Metastasio, der zu jeder Stunde seine Muse zu citiren vermögte. De commande gelinge ihm nie etwas.

Das verwünschteste Deutsch habe der Kurfürst von Trier gesprochen, eine Mischung von Dresdner Beenkleder u. Wiener Halter. Als er ihn mit den beiden Jacobis in Coblenz besuchte, wo eine Zeitlang La Roche alles vermochte, (bis ihn eine Verschwörung des päbstlichen Nuntius u. aller Domherrn stürzte) entschuldigte sich der Kurfürst selbst über sein vulgäres Deutsch. Er sei von einem Bayrischen Pfaffen in Dresden erzogen u. habe fast immer nur italienisch oder französisch gesprochen. –

Die Frau v. Stael foderte Wielanden auf, die neueste Zeitgeschichte zum Gegenstand einer Darstellung zu machen. Dieß veranlaßt W[ieland] sein Glaubensbekenntniß über die Ohnmacht aller Schriftstellerei zu sprechen, wenn es darauf ankomme, auf Regenten und Staatenschicksale zu wirken. Wer sich einbildet, da etwas zu wirken u. in die Speichen des Rades zu greifen, das die Nemesis unaufhaltsam wälzt, sei ein Thor u. werde, wenn er nicht bei Zeiten klug werde, erquetscht. Er habe sich einmal eingebildet, Kaiser Joseph lese ihn, und habe wirklich dieß u. das für ihn geschrieben. Allein er habe später zu seinem Leidwesen erfahren, daß Joseph gar nichts lese, am wenigsten aber die Hirngeburten der schönen Geister für Aufmerksamkeit werth achte. Was hätten die Könige von Scheschian auf die Gewalthaber Frankreichs vor der Revolution bewirken können? Wie gut habe ers mit seinen neuen Göttergesprächen, mit seinen Gesprächen unter 4 Augen gemeint. Sed cui bono? Eines seiner besten Producte sei die Republik des Diogenes. Auch er wälze denn sein Rad, weil ihn der absolute Müssiggang tödten würde. Allein auf Wirkung rechne er nicht. – Er gab mir indeß doch zu, daß sich dieß so grade nicht bestimmen lasse, weil wir nur Resultate in der Geschichte erblicken, die Prämissen in den Ueberzeugungen u. Meinungen der Staatsacteurs liegen. Und diese sind doch auch *von Lectüre* motivirt. Er erinnerte sich hierbei mit Vergnügen, daß seine Schriften im katholischen Deutschland sehr stark gelesen u. erwogen worden wären, wovon ihn tausend Briefe überzeugten.

Er interessirt sich aufs Lebhafteste für den H[errn] v. Kleist, der in Maynz im Elend schmachtet, nachdem er sich mit seiner ganzen Familie in Pommern veruneinigt hatte. Wedekind in Maynz hatte seinetwegen an Wieland geschrieben, u. W[ieland] antwortete ausführlich. Kleist ist entschlossen, in Coburg als Tischler sich sein Brot zu verdienen.

Der Herzogin Mutter sei er immer gut genug, eine Lücke auszufüllen. Sonst müsse man auf die süssen Honigreden der Fürsten *gegen Bürgerliche* nie trauen.

Friedrich Johann Justin Bertuch

[undatiert]

B[ertuch] hat seine literarische Bildung ganz *Wielanden* zu danken, wie er selbst dankbar gesteht. Er schickte ihm seine Erstlingsgedichte zu, als Wieland noch Professor in Erfurt war. Einst besuchte er ihn von Jena aus, als Wieland eben seine erste Tochter, die jetzige *Reinhold* geboren war. Da brachte Vater Wieland dieß Kraftprodukt seiner Lenden, u. legte es Bertuchen auf die Arme. Sehen Sie, sagte er, hier ist etwas, was mehr werth ist, als alle meine Reimereien, u. worauf ich auch weit stolzer bin, als auf alle meine Hirngeburten! Später associirte B[ertuch] mit Wielanden zur Herausgabe des Merkurs, wobey denn freilich B[ertuch] mit Wielands Launen manchen schweren Strauß hatte z. B. wenn Wieland fatale Noten zu fremden Aufsätzen gemacht, oder beleidigende Inserate aufgenommen hatte. So drang einmal der Rudolstädter Hof auf Satisfaction, wo Bertuch nur durch seine geschmeidigen Wendungen der Schande einer öffentlich im Merkur zu leistenden Abbitte entging. Als das Unternehmen der Alg[emeinen] L[iteratur] Z[eitung] projectirt wurde, trat zwar Wieland durch den Vorschuß eines ansehnlichen Kapitals mit ein, ließ sich aber durch allerley Geschwätz kleinmüthig machen, und sprang ab. Hier befand sich B[ertuch] einige Zeit in einer mißlichen Lage. Er hatte für Mauken die Preßen gekauft, u. überal große Vorschüsse gethan, wo er nun ganz allein da stand. Aber seine rastlose Thätigkeit wußte überal Rath zu schaffen, er drang durch, u. ist nun *Alleinbesitzer* des großen Fonds der Alg[emeinen] L[iteratur] Z[eitung] die allein in Jena jährlich zwischen 10–12000 R[eichs]th[aler] zirkuliren macht.

Als er um das Privilegium der hiesigen Hofmannischen

Buchhandlung zu eludiren das Industriekomtoir anlegte, wuste niemand, wo er hinaus wollte, u. man gab sich Mühe, ihn doch von einem Handel mit blechernen Caffeekannen u. s. w. als seiner unwürdig abzubringen. Bertuch lachte seine Auslacher aus, u. erreichte seinen Zweck.

In der Weimarschen Genieperiode war Göthe Bertuchs Plagegeist, der ihm auch in seiner Brautnacht einen solchen muthwilligen Streich spielte, daß B[ertuch] gefährlich krank darauf wurde. Bertuchs Frau gestand mir, daß sie mehrere Jahre Göthen nicht habe begegnen können, ohne entweder blaß oder roth zu werden!

Die nachdrückliche Empfehlung des Kissinger Bades erwarb ihm die Liebe des Fürstbischoffs v. Wirzburg u. gab ihm seine neue Laufbahn.

Seine frühe Ausbildung erhielt er als Hofmeister im Hause des geheimen Raths von *Backhof*, der Dänischer Gesander in Madrit und beym Reichstage zu Regenspurg gewesen war, und eine Gräfin *Moltke*, Tochter des Hofmarschals v. Moltke bey der prachtliebenden Herzogin Louise in Gotha, und Nichte des reichen Dänischen *Moltke*, zur Gemahlin hatte. Hier bekam er die ältesten zwey Barone zur Akademie vorzubereiten, und war 5 Jahre (bis 1772, wo er nach Weimar kam, u. als Garçon sich etablirte) in einem Hause, wo Pariser Luxus und zierliche Hofetiquette alles aufs höchste geschraubt hatten, u. also eine vielfältige Schule für einen jungen Mann wurden, der die Universitätswelt mit der wirklichen vertauschen wollte. B[ertuch] war Zwitter, hatte die erste Hälfte seiner academischen Jahre Theologie, die zweite Jura studiert, und daher in beiden nicht alzuviel geleistet. Der alte *Backhof*, der ganz von seiner stolzen Frau beherrscht, wahrscheinlich auch actäonisirt wurde, war Dilettant in den schönen Wissenschaften, machte deutsche Gedichte in der sanften Gattung (mitunter auch ein geistliches Lied) sprach mehrere Sprachen, u. hatte sich auf seinen Reisen viel bellettristische Kenntnisse und volständige Büchersammlungen in der ausländischen Literatur angeschafft. Hier fand also B[ertuch] Gelegenheit, seine Neigung zu Bellettristerey mit den Neigungen seines Principals zu verschmelzen. Sie lasen sich einander Gedichte vor. *Bertuch* gab ein paar Bändchen Gedichte des Geh[eimen] R[aths] Backhofs in Druck, und wurde auch selbst Autor. Seine erste Sammlung von Gedichten führt den Titel: *Copieen für meine Freunde.* Dann gab er die Uebersetzung vom *nußbraunen Mädchen.* Dann *Bilboquet. V[on] Backhof* hatte einen alten Kammerdiener, der ihm auf seiner Gesandschaft in Spanien große Dienste geleistet, und sich in den Klöstern und Häusern der niedern Stände wacker umgesehen hatte. Durch die Aufschlüsse, die dieser alte Kammerdiener Bertuchen über Spanische Kloster- und Volkssitten geben konnte, wurde er in Stand gesetzt, die Uebersetzung des Bruder *Gerundio da Campazas* zu unternehmen, die ohne solche Hilfe ohnmöglich geweßen wäre. Hier lernte B[ertuch] auch zuerst Spanisch. Die nächste Veranlassung war folgende. Der alte Backhof bekam während seines Herbstaufenthalts auf einem seiner Güter, *Hartmansdorf* ohnweit Köstritz, seine gewöhnlichen Hämorhoidalkoliken (die ihn immer den Winter über im Bette fesselten) und es war ihm ohnmöglich, nach Altenburg zu kommen, wo er sonst den Winteraufenthalt im großem Staate zu halten pflegte. Bertuch blieb also, um den alten Mann nicht ganz allein zu lassen, mit seinen zwey Eleven beym Vater auf dem Lande, und schlug seinem preßhaften Principal zum Zeitverteib vor, er wolle bey ihm Spanisch lernen (In Hartmansdorf stand grade die Spanische Bibliothek, die der v. B[achhoff] mit großem Fleiß in Spanien selbst zusammengekauft, u. von seiner Gesandschaft mitgebracht hatte). Wenn er sich also den Tag über mit seinen Eleven beschäfftigt hatte, setzte er sich gegen Abend ans Bette des Vaters, und las ihm nun sogleich den Donquixotte vor, der sein Elementarbuch im Spanischen wurde. Es war ausgemacht, daß der Schüler immer den folgenden Tag das gehabte Pensum übersetzt vorlas, u. auf das neue gut vorbereitet kam. Bertuch betrieb die Sache mit auserordentlicher Heftigkeit, blieb oft des Nachts mit kleinen Schlafpausen bis um 3–4 Uhr auf, und arbeitete rastlos in der Sprache, die er ungemein lieb gewonnen hatte, fort, so daß er nach 6 Wochen 3 Bücher des D[on] Quixotte absolvirt u. die Sprache volkommen inne hatte. Um sich munter zu erhalten, trank er die Nacht starken Coffee, u. trieb überhaupt die Geistesdebauche trotz der Bitten und treuen Warnungen des wackern alten Vaters aufs höchste. Er nannte diese durchwachten in Genuß Cervantischen Witzes verlebten Nächte Götternächte. Aber nun rächte sich auch die Natur. Er bekam ein hefftiges Fieber, u. eine höchstgefährliche Augenentzündung, so daß er einige Wochen gar nichts sehen konnte, u. besorgte, er werde verblinden. Seit dieser Zeit ist sein rechtes Auge stets blöde und kurzsichtig geblieben, während er mit dem linken ein Presbyope ist. Bertuch pflegt daher wohl auch im Scherz zu sagen: *er habe sein rechtes Auge zum Lehrgeld für die Spanische Sprache bezahlt.*

Damals fiel es übrigens dem mit Schüleraugen lesenden noch nicht ein, an eine Uebersetzung des D[on] Quixotte im Ernste zu denken. Darauf wurde er durch den Bibliothekar *Schmidt*, seinen Universitätsfreund, zuerst aufmerksam gemacht. Dieser lernte, als B[ertuch] 1772 nach Weimar kam, bald auch durch B[ertuchs] Empfehlungen die Reize der Spanischen Sprache kennen. Beym gemeinschaftlichen Lesen des ersten Kapitels des D[on] Quixotte versicherte Schmidt, dieß sey gar nicht ins Deutsche zu übersetzen. Besonders müsse an Sanchos Witz jedes Uebersetzertalent scheitern. Bertuch fand sich dadurch angespornt, doch mit dem ersten Buche einen Versuch zu machen, u. sich besonders für Sancho Pansas Kraftsprache auch eine eigene Sprache im Deutschen zu erschaffen. Er laß seinen Versuch zuerst Schmidten vor, der die alte *Wolfische*, nach einer elenden Französischen Uebersetzung gedolmetschte Verdeutschung zugleich nachlaß. Die Sache ging besser, als sich B[ertuch] selbst anfänglich geschmeichelt hatte. B[ertuch] legte also *Wielanden* seinem großen Schutzpatron und Lehrer, eine gefeilte Probe vor. Dieser fand sie meisterhaft, und entflammte B[ertuchs] Ehrgeiz noch mehr. So wurdes nun Ernst mit der Uebersetzung.

Von jener letzten Periode seines Hofmeisterlebens hatte

B[ertuch] periodische Anfälle einer schrecklichen Migräne, u. bey einem äuserst reizbaren Nervensystem gichtische u. podagrische Zufälle, die ihm auch oft Strangurie verursachen. Dieß hat ihn frühzeitig zum Selbstarzt gemacht, u. er geht seit mehrern Jahren ganz in Wolle auf die Haut eingewickelt. Daher auch fast in allen seinen spätern schriftlichen Aufsätzen: der häufige Gebrauch von Gleichnissen und Bildern aus der Pathologie u. Diätetik für geistige und moralische Gegenstände. *Mode* heißt ihm *Epidemie, Geldüberfluß Plethora* des Staats u. s. w.

Vorschlag zu einem anonymen Journal *Masken* betitelt.

Die erste Idee zur Alg[emeinen] Literaturzeitung weckte *Wieland* in ihm, der eine kritische Schrift vorschlug, die nach dem Muster von Baillet jugemens de Sçavans nur über vorzügliche Werke Rezensionen enthielte. Allein Bertuchs mercantilischer Tact überzeugte ihn bald, daß nur bey der größtmöglichen Algemeinheit ein solches Werk bestehn könne. Dieß wurde Wieland zu kraus. Darum sagte er sich bald von seinem Antheile daran völlig los. Aus *Herders Munde.*

Bertuch bewieß dem Herzog aus den Büchern seines Industriekomptoirs, daß er im Jahr 1794 8500 Thaler in dem Weimarschen durch seine verschiednen Entreprisen habe circuliren lassen, *das Papier* noch nicht einmal gerechnet.

Er trat als junger Ehemann zur damals in Weimar sehr fleisig arbeitenden Loge. Seine Frau war sehr gegen diese Ordensverbindung, weil der Mann nichts vor der Frau geheim halten müsse. Er hatte manchen Strauß darüber abzubinden. Grade an seinem Receptionstage, als ihn *Kraus* abholte, lag seine Frau in Geburtsschmerzen u. hatte fausses couches gemacht. Es gehörte bei einem zärtlichen, und jungen Ehemann allerdings einiger Muth dazu, unter diesen Umständen in die Reception zu gehn. *Kraus* schlug ihm Aufschub vor. Er blieb aber fest, und ging. Aber nach einigen Jahren war es Bertuch, der als Bruder Redner laut die Schwäche des Ordens aufdeckte, und die Veranlassung gab, daß die Loge sich ganz trennte.

Aus Bertuchs Brief an Loder. »Der Herzog hat mir nicht allein mercantilische Entreprisen erlaubt, sondern mich auch so gar zu einem Handels Comptoir privilegirt, und ich sollte meinen, daß er mit den Wirkungen desselben zufrieden sein könnte, da (laut beiliegender Uebersicht aus den Büchern) allein 87 Personen hier und in Jena größtentheils davon leben, und im vergangenen Jahre r[eichstaler] 8269 g[ute Groschen] 6 baares und fremdes Geld von mir hier und in Jena ausgegeben worden sind, welches der Herzog freilich nicht weiß, weil er nie darüber mit mir gesprochen, und mir seinen ermunternden Beifall geschenkt hat.«

Bertuch war, als die Genieperiode grassirte, immer das Stichblatt des Spottes bey den Genies und dem Herzog, u. hieß κατ' ἐξοχήν der *Spießbürger.* An eben dem Abend, wo er seine Frau zuerst nach Weimar in sein Logis gebracht hatte, erhielt er noch vom Herzog u. Göthe einen Besuch. Der Herzog debütirte damit, daß er gehört habe, er habe sich verteufelt spießbürgerisch eingerichtet, einen prächtigen Nachtstuhl machen lassen, und triebe großen Luxus. Er müsse doch also sehen, was daran sey. Sogleich fielen ihm ein paar neue schöne Spiegel ins Auge, die er mit seinem Hieber zertrümmern wollte, sich aber doch, als Bertuch vorstellte, daß er sie auf des Herzogs Unkosten noch einmal so kostbar anschaffen würde, zureden ließ, u. mit der Aeuserung abstand, daß man die Spiegel um der Frau willen lassen müsse, damit sich diese bespiegeln könne. Darauf hielt der Herzog Revision auf Bertuchs Schreibepult, fand einen Roman von Göchhausen, mit dem er so gleich eine Exekution vornahm, Blätter herausriß, u. herausbrannte, Taback hineinstreute, u. so die Bescheerung der Fräulein v. Göchhausen versiegelt unter Bertuchs Namen zuschickte. Endlich hieb u. stach er in die neuen Tapeten, weil dieß verflucht spießbürgerisch sei, daß man die nackten Wände überkleistern wollte. Die junge Ehefrau schlich sich, wie vom Donner gerührt, über diese Behandlung davon. Bertuch verbiß seinen Aerger, ward aber einige Tage darauf sterbenskrank. Als der Arzt von Todesgefahr sprach, kam der Herzog noch um Mitternacht um gleichsam Abbitte zu thun, u. Göthe ging mit Thränen aus der

Kammer, u. drückte der tiefgekränkten Frau die Hand mit den Worten: sie habe einen harten Anfang.

Einige Zeit darauf brachte G[oethe] die *Schröder* aus Leipzig zu Bertuch, u. bey der Bertuch war fast täglich die Zusammenkunft des Herzogs mit ihr. Die ganze Stadt glaubte, B[ertuch] mache den Kuppler des Herzogs, u. doch war er so unschuldig, daß er sich endlich, als die Bertuch durch Minen die Schröder von allen fernern Besuchen zurückgescheucht hatte, den Unwillen des Herzogs zuzog, der viele Wochen nichts als Ja! und Nein! zu Bertuch sagte, u. sehr empfindlich beleidigt zu seyn schien.

D[en] 22ten April [17]95.

Bei seinem neuesten Gallenfieber träumte er in der Fieberfantasie, die oft durch Erwachen unterbrochen wurde in den Gedanken: *ich muß eine Abhandlung träumen.* Nur war er, wenn er so im Hinbrüten dumpf darüber dachte, über den Titel zu dieser erschlafnen Abhandlung verlegen. Als er nun dieß gestern erzählte, setzte er scherzend hinzu: Viele unsrer Meßfabrikanten träumen zu den *schon gefundenen Titeln* die Abhandlungen.

Liebe zu einem Mädchen machte Bertuchen noch auf der Schule zum andächtigen Schwärmer und flößte ihm große Liebhaberei zum Studium der Theologie ein. Er studirte auch wirklich das erste Jahr in Jena Theologie, fand aber bald, daß dieß sein Fach nicht sei. Die symbolischen Bücher u. der Gedanke, daß er wohl gar einmal einen Delinquenten zum Tod zu präpariren bekommen könne, verleideten ihm dieß Studium auch. Dazu kam, daß das Mädchen, die den Mittelpunct seiner Theologie machte, einen andern heurathete.

Bertuch läßt sich in alle seine Röcke und Mäntel 4 Taschen machen.

Schon auf der Schule war er ein großer und raffinirter Rahmenvergolder.

Geschichte der Literaturzeitung

[undatiert]

Durch die Streitigkeiten, welche Bertuch mit den Buchhändlern *Fritzsch* u. *Reich* in Leipzig über das Verlagsrecht der Autoren gehabt hatte (Fritzsch behauptete, als Bertuch seine Uebersetzung des Don Quixote ankündigte, dieß könne B[ertuch] nur in seinem Verlage unternehmen, weil er eine frühere höchst unlesbare Uebersetzung eben dieses Schriftstellers veranstaltet hatte. Bertuch behauptete aber sein Recht, u. stärkte auch Wielanden in seinem Unternehmen, den Merkur auf eignen Verlag fortzusetzen), fand sich B[ertuch] bewogen im Jahre 1780 durch den Hofrath *Behrisch* (vormals Hofmeister des Erbprinzen) in Dessau, die bekannte Buchhandlung der Gelehrten aus allen Kräften zu unterstützen. Allein diese ging durch ihres Directors *Herrmann* (eines guten Kopfes, der sich aber dem Trunk ergeben hatte) u. des Mag[ister] *Reichs* Liederlichkeit im Jahre 1784 völlig zu Grunde, u. Bertuch selbst verlor dabei eine ansehnliche Summe. Misvergnügt über diese Fehlschlagung und über den Gang der Deutschen Literatur überhaupt, wo damals die Nachdruckerzunft schrecklich grassirte und die gelehrten Zeitungen zur tiefsten Verächtlichkeit herabgesunken waren, blätterte Bertuch, als er von der Leipziger Ostermesse zurückfuhr, im Meßkatalog, und beherzigte den verlassenen Zustand der Deutschen Literatur. ⟨Damals waren eben auch zwei ander Projecte *Göckings Journal von u. für Deutschland* u. *** rege geworden.⟩ Zwischen Rippach und Lesnig kam ihm die erste Idee eines algemeinen Journals ein, das mit dem Ansehn der Literaturbriefe die höchste Unparteilichkeit und jährliche Volständigkeit verbände. Er theilte diese Idee bei seiner Rückkunft so gleich Wielanden mit, der sie sehr goutirte und das damals sehr elegant redigirte und meisterhafte Bücheranzeigen enthaltende Journal de Paris zum Muster aufstellte, übrigens aber an der Ausführbarkeit noch große Zweifel hatte. Um den Geist des Deutschen Publikums zu prüfen, ließ B[ertuch] im Auguststück des Merkurs dieses Jahrs ([17]84) einen Aufsatz voll bittrer Satire, *Vorschlag einer algemeinen Nachdruckbibliothek mit einem kritischen Nebenblatte* (eine Nachahmung von *Swifts* Satire, Vorschlag ein Armenhaus in Dublin zu errichten) einrücken. Bald kamen von allen Seiten Beifallsbezeugungen solche, die die Persiflage für baaren Ernst genommen hatten. *Gerle* in Prag, der Erzschelm unter der Schelmenzunft der Nachdrucker, schrieb so gar einen langen Brief an die Expedition des Merkurs, worinnen er seine Prioritätrechte auf den algemeinen Nachdruck weitläuftig deducirte. Bertuch lachte, Wieland schimpfte über diese Schöpsigkeit des Publikums. Bertuch aber leitete daraus einen neuen Beweiß her, wie begierig jetzt das Publikum ein algemeines kritisches Blatt aufnehmen müsse, da es grade über die fürs große Lesepublikum calculirten Bücher in keiner gel[ehrten] Zeitung etwas befriedigendes fand (die *Gött[inger] Z[eitung]* war damals überhaupt etwas eingeschlummert u. mehr scientifisch, in der Alg[emeinen] D[eutschen] Bibliothek wurden die Bücher oft sehr spät angezeigt, u. wie es mit den Rezensionen dabei herging, konnte Bertuch an *Musäus* u. *Bucholz*, zwei rüstigen Rezensenten für die Bibliothek am besten ermessen). Auf Wielands Verlangen machte nun B[ertuch] wirklich einen Entwurf, wo er aber das Honorar pro Bogen bis auf 20 Thaler ansetzte, u. selbst bei *diesem* Anschlag bewieß er die Ausführbarkeit des Unternehmens, wenn nur 200 Carolins zusammengeschossen würden. Auf *Schütz* in Jena wurde hierbei sehr stark gerechnet, der sich des Vorschlags unendlich freuete, u. Rath u. That willig beitrug. So erging endlich gegen Ende des Jahrs die berühmte Ankündigung durch ganz Deutschland, an der Bertuch, Schütz u. Wieland gemeinschaftlich gearbeitet hatten. *Wieland* u. *Bertuch* wurden die beiden Actionairs und jeder schoß 200 Carolin. *Schütz* trat als Dritter dazu, konnte aber freilich dazu kein Geld, aber desto mehr seinen Kopf u. seine Feder beitragen. Als die Ankündigung erging, war noch kein einziger Mitarbeiter angeworben. Aber in 4 Wochen waren schon 40 der vorzüglichsten Männer zusammengetreten. Der Ueberschlag war gemacht, daß 1200 Exemplare alle Unkosten decken könnten. Schütz erhielt 300 Th[ale]r Gehalt, u. bei jedem steigenden Hundert Exemplar wieder 50 Thaler (Jetzt steht die Lit[eratur] Z[eitung] auf 2400 Exemplar, woraus Schützens Gehalt abzunehmen ist). Das eigentliche Personal in Jena in Schützens Logis in einem alten Hause hinter der Kirche bestand aus Schütz, dem jetz[igen] Rath *Lenz* und *Fiedler*, einem verdorbnen Advocaten aber trefflichen Geschäftskopf. Nun begann endlich die Zeitung; *Herders Ideen zur Gesch[ichte] der Menschh[eit]* von *Kant* rezensirt eröffneten das Schauspiel sehr unglücklich. Herders Unwille war so gleich aufs äuserste gereizt. Damals konvertirte der Mönch Reinhold bei Herder, war fast täglich in dessen Hause, u. durch ihn influirte Herder auf den schwachen Wieland bald dermaaßen, daß dieser laut auf das ganze Institut, den Schulfuchs in Jena, der die Sache nicht verstünd u. auf die Stunde schimpfte, wo er zu einer solchen Sache die Hand geboten habe. In Weimar selbst erklärte sich also bald eine sehr starke Partei dagegen. Besonders war Reinhold, dessen Stil damals noch keine Rundung u. Fülle hatte, in seinen anfänglich gelieferten Recensionen so diffus und unkorrect, daß Schütz manches streichen mußte. Darüber ergrimmte Reinhold, u. reizte Wielanden, der in ihm immer deutlicher seinen Tochtermann erblickte, u. ihn am Merkur großen Theil nehmen ließ, immer mehr. Zugleich drückte anfänglich der oft eintretende Mangel an M[anu]sc[rip]t zum täglichen Bogen. *Bertuch* u. *Schütz* mußten daher oft vor dem Riß stehn, u. Bertuchs Recensentennummer steht im ersten Jahrgange sehr häufig. Wie Wieland immer ungezogener wurde, entschloß sich endlich Bertuch, nach einem fehlgeschlagenen Versuch *Griesbachen* zum Mitactionair anzuwerben, ganz allein das Spiel zu wagen. Er hielt mit Schütz in *Ketschau* eine sehr warme Zusammenkunft, empfing von diesem neue feierliche Versprechungen alle Kräfte anzustrengen, u. lößte nun Wielanden zu dessen unsäglicher Freude von aller Verbindlichkeit. Doch mußte W[ieland] ein Revers ausstellen, nichts gegen die Lit[eratur] Z[eitung] selbst zu schreiben, oder auch im Merkur einrücken zu lassen (welches wegen

Reinholds Neckereien sehr nöthig war.) Schon nach den ersten 6 Monathen waren 600, und vor Ablauf des Jahrs 1100 Exemplare bestellt, und die Abnehmer vermehrten sich dermaaßen, daß vom ersten Jahrgang [17]85 schon das folgende Jahr eine neue Auflage gemacht werden konnte (mehr jedoch um mehr Ansehn dadurch [zu] gewinnen, als um des Gewinnstes willen). *Wieland* ist seitdem oft auf sich unwillig geweßen, daß er sich von einem Unternehmen losgesagt habe, dabei so großer Vortheil zu erwerben geweßen. Er sagte *Bertuchen*: er wisse ja wohl, daß man ihm nicht allezeit seinen Willen thun, u. den ersten Eingebungen seiner Launen nicht nachgeben müsse. Aber *Bertuch* erndtet nun auch ganz allein die Früchte seiner Beharrlichkeit, weil er der einzige Actionair und Fondhalter des Unternehmens ist.

Zu Ende des Jahres 1786 wurde Hufeland, der damals von einer kleinen Reise nach Paris u. in die Schweiz zurückkam, u. Lust zum academischen Leben bezeugte, zuerst als Assistent u. Sekretair der Redaction angenommen. Bertuch kaufte den Platz u. erbauete das Haus, worinnen jetzt das ganze Unternehmen wohnt. Der erste Directeur bewohnt das obere Stockwerk, der zweite, so lange er unbeweibt ist, wohnt Parterre.

Schütz hatte anfänglich die Casse. Aber Klugheit befahl hier eine Aenderung, u. *Hufeland* trat an seine Stelle.

Das gegenwärtige Personal der Alg[emeinen] Lit[eratur] Z[eitung] ist folgendes: *Bertuch*, Director und Commissarius. *Schütz* u. *Hufeland*. Redacteurs. *Schleußner* Assistent, Sekretair u. Redacteur des Intelligenzblattes. *Hagen*, Revisor (kommt von Weimar, erhält 50 Thaler u. Auslösung) *Hofkommissair Fiedler*. Buchhalter. Ein Schreiber. Und der Literaturbediente Mathesius.

In schwierigen Fällen ist der geh[eime] Rath *Voigt* in Weimar den Redacteurs vom Herzog zugeordnet. Sonst hat sie gar keine Censur.

Die zwei größten Anfechtungen, die sie bis jetzt auszuhalten hatte, war im Jahr 1787 die Sperrung durch Thurn u. Taxis bei allen Reichsposten und 1793 die Suspension in den Preusischen Landen. Die erstere erfolgte auf eine Rezension einer Deduction, dadurch sich die Stadt Frankfurt gegen die Eingriffe der Reichspostjurisdiction gewehrt hatte, vom H[of]R[at] *Klüber* in Erlangen. In dieser Rezension war die Unrechtmäsigkeit jener Eingriffe klar auseinandergesetzt u. gesagt, daß alle kleinen Reichsstaaten auf ihrer Huth seyn müßten. Nun kam auf einmal in Frankfurt das Verbot, keine Literaturzeitung weiter zuversenden, u. es entstand eine fürchterliche Stockung. Bertuch erhielt deßwegen eine Stafette ins Carlsbad, wo er damals war. Die erste Correspondenz mit dem geh[eimen] Rath v. Lilien war fruchtlos. Man wollte den Verf[asser] der Rez[ension] wissen, u. drang auf Wiederruf. Zu keinem von beiden wollte sich die Lit[eratur] Z[eitung] verstehen. Endlich brachte es Bertuch durch die Vorstellung beim Herzog u. dem Minister dahin, daß er die Erlaubnis erhielt, den Taxischen Minister mit der Aufhebung der 3 Reichsposten in Jena, Weimar u. Eisenach, *die nur tolerirt würden*, zu bedrohen, wofern man die Literaturzeitung nicht freigebe. Dieß schlug durch.

[undatiert]

Während der Verhandlungen des Fürstenbundes führte *Bertuch* als geheimer Sekretair (abwechselnd mit Schmidt, dem geh[eimen] Rath) die Correspondenz. Es war von Aschersleben her, wo der Herzog war, eine eigene reitende Briefpost bis Eisenach angelegt, von da es mit der Eisenacher Postkutsche nach Frankfurt ging, vom Kaufmann Panse in Empfang genommen, u. durch Expressen nach Maynz geschickt wurde. So ging es auch wieder zurück. Die Kaiserlichen Posten hatten überal Instruction, die Weimarschen Briefe zu erbrechen. Bertuchen wurden daher auf den Posten selbst viele Privatbriefe erbrochen. Er ließ sich 6 verschiedene Kaufmannssiegel machen, und siegelte mit diesen. Aus Wien erhielt er die Nachrichten zum Fürstenbund gehörig einige Jahre unter dem Couvert der Expedition des Moden Journals.

In der Postkutsche, sagt Bertuch, sind meine glücklichsten Ideen entsprungen. Da bin ich dem Spiele meiner Phantasie am freiesten überlassen.

Bertuchs Salinenspeculationen.

Den 19 Xbr. [Decembris] [17]95.

Die Salzwerke waren schon seit mehrern Jahren ein Nebenaugenmerk seiner Beobachtungen geweßen. Immer trug er eine Wasserwage bei sich, um die Schwere u. den Gehalt der Sole zu messen. Seine erste große Speculation ging darauf, mit dem Präsident v. Kalb, dem Grafen *Beust* u. einigen andern Associés die großen französischen Salzwerke zu Thieys, Nancy und Chateau Salin zu pachten. Schon hatte Kalb in Paris 1791 alles eingeleitet und ein sehr gut ausgearbeite[te]s Project der Assemblee legislative überreicht; schon hatte Bertuch Voranstalten für seinen gänzlichen Abgang von Weimar getroffen, da es seine und seiner Genossen Absicht war, daß B[ertuch] vor beständig in Nancy wohnen sollte: als die Flucht des Königs in Varennes u. die mißlichen Aussichten in Frankreich den Präsidenten Kalb nöthigten, alle Entwürfe aufzugeben, und Paris schnell zu verlassen. Der ausbrechende Krieg zerstörte vollends den Rest der Hoffnungen.

Im Sommer 1793 machte Bertuch eine Reise zu Kalb nach Franken, u. brachte mit ihm einige Wochen im Kissinger Bade zu. Natürlich besah er bei dieser Gelegenheit die eine halbe Stunde von Kissingen gelegnen Salinen und fand alles in der schrecklichsten Verwirrung und Unreinlichkeit. Dabei stiegen ihm die Gedanken auf, daß hier doch etwas zu machen sei, da man schon früher auf die Pfälzischen und Bayerischen Salinen durch Vermittlung *Thomsons* in München ein Auge gehabt hatte.

Von Würzburg kam um diese Zeit der Domdechant v. *Zobel* ins Bad, und da dieser so gern den Protector der Gelehrten macht: so nahm er *Bertuch* und dessen Begleiter

Loder sehr in Affection. Bei einem Spaziergang wurde über die Verbesserungsfähigkeit des Kissinger Bades gesprochen, und Bertuch rückte mit mehrern Ideen hervor, wie diesem Bade schnell emporgeholfen werden könne. Zobel bedauerte nur, daß der Fürst mehr für *Bocklett* wäre, u. zu den Verbesserungen in Kissingen kein Fond auszumitteln sei. Dieser wäre doch wohl herbeizuschaffen, sagte Bertuch, ohne daß ihn die fürst[liche] Kammer geben dürfte. Wie so? – Eben stand die Geselschaft auf der Saalbrücke beim heiligen Nepomuk, von wo aus man die schöne Aussicht ins Kissinger Thal hat – Bertuch nahm den H[errn] Domdechant, und bat ihn, sich dahin zu drehn, wo die Salinen herwinkten. Hier, sagte er zu Zobel, hier ist der Fond! und nun erklärte er ihm, daß diese Salinen um 5000 Fl[orin] höher verpachtet, besser eingerichtet und zu dem ergiebigsten Fond gemacht werden könnten. Nun ging dem H[errn] Domdechant ein Licht auf. Er freuete sich dieser Ideen ungemein, und bat Bertuch sie ihm schriftlich zu geben, damit er sie dem Fürstbischoff in Würzburg, wohin er eben zurückgehen wollte, überreichen könne. Bertuch schrieb sogleich einen Plan nieder: *Ideen eines Kurgastes über Verbesserung und Emporhebung der beiden Bäder Kissingen u. Bocklett*, wo er in 7 Abschnitten über die Verbesserung und Erweiterung der Kissinger Brunnenanstalt um so annehmlichere Vorschläge thun konnte, da ihm dabey seine technologischen und Kunstgärtnerkenntnisse zu statten kamen. Die Vorschläge von den 4 Promenaden, wo die letzte für fromme Spaziergänger zur St. Gotthardscapelle führt, mußten dem frommen Fürsten auserordentlich einleuchten. Er trug dabei auf einen beständigen Brunnenintendanten an, u. dachte wahrscheinlich schon bey diesem Vorschlage an sich selbst. Um die Unkosten zu allen diesen herbeizubringen, wurde nun diesen Ideen ein Anerbieten *einer Societät* – so maskirte sich Bertuch jetzt noch mit großer Klugheit – beigefügt, die Pacht der Salinen zu übernehmen, u. 5000 Fl[orin] mehr zu geben. Das ganze ging sehr nach Wunsch. Zobel überbrachte dem Fürsten die Bertuchischen Vorschläge, u. der Fürst kam bald selbst, bloß um B[ertuch] kennen zu lernen, unterhielt sich fast blos mit ihm, u. gewann auserordentlich viel Zutrauen zu ihm. Unterdessen versicherte sich Bertuch auch des Leibarztes *Markus* u. des Geh[eimen] Referendarius *Seifarth*, der beiden Hände des Fürsten, immer mehr. Mit der Versicherung, daß B[ertuchs] Plan der Kammer vorgelegt werden solle, ging der Fürst nach Würzburg zurück, wo ihm Bertuch auch noch persönlich aufwartete.

Aber die Krankheit des Fürsten und seine Aengstlichkeit hemmten vor jetzt alle thätigern Fortschritte. Alles, was *Markus*, dessen Bruder, den jetzigen Amerikanischen Consul für Franken, Bertuch nun auch durch seine weitaussehenden Amerikanischen Länderverkaufsprojecte ganz gewonnen hatte, für Bertuch thun konnte, war, daß er es dahin brachte, daß der kranke Fürst den Sommer [17]94 wieder nach Kissingen kam, wo sich denn Bertuch auch schon wieder eingefunden hatte. Der Graf v. Beust, der überal gern die Directorialgebühren schmaußt, um die Salinen selbst aber sich nichts bekümmert, hatte Bertuchs Plan zum Theil errathen zum Theil erfahren, steckte sich hinter einen der alten Salinenpachter, u. gab auch einen Verbesserungsplan ein, oder vielmehr er warf ihn dem Fürsten an den Kopf, drängte sich bei ihm und den Höflingen im Bade bei jedem Schritte auf, und machte sich überal verhaßt und lächerlich. Endlich schickte der Fürst beide Plane, Bertuchs u. Beusts, zur Berichtserstattung an die Kammer, gab aber selbst schon in seinem beigefügten Gutachten dem Plane A (dem Bertuchischen) den entschiedenen Vorzug. Weiter war es noch nicht gekommen, als der Fürst zu Anfang dieses Jahres [17]95 starb, u. dieser Tod, der anfänglich dem ganzen Werke die völlige Vernichtung zu drohen schien, es erst ganz durchsetzen half. Denn nun wurde der thätige *Fechenbach* sein Nachfolger, der sich nicht mehr so ängstlich an Rechtsform bindet, sondern durchgreift. Nach vielen Winkelzügen, die vorzüglich von dem bigotten Kammerpräsidenten und katholischen Clique gegen einen Protestanten entstanden, drang der geschärfte Wille des Fürsten endlich doch durch alle Cabale, oder vielmehr der auch jetzt almächtige *Seifarth* wußte es durchzusetzen. Die Sache ist gewiß, und in wenigen Wochen reißt B[ertuch] nach Würzburg um den Contract abzuschließen, wobei die 30,000 F[lorin] zu stellende Caution auf *Kalbs* Güter zu Franken hypothezirt werden.

Bertuchs Lage war während dieser 3 Jahre von [17]93–95 äuserst kritisch u. peinlich. Er mußte auf zwei Fälle vorarbeiten. Einmal wenn er Weimar mit Kissingen vertauschte. In diesem mußte er hier einen treuen Aufseher seines etablirten Comtoirs haben. Er war so glücklich in dem wakkern Gödicke einen eben so thätigen, als treuen Diener zu finden, u. gewann ihn dadurch auf immer, daß er ihn zu seinem Associé machte, auch zu seiner Verheirathung allen möglichen Vorschub that. Er mußte aber dabei alle Plane seines Buchhandels so formiren, daß seine unmittelbare Gegenwart hier nicht durchaus nöthig wäre. Dazu zog er auch *Gaspari* aus Hamburg u. fixirte den braven Kupferstecher *Stark* in seinem Hause auch durch eine Verheirathung. Indeß hemmte ihn doch die Aussicht in Kissingen auch darin, daß er nicht alles auf den Buchhandel legen u. nicht mit ganzer Kraft agiren konnte. Zu gleicher Zeit mußte er sich schon um gute bey der Kissinger Salinenreform anzustellende Subjecte umsehn, u. da gewann er einen trefflichen Mann bei den Churfürst[lichen] Salinen in Dürrenberg, der zu kümmerlich besoldet, Bertuchs Anträge mit Freuden annahm. Um die auserordentlich wichtige u. holzersparende Sonnencoctur zu beobachten, machte er selbst in diesem Sommer kleine Reisen in die K[urfürstlich]Sächsischen Salinen nach Dürrenberg u. Kösen. Die neue Einrichtung, Fassung des Brunnens u. s. w. in Kissingen fodert wenigstens sogleich 18000 F[lorin]. Zur Herbeischaffung derselben mußten Vorbereitungen gemacht werden. Und dieß alles doch immer gewissermaaßen aufs Ungewisse!

Blieb er, u. das war der zweite Fall, so mußte es niemand erfahren, daß sein Plan abzugehn gescheitert sei. Aber dann kaufte er sich doch irgendwo ein Gut, u. verließ Weimar auf jedem Fall. Ein Meisterstück bleibt auch das, wie diese ganze Zeit über dieser so vielseitig vorbereitete Plan der

Hauptsache nach ein Geheimniß geblieben ist. Noch heute hat der Herzog mit ihm u. Göthe die neuen Veränderungen des Parks u. die Bauentwürfe fürs künftige Jahr gemacht, u. sich nicht träumen lassen, wie nahe Bertuchs Abschied seyn könne.

Theater.

D[en] 13ten Januar[ii] [17]96.

Zur Zeit wo vor dem Schloßbrande die *Seylerische* Gesellschaft hier war, hatte Bertuch auserordentlichen Hang zum Theater. Er hatte den Schauspieler des St. *Aubin* aus dem Französischen übersetzt, und schrieb seine *Elfride* für die Brandeß; wo *Oskar* von Eckhof unaussprechlich schön gegeben wurde. Dieß war ein hoher Genuß für den Verfasser. Fast alle Abende war er damals bey *Seylers*, wo ein kleiner Zirkel von Theaterliebhabern war. Es wurden Stücke vorgelesen, darüber geurtheilt. *Eckhof* war dabey, der aber über die Kunst den lächerlichsten Unsinn schwatzte, nur Empiriker, nie Theoretiker war, ob er sich gleich sonst der Sache sehr annahm, zu weilen Reden an die Schauspieler hielt, auf strenge Ordnung beym Theater sah, wie Schröder u. s. w. 〈*Eckhof* spielte oft jugendliche Rollen, die ihm gar nicht gebührten z. B. den Major Telheim, aber als Odoardo war er unübertroffen.〉 Die *Seyler* hatte durch Kunst alle Fehler ihrer Stimme besiegt, und sprach als große Kennerin über das Theater. 〈Von ihm Seyler lernte Bertuch die ersten Begriffe des kaufmännischen Buchhaltens. Seyler war ein banqueruttirter Hamburger Kaufmann. Bertuch war damals mit Wieland beym Mercur associirt, u. brauchte diese Kenntnisse.〉 Eckhofs Steckenpferd war die Politik. Er laß alle möglichen Zeitungen, kaufte die Karten des damaligen Russisch-Türkischen Kriegstheaters u. lebte darinnen. Einst besuchte ihn Bertuch, wie er auf 4 ausgebreiteten Karten des Kriegsschauplatzes auf der Erde saß, und einen Ort aufsuchte, der in den Zeitungen vorgekommen war.

Später nahm Bertuch sehr ernstlichen Antheil an den

zwey geselschaftlichen Theatern, dem französischen wo er soufflirte, und dem deutschen, wo er selbst spielte. In den *Mitschuldigen* einem Stück von *Göthe* (Siehe seine Werke 7ter Theil. Er schrieb es noch als Leipziger Student in Alexandriner, um die in dieser steifen Versart geschriebnen Trauerspiele von Weise und Clodius lächerlich zu machen, und gab ihm die Eigenart, daß das Theater in der Mitte durch eine Wand getheilt ist, u. also die Zuschauer zu gleicher Zeit in zwei Zimmern spielen und sprechen sehen und hören.) spielte Bertuch den Seller, den mari cocu, auserordentlich treu, und den Monolog, wo Seller die Casse des Fremden bestiehlt, und seine pfiffige Remarke dabei macht, *daß doch auch das Eisen, das er bey einem Justizfall aufgehoben hatte, noch jetzt zu etwas gut sey.* B[ertuch] hatte die Casse selbst mit 100 Laubthaler gefüllt, u. stahl also wirklich Geld. Die Szene wurde mit treffender Wahrheit gegeben, so wie die gleich darauf folgende, wo der Mann im Cabinet versteckt sich zum Hanrey machen hört, u. seine Bemerkungen darüber den Zuschauern zuwirft, von B[ertuch] auch sehr karakteristisch gespielt wurde.

Oft half Bertuch ein, w[ie] z. B. einmal im Westindier, wo Bode selbst mitspielte und Eckhof kein sterbliches Wort wußte, Göthe aber immer extemporisirte, u. daher das Einhelfen auserordentlich erschwerte.

Das geselschaftliche Theater trug das erste Jahr seine Unkosten selbst. Die folgenden aber nahm der Herzog selbst Theil daran, u. trug die Ausgaben für Decorationen, Kleidungen u. s. w. Bertuch war Tresorier dabey. – Göthe spielte immer sehr gespannt. Am besten in *Geschwister* Malchen Kotzebue (Gildemeister) gegen über.

[undatiert]

Auser *Elfride* die Bertuch ganz für die damalige Seilerische Geselschaft schrieb, so dass sie auf andern Theatern schwerlich groses Glück machen kann, weil sich selten solche Schauspieler zusammenfinden dürften, als damals Ekhof, die Brandess u. s. w. schrieb B[ertuch] auch noch *das grose Loos*, eine Oper nach dem Italienischen. Sie ist gedruckt, aber nicht aufgeführt worden. Die hiesigen Schauspieler studirten sie eben ein, als der unglückliche Schloßbrand 1774. das Schlosstheater zerstörte, u. allen Studien der Art ein Ende machte.

D[en] 13ten Januar [17]96. Abends in der Geselschafft.

Durch den Präsident Kalb, der den Engländer (oder vielmehr Americaner) *Thomson* (er ist zu Boston geboren, diente im N[ord]Amerikanischen Krieg für England, ging nach Ende des Kriegs, wo er in Manheim dem Kurfürst sehr gefiel, in Pfälzisch-Bayerische Dienste) in Manheim kennen lernte, u. ein großes Ascendent über ihn gewann, wurde im Jahre 1789 der Plan gemacht, daß für die Pfälzisch-Bayerischen Lande zu Manheim eine Bank errichtet werden sollte, u. zum Director der selben war *Bertuch* bestimmt. Darum arbeite[te] B[ertuch] damals sehr fleisig im Bankwesen, u. verschaffte sich Einsichten in Geldgeschäffte, Cours, Zetteln u. s. w. die ihm in der Folge für seine mercantilischen Speculationen sehr nützlich wurden. –

Schützens Pädagog ist B[ertuch] seit mehren Jahren geweßen. Jetzt hat er ihn gewissermaaßen kreditlos gemacht u. dadurch um so mehr in Nothstall gesperrt, um ihn zu nöthigen, sich ganz der Literaturzeitung zu widmen, die nun sein einziger Erwerb seyn soll. *Jacobs* in Gotha soll Sch[ütz] in der Professur substituirt werden.

Georg Joachim Göschen

Göschen. 46 Jahr alt.

War hier in Weimar d[en] 12–14 Novemb[ris] 1796. bey Wieland.

Göschens Vater war ein reicher Kaufmann in Bremen, der aber durch einen sonderbaren Unfall plötzlich um alles Vermögen kam und unsichtbar wurde. Der junge Göschen war bald bis zur Bettelarmuth herabgesunken, und bettelte in Nienburg als ein 10jähriger Knabe einen Bremer an, der ihn erkannte, und ihn wieder mit nach Bremen nahm, wo er ihn zu einem reichen Verwanden von Göschen führte, ihn aber an der Thüre stehen ließ, als er oben viel Licht und ein großes Abendmal bemerkte. Der Knabe getraute sich nun auch nicht hinaufzugehn und lief auf den Marktplatz, wo er zuerst das Schreckliche seiner Lage lebhaft fühlte, und laut aufweinte. Dieß Weinen hörte ein Vorübergehender, der auf ihn losgieng, ihn unter eine Laterne zog, und fragte: was es gäbe? als er sich zu erkennen gegeben hatte, fand sichs, daß Göschens Vater einst diesem Manne das Leben gerettet hatte. Dieser führte ihn also den folgenden Morgen zum wackern Kaufmann *Rulfs*, der ihn von nun an als seinen Pflegesohn aufnahm, bei einem Schwager auf dem Lande, dem Pastor *Heeren*, erziehn ließ, und zum Buchhandel bestimmte. Als daher jener andere Bremenser, der Göschen Abends auf dem Markte gefunden hatte, nach Halle ins Waisenhaus geschrieben u. dem jungen Göschen eine Freistelle dort ausgewirkt hatte, weil Göschens Großvater einer der größten Wohlthäter des Waisenshauses geweßen war: so setzte sich Rulfs dagegen. Nein, sagte er, kein Kopfhänger soll der Junge nicht werden, und zum Studieren gehört mehr Geld, als ich ihm geben kann. Er brachte ihn darauf zum Buchhändler Cramer in Bremen, wo er die Buchhandlung lernte, und von da kam er zu Crusius nach Leipzig, von wo aus er nach einem zweyjährigen Aufenthalte nach Amsterdam kommen und dort durch Unterstützung eines reichen Amsterdammers in Stand gesetzt werden sollte, in Amsterdam eine deutsche Buchhandlung zu etabliren. Allein jener Amsterdammer starb, u. Göschen blieb bei Crusius, dem er bald so unentbehrlich wurde, daß dieser [ihn] zum Compagnon der Handlung anzunehmen versprach, wenn er, Crusius, durch die erwartete Erbschafft eines alten, reichen Oncles in Besitz eines Rittergutes (Goreen) u. völlige Unabhängigkeit gekommen seyn würde. Indeß etablirte sich die Gelehrtenbuchhandlung in Dessau, wozu Göschen als Factor mit 500 R[eichs]th[alern] engagirt wurde, aber auch gleich bei der ersten Revision des Waarenlagers versicherte, daß der Bankerutt unvermeidlich sey. Hier lernte er Beckern kennen, und schoß ihm die ersten 200 Thaler zu seinem literarischen Unternehmen vor. Nun etablirte sich Göschen selbst, wobei ihm Körner in Dresden 2000 Thaler vorstreckte, u. ein Drittel des Gewinns verlangte, ihm aber doch nach 2 Jahren dieß schon erließ, und mit 4 p[er] C[entum] Interessen vorlieb nahm. Bertuch, dem Göschen die ersten Ideen des Buchhandels u. des dabey nothwendigen Rechnungswesens gelehrt hatte, verschaffte *Göthens* Schriften, verlangte aber auch ein Drittel des Gewinns, den er auch mehrere Jahre bezog, bis ihm Göschen auch dieß abkaufte. Man hatte eine ungeheure Auflage von 3000 gemacht, an der G[öschen] noch immer verkauft. Es gehen jährlich zwischen 40 und 50 Exemplare. Dadurch daß G[öschen] in der Folge 2 Bände Opern von Vulpius zu drucken abschlug, u. sich auf eine lateinische Botanik, von Göthe, die ihm Bertuch antrug, nicht einlassen wollte, fand sich G[oethe] bewogen, zu Ungern abzugehen. Er mußte, um Ruf zu bekommen, etwas Aufsehn erregendes drucken. Thümmel schrieb ihn an, und bot ihm seine Reisen an. Er wolle sich einen Garten kaufen. Könne ihm Göschen die Summe (3000 Thaler) dazu geben: so solle er das M[anu]sc[rip]t haben. Sonst werfe ers grade ins Feuer. Das M[anus]sc[rip]t war eng geschrieben, und jeder Buchstabe schien mit Silber aufgewogen werden zu müssen. Aber er wagte es doch, traf aber dabey die Einrichtung, daß nachdem es Schütz in der A[llgemeinen] L[iteratur] Z[eitung] nach Gebühr ausposaunt hatte, er bekannt machte, er gebe kein Exemplar eher aus, als bis er durch eine hinlängliche Zahl von Käufern, die sich so gleich zu melden hätten, gedeckt wäre. Wirklich kamen von allen Seiten Briefe und Bestellungen und die Absicht wurde volkommen erreicht. Jeder wollte das Buch gern zuerst haben. Zu gleicher Zeit hatte er sich selbst nachgedruckt, und die äuserst wohlfeile Ausgabe zu 8 g[uten] g[roschen] an alle Reichsbuchhändler ohne Ort- und Druckanzeige in großer Menge geschickt. Die dortigen Buchhändler schickten nun triumphirend diesen Nachdruck an Göschen. Er lachte sie alle aus, und trat bey der nächsten Messe als sein eigener Nachdrucker hervor. (Wieland misbilligte dieß listige Benehmen u. bemerkte, daß dieß seinem Namen Schaden gethan haben müsse.) Wielands Liebe erwarb sich G[öschen] auf folgende Weise. W[ieland] wünschte seinem Schwiegersohn Reinhold den Antheil an dem Merkur zu verschaffen, den bisher Bertuch gehabt hatte. Göschen trat als Unterhändler ein, und bewirkte durch eine rührende Vorstellung, daß Bertuch auf der Stelle zurücktrat und seine Erklärung in einem Billet an W[ieland] schickte. Göschen war der Ueberbringer dieses Billets, das W[ieland] natürlich mit größter Begierde in G[öschens] Gegenwart so gleich durchlaß. Indem Wieland mit ganzer Seele auf dieß Papier geheftet war, trat die Hofräthin in die Stube. Der Hofrath, der bei gewissen Unterbrechungen erschrecklich böse werden kann, fuhr mit der sichtbarsten Ungeduld auf und zeigte seinen Mismuth. Dagegen that seine Frau nichts, als daß sie sich ganz unbefangen lächelnd verbeugte, und wieder davon schlich. Welch eine edle Gattin haben Sie! rief Göschen mit Begeisterung. Blitzschnell fuhr W[ieland] von seinem Sitz auf und ergriff G[öschen] mit dem herzlichstem Händedruck. »Junger Mann, rief er mit einer Verklärung der Freude im Angesichte, daß Sie den Werth dieser Frau so schön erfassen und würdigen, macht Sie auf immer zu meinem Freunde. Und diese Freundschaft will ich Ihnen thätig beweisen, sobald Reich todt ist.[«] Göschen nahm diese Aeuserung mit Dank und Rührung auf, legte aber kein größeres Gewicht darauf, als er auf eine Ausströmung augenblicklicher Gutmüthigkeit legen zu müssen glaubte. Wie groß war daher sein Erstaunen, als er kurz nach Reichs Tod einen Brief von Wieland mit dem Manuscripte des Peregrinus Proteus bekam.

Göschen beschäfftigt itzt in allem zuammen 60 Menschen, deren Vater und Versorger er ist. Alle seine Leute sind ihm auserordentlich zugethan. Sie druckten, um ihm eine Freude zu machen, drei Nächte an Rodes Vitruv, um diesen noch zur Messe fertig zu bekommen, und allen standen die Thränen im Auge, als sie ihn damit am Morgen überascht hatten, und seine freudige Rührung bemerkten. Er hat bey der letzten Postulation eines Druckers ein eigenes Ritual entworfen und dieß auch drucken lassen, welches algemeinen Beifall erhielt und mit der Freyma[u]rerey verglichen wurde, worin doch Göschen nicht eingeweiht ist. Durch den Druck des Racknitzischen Werkes ist er dem Kurfürsten persönlich empfohlen, und erhielt daher so gleich die Erlaubniß, in Grimma eine Druckerey anlegen zu dürfen. Er hat sich nemlich in Hohenstein einem Dorfe bei Grimma ein Freigut gekauft, anfangs bloß zu seiner Gesundheit und um den Sonnabend u. Sontag dort zubringen zu können. (Er bezahlte mit 800 Th[ale]r[n] ein Gebäude, was in Leipzig 8000 gekostet hätte) Bald aber knüpfte sich daran eine neue Speculation, eine große Druckerei dort anzulegen, weil es mit den wirthschaftlichen Unternehmungen so nicht recht fort wollte, die Haasen mehr als 300 lustig aufwachsende Acacienpflanzen abfraßen u. s. w. Ein Hauptpunct bey der volkommenen Druckerei wäre die Vermeidung alles Staubes. In unsern gewöhnlichen Druckereien, selbst in der berühmten Dresdner Hofbuchdruckerei stehn die Setzer auf der einen, die Drucker mit den Pressen auf der andern Seite eines langen Saals. Wie könnte da Staub und Unreinlichkeit bey einem Zusammenfluß und den Bewegungen von 20 u. mehrern Menschen vermieden werden. Hierzu kommt noch das zu vielen Misbräuchen und Störungen führende Plaudern und Schwatzen so vieler an einem Orte befindlicher mechanisch arbeitender Menschen. Dieß alles soll in der neu zu errichtenden Druckerei auf Göschens Gute dadurch vermieden werden, daß jeder Arbeiter seine eigene reinlich geweißte Zelle erhält, worinnen er ganz allein arbeitet, u. beim Eintritt allezeit ein ganz reines Gewand anlegt, wie in Champagne die Traubentreter.

Als Göschen im Jahre [17]92 die Reise durch Deutschland in die Schweiz machte, um die Vorbereitungen zur Wielandischen Ausgabe zu machen, reißte er mit so frohem Herzen und philanthropischer Gutmüthigkeit aus, daß er überal nur die gute Seite sehn wollte. Die Resultate dieser Reise enthält sein eigentlich nur für Freunde gedruckter *Johann*. Man hat in Rezensionen die drolligte Laune des Helden dieses Reisejournals gelobt (und diese mag wohl ganz gut seyn. Göschen hat nur ein Lieblingsbuch, den Tristram Shandy, dessen Manir auch in diese Schrift übergegangen ist): aber man hat die Hauptabsicht, die häußliche Glückseeligkeit zum Mittelpunct aller übrigen Reisebemerkungen zu machen, nicht bemerkt, und doch ist es grade diese Seite der Schrift, die dem Verf[asser] selbst die liebste dabei ist. Es waren gleichsam Briefe an seine Frau. Die darinnen vorkommenden Anecdoten sind alle wahr. Die rührendste ist die Szene am Todtenbette eines alten von Buchhändlern gekränkten Rectors in Nürnberg, den er mit seinem Reisegefährten, dem D[oktor] *Erhart* im Sterben besuchte (ist wohl nur noch Nachahmung der pathetischen Stelle in Tristram von Leferens Tod.) München wählte er zum Sitz der Wollust, weil er es wirklich so fand. Ruheplatz für Müde im Park ein Bordell. Ein zweiter Theil sollte die Schweiz enthalten. Da der Verf[asser] aber bloß die Natur loben, die Menschen und Verfassungen aber in der Schweiz bitter tadeln müßte: so hielt er Schweigen für nützlicher. Dafür arbeitet er seit einer geraumen Zeit an einem Lustspiel

(Theater war immer eine Lieblingspuppe. In Dessau spielte er oft selbst mit seinem Freunde *Steinacker* auf dem philanthropinischen Theater) dessen Hauptintrigue in einem Mädchen besteht, die sich taub stellt, um die zudringlichen Anträge eines alten Gecken nicht hören zu dürfen. Iffland hat ihm durch seinen Commissar Walmann in der Aussteuer einen gutmüthigen Polterer weggenommen, den er auch schon darinnen angebracht hatte.

In Basel lernte er den Papierfabrikanten *Imhof* einen trefflichen, edeln Menschen kennen, und besprach von ihm das Schweizerpapier für seinen Wieland. Kaum war G[öschen] nach Leizig zurück: so erhielt er einen Brief von Imhof, worinnen ihm dieser entdeckte, daß er ein ruinirter Mann sey, u. dem Bankerutt nicht entgehn könne, weil auf einmal alle seine Freunde ihre Vorschüsse gezahlt haben wollten, und er dieß durchaus nicht auf der Stelle leisten könne, obgleich sein Werk viel mehr werth sei. Göschen schrieb ihm mit rückgehender Post einen ostensibeln Brief, worinnen er ihm große Vorschüsse, aber auch, wenn man ihn nicht schone, ein Etablissement in Sachsen versprach (denn ein Bankerutteur muß sich in der Schweiz durchaus expatriiren). Dieß bewirkte ihm beim Magistrat nicht allein Nachsicht, sondern auch einen sehr vortheilhaften Accord von 25 p[er] C[entum], so daß er auf einmal ein Mann von 200,000 Thaler in Vermögen wurde. Zur Dankbarkeit liefert ihm nun Imhoff noch jetzt das Papier für denselben Preiß, wie vor 4 Jahren. Ein ungeheurer Vortheil!

Lange dachte er über die Glättmaschine nach, die das Papier nicht allein glätte, sondern auch in seiner innern Consistenz veredle. Die gewöhnliche Art mit eisernen Bolzen und Papierspänen zu pressen (was die Engländer hot-pressed nennen) läßt rauhe und unebne Flecken, da kein Papiermacher ein auf der ganzen Oberfläche überal gleich starkes und gleich consistentes Papier liefern kann. Auch mit zwey Rollen, wie es Unger und Breitkopf versucht haben, geht es nicht. Im Nachdenken versunken sah Göschen einst auf seinem Wohnzimmer seine Frau platten. Auf einmal fiel ihm ein, das Papier könne *geplattet* werden. Und darauf gründet sich nun auch der ganze Prozeß seines jetzt bloß durch Weiber und Mädchen betriebenen Papierglättens. Was bei der Wäsche der heise Stein in der Plattglocke ist, ist hier eine Rolle, die horizontal über den gefeuchteten Bogen gezogen wird. Aber alles kommt nun dabei auf die Unterlage an, was bey den Platterinnen eine Frießdecke oder des etwas zu seyn pflegt. Diese Unterlage, die die widersprechendsten Eigenschafften *Auftrocknen u. Anfeuchten* mit einander verbinden muß, auszuklügeln, kostete ihm Jahrelange Anstrengung. Metall würde keine Feuchtigkeit halten. Ein Gewebe würde zu naß bleiben. Seit er diese Unterlage wirklich herausgebracht hat, ist er im Stande seine Papierglätte jeder ausländischen Art vorzuziehn. Selbst das prächtigste was je gedruckt wurde, *Bowyer's Hume* hat ungleiche Flecken auf jedem Bogen. (Wir machten, als wir davon sprachen, selbst eine Probe an den bey Bensley mit Figgin's Lettern gedruckten prächtigen Select Views of Mysore, die ich eben bei mir hatte) Dieß ist auch das Einzige, was Göschen bei der ganzen Sache geheim hält, weßwegen auch niemand, der als Zuschauer hinzutritt, die Unterlage zu betasten gestattet wird.

Da die *gedruckten* Bogen geglättet werden, so mußte vor allen Dingen auch auf eine Druckerschwärze raffinirt werden, die durch die Hitze nicht roth wurde. Wirklich schillert die Schwärze in den ersten Bänden von Wieland noch etwas ins rothe. Durch die Lectüre einer Nachricht daß sich in Petersburg durch Oel und Ruß eine Selbstentzündung ereignet habe, wurde auch hie Göschen zuerst zu einigen chymischen Versuchen geleitet, die ihm nun auf einem weit einfachern Wege eben die zarte und schwarze Schwärze giebt, die Unger in Berlin durch Lampenruß erhält, wovon ihm freilich das Loth einen Louisdor zu stehn kommt.

Statt der hölzernen Stäbchen zu Einfassung der gesetzten Columnen, wodurch das Verschieben einzelner Buchstaben und Zeilen unvermeidlich wird, erdachte G[öschen] metallene, die diesem Uebelstand auf einmal abhelfen, fand aber hinter drein, daß Fournier in Paris dieß Mittel auch schon gekannt habe, daher er diesem den Ruhm der Erfindung gern überläßt.

Bei seiner jetzigen Durchreise durch Jena hat er mit Griesbach einen splendiden Abdruck des N[euen] Testaments verabredet, wozu nun Prilwitz griechische Lettern nach Bodoni sticht. Dieß soll Vorläufer einer ganzen Suite von griechischen Classikern werden.

Nicolovius verlangte noch Zuschuß von Klopstock, wenn er *alle* seine Werke drucken sollte (wahr ist es, daß von seinem Trauerspiele Adam und David seit 8 Jahren die von Bode erkaufte Ausgabe gegen 800 Exemplare noch völlig intact in Göschens Waarenlager aufliegen, und auch nicht *ein einziges* Exemplar abgegangen ist). Dadurch sprang Klopstock ab. Uebrigens hatte Nicolovius einen Plan von Göschen selbst zur Unternehmung zum Grunde gelegt. Nun fragte Gerning bei Göschen an. Klopstock verlangt für alles 3000 Thaler. Diese rechnet G[öschen] allein auf die Oden und den Messias. Erlebt Klopstock je das Ende dieser Abdrücke: so läßt sich denn immer sehn, ob der Druck der übrigen Schriften möglich sei. Kl[opstock] hatte 100 Thaler Vorschuß von Nicolovius genommen. Diese drückten ihn, und er bat um ihre Abbezahlung bei Göschen, der sie so gleich leistete, und sich noch zu mehrerm erbot. Da die Oden weniger Platz greifen: so können hie die Zeilen noch besser, als in der Wielandischen Prachtausgabe, auseinander gehalten werden. Darum werden diese Oden an typographischer Schönheit alles vorige übertreffen. Einige Kupfer müssen dazu, weil sie das Publikum durchaus verlangt. Aber die Anfoderungen, die Kl[opstock] an den Künstler macht, sind gegen alle Begriffe der Kunst. Als Cramer vorige Ostermesse in Leipzig war, trug er sogleich darauf an, daß Göschen auch seinen Commentar mit abdrucken müsse. G[öschen] schrieb auf der Stelle an Klopstock, daß, wofern man auf diesem Ansinnen bestünde, auf der Stelle das ganze Unternehmen aufgegeben werden müsse. Kl[opstock] antwortete: »Ich bestehe nicht darauf. Aber sprechen Sie auch nie wieder davon. Denn Cramer ist mein Freund.«

Die Venus Urania des H[errn] v. Ramdohr druckt Göschen auf des seel[igen] Blankenburgs Empfehlung, und giebt 1500 Thaler Honorar. Dieß war für 3 kleine Bändchen stipulirt. Das Manuscript ist aber ungeheuer volumineus geworden. Darum wollte nun auch R[amdohr] viel mehr Honorar zur Erkaufung eines Gartens haben. Aber G[öschen] bewieß ihm, daß er grade nun noch weniger geben könne. Wegen der Annahme dieses M[anu]sc[rip]ts ist der gute Göschen in wahrer Verlegenheit und sagte laut bei Wieland, daß er dadurch den dümmsten Streich gemacht habe, dessen er sich in seinem Leben schuldig fühle.

Musterhaft ist die kärgliche Sobrietät, womit Göschen beym Anfang seines Selbstétablissements sich durchmühte, oft trocken Brot aß, um nur die bestimmte Summe zusammen zu geizen, sich nirgends in öffentlichen Vergnügungsplätzen sehen ließ, und dadurch bey seinen Mitbürgern algemeines Zutrauen erhielt. Dabei hat denn freilich auch seine Gesundheit gelitten. Besonders belästigt ihn ein gewaltiger Schluchzer, auf welchem endlich der Auswurf von etwas zähem Schleim erfolgt. Dieser überfiel ihn sonst zuweilen grade bey wichtigen Geschäfften, während der Mahlzeit u. s. w. Jetzt hat er das Mittel dagegen erfunden, daß er alle Morgen nach dem Aufstehn einige Minuten auf einem Stuhl reitet und durch diese Bewegung den Abgang des Schleimes befördert, der einmal täglich abgeführt werden muß.

Seine drei Söhne sollen die Typographie im ganzen Umfange lernen u. eine typographische Geselschafft formiren. Der eine soll sich besonders auf die Formschneiderkunst legen, wodurch vieleicht noch einmal originell deutsche Lettern erfunden werden könnten, die ohne den ursprünglichen Charakter zu verleugnen, doch so schön wären, als die schönsten lateinischen. Gern bestimmte er den einen zum Schriftgießer, denn dieß ist das Fundament von allem. Aber die aufgelößten Blei- und Antimonialdämpfe sind giftig, und eine solche Bestimmung wäre grausam von einem Vater.

Seinen Wohlthäter *Rulfs*, der nach einer Verkettung der

scheußlichsten Cabalen endlich seines Arrests, als Clubbiste entlassen worden ist, unterstützt er großmüthig während er in Cronenburg bei Maynz sich aufhält, und noch immer sein Recht sucht. R[ulffs] schickte ihm ein Vertheidigungsmemoir zu, das doch in Sachsen nicht gedruckt werden konnte.

Die jetzige Schlegel, vormals verwitwete Böhmer, hielt sich ein Jahr lang ganz incognito bei Göschen in Leipzig auf. Er hält sie für das geistreichste Weib, die er je kennen lernte. Der König befahl eigenhändig ihre Entlassung aus dem Gefängnisse, da ihr Bruder, der Arzt Michaelis, die Unerschrockenheit gehabt hatte, bis zum König vorzudringen, u. ihm die Ungerechtigkeit gegen seine Schwester deutlich zu beweisen.

Ueberhaupt ist G[öschen] einer der edelsten Menschen, durch Kampf mit Armuth gebildet, ipse miser miseris succurrere didicit. Er hat die mit mercantilischer Speculation fast unzertrennliche, nimmersatte Habsucht glücklich bekämpft, und mehr, absichtlose Edelmuth ist ihm im Hundertfalle *ein*träglicher, als die studierteste Erwerbkunst anderer. Sie leihet ihm die Kunst und Einsicht der Edelsten seiner Zeitgenossen, und schafft ihm was dem Kaufmann alles werth ist, – Zutrauen.

Friedrich Wilhelm Gotter

G[otter] erhielt von seinem Vater, der Geheimer Assistenz rath und ein angesehener Mann in Gotha war, in der frühen Jugend eine sehr vortheilhafte Bildung und Erziehung, und galt damals für einen der gebildetsten und schönsten Jünglinge in Gotha. Als der Geh[eime] Just[itial]R[at] *Putter* von Göttingen nach Gotha berufen wurde, um dem jetzigen Herzog, als damaligem Erbprinzen, Vorlesungen über das Staatsrecht zu halten, wuste sich ihm der junge Gotter vorzüglich zu empfehlen, und als Putter im Jahr [17]62 zurückging, ging G[otter] mit ihm nach Göttingen auf die Universität.

Hier cultivirte er vorzüglich die Bekanntschaft des *Heynischen* Hauses, wo er fast täglich war, und wie ein Kind im Hause gehalten wurde. Vorzüglich genoß er das Zutrauen von *Heyne's* erster Frau, die sich durch eigene Lectüre und Studium sehr ausgebildet hatte, und damals zu den gebildetsten und geschmackvollesten Frauen in Göttingen gehörte. (Sie pflegte oft sehr rührend ihre frühere Geschichte zu erzählen, wie sie in der Katholischen Bigoterie erzogen als die Tochter eines Hoflautenisten nichts als ihr Breviär beten konnte, und erst dadurch, daß sie in das vortreffliche Haus des Landshauptmanns v. *Schenberg* kam, vernünftigere Einsichten erhielt. Hier lernte sie auch der damals von der Bünauischen Bibliothek geflüchtete *Heyne* kennen, u. heurathete sie). Damals kamen eben die brillantesten Gedichte von *Wieland* zuerst heraus. Diese, und alles was sonst im Fache der schönen Literatur Aufmerksamkeit verdiente laß Gotter der Frau Hofräthin vor, gab und empfing Ideen darüber. G[otter] hatte schon früh Musenversuche und Vorübungen gemacht. Aber Wieland zündete den göttlichen

Dichterfunken zuerst in ihm zur Flamme an. Die ersten Gedichte, die er werth hielt, öffentlich zu erscheinen, fallen ins Jahr [17]68. Aber noch hat er eine große Zahl nicht herausgegebener Juvenilia. ⟨Damals kam auch die beste Schauspielergeselschaft, bey der Brockmann, Eckhof, die Seilerin befindlich waren, auf einige Zeit nach Göttingen, und weckte durch ihr treffliches Spiel G[otters] dramatisches Genie.⟩

Als er nach Gotha zurückkam, wurde er Hausfreund des Hofmarschals v. *Studnitz*, dessen Haus und Umgang damals für die Schule der höchsten Verfeinerung, aber auch für einen Sitz der Atheisterey und des Diderotschen Encyclopädismus gehalten wurde. *Schatz* war damals Vorleser in diesem Hause, und bey dieser Gelegenheit entsponn sich eine Vertraulichkeit zwischen beiden, die so gar dem übelgesinnten Publikum Stoff zu allerley nachtheiligen Gerüchten von Liebhabereien im Italienischen Geschmack gab. Allein nichts ist durch Thatsachen bewiesen.

G[otter] hat als Geh[eimer] Sekr[etär] nur 400 R[eichs-]th[aler] Gehalt, und muß mit diesem, und den Renten eines kleinen Kapitals von 10000 Livres, das in Französischen Fonds steht, leben. Daher sind seine häußlichen Verhältnisse nicht immer die besten, und seine einst sehr reizende, blühende Frau und 3 Töchter müssen sich zuweilen kümmerlich behelfen. Seine älteste Tochter, ein Mädchen von 12 Jahren, zeichnet und schreibt recht schön, und der Vater nennt sie seinen Sekretair. Uebrigens machen eben diese häußlichen Mißverhältnisse Gottern das Leben unter seiner Familie oft unerträglich. Dann sucht er Geselschaft selbst unter dem niedrigsten im Volke, in den Dorfschenken u. s. w. Sein Epicureismus gestattet ihm nicht einmal eine fortgesetzte literarische Arbeit zu unternehmen. Vom Hofe und den höhern Zirkeln ist er wegen seiner oft zu streng beurtheilten Lebensart ganz ausgeschlossen. Ein Gastmal oder eine Fete zu arrangiren, ist sein Lieblingsgeschäfft. Dieß Talent eines Haushofmeisters ist leider oft das Hervorstechendste an ihm.

Gotters letzte Dramen (Schauspiele von Fr[iedrich] W[ilhelm] Gotter. Leipzig, Göschen 1795. 1 Th[ale]r) sind durch die in Gotha vor einigen Jahren Mode gewordnen Sprichwörterspiele entstanden. Der Doctor *Brückner* hatte ein artiges Stückchen der Art gefertigt, das man mit großem Beifall in dem Zirkel, den auch Gotter zu besuchen pflegt, aufführte. Dieß reizte Gotters Ehrgeiz, und er entwarf zuerst dramatische Szenen, durch deren genauere Ueberarbeitung dann die *Vasthi* in einem Act und Esther in 6 Acten entstand. S[iehe] die schöne Rezension in der Alg[emeinen] Lit[eratur] Z[eitung] [17]96. n. 13. p. 97–103.

Ferdinand Justus Christian Loder

D[oktor] Just. Christian *Loder* Hofrath u. Professor in Iena. im Januar [17]95.

Loders Vater war Rector am Lyceum in Riga, ein Mann von strengen Grundsätzen, starker Orientalist und seltener Lebenskraft. Er starb im 90ten Jahre seines Alters und nahm noch alle Zähne mit ins Grab, würde auch noch länger gelebt haben, wenn ihm nicht ein Fall die Hüfte gelähmt und ihn an den sonst sehr fleisig unternommnen Reisen und Körperbewegungen gehindert hätte. Dieser bestimmte also seinen Sohn zum Theologen, u. lehrte ihn selbst Hebräisch, wovon Loder jetzt noch starke Reminiscenzen in seinem trefflichen Gedächtnisse, der hervorstechendsten seiner Seelenkräfte, aufbewahrt. Auser diesen lernte er auch wacker Griechisch und Latein, so daß er, als er nach Deutschland kam, mit einer seltenen Fertigkeit die letzte Sprache sprechen konnte. Die Mutter, die die Neigungen des Sohnes besser studiert hatte, bestimmte ihn in ihrem Herzen zum Juristen. So kam er bey seinem ersten Ausfluge nach Hamburg, wo er seinen Vetter, *Schmiedlin*, den Verf[asser] des Catholicons besuchte, und von diesem auf einmal fest bestimmt wurde, Medizin in Göttingen zu studieren. Denn seine Eltern hatten ihn eigentlich nach Leipzig auf die Universität geschickt, liesen sich nun aber alles gefallen, u. unterstützten den Sohn reichlich.

Loders Lieblingslehrer in Göttingen waren *Wrisberg* und *Baldinger.* Anatomie wurde bald bei ersterm sein Hauptstudium. Er und *Sömmering* u. *Hennemann*, jetzt Leibarzt zu Schwerin, waren Zeitgenossen und Nebenbuhler bey Wrisberg und in Baldingers klinischer Anstalt. Nach einem vierjährigen Aufenthalt promovirte Loder ad doctorem, bestand im Examen bey *Wr[isberg] Baldinger* und *Murray* vortrefflich, aber nur *Richters* Fragen konnte er nicht beantworten, der es absichtlich darauf angelegt hatte, ihn zu demüthigen. Seine Doctorrede erwarb ihm selbst *Heynes* Beyfall. Uebrigens wurde kein Geld geschont, u. Loder hatte noch als Professor in Jena Universitätsschulden abzubezahlen.

Nach *Neubauers* Tod suchte man lange in Jena vergeblich einen Anatomen von einigem Ruf zur erledigten Professur. Jena war damals (1777.) in gar geringem Ansehen auswärts, und mehrere, denen dieser Antrag gemacht wurde, wiesen ihn zurück. *Loder* hatte mit *Eichhorn* in Göttingen studiert und eine enge Freundschafft errichtet gehabt. Dieser war unterdessen vom Rectorate in *Ordruff* nach Jena beruffen worden, u. schrieb jetzt seinem alten Universitätsfreunde halb im Scherze, ob er nicht Lust zur vacanten Stelle in Jena hätte? Anfänglich lachte *Loder* darüber. Denn da er als ein geborner Livländer sich immer für Petersburg bestimmt hatte, auch dort an dem Grafen v. Vietinghoff, dem Director der Medizinalanstalten in Rußland, einen großen Gönner wuste: so war er im Geiste schon oft Leibarzt der grosen Kaiserin. Indeß erhielt auch *Baldinger* eine Anfrage aus Jena, und sprach einst im Clinicum, wo eben Loder u. Sömmering gegenwärtig waren, von dieser Jenaischen Stelle. Nun bekam Loder doch Lust dazu, u. erbat sich Osanns, Baldingers Lieblingsschülers, u. nachmaligen Weimarischen Leibarztes, Vermittlung in Weimar. Dieser schrieb so gleich an den damaligen geh[eimen] Hofrath *Hufeland*, welcher in vollem Vertrauen auf diese Empfehlung Lodern zuerst Fritschen und dem Herzoge selbst nannte. Zu gleicher Zeit schlug auch die Medicinische Facultät Loder vor, da dort Eichhorn (den L[oder] nun ernstlich um Vermittlung gebeten hatte) *Grunern* für seinen Freund eingenommen hatte. Man erkundigte sich von Weimar bey der Göttinger Facultät, u. Loder, der sich im Examen viel Ehre erworben hatte, erhielt auch von dieser ein sehr schmeichelhaftes Zeugniß. So wurde denn Loder wirklich im Jahre 1778 mit 350 R[eichs]th[alern] Gehalt berufen zu Sömmerings großem Verdruß, der sich heimlich auch um diese Stelle bemühte, u. Lodern kurz darauf durch Vorzeigung eines Briefs bey *Göthe* zu verleumden suchte.

Kaum war er ein Jahr in Jena, so erhielt er Aussichten nach Rußland, u. dadurch 100 R[eichs]th[aler] Zulage. Der Herzog äuserte den Wunsch, er möchte das Hospital in Jena zu einer klinischen Anstalt umformen, u. die Direction davon übernehmen. Hierzu sagte L[oder] gehn mir noch die chirurgischen Kenntnisse ab, die ich nur auf einer Reise durch England und Frankreich erlernen kann. Auch hierzu erhielt [er] den Urlaub auf 1½ Jahre, und nahm den Chirurgus *Köhler* als Bedienten und Handlanger auf dessen eigene Unkosten mit. Man erbot sich von Seiten Weimars zu einem Vorschuß von Reisekosten. L[oder] trat darüber mit dem Geh[eimen] Rath von *Fritsch* in genauere Unterhandlungen, wollte aber deßwegen die Reisekosten nicht annehmen, weil er dadurch auf immer in Jena zu bleiben verbindlich gemacht werden könnte. Endlich wurde die Sache dahin vermittelt, daß L[oder] noch vor Antritt seiner Reise den Character eines Herzoglichen Leibarztes [erhielt] (auf unbestimmte Fälle u. nur dann, wenn man seine Assistenz ausdrücklich verlange) mit einem Gehalt von 300 R[eichs-]th[alern] der noch vor seiner Abreise zahlbar wurde, und also doch einen Zuschuß zur Reise machte. Loder reiste nun im Frühling 1781 ab, u. kam im Sommer 1782. zurück. Er sah und hörte fast in London und Paris nichts, als Chirurgie und Anatomie. In London besuchte er ein einzigesmal das Drury-Lanetheater, um doch das Spiel der *Siddons* einmal gesehn zu haben. Auch die Pariser Oper sah er nur einmal. Dafür war er in London unzertrennlich von Hunters unvergleichlichem Museum und anatomischen Vorlesungen, denen er die wichtigsten Aufschlüsse verdankt. Auch in *Rouen* brachte er einen Monat bey dem berühmten *David* zu. Die ganze Reise kostete ihm 4100 R[eichs]th[aler] wobey aber auch die Anschaffung eines prächtigen Instrumentenapparats in England u. der Ankauf mancher anatomischen Sehenswürdigkeiten eingerechnet werden muß.

Seine frühern Streitigkeiten mit *Gruner* u. seine neuern mit *Sömmering* haben ihm viel böse Stunden gemacht. Mit beiden scheint er auf dem Wege zur Aussöhnung zu seyn. Ein gewesner Schüler von Loder und Sömmering, D[oktor] *Bährens* in Frankfurt am M[ain] will Friedensstifter zwischen beiden werden.

Er hat ein auserordentlich starkes und getreues Gedächtniß und ist daher zur Nomenclatur in seinem Fache sehr geschickt, nie über den Ausdruck verlegen, und ein sehr angenehmer Docent. Aber tiefsinnige Untersuchungen und Nachforschungen sind seine Sache durchaus nicht. Er handelt nach momentanen Eindrücken, und liebt Zerstreuungen u. Vergnügungen oft mehr, als zur Vollendung und Vervolkommnung seiner Wissenschaft und seiner schriftstellerischen Producte gut ist. Durch die genaue Verbindung mit dem Arzt *Hufeland*, der durch seine Empfehlung den Ruf zum Stadtphysikus in Riga erhielt, und dadurch für Jena gewonnen wurde, hat er in mehr als einer Rücksicht an Bestimmtheit und Stätigkeit gewonnen.

Seinen anatomischen Vorträgen weiß er da wo die Zeugungstheile vorkommen, alle mögliche Würde zu geben. Bemerkt er, daß fremde Studenten aus sträflicher Neugierde grade diese Stunde zum Hospitiren abgepaßt haben, so ruht er nicht eher, als bis diese abgetreten sind, oder er behandelt so gleich auser der Ordnung so gleich eine andere Materie. – Ein Fehler von ihm ist es, daß er mit seinen Kunstgenossen auf andern Universitäten fast in gar keiner Verbindung steht, keine Briefe mit ihnen wechselt u. sie ganz vernachläßigt. Sein Gegner *Sömmering* ist hierinnen weit politischer. Daher schätzt ihn weder in Halle, noch Göttingen einer seiner Glaubensbrüder, u. er erfährt die härtesten Beurtheilungen.

Wegen eines monströs großen penis in seiner Präparatensammlung hat er viel Angst ausgestanden. Er wußte diese Rarität bey einem angesehnen Bürger in Jena noch bey Lebzeiten des Besitzers zu entdecken, und brachte [es] durch Bestechung des Todtengräbers dahin, daß er dieß schöne Specimen noch aus dem Sarge rettete. Unglücklicher weise hatte die Frau des Verstorbnen Verdacht geschöpft, und verlangte nun vom Todtengräber, daß er ihr den Sarg noch einmal öffnen solle, weil sie sich nicht eher zufrieden geben könnte, als bis sie wisse, es sei mit dem Leichnam ihres Mannes nichts unrechtes vorgegangen. Als der Todtengräber keine Ohren dazu hatte, wandte sie sich an den Stadtrath, u. verlangte von diesem die Erlaubniß, und nur durch strenge und standhafte Verweigerung konnte man es dahin bringen, daß sie sich zwar nicht beruhigte, aber doch nichts zu unternehmen wagte.

Sein Portefeuille ist seine Rocktasche, in der er alle alten Briefe, die noch zu beantworten sind, oft Monate lang mit sich herumträgt.

Er stand sich als Dekan im Jahr 1793 3400 R[eichs]th[aler].

Johann Kaspar Friedrich Manso

I. C. F Manso. Director des Magdaleneums in Breslau. (aus Erzählungen seiner Freunde in Gotha, im Xbr. [Decembris] [17]94.)

Manso's Vater ist der noch lebende Amtmann in Zella zu St. Blasien im Gothaischen, wo er auch mit seinem Bruder, der jetzt eine Sekretairstelle in Gotha bekleidet, die frühere Erziehung erhielt. Damals war der nachmals als Diaconus in Gotha angestellte *Schmidt*, der Uebersetzer des Horaz, Pfarrer in diesem Dorfe, und dieser legte durch seine enthusiastischen Empfehlungen der Alten und besonders des Horaz die ersten Neigungen zur Philologie und Dichterkeime in die Seele des Knaben. (Als Schmidt in der Folge wegen des der Kaiserin Maria Theresia dedicirten Leben der Jungfrau Maria in fiscalische Untersuchung verfiel, und die zu erligende Strafe von Prinz August heimlich vorgestreckt erhielt, betrübte sich Manso herzlich über diesen seinem Lehrer und Freund zugestoßenen Unfall) Als beide Brüder hierauf auf das Gothaische Gymnasium unter dem Rector Geisler kamen, galten sie schon damals für gelehrte monstra, und unser Manso schmiedete schon Verse in allen Sylbenmaaßen und Gattungen. Tiefgelehrt, aber mit allem conventionellen des Umgangs völlig unbekannt kam Manso nach Jena, wo er sich bald als Respondent bey Schützens Antrittsdisputation große Ehre erwarb, und daher von dem alten *Helfeld* zum Hauslehrer angenommen wurde.

Mit dem Eintritt ins Helfeldische Haus wandelte unsern Philologen und Theologen auf einmal der Trieb an, sich auch durch körperliche Vorzüge und Gewandheit geltend zu machen. Er nahm täglich mehrere Tanzstunden, und wurde ein kompletter Kleinmeister, daher er noch den steifen, lächerlich gedrechselten Gang behalten hat. Uebrigens legte er sich hier auch mit ganzer Kraft auf die Theologie, und wollte einst *Jacobs* und *Schütz*, die mit ihm zugleich in Jena waren, von ihrem Unglauben bekehren, indem er an einem schönen Abend mit einem ganzen Packet antideistischer Polemiken unter dem Arm in ihre Stube getreten kam, und nun mit aller Gewalt sein Bekehrungsgeschäffte beginnen wollte. Hier gab er auch seinen ersten Dichterversuch, eine Uebersetzung der Georgica in Hexametern u. mit Anmerkungen heraus, der aber nie, vieleicht auch weil es eine unbekannte Handlung verlegte, die das Buch nicht zu vertreiben verstand[, sehr bekannt wurde]. ⟨In Jena gab er auch noch seine *Abhandlungen über die Horen u. Grazien* heraus.⟩

Von Jena kam *Manso wieder* nach Gotha zurück, wo er Hofmeister beym Rath *Schaller* und bald auch Collaborator am Gymnasium wurde. Hier machte er anfänglich den Vortänzer bey allen Bällen und den geschmackvollen Weltmann, zog sich aber, als er merkte, daß er in diesem Fache nie brilliren werde, immer mehr zu gelehrten Beschäfftigungen zurück, bearbeitete den Bion und Moschus, u. später den Meleager. Seiner Schülerin der Dem[oiselle] *Schaller*, einem schönen Mädchen lehrte er Griechisch nach dem Anacreon und Theokrit, und machte wohl auch den Platonischen Abälard. Aber eigentliche Liebe gegen das Geschlecht fühlte er nie, und um so komischer ist es nun, daß er die *Kunst zu lieben* in einem eigenen Gedichte besungen hat. Doch eben dieß beweißt auch, daß er eigentlich von der Natur gar nicht zum Dichter gestempelt ist, und sich bloß durch zahllose Versuche und Dichtermanipulationen eine unglaubliche Fertigkeit im Mechanischen, im Reimen und der Composition erworben hat. Alles ist Kunst, nichts bloses Naturerzeugniß. ⟨– genium debet habere liber.⟩ Er hat einen ganzen Coffre voll poetischer Vorarbeiten. Ueberhaupt wirft er sich auf jedes Fach, auf das ihn der Zufall treibt, mit unglaublicher Heftigkeit, und bewirkt dadurch Wunder, ohne jedoch, selbst bey gelehrten Forschungen (wie z. B. in seinen *mythologischen Abhandlungen*) ganz Meister der Sache zu seyn, die sich nicht auf einmal einstudiren läßt, sondern Jahre lange Lectüre und Studium fodert. Er wird nie heirathen, um ganz unabhängig seinen Lieblingsbeschäftigungen sich widmen zu können. Seine Societätsbedürfnisse sind sehr gering. *Garve* ist sein Freund in Breslau, und Manso braucht nur *einen* Freund, dem er seine Gedichte vorlesen kann.

Iohannes von Müller zu Sylveden

geb[oren] zu Schafhausen d[en] 3 Januar 1752.
Professor in Schafhausen in seinem 19ten Jahre 1771.

[Februar/März 1804]

Charakteristik. In einem kleinen Körper viel Kraft u. natürlicher Anstand. Einnehmend, offene Gesichtszüge, eine fürgewölbte Stirn und eine liebliche Freundlichkeit um die Lippen. Im (übrigens sehr blödsichtigen) Auge ein leckendes Feuer voll verfeinerter Genußbegierde. Ein unerschöpflicher Fond von Schweizer Biederherzigkeit und Gutmüthigkeit, verbunden mit einem hohen Enthusiasmus für alles Große, Edle, Menschen würdige. Griechische Seelen- und Schönheitsliebe. Unbegränzte und wahre Dienstfertigkeit. Völlige Entfernung von jeder schmutzigen Habsucht und Liebe zum Geld. Großherzige Aufopferung für Freunde. Ein äuserst treues u. alumfassendes Gedächtniß, das durch keine Excerpten gelähmt oder eingeschläfert wurde. Ein treffender synchronistischer Ueberblick. Viel Weichheit und daher einige Veränderlichkeit in politischen Glaubensartikeln. –

Joannes Müller war Geh[eimer] Referendar des vorigen Kurfürsten v. Maynz u. damals der protocollirende u. alles einleitende Sekretär des teutschen Fürstenbundes. Bei der Kaiserwahl Leopolds sollten einige Klauseln in die Wahlkapitulation kommen, die aber der Erzkanzlersche Kanzeler dem Kaiser zu ersparen wußte. Der Minister des Kaisers Spielmann bot Müller eine Summe Geldes, die dieser schlechterdings refusirte, darauf trug man ihm den Reichsadel an. Gern hätt' er auch diesen ausgeschlagen. Allein man gieb[t] ihm zu verstehn, daß eine solche Weigerung ihm wohl gar den Verdacht eines Jacobiners (eines damals fürchterlichen Beinahmens) zuziehn könne. So mußte er sich drein ergeben. Als Albini Minister beim Kurfürst wurde, fingen Müllers Verhältnisse an, sehr drückend zu werden. Damals war eben Weguelin in Berlin gestorben. Der König Friedrich II hatte Müllern für seine Verdienste um den Fürstenbund die Mitgliedschaft bei der Berliner Academie mit Gehalt versprochen. Nun erinnerte Müller den Minister Herzberg daran, da durch Wegelins Tod eine Stelle eröffnet worden war. Allein Herzbergs Einfluß war geschwächt und Friedrich Wilhelm II nahm keine Rücksicht auf ihn und man besetzte die Stelle mit einem aus Cassel verwiesenen Cuhn. So nahm er die Anträge von Wien an. Man rieth ihm mit dem gewöhnlichen Hofrathsgehalt (4000 F[lorin]) zum Anfang zufrieden zu seyn. Müller hatte damals selbst etwas zurückgelegt u. ist nie um eigentlichen Erwerb bekümmert geweßen. Er ließ sich also alles gefallen, hat aber nie eine Zulage erhalten u. jetzt betragen diese 4000 F[lorin] bei den großen Abzügen u. Verlusten der Papiere kaum 3300 F[lorin]. Man setzte in Wien voraus, daß der erste geistliche Kurfürst keinen Protestanten zu seinem geheimen Sekretair haben könnte, u. fragte also wegen der Religion gar nicht an. In der Folge bemerkte man freilich den Misgriff u. es kamen allerlei Insinuationen. Allein Müller erklärte frei, daß seine Religion die aller redlichen Menschen und keiner Confession sei, daß er die Consegnung der catholischen Religion volkommen einsehe u. ehre, daß er aber durch seinen öffentlichen Uebertritt zu ihr auser Stand gesetzt seyn würde, ihr wesentliche Dienste zu leisten. Dabei ist es denn auch geblieben. Freilich ist dieser Umstand grade jetzt bei dem äuserst bigotten und eingeschränkten Colloredo keine Empfehlung u. ihm ist es zum Theil wohl auch mit zuzuschreiben, daß ihm neuerlich gegen das ausdrückliche Versprechen der Königin von Neapel, die Müllern nach van Swietens Tod die Präfectur der kaiser[lichen] Bibliothek versprechen ließ, der Hofrath v. Jenisch nach Einziehung der italienischen Kanzelei vorgesetzt u. zum Präfect der Bibliothek ernannt wurde. Dieß muß Müllern um so unangenehmer seyn, als Jenisch ein äuserst barscher u. schwer zu behandelnder, ungeschliffener Mann ist. Nimmt man nun noch die jetzige Bedrückung der Denk- und Preßfreiheit dazu, deren Ende so leicht nicht abzusehn ist; so begreift man, daß Müllers Lage in Wien der Dornen weit mehr, als der Rosen hat. Um die Fortsetzung seiner Schweizergeschichte (wov[on] zwei Bände längst fertig im M[anu]sc[rip]t waren) in Leipzig drucken lassen zu können, sieht sich der wackre Mann genöthigt zu einer Nothlüge seine Zuflucht zu nehmen u. zu sagen, Freunde von ihm hätten schon vor einigen Jahren Abschriften seines M[anu]sc[rip]ts genommen u. einer davon habe die Abschrift der Verlagshandlung ohne sein Vorwissen mitgetheilt. Die Recensionen unterwirft er zwar der Censur nicht, läuft aber doch Gefahr, daß da alle Briefe in der Ordnung geöffnet werden, er einmal zur Rede gestellt werden kann. Die lächerlichen Verbote müssen empören, wenn darum auch alles zu haben ist. Im Freimüthigen stand einmal, jemand habe in der Wiener Bibliothek den Montesquieu vergebens gefodert. Man hielt anfänglich Müllern gar für den Einsender dieser Nachricht. Er mußte also im Freimüthigen selbst dagegen apelliren. 14 Tage nach dem dieß im Freimüthigen gestanden hatte, wurde nun Montesquieu wirklich verboten. Stürbe Müller in Wien, so würde wenigstens die Hälfte seiner Bücher confiscirt u. von seinen köstlichen handschriftlichen Sammlungen käme nichts mehr ans Tageslicht, weil alles versiegelt würde unter dem Vorgeben, der Besitzer sei einst in der geh[eimen] Kanzelei geweßen. Unter diesen Umständen wäre es denn freilich ihm nicht zu verdenken, wenn er sich irgendwo eine freiere Luft und einen offeneren Gedankenhimmel zu erhalten wünschte! –

Ueber *Thugut* und *Faßbinder*. Thugut wußte sich das Ansehn der tiefsten Weißheit durch Taciturnität und Zurückhaltung zu geben. Man glaubte immer es stecke ein tiefangelegter Plan dahinter u. doch lebte der Mann von einem Tag zum andern nur in der Erwartung der jüngsten Begebenheit, um darnach seine Maaßregel zu ergreifen. Der faltenreichste Purpurmantel verhüllte hie den Strohmann. Man fand bei seinem Abgang noch die wichtigsten Depeschen u. Briefe von länger als einem Jahr her uneröffnet, ohnerachtet er schon das Meiste verbrannt hatte. Es ist in der österreichischen Monarchie gewöhnlich, daß wer abgeht, seinen vollen Gehalt behält. Statt dessen ließ er sich mit einem Gut in Croatien abspeisen u. lebt nun in Presburg. Geist der Ordnung fehlt auch in seinen häußlichen Arrangements. Er hatte an 4 Orten in Europa seine Effecte, Bücher u. s. w. stehn, u. als sie ankamen, war alles verschimmelt und verfault. Faßbinder war Professor des Staatsrechts in Trier und wurde von einem Trierer dem Erzherzog vorgeschlagen, als dieser Reichsgeneralissimus wurde u. einen Menschen brauchte, der das Herkommen wußte. Er bezahlte mit seiner ansehnlichen u. empfelenden Person und wurde bald dem Erzherzog ganz unentbehrlich. Seine größte Kunst besteht darin, daß er sich mit fremden Federn schmückt, sich von gescheiten Männern, die gern angestellt seyn wollen, Memoires in ihren Fächern ausarbeiten läßt, u. sie dann zur rechten Zeit als seine eignen Gedanken aufzustellen weiß. Der Kaiser weiß vieles besser, als man denkt. Er muß sich an den gewöhnlichen Audienztagen oft harte Dinge sagen lassen u. hält Buch über die Suppliken. Allein man hat ihm gleich beim Antritt der Regierung alle Selbstständigkeit arglistig verleidet.

Mit der Reformationsperiode des unerschrocknen Zwingli und des gelehrten u. despotischen Calvinus wird Müller die Geschichte der Schweiz auf immer schließen, vorher aber einen Sommer in Zürich zu bringen, und auf der dortigen Bibliothek eine in ihrer Art einzige Brief u. Protocollsammlung aller zur Zeit der Reformation in allen Hauptorten der Schweiz geführten Streitigkeiten und Unterhandlungen der Antistiten, die ein Mann in Zürich Skinner mit unglaublicher Mühe zusammengebracht u. dann der öffentlichen Bibliothek legirt hat, zu benutzen. Dann geht es an die Ausarbeitung der Universalgeschichte, wozu er schon seit 24 Jahren alles vorbereitet. Sie soll in 30 Büchern alle Hauptepochen der Geschichte enthalten. Dazu hat er 30 große Collectaneensammlungen, wohin er alle seine Excerpte u. Lesefrüchte einträgt. Kömmt es nun zur Ausarbeitung der Geschichte selbst: so durchdringt er sich auf einmal durch die Lectüre aller dieser Collektaneen mit dem Geist der ganzen Epoche und dann schreibt er ohn alle Citate seine Abschnitte bloß nach der innern Intuition, die das Product aller jener unermeßlichen Sammlung ist. Er verzichtet dabei auf alle (höchstlächerliche) ethnographische Volständigkeit. Jede Periode enthält nur *ein* Hauptvolk, ein Hauptfactum, einen Universalmenschen, um welche sich dann alles crystallisirt u. ansetzt. So heißt z. B die 10te Epoche *Harun Al Raschid und Carl der Große.*

Tiberius u. Domitian sind uns von den Geschichtschreibern verhältnißmäßig zu schwarz geschildert worden. Der Brief den Tacitus den Kaiser Tiber an den Senat in so großer Gewissensangst schreiben läßt, ist nur ein Werk der Verstellung geweßen. Trajan ist ihm die höchste Figur in der römischen Geschichte. Der geprießne Marc Aurel schien ihm immer ein Tugend-Pedant. Er hatte sich schon mehrmals vorgenommen, die Reden des Mäcenas u. Agrippa beim Dio Cassius mit einem politischen Commentar zu ediren. Als er noch in der Schweiz war, wollte er aus den köstlichen Briefschätzen, die Bonnet besaß, Hallers 20jährigen Briefwechsel mit Bonnet voll der freimüthigsten Urtheile über alle literarischen Erscheinungen jener Zeit ediren. Allein Hallers Sohn (der ordonnateur commissaire der ital[ienischen] Armee, derselbe der den Pabst Pius VI so mishandelte) verlangte vorher einen Band dieser Briefe im M[anu]sc[rip]t zu sehn u. protestirte dann so heftig gegen ihre Herausgabe, daß es ganz unterblieb. – Müller.ist seit [17]75 Mitarbeiter an der Alg[emeinen] D[eutschen] Bibliothek von Nicolai geweßen und seine erste Recension war die von Lessings Berengarius, Skinners Schweizer Annalen, mehre Reisebeschreibungen u. s. w. Diese Theilnahme hat bis Ende der 80 Jahre gedauert. Aber auch seitdem ist er stets in einem sehr angenehmen Verhältniß mit Nicolai geweßen, dessen Verdienste um Deutschlands Literatur und Aufklärung sehr hochachtungswürdig sind.

Auf der Universität in Göttingen hörte er äuserst wenige Collegia u. wurde der eigentlichen Theologie bald abtrünnig. Er wohnte im Hause beim Doctor Müller, dessen moralische Schilderungen er schon als Knabe lieb gewonnen hatte und lernte mancherlei von ihm in Unterredungen, beim Spazierengehn im Garten u. s w. Er disputirte oft mit ihm über die Religion und fand ihn immer tolerant, ob er gleich gestand, daß ihm so verwegne Einwürfe noch nicht gemacht worden wären. Auser Müllern suchte er auch die Bekanntschaft des achtungswürdigen Polyhistor Michaelis und des eben damals aus Rußland zurückgekommnen Schlözers. Dieser laß ihm und seinen zahlreich anwesenden Landsleuten ein Collegium über die Geschichte der Schweiz, misfiel aber dem edeln Jüngling Müller durch die pöbelhaften Schimpfwörter, die er über alte u. neue Nahmen ausgoß. Am liebsten unterhielt sich M[üller] mit Schlözers geistreicher u. junger Frau, wie er denn überhaupt in seinem ganzen folgenden Leben immer den Umgang einer geistreichen Frau als das bildende Medium und das einzige Gegengewicht gegen gelehrte Schwerfälligkeit aufsuchte. Damals machte Kästner das Epigramm auf Schlözer, der des Chalotais Erziehungsschrift mit einer langen polemischen Vorrede gegen Basedow herausgab, das sich mit der Spitze endet: o hätt' er seine eigne Frau erzogen, sie hätt' ihn nie zum Mann gewählt! In Göttingen sammelte Müller noch die Materialien zu seinem Bellum Cimbricum und war unablässig in den Schätzen der Bibliothek vergraben. Er kam darauf, da Gleims Bemühungen für ihn ihn beim König Friedrich II anzubringen, durch Müllers eigne Schuld und vielleicht auch durch seine etwas kleine Figur fruchtlos blieben, ebenfals durch Gleim in die Schweiz nach Genthod zu *Tronchin* Calandrai und errichtete dort den Freundschaftsbund mit Carl von Bonstetten, der durch die von der Frau *Brun* im Jahr 1802 herausgegebnen *Briefe* Müllers an Bonstetten in dieser Periode für unsere Literatur so merkwürdig und fruchtbar geworden ist.⟨*⟩ Aus diesen gehaltreichen *Briefen eines jungen Gelehrten an seinen Freund* vom Jahr 1773–79 lerne man die unermeß-

* Herder nannte diese Briefe einmal im Scherz eine tausendfache Frage an ein Echo, wo keins ist. Denn der ehrliche Bonstetten antwortet *nie*.

lichen Vorarbeiten kennen, die M[üller] für seine Schweizergeschichte machte, wovon dann zwischen [17]86–88 die ersten 3 Theile in Leipzig herauskamen. Als Vorläufer hatte er die Geschichte der Schweizer unter dem fingirten Druckort Boston (d. h. Bern) herausgegeben noch früher aber in französischer Sprache Essais historiques. Wegen dieser letztern haben ihn einige mit Gibbon verglichen, der auch seine Autorjungfernschaft französisch verlor. In den letzten Jahren seines Aufenthalts in der Schweiz war Müller nicht mehr bei Tronchin*, sondern laß den Berner Jünglingen ein historisches Collegium, dessen Ausarbeitung und Vortrag ihn auserordentlich beschäftigte, aber auch den süssen Lohn gewährte, daß alle Welt davon mit Entzücken und Begeisterung sprach. Ein Graf Reuß reißte in dieser Zeit mit seinem Hofmeister durch Bern. Sie sprachen Müllern und fragten, ob er nicht in Deutschland angestellt zu seyn wünschte. Müller zeigte dagegen keine Abneigung und dabei bliebs. Nie sah er diese Menschen in seinem Leben wieder, und doch wurden sie die nächsten Förderer seines Glücks. Nach einem halben Jahre erhielt er von dem Hofmeister des Grafen Reuß auf einmal einen Brief, mit der Anfrage, ob er nicht an des eben gestorbenen Dietze Stelle Bibliothekar in Maynz werden wolle, u. als er dazu in seiner Antwort Lust bezeigte, bekam er die Auffoderung vom Kurfürst, sogleich nach Maynz zu kommen. Als er seine Absicht in Bern erklärte, war man sehr betreten und bat ihn, sich doch in M[aynz] ja nicht übereilen zu lassen, weil man indeß alles aufbieten wolle, um ihn für Bern zu erhalten, welches freilich nach der Verfassung des Staats nur sehr langsam und schwer zu bewerkstelligen sei. Als M[üller] in Maynz ankam, beobachtete er durchaus das strengste Incognito und besuchte weder von der Universität noch von sonst her jemanden, auser den wackern Kurfürsten selbst, der ihn aber schon bei der zweiten Unterredung sehr lieb gewann und nach einigen Wochen den Antrag machte, ob

* Er war indeß in Deutschland geweßen u. durch Luchet in Cassel als Bibliothekar auf einige Zeit angestellt worden.

er nicht lieber unmittelbar in seine Dienste treten u. sein Geheim Referendarius werden wollte. An demselben Morgen, wo Müller eingewilligt hatte, fand er bei seiner Rückkehr in den Gasthof den seit Wochen erwarteten Brief von Bern, worin ihm eine Professorstelle mit ansehnlichem Gehalt in Bern angetragen wurde. Einige Stunden Unterschied und M[üller] wäre Professor in Bern geblieben, wäre in die Revolution verwickelt worden u. hätte wahrscheinlich eine andre und nicht so glückliche Laufbahn gemacht. Der Kurfürst gieng auf einem sehr herzlichen Fuß mit ihm um. Da er wußte, daß sein Gehalt nicht immer ausreiche, rief er ihm zuweilen, wenn er Vortrag bei ihm gehabt hatte u. nun seine Papiere ins Portefeuille wieder zusammenpackte, zu, er habe da noch ein Papier liegen lassen. Hinterdrein fand sichs immer, daß es eine Assignation auf 30 bis 50 Fr[iedrich]d'or war. Als Müllers geliebte Mutter in Schafhausen sehr krank war, ließ der Kurfürst, der Müllers ganze Aufmerksamkeit zu einem sehr verwikkelten Staatshandel grade bedurfte, einige Wochen lang nach genommener Abrede mit M[üllers] Kammerdiener ihm die Briefe, die aus Schafhausen kamen, nicht übergeben. M[üller] hoffte also, es habe sich gebessert. Auf einmal gab der Kurfürst eine Reise nach Coblenz vor, bat aber Müllern in Aschaffenburg zu bleiben, u. ließ ihm nun, da er abgereißt war, einen Brief einhändigen, der die unterdeß eingelaufnen Briefe aus Schafhausen und zugleich die Aeuserung des Fürsten enthielt: er wisse, daß seine Mutter tod sei und verreiße eben deßwegen auf einige Tage, um seinen Schmerz zu ehren und ihm Raum zu lassen, sich seinem gerechten Schmerz ungehindert weihen zu können. Von Maynz machte M[üller] auch in Aufträgen des Kurfürst eine schnelle Reise nach Rom, wo er sich freilich nur wenige Wochen aufhalten konnte. Als er sich auf dem Capitolium umsah, sagte er zu einem neben ihm stehenden gemeinen Römer: was würden eure Vorfahren sagen, wenn sie wieder aufwachten u. diese Zerstörung sehn. Mein Herr, erwiedert der zerlumpte Römer, sie würden rufen: Begrabt uns, das wir *das* nicht sehn! Im Jahr 1789 war M[üller] gefährlich krank. Nie hatte der Kurfürst über seine Religion mit ihm gesprochen. Einer der Maynzer Professoren, *Jung*, der Müller zuweilen besuchte u. oft sehr freimüthig conversirt hatte, meldete jetzt dem Weihbischoff u. Vicariat, daß er nach gewissen frühern Aeuserungen vermuthe, M[üller] würde nicht abgeneigt seyn, in den Schooß der Kirche zurückzukehren, wenn man jetzt in seiner Krankheit mit ihm darüber spräche. Dieß wurde dem Kurfürsten selbst vorgelegt, der darauf die Order gab, Jung solle zwar nach wie vor den Kranken besuchen u. falls der Kranke selbst von freien Stücken es darauf brächte, auch darüber mit ihm sprechen: im übrigen aber habe er sich durchaus aller Bekehrungsversuche oder absichtlich eingeleiteten Religionsgespräche zu enthalten. Jung kam mehrmals, durfte aber, da M[üller] nie selbst anfing, das Band seiner Zunge nicht lösen. So unterblieb denn alles u. M[üller] fand kurz darauf, als er den Arbeitstisch des Kurfürsten aufräumte, als dieser auf einige Zeit nach Aschaffenburg gegangen war, unter den Papieren einen Bericht des Weihbischoffs: daß er alle Versuche abgeschnitten u. nie Gelegenheit gegeben habe, mit ihm von seinem Seelenheil zu sprechen. Dadurch erfuhr erst Müller die frommen Bekehrungsplane. Das schönste Werk, was M[üller] während er Geh[eimer] Rath des Kurfürsten war, zu Stande brachte, war der deutsche Fürstenbund, dessen *Darstellung* aus seiner Feder im Jahr 1787 in kurzer Zeit mehrere Auflagen erlebte. Hier wurde er mit *Dohm* vertraut u. mit *Herzberg*. Hie lernte er auch den hierbei so thätigen Herzog von Weimar genau kennen, der sich jetzt, als Müller uns in Weimar zu Anfang des Jahrs 1804 besuchte, dieser Erinnerungen ungemein freute und lieber nun einen europäischen Fürstenbund gegen Bonapartes ehrgeizige Unterdrückungsplane projectirt hätte. Es war sonderbar, daß ein Mann, der unter Joseph der geheimen Kanzelei in Wien so furchtbar geworden war, unter Josephs Neffen Franz nun selbst ein Mitglied dieser Kanzelei werden sollte. Allein seine Gegner ließen es nie dahin kommen, daß ihm ein volles Zutrauen bei seinen Arbeiten geschenkt worden wäre. Argwohn u. Mißtrauen waren schon an und für sich Hauptzüge im Charakter des verschlossenen Thugut. Doch brauchte dieser Minister in solchen Fällen, wo wichtige Staatsacten abgefaßt werden sollten, seine erprobte Feder allezeit und blieb auch mit ihm selbst nach seinem Austritt aus dem Ministerium in Verhältniß. Ja Müller besuchte ihn sogar noch vor kurzem einmal in Presburg. Da Müller diesem Mißtrauen nichts als seine innere Gewissenhaftigkeit entgegensetzen konnte: so arbeitete er nun in der Geh[eimen] Kanzelei ganz ruhig an seinen eigenen historischen Forschungen, excerpirte dort für seine große Geschichte das ganze corpus historiae Byzantinae. Den Abulfeda, die orientalischen Geschichtschreiber, die Corpora historicorum Austriacorum u. s w ganz ungestört und ließ sich weiter nichts anfechten. Es fehlte indeß nicht an wiederholten Anregungen zur kath[olischen] Religion überzutreten. Thugut wollte mit dieser Zumuthung nichts zu thun haben. Es wurde also einem seiner gefälligen Collegen aufgetragen, der mit großen Umwegungen damit hervorrückte, allein standhaft zurückgewiesen wurde. Seit Müller erster Custos bei der Kaiser[lichen] Bibliothek ist, hat er seine Excerpten (die noch für jedes Jahr eine eigene Numer haben, so daß er gleich am Ende des Jahrs weiß, wie viel Werke er excerpirt hat, oft kommt er an 200 Numern) trefflich durch eine vom Kaiser gekaufte Handschriften Sammlung des letzten Doge von Venedig Foscarini vermehrt. Dieser einst selbst als Gesandschafter gebrauchte Staatsmann (s[iehe] *Müllers Briefe* S. 14.) hatte aus allen Gesandschaftsrelationen der Republik seit dem 15 Jahrhundert herrliche Belege zur Staaten- und Regentengeschichte Europas gesammlet und in große Folianten eingeschrieben, die nun in der kaiser[lichen] Bibliothek aufbewahrt werden. Welch ein Fund für Müllern!

Friedrich Wilhelm Basilius von Ramdohr

D[en] 10ten Septembr[is] 1794.

V[on] *Ramdohr* hat eine angenehme, schlanke Bildung, ein sprechendes Auge, (das auch physisch sehr scharf sieht, u. ihm bey seinen artistischen Beschauungen gute Dienste leistet, da ein jeder, der Kunstwerke erst durch das Medium eines Glases betrachten muß, schon viel verliert) einen leichten, lebhaften, ungezwungnen Vortrag, und eine gewisse Geschmeidigkeit, Formen, fremde Stimmen und Eigenheiten mimisch darzustellen. Bey dieser mimischen, plastischen Fertigkeit hat er doch seine Individualität nicht aufgegeben. Ja er verbindet so gar damit einen gewissen, dem Haschen nach Paradoxen oft ähnlich werdenden Widerspruch gegen das algemein Angenommene u. Geglaubte, so bald es sich ihm bey völliger Unbefangenheit seines Urtheils anders darstellt. Er nahm z. B. bey jeder Gelegenheit des algemein gehaßten *Marcolini* Partie in Dresden, und wußte gewisse kleine Anecdoten immer zu seinem Vortheil einzustreuen, weil sich der stolzplumpe Italiener ihm grade in einem mildern Lichte gezeigt, ihn wöchentlich oft mehr als einmal zu Tische gebeten, und durch eine gewisse Treuherzigkeit, die ihm, so bald er den Oberkammerherrn nicht spielen will, nicht übel steht, gewonnen hatte. Die Knauserei, mit der Marcolini sein Haus u. seine Küche bestellen läßt, nannte *Ramdohr* Einfachheit und Frugalität. ⟨*Marcolini* hat auf der Wilsdruffer Strase in Dresden ein eignes Haus, wo *die Musen* als Karyatiden den Erker tragen. Hierauf circulirte einst folgendes Impromptü:

Voilà les Muses et les Sciences
Humiliés sous l'Excellence.

Man muß hierbey nicht vergessen, daß Marcolini als Oberkammerherr auch die Stellen in sich vereinigt, die einst der wackre *Hagedorn* bekleidete, u. die Aufsicht über die Maleracademien in Dresden, und Leipzig, über alle Kunstkabinets, die Porzellanfabrike u. s. w. hat.⟩ In der Antikensammlung fand R[amdohr] eins der schönsten und bewundertsten Stücke, den kolossalischen Alexander, sehr mittelmäsig, und vermißte an der einen Seite anatomische Richtigkeit. Er scheute sich eben so wenig, diesen Eindruck laut zu bekennen, als überhaupt das Mißfallen zu erkennen zu geben, das ihm diese in Deutschland für einzig gehaltene Sammlung durch ihre geschmacklose Aufstellung und die Beimischung so vieles schlechten Brackes verursacht hatte. Der grämliche Antikeninspector *Wacker* schüttelte freilich über solche Lästerungen den Kopf ganz gewaltig, erzählte, daß der große Bildhauer und Ergänzer *Cavaceppi* oft den Spruch im Munde geführt habe: *auch nur eine Spanne breit Antike sei noch zu hundert Dingen nutze und lehrreich*, und äuserte, als kurz vorher Ramdohr seine völlige Unkunde der alten Numismatik laut bekannt hatte, *nur* aus Münzen könne man Antiken richtig beurtheilen. Aber R[amdohr] ließ sich des nicht irre machen, besah immer nur den herrlichen Tronk des Athleten, den er mit Recht für das schönste Stück der ganzen Sammlung erklärte, und folgte auch hier bloß seiner individuellen Empfänglichkeit und Ueberzeugung.

Ramdohr genoß in Leipzig und Dresden die größte Achtung und Auszeichnung, und ward überal als ein Orakel über die schönen Künste mit Staunen angehört. Er traf in Dresden mit *Wieland* und *Göthe* zusammen, und hier fühlte er sich zum erstenmal nicht ganz wohl. Die erste Zusammenkunft mit Göthe hatte er auf der Bildergalerie. Göthe läßt sich äuserst ungern bey Betrachtung der Kunstwerke etwas vorreden. Ramdohr, der dieß nicht wußte, kam ganz traulich auf Göthe zu, und redete ihn nach der ersten Verbeugung unverzüglich so an: *ich höre, Sie haben sich ganz für die Italienische Schule erklärt, u. können die Niederländer nicht ausstehn.* Dieß war freilich zudringlich und unüberlegt zu gleicher Zeit, zumal da in Dresden neben den großen Meistern der innern Italienischen Gallerie auch die herrlichsten Niederländer hängen, u. Göthe grade vor einem Rembrandt stund. Göthe machte eine sehr kalte Verbeugung, und ohngeachtet sich beide noch mehrmals hier u. an andern Orten begegneten: so konnte R[amdohr] doch nie Göthen Rede abgewinnen. Darum beschwerte sich auch R[amdohr] bey jeder Gelegenheit über G[oethes] Ministermine, und wurde erst hier bey seiner Durchreise völlig mit ihm ausgesöhnt, als ihm Göthe mit der herzlichsten Offenheit in seinem Hause alle seine Schätze aufthat. Nicht viel besser ging es ihm mit *Wieland*. Dieser ließ sich auf Göschens Bitte, der ihn gern vor seinen Werken noch in effigie einmal verherrlichen will, von *Graff* mahlen. Da kam Ramdohr gewöhnlich dazu in der wohlmeinenden Absicht, ihm beym Sitzen die lange Weile durch seine Unterredung zu kürzen. Da aber R[amdohr] bey dieser Gelegenheit etwas weitläuftig über seine Vorstellungen von Schönheit u. Grazie dissertirte, sich auch ganz unschuldig auf seine *Charis* dabey bezog: so nahm das Wieland so auf, als wolle er ihm ein Collegium lesen, da er doch lange schon kein Schulknabe mehr sey, ward widerborstig, u. bestellte es, daß es *niemand* erfuhr, wenn er wieder zu Graffen ginge.

An dem Maler *Meyer* fand R[amdohr] einen heimlichen u. schlauen Beobachter in Dresden, der ihm jedoch auch zur Berichtigung mancher Ideen gute Beiträge gab. Ramdohr faßte so viel Zutrauen zu ihm, daß er ihn bat, er möge ihm zu der jetzt vorsehenden neuen Auflage seines Werks *über die Bildhauerei u. Malerei in Rom* Berichtigungen u. Zusätze geben, das ihm auch Meyer treulich versprochen hat. Grade dieß Buch ist es, was ihn schon früher unsern Weimarschen Antikenkennern, besonders Göthen und Herdern, sehr wenig empfohlen u. ein starkes Vorurtheil gegen ihn eingeflößt hatte. Nach ihrer Versicherung hat R[amdohr] nur alzuoft durch fremde Augen bey diesem Werke gesehn, u. die Weißheit der Römischen Antiquarii für die seinige ausgegeben. Es stehen, sagte Göthe einmal, einzelne recht gute Bemerkungen darinnen, u. man kann dem Verf[asser] durchaus nicht einen gewissen Tact in der Malerei absprechen. Aber er hätte nur nicht alles so hinsetzen sollen, als ob *er* es erfunden u. ausgemacht hätte. Dieser Egoismus ist im ganzen Buche unausstehlich, das doch nebenbey auch von Schiefheiten und Irrthümern angefüllt ist.

Ramdohr hatte bey dieser Reise und bey seinem Aufenthalte in Leipzig und Dresden eben so sehr die Sitten u. Menschen, als die Künste und Naturschönheiten zum Vorwurf seines Studiums gemacht. Er versicherte mich, daß er für seine *Venus Urania* und einem dazu bestimmten Anhange: *Venus Hospita* treffliche Belege auf dieser Reise gesammelt habe. Er bewunderte die Urbanität und Anstelligkeit der Sachsen, deren Ueberlegenheit in Geisteskultur und Verfeinerung über die Niedersachsen auserordentlich groß sey. Schade nur, daß dieser schöne Stoff so wenig kundige Bildner von oben her hat. Indeß räumte mir doch R[amdohr] ein, daß der plumpeste und unerfahrenste der Sächsischen Minister (Burgsdorf) noch immer weit artiger und besserer Geschäftsmann sey, als der erste und angesehenste in Hanover. Ueberhaupt äuserte er kein Vorurtheil für seine Landsleute. Vieleicht war er selbst zu verschwenderisch im Lobe der Dresdner. Denn einige seiner dortigen Bekannten wollten ihn so gar deßwegen für *falsch* halten.

In seinen politischen Ueberzeugungen neigt sich sein Aristokratismus sehr zum Moderantismus, u. so konnte er auch hier mit einem kleinen Zusatz von Geschmeidigkeit beiden Parteien genug thun. Seine Güter liegen in der Grafschaft *Hoya*, und da bey dem weitern Vordringen der Franzosen diese sehr exponirt wären: so ist es ihm schon weit weniger zu verdenken, wenn er sich sehr laut für *die* Partei erklärt, die den Franzosen innerhalb ihrer Grenzen in allem Recht giebt, sie aber mit Fäusten und Heugabeln empfängt, wenn sie uns ihr Evangelium mit Canonen und Brandschatzungen predigen wollten.

Bey seinem zweitägigen Aufenthalt hier in Weimar hat er überal gefallen, u. ist auch mit der Aufnahme bey Herder, Göthe u. Wieland sehr zufrieden geweßen. Letztem hatte ich die 51 und 52 der neuen Bibliothek der sch[önen] W[issenschaften] borgen müssen, damit er sich aus der dort befindlichen schönen Rezension der Ramdohrischen *Charis* eine Idee von diesem ihm unbekannten Buche machen könne.

Ich halte R[amdohr] für einen sehr liberalen, mit allen Einsichten eines Kunstdilettanten (er skizzirt selbst sehr fertig, u. gab davon, als er bey mir speiste, auf der Stelle einen Beweiß, indem er ein Italienisches Carricaturgesicht mit Bleystift aufs Papier hinwarf) richtig versehenen, alle[s] Gute wünschenden und befördernden Mann. Aber sollte nicht auch er um zu unterhalten, u. besonders durch sene Mimik u. Darstellung fremder Individualitäten seinen Beobachtungsgeist spielen zu lassen, selbst einen Freund Preiß zu geben im Stande seyn? Er mahlte uns bey Tische Reinholds, der bey seiner Reise nach Kiel einen Abend bey ihm zubrachte, salbungsvolle Art ab, mit der er durchdrungen vom Kantischen Hochgefühl und frohen Aussichten in das Reich der Vernunft, seine Lehre verkündigte, u. endlich mit hoher Rührung Abschied nahm. Ob er dieß gleich so erzählte, daß er R[einhold] dabey volle Gerechtigkeit widerfahren ließ, so warf es einen absichtlichen Schatten auf ihn, und that mir nicht wohl. Auch *Platner*, mit u. bey dem er viel geweßen war, wurde nach Verdienst herumgenommen. Aber es war doch auch hier eine gewisse Uebertreibung sichtbar. *Anecdote von Platner.* Als er vor 4 Jahren im Carlsbade als Hofphilosoph der Augustenburger Herrschaften so manche Blöße gab, hatte er unter [anderm] auch die Gewohnheit, die liebenswürdige Prinzessin von Augustenburg bey jedem Spaziergang, wie ein Gespenst, zu verfolgen, u. diese schien auch kein Misbehagen daran zu finden, statt des Schooßhündchens einen Philosophen neben sich her wedeln zu lassen. Allein den übrigen Cammerherrn u. Nobili unter den Badegästen war der Schulfuchs, der ihren Cirkeln die schöne Prinzessin so oft entführte, äuserst fatal. Eben war ein Böhmischer Graf angekommen, der Platnern in Wien hatte kennen lernen. Diesen nehmen die andern auf die Seite und instruiren ihn. Plötzlich kommt dieser in einer Allee auf ihn zu, als er eben die Prinzessin führt, freut sich seines Wiedersehns, und fragt ganz unschuldig, ohne eine Präsentation abzuwarten: *und die Dame an ihrer Hand, Herr Doctor, gewiß ihre Patientin?* Die Prinzessin ging eilig davon, u. seitdem nie wieder mit Platnern allein.

R[amdohr] trug *Herdern* während einer Stunde, da er ihn besuchte, alle seine Lieblingsideen zur Schau, und gab ihm die stamina von seiner Venus Urania, wo er eine dreifache Liebe annimmt, die bloß animalische, die psychische im Seelenorgan, und die geistige ätherische. H[erder] bemerkte bey ihm eine große u. hartnäckige Anhänglichkeit an seine Ideen. Er fragte Ramdohren ganz offenherzig, ob er alles selbst gesehn habe, was er in seinem Werke über Bildhauerey u. Malerkunst in Rom beurtheilt habe. Dieser beantwortete die Frage mit einer neuen Frage: Haben Sie meine Charis gelesen? Nein! antworte[te] Herder. Nun sonst würden sie, erwiederte der andere, gewiß auch meinen Grundsätzen die Gerechtigkeit widerfahren lassen, daß ich einer solchen Großsprecherei nicht fähig sey. H[erder] tadelte an ihm seine alzureiche Wortfülle u. schreibt sie dem Mangel reiner und deutlicher Vorstellungen zu.

Bey seinem Eintritt in Dresden verliebte er sich sogleich in des Malers *Seydelmanns* Frau, eine Italienische Brünette von auserordentlicher Lebhaftigkeit, einem Ziegenbart, hager, mit feurigen Augen. In Jena huldigte er der Venus πανδημος in der Literatur, mit der er auch hieher nach Weimar kam, und noch bis jetzt einen Briefwechsel unterhält. Sie hofft so gar, er, M[agister] Grose in Göttingen, oder Schreyvogel sollten einst in Schützens Stelle bey der Literaturzeitung eintreten.

In der M[a]d[am]e *Schütz* Putzzimmer hängt er über dem Sopha von sich selbst gemahlt. Er mahlt viel in Pastel. Aber jenes Portrait ist in Oel.

August Wilhelm Rehberg

Geheimer Canzlei Sekretair Rehberg

D[en] 18 Septembr[is] 1794.

Rehberg hat offenbar nur eine Gesundheitsreise gemacht. Seine gelbblaue, todtenfahle Gesichtsfarbe, seine Entkräftung nach dem Steigen einer Treppe, das Schlottern seiner Kleider um seinen ausgemergelten Körper sind alles unverkennbare Merkmale einer aufs äuserste erschöpften Constitution. Er wollte in Gotha nur zwey Tage bleiben, u. musste wegen seiner Kränklichkeit 8 Tage warten, die ihm aber, wie er versicherte, durch den Umgang mit den Gothanern, *wovon er vorher noch keinen kannte,* sehr verkürzt und versüßt wurden. Die vom Thüringer Gebirge herabkommende scharfe Luft schien ihm eben so durchdringend, als in der Schweiz die Alpenluft. – Seine muntere und ohne Gernwitz und Anspruch gesprächiche Schwester ist nicht bloß körperlich über ihn hervorragend – sie hat eine sehr schlanke, feine Taille – sondern bey dieser Reise sicherlich auch in geistiger Rücksicht Stab und Stengel des zusammengeknickten Bruders. Sie spricht als Kennerin von Zeichnungen und Malereien, und mit einer sichtbaren Freude von ihrem geliebten Bruder, dem Maler *Rehberg* der nun auf immer in Rom zu bleiben beschlossen hat, da ihm bey seiner letzten Anwesenheit in Deutschland das transalpinische Wesen durchaus mißfiel. Ein schönes Gemälde von ihm, Oedipus, der sich auf die Antigone stützt. Er hat *Herdern* in Italien gemahlt, und dieß Portrait wurde jetzt mit einem andern, das Graf im Carlsbade mahlte, verglichen. *Graff* macht durch sein Idealisiren oft Carricaturen. Ueber die berühmte Frau des Hamilton in Neapel, und die 12 Stellungen, die der Maler Rehberg jetzt gezeichnet und in Kupferstichen gegeben hat. Lady Hamilton (die als eine blose Buhlschwester durch ihre unübertroffne Mimik sich bis zur Geselschafterin, und endlich selbst zur Gemahlin des Ritters Hamiltons emporhob) kann mit ihrem langen Schleier oder Shawl wirklich zaubern. Hier, sagte Herder, lernte ich zuerst, was die Pantomime der Alten geweßen sey. Indeß ist es doch nur kalte Aefferei. Sie selbst bleibt bey dem gewaltsamsten Ausdruck unempfindlich. –

Rehberg ist ein kalter, und nur für das Ideal *seiner* Politik heftig wirkender Vernunftmensch. Er drückt sich bestimmt und rein, aber nicht schön und malerisch aus. Ich habe den ganzen Nachmittag u. Abend, wo ich mit ihm bey Herder und im Park zusammen war, keinen einzigen bildlichen, metaphorischen Ausdruck von ihm gehört. Er war nicht unempfindlich gegen die reizenden Anlagen unsers Parks, zeigte ein geübtes Auge in der Entdeckung schöner Ansichten, blieb aber auch hier ohne alle sichtbare Emotion. Sein Barometer steigt nur bis auf Wohlgefallen.

So gemäßigt er sich auch über Monarchie und Fürstenrechte ausließ, da er wußte, wie *Herder* darüber gesinnt ist: so verleugnete er doch auch seinen Aristokratismus keineswegs. Er *lobte* die Anlagen des Landgrafen v. Hessencassel auf dem weisen Stein, und die Vernichtung mancher geschmacklosen Spielerei seiner Vorfahren. Der Landgraf werde als Soldat von seinen militärischen Unterthanen sehr geliebt, aber nur von seiner Dienerschaft gehaßt. Freilich gehe er etwas hart mit dieser um, es könne aber auch nicht geleugnet werden, daß der alzu nachsichtige Glimpf und die Freundlichkeit, womit in neuer Zeit einige Fürsten ihre Räthe u. Diener behandelt hätten, manchen die Köpfe verrückt, u. das nöthige Gleichgewicht der Stände aufgehoben hätte.

Ein Glaubens- und Religionsregulatif müsse der Fürst in den Händen behalten, sonst führe dieß grade zur Anarchie. Selbst die Lehrform müsse bestimmt werden. Dieß leugnete *Herder.* Auf diesem Wege, sagte H[erder] eilen wir dem Catholicismus immer mehr in die Arme, und sind um so schlimmer dran, weil beym wahren Katholicismus alles nur auf Ceremonie und opus operatum gestellt ist, (z. B. es ist genug, wenn ich das Formelle der Messe beobachte. Die

Andacht dabey ist zufällig) wir aber auch auf das Materielle sehen müssen, u. der Gewissenszwang dadurch fürchterlich werden würde. Aber wenn nun uneingeschränkt Denk u. Lehrfreiheit zugestanden wird, erwiederte Rehberg, wo kann dieß hinführen? Herder: das endlich das Gerüste, wofür Luther selbst seine Reformationspuncte noch erklärte, abgerissen wird, u. das reine Christenthum, worüber ein jeder Mensch nur sich selbst symbolisches Buch seyn kann, hervortrete. Man muß die Religion, den Glauben *Christi* und *an Christus* unterscheiden. Die erstere ist, was Christus selbst geglaubt, u. durch Leben u. Tod bestätigt hat. Dieß ist der reine Deismus. Die zweite ist die aus Judenthum, Neuplatonismus und Paganismus zusammengeknetete Anbetung und Devotion für Christus. Die erstere sollen wir alle haben, oder, wie Paulus einmal sagt, ein jeder *Christ ist ein Priester Gottes.* Herder bemerkte hierauf, daß die Kantische Philosophie grade dahin führe, u. daß Rehberg, als ein Kantianer, dieß selbst fühlen müsse. Hier erklärte R[ehberg] daß er nur die *Kritik der reinen Vernunft* für ächt halte. Alle übrigen Schriften, u. besonders die *Kritik der Offenbarung innerhalb der Gränzen der Vernunft* wären mit Schwärmereien und überspannten Ideen versetzt, u. ihm daher ungenießbar.

Ueber den Leibarzt Zimmermann. Er lebe ganz im Elemente der Politik, practizire äuserst wenig, u. werde nie etwas, auser höchstens eine Flugschrift, wieder drucken lassen. Er sey sehr unglücklich in seinem Hauswesen. Die zwey Kinder von seiner ersten Frau wären für ihn verloren. Die Tochter sey gestorben, der Sohn in einem Irrenhause in der Schweiz. Von der zweiten Frau habe [er] keine Kinder.

Spittler habe seine größte Stärke in den memoires, weil ihm diese die individuellsten Züge, nach denen er so gierig greife, darböten. Sein Vortrag werde erst dann schön, wenn er über eine Materie warm werde. Er hatte bey seiner Durchreise durch Göttingen bey ihm hospitirt, aber grade die für ihn trockne Geschichte der Theeacte in Boston mit anhören müssen. Gerechtes Lob seiner *Europäischen Staatengeschichte* ertheilt, wovon der zweite Theil den ersten noch übertreffe. Doch habe er ein paar neue Schriften über Genf ganz falsch citirt, u. dadurch bewiesen, daß er nicht alles gelesen, was er mit Urtheilen begleitet citire. – *Woltmann* besuchte vor einigen Jahren Rehbergen in Hanover, u. setzte ihn durch seine ungeheure Vielwissenheit in großes Erstaunen.

Ueber den Zweck der Historiographie. Selbst *Spittlers* neuer Gesichtspunct, die Entwicklung der Constitutionen u. Stände in jedem Lande, sey noch nicht der oberste Zweck. Dieß müsse eigentlich nur der jedesmal erzielte Gewinn für Menschenglück und Perfectibilität des ganzen Geschlechts seyn, sagte H[erder].

Ueber *Möser.* Eine hervorragend große Statur, wo aber der Untertheil noch viel zu klein gegen den Oberkörper war. ⟨*Möser* war in frühern Jahren ein Anhänger u. Vertheidiger Lavaters, u. Mösers Tochter, die Fr[au] v. *Voigt* war einst seine eifrigste Bekennerin. Als Lavater nach Pyrmont kam, setzte sich die Fr[au] v. *Voigt* absichtlich bey der Gasttafel sehr weit von Lavatern, um, wie sie sagte, nicht von ihm angesteckt zu werden.⟩ Rehberg mußte in Geschäften des Herzogs von *York* einige Monate in Osnabrück zubringen, und war alle Abende bey Mösern. Beym Durchsuchen des Landesarchiv fand R[ehberg] in den Landesverhandlungen den besten Commentar zu Mösers patriotischen Fantasien, die immer durch Localbedürfnisse und Ereignisse hervorgebracht wurden. Diese Actenbelege würden ganz neue Aufschlüsse über diese eben darum so individuell wahren Fantasien geben können. Möser haßte alle dehors eines bewunderten Schriftstellers der Nation, u. wollte durchaus nicht dafür angesehn seyn, war auch in seinen lezten Jahren für Fremde, die bloß sein Angesicht schauen wollten, sehr unzugänglich, zum Theil auch aus Bequemlichkeit. Er spielte, wo möglich, alle Tage seine Partie Whist leidenschaftlich und hoch, weil grade dadurch das Spiel erst volles Interesse für ihn erhielt. Dazu ging er täglich in ein öffentliches Geselschaftshaus. Demois[elle] *Rehberg*, eine vertraute Freundin seiner einzigen Tochter der Frau von *Voigt*, die die letzten Jahre oft ganze Monate im Möserschen Hause zubrachte, rühmte besonders noch die Achtung des alten Mösers gegen sein Publikum, dem er durch geschmackvolles Ameublement seines schönen neugebauten Hauses kein Beyspiel zu Modebedürfnissen, die die ehrlichen Osnabrügger noch nicht kennen, geben wollte, u. daher lieber mit etwas altfränkischen Meubeln vorlieb nahm, so wenig auch diese mit seinem eignen feinen Geschmack überein stimmten. Er war Landessyndikus der Stände, u. dirigirte als solcher den Adel, der ihn respectirte, u. das ganze Fürstenthum ganz unumschränkt, aber vortrefflich. Beym vorigen Landtage, dem ersten nach seinem Tode, zeigte sich schon überal Stockung in der Maschine, ob gleich Möser seinen Nachfolger selbst empfohlen hat, u. dieß ein sehr verständiger thätiger junger Mann ist. Aber der Adel freut sich, daß er einmal seinen alten Reuter abgeworfen hat, und versucht nun mit verhangnen Zügeln seine eigene Galoppade (he is tutor-sick).

Der junge *Brandes* besorgt die Geschäffte der Universität Göttingen bey der Regierung in Hanover. ⟨*Ramdohr* nannte die Regierung in Hannover einmal eine *Sekretariokratie.*⟩ Hanover hat durch den Verkauf der Bibliothek und der Kupferstichsammlung, die der alte *Brandeß* besaß, einen unersetzlichen Verlust erlitten. Besonders war die Bibliothek, die der Besitzer gern jedermann zum Gebrauch ließ, recht eigentlich für das Hanoversche Publikum calculirt. Der Herzog von *Oldenburg* hat sie noch bey *Brandeß* Lebzeiten gekauft, u. sie steht jetzt in Oldenburg. Die aus mehr als 30,000 Blättern (worunter 13000 Portraits) bestehende Kupferstichsammlung kaufte Rost für 12000 Th[ale]r. Er versucht jetzt noch, sie im Ganzen zu verkaufen. Widrigenfals werden sie verauctionirt. *Brandeß* stand in alten Verbindungen mit Boydell in London. Dieser schickte ihm von den schönsten Englischen Kupfern die avant la lettre Abdrücke. *Diese* allein kann Rost in England jetzt so theuer verkaufen, daß er beinahe den ganzen Kaufschilling daraus lößt. Sonst sind in Hannover fast gar keine gelehrten Hilfsmittel u. Bibliotheken. –

Abends bey Tische war Rehberg fast ganz stumm, und

hörte lieber *Göthens* witziger Unterhaltung mit seiner Schwester zu. Göthe erzählte von einer in Ketten hängenden Brücke zwischen zwey Abgründen im Walliserland. Dieß gab zu einem komischen Streit zwischen *Herder* u. *Göthe* Anlaß, da Herder sagte, er könne sich keine Brücke ohne Wasser denken, Göthe aber die Brücke durch einen Bogen in der Luft definirte. Göthe machte damit der Dem[oiselle] Rehberg ein Compliment, die einen vom Landgrafen beym Weisenstein *ohne Wasser* angelegten Aquäduct für schön erklärt hatte.

Rehberg ist ein großer Kenner und Liebhaber der Musik. Als er hier in der Mittwochsgeselschaft hörte, daß die Italienische Oper in Leipzig schon aufgehört habe, wollte er nun gar nicht über Leipzig nach Dresden gehn. Denn dieß, sagte er, sey der einzige Reiz für ihn geweßen, Leipzig zu besuchen.

R[ehberg] hat *Wielanden* hier gar nicht besucht, und dadurch deutlich seine Antipathie gegen diesen Friedensprediger bewiesen. Auch *Bertuchen* besuchte er nicht, weil er es ihm nicht verzeihen kann, daß durch ihn die Redacteurs der Alg[emeinen] L[iteratur] Z[eitung] bewogen wurden, die Rezension der Revolutionsschriften einem weniger wüthenden Aristokraten (dem Kriegsrath *Genz* in Berlin) aufzutragen. Als er aber Bertuchen in einer bloß um Rehbergs willen veranstalteten Abendgeselschaft dennoch nicht ausweichen konnte, entschuldigte er sich ganz trokken damit, daß er gehört habe, *er wohne sehr weit in der Vorstadt!* Daß es durchaus seine Absicht geweßen, Bertuchen nicht zu sprechen, erhellet auch daraus, daß er einen Brief, den ihm der Rath *Reichard* in Gotha (Rehbergs dienstbeflissenster Speichellecker) an Bertuch mitgegeben hatte, lieber auf die Post gab, als ihn selbst mitbrachte.

Von *Ramdohr* sprach R[ehberg] mit der größten Achtung. Er sei eigentlich von der Natur zur mimischen u. Carricaturdarstellung bestimmt. Davon habe er schon als 10jähriger Knabe die frappantesten Beweise gegeben, da er einen komischen Watschelgang eines gegen über wohnenden fetten Manns mit 3 Strichen hinzeichnete.

Welch ein Unterschied zwischen diesen beiden Landsleuten, *Ramdohr* und *Rehberg*! Die lieblichen Blumen, die dem nie hart auftretenden Fußsolen des erstern entsprießen, könnte der Decemberfrost des letzten mit einem Hauche tödten. Aber in dem kalten Rigoristen und Despotenanwald wird auch bald das letzte Lebensflämmchen verglommen seyn! –

Und doch ist Rehberg ein sehr gebildeter Mann, und hat unter allen Aristokraten die überdachteste Consequenz. Sollte nicht in seiner Kränklichkeit und in seinen bösen Säften eine Schutzschicht vor ihn liegen?

Anne Louise Germaine de Staël-Holstein

[frühstens 22. Januar 1804]

Die Frau v. Stael hatte in der Meinung der Menschen, die hier überhaupt eine Meinung haben, mehr gegen als für sich, als sie hier auftrat (zu Ende Decembers 1803). Sie wäre, hieß es, von Bonaparte aus Paris verbannt, und als eine intriguante Parteiführerin anzusehn; sie sei ein Mannweib und befinde sich nur im Kreise der Männer wohl, weil sie zu häßlich sei, um durch den Gürtel der Venus zu erobern, wolle sie durch Witz und Gelehrsamkeit glänzen u. s. w. Auch hier bestätigte sich die Erfahrung, daß es weit vortheilhafter sei, mit ungünstigen Vorurtheilen beim ersten Eintritte zu kämpfen, als mit alzugünstigen. Statt eines laidron fand jeder eine Physiognomie, die zwar etwas starke und breite Züge und besonders einen viel zu weit gespaltenen Mund auch überhaupt in der ganzen Figur etwas sehr stammhaftes u. besonders einen kurzen und wunderbar aufgesetzten Hals habe, die aber durch ein paar feurige u. ungemein sprechende Augen belebt wurden. Ihre Figur ist nicht plump, vielmehr durch alle Künste der modernen Palästra (sie tanzt wirklich mit Ausdruck und Leichtigkeit) ausgebildet. Nur vernachläßigt sie zuweilen ihren Anzug etwas. Doch ist sie himmelweit vom Cynismus gewisser masculinisirender Frauen entfernt u. da es überhaupt Lebensregel bei ihr ist, keine Convenienz des feinen Tons zu beleidigen, so macht sie überal, wo es Schicklichkeit erfodert, ihre Toilette selbst mit Sorgfalt. Freilich ist sie himmelweit von allen Künsten der kleinlichen Coquetterie und Minauderie entfernt, da sie mit weit wichtigern Dingen stets umringt und mit dem Werthe der Zeit gar wohl bekannt ist.

Hat man sich nur erst eine halbe Stunde ihr gegenüber

oder neben ihr auf dem Sopha befunden; so ist man von ihrem Geiste unwiderstehlich ergriffen und man konnte nun mit jenem Liebhaber im Horaz selbst einen Polypen auf ihrer Nase liebenswürdig finden. Die Grazie, wodurch sie alles an sich fesselt, besteht in einer nie versiegenden *wahren* und ungeschminkten Empfindsamkeit, die eben darum, weil sie aus dem lebendigsten Quell des Gefühls und aus einer auf Grundsätzen begründeten Menschenfreundlichkeit entspringt, nie in süßliche Empfindelei oder in phrasenreiches Wortgeklingel ausartet. Da alle ihre Bemerkungen u. Urtheile selbst im Fache der Kunst u. Literatur mit diesem Anklang des Gefühls verbunden sind: so bewahrt sie dieß zugleich vor dem verhaßten Anstrich einer bloß gelehrten Frau und vor allen Lächerlichkeiten einer precieuse ridicule. Diese reine Empfindsamkeit ist die zarteste Weiblichkeit und indem sie selbst folgerecht und schulgerecht räsonnirt und gegen die selbstständigsten Männer ihre volle Mündigkeit behauptet*, vergiebt man ihr doch dieß alles sehr gern, weil es ohn alle Parade und nicht sowohl aus dem Reflectirpunct des Verstandes sondern aus einer abondance du coeur vorgebracht zu seyn scheint. So disputirte sie hie oft mit Schillern über die epische Unform seiner Trauerspiele und die Einmischung metaphysischer Ideen in seinen Gedichten. Allein zwischen den witzigsten Einwürfen kamen doch immer auch gefühlvolle Aeuserungen der Sentimentalität, die sie in ihrer französischen Vorstellungsart als das Wesen des höhern Dramas ansehn mußte. Sie bekämpfte mit allen Waffen, die ihr Verstand u. Witz darboten, die Idealitätswuth der Schellingischen Schule; ja sie veranlaßte sogar ihren treuen Freund Benjamin Constant, der des Deutschen volkommen mächtig ist, aus Frankfurt am Mayn hieher zu ihr zu kommen, damit sie mit seiner Beihülfe einige Einsicht in die Tiefen und Höhen dieser Schule bekommen mögte, und bediente sich nun der auf diesem Wege erhaltenen Aufschlüsse** zur

* Jemand sagte sehr gut: elle a la tête d'un homme et le coeur d'une femme.

** Ein in Jena seit 3 Jahren privatisirender Engländer Robinson hatte

Verspottung jener transcendentirenden Hirngeburten. Allein so oft ich sie auch mit Wärme und Nachdruck dagegen declamiren hörte: so geschah es doch niemals bloß zur Parade und um sich zu zeigen, sondern mit unverhohlener Indignation gegen die Tendenzen dieser Schule zum Mysticismus und zur Verfinsterung. Ihre *Erfahrungen* haben ihr den stärksten Widerwillen gegen Despotismus und seine Hauptstütze den zahmgläubigen Catholicismus eingeflößt. Da nun die Schellingische Schule alle Vernunftkriterien aufhebt und sich in die Tiefe des vom Indifferenzpunct heraus alles selbstschaffenden Idealismus versenkt: so ist der Ueberschritt zu der heillosesten Beschaulichkeit des Mysticismus hier schon gemacht u. es daher kein Wunder, daß die Jesuiten in Dillingen den großen Repräsentanten der göttlichen Naturweißheit, Schelling für nostrifizirt hielten, daß sich Schellings Hörsaal in Würzburg mit Katholiken füllt und daß M[ademoise]ll[e] Alberti in Dresden in Tieks Katechismus unterrichtet, eben jetzt katholisch wurde. Auf diese und dergleichen Erscheinungen beruft sich die Fr[au] v. Stael jeden Augenblick und klagt mit Bitterkeit über diesen Seelenschnupfen, der gerade in dem Augenblick in Deutschland epidemisch werde, wo sich alle guten Köpfe in dem noch nicht durch *Talleyrand* unterjochten Deutschland den Alarm geben und gegen die mächtig einbrechende Verfinsterungspolitik der Caprara u. Portalis rüsten sollten.

mir vor langer Zeit seine deutsch geschriebnen Hefte der Schellingischen Aesthetik mitgetheilt. Ich gab sie Frau v. Stael und sie übersetzte mit Beihülfe Constants die ersten 20 Paragraphen ins französische. Sie bat dann H[er]rn Robinson selbst herüber zu kommen und so wurde bei ihr ein philosophisches Diner fertig, wobei aber niemand den andern bekehrte. Robinson steckte im Wasser, während sie in der Luft schwebte. Keines konnte in das Element des andern gelangen. Wenn Frau von Stael über die unsittliche Tendenz des Idealismus klagte, sagte Robinson grade aus, daß sein System alle Moral schon a priori ausschlösse. Ich verschaffte ihr *Reinhold, Fichte, Schelling. von Frieß.* – Dieß fand sie zu polemisch gegen die neue Schule u. also einseitig. Mehr that ihr *Weiler gegen Schelling* (München 1803) genug. Viel Vergnügen machten ihr die von Fernow mitgetheilten italienisch abgefaßten Hefte über die Kantische Philosophie.

Ein andrer Reiz ihrer Unterhaltung besteht in der Leichtigkeit der Unterhaltung, die nur die große Welt und das tägliche Umringtseyn mit vielen Menschen, (besonders Fremden) gewähren kann, die aber dabei doch das Gegentheil von der gewöhnlichen französischen Geschliffenheit und Gewandheit ist. Denn sie fragt nicht bloß, sondern sie hört auch aufmerksam zu; sie hört nicht bloß sich selbst, sondern es ist ihr auch voller Ernst, andrer Meinung und Urtheil gründlich aufzufassen. Ohne pedantische Einförmigkeit flieht sie – die Klippe der Franzosen – die leishinschwebende Oberflächlichkeit und die leidige Sucht, überal nur ungeborne oder halbausgeborne Resultate aufzustellen und von andern zu fodern. Selbst von ihrer Mutter, der geistreichen Genthoud, früh zum Analysiren und zum *täglichen Buchhalter über alles Gelesene und Gehörte* gewöhnt wandelt ihr vielfach geübter* Geist stets im Lichte klarer Vorstellungen und da selbst die aus[ge]zeichneten Frauen in den Gesprächen mit ihnen immer mehr Wärme als Licht fodern, so ist ihr Element Hellung und Klarheit zugleich mit Wärme und Gefühl non fumum ex fulgore, sed e fumo dare lucem. Da sie sich selbst stets versteht, so wünscht sie natürlich auch jeden, der mit ihr spricht, ganz zu verstehn und dazu bedient sie sich einer eigenen Hebammenkunst für fremde Ideen, die sie selbst in ihrer Verworrenheit herauszufühlen und zu entwickeln versteht. Daher fühlt man sich in ihrer Gegenwart gar nicht niedergedrückt, vielmehr aufgemuntert und mannigfaltig aufgeklärt. Schiller u. Wieland haben dieß in ihren Unterredungen mit ihr oft mit Vergnügen empfunden, u. Wieland gestand in einer seiner liebenswürdigsten Begeisterungen daß er seit seiner Julie Bondely kein geistigeres und Geistweckenderes weibliches Weßen gefunden habe. Endlich hat sie in ihrer Unterhaltung und ganzem Betragen ganz die zwanglose, gutmüthige fröliche Hingebung, den abandon de soi même, den sie selbst in ihrer Delphine mit solchen Zauberfarben zu schil-

* Sie versteht volkommen Latein u. hat Horaz u. Tacitus im Original gelesen.

dern wußte. Sie will durchaus nichts scheinen, was sie nicht ist, affichirt keine Kennermine, wo sie nichts weiß, giebt ihre kleinen Schwächen zuerst gern preiß, und hat durchaus nichts herrisches und imposantes. Sie erzählte oder rezitirte vielmehr an einem der ersten Abende, wo ich sie ganz allein bei der geistreichen Frau v. Schardt fand, ein sehr boßhaftes Spottliedchen, das eine kleine, bucklichte Genferin nach der Erscheinung ihrer Delphine auf sie in Umlauf gesetzt hatte, mit der herzlichsten Offenheit. So gestand sie in einem Privatconcert bei der Frau Herzogin Mutter, wo der kunstreiche Schlick mit Frau und Tochter alle ihre Virtuosität aufgeboten hatte, um die sublimsten Neuigkeiten von Haydn und Bethoven aufzutischen, daß sie für diese Kunsthöhen und Zauberspiele selbsterschaffener Schwierigkeiten gar keinen Sinn habe und spielte – einen Fandango zur Abwechslung auf dem Clavier. So lachte sie laut über die Kennerminen und das beredte Kunstgeschwätz der Landschäftler, als ihr der Herzog die so eben aus Florenz eingetroffnen zwei großen Landschaftsgemälde von Hackert* zeigte und erklärte ganz unbefangen, daß sie nur für historische Malerei (etwa für die Rückkehr des Marcus Sextius von Guerin S[iehe] Delphine T[eil] II p. 80) Sinn habe. Natürlich gab sie dadurch großes Aergerniß. Auch hielten es wohl einige gar für Streben nach Sonderbarkeit oder Anmaaßung. Allein es ist dieß alles bloß unbefangne Sorglosigkeit und ein untadelhafter, durch keine kleinliche u. conventionelle Aengstlichkeit zurückgedrängter Hang *sich selbst rein auszusprechen.* Aus eben diesem Grunde spricht sie auch über ihre eignen Familien und politischen Verhältnisse mit einer hinreißenden Offenheit. Oui, sagte sie zu einem von Gibbons enthusiasmirten Engländer bei einem Diner, wo nur englisch gesprochen wurde, u. wo sie bisher mit der bewundernswürdigsten Geläufigkeit in dieser Sprache mitgesprochen hatte, auf

* Es ist eine Aussicht auf den Ponte molle (Pons mulvius) eine Tibergegend ohnweit Rom u. Fiesole bei Florenz, erstes ein Abend, das andere ein Morgenstück. Der Herzog zahlte Hackerten für jedes 200 Zechinen oder 100 Carolins.

einmal französisch, oui j'ai eu la chance d'être sa fille, mais il plut au ciel de m'en delivrer. (Den Aufschluß geben die vom Lord Sheffield herausgegebnen Memoirs über Gibbons Leben). Bei derselben Gelegenheit erzählte sie einem andern Engländer, der mit britischem Geradausgehn sie fragte, ob sie wirklich nicht mehr nach Paris kommen dürfe, ganz unbefangen, daß ihr Bonaparte verboten hatte de tenir une maison à Paris, daß sie aber keineswegs dadurch verbannt wäre. Sie sagt es, wer es hören will, daß sie *bloß durch die Güte ihres Vaters* den Aufwand bestreiten könne, den sie mache und daß sie für sich selbst gar kein Vermögen habe. ⟨Der alte Necker ließ 2 Millionen in Frankreich in den Fonds, über deren Sicherheit noch bis heute nichts entschieden ist.⟩[*] Bei dieser Offenheit und bei der surabondance d'esprit, wie ihr Camille Jordan in einem Brief über sie beigelegt hatte, sollte man erwarten, daß sie sehr gern über fremde Travers und Lächerlichkeiten spotte u. sich auch da gern gehn lasse. Allein hier eben beweißt sie Charakter und die menschenfreundliche Schonung, ja Hervorhebung der guten Seite, die stets die Eigenschaft solcher Geister geweßen ist, die bei vielen Kenntnissen viel Verstand u. *ächte Grundsätze* hatten. Nur gegen Bonaparte und seinen Steuermann Talleyrand (dessen Arglist unter der Maske der Indolenz und Freundlichkeit in der Delphine unter dem Character der Madame Vernon so treffend kopirt ist, daß man in ganz Paris die Aehnlichkeit daran entdeckte und lange Zeit, wenn man Talleyrand besuchen wollte, sich sagte: allons voir Madame de Vernon)**

* Necker theilt jetzt mit ihr seine Einkünfte. Was sie selbst besaß, verwandte sie ganz um die großen Schulden ihres Mannes nach seinem Tode zu bezahlen. Baron v. Fersen, der Liebling der Königin Antoinette, stiftete die Heirath der Demoiselle Necker mit dem gut repräsentirenden Stael.

** Uebrigens leugnet sie, daß zu ihrer Delphine ein Schlüssel von gewissen Andecdoten u. Persönlichkeiten gehöre. Nur glaubt sie manche Züge in der Schilderung des H[er]r[n] v. Lebensey von ihrem *selbstständigen* und wackern Freunde Benjamin Constant entlehnt zu haben. Auch springt es wohl von selbst in die Augen, daß der so con amore geschilderte Charakter des M[onsieu]r de Cerlebe ihr guter Vater Necker ist.

ist sie bitter und erzählt gern die Ausbrüche der Ehrsucht, Herrschsucht und Habsucht dieses Alunterjochers und Alverfinsterers, und die ekelhaften Schmeicheleien und Kriechereien der Präfecten und Bischöffe, die seinen Speichel lecken.*

[frühstens 22. Januar 1804]

Mit der Frau von Stael traf Joannes Müller aus Wien hie zusammen. Freilich kennt sie sein historisches Talent nur aus Mallets höchstmittelmäßigem Auszug seiner Schweizergeschichte (wo Planta's englischer Auszug weit besser ist): allein sie ist mit Bonnstetten Müllers Jungendfreund, genau bekannt und hat durch ihn (dessen geistige Impotenz sie übrigens ohn alle Bemäntelung Müllern selbst vorhielt) den alumfassenden Denker u. guten Menschen schätzen lernen. Müller fodert sie auf, Wien zu besuchen. Oui, sagte sie, je le ferai, si je ne vous eus pas rencontré ici. Au reste il y faudra aller pour le materiel. Müller erzählt darauf, da sie eben den ran[z] de vaches auf dem Clavier spielte, den sie auch Schillern für seinen Wilhelm Tell mitgetheilt hat, daß er bei der Aufführung der Joanna von Montfaucon von Kotzebue in Wien vortrefflich gegeben werde. Sie erkundigte sich nun nach dem Zustand des Wiener Theaters und äuserte nun doch einiges Verlangen, dieß ganze Wesen einmal mit anzusehn. Als sich Müller, den sie zum Geschichtschreiber der Revolution machen wollte, mit dem Mangel an authentischen Memoires entschuldigte, verwieß sie ihn auf den Moniteur, aus welchem sich allein schon eine treffliche Geschichte schreiben lassen würde, übrigens gäbe es die Schriften ihres Vaters ausgenommen u. das, was Rabaut de St Etienne u. Lacretelle der

* Nach ihrer Schilderung ist B[onaparte] eine rohe Corsionernatur, Feind aller Philosophie und Aufklärung, abgesagter Feind der Griechen, voll Nachäffung der *römischen* Härte, erfüllt von Verachtung gegen den Gelehrtenstand, ohn Eingeweide, ohne Humanität! Sie findet alles was Reichard in seinen Briefen über B[onaparte] sagt buchstäblich wa[h]r u. lobt überhaupt diese Briefe sehr, ob sie gleich die darin verschuldeten Indiscretionen gar nicht in Schutz nehmen mag.

jüngere über die constituante und legislative geschrieben hätten, wenig erträgliches und nur zum Scheine unparteiisches. Müller ist von der unerschöpflichen Geistesfülle und der Geistesanmuth dieser Frau so bezaubert, daß er sie in der Erinnerung mit allen seinen frühern Bekanntschaften verglichen u. zwar von allen etwas in ihr, aber bei keiner ihr Ganzes gefunden hat. So verglich er sie mit Frau Bonnet in Lausanne, seiner ältesten Freundin in der Schweiz u. s. w. Recht erwünscht für dieß Zusammentreffen kam ihr die Schellingische Definition eines Geschichtschreibers: er sei ein umgestülpter Poet. Sie wußte über diesen poete renversé tausend Witzspiele anzubringen. Uebrigens vereinigen sich beide in einem Punct, im entschiedensten Haß des corsicanischen Usurpators, von welchem Müller durch seine Unterredungen mit dem Marquis d'Entraigues in Dresden die pikantesten Anecdoten zu erzählen wußte.

[24. Januar 1804]

Sie declamirte uns den 4ten Act der Andromache von Racine und erschütterte alle Anwesenden besonders in der berühmten Unterredung des Pyrrhus und der Hermione. Die Bitterkeit und den Stolz der Letztern drückte sie unvergleichlich aus. Selbst ihr Organ paßte sehr gut zur höhern tragischen Declamation und zu den schneidenden Tönen, die der Franzos im hohen Affect so gern hört. Nun ließ sie sich aber auch noch dazu bereden, den berühmten Traum der Athalie in Racines gleichnamichten Stücke uns grade so vorzutragen, wie ihn die berühmte Clairon einst gesprochen habe. Clairon war die Lehrmeisterin der Mad[ame] Stael in der Declamationskunst und wir konnten also ziemlich sicher seyn, hier die ganze Theater-tradition, wie sie von der Clairon ausgieng, fast unverfälscht zu erhalten. Frau v. Stael declamirte nicht bloß, sie spielte auch, so weit man es nur auf dem Sopha sitzend zu thun im Stande ist, mit einer hinreißenden Stärke und mit allen den (uns freilich sehr grell vorkommenden) Contrasten und Uebersprüngen aus den sanftesten Tönen in die heftigsten, die auf der tragischen Bühne nur jetzt eben an Demoiselle Duchesnois so sehr bewundert werden. Da ich nie in Paris geweßen bin; so erhielt ich hierdurch zum erstenmal einen recht deutlichen Begriff von der Kunstkonvenienz der französischen pathetischen Declamation, die Wieland, der auch gegenwärtig war, höchst ungenießbar fand u. sich daher ganz entfernte.

[25. Januar 1804]

Sie hatte heute ein angenehmes Geschenk vom Erbprinzen in Gotha, eine Tasse mit Immergrün bemahlt und ein allerliebstes französisches Räthselgedicht, wovon des Dichters Selbst das Wort ist, geschickt erhalten und sogleich wieder in Versen beantwortet. Sie war also in einer Art von süsser Begeisterung oder Musolepsie. Ein Ausbruch davon war, daß sie sich ans Pianoforte setzte und abwechselnd bald den chant de depart u. die Marseiller Hymne, bald God save great George, our King, bald den Wiener Freiwilligen Marsch spielte und die Worte, die ihr zum Theil Benjamin Constant vorsagen mußte, dazu sang. Kurz darauf fragte sie mich sehr dringend, ob ich heute keine Neuigkeit über das große Kriegsspiel erhalten hatte und gerieth, da eben die Geselschaft sich in ein andres Zimmer gezogen hatte, in ein düstres Nachdenken. Ich bemerkte dieß gegen sie und sie sagte mir nun in wenig Worten aber mit der größten Bewegung das Schwebend Unbestimmte ihrer Lage und das Bedrängte ihrer ganzen Familie, wo sie nicht einmal für ihre zwei Söhne eine Aussicht in Frankreich habe, so lange der jetzige Gewalthaber alles tyrannisire. Gern gieng sie nach England, wo sie schon 1791 einige Monate war u. wohin sie sich unbeschreiblich sehnt. Aber dann wäre die Confiscation der Rente u. des Vermögens ihres Vaters leicht vorauszusehn. O, fuhr sie fort, ich darf mir dieß alles gar nicht so ausdenken. Es wäre Stoff zu 20 Pistolenkugeln darin. Mais comme le bon dieu a donné à chaque animal une arme ou un instrument à sa defense, par exemple il y a tel animal qui a une poche pour ses petits, il m'a donné la distraction.

Sie sprach mit der größten Unzufriedenheit mit sich selbst über die Schwierigkeit, die deutsche Sprache zum ungehinderten Verstehn zu erlernen. Dichter verstehe sie bald ganz. Da komme ihr eine gewisse Divinationsgabe zu statten. Aber die Prosa sei unbegreiflich schwer durch die Einschachtelungen und Einschiebungen so vieler Zwischensätze. C'est la manie des Allemands de tout dire. Der Franzose geht auf der andern Seite zu weit und wolle bei seiner Verwöhnung nur Resultate. Ob ich nach meinem 30 Jahr noch eine Sprache gelernt hätte? Sie hätte so gern Reichards Reise (die ihr sehr zu gefallen scheint, ob sie gleich den Verfasser nicht achten kann) vom Blattweg gelesen. Fernows klarer Vortrag in seinen italiänisch geschriebnen Heften macht ihr die größte Freude. Le mal est qu'il s'est affublé de cette Italienne. Ich sagte man nenne dieß bei uns einen Gelehrtenstreich. Sie machte einige Bemerkungen über das Unglück der Heirathen im Algemeinen. Chacun devroit faire un double mariage, l'un lorscequ'on est jeune, l'autre lorscequ'on est mûr. Sie werde sich in ihrem Werk über die Sitten und Literatur Deutschlands alle Mühe geben, die Deutschen der[en] Gelehrsamkeit u. große Verdienste für alle übrigen Nationen noch immer so gut als nicht da wären, in ihr gehöriges Licht zu stellen. Sie habe sie vorher noch gar nicht gekannt und bitte mich daher, ihr ja meine Berichtigungen über den Artikel der deutschen Literatur in ihrem Werke sur la literature mitzutheilen. Es fehle uns durchaus an der angenehmen Plaisanterie, wodurch die Gelehrsamkeit anmuthig u. die Pedanterie zur Wissenschaft werde. Dafür würde auf uns von allen andern Nationen die Plaisanterie in vollem Maaße ausgegossen. C'est la plaisanterie qui se met devant l'entrée de l'Alemagne. Villers habe versucht seine Landsleute auf uns aufmerksam zu machen. Allein er habe selbst einen Haken u. sei Gegenstand des Spottes geworden. Vous avez tout en mine, rien n'est comptant. Das mache, daß wir noch gar keine höhern Zirkel und wahre Geselschaft hätten. Unsere Höfe hätten nur Kammerherren u. Hofjunker. Die Gelehrten – selbst die berühmtesten wären auf Stallfütterung gesetzt u. müßten, wenn sies hoch brächten, erst durch einen Adelsbrief ehrlich gemacht werden. – Sie liebe die Kantische Philosophie um der Moral willen. Wenn der Alte in Königsberg auch weiter nichts gesagt hätte, als daß der Mensch stets Zweck sei, nie als Mittel gebraucht werden dürfe: so sei dieß schon eine Ehrensäule werth.

[27. Januar 1804]

Den 27 Januar [1804] declamirte sie Abends in den Zimmern der regierenden Herzogin die drei Hauptszenen aus Racines Phädra, die Unterredung mit der Oenone, wo ihr Phädra ihre Liebe gesteht, die Zusammenkunft mit Hippolyt (diese stehend und in völliger theatralischer Action, indem ihr Freund Constant die Rolle des Hippolyt ihr gegenüber stehend laß) und die Ausbrüche der Eifersucht in der Unterredung mit der Oenone. ⟨Man hat, wenn man die Frau v. Stael declamiren hört, die ganze Gattung des tragischen Vortrags, wie ihn nur die Franzosen bewundern können, u. man erinnert sich dabei sogleich der bekannten Anecdote von Garrick, der im theatre françois die D[emois]elle Dubois in der Rolle der Roxane eine Tirade mit der größten Heftigkeit spielen u. dann gleich wieder eine sehr sanfte Miene annehmen sah u. auf Befragen über ihr Spiel antwortete: o, sie ist gewiß eine vortreffliche Person. Ueberwältigt sie auch einmal der Zorn, so hegt sie doch keinen Groll.⟩ Wenn man die Unnatur und das falsche Pathos der Verse selbst zugegeben hat: so ist dabei alles eingeräumt u. dann ist die gewaltsame, mit Verzuckungen und Geschrei verbundene Declamation ganz aus einem Stücke mit der Poesie selbst. Die gegenwärtigen Frauen fanden, daß sie durch diese Probe ihrer theatralischen Kunst sogar schöner geworden sei. Die Herren waren fortgerissen und fanden Bonapartes Urtheil c'est une femme entrainante, qui ne m'aime pas wenigstens in der ersten Hälfte volkommen war. Schade daß ihr Organ nicht Biegsamkeit und Modulation genug hat und daß ihre Stimme beim heftigen Ausdruck nur zu oft ins schneidende u. grelle fällt. Auch waren einige Geberden z. B. daß sie sich bei gewissen Ausbrüchen der Leidenschaft auf die Hüften und Dickbeine klatschte, nicht genug in den Schranken der anständigen Mäßigung. Ein gegenwärtiger Engländer, der Kammerherr Mellish beschloß diesen Declamationsschmauß mit einer Vorlesung aus Shakspear's Julius Cäsar u. laß uns die Rede des Antonius ans Volk sehr brav und ohne alle Uebertreibung vor. Immer bleibt der Traum der Athalie, den Frau v. Stael auch hier noch einmal gab, das vollendeteste ihrer Declamation, weil hie die Worte selbst die hohe, innere Wahrheit haben. –

[28. Januar 1804]

D[en] 28ten. [Januar 1804] Ihre 7jährige Tochter Albertine, ein holdes Geschöpf, aber voll kleiner Listen, hatte sich einer Lüge schuldig gemacht, indem sie gegen das Verbot Parfüm genommen und es dann abgeleugnet hatte. Zur Strafe durfte sie heute nicht mit uns essen, so dringend auch Constant, *der die Kleine auserordentlich liebt,* für sie bat. Hie sprach Fr[au] v. Stael trefflich über das Wahrheitsprincipium, als das erste in der Erziehung. Gewöhnung zur Wahrheit sei die Basis zu *allen* Gütern, aller Tugend. Wer sich gewöhnt habe, nie zu bemänteln, stets wahr zu seyn, fliehe schon darum das Unrecht, die Abweichung von der Linie, weil er es sagen müsse, er habe unrecht gethan.

[28. Januar 1804?]

Mein Eintritt in Deutschland, erzählte Fr[au] v. Stael, war sehr zurückschreckend. Kaum war ich nach Frankfurt gekommen, so wurde meine Tochter krank. Hofrath Sömmering wird gerufen. Er erklärt die Krankheit für ein Scharlachfieber. Ein zweiter Arzt zuckt die Achseln u. spricht von einer fievre maligne. Am Ende war es nichts als ein gewöhnliches, nur etwas hartnäckiges Flußfieber. Indeß nöthigte mich dieß 3 Wochen in einer Stadt zu bleiben, die alles hat auser Geist où on ne fait que manger et on ne parle que ce qu'il faut manger. Die alte Frau Bethmann, Mutter der Frau von Schwarzkopf, kommt zum Besuch zu mir, wie meine Albertine im Bette lag. Ich erkundige mich bei ihr als einer vielerfahrnen Mutter nach allerlei Kleinigkeiten aus der Kinderstube, die mir aber grade sehr wichtig waren. Frau Bethmann ist auser sich über diesen Affront, daß ich sie für eine Kinder-Muhme angesehn habe. Sie hatte freilich erwartet, daß ich über die neuesten Erscheinungen der Literatur u. Politik, von welchen sie doch an ihren Spiel- und Eßtischen sich nie einen Begriff machen konnte, mit ihr sprechen sollte. Auser Schwarzkopf selbst, der eine ehrenvolle Ausnahme macht, u. auser der Schmetterlingssammlung des gutmüthigen, aber eiteln Gerning war[en] nur zwei Engländer *Busby* und *Osborn*, die beide eben aus Frankreich kamen, wo sie losgelassen worden waren, ihre liebste Unterhaltung und ihr einziger Trost.[*] Die Frau von La Roche habe sie nur ungern besucht, weil sie immer nur weine et puis elle pleure des fibres plutot que du coeur. (Wieland sagt, dieß sei ihr nur seit dem angewandelt, als ihr lieber Franz gestorben u. mit diesem Tod ihr Herz auf immer gebrochen sei) – Mit dem Eintritt in Sachsen, fuhr sie fort, fand ich alles verändert, selbst die Gesichter der Bauern u. gemeinen Leute offener und gebildeter. In Eisenach gefiel ihr die Frau von Bechtolsheim (Wielands Psyche) auserordentlich. Sie wohnte hie der Vorstellung eines deutschen Stückes im Societätstheater bei und gewann großes Zutrauen zum Doctor Schreiber, einem talentvollen und schönen jungen Dichter, Musiker, Schauspieler u. s. w. Gern hätte sie ihn der Frau v. B[echtolsheim] abspenstig gemacht, aber er blieb ihr treu. Er sollte Hofmeister bei ihr werden, da ihr jetziger Posse aus Braun-

* Frau v. Stael liebt alles was englisch ist, leidenschaftlich. Als von Mad[ame] Roland die Rede war, sagte sie c'etoit une femme d'esprit mais qui raconte des choses d'elle même qu'aucune femme ne dira. Elle a eté du parti opposé et je ne l'ai pas vu. Elle vouloit absolument une republique, moi et mon parti la forme du gouvernement anglois, un roi limité. Sie spricht das englische zwar mit einem fremden Accent aber äuserst geläufig. Campbell's Pleasures of Hope lagen auf ihrem Tische. Pope ist ihr ein großer Dichter!

schweig dem von seinem Vorgänger Gerard trefflich gebildeten 13jährigen Sohn der Frau v. Stael, August nicht gewachsen ist. Ihre jüngste Tochter, Albertine ist zwar nur erst 7 Jahr alt, über ihre Jahre klug und voll frühaufsprühender Geniefunken. Je n'ai fait sagt die Kleine bei einem Verweiß, qu'un pauvre petit crime. Als man der Kleinen sagte, sie müsse den hier befindlichen sächsischen Grafen v. Oerzen heirathen, fiel sie der Mutter sehr pathetisch zu füssen: ah maman, vous ne voudrez pas me sacrifier. Sie ist der Liebling von Benjamin Constant, woraus aber noch nicht folgt, daß sie auch seine Tochter sein müsse.

[29. Januar 1804]

Frau v. Stael hatte es ganz besonders darauf angelegt, Göthen's ganze Individualität aufs genaueste zu beobachten und ihn so oft als möglich zu sehn.* Sie wollte erst seine natürliche Tochter übersetzen, fand sie aber über alle Vorstellung fehlerhaft (nach ihrem französischen Maaßstab,) und völlig unerklärbar, wie er einen so abgeschmackten Roman, als der der Stephanie von Bourbon sei, zum Canvas seines dramatischen Gemäldes wählen konnte. Besonders war ihr die Putzszene und das Schränkchen, worein Eugenie das Sonet legt, anstößig. Auch fühlte sie sich bei der Vorstellung von der tödlichsten Langweile gequält. Bis sie also den Egmont, den sie für das beste Product der deutschen Bühne hält, übersetzen kann, versucht sie es wenigstens mit dem kleinen Gedicht aus seinen frühern Werken: der Geistergruß, den sie mit Beihilfe ihres Hausfreundes, Benjamin Constant, in sehr harmonische Prosa übersetzte. Göthe war bei der Ankunft der Frau v. Stael in Jena u. entschuldigte sich auf ihre dringenden Einladungen mit Unpäßlichkeit. Nun sprach sie davon, selbst nach Jena zu fahren und ihn dort zu besuchen. Dieß bewog ihn endlich, zu den Weihnachtsfeiertagen herüberzukommen u. der Frau

* Sie hatte in ihrer Bibliothek zu Copet nur Göthes Werther, mehreres von Gesner u. etwas von Spalding im Original.

v. Stael Wunsch, ihn Angesicht vor Angesicht zu sehn, zu gewähren. Allein ob er es gleich offenbar recht darauf angelegt hatte, liebenswürdig zu seyn: so machte doch gleich sein höchst materielles Ansehn einen nachtheiligen Eindruck auf die Frau, die sich immer einen höchstens etwas älter gewordnen Werther in ihm phantasirt hatte. Nach ihrer unbesiegbaren Offenheit sagte sie ihm bald anfänglich ein Wort über seine Anhänglichkeit an Schelling und die Gebrüder Schlegel. Dieß nahm er sehr übel und schien eine Zeit lang alle Berührung mit dieser ihm so wenig zusagenden Frau zu vermeiden. Frau v. St[aël] merkte dieß sehr wohl und erlaubte sich in diesem Fall, was sie sonst fast gar nicht thut, einige witzige Bemerkungen über ihn z. B. il voudroit nous persuader que la sensibilité soit passé de mode parce qu'il n'en a plus, oder auch: lorsqu'il entre dans ma chambre je cherche avant toute chose une chaise pour le mettre à son aise. ⟨Man sagt hier algemein, sie hat ihm gerathen, die Eugenie nicht fortzusetzen u. die Schlegel zu lassen. Göthe habe darauf geäusert: er sei über 40 Jahr alt.⟩ Göthe war oder hielt sich wenigstens eine Zeit lang für krank, war also niemand zugänglich und hielt sich dadurch auch alle Besuche u. Anmuthungen der Frau v. Stael und des Herzogs, der ihn gern mit der von ihm hochfetirten und geehrten Frau zusammengebracht hätte, mehre Tage vom Leibe. Fr[au] v. Stael wurde darum nicht müde, sich täglich nach seinem Befinden erkundigen zu lassen, ihm Billets zu schreiben, worin sie ihn zu Unterredungen einlud,* und überhaupt alles zu thun, was ihm ihre Achtung beweisen könnte. Denn freilich wußte sie sehr gut, daß Göthe noch vor ihrer Ankunft ihre Delphine einmal bei einer Hoftafel mit einer ihm ganz ungewöhnlichen Lebhaftigkeit für das Product erklärt habe, was dem Zeit-

* Das eine, welches sie mir vorlas schloß sich mit den Worten. Sachez que je vous boude et par consequence notre conversation sera animée. Uebrigens sind ihre Billets äuserts kurz und ohne alle gesuchte Wendung, bloß die Sache sagend. Denn, sagt sie, es sei lächerlich eine Toilette zu machen, wenn man bei jemandem bloß vorfahren wolle.

alter Ehre mache und daß er sich selbst die Anzeige dieses Meisterwerks in der Jenaischen Literaturzeitung vorbehalten habe. Endlich den 23 Januar [1804] kam es zu der längst gewünschten Unterredung. Sie fuhr früh in Begleitung ihres Freundes Constant zu ihm und brachte fast eine Stunde bei ihm zu, nachdem sie ihm schon den Tag vorher ihre Uebersetzung von seinem Geistergruß zugeschickt hatte. Der Gegenstand der Unterhaltung betraf vorzüglich den Unterschied zwischen der französischen u. deutschen Poesie. Jene, sagt Göthe sei Poesie der Reflexion, diese der Situation. Der Franzose schildere das Erscheinen, der Deutsche das Seyn. Uebrigens bemerkten beide bei ihrer Unterredung, daß er sehr ungern sich etwas abfragen oder auf sich eindringen lasse; daß dann gleichsam seine ganze Natur reculire und sich in sich zusammenziehe. Freilich schonte ihn Frau Stahl nicht immer. Sie sprach z. B. mit tiefem Bedauern von Herder und gieng so weit, sehr freundschaftlich von mir zu urtheilen und meinen Abgang von Weimar für einigen Verlust zu erklären, ohngeachtet sie wohl wußte, wie ungern Göthe dieß höre. Seine ganze Antwort auf alle diese Bemerkungen war: es ist einmal so, die ältern müssen den Jüngern Platz machen!!

Uebrigens erkennt auch nach der letzten Unterredung Frau v. Stael Göthes Geistesüberlegenheit aufrichtig an, setzt aber hinzu mais je voudrois que je pourrois mettre son esprit dans un autre corps. Il est inconcevable qu'un esprit superieur tel que celui puisse être si mal logé. Sie erlaubt sich über die dicke Pastetenkruste, in welche er eingebakken sei, allerlei böses Witzspiel. So sagte sie z. B. in einer Geselschaft, wo über den Schellingischen Idealismus gesprochen wurde, Goethe le poëte par excellence, le vrai représentant de la poesie unique est le beau ideal, Goethe le mari ou l'amant de M[ademois]elle Vulpius est le beau empirique. Besonders pflegt sie sich über die Lächerlichkeit der neuesten Schule lustig zu machen, die in Göthes Gedichten die höchste Tendenz zum Unendlichen und die sublimste Weißheit der idealistischen Schule findet, die er schon in frühen Gedichten z. B. im Faust, in seinem Ganymed u. Prometheus (im 8ten Theil seiner frühern Werke) ausgesprochen haben soll. Dieß erinnere sie an den treffenden Witz, womit zur Zeit des berühmten Streites zwischen Dacier und La Mothe über den Vorzug der Alten u. Neuen ein Witzling die Pedanterie der Herolde des Alterthums zur Schau gestellt habe. Es erschien unter dem Titel chef d'oeuvre d'un inconnu ein damals bekannter Gassenhauer, wo Hans Rößchen seine Liebe erklärt, mit einem grundgelehrten Commentar im Geist der Dacier, worin alle möglichen Schönheiten und Vortrefflichkeiten, die man je an einem Meisterwerk der Dichtkunst angestaunt hat, in diesen Chanson hineinexegesirt wurden. Diese Plaisanterie sei nichts weniger [als] frivol, sondern eine sehr ernsthafte oder zu ernsten Zwecken führende Operation der Urtheilskraft, die jeder Uebertreibung und Verirrung des Verstandes das Richtmaaß des Lächerlichen anlege. Es sei die heiligste Waffe der bessernden Menschheit. (Shaftsbury's test of truth). Um Göthes (von seinen Anbetern so hoch gepriesene) Tendenz zum Unendlichen in ihrem hellesten Lichte darzustellen, bediente sie sich der Abstractionen in seinem letzten Heldenspiel König, Herzog, Sekretair u. s. w. und zeigte das Abgeschmackte dieser nur in Classen spielenden Abstraction.* Als Göthe sie zum erstenmal in ihrem Logis besuchte, regalirte sie Göthe mit der Erzählung, wie sie Schillers Bekanntschaft in den Zimmern der Herzogin gemacht habe. Beide waren zur regierenden Herzogin geladen u. fanden sich da, bevor die Herzogin selbst erschien, in ihrem Zimmer. J[']y entre, j'y vois un seul homme grand maigre, pale mais dans une uniforme avec des epaulettes. Je le prend pour le commendant des forces du Duc de Weimar et je me sens penetr[é]e du respect pour le general. Il se tient à la cheminée dans un silence morne. En attendant je me promene dans la chambre. Puis vient la duchesse et me presente mon homme, que j'avois qualifié de general, sous le nom de M[onsieu]r Schiller. Me voilà toute interdite

* Sie hat daher auch Göthen selbst gleich in einer der ersten Unterredungen ganz naiv gebeten, daß er doch ja diese Misgeburt nicht fortbilden möge.

pendant quelques instans. Que penseries Vous donc de moi, repondit M[onsieu]r Goethe, si Vous me verrez dans le même costume (es ist die Weimarische Hofuniform, die Göthe auch trägt, wenn er an Hof geht). Ah je ne m'y tromperois point, dit M[a]d[a]me de Stael, et puis cela vous ira à merveille à caus[e] de Votre bonne et belle (avec un geste fort significatif) *rotondité*!

Heut (d[en] 29 Januar [1804]) als ich sie früh gegen 11 Uhr besuchte, fand ich sie noch im Bette studirend und mit der Lecture von Göthes Euphrosyne beschäftigt, die sie Lust hat zu übersetzen. Ich mußte ihr sagen, wer die Evadne geweßen sei und da ich die Suppliantes des Euripides citirte, meinte sie ich irrte, weil dieß ein Stück des Aeschylus wäre, dessen Inhalt sie mir sogleich angab.

Ich mußte ihr Göthes Faust erklären. Als wir zu der Stelle kamen, wo der Floh ein Minister wird, lachte sie laut auf und fand es durchaus unbegreiflich, daß eine ganze Nation dieß bedeutend und geistreich finden könnte. Sie hatte den Tag vorher auf der Redoute eine lange Unterredung mit Göthen gehabt und dem Staunenden eine Vorlesung über ihre Philosophie gehalten. Sie hatte ihm von zwei Welten, einer sinnlichen und geistigen gesprochen. In allem was auf die Sinnenwelt Beziehung habe, könne eine unendliche Abstufung der Geister u. hohe Superiorität der Phantasie, Erfindung, Einsicht statt finden. Aber über alles was Geist, was Denken, was Zusammenwirkung von Geist u. Materie betrifft, da, sagte Fr[au] v. St[aël] weiß mein Kutscher eigentlich so viel davon, als ich selbst. Es ist ein Geheimniß. In dem Augenblick, wo wirs enthüllen könnten, würden wir aufhören, Menschen zu seyn. Denn unter der Bedingung nur sind wir Menschen, daß wir nicht wissen, ob wir fortdauern oder vernichtet werden. Da müssen wir glauben. Alle Grübelei darüber kann ihren formalen Nutzen haben, aber sie bringt keinen Schritt weiter. Es sind dann nur zwei Auswege, zur Scholastik und zur Mystik. Wir spalten Atome u. geben leeren Schulphrasen eine vergeistigte Existenz, oder wir senken uns in die Tiefe der Madame Guyon. Laßt uns also die Grenze der Menschheit anerkennen! Uebrigens sprach Göthe mit vielem Geist über Literatur und Poesie mit ihr u. dieß veranlaßte sie zu folgendem Urtheil. Ecoutez, il y a un double Goethe, le poete et le metaphysicien. Le poete c'est lui-même, l'autre c'est son phantome. Mais il me semble que ce lui-même a souvent peur de son autre Soi, comme on dit qu'il y a des visionaires qui se voient double. Quand ce phantome se met devant ses yeux Goethe qui est lui même s'effraye, recule, se renferme en soi même. Puisse un glaive bienfaisant le delivrer de cette funeste doublure! Car sans elle il est et il sera toujours le plus grand homme en originalité et en conceptions pures en Allemagne.

Je m'étonne de la simplicité et de la bonhommie des gens de lettre[s] en Allemagne, pflegte Frau v. Stael mehrmals zu sagen, auch konnte sie gar nicht begreifen, wie die hiesigen Weimarischen Gelehrten mit so geringen Mitteln und Gehalte auskommen könnten.* Sehr oft kam sie auf die Idee zurück, daß doch der Herzog statt des prächtigen Schlosses sich mit einer bloß anständigen Fürstenwohnung begnügt und die hundert Tausende, die die Erbauung und Ausschmückung dieses Schlosses gekostet haben müsse, auf Pensionen und kleine Belohnungen ausgezeichneter Männer in der Literatur u. in den Wissenschaften gewandt haben mögte. Welche Eroberungen hat da nicht ein Fürst wie der unsrige, dessen gleichen sie nirgends weiter angetroffen habe, bei der Gnügsamkeit deutscher Gelehrter machen können. Bei der Pracht des Schloßbaues schien sie Göthen in Verdacht zu haben, daß er, um hie wenigstens geheimer Rath des Geschmacks zu seyn, dem Herzog zugeredet habe. Uebrigens sagte sie überhaupt: ihr Deutschen seid offene Bücher und der Arglist der Franzosen in keinem Falle gewachsen. Wie willig gebt ihr euch dem Schein u. dem ersten Eindruck hin! Ihr Werk, das sie künftigen Winter in Copet als Frucht ihrer Deutschen Reise ausarbeiten wird, soll in 3 Sectionen zerfallen 1) Sitten und was uns daran noch mangelt (Zerstörung des Adelsmono-

* Zumal da sie hie alles fast so theuer findet, als selbst in Paris.

pols fürs Hofleben, Pläsanterie, wahrer Umgang mit Fraun) 2) Literatur (unsere schwächste Seite das Theater). Wir herschen in der Kritik, großes Lob der Deutschen *Gelehrten*, die hoch über alle andern Völker emporragen. 3) Philosophie, woraus ein Glaubensbekenntniß über das, was ihr dahin zu gehören scheint. Hohes Lob der Kantischen Moral, die den Eudämonismus u. Eigennutz stürze.

Da es ihre Absicht ist, ihren Urtheilen über unsere Literatur eine Documentensammlung aus unsern besten Dichtern zuzufügen: so übersetzt sie jetzt täglich etwas aus Göthe, Schiller und derg[leichen]. Vor allem hat ihr Göthes *Fischer* so gefallen, daß sie ihn mit seltener Anschmiegung ans Original in demselben Versmaaß gereimt übersetzt hat. Damit fuhr sie vor einigen Tagen selbst zu Göthe und laß ihm ihre Uebersetzung vor. Der Geschichtschreiber Johannes Müller, der sich eben bei Göthe befand, war bei der Unterredung gegenwärtig, sie habe ihm bei allem Schmeichelhaften, was sie ihm so wohl über dieß Gedicht als über seine Originalität als Dichter überhaupt sagte, doch auch mit der liebenswürdigsten Unbefangenheit so viel Tadel und Misbilligung vorgesagt, als ihm vielleicht in seinem Leben noch niemand ins Gesicht gesagt habe. Sie tadelte seine scheue Zurückgezogenheit, seine kalte zurückstoßende Verschlossenheit, kurz alles dasjenige, was Göthe, der die Weiber stets nur als Spielwerkzeuge oder Passiva in der Schäferstunde ansah und bei wahrhaft geistreichen und witzigen Frauen, die ihn nicht anbeteten, sich stets übel befand, erst im Kreise der Frauen erlernen müßte, *die sich selbst schätzen*.

Den 8 Februar[ii] [1804]. Abends bei der Herzogin.

Fr[au] v. Stael übersetzte das Gedicht von Schiller: *Rückkehr der Griechen* aus dem Taschenbuch für Frauenzimmer (Tübingen, Cotta 1804.) und flehte im Scherz heute jedermann um einen passenden Reim in able an. Sie hatte delectable gesetzt. Nun strömten hundert Adjective in able herbei, wovon ein jedes gemustert und belacht wurde. Endlich erhielt das secourable des Hausfreundes, Benjamin Constant noch vor allen übrigen den Vorzug. Bei der Tafel sprach sie viel über Talleyrand, der beim Anfang der Revolution und auch noch während des Directorialunfugs der Hausfreund der Fr[au] v. Stael und ihr wegen seiner glücklichen Laune, durch scheinbare Unbefangenheit und Indolenz am wirksamsten zu seyn, sehr angenehm war. Es habe ihr ungemeine Mühe gekostet, sich von seiner wirklichen Schlechtigkeit zu überzeugen. Matthieu Montmorency und Narbonne waren eine Zeit lang ihre erwähltesten Freunde. *Ueber Ehescheidung.* Sie halte sie vor ein unumgängliches Nothmittel, habe sich aber nie entschließen können, es auf dem Rath ihrer Freunde gegen den Baron von Stael selbst anzuwenden, ohngeachtet seine Verschwendung bodenlos geweßen sei, indem er einen Wechsel über den andern, wie ein Tollgewordner, ausstellte. Sie habe nur seine Macht, sie alle zu ruiniren, eingeschränkt, übrigens aber die gemeinschaftlichen Kinder respectirt. Denn wo Kinder bei einer Ehe wären, da halte sie die Ehescheidung durchaus für unmoralisch und mit der Erziehung der Kinder für völlig unverträglich.

Bei Tische erzählte Schiller, daß er die Gewohnheit habe noch vor Beendigung eines Stückes an einem zweiten schon die Hand anzulegen und daß dieß auch schon jetzt bei seinem Wilhelm Tell der Fall sei, indem er noch [vor] Vollendung desselben schon an einem andern Stücke angefangen habe (Fernow nannte tags drauf Schillers sämmtliche Dramen nur Approximationsversuche zu der noch nicht gefundnen Regel des Trauerspiels). Nun war die ganze Neugierde der Frau v. St[aël] gereizt, den Gegenstand zu wissen und aller Protestation von Seite Schillers ohngeachtet, der erklärte, daß er beim Verrath des Gegenstandes die ganze Arbeit aufzugeben geneigt seyn könnte, drang sie durch verfängliche Fragen so lang in ihn ein, bis er zugab, daß dies Stück den Nahmen von einer Engländerin des 15ten u. 16 Jahrhunderts in den Niederlanden führe u. in Brüssel spiele. Nun fehlte nur noch der Nahme. Auch diesen mußte der Dichter endlich sagen, indem sie ihm das unbedingte Versprechen abgelockt hatte, ihr nur noch eine einzige Frage aufrichtig zu beantworten, u. nun glatt weg fragte: quel est le nom? Marguerite war nun die Antwort. Doch erklärte Schiller zugleich, daß selbst das Wissen des Nahmens noch wenig Licht über den Gegenstand verbreiten würde, der nur auf den historischen Stamm gepfropft ganz das Eigenthum selbstgeschaffener Dichtung seyn würde.* Nach Tische gab sie uns mit der volkommensten Mimik den Caquet einer zurückgekehrten und über die deutsche Ungeschlachtheit spottenden Emigrantin. Ueberhaupt sind die zurückgekehrten Emigranten ihre Haupt-Aversion.

D[en] 9 Febr[uarii] [1804] Bei ihr zum Mittagsessen. Sie hatte ihre Uebersetzung des Schillerschen Liedes (dem nun noch die Cassandra folgen soll) vollendet und kurz vor Tisch eine interessante Vorlesung durch den Engländer Robinson aus Jena gehabt, der auf ihre Auffoderung die Kantische Aesthetik ihr dem Hauptsatze nach bekannt gemacht und auserordentlich dadurch gefallen hatte. Nach Tische klagte sie über die foiblesse feminine, die ihr nach Vollendung des Gedichts sowohl, als nach der philosophischen Vorlesung Nervenschwäche gegeben hatte. Dieß sei der Punct, weßwegen sie die Weiblichkeit als Weichlichkeit recht hassenswerth finden könne. Um sich in heitere Abspannung zu versetzen, spielte sie vor Tische noch auf dem Pianoforte deutsche Volkslieder aus der Saal-nixe, das Reiter-lied aus Schillers Lager Wallenstein und ein Butterbrodlie[d]chen, wo das Aufschmieren der Butter komisch nachgemacht wird. Dazu sei die Musik die größte Ressource. Jeder Anspruch an Virtuosität mache die Musik zur Arbeit. *Viel über Göthe bei Tische.* Er hab das meiste Originalgenie unter allen seinen mitlebenden Dichtern. Es werde

* Sch[iller] foderte mich auf, ihm den folgenden Tag die Person genauer zu charakterisiren. Ich that es u. nannte ihm Margarethe von York, letzte Gemahlin Carls des Kühnen von Burgund und Stiefmutter der reichen Erbin von Burgund Maria, Maximilians Gemahlin.

aber wenig von ihm auf die Nachwelt kommen. Er habe ihr selbst als sie ihn über die Eugenie (welche sie einen noble ennui nannte) befragte, aufrichtig eingestanden, daß sie, wie so viele andere seiner Arbeiten nur Künstler-Versuche seyn, die nach einer Auflösung einer noch nie gelößten Aufgabe strebten, hohe Tendenzen. (Darum traut auch Göthe diesem Versuch so wenig, daß er in die erste Vorstellung der Eugenie gar nicht einmal kommen mogte) Die deutsche Philosophie habe jetzt 3 Puncte, Moral, Aesthetik, Metaphysik. Nur die letztere sei am gelindesten gesprochen inutile. Das sublimste sei die Aesthetik und wenn selbst Racine darüber seine Dichterschaft verlieren sollte. Alle guten Köpfe in Frankreich hätten auch jetzt schon ein dunkles Vorgefühl davon u. sie hofft durch ihr Werk dieß allen ganz deutlich zu machen. Göthe habe in seinem Tasso das Elend des Dichterlebens an kleinen Höfen ohne Zweifel aus eigener Erfahrung sehr ergreifend geschildert (Fernow belobt bei dieser Gelegenheit Tassos Leben von Serassi) ab[er] auch Rousseaus Charakter, ohne es vielleicht selbst zu wollen. Alle Uebertreibung Exaggeration und falscher Enthusiasmus komme nicht aus dem, was aus uns selbst hervorgehe, sondern aus dem von Ausen herein angenommnen und unserm Wesen nicht genug assimilirten. Kein Mensch sei durch sich selbst ein Enthusiast. Jeder verstehe sich selbst in dem, was aus ihm selbst entspränge. – Sie beklagt mit Schmerz Vossens, der Göthe hie besucht, sie aber nicht gesehn hatte, unzugängliche Schüchternheit und ließ ihm durch Fernow die schmeichelhaftesten Vorwürfe sagen.

[14. Februar 1804]

Wieland sah sich durch einige kleine Diätsfehler, die er bei Gastmälern, die der Stael gegeben wurden, etwa verschuldet hatte, genöthigt auf einige Tage sich Stubenarrest aufzulegen. Es kam in einer Nacht eine ziemliche Magenkatastrophe über ihn, die er komisch genug mit einem Züricher *Blast* verglichen. Denn so nennt man in Zürich eine plötzlich bei sonst heiter Wetter auf den See hereinbrechende

Windsbraut mit Platzregen und Ungewitter, nach welcher es bald wieder so schön und lieblich ist, als wäre man auf Armides Zauberinseln. Vielleicht trug auch der Wunsch dazu bei, seinen Crates und Hipparchia als Gegenstück zu Menander u. Glycerion zu vollenden. Ueberhaupt aber fand sich der gute Wieland doch etwas zu sehr angespannt und ergriffen von dieser alles in ihre mehr als kartesianischen Wirbel mit sich fortreisenden Kraft- und Geisterfrau, diesem *Goldmund*, wie er sie oft zu nennen pflegt, oder dieser liebenswürdigsten aller Hexen, wie er sie wohl auch zu betiteln wußte. Frau v. Stael hatte nicht so bald von seiner Indisposition vernommen, als sie ihn auch schon beschickte u. auf morgen früh einen Besuch ansagen ließ. So sehr dieß den Alten schmeichelte, so sehr fürchtete er sich doch dafür, daß die gewaltige Sprecherin ihn schach u. matt machen würde, u. ich wurde von ihm beauftragt, den Besuch wenigstens ihm erst gegen Abend zu erbitten. Frau v. St[aël] befolgte die gegebne Zeit und fand ihn auserordentlich liebenswürdig. Er nicht weniger, u. den andern Morgen (heute den 14 Febr[uarii]) erhielt Frau v. Stael schon früh ein allerliebstes Billet von ihm, worin es nach einem danken[den] Eingang heißt: Que cette sensibilité pure, cette douceur angelique, qui par la moderation de son esprit a sçu menager le foible et trop fragile etui de mon ame m'a inspiré en même tems du respect et de l'amour plein de reconnoissance. Enfin j'ose Vous adresser les paroles que le grand Haller ecrivoit à son excellente Mariane

Nein, Edelste, dich will ich nicht vergöttern
Du ehrst die Menschheit alzusehr.

Am Schluß des ungemein zierlich geschriebnen Billets hofft er, daß die scharfsicht[ige] Frau au travers de tou[s] les voiles qui le cacherent et envelopperent ihn doch erkannt haben u. glauben werde, daß er ihr bis zum letzten Athemzug ergeben bleibe. Ah qu'il est bon, sagte die liebe Frau mit ihrer ganzen Holdseeligkeit, als sie mir dieß Billet vorlas.

Sie sah heute den Rittmeister Thilemann zum ersten

mal, der ihr von ihren Pariser Freunden und zuletzt noch von der Frau v. Bechtolsheim aufs nachdrücklichste empfolen worden war. Thilemann war in Paris im Sommer 1801 während die Frau v. Stael in Copet abwesend war u. eben an ihrer Delphine schrieb. Thilemann wurde durch Narbonne, mit dem er viel in Eisenach gelebt hatte, auch mit Levaines, der Dame Laval und Matthieu Montmorency genau bekannt u. war also ganz eigentlich im Cirkel der Frau v. Stael. Es kam also gleich die Rede auf Matthieu. Sie gestand mit der innigsten Herzlichkeit, daß sie ihn geliebt habe u. noch liebe, wie wohl er freilich jetzt durch seinen Hang zur Frömmigkeit (die ein Erbstück in den Montmorencys sei) und seine Aengstlichkeit, an der Revolution Theil genommen zu haben, nicht mehr in allem mit ihr gleichgestimmt denke. Sie sei daher 10 Tage lang in einer Art von Fieber geweßen, als sie ihm die neu fertige Delphine zuschickte u. seine entscheidende Antwort darauf erwartete, die endlich mit herzlichem Mitgefühl aller sentimentalen Stellen u. sehr beruhigend eintraf. Freilich lauteten die spätern Briefe anders u. sie setzte hinzu et puis il m'a trompé. Indeß kam sie doch immer mit sichtbarem Wohlgefallen auf Narbonne zurück* und es war gewiß das verbindlichste, was sie Thilemannen sagen konnte, daß er in einigen Zügen nonobstant ses belles moustaches Aehnlichkeit mit Narbonne habe. (Diese belles moustaches waren aus einem Billet des Herzogs, das er diesen Morgen geschrieben hatte, als sie ihm meldete, es sei ein schöner Kriegsmann in Weimar angekommen, der viel schöner seyn soll als er, der Herzog. Ueber dieß Billet war vorher die Rede geweßen.) Es wurde viel über Villers und seine Dame Rodde gesprochen. Diese Frau Doctorin Rodde hatte, wie es schien, gar nicht das Glück gehabt, den Beifall der Frau v. St[aël] sich zu erwerben. Elle a absolument l'air d'une bonne, sagte sie, und machte nun mit der ihr ganz zu

* Sie gestand einmal der Frau v. Schardt hier ihre Leidenschaft zu Narbonne mit den Worten j'ai failli mourir d'amour pour lui. Hingegen nannte sie ihr Verhältniß zu Benjamin Constant un amour petrifié.

Gebot stehenden Mimik die dicke Behäglichkeit dieses Gegenstandes der Cicisbeatur von Villers nach. Villers habe sich ungeschickt genommen, als er seinen Landsleuten das neue Evangelium von Kant angekündigt habe. Sie werde in ihrer Schrift davon ausgehn zu zeigen, daß die besten Köpfe Frankreichs schon vor Kant auf Kantische Ideen gestellt geweßen wären. So erwerbe man der Sache Zutrauen. Sie steht deßwegen mit Degerando, dem arbeitsamsten der Pariser Philosophen, Camille Jourdans Freund, in beständigem Briefwechsel auch von hie aus. Sie habe in Weimar über eine Menge Gegenstände aus der Literatur und Philosophie ganz neue und ihr höchst überraschende und interessante Vorstellungen bekommen. Diese verdanke sie vorzüglich Göthen und Schillern. Schiller, der sich beinahe gar nicht im französischen ausdrücken könne, habe doch gleich in der ersten Unterredung mit ihr, wo die sichtbarste Anstrengung sich ihr verständlich zu machen ihm beinahe Krämpfe gegeben hätte, doch einige neue, lumineuse Ideen gegeben. – Zuweilen scheine es ihr, daß wir Deutsche sehr witzige Ausdrücke hätten, oder sehr neue. Es sei aber nur Unkunde der französischen Sprache. So habe sie einmal einen Ausdruck von Göthe, der eine Idee von Schiller eine idee neuve *et courageuse* nannte, sehr bewundert, bis ihr endlich deutlich geworden, daß Göthe bloß aus Unkunde der Sprache courageux statt hardi gesetzt habe. Mit der unbefangensten Gradheit fragte sie unsern Capitaine à belles moustaches, als von der Frau v. Bechtolsheim in Eisenach die Rede war, avez vous été amoureux d'elle? Ich hätte doch die Züge der Fragerin sehn mögen, wenn er nicht mit Nein! geantwortet hätte, wie er freilich hier schon aus Artigkeit gegen die Dame, neben der er auf dem Sopha saß, thun zu müssen glaubte. – *Ueber ihre Delphine.* Das Ridicule habe sich Bonaparte in Paris nicht zu geben gewagt, einen bloßen Roman zu verbieten. Allein seine Wuth sei eigentlich durch die letzte Schrift ihres Vaters Vues politiques pp. entzündet worden. Da stünden freilich Stellen, die den korsischen Zwingherrn an den Hals griffen.

D[en] 18 Febr[uarii] [1804]

Vater Wieland sprach mit Entzücken von einem Abendmale bei der Herzogin Mutter, wo Frau v. Stael ihre Ueberzeugungen über Religion und Moral in Gegenwart des Herzogs mit himmlischer Beredsamkeit aussprach. Sie erklärte sich für das stoische kantische Prinzipium des kategorischen Imperativs mit der größten Lebhaftigkeit und knüpfte daran alle ihre Ideen von Vervolkommnungsfähigkeit und Fortdauer des Denkenden in uns! Der Herzog, dem in jedem andern Verhältniß eine solche Unterredung die größte Langweile gemacht haben würde, entrirte doch dießmal mit vieler Theilnahme. Sie sprach sich als reine Deistin aus. Der Herzog nahm den Materialism in Schutz. Damit die Unterredung nicht zu ernsthaft würde, recitirte Fr[au] v. St[aël] auf einmal Voltairs scherzhaftes Gedicht sur Montaigne, worin jene stoische Philosophie von ihrer lächerlichen Seite vorgestellt wird.

D[en] 19 Febr[uarii] [1804]

Robinson aus Jena brachte ihr einige neue Hefte über die neueste Aesthetik u. ging sie mit ihr einige Stunden lang durch. Sie gestand nachher bei Tisch, daß die Metaphysik ihre Nerven so sehr angreife, als die Mathematik. Dennoch ist sie unermüdet, um sich die Hauptideen der selben geläufig zu machen. Auserordentlich gefielen ihr in Schellings Definitionen die der Tragödie u. Comödie. Sie laß uns noch vor Tisch ihre Uebersetzung von Göthes Bayadere vor, worin sie vieles gemildert hatte, weil sie sonst eine Frau nicht übersetzen dürfe. Man pläsantirte über die Nacht, die sie in Tag verwandelt hatte. Als Robinson ihr einen Einwurf über die Uebersetzung der »Sclaven Dienste« machte, die sich zu einem Equivoque verdrehn lasse, gab sie ihm so gleich recht, und versprach es zu ändern. R[obinson] bat wegen seiner Kühnheit um Verzeihung. Pourquoi ça, fragte sie, la critique ne connoit point d'honnetetés. Elle va droit à son but. Mais elle deteste aussi les personnalités. ⟨Göthe tadelte das Wort buveur statt Zecher, u. schlug statt dessen convive vor.〉 Sie hat vor einigen Tagen mit Constant ganz allein bei Göthe soupirt u. ihn da unvergleichlich offen, geistreich, überfließend an Bemerkungen u. Scharfsinn gefunden. Er spricht nach dem Herzog hier am besten französisch und immer treffend. Er hat ihr die Uebersetzung des Fischers mit vielen Anmerkungen begleitet zurückgegeben. Bei Tisch großer Streit über Pope, von welchem auch Constant behauptete, er sei kein Dichter. Laute Bewunderung der Heroide Heloise u. Abelard von ihrer Seite. Ob Racine nach dem strengen Maaßstab der Neuern ein Dichter zu nennen sei? Ja, in einzelnen Szenen. Aber sein Britannicus sei nichts als ein versificirter u. dialogisirter Tacitus. Harte Urtheile über Frau v. Genlis, die kein Mittel zwischen einer femme devergondee et devote kenne, u. die Frau v. Krude der Verfasserin der Valerie, die als ihre abgesagte Feindin ihr in Berlin vorausgegangen sei. Nur die Mad[ame] Cotard, die Verfasserin von Amelie Lichtfeld sei eine geistreiche Romandichterin. Ihre Liebe zu den Engländern u. das was Lebensei am Ende der Delphine über das Finale der Revolution, den Despotismus sage, hab ihr Bonapartes entschiedenes Misfallen zugezogen. Der große Bonaparte liebt die kleinen und krummen Wege. Oeffentlich thut er nichts gegen das Buch. Aber er ließ es durch die Journalisten um die Wette zerreisen. Toute la France est ouverte, schrieb er selbst, mais vous ne ferez point de maison à Paris. – Mirabeau rief einmal dem Portalis in der ersten Assembl[é]e, als dieser Phrasendrechsler ihn hart angegriffen hatte, zu: Là je t'attends. Tu va[s] perir. Dieß rief sie heut bei Tisch dem Constant zu, als dieser den Britannicus als Urkunde für Racines Dichteransprüche vorbrachte.

D[en] 20ten Febr[uarii] [1804]

Wieland besuchte sie des Morgens. Die Herzogin hatte der Frau v. St[aël] Herders Kalligeneia geschickt u. gewünscht, daß sie daraus etwas übersetzen mögte. Allein sie fand die ganze Manir der Allegorien für unser Zeitalter veraltet u.

sagte: Le cadre est mauvais. Dieß machte Wieland, der grade nicht in der glücklichsten Sprechstimmung war u. sich schon einigemal in den peinlichsten Geburtsschmerzen wegen eines zu gesuchten Ausdrucks befunden hatte, sehr übel u. [er] sagte der Frau v. Stael grade zu: in diesem Fall wären auch alle seine Rahmen für seine Dichtungen schlecht. Frau v. Stael, die seine Empfindlichkeit möglichst zu schonen suchte, gab sich alle ersinnliche Mühe ihn zu beruhigen u. Wieland wurde dadurch so gerührt, daß er mit noch höherer Begeisterung, als mit welcher er gekommen war, von ihr schied. Uebrigens war Delphine heute sehr traurig. Der sehnlich erwartete Brief von ihrem Vater war ausgeblieben u. ihre alte Bonne, die jetzt die Pflegerin u. Haushälterin zu Copet ist, hatte geschrieben, er habe die letzte Nacht einen seiner gewöhnlichen Fieber-anfälle gehabt, der ihn doch sehr abgemattet habe. Sie verschob nun sogleich ihre Abreise, die auf den Sonnabend festgesetzt war, bis auf den Dienstag, um im Nothfall so gleich von hier in die Schweiz reisen zu können.

Nach der Tafel hatte sie am Kamin mit dem Herzog u. der Herzogin eine interessante Unterredung über das Schöne. Sie mahlte den Zustand, wenn sie ein altes Mütterchen geworden wäre, sehr komisch u. fantasie-reich aus, sie würde sich über u. über verschleiern, nur den Mund offen lassen u. durch ihn in der süssesten Stimme Cicadentöne erklingen lassen, ihre runzlichten Hände durch Handschuhe maskiren und durchaus jeden Anblick der Häßlichkeit und decrepitude den Augen der Menschen entziehn.

Abends erklärte sie beim Engländer Gore dem Herzog das ganze System der Schellingischen Aesthetik und seines Indifferentialpunctes, wo das Ideale u. Reale in Ruhe und Gleichgewicht kommt. Selbst die Dreieinigkeit ist in diesem Indifferentialpunct. Der Sohn ist das Reale, der heilige Geist ist das Ideale u. Gott der Vater oder die Gottheit überhaupt ist der Indifferentialpunct zwischen beiden. Göthe in seiner Schrift über die Pflanze, Brown in seinem System von Irritabilität u. Sensibilität, selbst Leibnitz in seiner prästabilirten Harmonie sind Schellingisch. Wer nur von einer Peripherie ernstlich in ein Centrum vorrückt, kommt auf eine Schellingische Idee. Sie erklärte die Anwendung der Schellingischen Lehre auf die Poesie (lyrisch ist ideal, episch ist real, der Indifferentialpunct [(]le repos de l'ideal et du real) ist die dramatische Poesie) die Musik, die Mahlerei, Plastik u. s. w. mit solcher Klarheit u. Präcision, daß wir uns alle davon ergriffen fühlten. – Ihre zwei Gegner hie sind der Graf Reuß und der Graf Marschall, beide um ihrer unausstehlichen Prätensionen willen. Sie kann sich nicht entschließen, den titelsüchtigen Reuß zu beexcellenzen. Daher nennt sie dieser auch nur: mon aimable petit coeur. Der Graf Marschall wirft sich immer in die Brust, und glaubt besser französisch zu sprechen, als die Frau v. Stael c'est la bête noire.

D[en] 21 Febr[uarii] [1804]

H[er]r Posse der Hofmeister der Staelschen Kinder, der von Villers empfolen, zu roh u. unvorbereitet von Helmstädt weg zu ihr nach Copet kam und bald solche Blößen gab, daß er das Zutraun verlor (er erklärte z. B. die St. Barthelemy einmal in Gegenwart des alten Neckers für eine conjuration de toute l'Europe) gehörte seiner Natur nach zu den Misvergnügten über die Frau v. Stael. Dennoch gestand er mir heute sehr offenherzig, daß sie alles mit ihm machen könne, so bald sie wolle. Sie nahm ihn gleich Anfangs einmal auf 8 Tage mit nach Genf u. wußte ihn so an sich zu fesseln, daß er in den ganzen 8 Tagen nicht einmal Zeit gewinnen konnte, 3 seiner Landsleute in Genf nur auf einen Augenblick zu besuchen. Einiges aus der heutigen Unterredung mit Posse will ich mir hier noch anmerken. Die Frau v. Stael nahm vorzüglich wegen Matthieu v. Montmorency, ihrem von ihr selbst angebeteten Liebhaber, den eifrigsten Antheil an der Revolution, und nahm selbst die Partei, die der ihres Vaters entgegengesetzt war, weßwegen auch ihre Eltern eine Zeitlang gar nichts von ihr wissen wollten. Sie hatte Plane, die auf die Erhebung des Montmorency gingen u. streute bei dieser Gelegenheit große Geldsummen aus. Als er im Gefängniß u. in der augenscheinlichsten Gefahr war, wie sein Bruder, unter der Guillotine zu sterben, bot sie u. ihr Vater alles auf, um ihn zu retten. Eugen, ihr jetziger Kammerdiener, damals Hauptmann bei der Nationalgarde, dessen Dienste die Frau v. Stael zur Ausführung ihrer politischen Plane längst erprobt hatte, erhielt carte blanche vom alten Necker unterschrieben, so viel Geld aufzunehmen, als nur möglich wäre, um Mont[morency] zu retten. Er kaufte ihn mit tausend Louisdor los u. führte ihn durch Umwege und Wälder glücklich durch Frankreich. Durch diese Rettung findet sich der edle Matthieu auf ewig an sie gebunden u. er ist und bleibt ihr treuester Freund auf Erden, ob er gleich dabei, daß sie ihr Seelenheil so aufs Spiel setzt, bei seiner andächtigen Schwärmerei oft sehr traurige Empfindungen hat. Er war vorigen ganzen Sommer (1803) in Copet, fuhr aber regelmäßig alle Woche zweimal 2 Meilen weit in den katholischen Gottesdienst. Eugen ist durch diese und mehrere Dienste der Frau v. Stael auf immer theuer und unentbehrlich geworden. Seine Frau ist ihre Kammerfrau. Er hätte, wenn er schlecht geweßen, damals Neckers ganzes Vermögen unterschlagen können. Dagegen ist er als Rechnungsführer u. Schatullier der Frau v. Stael so gewissenhaft, daß er eher selbst eine Einbuße leidet, als sie ihr anschreibt.

In ihrer Liebe ist sie etwas veränderlich. Sie kann leicht vergessen. So denkt sie jetzt fast gar nicht mehr an den armen Christin, den sie eine Zeit lang unaussprechlich liebte. Er ist aus Yverdun, hat ganz Europa durchreißt und den feinsten Ton gegen Damen. Der russische Gesandte in Paris, der Graf Markoff, nahm ihn als seinen Sekretair zu sich. Als der Krieg mit den Engländern aufs neu ausbrach, befand sich Lord John mit seinem Arzt Robertson in Copet. Um der Gefangennehmung zu entgehn, flüchtete er nach Zürich, u. als man ihn auch da verhaften wollte, hatte er grade nur noch so viel Zeit, um in Frauenkleidern über die Grenze u. nach Stuttgard zu kommen. Er hatte sein Geld alles zu sich gestekt u. den armen Arzt Robertson ohne

Mittel sitzen lassen. Dieser wurde nun wirklich verhaftet u. litt an allem Noth. Er schilderte seine Verlegenheit in einem Brief an die Frau v. Stael, die sich so gleich entschloß, ihm 100 Louisdor durch H[er]r[n] Posse und ihren ältesten Sohn, die unter dem Vorwand einer Reise durch die Schweiz nach Zürich kommen sollten, zuzuschicken. Allein Christin, der eben in Copet war, erbot sich ihm die Summe selbst zu überbringen, hatte aber die Unvorsichtigkeit, ihm in Gegenwart eines Marqueurs im Gasthofe das Gold einzuhändigen. Die Sache wurde so gleich nach Paris verrathen und der arme Christin als ein Agent der Engländer verhaftet u. aller Reclamation des Grafen Marcoff ohngeachtet in Paris in den Temple gesetzt, wo er seit 6 Monaten schmachtet. Man hatte in seinen Papieren durchaus nichts verfängliches gefunden, auser den Anfang eines Briefes, le grand Convent s'abaisse à ce petit moyen. Dieß gilt als Todesverbrechen. Markoff hat um dieser Beleidigung willen Paris verlassen. Aber an den armen Christin denkt jetzt selbst die Frau v. Stael nur sehr selten. – Die Liebe der Frau v. Stael zu den Engländern überschreitet oft alle Vorstellung. *Von ihnen* läßt sie sich manches gefallen, was ihr kein andrer bieten dürfte.

Ich habe ein doppelte Liebhaberei, sagte Fr[au] v. Stael, als sie in einem Brief aus Edinburg las, daß dort ein Professor die Lateinischen Synonyme edirt habe, die Synonyme u. die Etymologie. Sie hörte mit Erstaunen, daß wir die beste Synonymik (von Eberhard) besäßen.

D[en] 22 Febr[uarii] [1804]

Da heute Briefe aus Copet ankommen konnten, und sie den vorigen Posttag durch das Ausenbleiben der Briefe von ihrem Vater auserordentlich unglücklich geweßen war, so war sie schon den ganzen Tag äusert unruhig, im Theater bei der Vorstellung ganz zerstreut und ungern zum Souper bei der Frau v. Wolzogen, die ihr überhaupt durch die vielleicht mit Fleiß angenommne Ruhe und Kälte nicht ganz gefiel. Es war bestellt worden, daß wenn Briefe an sie kämen, sie ihr sogleich gebracht werden sollten. Sie kamen früher, als sie erwartet hatte. Bei ihrem feinen und dießmal gleichsam doppelt geweckten Gehör hörte sie die Stimme ihres Bedienten, der die Briefe brachte, schon im Vorsaal und gerieth sogleich in die heftigste Bewegung, die als sie die Briefe nun wirklich in die Hände bekam und nicht sogleich fand, was sie suchte, so heftig wurde, daß sie in krampfhafte Zuckungen und in eine Art von Ohnmacht gerieth, die alle Anwesenden in Schrecken setzte. Thilemann sprang herbei und unterstützte sie, daß sie nicht niedersänke. Constant legte die Briefe zurechte u. siehe es fanden sich zwei Briefe auf einmal von ihrem Vater. So groß vorher ihr Schrecken geweßen war, so überströhmend und gewaltig war nun auch ihre Freude. Sie sprach, wie eine Begeisterte, über die Verdienste ihres Vaters und *was er ihr sei*. Nun gerieth auch die Frau v. Helvig (Amalie Imhof) in eine solche Stimmung (sie hat vor kurzem ihre Mutter verloren), daß sie der Frau v. St[aël] um den Hals fiel, daß sie beide zusammen weinten u. s. w. Hier waren also die augenscheinlichsten Belege zur Leidenschaftlichkeit der Delphine, wo sie sich selbst so hinreißend wahr geschildert hat.

D[en] 24 Febr[uarii] [1804] Abends bei der Herzogin.

Frau v. Stael kam sehr zufrieden von einer Unterredung mit Göthe. Da sie anfänglich über den Alarcos mit ihm gesprochen und das Abgeschmackte desselben (turpe est difficiles habere nugas) gezeigt hatte: war seine Stirn etwas bewölkt geweßen und er hatte die ganze Erscheinung nur durch den Kunst*versuch* entschuldigt. Allein nun war er auf die Parallele zwischen der Tragödie, als dem obersten, dem Indifferenzpunct, der Dichtkunst, u. der Sculptur als dem Indifferenzpunct der Plastik gekommen und hatte hierüber sehr scharfsinnige Bemerkungen gemacht, der sich Fr[au] v. St[aël] noch jetzt mit lebhaftem Vergnügen erinnerte. Besonders rühmt sie einen selbstgeprägten Ausdruck von Göthe l'art plastique mene *au seuil de la vie*. Beim

Abschied kündigte ihr Göthe auf morgen einen Besuch von seinem Sohn an, der ihr sein Stammbuch präsentiren würde.* Fr[au] v. St[aël] erklärte sich sehr lebhaft gegen diese Sammlungen von Leichensteinen u. nennt sie Todtenlisten, registres obituaires. Benjamin Constant rieth ihr, als sie fragte, was sie einschreiben sollte, zu dem bekannten Hemistichon – prolem sine matre (Vulpia enim in matris censum venire vix potest) creatam. – Sie hatte heute Wielands verbindliches Billet ihrem Vater schicken wollen, hatte es zurecht gelegt u. dann trotz einem dreiviertelstündigen Umwenden aller ihrer Papiere nicht finden können. ⟨NB. Sie fand es nie wieder.⟩ Wir schoben die Schuld auf das Gespenst, daß in dem Hause, was sie bewohnt, umgehen soll. Wieland sprach von dem glücklichen Talente seiner verstorbnen Frau, alle verlegten Papiere herauszufinden, das sie schon in Biberach erprobt u. seitdem stets bewieß u. setzt naiv hinzu: elle trouva même mon esprit si je l'avois perdu. Die Frau v. St[aël] schildert dagegen ihre ungeberdige Heftigkeit, wenn sie etwas nicht finden könne, mit den lebhaftesten Farben.

Bei Tische kam der schon 3 bis 4 mal bei der Herzogin ventilirte Streit über den Vorzug der Engländer wieder aufs Tapet. Dieß ist der Frau v. St[aël] ihre schwächste Seite. Sie liebt die Klugheit u. *Aufklärung* der Engländer auf Unkosten aller übrigen Völker. Nur in Norddeutschland sei eine ähnliche Masse von Aufklärung u. doch auch nur in den obern Ständen. In England sei jeder Karrenschieber und Coal-heaver so aufgeklärt, als bei uns kaum die Menschen in den obersten Ständen (sie hatte vorher bemerkt, daß sie Göthe und Schiller heute die äuserst interessante Nachricht von Moreau's Gefangennehmung mitgetheilt hatte, die aber tout absorbés dans leurs idées metaphysiques kaum einige Notiz davon genommen hätten) wären, sie

* Sie schrieb dann hinein: mon aimable enfant, je ne puis pas dire, imitez votre pere, parce que le[s] dons du ciel ne s'imitent point, mais soyez le digne heretier de la gloire de votre pere et souvenez d'un vers de vos plus celebres poetes (Schiller) Der Ruhm ist edler Seelen unvergänglich Erbtheil.

wären besonders *gegen die Weiber sehr wohlgezogen und zuvorkommend* u. s. w. Der Herzog widerlegte sie politisch, Constant moralisch, Wieland sagte, alles was die Engländer gutes hätten, komm aus ihrer Constitution, die uns so sehr fehlt, ich machte den Mangel großer Dichter u. Schriftsteller und das isolirte, einseitige, mit Vorurtheilen angefüllte des Volks geltend. Der Herzog zeigte, wie alles Mislingen des letzten Kriegs, das Zurückziehn der Oesterreicher aus der Schweiz worauf Massena die Russen schlug, der Gesandenmord in Rastadt u. s w den Engländern zuzuschreiben sei. Constant erinnerte an den Weiberverkauf, an die Trinkgelage, wenn sich die Weiber entfernt hätten. Allein sie hatte auf Alles eine Antwort, schob vieles in der Politik auf ihr schlechtes diplomatisches Personal auswärts u. s. w. Pitt habe wohl machiavellistische Grundsätze gehabt, er sei aber doch ein trefflicher Premierminister für England geweßen. Besonders ungünstig denkt sie von den Oesterreichern, die sie nur aus einigen Echantillons ungebildeter Officiere kennt, und wegen des neuesten Censurunfugs in Wien verachtet.

D[en] 25 Febr[uarii] [1804]

Fr[au] v. St[aël] erklärte sich heute über ihre Liebe zu den Engländern. C'est la seule nation qui jouisse de la liberté et qui en est jalouse. Moi j'aime la liberté, je sacrifierai tout à la liberté, c'est une fievre (als Joubert fiel, hatte sie wirklich 10 Tage das hitzige Fieber), qui me prend. Aber auch Constant schenkte ihr nichts. Je ne trouve pas les Anglois fort prevenans. C'est tout naturel. Aucun Anglois n'a été jamais amoureux de moi. Bei Tische wurde viel über die Philosophie gesprochen. Der Engländer Robinson hatte ihr noch einen trefflichen Aufsatz über Kants Metaphysik gebracht. Diese Aufsätze von Robinson werden den Hauptbestandtheil ihres Werkes über die deutsche Philosophie ausmachen. Sie fand den Gedanken Kants »ich kenne nur zwei erhabene Gegenstände, den gestirnten Himmel über mir, das Gefühl der Pflicht in mir« höchst erhaben. Ein andrer Satz, über den Robinson ihr diesen Morgen einen großen

Commentar gegeben hatte, *die Anschauung ist ohne Begriffe blind*, übersetzte Constant sehr begreiflich so: die Theorie ist ohne Praxis nichts. Dieß veranlaßte die Frau v. Stael über die lächerliche Verdunklungssucht der teutschen Metaphysiker und über die noch lächerlichere Geduld der deutschen Gelehrten sich zu ärgern, die diese Räthsel zu lösen so viel Schweiß vergößen, und so viel Stunden aufopferten. Das kommt daher, sagte sie, weil ihr teutschen Gelehrten fast gar keine Geselligkeit übt und kennt, und daher Zeit im Ueberfluß habt, um solchen Ideenschatten nachzujagen. Der Engländer hat seine Politik und Zeitungen, der Franzos seine witzigen Nichtswürdigkeiten und Galanterie gegen die Damen. Beides fehlt euch. Die Höfe dulden euch nicht: eure Weiber bilden euch nicht. Was bleibt also übrig, als sich Kopfüberwärts in diese Speculationen zu stürzen. Ueber ein Epigramm von Göthe, das er in Venedig gemacht hat, worin die Gondel mit der Wiege und dem Sarg verglichen wird. Man werde im Sarge nicht geschaukelt und das ganze Bild sei widerlich. Alles was in Gedichten bloß lokal sei, was eines Commentars bedürfe, sei nicht le vrai genre. Wenn sie ihr altes Project eine Reise nach Italien zu machen, ausführ[e], wird sie einen Roman schreiben, der nur in Italien spiele. Et vous, setzte Constant hinzu, en serez la heroine et un Anglois en ser[a] le heros. – Sie habe einen schnellen physiognomischen Blick, der sie fast nie täusche. Ihrem jetzigen Hofmeister (der wirklich im berufnen Gespensterhause Gespenster sieht) habe sie in den ersten 3 Minuten mit dem eben bei ihr befindlichen Engländer Robertson aus seinem Gesicht entziffert qu'il avoit la vivacité d'un écure[u]il mais qu'il étoit bête. Dasselbe [habe] ihr Vater, der diesen gleichfals im höchsten Grade besitze, sogleich entdeckt. Die Entdeckung der Fräulein v. Göchhausen, daß die Frau von Krudner ihre Valerie nach dem Leben des Grafen v. Medem gebildet habe, machte der Fr[au] v. St[aël] viel Vergnügen. Denn man hat diese Valerie der Delphine entgegengesetzt u. offenbar, um die Delphine herabzuwürdigen, jene ausposaunt. Auch hat sich Fr[au] v. Stael fest vorgenommen, der Frau v. Krude es beim ersten Zusammentreffen mit Ihr zu sagen c'est moi, qui a fait votre fortune. Constant schreibt an einem Werk vom *Einfluß der Religion auf die Moral.*

[undatiert]

Nach einer Unterredung mit Herrn Posse aus Braunschweig, ihrem jetzigen Hofmeister.

Der Vater von der Frau von Stael ist noch jetzt der ehrwürdigste u. liebenswürdigste Mann, den man kennen lernen kann, elephantenartig im Aeusern gestaltet, wassersüchtig u. nur noch durch die äuserste Sorgfalt u. Obhut über sich selbst unter den Lebenden aber als Siebziger dennoch im vollesten Gebrauch seines alumfassenden Verstandes. Bei Tisch in Copet hört er die belebtesten und längsten Discussionen still, aber mit ununterbrochener Aufmerksamkeit an. Am Ende sagt er in 3 Worten das treffendste Urtheil u. alles ist entschieden. Der Vater war der liebevolleste und nachsichtigste der Väter gegen seine einzige Tochter. Als die jetzige Frau v. Stael 15 Jahr alt war, lebte sie mit ihren Eltern in Paris, wo damals 2mal in der Woche im Hause Neckers der ausgesuchteste Kreis von Denkern u. Schöngeistern zusammenkam. Frau v. Necker, die in ihren Grundsätzen äuserst streng und religiös war, wollte durchaus die heranwachsende Tochter an diesen Zirkeln noch nicht Theil nehmen lassen, sondern sie zu einem Genfer Prediger in die Pension thun, um sie auser alle Berührung der Pariser Luft zu setzen. Allein der Liebling des Vaters siegte über die Sorglichkeiten der Mutter nach einem harten Sturm zwischen den Eltern. Sie blieb in Paris und durfte an allem Theil nehmen, was in jenen Coterien wöchentlich verhandelt wurde. Der alte Necker sprach gewöhnlich jedes mal mit der Tochter über alles, was in den Zirkeln durchgesprochen worden war, berichtigte und leitete ihr Urtheil und bildete sie so zur zartesten u. reinsten Blüthe geselliger Unterhaltung.

Alle die die Frau v. Necker gekannt haben, sind entzückt

von ihr und ziehn die Mutter, als Denkerin und Menschenfreundin, der Tochter weit vor. Die Mutter war es, welche auch den Baron v. Stael, als er seinen Gesandschaftsposten verloren u. nichts mehr zu leben hatte, von ihren Mitteln unterhielt. Als aber Frau v. Necker todt war, setzte die Frau v. Stael diese Unterstützung nicht fort, sondern ließ ihn 2 Jahre in Paris in der drückendsten Dürftigkeit schmachten, so daß sich der H[er]r v. Stael genöthigt sah, der Gnade seines alten Bedienten, der noch in Copet von einer kleinen Pension lebt, zu leben. Endlich erfolgte eine Aussöhnung. Frau v. Stael reißte selbst nach Paris um ihren Mann nach Copet abzuhohlen. Allein während der Reise über den Jura starb er. Das algemeine Urtheil über H[errn] v. Stael ist, er sei ein sehr gutmüthiger, aber bornirter Mensch geweßen. Einen großen (für die Erziehung der Kinder besonders nachtheiligen) Einfluß hat ihr betrauter Kammerdiener, ihr häußliches Factotum, Eugene. Ihm hatte sie auch den Ertrag von ihrer Delphine überlassen, die aber gleich nach ihrer Erscheinung so oft nachgedruckt wurde, daß dieser Vortheil auf ein Minimum reduzirt wurde. H[er]r[n] v. Constant liebt niemand im Hause der Frau v. Stael. Man hält ihn für intriguant u. einen Fabulisten, der lauter Schlösser in Spanien verkauft. Er heirathete eine Kammerfrau der Herzogin von Braunschweig (ein Fräulein v. Kramm) und wurde dadurch Braunschweigischer Kammerherr, ließ aber dann seine Frau sitzen u. schied sich von ihr, worüber sich diese zu Tod grämte. ⟨Auf der Reise aus der Schweiz über Metz, wo Fr[au] v. St[aël] mit Constant reißte, wollte sie sich förmlich mit ihm verheirathen. Sie fragte ihren ältesten Sohn, ob er je Constant lieb gewinnen könne. Dieser verneinte es, u. so unterblieb alles. Der Kleine hat freilich seitdem nicht viel freundliche Gesichter von C[onstant] erhalten.⟩ Frau v. Stael hatte einen gewissen Gerlach aus Gotha, Bruder des Erziehers u. Predigers in Genf, zum Hofmeister, mit welchem sie auserordentlich zufrieden war. Er schaffte ihr die Excerpte und Citaten zu einem großen Theil ihres Werks sur la literature u. empfal sich endlich noch mehr. Da er viel mit Ihr Clavier spielen mußte, verfiel er endlich in eine leidenschaftliche Liebe zur Frau v. Stael, die alles that, um ihn durch feine moralische Mittel zu heilen. Allein er wurde tiefsinnig, irrte zu Tagen auf einsamen Spaziergängen herum, so daß alle Bedienten nach ihm ausgeschickt werden mußten. Als Frau v. Stael den Winter in Paris zuzubringen beschlossen hatte, besorgte sie, Gerlach werde durch seine Leidenschaftlichkeit ihr Ridicules in Paris geben u. sah sich daher genöthigt, ihn in Copet mit den Kindern zu lassen. Allein der arme St. Preux hielt diese Trennung nicht aus, verzehrte sich u. starb einige Tage drauf, als Frau von Stael im nächsten Frühling wieder in die Schweiz zurückgekommen war. Frau v. Stael spricht mit großer Achtung von diesem ihr unersetzlichen Hofmeister ihrer Kinder. Der jetzige, den Villers aus Braunschweig spedirte, thut ihr in keinem Fache genug. Sie hofft in Berlin einen Mann zu finden, wie sie ihn braucht, besonders einen guten Griechen. Ich werde deßwegen an Spalding schreiben.

[undatiert]

Sie ist die fertigste u. witzigste Sprecherin, die es geben kann. Aber oft eilt bei ihr das Wort dem Gedanken vor, nur daß bei ihrer Gewandheit die Idee nie dahinter bleibt. Abgerechnet also den großen Vorsprung der Sprache selbst, in der sie spricht, ist sie uns auch dadurch so unendlich überlegen, daß sie alles an die lebendigste Gegenwart anknüpft. Wir denken u. zirkeln zu viel, ehe wir sprechen. Bei ihr trägt, wie im goldnen Zeitalter, das Land ohne Acker und Pflug freiwillig die goldenen Gaben der Ceres. ἄσπαρτα καὶ ἀνήροτα πὰντα φύονται. Sie hat in der Jugend auch Latein gelernt und versteht ihren Autor recht wohl, wenn sie sich vorbereiten will. Allein dieß ist ihr natürlich viel zu mühsam u. sie verläßt sich auch hier auf ihr einziges Talent, alles zu errathen, wo ihr nur ein Halblicht aufdämmerte. de sa propre bouche. (Auch sagte sie selbst oft: je suis paresseux. J'ai peur d'un poeme de longue haleine. Schillers Götter Griechenlands wollte sie darum nicht übersetzen, weil Parny's guerre de dieux denselben Gegenstand behandelt habe!! Garat sei der witzigste, aber auch bequemste Schriftsteller in Frankreich, übrigens pacifique u. conciliateur, wie fast alle Deutsche Gelehrten). – Sie ist in Paris geboren, als ihr Vater Resident von Genf dort war. Ihre Mutter half ihr bei der ersten Schrift über Rousseau, die sie in ihrem 18ten Jahre schrieb. In ihrer Schrift sur l'influence des passions sei das Kapitel sur l'Esprit de parti das beste. Uebrigens habe sie in dieser in ihrem 24ten Jahre geschriebnen Schrift noch viel zu [viel] Worte gemacht. In der Delphine sei sie erst reif geweßen. ⟨Ihre größere Reife, die sich in der Delphine zeigt, habe sie besonders Constants Kritiken zu danken.⟩

Frau v. Stael hatte in ihrer metrischen Uebersetzung von Göthes Fischer (*Werke* VIII, 155) in den Worten: was lockst du meine Brut – hinauf in Todesgluth? das Wort Todesgluth durch air brulant übersetzt. Allein Göthe, als sie ihm ihre Uebersetzung vorlas, berichtigte sie deswegen und sagte ihr es sei die Kohlengluth in der Küche, an welcher die Fische gebraten würden. Dieß fand nun Frau v. Stael äuserst maussade und geschmacklos, sich aus ihren schönen Begeisterungen so auf einmal in die Küche verwiesen zu sehn. Dieß sei es eben, woran es selbst unsern besten Dichtern fehle, das des το πϱέπον, das feine Gefühl des Schicklichen. Hie also war sie ganz Französin. Zur Unterstützung ihres Widerwillens gegen diese Gemeinheit erzählte sie folgende Anecdote: Eine Dame steht mit ihrem Liebhaber auf einem Balcon, und spricht über Ziererei und zu weit getriebne Delicatesse. Der Liebhaber versichert, er wolle ihr gleich die Wahl lassen, etwas sehr unangenehmes zu hören und zu erfahren, und sie werde dann eingestehn müssen, daß ihr Zartgefühl mehr durch das Gehörte als durch das Erfahrne beleidigt werde. Supposons, dit l'amant, qu'en glissant vous seriez exposé de faire une chute terrible du balcon sur le pavé. J'accours, je vous arrête en m'ecriant: arretez, vous serez frite sur le pavé! Fi donc, repond Madame, j'aimerois mieux de faire la chûte la plus dangereuse! – Sie wird Göthes Bayadere übersetzen mais bien chatiée. Des wird aber Göthe wenig Dank wissen!

Sie unterhält sich oft mit unserm Herzog und sucht ihn über allerlei fürstliche Vorurtheile zu berichtigen. Neulich stritt sie heftig an seiner Tafel über den Feudalzwang und die Bedrückung der Bauern durch die Frohnen. ⟨Die regierende Herzogin nahm mit dem Engländer Mellish allein die Partie der Frau v. Stael, als von Aufhebung der Frohnen die Rede war, u. die Frau v. Stael sagte von ihr: elle epouseroit la plus belle cause, si elle ajoutoit de la force à son impartialité.⟩ Dann dissertirte sie sehr geistreich über den von ihr mit großer Wärme behaupteten Satz: les plus grandes pensees viennent du coeur, welchen der Herzog durchaus leugnete und durch die lächerliche Seite der Sache und durch Spott zu widerlegen suchte. (Auch möchte sie ihn gern von aller Jagdlust befreien!) Die einzige Entschuldigung, die der Herzog gegen den service personel vorbrachte, war, daß es große Nachtheile hervorbringen würde, wenn nur ein Fürst sie aufhübe (ist nicht haltbar. S[iehe] den Fürsten von Dessau).

Sie hatte Vossens Luise zu lesen angefangen. Einzelne Stellen mögten ganz gut seyn z. B. die Geschichte von Petrus. Aber das Ganze habe eine langweilige Simplicität. Die Details der Odyssee passen nicht zu unserm Zeitalter (Wieland erinnert, daß man Vossens Luise nicht mit Homer, sondern mit Theokrit vergleichen müsse). Mais, Madame, il ne faut pas comparer cela avec le gout François. Sie antwortete: mais je ne le compare qu'avec mon propre gout. Ce qui ne me plait pas dans la nature elle même, ne me plaira pas non plus dans l'imitation. Ich kann den Tabaksraucher in der Natur nicht ausstehn. Warum soll ich ihn in Vossens Pfarherrn von Grünau schön finden?

Viel über den Vorzug der deutschen Sprache u. der französischen. Der Engländer Robinson fragt sie, wie sie das Wort *Zweckmäsigkeit* ausdrücken wolle. Sie periphrasirt es und sagt, wenn nur derselbe Sinn wiedergegeben werden könne, ob ein paar Sylben und Wortklänge mehr oder weniger gegeben würden, darauf komme es nicht an. Ueberhaupt wolle sie alles was in deutscher Prosa gesprochen und geschrieben werde, ohne Verlust übersetzen. Nur in der Poesie getraut sie sichs noch nicht zu behaupten. Durch die Leichtigkeit, womit wir Wörter zusammensetzen könnten, würden wir verführt, sehr viele Nebenbegriffe und Hilfsideen einzuweben, die unsre Rede zwar voller, aber nicht klarer und deutlicher machten. Die französische Sprache sei eben darum die allein seeligmachende Sprache der Conversation, weil durch den Genius derselben die höchste Bestimmtheit und Klarheit Fundamentalgesetz sei. In unsrer Sprache sei es, als wenn ein Tänzer, der ein Solo tanzen wolle, noch zwei andere Tänzer unter den Arm nähme und sie so, bloß um die Arme auch noch voll zu haben, rechts und links mit fortschleppe. Der Franzos tanze aber ein wahres Solo. Auch gebe die Vielsylbigkeit solcher Compositionen der deutschen Sprache im Ohre des Ausländers eine höchst widrige Schwerfälligkeit, die der mit dem Deutschen verwandten englischen nicht angemerkt werden könne. Da erinnerte Wieland an Klopstocks Einfall, der englischen Sprache ein Zischgelispel zuzuschreiben.

[undatiert]

Ihre bittersten Feinde sind in Paris Guingené und Geoffroy, laut u. ohne Maske. Mit ihnen fraternisirt jetzt die Frau v. Genlis, die 5 giftige Romane gegen die Verfasserin der Delphine in die neue Romanenbibliothek gearbeitet hat. Röderer, der Miteigenthümer u. Herausgeber des Journal de Paris ist gleichfals einer ihrer hämischsten Wiedersacher, und dann alle Devoten und Emigranten.

In der France hors de la France ist der Graf Tilly, einer der elendesten Debauchés und Parteijäger, ihr geschworner Feind. Er begeiferte die Frau v. Stael noch vor ihrer Ankunft in Deutschland durch einige gehässige Aufsätze in dem Freimüthigen von 1803. und aus seinen kürzlich erschienenen nouveaux Memoires ist so eben auch eine giftige Parallele zwischen ihr u. der Genlis in der neuen Münchner eleganten Zeitung *Aurora* genannt, abgedruckt worden.

[nach 1. März 1804]

Wenig Tage vor ihrer Abreise kam die Nachricht von Moreaus Verhaftung. Sie war unbeschreiblich dadurch ergriffen und ahnete sich selbst nahe Gefahren. Ueberhaupt hat sie einen unersättlichen Neuigkeitshunger in der Politik. Sie bekommt die Briefe aus Paris unter der Adresse ihrer Kammerfrau. Sie bezahlt die geringsten Dienste, die ihr hie geleistet worden waren, mit schwerem Gold. Jeder Tag, wo sie selbst am Hofe speißt, kostet ihr 2 Carolins.

[undatiert]

Es war eine große Freude, sagt eine liebenswürdige und scharfbeobachtende Frau, die Frau v. Stael [und Goethe] in vertrautem Tischgespräche einander gegen über zu sehn. Die Frau v. Stael ist ganz Gemüth, Sentiment, moralische Empfinderin, voll glühendem Enthusiasmus, aber eben deßwegen zur ruhigen ästhetischen Kunstbeschauung und zu einem reinern Kunsturtheil wenig geschickt. Sie hat treffliche Blicke über Menschenleben u. Charaktere, über politische Erregungs- und Besänftigungstheorieen, über Umgang, Reize der Geselligkeit, Lebensphilosophie. Dieß alles ist bei ihr zu einem moralischen Schnellgefühl und Tact sublimirt, der ihr im Umgang mit den entgegengesetzten Menschenclassen u. Charakteren die höchste Sicherheit und Gewißheit, Geister, welche sie will, zu erobern und die eroberten festzuhalten, auf immer gewährt. Göthe hat stets nur starksinnliche Eindrücke und rein ästhetische Bildung in sich genährt. Er ist in allem weit mehr Form und formelle Anschauung. Die feinere Grazie des Umgangs fehlt ihm ganz. Denn auch die Weiber gewährten ihm stets nur in so fern Reiz, als er sie *begehrte*, oder von ihnen mit dem Weihrauchfaß in der Hand *begehrt* wurde. Zarte Sittlichkeit war ihm von jeher ein Greuel u. die Geständnisse einer schönen Seele im Wilhelm Meister sind nicht von ihm. Man denke sich nun diese zwei so organisirten Psychen einander gegenüber, in engem Wechsel sich berührend und anziehend und dann wieder fliehend u. abstoßend. Bald fällte die Frau v. Stael über Kunst ein Urtheil, wobei Göthe erstarrte. Bald sprach Göthe ein schneidendes Wort über die falsche Sentimentalität und die verruchte moralische Tendenz, die alle Kunstreinheit beflecke. Da bebte die Frau v. Stael ob solcher Ketzerei zurück. Neue Annäherung, neue Abstoßung. So ging es in endloser divergirender und zuneigender Linie, eine lange Conversations-Menuet, die endlich mit zwei tiefen Verneigungen endigte.

Benjamin Constant

Von einer alten Familie, die theils bei Lausanne theils in Genf Besitzungen hatte, auf dem Erbgut Chablieres zwischen Lausanne u. Genf im Jahr 1767 geboren. Sein Vater wandte die zärtlichste Sorgfalt auf seine Erziehung und wollte ihn schon, als er kaum 12 Jahr alt war, nach Oxford auf die Universität bringen. Dort war er aber seinem Alter nach noch gar nicht aufnehmbar und so kam er mit seinem Vater nach Erlangen, wo er sich anderthalb Jahr aufhielt u. Deutsch lernte. Allein übrigens fand er dort wenig Befridigung u. so entschloß sich der Vater, ihn nach Edinburg zu bringen, wo er 2 Jahr lang unter den Augen des zärtlichen Vaters sehr eifrig studirte. Der Vater nahm indeß die Obristenstelle beim Erbstatthalter an u. kommandirte in Holland ein Regiment. Dort lernte der Vater den Herzog v. Braunschweig bei der bekannten Invasion von 1787 kennen u. erhielt das Versprechen, daß der junge Constant in Braunschweig angestellt werden sollte. So kam er in seinem 20sten Jahr nach Br[aunschweig] und wurde Herzog[licher] Kammerjunker. Da dem Vater alles daran lag, seinen Sohn in Br[aunschweig] zu fixiren: so willigte er gern in die übereilte Heirath des Sohnes mit einer Hofdame der reg[ierenden] Herzogin. Constant war hie eigentlich der Düpe. Als er einmal ins Zimmer dieser Hofdame kam: fand er sie in Thränen schwimmend u. trostlos.

Sie klagte ihm ihre Leiden u. daß sie niemand wisse, der sie in Br[aunschweig] liebe. Das weichherzige Knäblein konnte diesem Stoßseufzerlein nicht widerstehn. Er erklärte ihr also, daß *er* sie liebe. Dieß wurde sogleich als Heirathsantrag ergriffen u den andern Tag schon am Hofe bekannt gemacht. Allein fand sich C[onstant] in süssen Träumerein getäuscht. Seine Frau liebelte mit einem jungen Russen, der damals in Braunschweig studirte, u. vernachläßigte ihren Mann auffallend. Unterdeßen mußte Constant eine Reise in sein Vaterland machen. Die Revolution war angegangen. Die National-assemblee hatte erklärt, daß alle vormaligen Refugiés zurückkommen u. ihr altes Bürgerrecht wieder erhalten sollten. So ging auch Constants Vater zurück u. wurde mit seinem Sohn citoyennisirt. Er kaufte sich 8 lieues von Paris ein Gut an u. Benjamin wurde von den süssesten Hoffnungen der Revolution begeistert. So kam er nach Braunschweig zurück und fand seine Frau in offenkundigem Liebeshandel mit dem Russen. Er hatte sich innigst auf die Zusammenkunft gefreut u. gleich bei der ersten Anrede sagte ihm Madame: sie wäre sehr glücklich während seiner Abwesenheit geweßen. Endlich kamen beide schriftlich mit einander überein, sich scheiden zu lassen. Allein das Br[aunschweiger] Publikum war nur alzugeneigt, ihm alle Schuld daran allein zuzuschreiben, die doch am Ende bloß in einigen harten u. beisenden Aeuserungen bestand, die keinem Ehemann in dieser Situation verübelt werden mögten. Ja er war gutmüthig genug, die Hauptschuld der Frau bei der Ehescheidungsklage, die den Kinderlosen leicht fiel, zu verschweigen u. sie gegen alzu harte Beschuldigungen der Scheinfreunde, die mit ihm darüber sprachen, in Schutz zu nehmen. Dieß alles wurd aufs schlimmste gedeutet u. dieser Handel aufs gehäßigste vergiftet. Sie hatte keinen Heller mitgebracht. Er giebt ihr noch einen Gehalt und bezeigte sich überhaupt so liberal, als möglich. Allein man wollte ihn nun einmal ins Schwarze mahlen. Er hieß ein verruchter Aristocratenfeind, ein Jacobiner. Denn er ging viel mit Mauvillon um, und M[auvillon] galt damals bei der schwänzelnden Hofpartei für den ruchlosesten Feuerbrand der neuen Revolutionslehre. Man hatte in Cassel die Infamie begangen, Briefe, die M[auvillon] an den Casseler Bibliothekar *Cuhn* geschrieben und worin allerdings freimüthige Aeuserungen vorkamen, zu erbrechen und sie dem Herzog von Braunschweig mitzutheilen. Selbst der wackre Feronce konnte nicht helfen. Auch er galt für einen Demokraten. Constant konnte unter diesen Umständen nicht länger in Braunschweig bleiben und kam nun in die Schweiz, wo er bald durch seine Schrift de la force du gouvernement actuel de la France et de la necessité de s'y rallier, die sein Freund Huber in seiner Klio übersetzt gab, im Jahre 1796 Aufsehn erregte. Im folgenden Jahr gab er eine zweite Schrift: sur les reactions politiques wobei in einer zweiten Ausgabe ein Zusatz war examen des effets de la terreur. 1797. Als Tribun im Jahr 1799–1802 setzte er sich gegen Bonapartes despotische Absichten, die bürgerliche Gerichtsform durch auserordentliche Commissionen tribunaux speciaux umzustürzen, mit dem lebhaften Nachdruck, fand aber an dem Tribun Moreau, dem Bruder des Generals, der nun nach einer eignen Nemesis diese Tribunale für seinen Bruder selbst perhorresciren muß, den heftigsten Widersacher. Constant wurde aus dem Tribunat gestoßen und vergleicht diesen Act der Gewaltthätigkeit mit der Gefangennehmung der Girondisten den 21 Mai. Seit 8 Jahren stand er in der genauesten Verbindung mir der Frau v. Stael, die er auch liebte. Doch sagt die Stael über dieß Verhältniß c'est de l'amour petrifiée. Sie wird ihn nicht eher heirathen, als bis ihre 3 Kinder völlig versorgt sind. Er hat jetzt ohngefähr eben so viel Einkünfte wie die Frau v. St[aël] selbst und lebt also keineswegs, wie sich manche einbilden, ihrer Gnade.

In seinem 18 Jahr war er in Bern, wo damals 200 Jünglinge die Päderastie trieben u. deßwegen verbannt wurden. Dieß rettete ihn.

Sein väterlicher Oheim Samuel Constant ist Verfasser von verschiednen Romanen und Erziehungsschriften, worunter aber nur die Camille Glück gemacht hat. Er starb erst vor wenigen Jahren als ein 70jähriger Greiß.

Constants Haupttalent zur geselligen Unterhaltung besteht in einer gewissen ironischen Trockenheit oder trokkenen Ironie, wobei er weit weniger zu wissen, zuzugeben oder einzusehn scheint, als wirklich der Fall ist. Sein ganzes Aeuseres kommt ihm dabei sehr zu statten. Er ist eine lange, hagere Figur mit ziemlich schmalen Backen, doch mit den Zeichen der Jugend! Er trägt dabei in jeder Societät eine Brille auf der Nase und erscheint dadurch immer wie in einer halben Maskerade.

Der Frau v. Stael ist er mit der reinsten Liebe zugethan und er wäre fähig, ihr alles aufzuopfern, ja selbst allen Ansprüchen auf ihre Hand zu entsagen, wenn sich ein Mann fände, der sie ganz glücklich machen könnte. Mit unbeschreiblicher Freude kam er zur Fräu[lein] v. Göchhausen gesprungen, als er hörte, es sei ein Brief von der Frau v. Stael aus Berlin angekommen. Ein expresser Bothe wurde nach Eisenach abgeschickt, um die wahrscheinlich seiner dort wartenden Briefe von der Frau v. Stael nach hieher zu hohlen.

Sehr lächerlich erzählte er den Unfall, der ihm einmal kurz nach Robespierres Sturz, wo der Ueberrest der Gironde, seine Freude, im Nationalconvent herrschten, dadurch wiederfuhr, daß ihn ein betrunkner Nationalgardist in der Nacht auf der Straße aufhob u. in das gemeine Gefängniß brachte, wo ein Haufe eingesperrter Royalisten, die eben um eine Punsch-bowle herum saßen, ihn auch für einen Royalisten hielten, aber gewaltig schimpften, als er ihnen das Evangelium der Republik predigte. Er zog sich in den Winkel zurück u. suchte, so gut es gehn wollte, einzuschlafen. Früh um 4 Uhr kam seine Befreiung. Da wollten die halbberauschten Royalisten noch ein Petitiv zu ihrer Befreiung ihm mitgeben, waren aber so wenig fähig dazu, daß, was sie da geschrieben hatten, niemand lesen konnte.

C[onstant] hielt im cercle constitutionel 2 starke Reden, davon die eine auch im Moniteur abgedruckt ist, ihm aber den Unwillen des Directors Merlin und seiner Collegen zugezogen, weil sie gar nicht im Sinne des Directoriums gefaßt war. Früher hatte Constant von der Schweiz aus seine Schrift sur la force du gouvernement dazu geschrieben, um dem Directorium Zutrauen zu erwerben, u. darum wurde diese Schrift auch in 8 Bogen hinter einander im Moniteur damals abgedruckt.

Ich hab die Rubriken seines Werks sur l'influence de la religion sur la morale gelesen, so weit es jetzt fertig ist. Denn er wird fürs erste nur den ersten Theil herausgeben, da die Freimüthigkeit des zweiten wohl nicht an ihrer Stelle seyn dürfte.

Er hat eine Hauptidee gefaßt, daß im Kampf des Materiellen und Spirituellen in den Religionen es endlich dahin kommen müsse, daß nur noch eine individuelle Vernunftreligion übrig bleibe. Der Polytheismus gründet sich auf das Materielle, der niedre Theismus auf die Stufe der Vergeistigung der Gottheit, wo sie durch Revelationen und Wunder eine positive Glaubensnorm bestätigt und ein Glaubensjoch schmiedet. Kants Idee daß aller Versuch das Daseyn der Gottheit zu *demonstriren* vergeblich sei, und daß wir also nur glauben können, ist auch ihm das letzte Resultat. Es wird alles darauf ankommen, daß er in jeder Periode seiner religieusen Menschencultur *die* Moral erst richtig definiren könne, die damals der Schatz der Menschheit war. Sonst wird alles Logomachie. Unbestimmt ist er noch darüber, wie viel Citate und gelehrtere Beweißführung er seinem Werke geben solle. Die Franzosen vertragen diesen den Deutschen so wilkommnen Gelehrsamkeitsapparat durchaus nicht. Auch sei es ungemein bequem, recht viel Noten zu machen, weil man sich dadurch das Zusammenfassen und reine Abstrahiren der aus den Noten zu ziehenden Folgerungen erlasse u. diese Arbeit dem Leser selbst aufhalse. Immanuel Bergers Buch hatte er aus Stäud[l]in kennen lernen und angeschafft. Im Ideengang, der aber dort auf ein ganz andres Resultat führt, fand er viel ähnliches mit dem seinigen.

Aus einer Unterredung mit Beniamin Constant

Es ist wahr, daß Frau von Genlis der Frau v. Stael durch den Buchhändler der der Genlis ihre Romanenbibliothek druckt, anbieten ließ, die Correctur der Delphine zu übernehmen, um nur schnell genug sie ihrer Clique verrathen zu können. Aber die Anecdote, daß Mad[ame] Bonaparte Argwohn wegen der Ehescheidung geschöpft habe, ist ungegründet. Die Stelle in der Delphine, wo es heißt: es wäre schrecklich, wenn diese Revolution in einen neuen Despotismus endige, beleidigte den ersten Consul unversöhnlich. Die hämischen Urtheile, die *Reichard* in seinen *Briefen* Th. II. S. 44. aus dem franz[ösischen] Merkur anführt, gehören nicht La Harpe wie dort steht, sondern dem Fievée zu, der die famosen Briefe über England geschrieben hat, u. den Bonaparte nach England schickte, um die dortigen Zeitungsschreiber durch Drohungen u. Geld zu beschwichtigen, der aber durch keines von beiden Mitteln zum Zweck gelangte. Ein großes Verbrechen in Bonapartes u. seiner Anhänger Augen ist der Frau v. Stael erklärte Vorliebe vor England. Gegen Reichards oder vielmehr Suards Beschuldigung, daß Leonces Charakter nicht psychologisch wahr sei (Th. I. S. 469) bemerkt Constant, daß in der großen Masse der Pariser Societät sich ein solcher Charakter sehr consequent denken ließe. C[onstant] war nie damit zufrieden, daß die Frau v. Stael die Revolution so stark in ihren Roman mischte, und misbilligt auch den grellen Ausgang. Wirklich hat Frau v. Stael die ganze Entwicklung umgearbeitet u. war einmal gesonnen, die Delphine zum 2ten mal so erscheinen zu lassen. Da zieht sich Leonce auf seine Güter in Spanien zurück u. Delphine verzehrt sich im Gram. Frau v. Stael hat eine unglaubliche Leichtigkeit des Schreibens. Selbst die Delphine kostete ihr nur 1½ Jahr Zeit u. sie hatte nichts voraus dazu bereitet. Sur la literature schrieb sie in Paris in 6 Monathen unter unaufhörlichen Unterbrechungen. Aber sie hat das höchst seltne Talent, sich durch nichts stören zu lassen u. die interessantesten Perioden in dem Momente fortzuspinnen, wo sie nur die Feder ergreift. Sie ist den Augenblick wieder bei der Sache. – Sie hatte auf dem Wege nach St Denys ein Landgut bei Paris St. Thouin, das sie aber nun verkauft hat. Hie sah sie am liebsten ihre Freunde. Bellerive in der Delphine ist darnach gemodelt. Sie verdankt ihrem Vater vielmehr als ihrer Mutter, die eine übertriebne Strenge und eine gereizte Trokkenheit in Gespräch u. Stil hatte, die gar nicht mit ihrer phantasiereichen Tochter stimmen wollte. Der Frau von Necker hinterlassene Tagebücher u. Handschriften betragen 30 Bände, aus welchen ihr Mann nur sehr wenig publizirte.

Johann Friedrich August Tischbein

D[en] 6ten Decembr[is] 1795.

Tischbeins Vater ließ seine Frau nach Maastricht kommen, wo er damals als Maler große Geschäffte machte. Diese war eben schwanger, und so machte Tischbein noch im Mutter Leibe die erste Reise, u. wurde in Mastricht geboren. Während der Vater mehrere Jahre in Holland sich herumtrieb, that er ihn und seinen ältern Bruder zu ihrem väterlichen Großvater, der ein Becker im Kloster Hage beim dortigen Hospital war, u. da erhielt [er], da seine Mutter früh gestorben war, seine früheste Erziehung. Als Tischbein der Vater vom Herzog von Hildburghausen, der ihn in Holland kennen gelernt hatte, nach Hildburghausen gezogen wurde, kamen seine beiden Söhne auch dahin, und wurden bey dem dortigen Rector Rittmeier in die Kost gethan. Hier widmete sich der jüngere *Tischbein* der Theologie, theils weil er bei kleinen Schauspielen, an denen der Hof selbst Theil nahm, mit Beyfall einige Rollen gespielt, und so früh die Süssigkeit vor einem großen Auditorium sprechen zu können geschmeckt hatte, theils weil er sich in ein Mädchen verliebte, die keinem andern als einem Pfarrer ihre Hand geben wollte. Unterdessen erhielt der Vater einen Ruf nach Cassel um die Decorationen beym neuen Cassler Opernhause zu besorgen, da der alte *Tischbein* in der Architectur und den Decorationskünsten seine größte Stärke besaß. Dieß hatte auch auf die Söhne den Einfluß, daß der Vater sie von der Hildburghäuser Schule wegnahm, und zu Casparson auf[s] Cassler Carolinum brachte. Der Vater war mit dem Einfalle des Sohns, ein Kanzelpauker zu werden, nicht zufrieden, und gab ihm so vielfältige Veranlassungen, sich der Malerei zu widmen, daß er sich endlich entschloß, bei seinem Oheim, dem alten berühmten Inspector u. Hofmaler Tischbein in die Lehre zu gehn, bei welchem er sich überhaupt schon durch fleisiges Besuchen seines Ateliers schon früher Lust geholt hatte, wozu auch noch der Umstand kam, daß ihm seine Hilburghäuser Schöne untreu wurde, und also auch der romantische Beweggrund zur Theologie wegfiel. Der ältere Bruder legte sich ganz auf die Baukunst u. lebt jetzt als Kaiserlicher Hofarchitect in Petersburg in großem Ansehn, hat dort das große Opernhaus gebaut u. s. w.

Kaum hatte Tischbein im Hause und unter der Aufsicht seines Oheims ernstlich das Studium der Kunst angefangen: so nöthigte ihn eine hartnäckige Augenkrankheit mehrere Monate nach einander ganz unthätig zu seyn, die peinvolleste Lage für einen feurigen, für die Kunst enthusiasmirten Jüngling. Indeß besserte sich das Uebel langsam, u. er setzte seine Studien so gut fort, als es gehn wollte. Zufällig äuserte der Fürst v. Waldeck gegen seinen Oheim den Wunsch, daß er einen jungen Künstler von versprechenden Anlagen auf seine Kosten reisen lassen, und so zu seinem Dienste heranziehn wollte. Der Inspector *Tischbein* ergriff diese Gelegenheit, seinen Neffen zu empfehlen, u. so wurde bald der Handel geschlossen. Der Fürst v. *Waldeck* zahlte einen Jahrgehalt, und Tischbein ging ⟨1772.⟩ nach Paris mit Empfehlungen an *Wille*, in dessen Hause eine Art von Deutscher Kunstschule war. Sehr glücklich brachte Tischbein hier in der Frühlingsblüthe des Kunststudiums das erste Jahr zu, wo die Pension richtig gezahlt wurde. Noch erinnert er sich mit Entzücken, wie er mit seinem Landsmann u. Kunstgenossen, dem jetzigen Hofmaler *Nahl* u. dessen Bruder in glücklicher Genügsamkeit zusammenlebte, früh sein Töpfchen Milch austrank, und dann in die Karthause wandelte, um da nach Le Sueurs Meisterwerken zu zeichnen. Aber bald kam von der unordentlichen Lebensart, (wo die gewöhnlichen Pariser Fricassees nicht zu Hals wollten, u. man lauter Back- und Zukkerwerk aß, von dem Erkälten der Füsse, da man immer in Escarpins über die kothigen Straßen oft Stunden weit laufen mußte) seine Augenkrankheit zurück. Man rieth Fußbäder. Aber der erste Gebrauch derselben hätte ihm bald das Leben gekostet. Nach u. nach wurde die Pension immer unordentlicher gezahlt, u. Bedürfnis nöthigte den jungen Künstler, sich der Portraitmalerei zu widmen, wodurch er sich, da Protectionen in Paris von großem Gewicht sind, und er diese bald auf eine sehr schmeichelhafte Art erhielt, bald ansehnliche Summen verdiente, aber freilich auch vom Hauptstudium sehr abgezogen wurde. Alle Sontage war ein artistischer Club bei Wille, wo auser *Parisseau* (der die Plat-[bandes] zeichnete u. in Kupfer stach, die *Doyen* in der neuen Kirche aux Invalides mahlte) fast lauter Deutsche zusammen kamen. Ein gewisser *Bader* aus dem Eichsfelde, ein höchst mittelmäsiger Künstler: hatte große Anlage zum Bouffon, und machte bei Wille, der daran großen Geschmack fand, den Schmarozer und Hausnarren. Damals war auch *Weisbrod* der Gräfin Bentink natürlicher Sohn, in Paris, der jetzt in Hamburg lebt, und in den letzten Jahren auch Müller aus Stuttgard. Mit diesem stifftete Tischbein in der letzten Zeit eine vertraute Freundschafft. Sie laßen die Italienischen Dichter zusammen, u. bereiteten sich zur Italienischen Reise vor. Zu dieser trieb ihn nun der Fürst v. *Waldeck* der von Zeit zu Zeit seine Pensionsgelder zahlen ließ, u. auch die Reise nach Rom tragen wollte, geflissentlich an, u. Tischbein riß sich wirklich aus der Ueberzeugung, daß man sich nur in Rom wirklich vervolkommnen könne, von Paris los, wo er zuletzt große Gunst fand, u. als Portraitist eine schimmernde Laufbahn vor sich sah. Er ging im Jahr 1777 nach Rom, u. studierte, so lange kein dringendes Geldbedürfniß eintrat, in Geselschaft der Wiener Künstler *Függer* u. *Lindner* die großen Meisterwerke Raphaels im Vatican, u. die übrigen großen Meister von Kirche zu Kirche. Die Deutschen Künstler bildeten für sich eine kleine Academie. *Függer* hatte einen geräumigen Attelier. Dort zeichnete Tischbein oft nach lebendigem Modell. *Trippel* u. *Mechau* aus Leipzig waren auch in diesem Kreise.

Allein diese goldnen Tage des freien Kunststudiums hörten bald auf, als kein Gold mehr in der Börse war. Ueberhaupt war Tischbein nie das, was man einen guten Wirth nennt, und ohngeachtet er keine eigentlichen Ausschweifungen beging, die er nie mit seinen zarten Empfindungen zusammenreimen konnte, so war ihm doch der Beutel durchlöchert, weil er überhaupt das Geld für eine Sache hielt, die aus dem Mittel nie zum Zwecke werden müßte. Zum Glück waren damals mehrere Russische Große in Rom. Der Fürst Galliczin u. andere liesen sich von Tischbein mahlen, und dieß machte ihm die Pension entbehrlich, die in Arolsen schon wieder einmal versiegt war. Nach einem 15monatlichen Aufenthalt in Rom, wo er auch die Dienstfertigkeit Reifensteins zu loben Ursache fand, ging er nach Neapel. Durch den Kaiserlichen Gesandten in Neapel, den Grafen *Lamberg* wurde er der Königin bekannt, die sich von ihm mahlen ließ, und ihm viele Beweise ihrer ausgezeichneten Kunst gab. Endlich ging er zu Anfang des Jahrs 1780 nach Deutschland zurück, und kam nach Arolsen. Von hier mußte er den Fürsten von Waldeck nach Holland begleiten. Bald fanden sich da Bewundrer und Liebhaber seiner Portraitmalerei, und bewogen ihn, den Fürsten zu bitten, daß er noch einige Zeit dort bleiben dürfte, als der Fürst zurückreiste. Als er noch in Holland war, schrieb ihm sein Freund *Müller* aus Stuttgard, daß er nach Paris gehe, um den König in Kupfer zu stechen, und foderte ihn auf, über Brabant u. Flandern, wo so viele Kunstmerkwürdigkeiten zu sehn wären, zu ihm nach Paris zu kommen. Tischbein konnte einer solchen Einladung nicht widerstehn, u. wirkte sich von seinem Fürst den Urlaub dazu aus. Als er im Jahr 1781 nach Paris kam, empfing er durch den Grafen *Lamberg* aus Neapel von der dortigen Königin sehr schmeichelhafte Aufträge, ihr zur Ausschmückung einiger Zimmer die neuesten Decorationen, Zeichungen u. Meubles zu verschaffen, u. zugleich einen Brief an ihre Schwester, die Königin v. Frankreich, worinnen ihr T[ischbein] als ein großer Portraitist empfohlen und sie gebeten wurde, sich für die Königin von Neapel durch den Ueberbringer mahlen [zu] lassen. Der ehrliche T[ischbein] wußte nicht, daß man am Hof nie durch die große Pforte, sondern durch escaliers derobés, durch die Garderobengänge und Kämmerlinge sich einführen lassen muß. Er wande sich an den Kaiserlichen Gesanden, den Grafen Mercy Argenteau, der den Brief übergab, auch von Zeit zu Zeit Nachfrage gehalten zu haben vorgab. Allein bald war die Königin, die jetzt mit dem Dauphin schwanger war, überhaupt nicht sichtbar u. mahlbar, bald waren nach der Geburt des Dauphins große Hoffeten, und der ehrliche Teutsche der so oft vergeblich nach Versailles gefahren u. in dem Hotel vom Mercy mit leeren Versprechungen getröstet worden war, wurde ungedultig und entschädigte sich vor diese vereitelte Hoffnung durch die Gelegenheit, die er bey der damaligen Anwesenheit des Großfürsten u. der Großfürstin in Paris fand, mehre reiche Russen zu mahlen, u. ging daher auch, als er nach anderthalb Jahren ⟨1782.⟩ Paris endlich verließ, über Mumpelgard, wo er fast die sämtliche Familie des Herzogs v. Würtemberg mahlte.

Als er jetzt wieder nach Arolsen kam, beschloß er fortan seinen Wohnsitz auf immer dort zu nehmen, u. häußlich zu werden. Die schöne Tochter des Commissionsraths *Müller* in Arolsen, der er schon manches Sonnet u. manches Liebeslied gesungen hatte, ward seine Frau, u. er richtete sich sehr niedlich dort ein. Allein die Umstände des Fürsten v. Waldeck wurden durch schlechte Oekonomie u. seinen thörichten Großmuth in Pyrmont immer mißlicher. Er hatte als Waldeckscher Hofmaler mit dem Charakter eines Raths 500 R[eichs]th[aler] Gehalt. Allein der Fürst wurde so arm, daß er diese Zahlung schon seit mehrern Jahren nicht mehr geleistet u. eben dadurch auch Tischbein seiner Pflichten entlassen hat. Dieß nöthigte endlich ihm den Entschluß ab, sich ganz nach Holland zu ziehn, und so ging er im Jahre 1791 dahin ab, etablirte sich erst in Amsterdam, u. dann auf einem Landhause und war entschlossen, auf immer dort zu bleiben, weil es ihm bey den reichen Holländern nie fehlen konnte, als die Gefahren der Insurrectionen u. der einbrechenden Franzosen im Spatjahr [17]94 ihn Holland mit einem Verlust von mehr als 6000

Gulden zu verlassen nöthigten. Er kam zu Anfang des Jahrs 1795 nach Gotha, wo er nach einem Auftrag von *Frauenholz* in Nürnberg den Rath Becker mahlte, von da kam er gegen Johannis dieses Jahrs hieher nach Weimar, von wo er morgen nach Dessau abreißt. Seit Michaelis hatte er seine liebenswürdigen Töchter nebst ihrer eben so liebenswürdigen Mutter bey sich. Es ist eine wahre Künstlerfamilie. Die Mutter spielt das Clavier u. singt vortrefflich. Caroline u. Betty accompagniren mit Gesang, u. der Vater spielt die Guitarre dazu. Der Vater ist auch Dichter, und überraschte mich eines Abends, als ich auf ein Pfeifchen Tabak zu ihm gekommen war, mit einem Product seiner Muse, wovon er mir eine Abschrift erlauben mußte. Die *heilige Familie* ist sein eignes reizendes Familienportrait. Seine älteste Tochter *Caroline* zeigt die schönsten Anlagen zur Malerei, die jüngere *Betty* zur Sängerin.

Schade, daß der gute Mann ungemein an einem verdorbnen Magen leidet. Als er [17]91 nach Holland kam, hatte er sich auf dem Rhein erkältet, und ward sterbenskrank in Holland. Schon in Arolsen wandelte es ihm einigemal an, daß er auf einmal an beiden Armen völlig gelähmt war. Diese Lähmung war dort in Holland noch fürchterlicher. Die Frau bewieß dabey um so größern Heroismus, da zugleich auch ihr alter treuer Bedienter u. ihre Kindermagd starben, deren Tod sie ihrem Mann verbergen mußte.

Mit seinem Vetter, dem Director Tischbein ist er darum nicht zufrieden, weil er die vortrefflichen Kunstschätze in Neapel u. Portici bey seiner Muße nicht besser zur Hervorbringung eigener Kunstwerke benutze.

Prinz August schrieb an Göthe: Tischbein müsse für unsern Herzog die triumviros Vimarienses auf einem Stücke mahlen. Das nahm G[oethe] in mehr als einer Rücksicht sehr übel, und war T[ischbein] so wohl deßwegen, als aus Besorgnissen wegen Meyern in allem zu wider.

Gemahlt hat Tischbein hier vom Juny bis Ende Novembers 1795 hie in Weimar

Die regierende Herzogin	1 Bruststück, 1 großes Tableau
Den regierenden Herzog	1 Bruststück, 1 großes Tableau.

Die verwitwete Herzogin	1 Bruststück.
Die Gräfin Eglofstein.	1 Bruststück.
Emily Gore.	2 Bruststücke.
Den Coadjutor v. Dalberg	1 Bruststück.
Herder für Frauenholz	1 Mittelstück, für sich im Priesterornat
	1 Mittelstück. 1 kleine Copie für Gleim.
Wieland	1 Mittelstück.
Bertuch	1 Bruststück.
Böttiger.	1 Bruststück, u. eine kleine Kopie für Gleim.
Krause.	1 Bruststück.

Aus den Unterredungen
mit der Herzogin und dem H[er]r[n] v. Senft.

Tischbein und Hackert sind einander sehr aufsätzig. Erster verglich seinen Herrn Collegen immer mit einem Fuchs. Hackert erwiedert dieß und vergleicht Tischbeinen mit einem Kranich.

So hat Tischbein jetzt in seinen Têtes des animaux fig. 10. einige Listige Fuchsköpfe treffend abgebildet. Wenn er einem Freunde diese Köpfe zeigt, setzt er allezeit hinzu: Hier ist Hackert.

Tischbein ist auf jeden Fall ein besserer Mensch als Hakkert. Hackert aber ist ein besserer Politiker, der sich aber dabei gern das Ansehn eines Staatsministers giebt und sich gewaltig in die Brust wirft. Tischbeins Freund ist der Privat Sekretair der alvermögenden Königin.

Tischbeins Thierphysiognomik bei den Menschen führt ihn zuweilen zu großen Ungereimtheiten. Er gieng mit dem Leibarzt des Prinzen August von England, einem Teutschen über die Straße und sah ihn lang schweigend und nachdenkend an. Endlich brach er auf einmal los, und rief: nein! sie sind kein Hund, sie sind – ein Esel! Dieß war ein großes Compliment für den Arzt, da der Esel nach

Tischbeins Classifikation der wahre Repräsentant der *Deutschen* – Arbeitsamkeit und Beharrlichkeit ist.

So bald man nur einmal mit Tischbein zu sprechen kommt, kramt er auch sogleich seine Tierhypothese aus. Er theilt alle Thiere in Fleischfressende und Krautfressende. Weil das Schwein zu beiden gehört, spielt es in seiner Theorie eine ganz vorzügliche Rolle.

Johann Heinrich Voß

1794.
Nachtrag aus einer Unterredung mit *Wieland*.

Voß trat mit dem festen Vorsatz in Wielands Haus ein, durchaus niemand auser Wielanden in Weimar zu sehen, weil er, sagte er, nicht gekommen sei, um *anzubeten*. W[ieland] hätte gern gleich den ersten Mittag Göthen zu sich gebeten. Aber Voß setzte sich mit aller Macht dagegen, und zog so gar Wielands Frau ins Spiel, um durch diese Göthens gefürchtete Erscheinung abzuwenden. Sein Widerwille gegen G[oethe] kam daher, weil er sich ihn als einen aufgeblasenen Geheimen rath dachte, und es ihm durchaus nicht verzeihen konnte, daß er sich durch den Adelsbrief unehrlich gemacht habe. Lange blieb Wielands Beredsamkeit fruchtlos. Vergeblich stellte W[ieland] seinem Gaste vor, daß Göthen vom Herzog der Adel gewisser maaßen aufgedrungen worden sey, damit sein Liebling auf einer vorhabenden Reise an gewissen Höfen präsentabler sey. Erst bey Herder am folgenden Abend lernte Göthe Voßen kennen. Aber Voß gestand auch in den letzten Stunden seines Hierseyns, daß er beschämt über seine Vorurtheile, und gestärkt durch den Umgang mit solchen Männern, die er sich ganz anders vorgestellt habe, von hinnen scheide.

Voß leugnet überal, daß er ein Schüler von Heyne sei, und macht grade daraus, daß ihn Heyne und seine ganze Schule so oft und so gehäßig einen undankbaren Schüler nenne, einen Haup[t]punct seiner Beschwerden. Er habe, versichert er, ein [ein]ziges Collegium bey Heyne einmal angefangen, aber es auch nicht bis zur Hälfte ausdauern können, weil er bald fand, daß er auf seine eigene Weise viel kürzer zum Ziele komme. Es sey also die giftigste Verunglimpfung, wenn man ihm den Undank gegen einen

Mann vorwerfe, dem er nie etwas, als Herabwürdigung u. Bedrückung, zu danken gehabt habe.

Auch Wielanden versprach er, mit den Mythologischen Briefen auf immer seinen Kampf zu schliesen, weil ja dann schon sein Gegner gestreckt seyn müsse. Von diesen mythologischen Briefen will W[ieland] gar keine öffentliche Notiz nehmen, um nicht Heyne partheiisch zu scheinen. Darum hat er auch *Heerens* Replik im 6ten Stück des Merkurs aufgenommen, die er übrigens, das einzige phi donc ausgenommen, für Tanzmeisterschritte eines philologischen Petit-maitres hält. Aber über Voßens Homer haben wir einen wichtigen Aufsatz von Wieland zu erwarten, worinnen er die Gesichtspuncte angeben will, aus welchen nach Voßens eigener Vorstellungsart dieß Kunstwerk betrachtet werden müsse. Voß blieb bey allen Einwürfen, die ihm Wieland über Härten und Sprachverdrehungen machte, unerschüttert, und bewieß überal, daß er nach reifen Ueberlegungen und planmäßig selbst diese scheinbaren Unregelmäßigkeiten gewählt habe. Ja er ging so weit, zu versichern: *er sey lebendig überzeugt, daß, wenn ihn auch das gegenwärtige Zeitalter ganz verkenne, ihm doch die künftigen Generationen gewiß* schätzen, u. was man jetzt verwerfe, schön finden *würden.*

Schade, daß er sich bey Lebzeiten Klopstocks, *der durchaus keinen Widerspruch vertragen könne,* seine Theorie über den deutschen Hexameter, die er mit großer Klarheit im Kopfe hat, herauszugeben, nie entschließen wird. Schon lange arbeitet er an einer hexametrirten Aeneide, mit eben solchem Commentar, wie zu den Georgicis. Da soll auf H[eyne] nicht die geringste Rücksicht genommen, u. so der *zweite Pfeil* nie gebraucht werden.

Es fehlt ihm durchaus an Welt und Menschen kenntniß. In Eutin hat er noch zwey Freunde, mit welchen er allein seine Eier brütet. Ein paar mal des Jahrs wird er vom Bischoff zur Tafel geladen, welches er immer als eine Art Erniedrigung ansieht, u. bey der da herschenden Steifheit anzusehn wohl auch Ursache haben muß. Aus diesem engen Schneckenhäuschen stekt er nun fast nie die Fühlhörner heraus, als nur so oft er Heynische Stürme brausen hört.

Beyläufig Wielands Urtheil über Kl[opstocks] Messias: Sie wird immer als Nationalgedicht auf den Bücherbretern stehn, aber, gewisse Stellen in Chrestomathien ausgenommen nie gelesen werden. Das Unglück ist, daß er seine Helden *zu göttlich* machte. Grade das Gegentheil würde für alle Jahrhunderte ein Meisterstück hervorgebracht haben. Jesu, des edelsten Schwärmers, hoher Kosmopolitismus und reiner Menschenadel würde ein vortreffliches Gedicht erlaubt haben. So machte Diderot seinen Socrate mourant äuserst menschlich. Darum gefällt Glover's Leonidas trotz seiner Fehler. Der Mensch bewundert Sublimität nur in seines Gleichen. Ein Gott kann nie der Gegenstand einer Epopöe seyn. Die ersten Gesänge der Messiade sind noch rein menschlich. Darum ziehn sie so unwiderstehlich an. Eine erquickende Engelerscheinung thut uns darum wohl, weil wir sehn, der Held *bedurfte* Erquickung.

Ueber Fr[iedrich] Stolbergs Gedichte. Seine Erziehung bey Klopstock hat ihm auf immer den Kopf verschraubt. Seine Ode vor der Ilias ist die unförmlichste Dithyrambe u. enthält gradezu nicht einen einzigen Zug Homers. Er ist in allen seinen Producten immer *über* oder *unter* der Linie des Schönen.

Als Wieland seinen *Peregrinus Proteus* schrieb, dachte er sich dabey immer *Lavatern*, einen selbstbetrogenen Betrüger, der aber dadurch andere um so leichter anstekt, weil seine Schwärmerei nicht erkünstelt ist. Peregrinus bey der Faustina, Lavater bey der Fürstin von Dessau, welche Parallele!

Den 4ten Juny. 1794. bey Wieland.

Voß sprach überhaupt weit weniger, als Wieland und Herder. Die Gabe der leichten, anecdotenreichen, durch gefälligen Witz fesselnden Unterhaltung ist gar nicht seine Eigenschaft. Er spielt fast nie aus, sondern giebt nur zu. – Mit Wielands jüngstem 5jährigen Mädchen war er seit gestern ganz vertraut. Scheu bey dem Anblick der übrigen Freunde schmiegte sie sich in seinen Schooß. Er bemerkte hierauf selbst, daß es ihm leicht sey, mit kleinen Knaben und Mädchen Freundschaft zu stiften, und daß er in *Eutin* u. bei allen seinen Freunden für einen großen Kinderfreund gelte. Dieß stimmt zu seiner übrigen ungekünstelten Simplicität. Daher sind ihm auch geräuschvolle Geselschaften und Gastgebote äuserst zuwieder. Einer seiner Holsteiner Freunde gab ihm einen Brief an *Ebert* nach Braunschweig mit, worinnen er Voßen der geschwätzigen Frau Hofräthin Ebert zu ihrem Geburtstage (dem 20ten May) selbst zum Geschenk machte. Nun befürchtete Voß, es werde dabey eine große Geburtstags fête geben; u. suchte durchaus seine Reise so zu dehnen, daß er erst nach dem 20ten May in Braunschweig ankommen wollte. Indeß war dießmal seine Besorgniß ungegründet. Denn ob er gleich durch seine Reisegeselschafft genöthigt noch vor dem 20ten May in Braunschweig eintreffen mußte, so paßirte doch bey dem seit einigen Jahren sehr eingezogen lebenden Ebert dießmal keine Fête. Auch hatte Voß Wielanden im voraus schon durch Briefe höflich gebeten, daß er ihn ja hier in Weimar weder zu den Fürstlichkeiten, noch in andere Zirkel führen möge. Und daß dieß keine Grimace geweßen, hat der Erfolg bewiesen. Aus Furcht vor diesen unwilkommnen Schmausereien, sagte mir V[oß] käme er oft in 6 Jahren nicht in Hamburg. Dafür besuche er lieber seine ländlichen Freunde, wo er bey einem Napf satter Milch unter einem Apfelbaum alle Ambrosia unserer Apiciusse gern vergesse. Wielands Tisch war im Geschmack des Hippias servirt. Voß ließ mehrere Schüsseln u. selbst sein Lieblingsgericht, wie er versicherte, Barben unangerührt vorbeygehn.

Herder fragte: was er von Reinecke Fuchs halte? Es sey, sagte V[oß] sein Lieblingsbuch, u. er lese es alle Jahre wenigstens einmal durch. Er wünsche eine Ausgabe davon, wie Tyrwhit von *Chaucer* gemacht habe. Wieland äuserte hierbey, er habe wohl Lust, wenn die große Ausgabe seiner Werke vollendet sey, noch eine Suite unserer ältesten Dichter zu besorgen. Voß konnte nicht begreifen, wie sich der ehrliche Reineke in Hexametern erträglich ausnehmen könne. Herder suchte ihn wegen *Göthes* Unternehmen auf den rechten Gesichtspunct zu stellen. Kurz drauf sagte Voß ohne alle einleitende Veranlaßung zu Wielanden: *ich werde Ihren Oberon in Hexameter bringen!* Wieland merkte anfänglich die schneidende Beziehung nicht, sondern erbat sich lieber seine Musarion in lateinischen Hexametern oder Hendecasyllaben, welches letztere Herder aus der Unbequemlichkeit dieser Versart billig widerlegte.

Es hat mir sehr wohl gethan, sagte Wieland unter anderm zu Voß, daß auch sie in ihren neuesten Werken das mir im Tod verhaßte Ph in F. verwandelt, und keine *Pfi*lomele, sondern nur eine *Fi*lomele statuiren. Discussion über die rechte Aussprache des Φ der Griechen. Das Digamma Aeolicum war etwas ganz anders.

Ueber *August Hennings* in Plön. Er theile mit dem wakkern Grafen Schmettau den Verdruß, den die Klätschereien und Hetzereien des Prinzen von Hessen ihnen so wohl als allen gutdenkenden Dänen verursachen. Hennings wurde zum Duell von einem Ungenannten ausgefodert, u. weigerte sich diese anonyme Ausfoderung anzunehmen. Deßwegen wird er ein Feigherziger gescholten. Seine ökonomische Lage ist nicht die beste. Drei Ausländer bereiten den Dänen alles Herzeleid. An ihrer Spitze ist der verhaßte Prinz Carl v. Hessen. Der Prinz v. Augustenburg vermag gar nichts. Mit der geprießenen Aufhebung der Leibeigenschaft will es nicht fort. Bernstorf selbst hat noch Leibeigene. Darauf berufen sich die übrigen.

Der Graf Christian v. Stolberg in Tremsbüttel hat die Schuppenhaut des orthodoxen Glaubenswahn beinahe ganz abgestreift. Aber Fritz Stolberg ist tiefer als jemals in den Irgängen der religieusen Schwärmerei. Die leidige Hypochondrie quält ihn, u. so betrachtet er den Glauben nur als Palliatif. Er hat zuweilen fromme Extasen, die an Tollheit gränzen. Lavater hat ihn ganz auf seiner Seele. – Von seinen Reisen hat Stolberg 2 Hackerte mitgebracht, davon ein jeder 1000 R[eichs]th[aler] kostet.

Nach Tische laß Wieland einige Fragmente aus seinen Uebersetzungen der Acharner u. Ritter des Aristophanes vor, worinnen er die Anapästen des Griechischen Dichters nachzubilden versucht hat. Voß bemerkte sehr richtig, daß es hierbey besonders auf die in der Mitte abschneidende Cäsur ankomme, u. Wieland gestand ganz aufrichtig, daß es ihm gar nicht eingefallen sey, *darauf* besondere Rücksicht zu nehmen. Aus allem, wie sich Voß bey u. nach der Vorlesung nahm, erhellte deutlich, daß er mit dem Aristophanes u. seinem *Uebersetzer* nichts zu schaffen haben wolle. Nun bat Herder, er möge uns doch selbst einige Stellen aus seiner Uebersetzung des Homer vorlesen. Voß nahm, ohne zu wählen, sondern so wie er aufschlug, die Stelle vom Wettrennen des Antilochus und Menelaus in der 23 Rhapsodie der Ilias, u. setzte uns durch die höchst richtige Modulation, Schärfung u. Dehnung der Töne in die größte Bewundrung. Ich wurde durch diese Probe volkommen davon überzeugt, daß die Tadler seiner Uebersetzung fast alle entwaffnet werden würden, wenn sie den Uebersetzer selbst hören könnten. Er wiederholte hierauf, seine Uebersetzung sey nur *fürs Ohr*, durchaus nicht fürs Auge. Seine erste Bearbeitung der Odyssee sey mehr fürs Auge geweßen. Darum habe sie so große Umänderungen leiden müssen. Die Hauptkunst im Homerischen Hexameter sey die Rundung, mit der fast jeder Hexameter ein kleines vor sich bestehendes Ganze ausmache. Diese wiederzugeben sey sein angelegentlichstes Geschäfft geweßen. Da wo Homers Hexameter in den folgenden übergienge, sey in den letzten Worten des enjambirten Verses die höchste Stärke. Diese zu erreichen sey bey unser Constructionsfolge fast ohnmöglich, u. doch habe er auch diese Schwierigkeit zu bekämpfen gesucht. Er habe die ganze Ilias auch fürs Auge gefertigt liegen; diese würde gewiß, wie seine erste Odyssee, den zahlreichern Beifall davon tragen, allein daran liege ihm nichts. Er arbeite bey seinen Uebersetzungen stets laut, lese stets die einzelnen Stücke seiner Frau u. andern Freunden vor, u. belebe durch Stimme u. Ton jede Sylbe. Homer habe ja seine Gesänge auch nicht *geschrieben*.

Mit *Klopstock* habe er über die innern Bestandtheile des Hexameters eine lange Correspondenz geführt. Mehr als ein Drittel der Verse im Messias sey unrichtig. Er werde aber bey Klopstocks Leben seine Ueberzeugungen aus billiger Achtung gegen den verehrungswürdigen Mann nie laut werden lassen.

Mit *Wolfs* Behandlung der Theogonie des Hesiodus und nun auch des Homers sey er durchaus unzufrieden. Was die spätern Alexandriner versus spurios genannt hätten, wäre nur ihrem verdorbenen, überfeinerten Geschmack als solche vorgekommen. Die allermeisten ließen sich trefflich rechtfertigen.

Einen fortlaufenden Commentar über den Homer werde er nie geben, wohl aber einzelne Abhandlungen über gewisse Hauptstandpuncte, aus welchen wir Homer als Dichter u. Versificator zu betrachten hätten, seinen mythologischen Briefen nachfolgen lassen.

Da er gern den ganzen Homer geben wollte, so untersuchte er auch die Aechtheit der Homerischen Hymnen, und fand innere Evidenz, daß die Hymne auf den Apollo und die Ceres wirklich von Homer sey. Die Hymne auf den Merkur habe ihn zwar auserordentlich viel zu schaffen gemacht, aber auch durch ihren reichhaltigen Stoff sehr belohnt. Sie sei kurz vor dem Aeschylus gemacht. Er sei entschlossen, sie besonders zu übersetzen und zu erläutern.

Den 5ten Juny. [1794] Abends *bey Herder.*

Voß hat sich viel mit Untersuchungen über die Entstehung der Wahrsagerei, der Auspicien u. s. w. abgegeben. Es kam die Rede auf den Apollo σαυϱοϰτονος. Dieß, meinte Voß, sei nur eine spätere Künstlerdeutung. Der wahre Gedanke bey dieser sehr alten Vorstellung sei: der Prophet lausche an den Tronk eines Baumes gelehnt den Eingebungen der zu seinem Ohre heraufkriechenden Eidechse. Ueberhaupt habe das Alterthum allen Erdthieren u. Amphibien Wissenschaft des verborgenen, u. allen hochfliegenden Vögeln Kunde der Olympischen Rathschläge zugetraut. Daher Apollo Σμινθευς, weil den Mäusen eine große Divinationsgabe für Erderschütterungen u. andere in der Witterung gegründete Ereignisse beiwohnen solle. Daher der Glaube an Schlangenweisheit und scharfen Blick (δρακων) in die Zukunft. οἰωνος bezeichne vorzüglich auch die prophetische Schlange, von οἰομαι wissen. Auch ὀφις kommt von ὀπταμαι sehen. So bezeichne נָחָשׁ im Ebräischen auch die Kluge. So bedeute die Stelle in der Odyssee vom Atlas (I, 52 ὁσ τε θαλασσης πασης βενθεα οἰδεν) auch nur einen Seher, Schauer ins Verborgene der Zukunft.

Ich unterredete mich mit ihm besonders über seine Amtsgeschäffte und äußerliche Lage. Er habe, als er nach Eckermann zum Eutiner Rectorat gekommen sey, die elende Amtswohnung gar nicht bezogen, dann einige Zeit das Rathhaus bewohnt, und endlich ein vortrefflich eingerichtetes Wohnhaus erhalten, an dem hinten ein großer Garten ist, an welchen der Eutiner See stößt, und die lieblichsten Aussichten u. schattigsten Spaziergänge gewährt. Hier ist er selbst Gärtner und Pflanzer, u. seine Frau muß ihm über das Wachsen und Gedeihen einiger Blumen u. Bäume selbst wähend seiner Reise in Briefen Bericht abstatten. Er habe nach Halle kommen sollen, ehe Wolf berufen wurde, und jetzt auch nach Kiel, ehe der Antrag an Wolf geschehn sey, hasse aber alle Universitätscabale, und werde Eutin gewiß nie verlassen. Es stehe ihm frei, so viel oder so wenig Lehrstunden zu geben, als er wolle. Gewöhnlich aber gebe er doch nur 3 täglich, alles nur in Classikern und philologischen Wissenschaften. Die Zahl seiner ganzen Classe bestehe gewöhnlich aus 8 bis 10 Schülern. Mit diesen gehe er auf dem traulichsten Tone um, setze sich während der Lehrstunde bald zu diesem, bald zu jenem auf die Bank, und bilde sie ganz nach seinen Grundsätzen. Unter den Griechischen Prosaikern die er am liebsten und häufigsten erkläre sey *Herodot*, der an reiner Wahrheitsliebe alle nachfolgenden Geschichtschreiber übertreffe. In ihm sei noch die reichste Fundgrube unbemerkter Angaben zur Menschen- und Naturgeschichte. Dieß führte uns auf die alte Geographie, in welcher Voß durch vieljährige Forschungen zu sehr interessanten Resultaten gekommen ist, die er nach u. nach auch dem Publikum vorlegen wird. Herodots Geographie sei ganz *pole-*

misch, u. gegen die damaligen Weltkarten gerichtet. Bei seinen geograph[ischen] Untersuchungen rühmte er den Beistand, den ihm sein College *Helwag* geleistet habe. Dieser hab ihn durch mathematische Berechnungen unterstützt.

Bald standen wir alle um ihn im Kreiß. Seine Homerische Weltkarte aus der Odyssee ward auf den Tisch gelegt, und er demonstrirte uns darauf alle Irsale des Ulysses mit auserordentlicher Klarheit und Scharfsinn. Homers Zeitgenossen dachten sich die Erdfläche ganz Zirkelrund, und theilten sie sich in zwey Hälften, in die nördliche Nacht- und südliche Tagseite. Die dicke atmosphärische Luft ruht konvex auf diesem Teller, grade so wie das Uhrglaß auf dem Zifferblatte einer Taschenuhr. Der umringende *seichte* Oceanfluß umgiebt den Zirkel, fließt in Osten, u. durch den Phasis bey Caucasus in das schwarze Meer, u. in Westen da wo wir später die Säule des Hercules hinsetzen, ein. Dort taucht auch der Helios, wenn er den Tag über seinen Lauf über jenen Dunstkreiß (auf dem er als ein leichter tretender Gott sehr gut hinfahren kann) vollendet hat, unter, und wird sogleich in einem großen magischen Becher um die nördliche Hälfte des Ozeans wieder zu seinem Pallast am Aufgang u. Einfluß des Ozeans gebracht, wo er Nachtruhe hält, früh seine Flügelpferde im Sonnensee (λιμνη) abschwemmt, u. nun seine neue Arbeit rastlos (ἀκαματος) beginnt. Da er während seines Laufes nie so hoch kommt, daß seine Stralen über die nördliche Bergkette hinüber gleiten könnten: so ist da lauter Nacht und der Wohnsitz der Cimmerier. Beym leucadischen Felsen strömt ein Arm des Ozeans in die Unterwelt, und wird da zum Styx, der die Unterwelt eben so umkreiset, wie der Ozeanus die Oberwelt. Um die errores Ulyssis ganz zu verstehn, kommt nur alles darauf an, daß man annimmt, Homer habe die Insel *Aeolia* für eine schwimmende Insel gehalten, die Ulyß das erstemal *vor* Trinakria fand, und als er von Aeolos die Saamen der Winde (wie jetzt noch die Grönländer einen ähnlichen Aberglauben haben) in einem Schlauch empfangen, diese aber durch die Unvorsichtigkeit seiner

Gefährten wieder eingebüßt hatte, bey seiner Rückkehr durch eben den Windstoß, der seine Schiffe zurückwarf, auch selbst weit *hinter* Trinakrien zurückgetrieben fand. Daher heist sie πλωτη Odyss. 10.1 ff. Schwimmende Inseln waren im hohen Alterthum sehr gewöhnlich. Man denke an Delos u. die Erdscholle der Argonauten, aus der *Thera* wurde. Ein zweiter Hauptpunct ist die der westlichen Einströmung des Ozeans ganz nahe Lage von Trinakrien, und die sonderbare Verrückung des Dreiecks dieser Insel, indem sich Homer die Ostseite von Pelorum bis Pachynum, als die Südseite, und die Südseite von Pachynum bis Lilybäum als die Westseite dachte. Daraus läßt sich erst die Wohnung der Cyclopen erklären, so wie aus der ganz nach Westen verrückten Lage der Insel überhaupt der Umstand, daß sie dem Sonnengott, der dort einen Abendpallast hatte, heilig war. Nach einer Stelle des Strabo scheint auch dieser von dieser irrigen Vorstellung nicht freigeweßen zu seyn. (Dawider nahm ich mir die Freiheit einige nicht unerhebliche Einwürfe zu machen) – Die Vorstellung einer tellerförmigen Erdfläche geht bis auf die Zeiten der Pythagoräer. Philolaus scheint zuerst eine Kugel gedacht zu haben. Früher änderte man seine Vorstellungen nur immer darinnen, daß man sich die Erdfläche nicht mehr Zirkel- und Tellerförmig, sondern als ein ⬭ dachte, indem man den Kreis der Länderkunde gegen Osten u. Westen immer mehr ausdehnte. Hesiodus fodert schon eine ganz neue Erdtafel. Er kennt schon die Adriatische See u. die wahre Lage Italiens durch die Phocäer. Zum Behuf dieser Hesiodischen Welttafel ließ sich Voß durch einen seiner Freunde alle Fragmente des Hesiodus sammeln, und erhielt davon an 200, wovon kaum die Hälfte in den gewöhnlichen Ausgaben stehe. Noch glaubt er nicht alle Bruchstücke dieses Dichters beysammen zu haben. Und doch darf er nicht eher Hand ans Werk legen, bevor nicht diese Fragmentensammlung ganz volständig ist. Aeschylus u. sein Zeitalter fodert eine dritte Welttafel. Sein Prometheus giebt schon einen Periplus des schwarzen Meeres und erweiterte Bekantschaft mit Westeuropa. Nun tritt die Periode von Hekatäus bis Herodot ein. Herodots sonderbare Vorstellung von den zwey korrespondirenden Flüssen, den Ister und Nil. Bis zu Alexanders Zeiten hatte man keine deutliche Vorstellung von den Indischen Gewässern, man glaubte das hinterste Indien hänge mit Libyen u. Aethiopien zusammen, und das rothe Meer sey von allen Seiten mit Land eingeschlossen. Aus dieser noch immer sehr vagen Vorstellung von der Erdfläche muß man Alexanders Welteroberungsplan erklären. Nach dem, was die Griechen von Oberasien wußten, mußte es Alexander sehr leicht dünken, nicht allein bis an der Welt Ende zu kommen, sondern auch hinten herum nach Afrika zu gelangen. Daher das Erstaunen und Murren der Macedonier, da sie das alles ganz anders fanden, und daher auch die Entdeckungsreise Nearchs auf Alexanders Geheiß. Ja man kann behaupten, daß selbst Columbus Entdeckungsreisen auf diese irrige Vorstellung gegründet waren, daß Ostasien u. Westeuropa nicht so gar weit auseinander seyn könnten. *Ueber Pytheas aus Marseille.* Er ist weit weniger Großsprecher und Lügner geweßen, als man gewöhnlich glaubt. Aber die Carthager haben mit mercantilischer List die ungereimtesten Wundergeschichten ersonnen. Sie sprachen von gräßlichen Seeungeheurn, die sie im nördlichen Ozean zu bekämpfen hätten, verbargen die eigentliche Beschaffenheit der Kassiteriden, und entschädigten einen Kauffahrer auf öffentliche Kosten, der um freie Farth den spionirenden Römern zu verhelfen, absichtlich gestrandet war. Sie erdichteten fabelhafte Periplos um Afrika, um den Griechen das Maul damit zu schmieren. Im *Eridanus* hat sich die älteste Sage vom *Rhein* erhalten. An dessen Ausflüssen fanden die Phönizier den Bernstein, nicht in der Ostsee. Später dachte man sich einen dreifachen Eridanus aus einer Quelle in der Gestalt eines Lateinischen Y, der Rhein, die Rhone und der Po. *Ueber die dreifache Vorstellung des Argonautenzugs.* Die älteste ließ die Argonauten durch den Phasis u. die Einströmung des Ozeans grade zu in den Ozean gerathen, und nach Süden hinab immer weiter im Ozean schwimmen, bis sie in dem seichten Fluß für Schlamm und Moder nicht weiter kommen konnten. Sie stiegen also ans Land, trugen ihre Barke mehrere Tagreisen auf den Schultern, u. kamen so in den Fluß Triton u. durch diesen in das innere Meer (ἡ ἐντος θαλασσα, das Mittelmeer) zurück. Die zweite schon spätere Sage ist die des Pseudoorpheus. Da gehen die Argonauten durch den Tanais hinauf zu den Cimmererіern, umschiffen ganz Nordeuropa, u. kommen durch die Gaditanische Meerenge zurück ins Mittelmeer. Die dritte u. späteste ist die des Apollonius. Da gehen sie durch einen Arm des Ister, kommen zu einem Fluß im Celtenlande, etwa der Rhone, heraus, bey der Residenz der Circe vorbey an die Syrten von Afrika, die man sich noch immer als auserordentlich gefährlich dachte, von da nach Corcyra, wo sie eine Colchische Flotte finden, die vom Adriatischen Meer heruntergekommen ist, u. endlich nach Hause. – Plato habe sich mehrere große Weltinseln in schmalen Streifen gedacht, wie die Streifen eines vielfarbigten Balles. S[iehe] die merkwürdige Stelle im Phädo. Wir leben im dunkeln Meeresboden des Dunstkreises, oben ist erst der Aether und das ἀληθινον φως. Eudoxus. Eratosthenes. Ptolemäus. Bemerkung des großen Irthums, der auch beym Ptolemäus noch statt findet, da die nördlichsten Länder alle um 10 Grade zu tief angegeben worden. Bey Gelegenheit des Phönizischen Bernsteinhandels bemerkte Göthe, daß, da er selbst in Sicilien viel einheimischen Bernstein gesehn habe, u. von jeher dort welcher gefunden worden wäre, er nicht begreifen könne, warum die Phönizier ihn nicht auch damals schon zunächst aus Sicilien hätten holen können.

Nun wurde Licht gebracht, und Voß hielt wieder eine Vorlesung aus seiner Odyssee vom 5ten Gesang V[ers] 380 an bis zu Ende, und den ganzen 6ten Gesang. Gleich anfänglich laß er die Stelle V[ers] 400ff. die in seiner Uebersetzung durch Anhäufung rauhklingender Worte sehr hart zu seyn scheint, mit unnachahmlichem Wohllaut vor. Er söhnte uns durch seinen lebendigen Vortrag aufs neue mit allen seinen Härten aus. Bey Tische äuserte Herder die Mutmaßung, daß *Homer* vielleicht nur ein nomen collectivum, u. die Ilias u. Odyssee ein künstlich zusammengesetzter Blüthenkranz vieler verlorengegangener Dichter sey. Voß schien darüber im Ernste betreten, und vertheidigte die unité et indivisibilité seines Homers mit eben so großem Eifer, als der eifrigste Jacobiner die Einheit der Republik. Ich bemerkte, daß hier sehr viel auf die Frage ankäme, ob Homer die Buchstabenschrift gekannt, u. diese zum Niederschreiben seiner Gedichte gebraucht habe. Voß behauptete beides. Ich erklärte die σηματα λυγρα in der Geschichte des Bellerophon für kleine Gemälde, Voß für Schrift mit φοινικηΐοις, Cadmischen Buchstaben. Ich gab endlich zu, daß Homer wohl den Gebrauch der Buchstaben in kleinen Aufschriften in ehernen Tafeln u. s. w. gekannt haben könne, daß aber wenigstens in seinen Gedichten keine deutliche Spur davon vorkomme, u. daß seine Gesänge gewiß lange durch Rhapsodenüberlieferungen u. die sogenannten Ομηρισται fortgepflanzt worden wären. Gegen die Hypothese, daß Homers Ilias erst zu Sparta u. Athen von Lycurg u. Pisistratus nach u. nach zusammengesetzt worden wäre, erinnerte Göthe mit Recht, daß dann die Athener gewiß keine so armseelige Rolle mit ihren paar Schiffen in der Ilias spielen würden. Herder bedauerte den Verlust des Margites. Wieland schimpfte auf den Chrysostomus, daß er, als er den Aristophanes gerettet habe, nicht auch den Menander vor der Pfaffenwuth mit gesichert habe. Die ganze Anecdote wurde kritisch bezweifelt, und ich bemerkte, daß sich das ganze Geschichtgen auf eine Erzählung des Manuzzi in der Vorrede von seiner Ausgabe des Aristophanes gründe, der es wahrscheinlich als eine Ueberlieferung der Griechischen refugiés aus Constatinopel aufgeschrieben habe. Ich habe Wielanden versprochen hierüber etwas in Merkur zu geben. Voß bedauerte die Dithyramben des Pindar, u. Wieland erzählte hierauf, daß er einst in seiner Jugend einen sehr lebhaften, ihm noch immer unvergeßlichen Traum gehabt habe, in dem es ihm geschienen hätte, als wäre er mit der Lectüre dieser wiedergefundenen Dithyramben beschäftigt, u. daß er beym Erwachen über die Vereitlung dieses Traumgesichts ganz untröstbar gewesen sey. Man sprach weiter über die Charactere im Homer. Herder rechtfertigte den Achill fast mit eben den Gründen, die er auch im 3ten Theil seiner Briefe über die Humanität gebraucht hat. Agamemnon sei eigentlich der häßlichste Character, u. das bekannte εἶς κοιρανος ἐστω, der älteste Schutzbrief des Despotismus, werde dadurch eben nicht sehr gehoben. *Thersites* spreche die wahre Stimme des Volks u. sei das Vorbild aller Demagogen und Sanscülotts.

Vom Unterschied der Odyssee und Ilias. *Herder* führte den Einwurf an, daß in der Ilias bloß die Iris als Bothin vorkomme, in der Odyssee blos Merkur. Wurde von *Voß* sehr gut dadurch beantwortet, daß die Iris nur kurze Botschaften zu überbringen habe. Merkur in ferne Gegenden. Voß kam auf die Schwierigkeiten zu reden, die dem Leser der Odyssee aufstoßen, wenn er sich ein ganz deutliches Bild vom Pallaste des Ulysses machen will. Er entwarf einen Grundriß mit einer Bleifeder aufs Papier. Ich habe mir ihn kopirt. Ohne diese deutliche Vorstellung könne man die μνηστηροφονια im 22ten Gesang gar nicht verstehn. Besonders undeutlich u. durch die Spitzfindigkeiten der Grammatiker verwirrt sey der Ausdruck ὀρσοθυρη. Um ihn ganz zu verstehn müsse man sich denken, daß das μεγαρον oder der große Conversations und Speisesaal tiefer eingegraben geweßen, als die übrige Hausfloor. So bedeute nun ὀρσοθυρη eine Thüre, an deren Schwelle man erst durch etliche Stufen hinan komme. Die λαυρη sei um den Saal u. die übrigen Gemächer herumgegangen, habe aber noch zum ἑρκος gehört. Man müsse hierbey auch nicht vergessen, daß die Treppen auf die obern θαλαμος (Dachzimmer oder Böden) *von ausen* ganz im freien hinaufgegangen wären, und daß also ein Freier, der durch die ὀρσοθυρη hinaus schlüpfte, auf eine solche Treppe springen, und von da oben herab hinaus auf die Straße schreien konnte. Der Umstand, daß die Treppe von ausen hinauf gehe, erläutere auch das Waffenholen des Telemachus u. seiner Gehilfen, als Ulysses die Pfeile verschossen hatte. Die Penelope habe sich gewöhnlich auch im hintern Erdgeschoß aufgehalten, so daß sie durch eine Oeffnung immer sehen konnte, was im Saale vorging; nur wenn sie schlafen oder beten wollte, war sie in obern Gemächern. Der Boden des großen Saales sei weder gediehlt noch mit Estrig belegt geweßen. Die Lage des Orts, wo die Handmühlen gestanden, lasse sich aus der Stelle bestimmen, wo Ulyß des Nachts neben an schlafe, und die Müllerinnen sprechen höre. Die in einen Vogel metamorphosirte Athene setze sich in das Loch, wodurch der Rauch hinauszog, καπνοδοκη. Beiläufig erklärte Voß auch eine Stelle im IV Gesang der Odyssee 74 Ζηνος που τοιηδε γ' 'Ολυμπιου ἔνδοθεν αὐλη. Menelaus meint die Pracht des δωμα des Menelaus möge doch wohl der Pracht des *Vorhofes* in Jupiters Halle gleich kommen. Er behauptet also doch immer noch eine Gradation in der Vergleichung.

⟨Die Pfeile, mit denen Ulyß die Freier erschoß, waren vergiftet, welches in diesem Fall nicht unerlaubt war, wie sonst. Odyss. I, 263. Voß behauptete (gegen Gegaut II. 171. deutsch[e] Uebe[rsetzung]) daß Odyss. XIX, 34 wirklich schon von einer Oellampe die Rede sey. Ich nahm λυχνος dort doch lieber für eine Art von Kohlbecken.⟩

Von Homer kam das Gespräch auf alle Biblische Geschichten, u. da bekam Samuel, der Zweiächsler zwischen einem Esel- und Schaafhirten, sein gutes Theil. *Herder* bemerkte sehr scharfsinnig, daß Saul nie eine eigentliche Constitution zum König erhalten habe, die erst Salomo durch den Tempelbau wirklich empfing.

Noch erzählte Voß, daß er jüngst eine große Freude gehabt hätte, da des Grafen Fritz Stolberg Hofmeister, dem er bey der Reise nach Italien aufgegeben habe, alle Pflüge, die er in Italien anträfe, genau zu betrachten u. abzuzeichnen, in der Gegend von Tarent den Pflug grade in der Gestalt wiederfand, wie ihn Voß nach vielen Modellen u. vergeblichen Versuchen selbst herausklügelte. Er wird diesen Fund in der neuen Ausgabe seiner Georgika öffentlich bekannt machen.

Den 6ten Juny [1794]

waren wir Mittags bey Göthe zusammen. Beinahe während der ganzen Mahlzeit sprach Göthe mit einer von mir an ihm noch nie beobachteten Heftigkeit gegen *Lavatern*, den er für den studiertesten Heuchler und Bösewicht erklärte, aber seiner unendlichen Kunst, allen alles zu werden, völlige Gerechtigkeit widerfahren ließ. Anecdote von *Hottinger* und der Fürstin v. Dessau. Lavatern schenkte Hottinger seinem abgesagtesten Gegner, ein Halstuch, das auf der Fürstin Busen geruht hatte, u. von ihren Thränen benetzt war, um den jungen Hottinger durch Sinlichkeit zu fesseln. Göthe antwortet Lavater nie, ohngeachet dieser durch Grobheiten Antworten erzwingen will, u. ließ sich vor ihm in Maynz verleugnen. Warum er überal seinen Namen einkritzle? In Frankfurt zerbrach Göthe bei seiner Mutter viele Scheiben u. Spiegel, wo überal Lavater sein Gedächtnis gestiftet hatte. *Wieland*, der seit Lavater mit Reinhold bei ihm war, immer Lavaters Partie nahm, u. ihn auch jetzt noch zu Anfange vertheidigte, wurde durch das alles, was Göthe sagte, so aufgebracht, daß er sich selbst ausschalt, weil er zeither den Fremden, gegen die er Lavater lobprieß, so viel Aergerniß gegeben habe. *Voß*, der auch viel Unwillen gegen Lavater zeigte, erzählte, Lavater habe in Copenhagen und überal im Holsteinischen mit großer Selbstgefälligkeit erzählt, als er mit Reinhold u. Wieland zu Tische gesessen, da hätten die Dichtkunst, Philosophie u. Schwärmerei Tischgenossenschaft gemacht.

Auf *Schütz* in Jena ist Voß sehr unwillig, u. glaubte er begünstige die Heynische Partei zu sehr. Auch habe er ihn, da er auf Schützens vorhergegangne Auffoderung sich wirklich zu Rezensionen im Fache der deutschen Poesie z. B. über Ramlers Hexametrirten Geßner, erboten habe, keiner Antwort gewürdigt, u. auch seitdem nicht wieder geschrieben. Er gab mir einige Aufträge an Schütz, weil er, ohne Jena zu berühren, so gleich nach Halle abreißte, u. von da wieder zu *seinem* Vater Gleim nach Halberstadt. – Vom Voßischen Musenalmanach gingen sonst 500 Exemplare, jetzt nur die Hälfte.

Ueber Voß überhaupt

Eine lange, mehr hagre, als genährte Figur, länglicht zugespitztes Gesicht, große römische Nase, Festigkeit und prononcirte Bestimmtheit in jeder Gesichtsmuskel, ein herzliches freundliches Lächeln ohne allen Hohn und Selbstgenügsamkeit. Anfänglich viel Zurückgezogenheit und überal Spuren von Mistrauen. Wenig Beredsamkeit, aber viel Wohlredenheit und große Präcision. –

Als Voß in Göttingen in jenen berühmten Zirkel der Stolberge, Hölty, Miller u. s. w. sich befand, herrschte *Heyne* gewaltig, und spottete zuweilen wohl etwas bitter über die Schöngeisterei der Herrn, die alle Pfingsten in einem Hayn bey Göttingen ein Gedicht von Wieland in frommen auto da fé verbrannten. Hinc prima exordia pugnae. Nun stellt sich Voß Heyne noch immer aus jener Periode vor die Augen, schiebt alle Schuld der zahlreichen Heynischen Schüler auf den Lehrer, und glaubt, versessen und unberathen im äusersten Winkel Deutschlands, alles sei gegen ihn verschworen, um seinem Verdienst nirgends Gerechtigkeit widerfahren zu lassen. Dieß ist zu einer Art von fixer Idee bey ihm geworden, und in den unschuldigsten Veranlassungen und Unterlassungssünden der Rezensenten findet er neuen Stoff zu diesem Verdacht. Hätte er einen wahren *Freund* zur Seite gehabt, so würde die Fehde gewiß nicht so weit gediehen seyn, daß es nun heißt ἢ μ’ ἀναειϱ’ ἢ ἐγω σε. Denn das erklärte Voß laut, u. mit einer fürchterlichen Festigkeit: *er müsse Heyne tod machen.* Der erste tödliche Pfeil soll die Sammlung mythologischer Briefe seyn. Der zweite (?) sei noch im Köcher.

Herder hatte es selbst in Wielands Namen mit unternommen, Voßen über Heyne andere Gesinnungen beyzubringen. Er hatte eine zweistündige Unterredung in dieser Absicht mit ihm. Am Ende kam so viel heraus: Voß wolle Herdern die mythologischen Briefe schicken, über die ihm Herder sein unpartheiisches Urtheil zu schreiben versprochen hat. Voß sagte: das geschehene könne nicht ungeschehn gemacht werden. Der erste Hauptangriff sei nun in den mythologischen Briefen einmal gemacht. Aber damit soll es auch sein Bewenden haben. Er versprach Herdern mit der Hand *von nun an nichts mehr gegen seinen Todfeind zu schreiben, und die Sache allein ihren Gang gehn zu lassen.* Der Glimpf, mit dem ihn Heyne im neuen Englischen Abdruck der Georgika behandelt, hat ihn, wie vorauszusehn, nur noch mehr erbittert. *Das Lob eines Feindes ist Gift*, sagte er. Am Ende der Unterredung drückte er mit inniger Rührung Herdern die Hand u. rief: Hätte ich immer einen solchen Freund gehabt! – Herder wird selbst auch an Heyne schreiben.

ἀνηρ ἀριστος εἶναι οὐ δοκειν θελει ist übrigens gewiß die practische Lebensweisheit des ungeschminkten, von aller Affectation ganz entfernten Mannes. Er hatte es kein Hehl, daß er darum nie Latein geschrieben, weil er sich nicht ganz nach seinem Willen darinnen ausdrücken könne. Herder citirte hierbey Lessings Spruch, der darüber, daß er nie Latein geschrieben, zu sagen pflegte: wie er wolle könne er nicht schreiben, u. wie er könne, wolle er nicht. – Da oft von Kunstsachen die Rede war, so gab er sich nie auch nur von fern die Mine eines Kenners, u. schämte sich seiner Unkunde darinnen nicht. Als er mit Wieland Göthes treffliche Kunstsammlungen besah, u. Wieland nach dem Preiß einer Hackertschen Handzeichnung fragte, die er gern besitzen möchte: so bemerkte Voß ganz unschuldig, für eine solche Summe würde er sich viel schöne Bücher kaufen können. – Je mehr er nun überhaupt seine gewiß superieuren Geisteskräfte auf gewisse einzelne Puncte concentrirt hat: desto fester und stolzer ist er auch in dem, was er ganz umfaßt hat, und desto eifersüchtiger auf seine vieljährige Autodidaxie in der Dichtererklärung u. Uebersetzung. Das ist sehr natürlich.

Je öfter man ihn spricht, desto mehr fühlt man sich zu ihm gezogen, desto herzlicher u. mittheilender wird er. Hat Kästner ihm einst die Empfehlung gegeben: *Ueberbringer dieses ist ein dummer Junge, der Griechisch und Verse machen kann:* so würde er diesen plumpen Einfall selbst für einen Gassenbubenstreich erklären, wenn er nur drei Tage ungekannt mit Voßen um gehn könnte.

Paralipomena

Johann Wolfgang von Goethe

Schöne Recension seines *Wilhelm Meisters* in den Göttinger Anzeigen, *July [17]95*

Göthens Haupttendenz ist zum dramatischen Dichter. S[iehe] *Wieland* in den Supplement Bänden VI. 316–21.

Lessing wollte gegen Göthe *Werthersche Briefe* schreiben, weil ihn sein Dünkel gegen Wieland empörte. *Nicolai Anhang zu Fr. Schillers Musenalmanach* 1797. S. 160ff.

Anecdote von *Bürger*, der auf den Minister ein Epigramm macht S. 165ff.

Göthe schämt sich der deutschen Sprache im Schillerschen Musenalmanach 1796. S. 223.

Vieles hab ich versucht, gezeichnet in Kupfer gestochen
Oel gemalt, in Thon hab ich auch manches gebracht.
Aber unbeständig, und nichts gelernt, noch geleistet,
Nur der Meisterschaft nah bracht ich ein einzig Talent,
Deutsch zu schreiben: u. so verderb ich unglücklicher Dichter
In dem schlechtesten Stoff, beides nun Leben und Kunst.

Nicolais scharfe Bemerkung hierzu S. 172f.

Ueber *Göthes* Zusammenkunft mit *Lenz* bey Schlosser in Emmendingen S[iehe] *Reichard* Archiv für Deutschland 1796. Januar.

Christoph Martin Wieland

Recension der Werke, des typographischen Theils A. L. Z. 1796. n. 1. des Schriftstellers, und zwar jüngst des Agathons 1799. n. 324. *von Schütz.*

Friedrich Johann Justin Bertuch

Bertuch brachte nach Weimar Schulze. Gaspari. Bischoff u. Grellmann waren seine Schreiber. *Kraus* brachte er aus Frankfurt her, als der Herzog als Erbprinz eine Zeichenschule errichten wollte.

August Wilhelm Rehberg

Wird im *Dicken Mann* von Nicolai Th[eil] 1. S. 56. wegen seiner seichten *Prüfung der Erziehungskunst* nach Verdienst gezüchtigt.

Anne Louise Germaine de Staël-Holstein

S[iehe] *Napoleon Bonaparte* S. 178. Auch hier wird sehr richtig bemerkt, daß Neckers dernieres vues de politique den Consul am meisten aufbrachten.

Johann Heinrich Voß

Um seinen Streit mit Heyne ganz würdigen zu können, muß man einen Brief von Heyne an Voß lesen im *Deutschen Museum* 1778. Band 1. S. 547. über den Pindar.

Verliert seinen Schwager Boye. *Wolfs* Brief vom 8ten Mai[i] [17]95

S[iehe] *Baggesen oder das Labyrinth* 2ter Theil S. 131. ff mit *Cramers Zusätzen.*

Anhang

Verzeichnis der Siglen und Abkürzungen

AdB	Allgemeine deutsche Bibliothek (1765–1792, hrsg. von Christoph Friedrich Nicolai)
Adelung	Grammatisch-kritisches Wörterbuch der Hochdeutschen Mundart […] von Johann Christoph Adelung. 4 Bde. Leipzig 1793–1801
ALZ	Allgemeine Literatur-Zeitung (1785–1803; gestiftet von Friedrich Johann Justin Bertuch, hrsg. von Christian Gottfried Schütz)
AM	Attisches Museum (4 Bde. 1796–1803, hrsg. von Christoph Martin Wieland); 1805–1811: Neues Attisches Museum (2 Bde.)
H	Handschrift
HSW	Johann Gottfried Herder, Sämtliche Werke. Hrsg. von Bernhard Suphan. 1877ff. (Reprographischer Nachdruck Hildesheim 1967ff.)
Modenjournal	Journal des Luxus und der Moden (1786–1827, hrsg. von Friedrich Johann Justin Bertuch)
MSW	Johannes von Müller, Sämmtliche Werke. Hrsg. von Johann Georg Müller. 27 Bde. Tübingen 1810–1819
NAM	s. AM
NB	Neue Bibliothek der schönen Wissenschaften und der freyen Künste (1765–1806, hrsg. von Christian Felix Weiße)
NTM	Der Neue Teutsche Merkur vom Jahre […] (1790 bis 1810; vorher: Der Teutsche Merkur, 1773–1789; hrsg. von Christoph Martin Wieland)
TM	s. NTM
WA	Goethes Werke. Hrsg. im Auftrage der Großherzogin Sophie von Sachsen. Weimar 1887–1919. Abteilung I: Werke, 55 Bde.; Abteilung IV: Briefe, 50 Bde.
WSW	C. M. Wielands Sämmtliche Werke. 36 bzw. 39 Bände und 6 Supplemente. Leipzig 1794–1801/02 bzw. 1811

Anmerkungen

Anmerkungen und Register bilden eine Einheit. Personen und Werke, die vom Text her eindeutig zu identifizieren sind, erscheinen nur im Register, wo sie kommentiert bzw. bibliographiert werden. In Zweifelsfällen verweisen die Anmerkungen auf Kurztitel, die mit Hilfe des Registers erschlossen werden können. Texteingriffe der Herausgeber wurden, insofern sie nicht im Text kenntlich gemacht wurden, innerhalb der Anmerkungen verzeichnet.

Die Aufzeichnungen Böttigers sind folgendermaßen geordnet: Am Anfang stehen »Böttigers erste Aufzeichnungen in Weimar«. Es schließen sich thematische Aufzeichnungen zum »Weimarschen Geniewesen« und zum »Weimarer Gelehrtenverein« an. Die folgenden Texte sind Personen zugeordnet. Sie gliedern sich in zwei Teile, in denen eine alphabetische Ordnung besteht. Der erste gilt den Weimarer Berühmtheiten: Goethe, Herder, Schiller und Wieland. Der zweite gilt bemerkenswerten Persönlichkeiten, die teilweise in Weimar, Jena, Gotha lebten, teilweise durch Besuche in Weimar das gesellige Leben bereicherten. Friedrich Johann Justin Bertuch, Georg Joachim Göschen, Friedrich Wilhelm Gotter, Ferdinand Justus Christian Loder, Johann Kaspar Friedrich Manso, Johannes von Müller, Friedrich Wilhelm Basilius von Ramdohr, August Wilhelm Rehberg, Anne Louise Germaine de Staël, Johann Friedrich August Tischbein und Johann Heinrich Voß.

[Böttigers erste Aufzeichnungen in Weimar]

Böttiger schildert Ereignisse, die nach seiner Ankunft in Weimar im September 1791 stattfanden. Sie sind datiert. Es handelt sich um die erste Predigt Johann Gottfried Herders, die Böttiger hörte, Böttigers Amtseinführung am 4. Oktober 1791 und um ein Abendessen bei Christoph Martin Wieland. Das sich später durchsetzende Prinzip, die Aufzeichnungen unter Personennamen zu ordnen (Herder, Wieland, Goethe), zeichnet sich ab.

25 **im Vauxhall** – Im weimarischen Park stattfindende sonntägliche Konzerte der Stadtpfeifer, benannt nach dem gleichnamigen Vergnügungspark in London.

Evangelium von den 10 geheilten Aussätzigen – Lukas 17,11–19.

26 **und dieß war ein Samariter** – Lukas 17,16.

27 **concordia ...** – concordia res parvae crescunt – (lat.) Durch Eintracht wachsen (selbst) kleine Dinge. Sallust, Jugurth. 10, 6.

27 **Batăvi** – Böttiger hat das »a« in der zweiten Silbe als »kurzes a« markiert, folglich hat Herder die erste Silbe des Wortes betont. Böttiger hat dagegen die lange Aussprache des »a« und die Betonung der zweiten Silbe des Wortes für richtig gehalten. Die Bataver waren ein in dem Gebiet zwischen Rhein, Waal, Maas und dem Ozean lebendes germanisches Volk.
Wiederkunft von Italien – Vgl. Einleitung zu Herder.
28 **Könige v. Scheschian** – Wieland: Der Goldne Spiegel.
lebte damals in Erfurt – Seit Mitte 1769 war Wieland Professor in Erfurt. Im September 1772 folgte er einem Ruf als Prinzenerzieher nach Weimar.
29 **meine jüngste** – Maria Louisa Charlotta Wieland.
15jähriges Mädchen von der Post – Nicht ermittelt.
30 **materia peccans** – (lat.) Schadstoff.
31 **Göthes Erzählung** – Goethe war zweimal nach Italien gereist. Die erste Reise schloß sich an einen Aufenthalt in Karlsbad an und dauerte von September 1786 bis April 1788. Um die Herzogin-Mutter von Venedig abzuholen, hatte sich Goethe nochmals von Ende März bis zum Mai 1790 in Italien aufgehalten.
Gaskonade – Gasconnade nennt man im Französischen eine eines Gascogners würdige Rede oder Handlung, im übertragenen Sinne eine Großsprecherei. Nach Plutarchs Biographie des Alexander in den »Bioi paralleloi« (Parallelbiographien) (Alexander 72,6) sowie Plutarchs »De Alex. fort.« p. 335 C-E, schlug Stasikrates Alexander dem Großen vor, aus dem Athosgebirge eine menschliche Gestalt zu bilden, deren rechte Hand eine Stadt halten und deren linke Hand einen Wasserstrom ins Meer gießen, sollte. Vitruvius schreibt die gleiche Anekdote dem Deinokrates, Strabon dem Cheirokrates und Eustathios dem Diokles von Region zu.
32 **à force de parler** – (franz.) indem er viel spricht.
33 **ist übrigens** – In H: ist übrigens ist.
von Adrian an bis … Antonin – *Hadrianus* (76–138), röm. Kaiser seit 117, dessen Adoptivsohn, der Friedenskaiser *Antoninus Pius* (86–161), röm. Kaiser seit 138, dessen Adoptivsohn Marcus Annius Verus, genannt *Marc Aurel* (121–180), röm. Kaiser seit 161, und der letzte Antonin: Marcus Aurelius *Commodus* Antoninus (161–192), röm. Kaiser seit 180.
Bileams Esel – 4. Mose, 21–34.
des Herzogs – Karl August von Sachsen-Weimar-Eisenach.
fiat – (lat.) Es geschehe!
Versuche über Farben – Goethe: Beyträge zur Optik.
34 **ein neues Schauspiel**: Goethe: Der Groß-Cophta.
ein junger Göthe – Julius August Walther Goethe.

Weimarsches Geniewesen

Der Abschnitt faßt Aufzeichnungen zusammen, die Böttiger zu verschiedenen Zeitpunkten während seines Weimarer Aufenthaltes nach Erzählungen anderer über das »Weimarsche Geniewesen« anfertigte, das er persönlich nicht erlebt hatte. Verschiedene Ereignisse werden aus wechselnder Perspektive mehrfach erzählt.

35 **Lenz** – Jakob Michael Reinhold Lenz hielt sich vom 1. April bis 1. Dezember 1776 in Weimar auf.

Kraftgenie Klinger – Friedrich Maximilian Klinger hielt sich vom 10. Juni bis Ende September 1776 in Weimar auf.

36 **hielt Doktor Kaufman ... Einzug** – Kaufmann hielt sich erstmals vom 21. September 1776 bis 9. Oktober 1776 in Weimar auf.

in Lavaters Pysiognomick – Vgl. 3. Anm. zu S. 70. Im 3. Band steht unter der Tafel, die Kaufmanns Portrait zeigt, ohne seinen Namen zu nennen: »Man kann was man will / Und man will was man kann.«

Friedrich Schulze – J. Chr. Fr. Schulz hielt sich im Frühsommer 1785 in Weimar auf. Er fuhr in der Folge häufig zwischen Weimar und Wien hin und her.

37 **shakspearisirende** – In H: shaksspearisirende.

in Darmstadt seine Bekantschaft – Am 26. und 27. Dezember 1784 begegneten sich Schiller und der Herzog Karl August am Darmstädter Hof. Am 27. Dezember erhielt Schiller auf seine Bitte vom Herzog den Titel eines Weimarischen Rats.

in Dresden – Schiller hielt sich vom 12. September 1785 bis 20. Juli 1787 bei Körner in Dresden auf.

30jährigen Kriegs – Schiller: Geschichte des Dreißigjährigen Krieges.

erste Vorlesung – Am 26. Mai 1789 hielt Schiller in Jena seine Antrittsvorlesung: »Was heißt und zu welchem Ende studiert man Universalgeschichte«.

38 **antikritische Triplik** – Nachdem Schiller in der ALZ Bürgers »Gedichte« negativ besprochen hatte, ließ Bürger im Intelligenz-Blatt der ALZ seine »Vorläufige Antikritik« veröffentlichen. Darauf reagierte Schiller ebenda mit einer »Verteidigung des Rezensenten«.

kam vor 8 Jahren – De Villoison hatte sich von Mai 1782 bis März 1783 in Weimar aufgehalten.

39 **scholiis ineditis ...** – (lat.) mit den unedierten Scholien [Randbemerkungen] unterschrieben hat: Mitglied der lateinischen Gesellschaft in Jena.

Linguam vestram ... – (lat.) Ich will nicht eure rauhe Sprache lernen.

beging damals – Der spätere Ludwig X., Landgraf von Darmstadt, hatte den Sommer 1776 in Weimar verbracht.

40 **Merk** – Merck und Goethe kannten sich aus der Frankfurter Zeit. Sie kamen im September 1777 in Eisenach zusammen, wo sie auf der Wartburg wohnten. Am 9. Juni 1779 traf Merck in Weimar ein, wo er sich noch im Juli aufhielt. Während dieses Sommeraufenthaltes wohnte er auch einige Wochen bei der Herzogin Louise Auguste von Sachsen-Weimar-Eisenach auf Schloß Ettersburg.

Er war es … – Das Ereignis lag im Sommer 1779. In seinem Brief an Goethe vom 15. September 1779 nennt Jacobi den ihm zugetragenen Grund der Exekution; Goethe werfe ihm vor, er hätte sich »selbst vergöttern und zur öffentlichen Anbetung aufstellen wollen«. Eine ausführliche Beschreibung des Vorgangs findet sich in Jacobis Brief an J. K. S. Schlosser vom 10. November 1779. Erst am 2. Oktober 1782 äußerte Goethe gegenüber Jacobi sein Bedauern, sich zum Zeitvertreib einen Freund verscherzt und ihn verletzt zu haben.

im Geschmack des dicken Mannes – Chr. Fr. Nicolai: Geschichte eines dicken Mannes. Bertuch hat einen solchen Roman nicht geschrieben.

wie Nicolai – Nicolai: Beschreibung einer Reise.

Geburtstag des Herzog – Karl August von Sachsen-Weimar-Eisenach wurde am 3. September 1757 geboren.

41 **Klopstocks Messias, den Judas …** – Vgl. Klopstocks »Messias«, 3. Gesang.

Mignon – Gestalt aus »Wilhelm Meisters Lehrjahre« von Goethe.

die Herzogin – Gemeint ist die Herzogin-Mutter Anna Amalia von Sachsen-Weimar-Eisenach.

42 **Prinzen Constantin** – Friedrich Ferdinand Constantin von Sachsen-Weimar-Eisenach.

43 **Einst** – Vgl. 3. Anm. zu S. 39.

Bannformeln – Anspielung auf »Tristram Shandy« 11. Kapitel, 3. Buch.

Thusneldus, qui … – (lat.) Ein Thusneldus mit Klitoris. – Anspielung auf Thusnelda, die Frau des Arminius, die für ein Mannweib galt.

eadem vespera – (lat.) am selben Abend.

aufgeführt wurde – In H: aufgeführt wurde).

Die geflickte Braut – Titel einer frühen Fassung von Goethes »Triumph der Empfindsamkeit«. (Vgl. WA I, Bd. 17)

44 **pathetischen Gesang** – »Du gedrechselte Laterne, / Überleuchtest alle Sterne, / Und an deiner kühlen Schnuppe / Trägst du der Sonne wildesten Glanz.« (»Der Triumph der Empfindsamkeit«, WA I, Bd. 17, S. 25)

des Witzes – Bei Adelung (Bd. 4, Sp. 1586) heißt es unter dem Stichwort »Witz«: »1. Wissenschaft im weitesten Verstande, der Vorrath von klaren Begriffen, welchen ein Mensch hat; eine jetzt veraltete Bedeutung, in welcher das Wort noch in Mutterwitz und Schulwitz gebraucht wird. 2. Der Verstand überhaupt; eine alte, noch im gemeinen Leben hin und wieder übliche Bedeutung. So sagt man, ein Kind habe vielen Witz, wenn es einen für sein Alter ungewöhnlichen Verstand hat. Daher Aberwitz, Wahnwitz, Verrükkung des Verstandes. 3. In der engsten, jetzt noch allein üblichen Bedeutung ist der Witz, das Vermögen der Seele, Ähnlichkeiten, und besonders verborgene Ähnlichkeiten, zu entdecken, so wie Scharffsinn das Vermögen ist, verborgene Unterschiede aufzufinden.«

44 **erste Geburtstagsoper der Herzogin** – Zum Geburtstag der Herzogin Louise von Sachsen-Weimar-Eisenach wurden am 28. Januar 1777 »Gesänge zu Lila, einem Feenspiel in vier Aufzügen« gespielt.

der Vögel – Das gedruckte Fragment besitzt keine Unterteilung in Akte. Auf Blatt 4 der Handschrift heißt es aber: »Die Vögel. Erster Akt. 1780.« Vgl. WA I, Bd. 17, S. 354.

Die schöne Seele – Die »Bekenntnisse einer schönen Seele« umfassen das 6. Buch von »Wilhelm Meisters Lehrjahren«, das in der Erstausgabe im 3. Band erschien. Als Vorbilder gelten Susanne von Klettenberg, eine Base und Freundin von Goethes Mutter, und Barbara Schultheß, eine Jugendbekanntschaft und Briefpartnerin Goethes.

45 **Zwei Herrn von Kleist** – Gemeint sind die kurländischen Barone Ernst Nikolaus und Friedrich Georg von Kleist, die Lenz im Frühjahr 1771 von Königsberg nach Straßburg begleitete.

Göthe ... in Strasburg – Goethe studierte von April 1770 bis August 1771 in Straßburg Jurisprudenz. Am 22. September 1770 hatte sich Goethe für die Promotion in die Kandidatenliste eingetragen. Am 25. September bestand er die erste Prüfung und erhielt zwei Textstellen, die er am 27. September erläuterte. Goethes Vater hatte auf das Verfassen einer Dissertation bestanden, die dann abgelehnt wurde und später verlorenging. Am 6. August 1771 fand die Disputation mit Lerse als Respondenten statt, deren Grundlage keine Dissertation, sondern 56 Thesen in lateinischer Sprache waren, die alle Gebiete der Rechtswissenschaft berücksichtigten. Damit erwarb Goethe die Lizentiatur beider Rechte.

Göthe nach Weimar ... – Vgl. 2. Anm. zu S. 72.

Er kam ... – Vgl. 1. Anm. zu S. 35.

46 **ihr Liebhaber** – Baron von Wrangel.

plastron – (franz.) Zielscheibe des Spottes.

nach Emmendingen – Nach seinem Aufenthalt in Weimar 1776 war Klinger bis zum Februar 1778 Theaterdichter der Seylerschen Truppe. Dann vermittelte Schlosser ihm eine Offiziersstelle in einem österreichischen Freikorps, die er im Mai 1779 wieder verlor. Wiederum war es Schlosser, der sich um eine Stelle für Klinger bemühte. Schlosser hatte sich 1779 in Emmendingen ein Haus mit

Garten und Wiesen gekauft. Dort hielt sich Klinger um den 4. und 5. August sowie um den 14. Oktober 1779 auf.

[Der Weimarer Gelehrtenverein]

In der Handschrift findet sich von fremder Hand folgendes Statut des Weimarer Gelehrtenvereins:

1

Endes Unterzeichnete vereinigen sich, jeden Monats einmal zusammen zu kommen, und drey Stunden einer gemeinsamen Unterhaltung durch Vorlesungen und andere Mittheilungen zu widmen.

2

Eines jeden Urtheil ist überlaßen, was er selbsten beytragen will, es mögen Aufsätze seyn aus dem Felde der Wißenschaften, Künste, Geschichte, oder Auszüge aus literarischen Privat correspondenzen, und intereßanten neuen Schriften, oder kleine Gedichte und Erzählungen oder Demonst[r]ationen physicalischer u chemischer Experimente u.s.w.

3

Bey jeder Zusamenkunft ist einer der Unterzeichneten Präsident derselben. Das Loos bestimmt welche Monats-Zusammenkunft einem jeden zufällt. Keine Zusammenkunft darf aber durch diese Einrichtung behindert werden; daher derjenige der von dem Präsidium abgehalten werden sollte, mit einem andern den Monat vertauschen wird.

4

Dem Präsidenten macht die übrige verbundene Gesellschaft im Laufe des Monats und wenigstens eine Woche vorher dasjenige bekannt, womit ein jeder die Versammlung zu unterhalten gedenckt. Ihm bleibt alsdann die Wahl, wie er die Unterhaltung seines Tags ordnen will. Über das was vorgelesen oder mitgetheilt worden, führt er ein kleines Protocoll, und giebt es dem Nachfolger ab. Die Aufsätze nimt jeder Verfaßer zur eigenen Disposition wieder zurück.

5

Es stehet jedem Mitgliede frey, einen oder den andern Gelehrten, besonders aus Jena, als Gast mitzubringen, und zur Unterhaltung der Versamlung beytragen zu laßen. Nur aber geschiehet dem Präsidenten vorher davon Anzeige wen man als Gast mitbringen, und was derselbe vorlesen oder mittheilen will.

6

In dem nächsten Monat September wird der Anfang dieser Zusamenkünfte gemacht werden. Über Zeit und Ort wird man noch überein kommen und einander davon Nachricht geben.

7

Diese Verabredung gilt auf so viel Monate als die Anzahl der Unterzeichneten beträgt. In der lezten Zusamenkunft wird man gemeinschaftlich bestimmen, ob und wie diese Abende fortdauren, und wohin die gehaltenen Protocolle deponirt werden sollen.

8

Es wird der Gesellschaft eine Gnade seyn, wenn die Durchlauchtigsten Herrschaften die Zusamenkünfte mit ihrer Gegenwart beehren wollen. Wie denn auch

9

Um an diesen Unterhaltungen dritte Personen theil nehmen zu laßen, jedoch auch nicht durch eine allzuzahlreiche Versammlung die Aufmercksamkeit zu schwächen, der Präsident zwölf Admißions billets nach seinen Gutfinden zu ertheilen empfängt.
Weimar den 5 Julij 1791.

47 **ihren zwei Hofdamen ... Italien** – Auf ihrer Italien-Reise von August 1788 bis Sommer 1790 wurde die Herzogin-Mutter Anna Amalia nur von der Hofdame Luise von Göchhausen begleitet.

48 **Friedrich** – Gemeint ist Friedrich II. von Preußen.

49 **Friedrich der Rothbarth ... Sottise Albrechts** – Landgraf Albrecht von Thüringen hatte in zweiter Ehe die Tochter Friedrichs I. (Barbarossa) geheiratet. Deren Sohn aus erster Ehe sollte statt seines eigenen Sohnes, Friedrichs des Gebissenen, die Erbfolge in Thüringen antreten. Während des daraus resultierenden Krieges gegen den Vater wurde Friedrich der Gebissene ein Jahr lang auf der Wartburg gefangengehalten. Deshalb konnte er einer Einladung nach Italien nicht folgen, um seine Ansprüche als Hohenstaufe auf Neapel und Sizilien gegen Karl von Anjou geltend zu machen. Der unrechtmäßige König von Neapel, Karl von Anjou, hatte den Hohenstaufen Conradin 1268 hinrichten lassen.

Heerschild – Die Rangordnung der Vasallen im Lehnsstaat. Ursprünglich hatte der Heerschild drei Stufen: König, Fürsten, freie Herren. Derjenige, der von einem Heerschildgenossen ein Lehen nahm, trat im Heerschild eine Stufe tiefer.

50 **fromme Gräfin** – Nach der »Historischen Beschreibung von dem ehemahls berühmten Benedictiner-Kloster zu St. Georgen« von J. M. Schamelius, Naumburg 1728, ist über die Stiftung des Klosters nichts mit Sicherheit zu sagen. Vermutlich hat es der

Markgraf von Meißen und Thüringen, Eckard I., gestiftet, möglicherweise wurde es von seiner Tochter Mechthilde vollendet; die Anekdote vom Raben findet sich in ebendieser Beschreibung. Im heutigen Staatsarchiv Weimar ist die erwähnte Urkunde über die Stiftung nicht vorhanden. Das älteste Dokument stammt aus dem Jahre 944 von Otto I.

50 **Schiffsbote ... Nautilus** – Kopffüßler mit spiralförmiger, in Kammern unterteilter Schale.

51 **Kennt[nisse]** – In H: »Kennt-« die letzte Silbe auf der Seite. Das Wort wurde auf der folgenden Seite nicht fortgesetzt.

52 **Worten des Horaz** – ... und die Worte werden (nicht unwillig) folgen, wenn die Sache gut vorbedacht ist. Ars poetica 311.

Stelle aus Werthers Leiden – Die sechste der »Vorlesungen über den Styl« handelt »Ueber ein poetisches Gemählde von Göthe – warum und in wie fern die Aufstellung und Zergliederung eines solchen Gemähldes in ein Werk über den Styl gehört?« Moritz analysiert eine Stelle aus dem zweiten Brief Werthers (10. Mai) in Goethes Roman.

Abhandlung über die im Alterthum ... – Böttiger: Cyclopen. Arimaspen. Sitte der Alten, sich den Körper zu mahlen und zu punktieren. Der Beitrag erschien im Juni-Heft des NTM.

53 **[die]sem** – In H: »sem« die erste Silbe auf einer neuen Seite.

54 **Batavia** – Niederländisch-ostindische Residentschaft des nordwestlichen Java.

Compilation des Tribonianus – Auf Veranlassung des Kaisers Justinianus verfaßte Tribonianus das juristische Sammelwerk »Corpus juris civilis«. Dieses Corpus besteht aus dem »Codex Justinianeus«, den »Institutionen«, den »Pandekten« und den »Novellen«.

55 **Dönhoff**: Anspielung auf die Gräfin von Dönhoff, die Mätresse von Friedrich Wilhelm II. von Preußen.

Wölnerisch-Oswaldischen Clique – Der preußische Justizminister J. Chr. Wöllner hatte das 1788 in Kraft getretene Religionsedikt erarbeitet. Nach diesem Edikt war es den Geistlichen streng verboten, in Lehre und Predigt von den Bekenntnisschriften abzuweichen.

vidua ... virgo – (lat.) Witwe und Jungfrau. Beide Ausdrücke können auf eine Unverheiratete überhaupt bezogen werden.

57 **vor 8 Wochen** – Über diese Versammlung sind keine Aufzeichnungen überliefert.

Vorlesungen über ... Lebensdauer – Chr. Hufeland: Ueber die Verlängerung des Lebens.

58 **fangen** – anfangen. Das mittelhochdeutsche Verb »vahen« hat neben der Bedeutung »fangen« auch die Bedeutung »anfangen«.

Dephlogistisirte – Die von Georg Ernst Stahl (1660–1734) aufgestellte Phlogistontheorie ging von der Hypothese aus, daß die brennbaren Stoffe einen die Verbrennung ermöglichenden Stoff, das Phlogiston, enthielten, welchen bei der Verbrennung die notwendig anwesende Luft aufnehmen würde.

59 **Lehrgedichts über die Pflanzen** – Am 9. März 1792 übersandte die Gräfin Harrach das Gedicht »Hymnus an Flora« von K. F. von der Lühe an Goethe.

mehr als Kleist und Haller – Ewald von Kleist und Albrecht von Haller hatten bedeutende Gedichte über Naturgegenstände geschrieben. Kleist: Der Frühling. Ein Gedicht (1749); Haller: Die Alpen (1729).

zweimal in Rom und Neapel – Der Bruder des Herzogs Ernst II. von Sachsen-Gotha-Altenburg, Prinz August, hatte 1771/72 und 1777/78 Reisen nach Italien unternommen.

60 **Connoisseurship** – (engl.) Kennerschaft.

Alter und Ursprung ... – Bertuch: Ueber Ursprung und Alter der englischen Gartenkunst.

Schweizer reise – In den sechziger Jahren begleitete Hirschfeld die Söhne des Fürstbischofs von Eutin als Lehrer auf einer Reise durch Deutschland und in die Schweiz.

61 **memoires sur la Chine** – Von Pierre Martial Cibot.

62 **Aufsatz** – Goethe: Des Joseph Balsamo, genannt Cagliostro, Stammbaum.

einige Zeit – Goethe war während seiner ersten Italienreise (vgl. 1. Anm. zu S. 31) vom 29. März bis zum 2. April in Palermo. Der Besuch bei Cagliostros Verwandten fand am 14. April statt.

Advocat – Antonio Vivona. Von diesem Memoire übersetzte Goethe einen Auszug ins Deutsche.

Halsbandsproceß – Ein Skandal wegen eines kostbaren Halsbandes, das der Kardinal Rohan der französischen Königin Marie Antoinette schenken wollte, um ihre Gunst zu erwerben. Der Prozeß fand 1785 statt. Cagliostro, der mit dem Kardinal in Verbindung stand, wurde mit dem Betrug in Zusammenhang gebracht und 1785 in der Bastille gefangengesetzt.

Großvater – Giuseppe Cagliostro war der Großonkel des Abenteurers.

Vater – Giuseppe Balsamo.

63 **Liebhaber** – Gemeint ist der Fürst von Pietraperzia.

Befreiung – Am 1. Juni 1786 wurde Cagliostro aus der Bastille entlassen, am Folgetag verbannt. Er hielt sich vom 18. Juni 1786 bis zum 20. März 1787 in London, danach in Bienne auf.

Schwester – Giovanna Giuseppe Maria Capitummino.

64 **Mutter** – Felice Balsamo.

Rosalienfest – Das Fest der palermitanischen Schutzheiligen wird vom 11. bis zum 15. Juli gefeiert.

Brief – Der Brief ist vom 18. April 1787.

sogleich – In H: auf sogleich. Es handelt sich um eine unvollständige Korrektur. Böttiger wollte zunächst »auf der Stelle« schreiben.

65 **setzten ihn in Stande** – Am 8. November 1788 dankte Goethe dem Herzog Ernst II. von Sachsen-Gotha-Altenburg für einen ansehnlichen Betrag, den dieser ihm zur Abbüßung seiner »palermitanischen Sünden« zugeschickt hatte.
schriftlich – Der Brief ist vom 25. Dezember 1788.
Enfin la sauce ... – (franz.) Kurz, die Sauce stand dem Fleisch nicht nach.

66 **Isthmen** – Im Altertum Bezeichnung für Erdengen oder Landzungen.
künftige mal – Aufzeichnungen über eine weitere Sitzung des Gelehrtenvereins sind nicht überliefert.

Johann Wolfgang von Goethe

Dieser Abschnitt enthält neben Aufzeichnungen über Goethe, die auf Böttigers Umgang mit ihm beruhen, auch solche, die Erzählungen anderer wiedergeben. Unter den letzteren findet sich ein weiteres Kapitel über die Geniezeit, in dem Goethe im Mittelpunkt steht.

67 **[1795]** – Die Datierung ergibt sich aus folgenden Fakten: Die Vorlesungen aus der »Ilias« fanden im Winter 1794/95 statt. Schulz' Bekanntschaft mit Goethe liegt zehn Jahre zurück. Meyer, der 1795 nach Italien geht, ist noch in Weimar. Goethes Syndesmologiestudien im Januar 1795 werden genannt. In das Jahr 1795 fallen die Verhandlungen Goethes mit Wranitzky über die Komposition seiner »Zauberflöte«. Es werden Neuerscheinungen aus dieser Zeit erwähnt: Beiträge im »Reichsanzeiger«, im »Bragur« sowie Stolbergs »Reisen«. Goethe hat Christiane Vulpius vor sieben Jahren kennengelernt.
Oft ging er – Die Fußmärsche von Frankfurt nach Darmstadt unternahm Goethe im April und Mai 1772. Goethe besuchte J. H. Merck, den er im Dezember 1771 kennengelernt hatte. Böttiger hatte die Informationen vermutlich von Caroline Herder, die in ihren Briefen an J. G. Herder davon berichtete.
Merks Haus – Johann Heinrich Merck.
Venus volgivaga – (lat.) der sinnlichen Liebe.
Voßens Iliade – Johann Heinrich Voß' Übersetzung von Homers »Ilias« wurde in Weimar im Winter 1794/95 von Goethe in einem an den Freitagabenden zusammentreffenden Zirkel vorgelesen. Die handschriftlichen Aufzeichnungen Böttigers über die Vorlesung der ersten drei Gesänge am 31. Oktober, am 7. und am 14. November 1794 sind nicht überliefert. Ein Abdruck findet sich in der Ausgabe von Böttigers »Literarischen Zustände und Zeitgenossen« von 1838.
Schulz ... vor 10 Jahren – Vgl. 3. Anm. zu S. 36.

68 **selbst einen Versuch** – Goethe begann 1795, einen zweiten Teil zur »Zauberflöte« zu schreiben. Im Brief vom 24. Januar 1796 verhandelte Goethe mit dem Wiener Hofkonzertmeister P. Wranitzky über die Vertonung, die jedoch nicht zustande kam.

Zaubercyther und andere – Am Weimarer Hoftheater wurden außer W. Müllers Oper »Die Zauberzither« auch die Zauberopern »Das Sonnenfest der Brahminen« von W. Müller und »Oberon, König der Elfen« von P. Wranitzky aufgeführt.

Untersuchungen – Der Zwischenkieferknochen beim Menschen wurde schon von Galen vor dem Jahre 200 beschrieben. Im 16. und 17. Jh. gab es eine wissenschaftliche Diskussion über seine Existenz. 1780 wurde er von Félix Vicq d'Azyr beschrieben. Bedeutende Gelehrte des 18. Jh. wie Camper und Sömmering leugneten seine Existenz. Goethe führte ab 1781 mit Loder in Jena anatomische Studien durch. Am 27. März 1784 entdeckte er den Zwischenkieferknochen beim Menschen. Im Dezember vollendete er eine Abhandlung, die handschriftlich an Fachleute verschickt wurde und auf Widerstand stieß. Auf Loders Absicht, den Aufsatz zu veröffentlichen, weist bereits 1788 sein »Anatomisches Handbuch« hin: »Ueber die Bildung dieses Knochens bey Menschen und Thieren hat Hr. Geh. Rath von Göthe eine mit vielen lehrreichen Zeichnungen begleitete Abhandlung, die aber noch nicht gedruckt ist, geschrieben. Ich habe das Vergnügen gehabt, ein Zeuge seiner scharfsinnigen Untersuchungen zu seyn, und wünsche, daß dieses meisterhafte Product der Nebenstunden eines solchen Liebhabers der Anatomie, dem Publicum nicht länger vorenthalten bleiben möge.« (S. 87) Gedruckt wurde der Aufsatz erst 1820 im 1. Bd., 2. Heft der von Goethe von 1817 bis 1824 herausgegebenen Zeitschrift »Zur Naturwissenschaft überhaupt, besonders zur Morphologie« mit den Titel: »Dem Menschen wie den Thieren ist ein Zwischenknochen der obern Kinnlade zuzuschreiben«.

Loder wird sie herausgeben – Goethe informierte Böttiger über diesen Plan in seinem Brief vom 3. Juni 1797.

Feldzug in die Champagne – Infolge der Französischen Revolution hatte Frankreich Preußen und Österreich im April 1792 den Krieg erklärt. Unter dem Herzog von Braunschweig war ein Heer von verbündeten Gegnern in Frankreich eingerückt. Goethe hatte Herzog Karl August von August 1792 bis August 1793 auf diesem Feldzug begleitet. Die hier geschilderten Anekdoten finden sich in Goethes Text »Aus meinem Leben. Zweyter Abtheilung fünfter Theil. Auch in der Champagne. Campagne in Frankreich 1792« (1822).

69 **Les Prussiens …** – (franz.) Die Preußen können nach Paris kommen, aber sie werden nicht herauskommen.

Syndesmologie – (lat.) Lehre von den Bändern.

69 **Reichsanzeiger** – Im »Kaiserlich-privilegierten Reichsanzeiger«, Nr. 152 vom 27. Dezember 1794, wurde in bezug auf die bessere Qualität englischer Fernrohre die Entdeckung des Schotten R. Blair erwähnt, der ein aus zwei Gläsern zusammengesetztes Objektglas mit verschiedenen metallischen Lösungen füllte.
os coccygis – (lat.) Steißbein.
in der feinen Welt – In H: in der feinen Welt in der feinen Welt.
ἀποσοβεῖν – (griech.) wegscheuchen, sich eilig fortmachen.

70 **Stolbergs ... Reisen** – Auf folgende Stellen in der »Reise in Deutschland, der Schweiz, Italien und Sicilien« von Fr. L. zu Stolberg-Stolberg wird angespielt: 1. »Ich kann diese Körner nicht anders als ein unmittelbares Geschenk Gottes ansehen. [...] Vieles ward der Entwicklung menschlicher Kräfte überlassen; mit der göttlichen Gabe der Sprache, mit dem minder erhabenen aber nothwendigen Geschenk des Kornes ward das junge Menschengeschlecht vom Schöpfer und Erhalter unmittelbar versehen. [...] Als der erste Mensch verurtheilt ward, im Schweiße seines Angesichts sein Brod zu essen, gab ihm der väterliche Richter, der ihn kurz vorher gelehret hatte, seine Blöße zu bedecken, diese Körner mit auf die Flucht.« (Zitiert nach der Ausgabe von 1822, Bd. 4, S. 286.) Dagegen erschien in Schillers Musenalmanach von 1797 das Xenion »Der Teleolog«. 2. »Ein gewisser Charakter von Härte, Mangel der Theilnehmung, trüber Melancholie, welche an Zorn gränzet, bezeichnet die meisten Köpfe der alten Statuen, sowohl der Götter als der Menschen, sowohl des männlichen Geschlechts als des weiblichen. Wofern ich nicht irre, so wirkte die Vorstellung der Vergänglichkeit, und des lang hinstreckenden Todes, [...] auf die Phantasie des heidnischen Künstlers; wirkte auf verschiedne Art, je nachdem sein Charakter diesem Eindruck nachgab oder sich dagegen zu härten strebte; wirkte aus dem Herzen, durch den Arm und durch den Meisel in den Marmor hinein. [...] Es schwebet, selbst auf den Gesichtszügen der ewigen Götterjugend, wie eine schwarze Wolke, der Gedanke des Todes.« (Bd. 2, S. 310f.) Dagegen erschien das Xenion »Der Antiquar«. 3. »In der Kirche des heiligen Hieronymus ist ein Gemälde von Dominichino, welches für eins der besten in Rom gehalten wird. Es stellt den heiligen Hieronymus vor, im Augenblick da er einem Sterbenden die Hostie reicht. Hinter dem Heiligen steht ein junger Mann mit dem Kelch. Hinter dem Stehenden steht ein Jüngling, welcher herzlich weinet. Verschiedne andre Gesichter und Stellungen zeigen ungleiches Maaß von Jammer oder von Andacht. Der Sterbende scheint die letzten Kräfte für den feierlichen Augenblick zu sammeln. In dem Gesichte des Hieronymos vereiniget sich innige Liebe mit erhabnem Andachtsgefühl. Für ihn sind die Umstehenden nicht da; nur Gott und der Kranke, den er im Tode zum Eintritt in die Ewigkeit stärken soll, sind ihm gegenwärtig.« (Bd. 4, S. 381)

70 **Göthe ... Schweiz** – Goethes erste Schweizreise. Am 14. Mai 1775 reiste Goethe mit den Grafen Stolberg von Frankfurt ab. Am 16. Mai waren die Reisenden in Mannheim, am 17. in Karlsruhe, vom 24. bis 27. Mai in Straßburg. Von dort reiste Goethe mit Lenz nach Emmendingen, wo er sich bis zum 5. Juni aufhielt. Am 7. Juni kam der nach Zürich reisende Goethe nach Schaffhausen. Sein erster Aufenthalt in Zürich währte bis zum 15. Juni. Dann trennte sich Goethe von seinen Reisegefährten und ging mit Passavant über die Berge zum Vierwaldtstätter See, wo er – nach Besteigung des Rigi am 17. Juni – am 20. Juni ankam. Am 26. Juni war Goethe wieder in Zürich. Über Straßburg und Darmstadt reiste er zurück nach Frankfurt, wo er am 22. Juli 1775 eintraf.

physiognomische Abentheuer – J. K. Lavater versuchte seit 1769 eine Lehre zu entwickeln, die sich mit dem Zusammenhang zwischen Physiognomie und Charakter beschäftigte. In seinen »Physiognomischen Fragmenten« wurden die Portraits zahlreicher Zeitgenossen abgebildet und kommentiert. Für die Materialsammlung gewann er viele Mitarbeiter. Goethe schickte 1773 auch Beiträge.

Freundschaftsband ... geknüpft – Goethe und Lavater hatten schon 1773 miteinander korrespondiert und 1774 eine gemeinsame Reise unternommen.

Herzog v. Weimar ankettete – Während ihrer gemeinsamen Schweizreise 1779 (vgl. 2. Anm. zu S. 75) hielten sich Goethe und der Herzog von Sachsen-Weimar-Eisenach vom 18. November bis zum 1. Dezember in Zürich auf, wo sie mit Lavater Umgang hatten. Schon seit dem 12. Januar trafen in Weimar von Lavater übersandte Gemälde ein.

Salzmann ... zeigte – Böttiger bezieht sich auf das 1787 erschienene Buch »Skizzen, Szenen und Bemerkungen auf einer Reise durch Frankreich«, in dem v. Storch seinen Besuch in der Kupferstichsammlung von Salzmann schildert.

71 **ὕστερον πρότερον** – (griech.) Vorwegnehmen des Späteren.

gedruckten theologischen Aufsatze – Goethe: Zwo wichtige bisher unerörterte Biblische Fragen.

In seinem alten Garten – Vgl. 6. Anm. zu S. 96.

Gemmensammlung – Die Fürstin Adelheid von Gallitzin hatte Goethe bei seinem Aufenthalt in Münster im Jahre 1793 die Gemmensammlung aus dem Nachlaß von Frans Hemsterhuis, der vor seinem Tod in ihrem Hause wohnte, für unbestimmte Zeit ausgeliehen. Erst 1797 sandte Goethe die Sammlung zurück. (Vgl. Goethes Schilderung in der »Campagne in Frankreich«.) J. H. Meyer hat die Sammlung für die »Jenaische Allgemeine Literaturzeitung« (Intelligenzblatt Nr. 33, 1807) beschrieben. Der Anzeige sind fünf Kupferstiche von Gemmen beigefügt.

72 **affectirte** – (franz. affecter) stellte zur Schau.

72 **Als der Herzog ... zur Vermälung reißte** – Am 11. Dezember 1774 holte Knebel Goethe an die Tafel des künftigen Herzogs Karl August von Sachsen-Weimar-Eisenach, der auf einer Bildungsreise nach Paris in Begleitung seines Bruders, des Grafen Görtz und Knebels in Frankfurt Station machte. Goethe begleitete sie am 13. Dezember nach Mainz. Als Goethe im Mai 1775 durch Karlsruhe reiste, kam es zu einer Begegnung mit dem Präsidenten von Moser und dem Oberhofmeister Graf Görtz, welche dort die Hochzeit Karl Augusts mit der Prinzessin Louise von Hessen-Darmstadt vorbereiteten. Dabei wurde von beiden der Wunsch geäußert, Goethe bald in Weimar zu sehen. Am 3. September 1775 trat der Herzog die Regierung an. Am 18. September reiste er von Weimar nach Karlsruhe, wo er sich am 3. Oktober 1775 vermählte. Bei seiner Rückreise wurde in Frankfurt am 13. Oktober vereinbart, daß von Kalb Goethe in einem von Straßburg kommenden Landauer mit nach Weimar bringen sollte. Am 7. November traf Goethe in Weimar ein.

Seladonschaft – Liebschaft. Nach Céladon, einer Gestalt aus dem Schäferroman »Astrée« von Honoré d'Urfé.

aufknospenden Kotzebue – Amalie von Kotzebue spielte im November 1776 im Liebhabertheater in Goethes »Geschwistern« die Mariane, Goethe spielte die Rolle des Wilhelm.

Epigramm – (griech. epigramma) Aufschrift. 1782 kennzeichnete Goethe den Lieblingsplatz der Frau v. Stein an einer Steinbank mit dem Epigramm »Erwählter Fels«.

73 **Quäkern** – Quaker hießen die Mitglieder einer im 17. Jh. in England entstandenen Religionsgemeinschaft.

Pickelhering – (engl. pickleherring) Diesen Namen führte die lustige Person u. a. in den Stücken der engl. Komödianten in Deutschland.

Encore plus haut – (franz.) Noch höher.

zog ... Lenzen – Vgl. 1. Anm. zu S. 35.

kam ... Klinger – Vgl. 2. Anm. zu S. 35.

Mendoza-Lenz – Anspielung auf Jakob Michael Reinhold Lenz: Der neue Menoza.

erschien Kaufmann – Vgl. 1. Anm. zu S. 36.

74 **Kaufmann ... Dessau** – Kaufmann war bereits 1775 von dem Direktor des dortigen Philanthropins, J. B. Basedow, eingeladen worden. Zwischen Oktober 1776 und April 1777 hielt er sich mehrmals in Dessau auf.

Leopold – Leopold III. Friedrich Franz Fürst von Anhalt-Dessau.

Philanthropinwesen – Philanthropie (griech.): Menschenliebe. In der 2. Hälfte des 18. Jh. versuchte eine Reihe von Männern das Unterrichts- und Erziehungswesen umzugestalten. Beeinflußt von Rousseau, stellten sie den Grundsatz auf, die Natur müsse die

Regel und die Menschenliebe die Triebfeder aller Erziehung sein. Basedow gründete 1774 in Dessau das Philanthropin, dessen Leitung er am 15. Dezember 1776 niederlegte. Das Philanthropin bestand bis 1793.

74 **Constitution** – Vertrag, der die Leiter des Philanthropins, Wolke, Campe und Basedow, zu lebenslänglicher Amtsausübung verpflichtete und für die anderen Lehrer die Möglichkeit der Kündigung vorsah.

Fürsten ... Fürstin ... Prinz – Leopold III. Friedrich Franz und Louise Henriette von Anhalt-Dessau sowie Hans Görge Prinz von Anhalt-Dessau.

Charivaris – Mit Leder und an den Seiten mit Knöpfen besetzte Reithose.

trollte sich ... u. s. w. – Kaufmann weilte bereits Anfang 1776 in Marschlin, also bevor er nach Dessau ging. 1777 hielt er sich beim Grafen Haugwitz auf. Am 2. Februar heiratete er A. E. Ziegler und ließ sich mit ihr 1777 in Claisegg in der Schweiz nieder.

Merk – Vgl. 1. Anm. zu S. 40.

Brocanteur – (franz.) Trödler.

Erscheinung der beiden Stolberge – Am 5. Mai hatten die Brüder Stolberg eine Schweizreise angetreten (vgl. 2. Anm. zu S. 70). Bei der Rückreise trafen sie am 6. November 1775 in Weimar ein, wo dem Grafen Fr. Leopold eine Kammerherrenstelle angeboten wurde. Am 3. Dezember verließen sie Weimar.

75 **Thuiskons** – Thuiskon ist der erdgeborene Stammgott der Germanen.

Schweizerreise – Goethes zweite Schweizreise. Im Herbst 1779 reiste Goethe mit dem Herzog von Sachsen-Weimar-Eisenach und dem Oberforstmeister von Wedel über Kassel, Frankfurt, Heidelberg, Sesenheim, Straßburg und Emmendingen in die Schweiz. Im Dezember kehrten sie über Schaffhausen, Stuttgart, Karlsruhe, Mannheim und Frankfurt nach Weimar zurück, wo sie am 14. Januar 1780 ankamen. Am 12. Dezember schrieb der Herzog an die Herzogin, daß die Reisenden an diesem Tage an den Hof gehen würden und den ganzen Vormittag mit dem Anprobieren von Kleidern verbracht hätten. Die erste Fassung von Goethes Beschreibung des Schweizaufenthaltes erschien 1796 im achten Stück der »Horen« unter dem Titel: »Briefe einer Reise nach dem Gotthard«.

von Carlsbad ... – Vgl. 1. Anm. zu S. 31.

Spießbürger – Bei Adelung (Bd. 4, Sp. 204) heißt es unter dem Stichwort »Spießbürger«: »eine ehemalige Benennung derjenigen Bürger, welche mit Spießen bewaffnet waren, zu Fuße dieneten [...]. Jetzt braucht man es nur im verächtlichen Verstande von einem jeden geringen Bürger, vielleicht weil man zu den Spießbürgern nur die ärmsten und untauglichsten wählete, dagegen die reichern besser zu Pferde dieneten.«

75 **Hofrath Redicker** – Redecker, der von Kalbs Vater 1775 ins Kammerkollegium geholt worden war, wurde im September 1776 auf Kalbs Bitte aus dem Kollegium entfernt und im November verabschiedet, worauf er in Dalbergs Dienste trat. Über die Spielgeschichte ist nichts Näheres bekannt.

76 **wurde Göthe Kammerpräsident** – Am 7. Juni 1782 wurde Johann August Alexander von Kalb aus seinem Amt entlassen. Goethe bekam im Juni 1782 die Anweisung, sich mit den Geschäften vertraut zu machen und übernahm die Leitung der Kammergeschäfte. Er erlangte jedoch nie den Titel eines Kammerpräsidenten.

Selma aus Ossian … Bragur – Selma heißt das Land des irischen Helden Fingal. Goethes Übersetzung befindet sich im zweiten Teil der »Leiden des jungen Werthers« (vgl. WA I, Bd. 19, S. 165–175). Böttiger bezieht sich auf den in »Bragur«, 3. Bd., 1794 abgedruckten Brief Gräters vom 16. September 1791. Die durch Goethes Übersetzungen veranlaßte Beschäftigung Kosegartens mit dem Werk Ossians diente Gräter als Argument dafür, daß es sinnvoll sei, sich diesem Werk zuzuwenden, obwohl es begründete Zweifel an seiner Echtheit gab, die Gräter allerdings nicht teilte.

verband er sich mit Schillern – Die Verbindung wurde durch den Brief Schillers an Goethe vom 13. Juni 1794 eingeleitet, in dem Schiller Goethe zur Mitarbeit an der Zeitschrift »Horen« einlud. Am 20. Juli 1794 kamen sie einander in einem nach dem Besuch der Naturforschenden Gesellschaft in Jena geführten Gespräch näher.

Ifflands Urtheil – Der Schauspieler A. W. Iffland hatte sich vom 25. März bis 25. April 1796 zu seinem ersten Gastspiel in Weimar aufgehalten.

wo Göthe … Wieland persiflirte – Goethe: Götter, Helden und Wieland. Das Werk entstand 1773; 1774 wurde es von J. M. R. Lenz unter Angabe des fingierten Druckortes Leipzig in Kehl veröffentlicht. Wieland selbst zeigte das Werk im Juli-Heft des TM an.

77 **Par depit** – (franz.) Aus Verbitterung.

Dame Vulpia – Christiane Vulpius.

ex ore Kalbii – (lat.) Aus Kalbs Mund. Gemeint ist Johann August Alexander von Kalb.

Ecuyer – Écuyer (Mittellatein: scrutarius) hieß im Französischen zunächst der Knappe, derjenige Adlige, der den Schild (écu, scrutum) eines Ritters trug. Später bezeichnete man damit einen Adligen vor dem Ritterschlag oder einen Angehörigen des niederen Adels. Das englische Wort »esquire« hat ebendiese Bedeutung. Noch später diente das französische Wort auch zur Bezeichnung eines Reitlehrers oder Zureiters. Diese Mehrdeutigkeit nutzte der Roßhändler aus.

77 **Von den Gemmen** ... – Vgl. 4. Anm. zu S. 71.
priapischen Carpophoros – Die Bronze eines mit einem großen Geschlecht versehenen Obstträgers befindet sich in Goethes Kunstsammlung und ist bei Schuchardt, Goethes Kunstsammlung, 1848, S. 13, Nr. 33, verzeichnet.
bey seiner Rückkehr – Gemeint ist die 2. Italienreise (vgl. 1. Anm. zu S. 31). Bei Murr in Nürnberg hatte sich Goethe auf der Hinreise im März und auf der Rückreise im Juni 1790 aufgehalten.

78 **#** – Kreuzer.
Unkepunze – Anspielung auf Murrs Scherzschrift: »Laudatio funebris in obitum. Andrea Unkepunz, poetae laureati, ludimagistri et hypodidaskali in Bopfinga« (1763).
Aldobrandinische Hochzeit – Dieses römische Wandgemälde aus dem 1. Jh. v. u. Z., das 1606 gefunden wurde und zuerst dem Kardinal Aldobrandini gehörte, wurde von J. H. Meyer während seines Aufenthaltes in Italien (November 1795–1797) kopiert. Im Vorbericht zu »Die Aldobrandinische Hochzeit. Eine archäologische Ausdeutung von C. A. Böttiger. Nebst einer Abhandlung über dieses Gemälde von Seiten der Kunst betrachtet von H. Meyer« (1810) teilte Böttiger mit, eine verkleinerte Abbildung des Gemäldes von Meyers Hand zu besitzen, und erwähnt auch »die in Weimar selbst, als Zierde eines antiken Saals befindliche Copie in der Größe des Originals, die Herr Meyer mit der seltensten Treue in Rom verfertigte«.

79 **Hamilton in Neapel** – Hamilton war seit 1764 Gesandter in Neapel. In der »Italienischen Reise« schildert Goethe in den Aufzeichnungen vom 27. Mai 1787 ausführlich, wie ihn Hamilton »in sein geheimes Kunst- und Gerümpelgewölbe« führte.
König – Gemeint ist Ferdinand I., König beider Sizilien.
Spieß gegen die Schriftsteller – Die Idee einer »Kriegserklärung gegen die Halbheit« äußerte Goethe bereits am 21. November 1795 Schiller gegenüber. Im Dezember wird daraus der Plan für die Xenien, die Ende September 1796 im »Musen-Almanach auf das Jahr 1797« erschienen. Am 30. Januar 1796 schrieb Goethe an Schiller mit Bezug auf Böttigers im »Journal des Luxus und der Moden« erschienenen Beitrag über »Gemalte und geschriebene Neujahrsgeschenke der alten Römer«, daß der Verfasser wohl nicht denke, daß ihm auch eines fürs nächste Jahr bereitet werde. Da Schiller am 1. Februar 1796 an Humboldt und Körner bereits ausführlichen Bericht über das ansonsten geheimgehaltene Xenienprojekt erstattete, ist es möglich, daß Wieland und Böttiger am 6. Februar 1796 schon etwas (allerdings Unbestimmtes) darüber wußten.
der Spiegel ... – Franz Xaver Süßmayr: Der Spiegel von Arkadien. Die Oper wurde am 2., 4. und 6. Februar 1796 in Weimar aufgeführt.

79 **Champagne pouilleuse … Grand-preu** – (franz.) lausige Champagne, der unfruchtbar Teil der Champagne. Im Norden derselben liegt Grandpré. Zu Goethes Aufenthalt dort vgl. 5. Anm. zu S. 68. Unter dem Datum vom 26. September 1792 beschreibt Goethe in der »Campagne in Frankreich 1792« die Kristallisation des Schwefelkieses.

fürchterlichen Canonade – Am 20. September 1792 kam es bei dem Dorf Valmy zu einer Kanonade zwischen der österreichisch-preußischen und der französischen Armee. Die Deutschen wurden geschlagen und traten den Rückzug an.

87 **οὐ νέμεσις κ.τ.λ.** – (griech.) Kein Tadel treffe die Troer und die hellumschienten Achaier (Homer: Ilias 3,156).

89 **Göthes Urtheil über …** – Vgl. 4. Anm. zu S. 76.

90 **Bernhards von Weimar Biograph** – Böttiger wurde dieser Biograph: Herzog Bernhard von Weimar (1806).

91 **Wielanden … Sämmtlichen Werke …** – Vgl. 1. Anm. zu S. 135.

chien de tendre – (franz.) »verdammte Gefühle«; »le tendre« bezeichnete im Französischen die Gefühle, insbesondere der Zärtlichkeit, »chien de …« dient zum Ausdruck der Verachtung.

Schleußnern … Reichards – Nicht ermittelt.

Vulpiam suam innuebat – (lat.) seine Vulpia, wie er zu erkennen gab.

92 **letzten Entbindung** – 1795 war Christiane Vulpius zum vierten Mal entbunden worden. Der Sohn starb nach drei Wochen.

Reise nach der Schweiz – Goethes dritte Schweizreise. Goethe reiste Ende Juli 1797 über Frankfurt und Stuttgart in die Schweiz, wo er Meyer, der aus Italien zurückgekehrt war (vgl. 3. Anm. zu S. 78), in Zürich traf. In Frankfurt hielt er sich vom 3. bis 25. August auf. Im November 1797 kehrten beide nach Weimar zurück. Bis Frankfurt begleiteten ihn Christiane Vulpius und sein Sohn Julius August Walther.

kaufte … das Gut – Goethe erwarb 1798 ein Lehngut in Oberroßla, einem Dorf westlich von Apolda. Der Kaufpreis betrug 13 125 Taler. Das Gut wurde von Anfang an verpachtet und im Mai 1803 wieder verkauft.

Bedienten – Johann Ludwig Geist.

Ex ore Gerningii – (lat.) Aus Gernings Mund.

Lerse – Friedrich Christian Lerse hielt sich vom 30. November bis 5. Dezember 1798 in Weimar auf. Weitere Besuche lassen sich am 7. und 8. April 1796 sowie am 15. und 16. April 1797 nachweisen.

Club – In Weimar existierten mindestens zwei bürgerliche Klubs. Der Montagsklub bestand wohl schon lange vor 1787. Im Oktober 1787 wurde der Mittwochsklub gegründet.

vorher in Leipzig – Goethe hielt sich von Oktober 1765 bis August 1768 in Leipzig auf.

bataillirt – (franz. bataillé) mit Worten gefochten. Vgl. Goethes

Schilderungen über Clodius in »Dichtung und Wahrheit«, 2. Teil, 7. Buch.

92 **Göthe Doctor Juris** – Vgl. 2. Anm. zu S. 45.

Deuteronomium – (griech.) Zweites Gesetz. Das 5. Buch Mose enthält ein in eine große Rede des Moses eingebettetes Gesetzbuch mit zivilen und religiösen Vorschriften.

93 **Hector** – Gestalt aus Homers »Ilias«. Der Sohn des Priamus und der Hekuba wurde im Kampf gegen Achilles besiegt, seine Leiche geschleift.

Decan – Johann Friedrich Ehrlen.

Erwin – Gemeint ist: »Von Deutscher Baukunst. D. M. Ervini A Steinbach 1773«. Dieses Werk erschien im Selbstverlag. 1770 waren jedoch schon Goethes »Neue Lieder, in Melodien gesetzt von Bernhard Theodor Breitkopf« erschienen.

Götz von Berlichingen – Hier ist die »Geschichte Gottfriedens von Berlichingen mit der eisernen Hand, dramatisiert« gemeint. Am 3. Februar 1772 bedankte sich Goethe bei Salzmann für das zurückgesandte Drama. Vermutlich hatte dieser es Lerse gegeben. Gedruckt erschien diese Fassung erstmals 1832.

94 **Ausrottung der Pockennoth** – Stark und Hufeland setzten sich in Jena für die damals neue Pockenimpfung besonders ein. Schiller ließ alle seine Kinder während des ersten Lebensjahres impfen.

Censeo Carthaginem ... – (lat.) Ich sage, daß Karthago nicht untergehen wird. Verneinung des Satzes: Ceterum censeo Carthaginem esse delendam, mit dem Cato d. Ä. jede seiner Reden beendet haben soll, wie Plutarch in den Parallelbiographien schreibt.

Unterhandlungen ... – Im Brief vom 16. November 1798 bot Schiller Kotzebue die Wallensteintrilogie für das von P. Freiherr v. Braun geleitete Wiener Hoftheater an und bat ihn um Mitteilung, ob die Zensur in Wien die Aufführung des Stückes nach entsprechender Bearbeitung durch ihn oder Kotzebue überhaupt zulassen würde.

Die Schauspieler können nicht ... – Bereits am 8., 10. und 11. Januar hatten Leseproben von »Piccolomini« stattgefunden.

Aufführung – Die Wallensteintrilogie wurde laut Theaterzetteln an folgenden Tagen uraufgeführt: 1. »Prolog. Gesprochen von Vohß. Darauf Wallensteins Lager. Ein Vorspiel zu den beyden Trauerspielen Piccolomini, und Wallenstein« (12. Oktober 1798). 2. »Die Piccolomini. Wallensteins erster Theil« (30. Januar 1799). 3. »Wallenstein. Trauerspiel in fünf Aufzügen« (20. April 1799).

Lenz – Johann Georg Lenz.

Voigt – Christian Gottlieb von Voigt.

Zorndorfer Schlacht – Bei Zorndorf, einer Landgemeinde bei Königsberg, siegten am 25. August 1758 die Preußen unter Friedrich II. über die Russen unter Graf Fernow. Trotz großer Verluste standen die Russen am Morgen des 28. August 1758 wieder kampfbereit, während Munitionsmangel und Erschöpfung die preußischen Truppen hemmten. Da aber die russische Armee in der folgenden Nacht nach Landsberg abzog, durften sich die Preußen den Sieg zuschreiben.

94 **ob barbaros prostratos** – (lat.) anläßlich der niedergestreckten Barbaren.

Herder war damals ... – Herder kam erst im Sommer 1762 nach Königsberg.

95 **Freuet euch mit den Freuenden ...** – Römer 12, 15.

Calderini – Die italienische Sängerin Calderini hielt sich nachweislich im Dezember 1798 in Weimar auf.

Aldobrandinische Hochzeit – Vgl. 3. Anm. zu S. 78.

pronuba – (lat.) Brautführerin.

nova nupta – (lat.) Neuvermählte.

nova nupta verecundia ... – (lat.) Eine Jungvermählte, die durch ihre Sittsamkeit bemerkenswert ist.

villa Negroni – In den achtziger Jahren des 18. Jh. wurden die Kunstschätze der Villa Negroni in Rom verkauft. Ennio Quirinio Visconti, der päpstliche Direktor der Altertümer, erarbeitete den Katalog und die Beschreibung der Sammlung. Einen großen Teil der Kunstschätze kaufte der englische Bankier Jenkins.

König von Spanien – Karl IV.

Leichtsinn der Franzosen – Über den Raub italienischer Kunstschätze aus Italien wird im NTM 1797–1799 immer wieder ausführlich berichtet. So heißt es im September-Heft 1797: »Eben jetzt sind 17 Wagen mit Kunstwerken aus dem oberen Italien angekommen. Diese Sendung enthält alles, was die Kommissarien der Republik von Mondena bis nach Bologna zusammengerafft haben, unter anderen die h. Cäcilia von Rafael, und den Carton zur Schule von Athen, von ebendemselben [...]«

96 **Göthes Witz ...** – Nicht ermittelt.

Krieg, der Sachsen erklärt worden sei – Sachsen hatte am 13. August 1796 mit Frankreich Frieden geschlossen. Während im Januar 1799 in Rastatt Verhandlungen mit den deutschen Staaten geführt wurden, führte Frankreich einen Eroberungsfeldzug in Italien und bereitete die Rheinüberschreitung vor. Kursachsen widersetzte sich den von Frankreich geforderten Säkularisationen und Entschädigungen auf Kosten des Deutschen Reiches. Zu einer Kriegserklärung kam es zu diesem Zeitpunkt aber nicht.

Gutschmidt – Gutschmidt starb am 30. Dezember 1798.

[...] – In H: zwei unleserliche Worte.

ad ignem – (lat.) ins Feuer.

Das Haus ... – Goethe hatte folgende Wohnungen in Weimar: 1. Nach seiner Ankunft in Weimar am 7. November 1775 wohnte

Goethe beim Kammerpräsidenten von Kalb im Deutschritterhaus hinter der Stadtkirche. – 2. Am 18. Mai 1776 zog er in das Gartenhaus am Stern, das ihm der Herzog im April schenkte. Daneben hatte er verschiedene Stadtwohnungen: 3. Zuerst beim Hofkassierer König gegenüber der Schloßruine, 4. ab Ostern 1777 im Fürstenhause, 5. ab 2. August 1779 im Voglstädthaus in der Seifengasse und 6. ab 2. Juni 1782 am Frauenplan im Hause von Dr. Helmershausen. – 7. Um mit Christiane Vulpius und seinem Sohn zusammenzuleben, bezog er im November 1789 das Jägerhaus in der Marienstraße. – 8. Als der Herzog das Jägerhaus für die Familie Gore benötigte, wohnte Goethe ab Juni 1792 mietfrei am Frauenplan im Helmershausenschen Haus, das die Kammer am 22. Mai 1792 gekauft hatte. Am 17. Juni 1794 erhielt Goethe dieses Haus zum Geschenk.

Wieland hatte folgende Wohnungen in Weimar: 1. Am 20. September 1772 bezog Wieland eine Wohnung in der Scherfgasse 2. – 2. 1773 zog Wieland in das Söllnerische Freihaus in der Luthergasse 1. – 3. Von 1777 bis zum 20. Juli 1792 wohnte er vor dem Frauenthor im Heydenreichischen Haus in der Marienstraße 1, drei Häuser vom Jägerhaus entfernt. – 4. Am 20. Juli 1792 zog Wieland in das dritte der Häuser vor dem Frauentor. – 5. Am 24. Dezember 1792 zog er in das Heydenreichische Haus zurück. – 6. 1793 kaufte er das Hinterhaus Markt 18 zwischen den Gasthöfen »Elephant« und »Zum Erbprinz«, in welchem er bis zu seiner Übersiedlung nach Oßmannstedt lebte. – 7. Am 19. April 1797 siedelte Wieland nach Oßmannstedt über. – 8. Im Frühjahr 1803 bezog er eine Wohnung in der Ritterstraße 19. – 9. Von 1806 bis zu seinem Tode wohnte Wieland am Erfurter Tor.

96 **migratio gentium** – (lat.) Völkerwanderung.

superos et Acheronta – (lat.) Götter und Unterwelt, Himmel und Hölle.

97 **Gutkauf in Oberroßla** – Vgl. 3. Anm. zu S. 92.

Petitesse de la cour – (franz.) Kleinheit des Hofes.

Prinz – Karl Friedrich von Sachsen-Weimar-Eisenach.

Frau des Kanzlers – Marie Christiane von Koppenfels.

98 **Als Göthe noch** ... – Vgl. 1. Anm zu S. 76.

Reise nach Italien – Vgl. 1. Anm. zu S. 31.

Neben seinem Hause – Der Weber Herter bewohnte das Haus Nr. 3 am Frauenplan.

Circeischen Gesellen – In der »Odyssee« hatte die Göttin Circe 22 Gefährten des Odysseus in Schweine verwandelt.

99 **Bellomische Geselschafft** – Vgl. 1. Anm. zu 301.

lachte – In H: lachte sich – unvollständige Korrektur aus »freute sich«.

Johann Gottfried Herder

Herder wurde am 15. August 1744 in Mohrungen in Ostpreußen als Sohn eines Kantors und Volksschullehrers geboren. Am 10. Oktober 1762 wurde er in Königsberg immatrikuliert. Er studierte zunächst Medizin, dann Theologie und Philosophie. Seit 1762 unterrichtete er neben dem Studium am Fridericianum, anfangs in der deutschen Klasse (Elementarschule), 1764 in der Sekunda Latein und Poesie, in der Prima Geschichte und Philosophie. Im Frühjahr 1764 lernte er Hamann in Königsberg kennen. Nachdem er am 27. Oktober eine Vokation an die Rigaer Domschule erhalten hatte, verließ Herder am 22. November 1764 Königsberg. Während einer Frankreichreise erhielt er am 11. November 1769 in Paris einen Brief von Resewitz, in welchem er aufgefordert wurde, Peter Friedrich Wilhelm Erbprinz von Oldenburg während einer dreijährigen Reise nach Italien zu begleiten. Am 17. Juli 1770 reiste er mit dem Prinzen von Eutin ab. Am 20. September legte er in Straßburg in einem Brief an den Geheimen Rat Cappelmann seine Gründe dar, den schwermütigen Prinzen nicht weiter zu begleiten. 1770/71 weilte Herder zur Behandlung eines Augenleidens in Straßburg. Hier lernte er 1770 Goethe kennen. Von 1771 bis 1776 war Herder Hofprediger in Bückeburg. 1773 heiratete er Maria Karolina Flachsland. Ab Oktober 1776 war Herder auf Goethes Veranlassung Oberhofprediger, Generalsuperintendent und Oberkonsistorialrat in Weimar. Vom 6. August 1788 bis zum 9. Juli 1789 reiste Herder nach Italien, wo er sich vom 19. September 1788 bis zum 1. Januar in Rom, vom 4. Januar bis zum 19. Februar in Neapel und dann wieder in Rom aufhielt. – Herder starb am 18. Dezember 1803 in Weimar.

100 **Meyers** – Friedrich Johann Lorenz Meyer.

sachlehren Reisebriefe – Dohm erörtert bereits in der Einleitung, daß Riedesel weniger aufgrund neuartiger Fakten als wegen seiner Reflexionen, Urteile und der Art der Darstellung Interesse verdient.

Beschäftigung in Bückeburg – 1775 erschienen von Herder anonym »Erläuterungen zum Neuen Testament«. Zu seinen Quellen gehörten u. a. von J. J. Griesbach »Novum Testamentum Graece. Textum [...] emendavit et lectionis varietatem adjecit« (3 Bde. 1775/1776) und »Synopsis Evangeliorum Matthaei, Marci et Lucae« (1776) sowie von J. J. Wetstein »Novum Testamentum graecum [...] cum lectionibus variantibus« (2 Bde. 1751/1752).

Persiflage – Im IX. Abschnitt des »Archivs für neueste Kirchengeschichte« (Viertes Quartal 1794, S. 188–192) heißt es: »Folgendes gedruckte ›Avertissement in mehrern Engländischen Zeitungen, ins Deutsche übersetzt,‹ ist uns von unbekannter Hand zugeschickt. Es ist weiter nichts als eine Persiflage auf das Studium der biblischen Kritik.« Es wird behauptet, daß eine englische Gesellschaft im März Preise auf die Beantwortung solcher Fragen ausgesetzt habe, wie z. B., ob Wetstein wirklich 760 Varianten allein aus dem Codice Cantabrigiensi Bezae teils erdichtet, teils falsch oder verändert angezeigt habe, wieviel man künftig für sein Werk zahlen müsse und wieviel für Griesbachs Ausgabe des Neuen Testaments, da er doch Varianten von Wetstein, Millius u. a. übernommen habe.

100 **protocollirte Absagung** – Im 3. Stück des »Archivs« waren »Actenstücke im Processe wider den Prediger Schulz zu Gielsdorf« abgedruckt worden. Durch ein Konfirmationsreskript an das Oberkonsistorium vom 21. Mai 1792 war Schulz, da er nicht in allen Punkten Luthers Lehren vertrat, seines Amtes als Prediger bei den Lutherischen Kirchen zu Gielsdorf, Wilkendorf und Hirschfelde enthoben worden. In dem Herder vorliegenden 4. Stück des »Archivs« waren die Dokumente zu »Drey Mittelmärkischer Gemeinen Absagung vom Luthertum« abgedruckt. Um ihren Prediger behalten zu können, sagten sich die drei Gemeinden vom Luthertum los, da Schulz ausdrücklich als Prediger »Lutherischer Kirchen« enthoben wurde. Abgedruckt sind: 1. die Erklärung von Otto Friedrich von Pfuel, des Mittelmärkischen Ritterschaftsdirektors, daß er, wenn Christentum und Luthertum einander entgegengesetzt würden, Christ und nicht Lutheraner sei. – 2. die im wesentlichen gleichlautende Meinung der durch den Justizkommissar vernommenen Abgeordneten der Gemeinden. – 3. die Stellungsnahme Schulz', mit welcher er Rechtsmittel gegen die Amtsenthebung einlegt. – 4. die Antwort des Königs in Form eines von Wöllner unterzeichneten »Rescripts des geistl. Departements« vom 15. August 1792. Mit dem Verweis darauf, daß »außer den drey Hauptconfessionen der christlichen Kirche nur die im § 2. namentlich genannte, bisher schon tolerirte Sekten zum öffentlichen Religionsexercitio berechtigt sind; solches aber für die Zukunft andern neuen Sekten schlechterdings nicht gestattet werden soll«, wird die Zurechtweisung Pfuels und Schulz' angeordnet sowie, daß Schulz' Antrag und seine eventuelle Berufung abschlägig zu beantworten seien.

101 **Neuerungssucht** – Teller faßte in seiner »Religion der Vollkommnern« die Entwicklung der christlichen Religion als ein Fortschreiten vom Glauben zum Denken, von der Wort- zur Sacherkenntnis und von den Bildern zu Realitäten auf. Die Religion bestehe in Gesinnungen, der Gottesdienst in äußerlichen Handlungen. Die christliche Religion sollte nicht Staatsreligion sein, die Gottesdienstliches und bürgerliche Gesetzgebung vermengt. Teller wandte sich gegen feste Symbole und Formeln, insbesondere die Taufformel. Die Trinitätslehre lehnte er ab, weil sie »Gott als einen in Christo versinnlichten« begreift: »Könnte man nicht, will ich zuerst fragen, mit der Versinnlichung des reinsten

Geistes als eines Vaters, allgemeinen Vaters der Menschen zufrieden seyn, welche so offenbar das Ansehen J. C. für sich hat?« (S. 114f.)

101 **Recherches sur les Americains** – De Pauws »Recherches philosophiques sur les Américains, en Mémoires intéressants pour servir à l'histoire de l'espèce humaine. Par M. de ***« erschienen bereits 1768. Herder meint ihre Neuauflage in den ersten drei Bänden der »Œuvres philosophiques de Pauw«. Die Tartaren gelten Pauw als die ältesten Menschen. Sie werden charakterisiert als kriegerische Wilde, die in Stämmen leben. Herder wendet sich hier spöttisch gegen Thesen Meiners'. Dieser vertrat im »Grundriß der Geschichte der Menschheit« (1785) die These, »daß das gegenwärtige Menschengeschlecht aus zween Hauptstämmen bestehe, dem Tartarischen oder Kaukasischen, und dem Mongolischen Stamm: daß der letztere nicht nur viel schwächer von Cörper und Geist, sondern auch viel übel gearteter und tugendleerer als der Kaukasische sey: daß endlich der Kaukasische Stamm wiederum in zwo Racen zerfalle, in die Celtische und Slawische, unter welchen wiederum die erstere am reichsten an Geistesgaben und Tugenden sey«. In der »Kurzen Geschichte des Adels unter den verschiedenen Völkern der Erde« (»Göttingisches Historisches Magazin« 1787, I, S. 385–441) behauptete Meiners, »daß Abwesenheit von Adel unter grossen Völkern viel mehr ein ungünstiges als ein günstiges Zeichen sey, und daß Adel sich nicht bloß unter geistlosen, tugendleeren, unwissenden, und rohen Völkern gefunden, sondern sich unter den geniereichsten, edelsten und aufgeklärtesten Nationen erhalten habe« sowie »daß etwas, was so allgemein und daurend war, und noch ist, als der Adel, unmöglich unnatürlich oder grundlos, oder auf blosse Vorurtheile gegründet seyn könne«.

Saporogern – Saporoger, d. h. die jenseits der Wasserfälle Wohnenden, nannte man die freien Zusammenschlüsse von Fischern und Kriegern am unteren Lauf des Dnjepr, aus denen im 14. Jh. die Kosaken hervorgingen.

fox-hunters – (engl.) Fuchsjäger. Das Fuchsprellen, ein besonders rohes fürstliches Jagdvergnügen, bestand darin, die eingefangenen Füchse auf aufgespannten Netzen so lange in die Luft zu werfen, bis sie verendeten.

Uebersetzung – Gemeint ist der zweite Band der »Sammlung der Schriften schöner Geister aus dem 15., 16. und 17. Jahrhundert«: Johann Hermann Pfingsten: Johann Barklai. Seelengemählde. Nebst des Herrn von Saint Evremont Beobachtungen über die verschiedenen Charaktere der Römer in den verschiedenen Zeitaltern ihres Standes.

Schmidt – Michael Ignatius Schmidt.

Dalberg – Johann Friedrich Hugo Eckenbrecht Freiherr von

Dalberg hatte Herder zu der Reise nach Italien eingeladen, diesen dann aber viele Kosten selbst tragen lassen, als die Reise durch die Begleitung der von dem verwachsenen Domherrn angebeteten Sophie Friederike von Seckendorff-Aberdar sehr teuer wurde. Dalberg und die Seckendorff gingen bereits am 12. Dezember 1788 von Rom nach Neapel, Herder erst Januar 1789. Bei Herders zweitem Romaufenthalt entledigte sich Dalberg seiner finanziellen Verpflichtung gegenüber Herder. Vgl. auch Einleitung zu Herder.

102 **Die Aufführung** – Kotzebues »Graf Benjowsky« wurde am 11. und 20. Dezember auf dem Weimarer Theater aufgeführt.

zweimal dem Russischen Scepter ... – Nach der Schlacht bei Großjägerndorf vom 30. August 1757 stand Königsberg bis 1762, dem Jahr, in dem Herder dort ankam, unter russischer Besatzung. Das zweite Ereignis, auf das Böttiger anspielt, ist offensichtlich die dritte Jahresfeier der Thronbesteigung Katharinas II., die am 28. Juni 1765, einen Tag nach Herders Einführung in die Rigaer Domschule, stattfand. Herder hatte der Kaiserin in seiner Antrittsrede, einem anschließend verlesenen Hymnus auf die Thronbesteigung und in einem »Lobgesang am Neujahrsfeste« zu Beginn des Jahres 1765 gehuldigt.

Don Juan – Mozarts »Don Giovanni« war am 13. Dezember 1794 in Weimar in deutscher Übersetzung aufgeführt worden.

103 **Vaterland ... verließ** – Riga war unter russischer Herrschaft.

Hochzeitabend – Karl Leonhard Reinhold hatte am 16. Mai 1785 Wielands Tochter Sophie Katharina Susanna geheiratet.

Schutzpatron – Der aus Wien geflohene Barnabitenmönch K. L. Reinhold war im Mai 1784 nach Weimar gekommen, wo ihn Wieland gastlich aufnahm; noch im gleichen Monat konvertierte er bei Herder.

Voigt – Christian Gottlob Voigt, der gemeinsam mit Böttiger Fichtes Berufung nach Jena vorbereitet hatte.

Liebesverständniß – Die seit 1783 verheiratete Charlotte von Kalb hatte Schiller 1784 kennengelernt. 1787 führte sie ihn in die Weimarer Gesellschaft und bei Hofe ein. Sie reichte ein Scheidungsgesuch ein, welchem ihr Mann stattzugeben geneigt war, doch hätte sie sich von ihrem Sohn trennen müssen. Schiller verbarg sein Verhältnis zu Charlotte von Lengefeld, mit der er sich im August 1789 heimlich verlobt hatte, zwei Jahre lang vor Charlotte von Kalb und wies diese dann um so energischer ab.

104 **zwei Trauungen** – Herder vollzog diese Trauungen, weil selten protestantische Pfarrer nach Neapel kamen. Die Trauung der Tochter des Konsuls Douglas mit einem Herrn Harris fand am 31. Januar 1789 statt.

105 **ἀλαζονεία** – (griech.) Prahlerei.

106 **Tischbein** – Vgl. S. 403 und Anm. dazu.

107 **ipse mihi sum** ... – (lat.) Ich bin mir selbst die Nahrung.
Insolatio – Sonnenbäder, wie sie bereits im antiken Rom zur Gesundheitspflege angewandt wurden.
108 **Vater** – Gemeint ist der Fürstbischof von Lübeck, der spätere Herzog Friedrich August von Oldenburg.
109 **Danischmende** – Wieland: Geschichte des Philosophen Danischmende.
weit mehr Gedichte – Nachdem Canitz 1699 gestorben war, gab Lange, der Informator im Canitzschen Hause gewesen war, »Neben-Stunden Unterschiedener Gedichte« heraus. König, der 1727 ein große Ausgabe von Canitz' Gedichten veranstaltete, reiste 1726 zu Lange nach Halle, um nachgelassene Manuskripte zu erhalten. Herders Bedauern über die schlechte Überlieferung von Canitz' Gedichten findet sich auch im 105. der »Briefe zu Beförderung der Humanität«.
Einweihung – Die Universität Halle wurde 1694 von Friedrich I. (damals noch Kurfürst) eingeweiht.
Liscovs beste Sachen – Die Anekdote findet sich auch bei Schubart: Schriften 1893, Bd. I, S. 127.
110 **os populi** – (lat.) der Mund des Volkes.
von Manso ... gemeistert – Im 32. Band (1796) der NB werden Herders Distichen in der ersten und zweiten Sammlung der »Zerstreuten Blätter« einer scharfen Kritik unterzogen. »Herr Herder hat sich in dem Bau seiner Verse fast alle nur möglichen Freyheiten herausgenommen, und uns eine wahre Sammlung von erlaubten und unerlaubten poetischen Licenzen gegeben.« (S. 202)
Ruf nach Göttingen – Aus dem Brief seiner Frau vom 28. März 1789 erfuhr Herder von Heynes Aufforderung, nach Göttingen zu kommen. Am 1. April erhielt er Heynes offizielle Anfrage vom 15. März. Herder erwog den Weggang ernsthaft, blieb aber in Weimar.
111 **beste Geschichte** – Dieses Lob findet sich auch im 106. der »Briefe zu Beförderung der Humanität«.
Meyers – J. H. Meyer. Vgl. 3. Anm. zu S. 78.
mit Jacobi – Herder hatte mit seiner Frau bei der Rückreise aus den Aachener Bädern Ende August 1793 drei Tage bei Jacobi in Pempelfort bei Düsseldorf verlebt.
Agnes von Lilien – Fr. S. K. A. von Wolzogen: Agnes von Lilien. Der anonym erschienene Roman wurde zuerst in Schillers »Horen« 1796, 10, 12; 1797, 2, 5 gedruckt.
sein Zuhörer – Heinse hörte bei Wieland in Erfurt 1769–1770 Vorlesungen; später empfahl Wieland ihn an Gleim und Jacobi, die sich für ihn einsetzten. – Am 5. April 1795 war das linke Rheinufer den Franzosen preisgegeben worden (1. Koalitionskrieg). Heinse, seit 1786 Lektor des Kurfürsten von Mainz, war von Mainz mit der ihm anvertrauten kurfürstlichen Bibliothek

in die Sommerresidenz des Kurfürsten nach Aschaffenburg geflohen. Friedrich Heinrich Jacobi, in dessen Haus Heinse verkehrte, war aus dem ebenfalls bedrohten Pempelfort geflüchtet und hielt sich in den folgenden Jahren wechselweise in Wandsbeck, Enkendorf und Eutin auf.

111 **gestrige Theatervorstellung** – Am 26. November 1796 wurde Leisewitz' »Julius von Tarent« am Weimarer Theater gegeben.

112 **Warum Lessing ...** – In der »Hamburgischen Dramaturgie« fällt Lessing oftmals abwertende Urteile über das französische Trauerspiel. So spricht er im 8. Stück vom »gemeinen Praß französischer Trauerspiele«. Er stellt es zum einen unter die antike Tragödie, indem er z. B. im 10. Stück behauptet, daß die Vorzüge der Franzosen auf das Wesentliche des Trauerspiels keinen Einfluß hätten. Andererseits sieht er in Frankreich aufgrund der Eitelkeit der Franzosen schlechte Bedingungen für das bürgerliche Trauerspiel (14. Stück).

Product – Product heißt im 18. Jh. eine feierliche Züchtigung ungezogener Schüler: einem Kind einen Product geben.

daß Iffland – In H: daß Wieland.

Spieler – Ifflands »Der Spieler« wurde am 9. April 1796 am Weimarer Theater aufgeführt. Der Erstdruck erfolgte erst 1798.

113 **Wieland ... Sinibald** – Wieland: Clelia und Sinibald. Vgl. 2. und 3. Anm. zu S. 219.

Lottchen Campe – Der Zusammenhang ist nicht bekannt.

Ueber die Sprachreinigungsgeselschafft – »Beiträge zur weitern Ausbildung der Deutschen Sprache von einer Gesellschaft von Sprachfreunden«. In diesen Beiträgen wurden Werke deutscher Autoren hinsichtlich ihrer Sprache beurteilt. Der Band 1 enthält eine Kritik von »C. M. Wielands Sämmtliche Werke« und eine Kritik des »Neuen Teutschen Merkur«, in der besonders die Schreibung teutsch statt deutsch bemängelt wird. Im Band 2 werden Herders »Ideen zur Philosophie der Geschichte der Menschheit« besprochen.

114 **Flamings** – A. H. J. Lafontaine: Leben und Thaten des Freiherrn Quinctius Heymeran von Flaming.

115 **Hundetaschenbuch** – Nicht ermittelt.

116 **'tis very strange ...** – (engl.) Es ist wirklich merkwürdig, daß solche Männer wie Herr Herder und Herr Wieland so tief in einen Streit über Schweine geraten können. Wie würden meine Landsleute lachen, wenn sie das hören würden.

vor einigen Tagen einen Brief – Johann Heinrich von Hillern, Senator in Biberach, hatte Wieland in einem undatierten Schreiben (etwa 6. Dezember 1796) gebeten, sich um ein Darlehn von 50000 Florin für die Stadt Biberach einzusetzen. Schließlich fand sich der Frankfurter Bankier Wantzel bereit, im August 1797 15000 Florin zu zahlen (vgl. S. 248 f.).

116 **Meiners Hypothese** – Vgl. 2. Anm. zu S. 101. Der § 19 des 1. Kapitels in Meiners' »Grundriß der Geschichte der Menschheit« behandelt die Verschiedenheit der Kopfformen.

in Lavaters Physiognomik – Vgl. 2. Anm. zu S. 70.

Hißmann sagte – In Hißmanns »Untersuchungen, über den Stand der Natur« heißt es: »Die mütterliche Pflege ist anfänglich nichts weniger, als eine Frucht ihrer Zuneigung zum gebornen Kind. Sie hängt es an ihre Brüste; weil der Stich der Muttermilch, der ihr den heftigsten Schmerz verursachte, durch das Saugen des Kindes nachläßt. Das Gefühl des Schönen müßte in der That bei den Müttern ganz abgestumpft; und ihr Geschmack müßte in einem ungewöhnlich hohen Grad verdorben seyn, wenn sie den häßlichsten unter allen Gegenständen der ganzen Schöpfung schön finden, oder sich gar in denselben verlieben könnten. Denn so wie der erwachsene Mensch, den die Natur übrigens nicht versäumt hat, das schönste unter allen schönen Objekten ist: eben so ist, auf der andern Seite, ein ungebornes, oder ein ebengebornes menschliches Kind, das häßlichste unter allen Dingen. Widerlich, unangenehm und beleidigend sind die Eindrücke, die es auf jeden unsrer äußeren Sinne macht. Der Anblick desselben ist unaushaltbar; und man muß Mutter seyn, um es nur einen Augenblick sehn und hören zu können. [...] Aber den ungestalteten, unproportionirten, schwachen, unmündigen Säugling lieben, ist dem menschlichen Herzen ganz unmöglich; so unmöglich den Philosophen die Erklärung einer solchen Liebe seyn müßte.« (S. 62 bis 64).

ἐϱαν – (griech.) lieben.

mit seiner Frau – Dorothea Caroline Albertine Schlegel gibt einen ausführlichen Bericht von dieser Teegesellschaft in ihrem Brief an Luise Johannette Wilhelmine Gotter vom 25. Dezember 1796.

117 **Mirabeau und Chamfort** – In der von Schlegel in der ALZ Nr. 328 (1796) rezensierten Chamfort-Ausgabe werden vom Herausgeber auch Briefe Mirabeaus an Chamfort zitiert, um den Einfluß des letzteren auf die öffentliche Laufbahn des ersteren nachzuweisen, wogegen Schlegel polemisiert. Mirabeau und Sophie de Ruffey waren verheiratet: die zwanzigjährige Sophie mit dem alten Marquis de Monnier, der stets von Schulden verfolgte Mirabeau mit der Tochter des reichen Marquis de Marignane, welcher ihm aber nur einen geringen Jahresgehalt ausgesetzt hatte. Von seinem Vater seit 1774 in verschiedenen Schlössern in Haft gesetzt, von seiner Gattin allein gelassen, begann Mirabeau 1775 ein Liebesverhältnis mit Sophie, wurde daraufhin erneut interniert, flüchtete mit Sophie nach Amsterdam und ließ sich dort 1776 unter falschem Namen nieder, wurde in Besançon als Entführer zum Tode verurteilt, in effigie hingerichtet, 1777 mit Sophie in Amsterdam verhaftet,

welche, während er zu 42monatiger Haft in Vincennes verurteilt wurde, in ein Kloster zu Gien kam. Während der Haft schrieb Mirabeau die 1792 veröffentlichten »Lettres à Sophie«. 1782 erreichte er die Aufhebung des gegen ihn und Sophie ergangenen Urteils.

117 **Prachtausgabe** … – Novum Testamentum Graece. Ex recensione Jo. Jac. Griesbachii cum selecta lectionum varietate.

Ramdohr, dessen Urania – Ramdohr: Venus Urania. Das Werk war in Göschens Verlag erschienen.

Doctors Unzer … – Nicht ermittelt.

von Graff mahlen läßt – Während seines Aufenthalts in Dresden vom 8. bis 16. August 1794 wurde Wieland von Graff gemalt (vgl. S. 336); das Bild ist jetzt im Besitz der Stiftung Weimarer Klassik, Goethe- und Schiller-Archiv. Das von Johann Friedrich Bause gestochene Bild wurde dem 30. Band der Quart-Ausgabe von WSW vorangestellt.

Recension – Die in Distichen abgefaßte anonyme Rezension steht in der »Hamburgischen Neuen Zeitung« vom Dezember 1796 (Drittes Stück der Beiträge von gelehrten Sachen).

in den Xenien vorkommenden Ausfälle – Die an Gleim gerichteten Xenien heißen (Musen-Almanach auf das Jahr 1797, S. 284f.):

Frage.

Melde mir auch, ob du Kunde vom alten Peleus vernahmest,
Ob er noch weit geehrt in den Kalendern sich liesst?

Antwort.

Ach! ihm mangelt leider die spannende Kraft und die Schnelle,
Die einst des G*** herrliche Saiten belebt.

118 **12ten July. [1797]** – So wird datiert, weil Herder im Sommer 1797 an »Luthers Katechismus« arbeitete. Das Manuskript war am 1. September 1797 druckfertig. Das Buch erschien 1798.

Evangelium der Eintracht – Matthäus 5,22 (Bergpredigt).

Herder arbeitet … – Herder: Luthers Katechismus, mit einer katechetischen Erklärung.

neuerungssüchtig – Vgl. 1. Anm. zu S. 101.

schlage dem Fasse den Boden ganz ein – Löffler, seit 1788 Generalsuperintendent in Gotha, hatte 1781 Souverains »Le platonisme dévoilé« übersetzt, in welchem die Trinitätslehre auf den Platonismus der Kirchenväter zurückgeführt wird.

Predigten – Zahlreiche Predigten von Teller wurden gedruckt.

scilicet – (lat.) nämlich.

119 **neuen Francinism** – Im Mai 1794 wurde in Frankreich durch Robespierre, der die Offenbarungsreligionen und den Atheismus gleichermaßen ablehnte, der Kult des höchsten Wesens eingeführt, eine republikanische Religion, die die Unsterblichkeit der Seele und die Existenz des höchsten Wesens verkündete. Der Kult bestand in Festen zu Ehren solcher Wesen wie Natur, Frei-

heit, Gleichheit oder nationaler Tugenden. Zum ersten Mal wurde er am 8. Juni 1794 begangen. Nach der Verbrennung einer den Atheismus verkörpernden Statue führte Robespierre eine feierliche Prozession von den Tuilerien zum Marsfeld. Sieyès, einst Generalvikar des Bischofs von Chartres und Gesandter des Klerus, war gleich zu Beginn der Revolution durch bedeutende Flugschriften hervorgetreten, hatte die Umwandlung der Generalstände in die Nationalversammlung beantragt, für den Tod des Königs gestimmt, Robespierre bis zu dessen Ende unterstützt und gehörte nun dem Rat der Fünfhundert an.

119 **Xlichen** – christlichen.

Zendvesta – Gemeint ist die französische Übersetzung von Anquetil, die Kleuker 1776 ins Deutsche übertrug.

Μαγικον – (griech.) Magisches, Geheimnisvolles.

120 **Bergmannssprache** – »[...] usque adeo ut ipsi Turcae in fodinis Graeciae et Asiae minoris vocabulis metallicis Germanorum utantor.« Leibniz: Marii Nizolii de veris ... (Gottfried Wilhelm Leibniz: Sämtliche Schriften und Briefe. 6. Reihe. 2. Bd. S. 414). Herder übersetzt den ganzen Satz in der »Metakritik« folgendermaßen: »Und doch wage ich zu behaupten, daß zu diesem Probeversuch, zu einer *Prüfung philosophischer Sätze durch eine lebendige Sprache* keine in Europa geschickter sei, als die Deutsche, so daß die Türken selbst in ihren Griechischen und Klein-asiatischen Bergwerken sich in der Metallurgie Deutscher Worte bedienen.« (HSW, Bd. 31, S. 70)

Kirche – Sie wurde 1615 im Barockstil errichtet.

zweiter Prediger – Pastor Duve.

121 **Frohriep einmal kompromittirt** – Nicht ermittelt.

Preusischen Raubadler – Der Adler ist das Wappentier der preußischen Könige. Anspielung auf die Eroberungen von Friedrich II.

Jahrbuch – Jahrbücher der Preußischen Monarchie. Über Rousseaus »Pygmalion«, der im Berliner Schauspielhaus aufgeführt wurde, finden sich in diesem Jahrbuch zwei Aufsätze (1798, 1, S. 67–78, und 1798, 2, S. 144–152). In beiden Beiträgen werden das Genre Melodrama und Ifflands Spielweise kritisiert. Beide Aufsätze scheinen aber nicht von Herder zu sein; der erste ist mit M., der zweite mit J. A. Eberhardt unterzeichnet.

122 **Anonymitätssünde** – Als Herder im 105. der »Briefe zu Beförderung der Humanität« seine Verachtung der gegenwärtigen Literaturkritik und besonders der anonymen Rezensenten bekundete, wandte er sich vor allem gegen die ALZ, das bedeutendste Rezensionsorgan seiner Zeit, in dem die Rezensionen anonym erschienen. Eine Ausnahme in bezug auf Nennung der Rezensenten bildete die »Erfurter gelehrte Zeitung«, für die Herder rezensierte. Die Anonymitätssünde bestand darin, daß Herder von

April bis Oktober 1772 für die »Frankfurter gelehrten Anzeigen« anonyme Rezensionen schrieb, als deren Verfasser er meist aber erkannt wurde.

122 **Algemeine Literatur Zeitung nicht läse** – Sowohl Schütz in seinem Brief als auch Herder in seiner Antwort beziehen sich hier auf Herders Aussage im 105. Humanitätsbrief, daß er kein kritisches deutsches Journal lese.

neue Frankfurter gelehrte Zeitung – Frankfurter gelehrte Anzeigen.

Göthe ... Recensionen – In die »Vollständige Ausgabe letzter Hand« hatte Goethe selbst 27 Rezensionen aus den »Frankfurter gelehrten Anzeigen« aufgenommen, zu denen er sich als Verfasser bekannte. Manche dieser Rezensionen stammen jedoch nicht von ihm. Dagegen hat die Forschung inzwischen eine Reihe von Rezensionen, die er nicht aufnahm, ihm ganz oder teilweise zugeschrieben.

7 bis 8 anonym – Herder lieferte 14 Rezensionen. Vgl. HSW, Bd. 5, S. 423–474.

zweiten Theil seiner Weltgeschichte – Gemeint ist »August Ludwig Schlözers [...] Vorstellung seiner Universalhistorie«, 2. Teil.

zwei ... Schriften – Herder rezensierte Schlözers »Kritische Sammlungen zur Geschichte der Deutschen in Siebenbürgen« und »Kritisch-historische NebenStunden« in den Erfurter »Nachrichten von Gelehrten Sachen«.

Bahrdt ... in seine Klauen – Der Verleger Johann Konrad Deinet hatte Bahrdt 1773 darum gebeten, an den »Frankfurter gelehrten Anzeigen« mitzuarbeiten. Vgl. »Briefe angesehener Gelehrten, Staatsmänner, und anderer, an den berühmten Märtyrer D. Karl Friedrich Bahrdt« (4 Bde. 1798); dort besonders »Auszüge aus den Briefen des Herrn Hofraths und Buchdruckers Deinet« (S. 133–174).

123 **Rector** – Grim.

124 **Ab equis ad asinos ...** – (lat.) Er stieg von den Pferden zu den Eseln hinab, aber bald bereute er seinen Entschluß.

125 **Directoren** – Das Fridericianum in Königsberg leitete bis Sommer 1763 Franz Albrecht Schultz, ab Sommer 1763 Konsistorialrat Prof. Daniel Heinrich Arnoldt. Die eigentliche Leitung der Anstalt lag bei Oberinspektor Schiffert und dem zweiten Inspektor Domsien.

126 **gerade die Wissenschaften** – Herder unterrichtete Naturgeschichte, spezielle Ländergeschichte, Mathematik, französische Sprache, Stil.

Metakritik – Hamann schickte seine handschriftliche »Metakritik über den Purismum der Vernunft« am 13. September 1784 an Herder, der sie in einer Abschrift am 2. November an Jacobi sandte. Veröffentlicht wurde sie in Rincks »Mancherley zur Geschichte der metacritischen Invasion«.

126 **Schwiegersohn Nicolovius** – Der in Königsberg lebende Theologe und Philosoph Theodor Balthasar Nicolovius war seit 1799 mit Hamanns jüngster Tochter verheiratet.

wollte zu Herdern – Am 16. Juli 1787 war Hamann in Münster. Seine Absicht, zu Herder zu reisen, äußerte er noch in seinem Brief an Kraus vom 2. Juni 1788. Er starb am 21. Juni.

127 **einen Brief von Kant** – Gemeint ist Kants Brief an Herder vom 9. Mai 1768.

der Brief – Es handelt sich um einen undatierten Brief Herders vom November 1768. Er ist in »Mancherley zur Geschichte der metacritischen Invasion« auf S. 156–164 abgedruckt.

Johann Christoph Friedrich Schiller

129 **[1797]** – Die Datierung richtet sich nach dem Erscheinen von Mansos und Dyks »Gegengeschenken« 1797.

Der Vorwurf – In den »Gegengeschenken« (S. 12) befinden sich drei Xenien, die sich darauf beziehen:

Die Geschichte der Niederlande.

Alles weiß er, als hätt' er im Rathe der Fürsten gesessen.
Viel zwar sprach man und laut, aber du warest ja taub.

Dieselbe.

Leere Träume die Menge und abgeschmackte Tiraden,
hat uns ein kecker Phantast hier für Geschichte verkauft.

Dieselbe.

Sieh doch! Das Ding von Genie hat selbst den Strada citiret.
Mach' uns so etwas nicht weis. Strada ist für dich zu schwer.

damals – Schiller war seit dem 1. September 1783 in Mannheim Theaterdichter mit einem Gehalt von jährlich 300 Gulden. Am 31. August 1784 wurde sein Vertrag nicht verlängert.

reißte ... fort – Am 9. April 1785 reiste Schiller von Mannheim nach Leipzig und von dort am 1. September 1785 nach Dresden. Nach Weimar kam er erst am 21. Juli 1787.

130 **im Jahr 1792** – Im Juni 1791 hatten Schillers dänische Verehrer auf Grund einer falschen Nachricht eine Totenfeier für ihn abgehalten. Ende November 1791 wurde Schiller von Friedrich Christian von Schleswig-Holstein eine jährliche Pension von 1000 Talern für drei Jahre angeboten. Diese Zahlung wurde dann verlängert.

[1798] – Die Datierung richtet sich nach dem Erscheinen der »Agnes von Lilien«.

130 **in der Schweiz** – Karoline von Wolzogen hatte sich nach ihrer zweiten Heirat mit ihrem Mann 1794 in Württemberg niedergelassen, war aber von dort wegen der eindringenden Franzosen in die Schweiz gegangen. Im September 1795 wurde in Stein am Rhein ihr Sohn Adolf geboren.

131 **asotische** – (griech. asotos) Sittlich verdorben, rettungslos verloren.

132 **Szene mit dem Walliser** – 2. Aufzug, 7. Auftritt.

Senarios oder Trimetros – Dieser Vers ist ein jambischer Sechsheber: v – v – v – v – v – v – .

Das Stilschweigen – 4. Aufzug, 11. Auftritt.

Der schwarze Ritter – 3. Aufzug, 9. Auftritt.

133 **Verliebung in Lionel** – 3. Aufzug, 10. Auftritt.

Christoph Martin Wieland

Christoph Martin Wieland wurde am 5. September 1733 in Oberholzheim bei Biberach geboren. Von 1747 bis 1749 besuchte er die pietistische Schule Kloster Berge bei Magdeburg.

Danach hielt er sich ein Jahr bei dem Professor für Philosophie Baumer in Erfurt auf. Von November 1750 bis Juni 1752 studierte er in Tübingen. Auf Einladung von Johann Jakob Bodmer ging Wieland im Oktober 1752 in die Schweiz. Bis 1754 wohnte er in Zürich im Haus Bodmers, danach nahm er eine Hauslehrerstelle bei dem Amtmann von Grebel an; im Juni 1759 ging er als Hauslehrer nach Bern. Vom Frühjahr 1760 bis zum Frühjahr 1769 war er Kanzleidirektor in Biberach, 1769 bis 1772 Professor in Erfurt. Von September 1772 bis 1775 war er Erzieher des Erbprinzen Karl August von Sachsen-Weimar-Eisenach. Wieland blieb bis zu seinem Tod 1813 in Weimar bzw. im nahe gelegenen Oßmannstedt.

135 **Er giebt bey der … Revision** – »C. M. Wielands Sämmtliche Werke«. Bei Göschen erschienen von 1794 bis 1801, 1802 bzw. 1811 gleichzeitig eine Prachtausgabe im Quartformat und drei verschiedene Ausgaben im Oktavformat in 36 bzw. 39 Bänden. Für die Bände 1–28 stach Ramberg Titelkupfer in Quart, die zu den Oktavausgaben gesondert geliefert wurden. Mit dieser Ausgabe begründete Wieland den Typ der Ausgabe »von der letzten Hand«, den er im ersten Band definiert. Für WSW nahm Wieland an allen seinen Werken Verbesserungen und teilweise größere Umarbeitungen vor. Von einem lebenden deutschen Schriftsteller war bis zu diesem Zeitpunkt noch nie eine so umfangreiche Ausgabe erschienen. Auch buchkünstlerisch war die Ausgabe einzigartig: Göschen druckte in lateinischen Lettern nach Didotschem Muster auf Schweizer Velinpapier.

135 **was auch ... Campe ... erinnern mag** – Vgl. 3. Anm. zu S. 113.

136 **4 Prachtausgabe** – Gemeint ist die Quartausgabe von WSW. Vgl. 1. Anm. zu S. 135.

groß 8 Ausgabe – Großoktavausgabe.

Verdeutschung ... von Goldoni – Am 22. November 1794 wurde am Weimarer Theater »Der Diener zweier Herren« von Goldoni gegeben.

τεχνιται – (griech.) Künstler.

137 **[1794]** – Die Datierung richtet sich nach der Erwähnung des Beitrages von Theobald Wilhelm Broxtermann im Merkur, der im Dezemberheft 1794 erschienen war. Wielands Übersetzung der »Ritter« erschien zwar erst 1797, jedoch begann er diese Übersetzung 1794. Vgl. S. 409f.

des benachbarten Gasthofes – Vgl. 6. Anm. zu S. 96.

Aristophanes ... Plato ... Xenophon ... Julians – »Die Ritter oder die Demagogen« erschienen erst im AM 1797, Bd. 2. »Xenofons Gastmahl« erschien im AM 1802,1. Die geplanten Übersetzungen von Platon und Julianus wurden nicht ausgeführt.

138 **munterte ihn ... auf** – Unter den im TM 1788, 2, abgedruckten »Benno, Bischof von Osnabrück« setzte Wieland eine lobende Anmerkung.

jungen Brandenburger – Lütkemüller war seit spätestens Juli 1793 bei Wieland als Sekretär angestellt.

Abderitenproceß wegen ... – Wieland erzählt im 4. Buch der »Abderiten«, wie sich jemand bei praller Sonne im Schatten eines gemieteten Esels ausruhen will, worauf dessen Besitzer eine Zuzahlung zum Mietpreis fordert. Daraus entsteht ein langwieriger Prozeß, in den die ganze Stadt Abdera verwickelt wird.

139 **vorigen Kurfürsten** – Emmerich Joseph Freiherr von Breidbach zu Bürresheim.

Könige von Scheschian – Wieland: Der Goldne Spiegel, oder die Könige von Scheschian.

Nürnberger Brunnengeschichte – In den »Abderiten« (1. Buch, 1. Kapitel) erwähnt Wieland, daß die Abderiten einen großen Zierbrunnen bauen ließen, für den sie nicht genug Wasser hatten.

der dritte Theil – Wielands Gedicht »Pervonte« war bis dahin Fragment geblieben, es bestand aus zwei Teilen. In WSW erschien das Gedicht erstmals in drei Gesängen.

eines neuen Stücks ... – Wielands in dieser Zeit entstandenes Gedicht »Die Wasserkufe« besteht nur aus einem Teil. Weitere Gedichte schuf Wieland nicht.

Ankündigung – Der TM wurde in einer »Nachricht an das Publikum« in den »Frankfurter Gelehrten Anzeigen« 1773, S. 29, angekündigt. Von den Brüdern Jacobi erschien in den ersten Nummern des TM eine Reihe von Beiträgen.

Die beiden Jacobi – Johann Georg Jacobi lieferte für den ersten

Jahrgang des TM mehrere Gedichte und die Erzählung »Charmides und Theone, oder die Sittliche Grazie«, die in Fortsetzungen erschien. Friedrich Heinrich rezensierte nur Herders »Abhandlung über den Ursprung der Sprache«.

140 **Wieland bat** ... – Von 1773 bis 1776 besorgte Bertuch die merkantilische Korrespondenz des TM; 1774 wechselte der Druckort von Rudolstadt nach Weimar, die Hofmannische Buchhandlung übernahm jedoch erst 1780 den Vertrieb. Durch einen Kontrakt vom Oktober 1782 wurde der TM ab 1783 gemeinsames Eigentum von Bertuch und Wieland. Bertuch war verantwortlich für Druck, Korrektur, Anzeigen, Geschäftskorrespondenz und Versand. Im Juli 1786 schied Bertuch aus. Der dazugekommene Reinhold redigierte den »Anzeiger« des TM von Juni 1784 bis Ende 1788 fast allein. 1786 nahm der Verleger Göschen den TM in Kommission.

Briefe über die Alceste – Wieland: Briefe an einen Freund.

Uebersetzung einer Italienischen Novelle – Nicht ermittelt.

Briefen eines ... – J. Chr. Fr. Schulz: Geschichte meiner Hypochondrie.

141 **Reinhold aus Wien** – Vgl. 2. und 3. Anm. zu S. 103.

142 **Guntersmann** – Sophie von La Roche ist eine geborene Gutermann von Gutershofen.

Hebamme ihres ersten Geniekindes – Wieland hatte das erste Werk der La Roche, die »Geschichte des Fräuleins von Sternheim«, kritisch durchgesehen und herausgegeben (vgl. S. 157).

erzog ihren ältesten Sohn Theodor – Als Wieland Anfang Juni 1769 Professor in Erfurt wurde, gab Sophie von La Roche ihren Sohn Friedrich Karl (Fritz) zu ihm. Dieser überließ dem Zwölfjährigen eine Stube in seinem Haus, achtete darauf, daß er täglich zur Messe ging, besorgte ihm gute Lehrer für den Latein-, Französisch-, Mathematik-, Physik-, Klavier-, Harfen-, Tanz- und Zeichenunterricht und ließ ihn seine Vorlesungen hören. Als La Roche nach zehn Monaten nachfragen ließ, ob Fritz ein lateinisches Buch lesen könne, geriet Wieland in Bestürzung. Im Dezember 1770 klagte er offen über die geistige Trägheit des Jungen, der die Sprachlehrer mit Ausreden vertröstete und statt zum Mathematikunterricht des Paters Bernard ins Ballhaus ging, bis ihm der Wirt keinen Kredit mehr gab. Bei seinem Besuch in Ehrenbreitstein (vgl. 2. Anm. zu S. 143) im Mai 1771 brachte Wieland Fritz zu seinen Eltern zurück.

143 **Coaffüre** – (franz. coiffure) Haartracht, Kopfputz.

nach 12 Jahren in Coblenz – Seit dem 13. Mai 1771 weilte Wieland einige Tage bei Sophie von La Roche in Ehrenbreitstein bei Koblenz, wo sich auch die Brüder Jacobi und Leuchsenring zu einem »sentimentalen Kongreß« eingefunden hatten.

neuen Auflage seiner Werke – Vgl. 1. Anm. zu S. 135.

144 **Martin Hemken** – Der Brief von Melchior Hemken an Wieland ist nicht überliefert.

Cephalus und Procris – Gemeint ist Wielands Gedicht »Aurora und Cephalus«. Aurora ist die Geliebte, Procris die Gemahlin des Cephalus. Das Werk ist im Band 10 von WSW enthalten. Böttiger datiert seine Aufzeichnung auf den 27. Januar 1795. Im Brief von Wieland an Göschen vom 10. März 1795 ist von vorzunehmenden Änderungen am Band 10 die Rede.

145 **Peregrinus Proteus** – Wieland: Die geheime Geschichte des Philosophen Peregrinus Proteus.

Lucian erzählt ... – Vgl. Wieland: Peregrin und Lucian.

bey Gelegenheit seiner Uebersetzung – Wieland hat seiner Übersetzung von »Lucians Sämtlichen Werken« im 3. Teil einen Abschnitt »Ueber die Glaubwürdigkeit Lucians in seinen Nachrichten vom Peregrinus« (S. 93–110) eingefügt.

Xianismus – Christianismus.

ante Lojolam – (lat.) vor [Ignatius von] Loyola.

146 **Stadion hatte** ... – Zwei Ereignisse bewirkten, daß der Reichsgraf von Stadion, der ein Untergebener des Erzbischofs von Mainz und Trier war, den Mainzer Hof 1761 verließ. – Er hatte 1754 ein von den Jesuiten errichtetes Kreuz in der Sebastianuskapelle zu Mainz entfernen lassen. Als daraufhin der Jesuitenpater Winter öffentlich predigte, mußte sich von Stadion beugen, so daß das Kreuz wieder errichtet wurde. – Prof. Horix, ein Freund des Reichsgrafen, ließ für eine seiner Vorlesungen eine Arbeit drucken, worin er gegen die von Rom angestrebte Machtvollkommenheit ankämpfte. Horix mußte widerrufen und von Stadion erklären, daß er an der Arbeit keinen Anteil habe.

148 **Nothanker** – Nicolai: Das Leben und die Meinungen des Herrn Magister Sebaldus Nothanker.

Bunkel – Nicolai: Leben, Bemerkungen und Meynungen Johann Bunkels.

Rodomontaden – In H: Rodomonataden.

schrieb einige Aufsätze – Wieland: Leben, Bemerkungen und Meynungen Johann Bunkels.

hämische Rezension – In der fraglichen Zeit erschien in der AdB nur eine mit einem Kürzel Abendroths gezeichnete Rezension zur dritten Auflage von Wielands »Neuesten Gedichten« (45. Band, 1. St., S. 467f.) Sie ist negativer als die zuvor zu Wieland in der AdB erschienenen Rezensionen: »Und sollten wir auch von dem neun und neunzigsten Theile der Genieinsekten eines zu dicken Sensoriums beschuldigt werden, so müssen wir doch zur Ehre der gesunden Literatur bekennen, daß wir nichts schönes, ja nicht einmahl etwas erträgliches in diesem Bändchen gefunden haben. [...] Um allen Zweifel wegen unsers Urtheils zu heben, wollen wir nur ein paar Zeilen, wie sie uns in die Hände fallen, abschreiben. Z. B. S. 2. ›Sie stunden da und sogen / mit ofner Brust, / Halbangezogen, / Den frischen Balsamduft / Der Morgenluft / Und sahn / So ihre Lust / Daran, / Wie Zweig an Zweig gebogen / Voll Blüthen hieng, / Und wie sie flogen, / So oft ein Lüftchen gieng.‹ Nun! ist's genug? – Ich denke.«

148 **Firlifimini** – Schulz: Leben und Tod des Dichters Firlifimini.

Anzeige am Ende – In der AdB heißt es im 100. Bd., 1. St., S. 289: »Der durch seine *Romane* bekannte Herr Rath, *Friedrich Schulz*, ist als Professor der *Geschichte* an das Gymnasium nach Mietau gegangen, und hat bald nachher den Charakter eines herzogl. Sachsen-Weimarischen und Eisenachischen Hofraths erhalten.«

149 **Hüttners Briefen** – Hüttner, der von 1792 bis 1794 an einer britischen Gesandschaftsreise durch China teilgenommen hatte, hatte seinen Freunden, zu denen Böttiger gehörte, eine ausführliche Reisebeschreibung geschickt, die aber nicht zur Veröffentlichung bestimmt war. Nachdem ihr Erscheinen dennoch in einer Hamburger Zeitung angekündigt worden war, gab sie Böttiger 1797 für Hüttner heraus. Darin heißt es: »Der Kaiser ist einer der größten Literatoren in seinem Reiche (man sieht von selbst, warum ich Literatoren sage); er beherrscht das Tartarische und Chinesische so vorzüglich, daß er in beiden Sprachen Gedichte geschrieben hat, unter denen das über den Tee, welches wir durch eine französische Übersetzung in Europa kennen, das berühmteste ist. [...] Auch haben dreiundachtzig Lebensjahre die Harems des Kaisers noch nicht unnötig gemacht.« (Zitiert nach der Neuherausgabe von S. Dabringhaus, Sigmaringen 1996, S. 177.)

Ramberg ... Kupfer – Vgl. 1. Anm. zu S. 135.

als Baggesen da war – 1793 reiste Jens Baggesen mit seiner Frau in die Schweiz. Auf der Durchreise besuchten sie im Juni in Weimar Wieland, der seine Tochter Charlotte mitreisen ließ. In Zürich lernte Charlotte ihren späteren Mann Heinrich Geßner kennen. Die Reisenden trafen am 11. März 1795 wieder in Weimar ein. Am 18. Juni fand die Hochzeit statt.

151 **Schröder in Hamburg ...** – Schröder, der Direktor des Hamburger Theaters, hatte Anfang 1795 mehrfach geäußert, daß er die Leitung des Theaters niederlegen wolle, weil das deutsche Theater in Hamburg weniger öffentliche Unterstützung erhalte als das französisch- und das englischsprachige Theater. Schröder ließ ein Schreiben verbreiten, in dem er seine Verdienste aufrechnete (vgl. dazu NTM 1795, Mai-Heft, S. 94–105).

Ebert ... schrieb – Der Brief ist auf den 23. September 1794 datiert. Ebert meint das Gedicht »Zeus, Apollo und Olympia«.

Heirath – Vgl. 3. Anm. zu S. 149.

152 **jetzigen Quartiere** – Vgl. 6. Anm. zu S. 96.

153 **besonders im Appenzeller Land** – Vgl. 2. Anm. zu S. 233.

153 **Zebedäi** – Zebedäus heißt der Vater der Apostel Jakobus d. Ä. und Johannes.

Kilpgang – (schweiz. Mundart; auch Kiltgang) Die nächtlichen Besuche der Schweizer Jünglinge bei Mädchen, denen gewöhnlich die Heirat folgte.

Pfalzgraf – Im September 1765 wurde Wieland vom Grafen von Stadion das kleine Palatinat verliehen, das ihn zur Ausübung bestimmter kaiserlicher Vollmachten berechtigte. Er konnte Doktoren und Notare ernennen. 1769 hatte er den »Stadtphysikus«, Herrn Mann, zum Doktor der Philosophie ernannt.

Ketschau – Kötschau, Dorf und Gut bei Jena.

154 **Sedez und Vigesimalidez** – Buchformate mit 16 und 20 Blättern pro Bogen.

lateinisches Gedicht – Am 6. März 1752 schrieb Wieland an Bodmer, daß er in seinem 12. Lebensjahr ein satirisches Gedicht von 600 Versen auf die Frau des Rektors Doll geschrieben habe.

1749 – In H: 1756.

tardipedi ... – Wohl statt (lat.) »tardipedi ustulandum deo«: dem hinkfüßigen Gott [d. h. Vulcanus, dem Feuer] zum Verbrennen; nach Catull 36,7–8.

155 **Don Quixotte** – Cervantes: El ingenioso hidalgo Don Quijote.

avias veteres ... – (lat.) Jener, sagt Wieland, nahm mir den Altweiberwahn von der Brust (Persius 5,92).

156 **entsponn sich seine ... Liebe** – Wieland und Sophie Gutermann (später La Roche) hatten sich im August 1750 in Biberach verlobt. 1753 löste sie das Verlöbnis und heiratete im Dezember La Roche.

Meyer – G. Fr. Meier, der die »Natur der Dinge« herausgab, schrieb in der Vorrede vom 27. September 1751, daß ihm das Werk anonym zugeschickt worden sei.

157 **die sich erfrecht haben** – Jenisch hatte anonym in seinem Aufsatz »Ueber Prose und Beredsamkeit der Deutschen« die Meinung vertreten, daß die Deutschen keine Prosaiker hätten. Ohne Namen zu nennen, jedoch mit deutlichen Anspielungen kritisierte er verschiedene Schriftsteller. Auf Wieland anspielend, äußerte Jenisch, daß er »die Romane des Einen, bey aller bewundernswürdigen Kunst des Stils und proteischen Gewandheit des Vortrags ohne alle moralische Tendenz findet«. Goethe antwortete darauf mit dem Aufsatz »Literarischer Sansculottismus« in den »Horen«, in welchem er ausdrücklich Wielands Leistung hervorhob.

Benningenheim – Bönningheim.

seines Exils von Maynz – Vgl. Anm. zu S. 146.

158 **Canevaß** – Canevas heißt im Französischen das Gewebe, das einer Teppichstickerei zum Grunde dient. Im übertragenen Sinne meint der Ausdruck das Gerüst, die Anlage, den Plan eines Werkes.

158 **Göttergespräche** – Wielands »Neue Götter-Gespräche« wurden auf Veranlassung Retzers von dem Italiener Gaetano Grassi übersetzt.

junger Emigrant – Am 6. Juli 1795 schickte der Emigrant d'Ailly Wieland eine Übersetzung der »Geschichte des Philosophen Danischmende«.

qu'elle a été travaillée ... – (franz.) daß sie seit Jahrhunderten bearbeitet ist.

Schriftsteller vom Port Royal – In der zweiten Hälfte des 17. Jh. wurden in dem jansenistischen Pariser Kloster Port Royal bedeutende sprachphilosophische Leistungen vollbracht. Es erschienen Arbeiten zur Logik, zur Moral, zum Spracherwerb und zur Grammatik. Die wichtigsten Autoren waren die Brüder Antoine und Robert Arnauld d'Andilly (1612–1694 und 1588–1647), Pierre Nicole (1625–1695) und Claude Lancelot (1616–1695).

160 **Ueber Solons Legislatur** – Im AM erschien dazu kein Beitrag Wielands.

das in die 3te Lieferung – Gemeint ist die dritte Lieferung von WSW (vgl. 1. Anm. zu S. 135). Die »Beyträge« erschienen im 14. Band von WSW.

Proömien – (lat. prooemium) Einleitungen.

Aventures de Rosigli – Gemeint sind Oliviers »Nouvelles aventures«.

Robinson – Figur aus einem Roman von Defoe.

Pamela – Richardson: Pamela or Virtue rewarded.

161 **Clarissa** – Richardson: Clarissa or The history of a young lady.

Messias – Klopstock: Der Messias.

162 **Gamaliels** – Gamaliel, ein jüdischer Gesetzeslehrer, war der Lehrer des späteren Apostels Paulus. Sein gleichnamiger Enkel war als erster Fürst der Juden zu Jamnia ebenfalls eine große Autorität.

Brechter – Der geschilderte Vorfall ereignete sich im Jahre 1761. Auf Grund der »Beiträge zur Geschichte der ehemaligen Reichsstadt Biberach« (Biberach 1876) wurde Brechter nicht als Vikar in Biberach angestellt. Bürgermeister war damals Johannes von Hillern.

163 **Hamburger Patrioten ... Zürcher Mahlern** – Gemeint sind »Der Patriot« und die »Discourse der Mahlern«.

Jenisch verweigert ... – Vgl. 1. Anm. zu S. 157.

Reich hatte ... – Bei dem Leipziger Verleger Reich, dem Besitzer der Weidmannischen Buchhandlung, waren die meisten Werke von Wieland erschienen. Um seine »Sämmtlichen Werke« herauszugeben, ging Wieland jedoch zu dem jungen Verleger Göschen. Als dieser mit der Herausgabe der Werke anfing, begann 1792 ein langwieriger Rechtsstreit zwischen Göschen und der Weidmannischen Buchhandlung, der erst 1796 durch das

Ober-Apellationsgericht Dresden zugunsten Göschens entschieden wurde (vgl. 1. Anm. zu S. 135).

164 **Adelung** – Gemeint ist Adelungs »Versuch eines vollständigen grammatisch-kritischen Wörterbuches«.

Suevismus – (lat.) schwäbischer Ausdruck.

Gutta cavat ... – (lat.) (Steter) Tropfen höhlt den Stein.

Brief von Voß – Zwischen 1794 und 1797 ist kein Brief von Voß an Wieland überliefert.

So beschloß er ... – Von K. Reinhard an Wieland sind Briefe vom 1. Juni 1791 und vom 19. Dezember 1793 überliefert, jedoch kein Antwortschreiben Wielands.

Chevalier du Vau – Du Vau lernte Wieland im April 1795 kennen. Nach dem vergeblichen Versuch, nach Frankreich zurückzukehren, hielt er sich von November 1795 bis 1801 in Weimar auf. Er plante, die Übertragung ausgewählter Werke Wielands ins Französische, übersetzte aber nur die »Neuen Götter-Gespräche«.

165 **Campe ... Kritteleien** – Vgl. 3. Anm. zu S. 113.

cacatum ... – (lat.) kunstlosen Mist.

Amphora coepit, urceus exit – (lat.) Es begann als (kostbare Wein-)Amphore, endete als Wasserpott.

166 **Tristram Shandy** – Lawrence Sterne: Tristram Shandy.

167 **Eberts Auction** – Vermutlich wurden die Bücher von Ebert versteigert, der am 19. März 1795 gestorben war (vgl. S. 151 und 2. Anm.).

καλοκάγαθος – (griech.) »Was man damahls zu Athen einen Kalokagathos nannte, war mit dem, was die Engelländer a Gentleman, und die Franzosen un galanthomme nennen, ziemlich gleichbedeutend. Öfters bezeichnet es auch so viel als eine Person von vornehmer Geburt und Erziehung. In der moralischen Bedeutung, da es so viel als schöngut, oder gutedel heisst, scheint es vom Sokrates zuerst genommen worden zu seyn.« (Wielands Worterklärung im »Aristipp«, WSW, Bd. 33, 4°, S. 285.)

verecundia – (lat.) Scheu vor der Verletzung des Heiligen.

168 **Eine Gräfin** – Gemeint ist Gräfin Schall von Bell (vgl. S. 180).

Rath an einen jungen Dichter – Wieland: Briefe an einen jungen Dichter.

Die Geständnisse der schönen Seele – Vgl. 5. Anm. zu S. 44.

169 **schon vor 10 Jahren** – Gemeint ist Goethes Roman »Wilhelm Meisters theatralische Sendung«, an dem er von 1777 und 1785 arbeitete. Zwischen 1783 und 1785 übersandte er das Manuskript nach Zürich an Barbara Schultheß und ihre gleichnamige Tochter, die es abschrieben. Das Werk ist nur in dieser 1910 aufgefundenen Abschrift überliefert.

die Zaubercither – Wenzel Müller: Die Zauberzither.

170 **Merkwürdige Recension** – Die Rezension befindet sich im

1. Stück des 56. Bandes (1795) der NB. Die Passagen, auf die hier angespielt wird, lauten: 1. »Mit allen diesen Eigenschaften aber, deren jede schon allein ihren Besitzer auszeichnet, vereinigt er noch ein gewisses, unnennbares Etwas, das die Produkte seiner Phantasie wie mit einem zarten Nebel umhüllt und ihnen die vollkommenste Haltung und Anmuth ertheilt.« – 2. »Es kann paradox scheinen, aber es ist, unsrer Einsicht nach, darum nicht weniger wahr, daß es nur aus diesem Umstande erklärlich ist, warum Wielands Muster auf die deutsche Litteratur, oder, um uns bestimmter auszudrücken, auf die schreibende Klasse der Deutschen, einen verhältnißmäßig so geringen Einfluß gehabt hat. [...] die Nachahmer dieses Dichters stehen insgesammt in einer so weiten Entfernung hinter ihm zurück, daß sie billigerweise kaum auf eine Vergleichung mit ihrem Urbilde Anspruch zu machen haben.« – 3. »[...] wenn auch die ganz unerwartete Versetzung des Hippias von Smyrna nach Syracus und in das Gefängniß des Agathon ein wenig das Ansehn eines Theaterstreichs hat, so muß man doch dem Verfasser zugestehn, daß er dieses Mittel auf eine Weise benutzt habe, die eines großen Dichters vollkommen würdig ist.« Fortgesetzt wurde die Rezension im 57. Bd. (1796), 1. St., 60. Bd. (1797).

170 **ridendo** ... – (lat.) lachend die Wahrheit zu sagen. Horaz, Sermones 1,1,24.

zog der M*** ... – Nicht ermittelt.

171 **Ein Jahr darauf** – Die hier erzählte Begebenheit ereignete sich am 16. August 1795, wie aus der Datierung des unten erwähnten Briefes Wielands an Arvelius hervorgeht.

amende honorable – (franz.) Ehrenstrafe. Diese Strafe bestand darin, daß derjenige, dem sie auferlegt wurde, eine für ihn schimpfliche öffentliche Abbitte leisten mußte. Heute ist im Französischen nur noch die Wendung »faire amende honorable« im Sinne von »um Verzeihung bitten« geläufig. Böttiger spielt mit dem Wort. – Wielands Brief an Arvelius ist auf den 16. August 1795 datiert. Arvelius ließ darauf ein Insert in die ALZ (1795, Bd. III, Sp. 1166) einrücken.

172 **Alxinger schrieb** – Der Brief Alxingers an Wieland ist auf den 29. November 1795 datiert. Alxinger hatte in der ALZ (1795, Bd. III, Sp. 316–317) die »Gedichte« von Arvelius rezensiert.

Hergang erzählen – Im Januar-Heft 1796 des NTM steht keine solche Erklärung. Wieland hatte im Dezember-Heft 1795 (S. 436 bis 437) »eine kleine Erklärung über die zwischen Hrn. Arvelius und seinem Recensenten in der A. L. Zeitung geführte Fehde« angekündigt.

Brief von Lessing – In der Monatsschrift »Der Genius der Zeit« wurden 1794 Lessings Briefe an Wieland vom 2. September 1772 und vom 8. Februar 1775 abgedruckt.

172 **[Ende 1795]** – Die Datierung richtet sich nach der Auslieferung des 12. Stückes der »Horen« im Dezember 1795 (vgl. Wilpert: Schiller-Chronik. Berlin 1958).

hämischen Ausfall – Im Aufsatz »Die sentimentalischen Dichter« in den »Horen« (1795, 12) billigt Schiller die Darstellung des Sinnlichen nach dem Verschwinden der natürlichen Unschuld aus den Sitten der Menschen nur dann, wenn sie naiv geschehe, d. h. wenn der Künstler die Gesetze der künstlichen Welt in sich ausgelöscht habe. An Ovid, Crébillon, Voltaire u. a. tadelt er die reflektierte Darstellung des Sinnlichen und fügt in einer Anmerkung hinzu: »Wenn ich den unsterblichen Verfasser des Agathon, Oberon etc. in dieser Gesellschaft nenne, so muß ich ausdrücklich erklären, daß ich ihn keineswegs mit derselben verwechselt haben will. Seine Schilderungen, auch die bedenklichsten von dieser Seite, haben keine materielle Tendenz (wie sich ein neuerer etwas unbesonnener Critiker vor kurzem zu sagen erlaubte) der Verfasser von Liebe um Liebe und von so vielen andern naiven und genialischen Werken, in welchen allen sich eine schöne und edle Seele mit unverkennbaren Zügen abbildet, kann eine solche Tendenz gar nicht haben. Aber er scheint mir von dem ganz eigenen Unglück verfolgt zu seyn, daß dergleichen Schilderungen durch den Plan seiner Dichtungen nothwendig gemacht werden. Der kalte Verstand, der den Plan entwarf, foderte sie ihm ab, und sein Gefühl scheint mir so weit entfernt, sie mit Vorliebe zu begünstigen, daß ich – in der Ausführung selbst immer noch den kalten Verstand zu erkennen glaube. Und gerade diese Kälte in der Darstellung ist ihnen in der Beurtheilung schädlich, weil nur die naive Empfindung dergleichen Schilderungen ästhetisch sowohl als moralisch rechtfertigen kann.«

letzten Revision – Vgl. 1. Anm. zu S. 135.

sacris phallicis – (lat.) phallischen Feiern.

173 **particula aurae** … – (lat.) Teilchen göttlichen Hauches.

τὸ ἀποσπασμάτιον – (griech.) das Abgerissene, Fragment.

als später Voltaire – Anspielung auf Voltaires »Lettres philosophiques sur l'Angleterre«.

174 **Maitre corbeau** – »Le corbeau et le renard« ist die zweite Fabel. Sie beginnt mit den Worten: »Maître corbeau, sur un arbre perché«. Die erste Fabel ist »La cigale et la fourmi«.

scharfe Censur – In der Ausgabe von 1728 werden La Fontaines Fabeln auf Grund ihrer moralischen Tendenz gelobt und seinen als unmoralisch angesehenen »Contes« gegenübergestellt. Möglicherweise findet sich diese Kritik von »Le corbeau et le renard« in der Fassung von 1725.

Bey Gelegenheit der … **Trauhandlung** – Vgl. 3. Anm. zu S. 149.

175 **Auf sie freut sich** … – Gemeint ist Wielands Schweizreise im Jahre 1796.

175 **2 Volumina 4.** – Zwei Bände im Quartformat.
Ramberg … Prachtausgabe – Vgl. 1. Anm. zu S. 136.
des Meusels bedienen – Gemeint ist Meusels »Gelehrtes Teutschland«.
Panthea u. Araspes – Wieland: Araspes und Panthea.
smania amorosa – (ital.) Liebeswahn.

176 **Kurfürsten von Maynz u. seines … Ministers** – Gemeint sind der Kurfürst von Breidbach zu Bürresheim und sein Minister von Groschlag, dem Wieland die Berufung vor allem zu verdanken hatte.
in der Nicolaischen alg[emeinen] Bibliothek – In der AdB erschien eine Vielzahl von Rezensionen zu Werken Wielands.
[1796] – Die Datierung richtet sich nach Böttigers Aufzeichnung des Gesprächs vom 17. Januar 1796 im Herderkapitel, vgl. S. 110f. (Dieses Gespräch findet bei Knebel statt, Herder nimmt daran teil, die Engländer werden kritisiert.)

177 **diese Neuerung** – Weil es unüblich war, Werke eines deutschen Autors mit lateinischen Lettern zu drucken, wurden WSW in den öffentlichen Blättern häufig angegriffen. Wielands Orthographie – z. B. F statt Ph (Fantasie, Triumf, Zefyr) und K statt C oder Ch (Karakter, Kor) – erregte gleichfalls großes Mißfallen. Im »Kaiserlich-Privilegierten Reichsanzeiger« von 1794 erschienen dazu mehrere kritische Artikel.

178 **eloge funebre** – (franz.) Leichenrede.
Landkanzler Thurlow – Nicht ermittelt.
au premier venu – (franz.) dem Nächstbesten.
schreibt Einsiedel – Der Brief ist nicht überliefert.

179 **keinen Reisewagen** – Für seine Reise in die Schweiz 1796 erhielt er einen Reisewagen von der Herzogin.
In meinen Abderiten – In Wielands »Abderiten« (3. Buch, 3. Kapitel) wird innerhalb einer Abderitischen Literaturgeschichte ein Stück namens »Niobe« verspottet.

180 **nur eine Person** – Vgl. S. 168 und 1. Anm.
als er hier war – Karl Eugen Herzog von Württemberg hielt sich am 15. Februar 1776 in Jena, am 16. und 17. in Weimar auf; er reiste inkognito als Graf Urach.
Epigramm auf diesen Dionysios – Gemeint ist das Epigramm:

An den Herrn G** v. U***

Mit größtem Recht, o Schwabenkönig, hieß
Die Welt dich längst *den zweyten Dionys.*
Dir fehlte nichts, die Gleichheit zu vollenden
Als mit *Schulmeistern* auch wie Dionys, zu enden.

(Abschrift der Luise von Göchhausen in SLB Dresden, Signatur: Msc. Drsd. h 44, Bl. 50)

181 **Debauche** – (franz.) Ausschweifung.

183 **ein Privatissimum bey mir** – Diese Privatvorlesung hielt Wieland für Hans Rudolf Grebel.

184 **ein Witwer** – Salomon Hirzel.

Zimmermann in seinem Buche ... – Zimmermann: Ueber die Einsamkeit: »Herder sagt, er wisse nicht, welche Mythologie irgend eines Asiatischen Volkes ihre Zeiträume des höchsten Alterthums der Welt so eintheile: es haben sich die Menschen, damals noch paradiesische Geister, Jahrtausende zuerst durch Blicke geliebt, nachher durch einen Kuß, durch eine blosse Berührung. So stille erhaben, und so unaussprechlich edel, liebte Wieland, in seinen frühesten und feurigsten Jahren, ein schönes, liebevolles, und liebeathmendes Frauenzimmer in Zürich; denn dieser große Geist wußte wohl, daß das Geheimniß der Liebe auf gewisse Weise schon im ersten Kusse, im ersten Seufzer erstirbt. Ich fragte darum einst dieses Frauenzimmer: Mademoiselle, wann hat Wieland, Sie zum erstenmal geküßt? Die schöne Züricherinn erwiederte mir: Wieland küßte mir zum erstenmal, am Ende des vierten Jahres unserer Bekanntschaft, die Hand.« (Bd. 4, S. 161)

188 **les absens** ... – (franz.) Die Abwesenden sind immer im Unrecht.

190 **vom Kurfürst** – Emmerich Joseph Freiherr von Breidbach zu Bürresheim.

191 **dessen tolles Geschwäz** ... – Das »Libro del Peregrino« von Iacopo Caviceo ist in den »Mélanges tirées d'une grande bibliothèque« in der französischen Übersetzung von François Assy aus dem Jahre 1527 unter dem Titel »Les Amours de Pérégrin & de Genievre« abgedruckt.

die 200 Thaler – Falk hatte Wieland brieflich um Beiträge für ein »Taschenbuch für Freunde des Scherzes und der Satire« für das Jahr 1797 gebeten. Unter der Voraussetzung, daß Falk berühmte Mitarbeiter gewinne, hatte ihm die Sommersche Buchhandlung für dieses Taschenbuch zweihundert Taler in Aussicht gestellt.

[1796] – Die Datierung folgt der Ablage der Handschrift im Konvolut zwischen den Aufzeichnungen vom 28. Februar und vom 10. März 1796.

192 **seinen Don-Quixot** – Bertuch: Leben und Thaten des Weisen Junkers Don Quixote.

Thaten wollte ich sehen – In H: Thaten wollte ich nicht sehen.

Dessauer gelehrten Buchhandlung – Vgl. 1. Anm. zu S. 291.

Schwiegermutter – Maria Catherina Hommel.

Ueber Solon ... – Vgl. 1. Anm. zu S. 160.

Die letzten 2 Bände – Wieland hat keine Memoiren für WSW (vgl. 1. Anm. zu S. 135) geschrieben.

193 **für die Supplementbände** – Die drei aufgezählten Werke wurden in den 3. Band der Supplemente zu WSW aufgenommen.

193 **Ex Büttneri ore** ... – (lat.) Aus dem Mund Büttners, der damals zufällig in Karlsruhe weilte.

Elzevirische Ausgabe – Elzevier ist der Name einer holländischen Buchdruckerfamilie, die besonders schöne kleinformatige Ausgaben herstellte. Ludwig Elzevier war der erste Buchdrucker, der den Konsonanten V vom Vokal U unterschied.

Rezension – In der Rezension zu Mangelsdorfs »Hausbedarf aus der allgemeinen Geschichte« in der ALZ (1796, Nr. 68) heißt es: »Der scharf treffende Blick der aus jedem Blatt dieser Geschichte hervorleuchtet, entreisst der Kritik den Tadel, welchen einzelne Stellen einem mittelmässigen Schriftsteller zuziehen würden.« Wenn z. B.:»[...] von einer Stadt Olympia im Pelopones die Rede ist [...] oder vom Hafen Piraeus«.

194 **den Isokrates mahlen** – Wieland: Die Panegyrische Rede des Isokrates. – In der Einleitung zu dieser Übersetzung äußert Wieland seine Vermutung über die Entstehungsgeschichte dieser Rede, in der unterschiedliche, einander scheinbar widersprechende Zeitangaben gemacht werden.

εκκλησία – (griech.) Versammlung, Kirche.

195 **Ein gewisser Lehrer** – Nicht ermittelt.

196 **qui circum** ... – (lat.) die um das Herz herum spielt.

197 **inter pocula** – (lat.) beim Wein.

Areopagitikos – Dieses Werk des Isokrates wurde von Wieland nicht übersetzt.

für die Göschensche Ausgabe – Vgl. 1. Anm. zu S. 135. In WSW, Bd. 22 heißen die Verse:

Allein der erste Stoss, den Hüons gutes Schwert
Auf seinen Harnisch führt, giebt ihm die Todeswunde [...]

198 **einen Brief** – Der Brief von Reconi an Wieland ist nicht überliefert.

im Huon de Bourdeaux – In der »Bibliothèque universelle des romans« war im April-Band 1778 ein Auszug in Prosa aus der »Histoire de Huon de Bordeaux« von Louis de Tressan erschienen. Im Vorwort zum »Oberon« nennt Wieland dieses Stück als eine seiner Quellen.

durch Göschen aufmerksam ... – Dieser Brief Göschens an Wieland ist undatiert; er wurde nach dem 1. Dezember 1793 geschrieben.

aufmerksam machen – In H: aufmerksam zu machen.

Gaden – Im Glossarium zum »Oberon« (WSW, Bd. 23) heißt es: »Ein uraltes Wort, dessen Gebrauch in Ober- und Niederdeutschland, und vornehmlich in der Schweiz, hier und da noch in verschiedenen aus einem gemeinsamen Begriff entspringenden Bedeutungen sich erhalten hat. In den Namen der gefürsteten Probstey Berchtoldsgaden und des Oberbayerischen Prämonstratenser-Stifts Steingaden ist Gaden eben das, was hausen, heim, zell in den Nahmen einer Menge von Klöstern in Österreich, Bayern und Schwaben. In der Bedeutung von Laden, Kammer, Scheune, Stall sagte man ehemahls Würzgaden, Gadendiener, Speisegaden, und sagt noch itzt in der Schweiz Milchgaden (Milchkeller), Käsegaden, Viehgaden, Heugaden [...] In unserm Gedichte scheint es hier, zumahl im Munde Scherasmins, an seinem rechten Orte zu stehen, und eine kleine Ladenstube oder Kammer eines schlechten Häuschens in einer Winkelgasse zu bezeichnen.«

199 **[1796]** – Die Datierung folgt der Ablage der Handschrift im Konvolut zwischen den Aufzeichnungen vom 27. März und vom 16. Mai 1796.

200 **einen Brief von ... Abt** – Ein Brief von Abt an Wieland ist nicht überliefert.

in Weimar – Elisabeth Felicitas Abt besuchte Wieland im Sommer 1780.

201 **ge[wiß]** – In H: »ge« die letzte Silbe auf der Seite. Das Wort wurde auf der folgenden Seite nicht fortgesetzt.

Hofrath in Ifflands Hausfrieden – Der Hofrat in Ifflands Lustspiel »Hausfrieden« ist gutmütig und heftig. Er führt eine langjährige glückliche Ehe. Seine Neigung zur Untreue wird ihm von der Hofrätin auf Grund seiner Offenheit und Gutherzigkeit immer wieder verziehen. Am Ende des zweiten Aufzuges bekämpft er die Versuchung, eine junge Frau bei sich aufzunehmen, die anderswo den Hausfrieden stört.

meine Alceste ... spielte – Wielands »Alceste« wurde am 28. Mai 1773 zum ersten Mal in Weimar aufgeführt; die Titelpartie sang die Schauspielerin Koch.

wo Seyler ... mitbrachte – Von September 1771 bis zum Schloßbrand im Mai 1774 war die Seylersche Schauspieltruppe in Weimar.

ein Gedicht – Wieland: Madame Koch, als die Oper Alceste den 16. Februar 1774 aufgeführt wurde.

Herzogin – Gemeint ist Anna Amalia von Sachsen-Weimar-Eisenach.

meine Sammlung – Gemeint sind WSW (vgl. 1. Anm. zu S. 135).

Voltaire der Gossin – So dankt Voltaire der Gaussin in der Epistel »Jeune Gaussin, reçois mon tendre hommage« für den Erfolg der »Zaïre«, den er nur ihren Reizen verdanke, und bedauert denjenigen, der ihr nur in Versen von Liebe spreche.

202 **ein dicker Bernhardiner** – Nicht ermittelt.

Herr von Zen – Der Bürgermeister war Andreas Benedikt Zell.

203 **auf Wielands Seite** – In H: aufs W. Seite.

204 **de bonne foi** – (franz.) aufrichtig.

Espion Turc – Werk von Du Fresne de Francheville.

204 **fragte bei Wieland an** – Die Voßische Buchhandlung schrieb am 12. Januar 1793 an Wieland. Wieland antwortete am 21. Januar 1793.

LiteraturBriefe – »Briefe die Neueste Litteratur betreffend«. Im 7. und 8. Brief wirft Lessing Wieland bei Besprechung der »Sympathien« und der »Empfindungen eines Christen« pietistischen Stolz, verabscheuungswürdigen Verfolgungsgeist und affektierten Tiefsinn vor. Im 9. bis 14. Brief versucht er, das in Wielands »Plan einer Akademie zu Bildung des Verstandes und des Herzens« vorgeschlagene Projekt einer moralischen und politischen Erziehung nach dem Vorbild der Antike historisch zu widerlegen. Außerdem tadelt er Wielands Mißachtung der deutschen theologischen Schriftsteller und die häufige Verwendung französischer Worte in dieser Schrift.

Lessing, sagte er – Die Verteidigung der Shakespeare-Übersetzung findet sich im 5. Stück, das Lob der »Geschichte des Agathon« im 69. Stück der »Hamburgischen Dramaturgie«.

Göthes u. Gerstenbergs Neckereien – Anspielung auf Goethes Farce »Götter, Helden und Wieland« und Gerstenbergs Rezensionen zu Wielands Übersetzungen in seinen »Briefen über Merkwürdigkeiten der Literatur«, Nr. 14 bis 18.

205 **Frau v. St...** – Gemeint ist Charlotte von Stein.

Flaming – Vgl. Anm. zu S. 114.

Clarissa – Vgl. S. 161 und 1. Anm.

Hildegard – Heinse: Hildegard von Hohenthal.

206 **die Frau am Leben** – Elisabeth Hirzel. Vgl. S. 182–184.

Zimmermanns Erzählung – Vgl. 2. Anm. zu S. 184.

207 **Rector von der Sebaldusschule in Nürnberg** – Nicht ermittelt.

208 **[1796]** – Vgl. S. 303.

Noachide – Bodmer: Noah ein Helden-Gedicht; Die Synd-Flut.

209 **eine Maitresse** – Wahrscheinlich ist Maria Christine Afra Hogel gemeint, mit der Wieland 1764 in Biberach befreundet war und ein Kind hatte, das vermutlich kurz nach der Geburt starb.

Hinc illae lacrymae! – (lat.) Daher diese Tränen! Terentius: Andria (1,1). Der Ausdruck war schon im Altertum sprichwörtlich. Vgl. Cicero: Pro Caelio, Kap. 25, und Horaz: Episteln 1,19,41.

210 **in eine Theorie gebracht** – Der griechische Hexameter besteht aus Daktylen und Spondeen. Er beruht auf den Silbenlängen, und die Wörter geben ihre Betonung zugunsten des Versschemas auf. Das ist im Deutschen nicht möglich, weil die betonten Silben gleichzeitig die sinntragenden sind. Klopstock entwickelte einen deutschen Hexameter, der sich nicht nach der Länge, sondern nach der Betonung der Silben richtet. Er führte als zusätzlichen Versfuß den Trochäus in den Hexameter ein. Voß orientierte sich stärker am griechischen Vers, indem er die Versgrenzen und Zäsuren

genauer beachtete. Er versuchte auch, da er Beziehungen zwischen Silbenlänge und Betonung sah, die griechische Silbenquantität auf die deutsche Sprache zu übertragen. Aus Rücksicht auf Klopstock stellte Voß seine Theorie über den Hexameter erst 1821 in der zweiten Auflage der »Zeitmessung der deutschen Sprache« vollständig dar. Vgl. S. 406 und 410f.

210 **anch'io son …** – (ital.) Auch ich bin ein Maler! Angeblich nach Pater Rusta um 1700.

meine fehlerhafte Benennung – In einer Anmerkung zu seinem Aufsatz »Pallas Musica und Apollo der Marsyastödter« (AM 1796, 1) deutet Böttiger eine Stelle in einem Werk über Augustus. Dort wird eine Szene beschrieben, in der Augustus den Apollo darstellt, und Böttiger meint, es handle sich um Apollo Tortor (Folterer). Dieser Ansicht widerspricht Wieland.

coena δωδεκαθεοι – (lat. u. griech.) Zwölfgöttermahl.

ὕβρις – (griech.) Hybris, Frevel, Übermut.

in seiner Anmerkung im Horaz – Wieland schildert in seiner Übersetzung von »Horazens Briefen« in der Einleitung zum »Brief an Augustus« die Persönlichkeit des Augustus (Teil 2,2. S. 331–380). Er beschreibt die Wandlung des tyrannischen Usurpators Octavianus während des Triumvirats zum wohltätigen Kaiser Augustus, dessen Alleinherrschaft 45 Jahre währte. Wieland äußert die Ansicht, daß die Wandlung den Freunden Agrippa und Maecenas zu danken sei.

ereiferte er sich – In H: ereiferte er sich sich.

Deductionen … Horaz … Faustina – Wieland gab seiner Übersetzung von »Horazens Briefen« Erläuterungen bei; hier spielt er besonders auf seine Einleitung zum Brief »An L. Calpurnius Piso und seine Söhne« an (Teil 1,2. S. 183–206). In seinem Werk »Faustina« hatte Wieland den Behauptungen des Historikers Julius Capitolinus, Faustina hätte sich Bootsknechten und Gladiatoren hingegeben, widersprochen.

neue Elogen – In der Rezension der »Musen-Almanache für das Jahr 1797« erinnert Wieland an Brockes Lehrgedichte in »Trochäischen Strofen, der schwersten und unbequemsten aller Versarten«: »Ich bewunderte, und bewundere noch jetzt die Gewandtheit, den hartnäckigen Fleiß und die ungemeine Sprachfertigkeit, die dieser in der Geschichte unsrer Litteratur so merkwürdige Mann in den besagten Bruchstücken eines großen, aber nicht ganz zu Stande gekommenen Stanzenwerks bewiesen hat.«

211 **ein Lied** – Baggesen: Ja und nein, oder die Grazie des Widerspruchs.

La Fontaines Meinung – In »La coupe enchantée« versucht jemand, eine junge Frau zu verführen, indem er ihr ihr Spiegelbild zeigt. Sie erwidert, daß der Weihrauch auf die Länge ermüde, und fragt, wie ihre Züge wohl »danach« aussehen würden.

211 **simulacrum** – (lat.) Traumbild.

213 **ihr Verhältniß** – Emilie von Werthern fühlte sich in ihrer Ehe unglücklich, verliebte sich in Johann August von Einsiedel und reiste mit ihm nach Afrika, nachdem sie sich totsagen und scheinbar beerdigen lassen hatte. Nach ihrer Rückkehr wurde die Ehe geschieden.

ein Fragment – Goethe arbeitete von Juli 1784 bis April 1785 an dem unvollendet gebliebenen Versepos »Die Geheimnisse«. Goethe modifizierte die Stanzenform der Italiener ebenfalls, lehnte sich aber enger an sie an als Wieland in seinen Versepen.

Wir fuhren ... nach Stetten – Wieland besuchte erstmals 1771 die Frau von Keller in Stedten. Nach seinem Besuch trat er zu ihr und ihrer Tochter in einen regen Briefwechsel. Zu Anfang des Jahres 1776 waren Wieland und Goethe gemeinsam in Stedten (vgl. Wieland an S. v. La Roche, 11. Januar 1776).

besang ihn in einem Liede – Wieland: An Psyche (in: TM 1776, 1, S. 12–18).

214 **Spruch des Plato** – Vgl. den Beginn der Rede des Sokrates in Platos »Symposion« (21. Kapitel).

Tannrode – Wieland kaufte nicht das Anwesen Tannrode, sondern das Gut Oßmannstedt (vgl. 6. Anm. zu S. 96).

in den Berlocken – Chr. Fr. T. Voigt: Berlocken an den Schillerschen Musenalmanach.

215 **Note zum ersten Aufsatz** – Fernow: Rafaels Tapeten. Zu diesem Aufsatz verfaßte Wieland eine ausführliche Anmerkung.

Dunciade: – Abgeleitet von dem englischen Wort »dunce«, womit man einen Dummkopf, besonders einen dummen Gelehrten bezeichnete. Alexander Pope nannte ein satirisches Gedicht auf die schlechten Dichter seiner Zeit »Dunciad«; in diesem Sinne wird das Wort hier gebraucht.

[Februar 1797] – Die Datierung richtet sich nach der erwähnten Rezension im Februar-Heft des NTM 1797.

ästhetische Wörterbuch – Gemeint ist Christoph Schönaichs »Die ganze Ästhetik in einer Nuß«.

216 **meine Memorabilien** – Wieland: [Geschichte meines Geistes].

217 **Als ... Göthe ... hier eintrat** – Vgl. 2. Anm. zu S. 72.

jetzigen Kaiser – Franz II.

Kaiser Joseph – Joseph II.

219 **rura bobus excolit suis** – (lat.) Er bebaut mit seinen Ochsen das Land.

Emigrirter – Pierron. Vgl. auch S. 113.

französische Verse – In der ALZ, Nr. 32 (11. März 1797), Sp. 298, findet sich folgende Anzeige: »Clélie et Sinibald. / Versuch einer freyen französischen metrischen Uebersetzung aus dem Teutschen des Herrn Hofrath Wieland. Ich suche eine zu Bestreitung der Druckkosten hinlängliche Zahl Subscribenten. In den vornehmsten Buchhandlungen findet man eine Probe Uebersetzung [...]. Die Akademische Buchhandlung zu Jena hat die Hauptkommission. Die Subscribenten werden ersucht 12 gr. sächs. fürs Exemplar in den Buchhandlungen, oder bey den resp. Herrn Collecteurs zu deponieren [...] / Pierron / akad. Sprachlehrer zu Jena.« – Die Übersetzung kam nicht zu Stande.

220 **liber ineptiarium** – (lat.) Buch der Torheiten.

221 **heiligen Franz** ... – Gemeint ist die Legende »Christenfreude«.

222 **videatur** – (lat.) siehe.

von Bause gestochenes Bild – Vgl. 5. Anm. zu S. 117.

223 **Großvater ... Oncle** – Wielands Großvater Thomas Adam Wieland war Pfarrer in Oberholzheim; der Onkel war Franz Ignaz Daiser. Wielands Vorfahren väterlicherseits und mütterlicherseits (Kick) bekleideten Ämter in der Stadtverwaltung von Biberach.

224 **Johann Christ. Rambachs** – Gemeint ist Johann Jakob Rambach.

226 **Bürgermeister ... gemishandelt** – Andreas Benedikt Zell. Vgl. S. 202f. und 2. Anm. zu S. 202.

228 **privatisirenden ... Schulz** – Vgl. 3. Anm. zu S. 36.

Portraits der Herzogin – Das Portrait der Herzogin Anna Amalia, das Angelika Kauffmann in Rom malte, ist verschollen.

229 **Patrimonialgerechtsame** – Gerichtsbarkeit, die die Grundherren über ihre Lehnsleute hatten. Wieland erhielt keine Patrimonialgewalt.

Der Herzog schrieb ... – Vgl. 1. Anm. zu S. 247.

230 **Sein Arzt** – Wilhelm Ernst Christian Huschke.

Recension von Schlegel – Gemeint ist A. W. Schlegels Rezension zu Goethes »Hermann und Dorothea« in der ALZ 1797, Nr. 393–396.

Tu regere ... – (lat.) Du aber, Römer, bedenke, daß du mit deiner Macht die Völker lenken sollst! Vergil, Aeneis 6, 851.

231 **Wieland besuchte** ... – Wieland hatte sich vom 17. bis zum 21. Dezember 1777 bei Goethes Eltern in Frankfurt aufgehalten. Vgl. Wielands Brief an Sophie von La Roche vom 24: und 26. Dezember 1777. Wieland reiste damals nach Mannheim (vgl. 1. Anm. zu S. 242).

Copie der Madonna della Seggiola – Zu Johann Heinrich Meyers Aufenthalt in Italien vgl. 3. Anm. zu S. 78. In seinem Schreiben aus Florenz vom 5. Juli 1796 an Goethe erwähnt Meyer sein Vorhaben, die Madonna della Seggiola zu kopieren.

232 **die Ratte hat Gift im Leibe** – Anspielung auf Goethes »Faust. Ein Fragment«. In der Szene »Auerbachskeller« heißt es im Lied von der Ratte:

Brander

Es war eine Ratt' im Kellernest,
Lebte nur von Fett und Butter,
Hatte sich ein Ränzlein angemäst,
Als wie der Doctor Luther.
Die Köchinn hatt' ihr Gift gestellt,
Da ward's so eng' ihr in der Welt,
Als hätte sie Lieb' im Leibe.

232 **diesen Brief vorlas** – Gemeint ist der Brief Klopstocks an Böttiger, Hamburg, 6. Dezember 1797 (Friedrich Gottlieb Klopstock, Werke und Briefe, Historisch-Kritische Ausgabe, Berlin und New York, Abteilung Briefe: IX, S. 194–198).

peccadillo – (span.) Sündlein.

233 **Als er in Zürich** – Klopstock hatte sich von Juli 1750 bis Februar 1751 bei Bodmer in Zürich aufgehalten.

im Canton Appenzell – Wieland ging 1752 in die Schweiz. Seine Züricher Freunde reisten jährlich zu den Appenzeller Schottenkuren (Molkekuren) nach Trogen zu Zellweger. Aus Wielands Brief an Zellweger vom 5. Juli 1755 geht hervor, daß Wieland zu diesem Zeitpunkt das Appenzeller Land noch nicht besucht hatte. Aus seinem Brief an denselben vom 4. August 1757 erhellt, daß Wieland kurz zuvor mit der Schottengesellschaft zum ersten Mal für 14 Tage bei Zellweger weilte. Auf weitere Besuche deutet der Briefwechsel nicht hin.

234 **Definition des Epigramms** – Lessing: An den Leser. / Du dem kein Epigramm gefällt / Es sey denn lang und reich und schwer: / Wo sahst du, daß man einen Speer, / Statt eines Pfeils, vom Bogen schnellt?

235 **Bedienten** – Philipp Friedrich Seidel.

Als Göthe mit dem Herzog – Vgl. 5. Anm. zu S. 70.

Wissenschaftslehre – Kant hatte das Erkenntnisvermögen kritisiert, ohne abzusichern, ob die Voraussetzungen, die er bei dieser Untersuchung machte, hinlänglich waren. Reinhold stellte die Forderung nach einer Elementarphilosophie, die die für alle Philosophie notwendig geltenden Voraussetzungen festlegen sollte. Das Fundament der Elementarphilosophie fand Reinhold in einer Tatsache, die nicht erst aus anderen erwiesen werden müsse: der Tatsache des Bewußtseins. Fichte, der die Philosophie Wissenschaftslehre nannte, weil aus ihr alle anderen Wissenschaften abgeleitet werden sollten, ging davon aus, daß jedes Bewußtsein zuerst Selbstbewußtsein sein müsse: Er benennt im ersten Grundsatz der Wissenschaftslehre eine Tathandlung, die allen Tatsachen vorausgeht. Sie besteht darin, daß das Ich sich ohne allen weiteren Grund selbst setzt. Der zweite Grundsatz besagt, daß das Ich sich ein Nicht-Ich entgegensetzt, und der dritte, daß Ich und Nicht-Ich sich im Ich gegenseitig beschränken.

235 **Gundibert** – Nicolai: Leben und Meinungen Sempronius Gundibert's.

Agnes von Lilien – Vgl. 4. Anm. zu S. 111.

Bürger besuchte … – Gottfried August Bürger besuchte Wieland Ende April 1789. Aus Bürgers Brief an die Frau des Jenenser Professors Schütz, 6. Mai 1789, geht hervor, daß er acht Tage zuvor im Haus der Familie Schütz in Jena gewohnt hatte. 1789 erschienen Bürgers »Gedichte«. Wieland spielt auf das in diesem Band befindliche Gedicht »Das hohe Lied von der Einzigen, in Geist und Herzen empfangen am Altar der Vermählung« an.

237 **3 Enkel Brentano** – Gemeint sind vermutlich die drei Töchter der 1793 gestorbenen Maximiliane Euphrosyne Brentano: Sophie Marie Theresa, Magdalena Maria Cornelia Franziska und Ludovika Maria Catharina.

Adelungs – Vgl. 1. Anm. zu S. 164.

238 **Quisquis** … – (lat.) Wer die Kröte liebt, dem kann die Kröte Diana sein, / Wer die Hirschkuh liebt, dem kann die Hirschkuh Minerva sein.

239 **Neapolitanischen Tischbein** – Johann Heinrich Wilhelm Tischbein.

Füßlys Tornado – Nicht ermittelt.

242 **Auffoderung von Manheim** – A. von Klein bat Wieland am 14. August 1775, für die Mannheimer Bühne ein Singspiel zu schreiben. Wieland sagte am 10. Dezember zu. Im Januar 1778 sollte »Rosamund« in Mannheim aufgeführt werden, und Wieland reiste Ende 1777 dorthin. Die Aufführung kam jedoch nicht zustande.

Kurfürst – Karl Theodor Kurfürst von Bayern.

dergleichen Rosamunden – Die Mätresse des Kurfürsten war Madame Seyffart, die spätere Gräfin Heydeck.

Bombardement von Manheim – Während der Revolutionskriege wurde Mannheim im Dezember 1794 von den Franzosen bombardiert und eingenommen.

1794 – In H: 1796.

des Thems – (franz.: thème) des Themas, Sujets.

243 **die Pandora zu erleben** – Wieland arbeitete 1798 sein Lustspiel »Pandora« um. In WSW, Supplemente Bd. 5, schreibt er über die Quelle: »Die Idee dieser, ursprünglich zum Gebrauch eines Liebhabertheaters bestimmten dramatischen Kleinigkeit und einige Scenen, sind aus der ›Boëte de Pandore‹ genommen, welche le Sage (der berühmte Verfasser des ›Gil Blas‹) im Jahre 1721 für die Truppe des Sr. Francisque […] geschrieben hat.« Eine Aufführung konnte nicht nachgewiesen werden.

244 **Wallensteins Lager** – Vgl. 5. Anm. zu S. 94.

244 **Amyntas** – Gedicht von Goethe.
klägliche Klage – Schiller: Des Mädchens Klage.
Dionysius der Tyran – Schiller: Die Bürgschaft.
Danksagung von Teschadik – Der Brief von Teschadik ist nicht überliefert.

245 **jungen Herder** – Wilhelm Gottfried Herder.
λαθε βιωσας– (griech.) Lebe im Verborgenen! Epikur, Fragment 551, Usener.

246 **Herzogin ... Anträge** – In ihrem Brief vom 17. Juli 1772 unterbreitete die Herzogin Anna Amalia Wieland förmlich ein Angebot für seine Anstellung als Erzieher des Erbprinzen Karl August. Sie bot ihm den Hofratstitel, ein festes Gehalt und eine lebenslängliche Pension nach Vollendung seines Dienstes an.
Kurfürsten – Vgl. 1. Anm. zu S. 139.
Handschreiben – Der Brief des Kurfürsten an Wieland ist nicht überliefert. Wieland bat am 25. Juli 1772 schriftlich beim Kurfürsten um seine Entlassung. Am 3. August 1772 teilte der Kurfürst der Herzogin Anna Amalia seine Einwilligung mit.

247 **Jagdgerechtigkeit** – Im Zusammenhang mit dem Kauf des Gutes in Oßmannstedt bat Wieland in seinem Brief vom 9. Dezember 1797 den Herzog um das Jagdrecht. Der Herzog lehnte das in seinem Schreiben vom 13. Dezember ab, versprach aber, daß er für seinen Haushalt Hasen und Feldhühner erhalten werde.
in der Comödie – Am 19. Januar 1797 wurde »Die Hochzeit des Figaro« gegeben.

248 **Hexametri ...** – (lat.) Die Großartigkeit des Hexameters, angepaßt an seichte Themen, vergrößert das Lächerliche. Ebenso ist es bei Knittelversen, wenn sie für gewichtige Themen benutzt werden.
Schillers Piccolomini – Vgl. 5. Anm. zu S. 94.
animal disputax – (lat.) diskussionswütiges Wesen.
Wieland negociirte – Vgl. S. 116 und 2. Anm.
Danksagungsschreiben – Laut Biberacher Ratsprotokoll vom 18. August 1797 wurde das Danksagungsschreiben an Wieland am 29. Juli abgesandt. Es ist nicht überliefert.

249 **decantat diras ...** – (lat.) Er läßt tragische Verwünschungen ertönen.
ingens ... – (lat.) Gewaltig schritt er im Zorn.

250 **Fichtes Appelation** – Im »Philosophischen Journal einer Gesellschaft Teutscher Gelehrter« (1798, 8. Bd., 1. Heft) erschienen die Aufsätze »Über den Grund unseres Glaubens an eine göttliche Weltregierung« von Fichte und »Entwickelung des Begriffs der Religion« von Forberg. Daraufhin wurde in einem Reskript des sächsischen Kurfürsten vom 19. November 1798 gegenüber beiden Verfassern der Atheismusvorwurf erhoben. Fichte rechtfertigte sich in seiner »Appellation an das Publikum über die

durch ein Kurf. Sächs. Confiscationsrescript ihm beigemessenen atheistischen Aeußerungen. Eine Schrift, die man erst zu lesen bittet, ehe man sie confiscirt« (im folgenden zitiert nach Fichte-Gesamtausgabe I, 5, hrsg. von R. Lauth und H. Jacob). Die Schrift besteht aus einer Einleitung und zwei Teilen. Der erste Teil dient vor allem der Darstellung von Fichtes eigener Religiosität, der zweite vor allem dem Angriff auf diejenige seiner Gegner. Indem der erste Teil ein Seufzer, der zweite eine Stimme genannt wird, werden auf Fichtes Schrift diejenigen Ausdrücke angewandt, die Fichte darin zur Darstellung der Äußerungen des Religiösen verwendet: »Es drängt sich öfters unter den Geschäfften und Freuden des Lebens aus der Brust eines jeden nur nicht ganz unedlen Menschen der Seufzer: unmöglich kann ein solches Leben meine wahre Bestimmung seyn, es muß, o es muß noch einen ganz andern Zustand für mich geben. [...] Sage man es, wie man wolle, dieser Ueberdruß an dem Vergänglichen liegt unaustilgbar im Gemüthe des Menschen. Eben so unaustilgbar ertönt in ihm die Stimme, daß etwas Pflicht sey und Schuldigkeit, und lediglich darum, weil es Schuldigkeit ist, gethan müsse.« (S. 424) Im folgenden werden Gedanken aus der »Appellation« referiert (vgl. S. 428, 434f.). Zusatz ist die Bezeichnung Jesu als »Fichtling«, die daher rührt, daß Fichte auch Christuszitate zur Darstellung seiner Religionsauffassung benutzt. Der Vorwurf des hypermetaphysischen Mystizismus bezieht sich auf den Passus, in dem das absolute Ich dem empirischen gegenübergestellt wird: »dieser Leib ist nicht Ich. Ich selbst werde über seinen Trümmern schweben, und seine Auflösung wird mein Schauspiel seyn« usw. (S. 452). Der Kantische Begriff »Ding an sich« wird von Fichte nicht verwendet – hier wird auf folgenden Passus angespielt: »Das Uebersinnliche, dessen Wiederschein in uns unsere Sinnenwelt ist, – dieses ist es, welches uns hält und zwingt, auch seinem Wiederscheine Realität beyzumessen: dies ist das wahre ›*An sich*‹ das aller Erscheinung zum Grunde liegt; und nicht auf die Erscheinung, sondern nur auf ihren übersinnlichen Grund geht unser Glaube.« (S. 430) – Die Formulierung »ihr Fische thut eure Pflicht« spielt auf »Das Wintermährchen« von Wieland an, in welchem dreimal die in Fische verwandelten Bürger einer Stadt, schon in der Pfanne bratend, auf die Frage »Ihr Fische, thut ihr eure Pflicht?« antworten: »Der Pflicht vergessen / Wir Fische nie, / Haben viel Müh«.

250 **Porphyrite** – Porphyrite ist die Hauptgestalt der Legende »Die Krone«.

251 **Lepus tute es ...** – (lat.) Du selbst bist ja ein Hase und suchst nach Wildpret. Terenz, Eunuchus 426. – Im 18. Jh. hatte man nur vermittelt durch die Komödien des Terentius Kenntnis von den Komödien des Menandros, von denen erst später Papyri gefunden wurden.

251 **Ego illum** ... – Ego illum (eunuchum, si opus siet,) vel sobrius. (lat.) Ich würde den (Eunuchen, wenn es nottut,) sogar nüchtern. Terenz, Eunuchus 479.

Quis heri ... – (lat.) Wer hat gestern die Chrysis gehabt? Terenz, Andria 86.

Aeschrologia – (griech.) unflätige Reden.

ιθυφαλλικα – (griech.) phallische Tänze oder Lieder.

ἀγέλαστος πετρα – (griech.) traurigen Fels.

Uebersetzung – Voß: Verwandlungen nach Publius Ovidius Naso.

252 **die ganze Ilias ... wie die erste Odyssee im Manuscript** – Voß' erste Odyssee-Übersetzung aus dem Jahre 1781 hatte dem zeitgenössischen Publikum wesentlich besser gefallen als seine Übersetzungen der Odyssee und der Ilias aus dem Jahre 1793, in welchen er sich noch stärker bemühte, die antike Metrik nachzuahmen, und dabei noch größere Freiheiten gegenüber der deutschen Sprache herausnahm. Hier bedauert Wieland offensichtlich, daß Voß seine erste Ilias-Übersetzung in der Art der Odyssee-Übersetzung von 1781 nicht veröffentlicht hat. Vgl. S. 410.

Apellation – Vgl. 1. Anm. zu S. 250. Fichte vergleicht sich in der »Appellation« mit dem von der Inquisition verbrannten Vanini: »Armer *Vanini*, daß du nicht laut reden konntest, ehe du an diesen Platz kamst! Ich will es tun, noch ehe mein Scheiterhaufen gebaut ist« (vgl. 1. Anm. zu 250, dort S. 87).

auser in der Katechismuslehre – In H: ohne in der Katechismuslehre.

Osmantinischen Unterhaltungen – Dieses Werk wurde von Wieland nicht ausgeführt. Ein »Adversaria« betiteltes, schon 1797 begonnenes Heft, das im Wieland-Museum Biberach aufbewahrt wird, enthält u. a. Aufzeichnungen zu dem geplanten Werk, darunter mehrere Blätter zur »Revolution von Syrakus«.

ad modum ... – (lat.) nach Art der Tusculanischen Gespräche. Vgl. Cicero, Tusculanae disputationes.

253 **Si qua** ... – (lat.) Wenn du auf einem Platz sitzt, sei eingedenk, auf ihm sitzenzubleiben.

ἀπομνημονεύματα – Werk Xenophons; (griech.) Erinnerungswertes.

imperiosa necessitas – (lat.) die gebieterische Notwendigkeit.

Göpferd drängt – Göpferdt in Jena druckte das AM.

Lehrstunden in der Philosophie – Wieland erteilte in Bern u. a. den Brüdern Victor Alexander und Siegmund Alexander Thormann Unterricht in Philosophie. Vgl. Wielands Brief an Zimmermann vom 24. August 1759.

254 **Religionsedicts** – Vgl. 2. Anm. zu S. 55. Wieland spielt auf seinen Aufsatz »Gedanken von der Freyheit« an. Zu Fichte vgl. 1. Anm. zu S. 250.

254 **Januarstück des Merkurs** – Wieland kritisierte in der »Beylage des Herausgebers« zu einem Aufsatz im NTM den »Mercure Britannique«. Böttiger zitiert den nachfolgenden Text wörtlich.

255 **Sequebatur perreptantem** ... – (lat.) Er (Falk) folgte ihm, wie er durch seine Gärtchen kroch und in seinen Beeten spazierte.

N. N. – Nomen Nescio, (lat.) der Name ist unbekannt.

zierliche Jungfrau – Anspielung auf das Xenion:

Zeichen der Jungfrau

Bücket euch, wie sichs geziemt, vor der zierlichen Jungfrau zu Weimar
Schmollt sie auch oft – wer verzeyht Launen der Grazien nicht?

256 **Philosophie der Grazien** – Wielands »Musarion, oder die Philosophie der Grazien« wurde mehrfach ins Französische übersetzt. 1801 erschien im »Magasin encyclopédique« von »W. S.« eine neue Übersetzung dieses Werkes. Die Archives littéraires sind nicht ermittelt.

257 **Louis** – Ludwig Friedrich August Wieland.

258 **Königs von Preußen** – Friedrich Wilhelm III. hielt sich mit der Königin Louise vom 1. bis. 3. Juli 1799 in Weimar auf. Wieland wurde ihnen bei Gelegenheit der Aufführung von Schillers »Wallensteins Tod« am 2. Juli vorgestellt.

schöne Ausgabe – Vgl. 1. Anm. zu S. 135.

259 **diesen Felsen** – Im Vorwort zu diesem Werk heißt es in WSW, Bd. 9: »Auf diesem Mädelstein ragen zwey Felsenspitzen hervor, die von ferne, und wenn die Einbildungskraft das Ihrige beyträgt, wie zwey sich umarmende menschliche Figuren aussehen.«

261 **Schlegeleien** – Im »Athenaeum«, 2. Bd., 2. St., werden alle Schriftsteller, bei denen Wieland Anleihen gemacht hat, aufgefordert, ihre Ansprüche auf Grund seines Konkurses geltend zu machen.

ein Buch – Wieland: Abhandlung von der Schönheit des Epischen Gedichts der Noah.

Anwesenheit der La Roche – Sophie von La Roche hielt sich in Begleitung ihrer Enkelin Sophie Brentano vom 15. Juli bis zum 11. August 1799 in Oßmannstedt bei Wieland auf; danach reiste sie nach Schönebeck (bei Magdeburg), wo ihr Sohn Georg Karl wohnte. Sie beschreibt die Reise in ihrem Buch »Reise von Offenbach nach Weimar und Schönebeck im Jahr 1799«.

262 **καταστερι[σ]μόν** – (griech.) Gedicht über eine Sternsage oder ein Sternbild.

Gerücht von Halle – Vgl. S. 156 und 2. Anm. dazu.

263 **ihrer Italischen Reise** – Vgl. Anm. zu S. 47.

Atapaliba – Atabalipa bzw. Atahualpa, letzter König der Inka.

Herder erinnert sie – Herders spätere Frau, Caroline Flachsland, lebte, als Sophie von La Roche 1771 nach Darmstadt kam, im Hause ihrer Schwester Friederike Katharina von Hesse (1744 bis 1801), der Frau des Geheimrats Andreas Peter von Hesse (1728 bis 1803).

263 **vom Besuch in ... London** – Sophie von La Roche reiste 1786 über Holland nach England, wo sie die Gräfin Reventlow in Richmond bei London besuchte.

Herders Entschluß – Vgl. Einleitung zu Herder und 7. Anm. zu S. 101.

266 **Rochefoucauld** – François Alexandre Frédéric Duc de La Rochefoucauld-Liancourt.

in Erfurt bei sich – Vgl. 3. Anm. zu S. 142.

267 **bei der Gräfin Reventlow** – Vgl. 4. Anm. zu S. 263. In »Miß Lony« (S. 123f.) findet sich über diese Gegend folgende Passage: »Aber als eine Woche ohne alle Nachricht von Lord Redall verflossen, und Lony nach vielen Regentagen einst des Abends einen Spaziergang machte, zerstörte eine ungefähre Erinnerung alle gegenwärtige Freude. Denn indem sie zwischen den hohen Bäumen nahe an dem Hause hinwandelte, und auf der Höhe des schönen Grasplatzes stand, von welchem man das paradiesische Thal von Richmond übersehen konnte, und die Themse von den Strahlen des Mondes glänzend vor ihr lag, fiel der Gedanke, wie ein plötzlicher Strahl auf sie, daß Redall in dem letzten glücklichen Augenblicke, wo sie ihn sah, und bey einer ähnlichen nächtlichen Stille, und im Angesicht einer ausgebreiteten Gegend zu ihr gesagt hatte: Lony! wenn der Mond wieder auf dieser Höhe steht, dann kann mich nichts mehr von dir entfernen.«

in Gegenwart des Königs – In London wurde ihr die Ehre zuteil, vom englischen König und der Königin eingeladen zu werden; vgl. L. Assing: Sophie von La Roche, die Freundin Wielands, 1859.

unzufrieden mit der Carricatur – Anspielung auf die Kupfer von »Mein Schreibetisch«. Dieses Werk erschien bei Gräff in Leipzig.

von Schönebek aus – Ihr Sohn Georg Karl war preußischer Bergrat in Schönebeck bei Magdeburg.

268 **Alles aus Eigennutz** – Schauspiel von Heinrich Christian Beck.

diesen Morgen einen Brief – Werthes' Brief an Wieland ist vom 3. September 1799.

an ... Jacobi übergab ... Italien – Wieland hatte sich für Werthes mehrfach eingesetzt. Am 3. November 1771 schrieb er an Gleim, am 2. Dezember 1771 an Jacobi, den Werthes erst im April 1774 kennenlernte. Aufgrund dieser Bemühungen erhielt Werthes 1771 eine Hofmeisterstelle beim Grafen von Schaumburg-Lippe-Alverdissen und 1774 beim Minister Hompesch. Im Herbst 1774 reiste er nach Italien, wo er an seiner Übersetzung des Ariost weiterarbeitete; 1778 erschien anonym »L. Ariosto's rasender Roland«.

269 **Ueberreichung seiner Werke** – Während Wielands Aufenthalt in Leipzig bei Göschen im Sommer 1794 wurden ihm nachts in einem illuminierten Garten die ersten Bände der Prachtausgabe von WSW überreicht.

270 **emunctae ...** – (lat.) gewitzten Leute; wörtl.: Leute von ausgeschneutzten Nasen. Horaz, Sermones 1,4,8.

μισοτυραννου – (griech.) Tyrannenhasser.

271 **Wieland hat gemeynt** – Im »Vorbericht« von WSW, Bd. 1, schreibt Wieland über sich: »Seine Laufbahn umfasst also beynahe ein halbes Jahrhundert. Er begann sie, da eben die Morgenröthe unsrer Litteratur vor der aufgehenden Sonne zu schwinden anfing; und er beschliesst sie – wie es scheint, mit ihrem Untergange.« Böttiger zitiert aus: Athenaeum, 1. Bd. 2. St., 1798, 260. Fragment.

Nachbeter Campen – Anspielung auf die von Campe herausgegebenen »Beiträge zur weitern Ausbildung der Deutschen Sprache«. Vgl. 3. Anm. zu S. 113.

272 **Freund Sander** – Am 6. Juni 1800 schreibt Wieland an Böttiger, daß Sander ihn besucht habe. Möglicherweise überreichte Sander bei dieser Gelegenheit Ramlers 1800 erschienene »Poetische Werke«.

274 **Wielands Vater hatte ...** – Diese Ereignisse vom August 1750 berichtet Wieland in der Vorrede zur »Natur der Dinge« in WSW, Supplemente, Bd. 1. Vgl. auch S. 156f., 232 und 265.

40jährigen Witwe – Vgl. S. 182–184 und 206.

275 **Merkel hatte ...** – Merkel: Briefe an ein Frauenzimmer. Dort heißt es (S. 202): »Jetzt nimmt ihm das Alter freundlich die Lyra, welcher er Unsterblichkeit abzugewinnen wußte, aus der Hand; seine Phantasie faltet die stralenden Schwingen zur wohlverdienten Rast.«

[1801?] – Die Datierung richtet sich nach dem am Ende des Abschnitts erwähnten Tod Sophie Brentanos im Dezember 1800. Eine spätere Datierung ist nicht ausgeschlossen.

276 **Sophie** – Sophie Katharina Susanna, verh. Reinhold.

Bombardement – Vgl. S. 242 und 4. Anm. dazu.

1794 – In H: 1797.

277 **sein Unglück** – Vgl. S. 171.

bei der Beerdigung – Sophie Brentano, eine Enkelin von Sophie von La Roche, starb am 20. September 1800 in Oßmannstedt; sie war im August zu einem Besuch zu Wieland gekommen.

starb der Engel – Anna Dorothea Wieland starb am 8. November 1801 in Oßmannstedt.

278 **begraben zu seyn wünsche** – Wieland wurde im Grab seiner Frau und Sophie Brentanos beerdigt.

278 **Piece** – Hudtwalcker: Klopstock. Er über ihn.

279 **Tristram Shandy** – Lawrence Sterne: Tristram Shandy.

New Bath Guide – Werk von Anstey.

neuesten Product – Goethes »Natürliche Tochter« wurde am 2. April 1803 in Weimar erstmals aufgeführt.

280 **Amboß oder Hammer seyn** – Goethe: Kophtisches Lied.

für Ungern – Wieland antwortete Unger am 22. Oktober 1804, daß er keine Verse mehr schreiben könne.

281 **Anzeige** – In der im »Freimüthigen« (1804, Nr. 71) erschienenen Besprechung »Ein Wort über die Bothische Uebersetzung des Euripides, mit Hinsicht auf Wielands Uebersetzung des Ion« heißt es: »Ich will es nicht rügen, daß Herr Wieland sich schon dadurch die Arbeit erleichterte, daß er, anstatt das Original in Senarien nachzubilden, vier-, fünf-, und zuweilen auch sechsfüßige Jamben, mit männlichen und weiblichen Ausgängen, mit regelloser Ungebundenheit erwählte [...], so berechtigt es gewiß zu einem desto gerechteren Tadel, daß diese regellosen Verse ohne allen Wohlklang sind [...]. Man hat den Euripides ohnehin schon oft wegen einer gewissen rhetorischen Breite angeklagt, durch welche die poetische Kraft nicht selten gelähmt werde, wenn die Wielandische Uebersetzung ihn nicht gänzlich unter Wasser setzt, so weiß ich nicht, was man verwässern nennen könne.«

Bothischen Uebersetzung – In der »Adrastea«, Bd. 2,4, heißt es im Aufsatz »Das Drama«: »Wer die Griechen in ihrer Sprache nicht lesen kann, lese Bothens Uebersetzung laut vor. Ein erster kühner Versuch, dem andere folgen mögen. In ihm wird ein Geist laut und lebendig, an den uns eine schleichende Probe-Uebersetzung kaum erinnert.«

Seine Uebersetzung – Wielands Übersetzung des »Ion« von Euripides.

petulante Geißel – Die betreffende Stelle befindet sich nicht in Herders »Kritischen Wäldern«, sondern in der Sammlung »Ueber die Neuere Deutsche Literatur. Zwote Sammlung von Fragmenten«. Dort heißt es: »Schon Plato und Xenophon malen uns den Sokrates verschieden; aber man muß beinahe ausspeien, wenn Wieland auftritt und sagt: ›Seht! den Kopf des Sokrates!‹ Hier kann man wie Marcell dreust antworten: Wie? das ist Sokrates? jener liebenswürdige Widersprecher, jener ehrwürdige Unwissende, jener feine ironische Geist, und der redlichste Bürger, kurz! der Weiseste unter den Weisen Griechenlands [...] – So sehr die Griechen ihren Homer nuzten, so wenig brauchten sie ihn auf Wielandische Art: denn Shaftsburis Geist und Schriften herrschten damals wahrscheinlich noch nicht bei der moralischen Bildung der Jugend.« (HSW, Bd. 1, S. 306f.) Herder spielt hier auf »Die letzten Gespräche Sokratis« an, die aber von Wegelin verfaßt wurden.

282 **Deutschlands falsches Epos** – Herders Fragment »Von der komischen Epopee als einem Correctif des falschen Epos« erschien im letzten Band der »Adrastea«, den Wilhelm Gottfried von Herder herausgab. Es handelt sich um ein fiktives Gespräch zwischen einem Verteidiger und einem Gegner des komischen Epos. Der Befürworter vergleicht Tassos »Gierusalemme liberata« mit Wielands »Oberon«: »Wenn so manches Heer Mörder, Räuber, Bösewichter nach Orient zog, um das heilige Grab zu erobern, einen Splitter des Kreuzes zu erhaschen u. f.; so sollte einem Hüon der Zug dahin nicht erlaubt seyn, dem Sultan einige Zähne auszubrechen und von der Seite her ihm seine Tochter zu entführen? Bei jener Heldenthat waren Engel und Heilige intereßirt; bei dieser erschien Oberon und die ganze Welt tanzte.« Der Gegner des komischen Epos antwortet: »[...] während der Kreuzzüge hätte das Mährchen gesungen werden mögen; dennoch hätten sie fortgedauret. Die Wuth erlosch durch andre Mittel, als durch Mährchen.« HSW, Bd. 24, S. 364.

Tristan von Lionel – Seit den siebziger Jahren beschäftigte sich Wieland mit dem »Tristan de Leonnais«, der Bearbeitung des Tristan-Stoffs von Jean Maugin.

μανία εκ τῶν Μουσῶν– (griech.) die durch die Musen hervorgerufene Tollheit, Begeisterung.

283 **Kaiser Joseph lese ihn** – Am 19. Mai 1772 hatte Wieland ein Exemplar des »Goldnen Spiegels« an den Vizekanzler Tobias Philipp Reichsfreiherr von Gebler überschickt und dabei ausdrücklich auf die im Roman enthaltene schmeichelhafte Schilderung Josephs II. hingewiesen sowie darauf, daß der Roman ein »Buch für die Könige« sei.

Könige von Scheschian – Vgl. 2. Anm. zu S. 139.

Wedekind in Maynz – Wedekinds Brief an Wieland ist nicht überliefert; Wieland antwortete am 10. April 1804.

Friedrich Johann Justin Bertuch

284 **die jetzige Reinhold geboren** – Wielands Tochter Sophie Katharina Susanna (die spätere Reinhold) wurde bereits 1768 in Biberach geboren, Maria Karolina Friederika (die spätere Schorcht) wurde 1770 in Erfurt geboren.

associirte Bertuch mit Wielanden – Vgl. 1. Anm. zu S. 140.

Unternehmen der Algemeinen Literatur Zeitung – Vgl. S. 291–295 und die Anm. dazu.

285 **nachdrückliche Empfehlung** – In Bertuchs »Modenjournal« (1793, 5 und 6) erschien der Aufsatz »Etwas über den Kißinger Gesundbrunnen in Franken von Herrn Rath Dr. Buchholß in Weimar«.

285 **actäonisirt** – Actäon, der während der Jagd die badende Diana heimlich beobachtete, wurde von dieser in einen Hirsch verwandelt, dem nichts Menschliches als die Besinnung blieb. Bachoff von Echt bekam von seiner Frau nur das Geweih, und auch das nur im übertragenen Sinne.

286 **nußbraunen Mädchen** – Bertuch: Heinrich und Emma. Nachbildung von dem nussbraunen Mädchen.

Uebersetzung des Bruder ... – Unter dem Titel »Geschichte des berühmten Predigers Bruder Gerundio« übersetzte Bertuch den »Fray Gerundio« von José Francisco de Isla.

287 **Uebersetzung des Don Quixotte** – Bertuch: Leben und Thaten des weisen Junkers Don Quixote von Mancha.

nachlaß – In H: nachlaß vor.

288 **Strangurie** – Harnzwang.

Plethora – Vermehrung der Blutmenge.

Loge – Die Weimarer Freimaurerloge Amalia.

Receptionstage – Bertuch wurde am 30. Dezember 1776 von Staatsminister von Fritsch d. Ä. eingeführt. Schon am 23. Januar 1777 erhielt er den zweiten und dritten Grad.

fausses couches – (franz.) Fehlgeburt.

Loge sich ... trennte – Von 1782 bis 1808 war die Loge geschlossen. 1808 wurde Bertuch Meister vom Stuhl.

289 **κατ' ἐξοχήν** – (griech.) vorzugsweise.

Spießbürger – Vgl. 3. Anm zu S. 75.

291 **Buchhandlung der Gelehrten** – In Dessau wurde 1781 ein Verlagsunternehmen gegründet, um Autoren von Verlegern unabhängig zu machen. Neben der Buchhandlung gab es eine Verlagskasse, deren Aktionär man werden konnte. Die Buchhandlung übernahm den Vertrieb von Büchern, deren Autoren entweder auf eigene Kosten oder mit Unterstützung der Kasse drucken ließen. 1783 traten finanzielle Probleme auf; 1786 kam es zur Auflösung der Verlagskasse. Bertuch und Wieland waren Aktionäre der Verlagskasse. Geschäftsführer der Buchhandlung war Göschen.

******* – In H: freier Raum.

Literaturbriefe – »Briefe die Neueste Litteratur betreffend« von Lessing, Nicolai und Mendelssohn.

einen Aufsatz – Bertuchs Satire »Die Universalbibliothek« erschien schon 1783 im TM, wurde jedoch 1784 und 1785 fortgesetzt, weil sie ernst genommen wurde.

292 **Swifts Satire** – A modest proposal.

langen Brief – Der Brief von Andreas Gerle an Wieland ist nicht überliefert.

berühmte Ankündigung – Die »Ankündigung einer Allgemeinen Literatur-Zeitung« erschien im »Anzeiger« des TM 1784 (September-Heft).

293 **Mönch Reinhold** – Vgl. 2. und 3. Anm. zu S. 103.

293 **Recensionen** – Reinhold hatte die »Œuvres de Valentin Jamerai Duval« sowie J. V. Eybels »Christkatholische nützliche Haus-Postille« besprochen und an den Redakteur Schütz in Jena gesandt. Als Schütz daraufhin in einem Brief an Reinhold (vor dem 6. Dezember 1784) Änderungswünsche äußerte, beschwerte sich Wieland schriftlich bei Bertuch (7. Dezember 1784). Es wurden zwischen den Beteiligten viele Briefe gewechselt, die zur Trennung führten.

Ketschau – Vgl. 5. Anm. zu S. 153.

295 **Verhandlungen des Fürstenbundes** – 1785 schlossen Friedrich II. von Preußen und der Kurfürst von Sachsen und Hannover ein Bündnis gegen Österreich; in der Folge traten die meisten deutschen Fürsten diesem Bund bei. Zu Beitrittsverhandlungen reiste Karl August im Januar 1786 nach Berlin. Im Zusammenhang mit diesen Verhandlungen führte der Herzog eine umfangreiche Korrespondenz (vgl. »Politischer Briefwechsel des Herzogs und Großherzogs Carl August von Weimar«, hrsg. von W. Andreas).

296 **Salinenspeculationen** – Seit 1793 interessierte sich Bertuch für Salinen und die Gewinnung von Bodenschätzen. 1797 erwarb er mehrere Salzwerke und Salinen. 1796 quittierte er den Staatsdienst, und 1797 wechselte er die Staatsbürgerschaft, um ein Privileg für den Abbau von Bodenschätzen im Würzburger Land zu erhalten. Offensichtlich hatte Bertuch vor, Weimar zu verlassen, was er aber nicht tat.

Thieys – Dieuze.

Flucht des Königs – Im Juni 1791 wurde Ludwig XVI., König der Franzosen, der unter Arrest gestanden hatte und geflüchtet war, in Varennes gefangengenommen.

ausbrechende Krieg – Vgl. 5. Anm. zu S. 68.

Bayerischen – In H: Baeyrischen.

297 **der Fürst** – Franz Ludwig von Erthal.

299 **Sonnencoctur** – (lat. coctura – das Kochen) Gradierung, bei der man die Salzsole durch Sonneneinstrahlung verdunsten läßt.

300 **Zur Zeit** – Der Schloßbrand ereignete sich am 6. Mai 1774. Das Weimarer Theater befand sich damals in der Wilhelmsburg und wurde von der Seylerschen Schauspieltruppe bespielt.

Schauspieler des St. Aubin – Pierre Rémond de Sainte Albine: Le comédien.

Elfride – Die Tragödie wurde am 4. September 1773 auf dem Weimarer Hoftheater uraufgeführt. Ekhof spielte die Rolle des Grafen Olgar, des Vaters der Elfride.

Major Telheim – Major von Tellheim ist eine Gestalt aus Lessings »Minna von Barnhelm«.

Odoardo – Gestalt aus Lessings »Emilia Galotti«.

301 **zwey geselschaftlichen Theatern** – Nach dem Schloßbrand 1774 bildeten sich drei Liebhabertheater. Der Oberhofmeister der

Herzogin Anna Amalia, Graf von Putbus, leitete das fürstliche Hoftheater von 1775 bis 1776; hier spielten Aristokraten für Aristokraten in französischer Sprache. Das bürgerliche Theater leitete vermutlich Bertuch; ihm gehörten Kraus, Musäus, Dr. Buchholz u. a. an. Eine dritte gemischte Theatergruppe wurde seit 1776 von Goethe geleitet; gespielt wurde im Redoutenhaus auf der Esplanade, aber auch bei der Herzogin Anna Amalia in Ettersburg. – Erst 1780 wurde das herzogliche Komödien- und Redoutenhaus, das im Eichmannischen Garten gebaut worden war, eröffnet; von 1784 bis 1791 spielte dort Bellomos Truppe; danach übernahm Goethe die Leitung (vgl. W. Bode: Der Weimarische Musenhof. Berlin 1920).

301 **Mitschuldigen** – Goethes früheste Beschäftigung mit den »Mitschuldigen« läßt sich 1769 nachweisen, in der Zeit nach seinem Leipziger Aufenthalt (vgl. 8. Anm. zu S. 92).

Seller – Söller, Gestalt aus den »Mitschuldigen«. Diese Aufführung fand 1775 statt: »Nur erwähnen muß ich, daß das Lustspiel ›Die Mitschuldigen‹, worin Goethe den Alcest, die Korona Schröter die Sophie, Bertuch den Söller und der Professor Musäus den Wirt zum Bären vortrefflich gaben, als ganz unmoralisch angesprochen wurde.« (Lyncker: Am Weimarischen Hofe unter Amalien und Karl August, hrsg. von Marie Scheller. Berlin 1912, S. 65)

mari cocu – (franz.) Hahnrei.

Westindier – Cumberland: The West-Indian.

302 **Kurfürst** – Karl Theodor Kurfürst von der Pfalz und Bayern.

Georg Joachim Göschen

303 **46 Jahr alt** – Alle Quellen geben 1752 als Göschens Geburtsjahr an, 1796 war er demnach 44 Jahre alt.

Pastor Heeren – Viscount Goschen schreibt in »Das Leben Georg Joachim Göschens«, Leipzig 1905, Bd. 1, S. 20, daß Göschen nicht zu Pastor Heeren in Arbergen gegeben wurde, sondern zu einem dort lebenden Schulmeister.

304 **Gelehrtenbuchhandlung** – Vgl. 1. Anm. zu S. 291. Göschen schied 1785 aus der Gelehrtenbuchhandlung aus und gründete im gleichen Jahr seinen eigenen Verlag in Leipzig.

seinem ... Unternehmen – Vermutlich ist die von Becker gegründete »Dessauische Zeitung für die Jugend und ihre Freunde« gemeint.

lateinische Botanik – Es handelt sich um Goethes »Metamorphose der Pflanzen«, die bei Ettinger in Gotha mit lateinischen Lettern gedruckt wurde. Am 4. Juli 1791 schrieb Goethe an Göschen: »Es that mir sehr leid daß Sie den kleinen Versuch der Metamorphose ausschlugen und ich war genöthigt mich nach einem andern Verleger umzusehen und Verbindungen einzugehen die ich sogleich nicht lösen kann.« WA IV, 9, S. 276.

305 **Schütz ... ausposaunt** – Eine Rezension der beiden ersten Teile von Thümmels »Reisen« findet sich in der ALZ 1790, Nr. 347, Sp. 481–483.

Antheil an dem Merkur – Vgl. 1. Anm. zu S. 140.

Billet an Wieland – Bertuchs Brief an Wieland ist vom 7. Juli 1786.

306 **Brief von Wieland** – Dieser Brief ist nicht überliefert. Am 20. Februar 1790 wird im überlieferten Briefwechsel erstmals der »Peregrinus Proteus« in einem Brief Göschens an Wieland im Zusammenhang mit dessen Erscheinen in Göschens Verlag erwähnt.

Peregrinus Proteus – Vgl. 1. Anm. zu S. 145.

Göschen nicht eingeweiht – In H: Göthe nicht eingeweiht.

Grimma eine Druckerey – 1795 hatte Göschen ein Gut in Hohnstädt bei Grimma erworben. Er wohnte seit 1797 im Sommer ständig dort. Nach Grimma, wo er ebenfalls ein Haus am Markt erstand, verlegte er seine Druckerei im Juli 1797.

Hohenstein – Hohnstädt.

307 **Reise ... in die Schweiz** – Am 10. August 1792 schreibt Göschen an Wieland aus Nürnberg, daß er sich auf einer Reise in die Schweiz befinde, und bereits am 15. Oktober begrüßt Wieland in einem Brief Göschens Rückkunft.

Wielandischen Ausgabe – Vgl. 1. Anm. zu S. 135.

Tristram Shandy – Lawrence Sterne: Tristram Shandy.

Lustspiel – Möglicherweise arbeitete Göschen schon an dem erst 1800 erschienenen Lustspiel »Zweymal sterben macht Unfug«.

308 **seinen Wieland** – Vgl. 1. Anm. zu S. 135.

309 **Bowyer's Hume** – Bei Bowyer in London erschien 1794 eine Prachtausgabe in Folio von David Humes »History of England«.

ersten Bänden von Wieland – Vgl. 1. Anm. zu S. 135.

einer Nachricht – In H: eines Nachricht. Es handelt sich um eine unvollständige Korrektur. Böttiger wollte zunächst »eines Aufsatzes« schreiben.

310 **Prachtausgabe** – Vgl. 1. Anm. zu S. 136.

Klopstock antwortete – Am 21. März 1796 schrieb Göschen an Klopstock, daß Clodius ihm den Verlag von Klopstocks Werken angeboten habe und er sie verlegen wolle. Am 26. März sagte Klopstock zu. Am 18. Mai schrieb Göschen an Klopstock, daß er den Wunsch Cramers ablehne, dessen Kommentar zusammen mit den Werken zu drucken. Darauf schrieb Klopstock am 4. Juni 1796: »Ich habe nichts dawider, daß Sie Cramers Wünsche nicht erfüllen wollen. Ich habe sie zuerst durch Sie erfahren. Lassen Sie uns übrigens von der Sache schweigen. Cramer ist mein Freund.« (Klopstock, Band IX, 1, S. 71., vgl. 2. Anm. zu S. 232)

312 **seines Arrests** – Rulffs war während der Mainzer Republik 1792/1793 der »Gesellschaft der Freunde der Freiheit und Gleichheit« beigetreten und gehörte dem Wohltätigkeitskomitee an. Nach der Rückeroberung von Mainz 1793 mußte Rulffs eine harte Strafe befürchten. In der »Deutschen Zeitung« (Gotha 1793, August und September) erschienen zu Rulffs viele positive Artikel. 1798 sprach ihn das Oberappellationsgericht frei.

Die jetzige Schlegel – Caroline Böhmer war im März 1792 nach Mainz übergesiedelt. Im Oktober 1792 wurde Mainz von den Franzosen besetzt und die Mainzer Republik ausgerufen. Caroline Böhmers Schwager war der Sekretär des Besatzungskommandanten Custine; sie selbst stand den Clubisten nahe. Seit 1793 versuchte sie, die Stadt zu verlassen, um nach Gotha zu den Gotters zu reisen. Bei diesem Vorhaben wurde sie im März 1793 gefangengenommen und auf Königstein im Taunus, später in Kronberg inhaftiert. Im Juli des gleichen Jahres wurde sie entlassen; nach einem längeren Aufenthalt bei Göschen begab sie sich im Februar 1794 nach Gotha zur Familie Gotter. Am 1. Juli 1796 heiratete sie August Wilhelm Schlegel.

ipse miser ... – (lat.) Dieser Unglückliche hat gelernt, Unglücklichen zu Hilfe zu eilen.

Friedrich Wilhelm Gotter

Gotter studierte von 1763 bis 1766 in Göttingen die Rechte. Er wurde schon vor seiner Rückkehr in Gotha zum geheimen Archivar ernannt. Vom Frühjahr 1767 bis zum Mai 1769 ging er als Legationssekretär nach Wetzlar. Dann reiste er bis September 1769 als Hofmeister nach Göttingen. 1770 verließ er sein Amt erneut und ging bis zum Herbst 1772 wieder nach Wetzlar. 1784 wurde er Geheimer Sekretär.

Gotter war Lyriker und Dramatiker. Während seines zweiten Göttinger Aufenthaltes begründete er mit Boie den Göttinger Musenalmanch: »Musenalmanach für das Jahr 1770«. Während seines zweiten Wetzlarer Aufenthaltes machte er die Bekanntschaft Goethes, übte auf diesen, nach dessen eigener Aussage, einen fördernden Einfluß aus und vermittelte ihm den Kontakt zum Göttinger Hain. Als sich der von Voß übernommene Musenalmanach gegen Wieland kehrte, hörte Gotters Teilnahme auf. – Gotter hat zeit seines Lebens verschiedenen wandernden oder festen Theatern bei der Stückauswahl und Rollenbesetzung geholfen. Er schrieb, bearbeitete, übersetzte Stücke, veranstaltete Liebhaberaufführungen. Seine Ziele waren die Institutionalisierung des Theaters und die Veredelung des Schauspielerstandes. 1764 knüpfte er die Verbindung zur Seylerschen Truppe. Nach dem Scheitern des Nationaltheaters in Hamburg, wohin Seyler gegangen war, kam die um Seyler und Ekhof versammelte Truppe 1769 bis zum Schloßbrand 1774 nach Weimar. Ekhof wurde dann Mitdirektor des Theaters in Gotha. Gotter wirkte für das Weimarer, dann für das bis 1779 bestehende Gothaer Theater. Er stand auch mit dem Mannheimer und dem Hamburger Theater in Verbindung.

313 **Putter ... nach Gotha ... dem Erbprinzen Vorlesungen** – Johann Stephan Pütter hielt von April 1762 bis Ostern 1763 Vorlesungen für den Erbprinzen von Sachsen-Gotha-Altenburg, den späteren Herzog Ernst II. Ludwig, und dessen Bruder, den Prinzen August.

Landshauptmanns v. Schenberg – Rolf Christian von Schönberg.

von der Bünauischen Bibliothek geflüchtete Heyne – Christian Gottlob Heyne war 1753 Kopist an der Brühlschen Bibliothek in Dresden mit einem Jahreseinkommen von 100 Talern geworden. Während des Siebenjährigen Krieges nahmen die Preußen 1756 Dresden ein und zerstörten die Bibliothek. 1757 wurde Heyne Hofmeister bei Herrn von Schönberg, bei dem er die dort lebende Therese Weiß kennenlernte, die Jugendfreundin der Frau von Schönberg. 1760 flüchtete Heyne aus Dresden. 1763 erhielt er den Ruf nach Göttingen.

Gedichte von Wieland – Gemeint sind die »Comischen Erzählungen«.

314 **Die ersten Gedichte ... 1768** – In die Ausgabe seiner Gedichte von 1778 hat Gotter, wie er im Vorwort begründet, als früheste Gedichte solche aus den Jahren 1768 und 1769 aufgenommen (vgl. dort, S. 1, »An meine Freunde. 1768«).

Brockmann, Eckhof, die Seilerin ... nach Göttingen – 1764 ging die Seylersche Schauspieltruppe, zu der die drei gehörten, nach Göttingen.

älteste Tochter – Cäcilie Gotter, die älteste 1796 lebende Tochter, wurde bereits 1782 geboren.

315 **ein artiges Stückchen** – Nicht ermittelt.

Ferdinand Justus Christian Loder

316 **promovirte** – Loder hatte im September 1777 mit der Dissertation »Descriptio anatomica baseos cranii humani« sein Studium abgeschlossen.

318 **zu Sömmerings ... Verdruß** – Sömmering hatte sich ebenfalls Hoffnungen gemacht, die vakante Professur in Jena zu erhalten.

eines Briefs bey Göthe – Es handelte sich um einen Brief Loders. Vgl. Loders Brief an Goethe vom 31. Oktober 1784.

318 **Reise** – Die Studienreise von Loder nach England und Frankreich dauerte etwa von Juni 1782 bis August/September 1783. Zuerst hielt er sich in Paris auf, wo er bei dem Arzt Pierre Joseph Desault, dem Gründer der ersten chirurgischen Klinik, wohnte. Dann reiste er nach London, von wo er am 1. Januar einen ausführlichen Brief an den Weimarer Minister Fritsch schrieb. Auf der Rückreise nach Deutschland besuchte er Rouen, wo er sich auf Einladung des Arztes David aufhielt (vgl. von Hagen: Loders Studienreise nach London und Paris. In: Wissenschaftliche Zeitschrift der Friedrich-Schiller-Universität Jena, math.-naturwissenschaftl. Reihe 2 1952/53).

319 **neuern mit Sömmering** – Seit Loders Ruf nach Jena gab es zwischen Sömmering und Loder Auseinandersetzungen. Ihre öffentliche Austragung begann, als Loder Sömmerings Dissertation in der AdB 1781 negativ rezensierte. 1794 lebte der Streit erneut auf. Loders »Anatomische Tafeln zur Beförderung der Kenntniß des menschlichen Körpers« wurden von Sömmering nach ihrer Ankündigung in der »Chirurgisch-medizinischen Zeitung« und nach ihrem Erscheinen in den »Göttingischen Gelehrten Anzeigen« stark angegriffen. Loder reagierte mit heftigen Antikritiken.

Johann Kaspar Friedrich Manso

321 **Schmidt** – Jakob Friedrich Schmidt.

Strafe – Als Schmidt sein Buch »Leben und Sitten der heiligen Jungfrau Maria«, dem eine vierzehnseitige Widmung an die Kaiserin vorangestellt ist, dieser überreichen ließ, befand der Wiener Hof, daß es nicht mit den Grundsätzen der katholischen Religion übereinstimme, und beschwerte sich beim Gothaer Hof. Darauf wurde Schmidt zur Zahlung von 50 Reichstalern verurteilt.

Prinz August – August von Sachsen-Gotha-Altenburg.

Helfeld – Johann August Hellfeld. Mansos Schüler war der spätere Jurist Johann August Christian von Hellfeld (1765–1835).

322 **Uebersetzung der Georgica** – Manso: Virgil, von der Landwirtschaft.

Platonischen Abälard – Der französische Theologe Pierre Abélard hatte mit seiner Schülerin Héloïse, der Nichte des Kanonikus Fulbert, ein Liebesverhältnis begonnen. Rousseau gestaltet ein solches Problem in »Julie, ou la nouvelle Héloïse«. In beiden Fällen blieb es nicht bei »platonischer«, also Seelenliebe.

genium debet ... – (lat.) Das Buch bedarf eines Genius.

Iohannes von Müller zu Sylveden

Müller hielt sich vom 22. Januar bis zum 7. Februar 1804 in Weimar auf. Hier wurde er von der Herzogin Anna Amalia und dem Herzog Karl August empfangen, traf mit Goethe, der Frau von Staël und Benjamin Constant zusammen, besuchte die Witwe des eben verstorbenen Herder, mit dessen Familie er eng befreundet war. Müllers Reise diente einer geheimen diplomatischen Mission, die auf die Vereinigung der Mächte Österreich, Preußen und Rußland gegen das napoleonische Frankreich gerichtet war. Der Herzog schrieb am 8. Februar 1804 einen Brief an den preußischen König Friedrich Wilhelm III., in welchem er Müller, der von Weimar nach Berlin reiste, empfahl. Müller erhielt im März eine Audienz beim preußischen König. Hier wurde ihm die Stelle eines preußischen Historiographen angeboten. Müller nahm die Stelle an. Die Tatsache, daß Böttiger über den Weimarbesuch Müllers in der Vergangenheit und über dessen Anstellung in Wien in der Gegenwart spricht, erlaubt die Datierung des vorliegenden Textes auf Ende Februar bzw. Anfang März 1804. Denn Böttiger war über Neuigkeiten in Berlin durch mehrere Korrespondenten unterrichtet. Er berichtet über Müllers Weggang von Mainz nach Wien, interessiert sich für Persönlichkeiten aus der Politik, für die Beschränkung der Meinungsfreiheit in Wien und für Müllers Arbeit als Historiker. Dann erzählt er noch einmal Müllers Leben von der Universitätszeit bis zur Gegenwart.

Für die deutsche Literatur erlangte Müller durch die Bearbeitung der deutschen Sprache nach lateinischem Muster und die Erzeugung einer gewissen sprachlichen Dunkelheit in seinen historischen Werken als ein wichtiger Modellautor für die romantische Schule Bedeutsamkeit.

324 **Excerpten** – Müller hatte im Laufe seines Lebens 2000 Schriftsteller exzerpiert. Vgl. 5. Anm. zu S. 326.

vorigen Kurfürsten v. Maynz – Friedrich Karl Joseph Freiherr von Erthal.

Sekretär des … Fürstenbundes – Vgl. Anm. zu S. 295.

Kaiserwahl – Am 9. Oktober 1790 wurde Leopold II. von acht Kurfürsten (Mainz, Trier, Köln, Böhmen, Pfalz, Sachsen, Brandenburg, Braunschweig) in Frankfurt zum Kaiser des Heiligen Römischen Reichs Deutscher Nation gewählt.

Erzkanzlersche Kanzeler – Der Kurfürst von Mainz hatte den Titel Erzkanzler für Deutschland.

325 **Berliner Academie** – Am 24. Januar 1791 war Müller zum Mitglied der Berliner Akademie ernannt worden, war aber dem Ruf nicht gefolgt. Vgl. Müllers Brief an seinen Bruder vom 8. Februar 1791: »[…] obschon Euler über 80 Jahre gelebt hat, ohne in Berlin einen anderen Weg zu kennen, als von seinem Hause nach der Akademie und wieder zurück. Diese Meldung erinnert mich zu

erwähnen, daß Graf Herzberg am Gedächtnißtag der Geburt des vorigen Königs mich zum ordentlichen Mitglied eben dieser Akademie ernannt hat; ich habe zwar die Patente noch nicht; weiß aber, daß ich in diejenige Categorie, unter der ich, sobald ich in Berlin wohnen wollte, sofort 200 Rthlr. schweren Geldes zu beziehen hätte, welches nach unserm Fuß ohngefähr täglich drei Gulden macht; so daß es ein eigentlicher Nothpfennig ist. In Wahrheit würde ich diese Stelle, aber natürlicher Weise mit ordentlichem Gehalt, allen andern in der Welt vorziehen, weil die Besoldung gut (800–1000–1200 auch 1500 Rthlr.) und der Arbeit so wenig ist, daß ich alle Muße hätte zu Ausführung meiner litterärischen Plane durch die ich gewiß mehr Nutzen schaffen und mir selbst mehr Nachruhm sichern, auch des Lebens würdiger genießen würde, als wenn ich Premier-Minister in Mainz oder Bürgermeister in Schaffhausen wäre.« (MSW, Bd. 5, S. 345. Vgl. auch den Brief vom 11. Februar 1791; ebenda, Bd. 5, S. 364.)

325 **Anträge von Wien** – Unterhandlungen, um Müller nach Wien zu ziehen, wurden bereits 1790 geführt. Am 28. August 1792 erging an Müller die Einladung nach Wien. Am 12. Februar 1793 wurde er zum Königlich Kaiserlichen Wirklichen Hofrat bei der geheimen Hof- und Staatskanzlei zu Wien ernannt. Dort war er bis 1800 tätig.

Consegnung – Consignung, verbrieftes Recht.

Einziehung der italienischen Kanzelei – Der Erzbischof von Köln hatte den Titel Erzkanzler für Italien. 1803 verlor Köln die Kurwürde.

Bedrückung der Denk- und Preßfreyheit – Zur Absicherung seiner aufgeklärten Reformpolitik hatte bereits Joseph II. ein strenges Zensurwesen errichtet. Waren zunächst namhafte Aufklärer als Zensoren tätig, so wandte sich in dem Maße, in dem die Tätigkeit der Freimaurerlogen sich auch gegen den Kaiser richtete, die Zensur gegen die Aufklärung. Zu erwähnen ist das Zensurdekret Josephs II. vom 8. Februar 1791. Unter Leopold II. und Franz II. wurde der Zensurapparat antiaufklärerisch umfunktioniert. Im Mai 1795 wurde ein Zensurgesetz zur weiteren Bürokratisierung der Zensur erlassen. Über ein Dekret von 1803 schrieb Müller am 17. September 1803 an seinen Bruder: »Es ist wahr, daß die seit Theresiens Tod erlaubten Bücher revidirt werden sollen. Aus den Bibliotheken der Verstorbenen werden die Verbotenen weggenommen. Man sagt, ich glaube es jedoch nicht, man wolle die Privatbibliotheken untersuchen lassen.« (MSW, Bd. 7, S. 90)

326 **Fortsetzung seiner Schweizergeschichte** – Die »Geschichten Schweizerischer Eidgenossenschaft« erschienen wie folgt: Band 1–2: 1786; Band 3,1: 1788; Band 3,2: 1795; Band 4: 1805; Band 5: 1808. Daß Müller vom Wiener Hof untersagt wurde, den bereits vollendeten Band von 1805, von dem Böttiger spricht, im Ausland

drucken zu lassen, war einer der Gründe, weshalb Müller nicht nach Wien zurückkehrte.

326 **Recensionen** – Müller war sein Leben lang eifriger Rezensent. Er rezensierte u. a. in folgenden Zeitschriften: »Göttingische gelehrte Anzeigen«, »Leipziger Allgemeine Literatur Zeitung«, AdB, ALZ.

Im Freimüthigen – Nicht ermittelt.

confiscirt – Vgl. 5. Anm. zu S. 325.

handschriftlichen Sammlungen – Der handschriftliche Nachlaß Müllers, den die Stadtbibliothek Schaffhausen erwarb, umfaßt 16000 Folioseiten. Müller beabsichtigte, nach Beendigung seiner Universalgeschichte deren Quellen zu publizieren.

327 **Erzherzog** – Erzherzog Karl (Ludwig Johann) von Österreich.

Kaiser – Franz II. Joseph Karl.

Antritt der Regierung – Die Kaiserkrönung war am 14. Juli 1792.

Geschichte der Schweiz … schließen – Müller ist vor der Vollendung der Schweizer Geschichte gestorben. Der Band 5 (vgl. 1. Anm. zu S. 326) endet mit dem Jahre 1489.

Brief u. Protocollsammlung – Simmlers Sammlung der Schweizer Reformationsakten war in den Besitz der Züricher Bürgerbibliothek übergegangen. Bereits am 4. Januar 1802 schrieb Müller seinem Bruder, daß er diese Sammlung auswerten wolle (MSW, Bd. 7, S. 1). Den Plan, »ein halbes Jahr in der Schweiz nur der Simmlerischen Sammlung zu leben, um in Verbindung der Schweizer Geschichte die des Entstehens und der Entwicklung der reformirten Kirche von 1516 bis 1564 zu beschreiben« (MSW, Bd. 7, S. 115), hat Müller nicht mehr verwirklicht.

Antistiten – Vorgesetzte der reformierten Geistlichkeit in einigen Schweizer Kantonen.

Universalgeschichte – Müllers Universalgeschichte erschien erst postum in drei Bänden: Vier und zwanzig Bücher Allgemeiner Geschichten besonders der Europäischen Menschheit. Durch Johannes von Müller. 1797. Herausgegeben nach des Verfassers Tode durch dessen Bruder Johann Georg Müller (1810). – Die Entstehung der »Allgemeinen Geschichten« erläutert Johann Georg Müller in der Vorrede des Herausgebers: »Die Grundlage derselben sind historische Auszüge aus 1833 Schriftstellern alter und neuer Zeiten, angefangen um 1772, und fortgesetzt bis am zehnten Tag vor seinem Tode. Sie führen den allgemeinen Titel: Rerum humanarum libri triginta: (denn in so viel Perioden ist in denselben die Weltgeschichte eingetheilt und sind die Excerpten geordnet). Aus diesen verfaßte er die Weltgeschichte, zuerst französisch, zu Genf 1779, um sie einer Gesellschaft junger Freunde von verschiedenen Nationen vorzulesen; und arbeitete sie hernach zu Genf, zu gleichem Zweck, noch viermal um. Deutsch übersetzt las er sie 1781 und 1782 als Professor der Geschichte bei dem Carolinum zu Cassel vor, und 1785 den ersten Theil derselben, die alte Geschichte, zu Bern. [...] 1784 sollte sie französisch herauskommen, unter dem Titel: Les Epoques de l'histoire politique des principales nations. / Auf meine wiederholte dringende Bitten entschloß er sich, 1796 und 1797, da er zu Wien lebte, die äußerst abgekürzte Handschrift ganz umzuarbeiten und ins reine zu schreiben. / [...] 1802 und 1806 gedachte er dieses Werk, abermal umgearbeitet, in Vorlesungen oder Unterhaltungen mit Jünglingen seines Vaterlandes eingekleidet, und (in Anhängen) mit historischen Auszügen und Belegen aus seinen Collectaneen bereichert, herauszugeben.« (MSW, Bd. 1, S. XIII f.)

328 **Reden** – In der römischen Geschichte des griechischen Historikers Cassius Dio Cocceianus werden diese Reden wiedergegeben. Agrippa widerrät dem Octavianus, eine Monarchie zu errichten, während Maecenas ihm zurät.

noch in der Schweiz – Im April 1784 arbeitete Müller an dieser Ausgabe: »Den April gab ich Bonnet; wir wollten Hallers wichtigen Briefwechsel mit ihm herausgeben, und endlich würde man Hallern ganz kennen gelernt haben; es ist aber unterblieben, weil ein zu Paris wohnender Sohn, Haller der Banquier, ohne den es Bonnet nicht thun wollte, fand, Haller könnte bey der dominirenden Secte in Paris hierbey verlieren.« (Müller an Gleim, 8. Januar 1786; MSW, Bd. 16, S. 231) In Müllers Nachlaß fand sich eine auf den 1. Oktober 1784 datierte Ankündigung: Commerce épistolaire entre M. de Haller et M. Bonnet, depuis 1753 jusqu'à la mort de Monsieur de Haller, 1777. Die Briefauswahl sollte »trois volumes in-quarto comme ceux du dernier recueil des œuvres de M. Bonnet« umfassen, Müller wollte ein Vorwort und Anmerkungen schreiben.

1775 – Müller begann 1770, für die AdB historische, kirchenhistorische und die Schweiz betreffende Bücher zu rezensieren. Seine erste Rezension hatte Schlözer an Nicolai gesandt. 1772 rezensierte Müller in Band XVIII,2 Lessings »Berengarius Turonensis«.

Skinners Schweizer Annalen – Müllers Rezension konnte nicht nachgewiesen werden.

329 **Collegium** – Schlözer hielt diese Vorlesung im Winter 1770.

Epigramm – Nicht ermittelt.

Genthod – Ort des Genfer Kantons auf einer Anhöhe am Genfer See, 7 km von Genf.

330 **Nach einem halben Jahre** – Im Spätherbst 1785 erfuhr Müller, daß die Stelle des Mainzer Hofbibliothekars frei sei.

in Maynz ankam – Müller traf Anfang 1786 in Mainz ein.

331 **An demselben Morgen** – Am 12. Februar 1786 rief der Erzbischof Müller zu sich und verlangte eine endgültige Entscheidung.

Brief von Bern – Es handelt sich um einen Brief Bonstettens, den dieser nicht aus Bern sandte, sondern in Müllers Quartier niederschrieb, wo er Müller, der eine halbe Stunde zuvor ins Schloß aufgebrochen war, nicht angetroffen hatte.

331 **Professor in Bern geblieben** – Müller hatte im Winter 1785/86 Privatvorlesungen vor jungen Berner Patriziern gehalten. Eine Berufung Müllers an das Politische Institut in Bern hatte der Große Rat abgelehnt. Bonstetten hatte aber von reichen Berner Familien ein Jahresgehalt für Müller erwirkt.

Aschaffenburg – Sommerresidenz des Kurfürsten.

Mutter – Anne Marie Müller starb am 9. Mai 1790.

Reise nach Rom – Müller reiste am 2. April 1787 als erzbischöflich Mainzischer Kurier nach Rom. Es handelte sich um die Ernennung Dalbergs zum Koadjutor des Erzbischofs von Mainz. Am 30. April 1787 war Müller wieder in Mainz.

332 **gefährlich krank** – Müller war von März bis September 1789 krank. Über die Krankheit waren die Ärzte »ganz verschiedener Meinung. Doch ist sie am wahrscheinlichsten Anfangs eine Gallen-Colik und starke Entzündung der Gedärme gewesen, bis der ganze Unrath sich in ein großes Geschwür am Hintern gesammelt hat. Sehr gefährlich waren allerdings die ersten Tage, an Schmerzen hat es auch damals nicht gefehlt, am allerempfindlichsten aber waren letztere an dem Morgen der Operation des Geschwürs« (Müller an Johann Georg Müller, 21. April 1789; MSW, Bd. 5, S. 250f.).

thätigen Herzog – Vgl. S. 295 und Anm. dazu.

Anfang des Jahrs 1804 – Vom 22. Januar bis zum 7. Februar 1804 hielt sich Müller in Weimar auf.

Josephs Neffen Franz – Joseph II. und Franz II.

333 **Es wurde** – In H: Es wurde Es wurde.

Collegen – Johann Diesbach.

Foscarini ... Fund für Müllern – Am 18. Mai 1803 schrieb Müller seinem Bruder aus Wien: »Ich las hierauf die Foscarinische Storia letteraria Venedigs; das erste Buch von Gesetzen, die drei folgenden von der Geschichte. Das Werk ist sehr gelehrt, mit Geschmack, mit Würde, einer senatorischen Gravität geschrieben; ich habe allerlei gelernt.« MSW, Bd. 7, S. 65f.

Müllers Briefe – Es handelt sich um die »Briefe eines jungen Gelehrten an seinen Freund«. Aus der von Böttiger gemeinten Stelle wird ersichtlich, daß Müller bereits zu Beginn der siebziger Jahre großes Interesse für die Foscarinische Sammlung zeigte.

Friedrich Wilhelm Basilius von Ramdohr

Ramdohr war Beamter des Herzogtums Hannover. Er wurde als Verfasser juristischer und kunsttheoretischer Schriften bekannt. In der 1793 erschienenen Ästhetik »Charis, oder über das Schöne und die Schönheit in den nachbildenden Künsten« wollte Ramdohr mit Hilfe einer Psychologie den empirisch gebildeten Geschmack auf theoretische Grundsätze zurückführen. Dieser Versuch stieß bei Schiller, Tieck, Wackenroder und den Schlegels auf heftige Ablehnung.

334 **nahm des ... Marcolini Partie** – (franz. prendre le parti de) ergriff Partei für Marcolini.
Voilà les Muses ... – (franz.) Seht hier die unter der Exzellenz gedemütigten Musen und Wissenschaften!
335 **Porzellanfabrike** – (franz. fabrique) Die Königlich Sächsische Porzellan-Manufaktur zu Meißen leitete Marcolini von 1774 bis 1814.
Tronk – (lat. truncus; franz. tronc) Rumpf, Torso.
Wieland und Göthe – Wieland, der mit seiner Frau am 30. Juli 1794 von Weimar abgereist war, fuhr am 8. August in Begleitung seines Verlegers Göschen nach Dresden, vor allem um sich die Kurfürstliche Gemälde-Galerie zu Dresden anzusehen. Am 16. August traf Wieland wieder in Leipzig und am 20. August in Weimar ein. Goethe hielt sich vom 2. bis 11. August 1794 in Dresden auf.
336 **in effigie** – (lat.) bildlich.
von Graff mahlen – Vgl. 5. Anm. zu S. 117.
Beobachter in Dresden – Johann Heinrich Meyer hielt sich vom 1. Mai 1794 bis Ende September 1794 in Dresden auf. Er kopierte im Auftrag des Herzogs Karl August von Sachsen-Weimar-Eisenach Bilder der Dresdener Galerie für das Weimarer Schloß.
337 **Moderantismus** – Das 1792 geprägte französische Wort »modérantisme« bezeichnet die Haltung der Gemäßigten während der Revolution.
Hoya – Grafschaft im Königreich Westphalen.
zweitägigen Aufenthalt – Ramdohr hielt sich Anfang/Mitte September 1794 in Weimar auf. Vgl. Goethes Brief an Meyer vom 15. September 1794.
338 **Rezension** – Die Rezension steht in der NB 51. Bd. (1793), 1. St., S. 67–103, und 52. Bd. (1794), 2. St., S. 234–287.
Reise nach Kiel – Reinhold zog mit seiner Familie im März/April 1794 von Jena nach Kiel, wohin er einen Ruf als Professor der Philosophie erhalten hatte. Auf der Reise machte er in verschiedenen Städten, darunter Celle, Station.
339 **stamina** – (lat.) Fäden, Gewebe.
Venus πανδημος – (lat. und griech.) die gemeine (sinnliche) Liebe. Vgl. S. 67.
Literaturzeitung – ALZ.

August Wilhelm Rehberg

Rehberg war Beamter des Herzogtums Hannover. Seine Rezensionen der Schriften über die französische Revolution, welche von 1790–1793 in der »Allgemeinen Literaturzeitung« erschienen und eine wichtige Informationsquelle waren, erregten bei den Zeitgenossen durch die Ablehnung der Revolution heftigen Widerspruch. Erst später fanden sie Zustimmung. 1833 würdigte im »Conversations-Lexikon der neuesten Zeit und Litteratur« auch Böttiger Rehbergs Leistung.

340 **12 Stellungen** – Diese Bilder wurden 1794 von Th. Piroli in Kupfer gestochen und als »Drawings faithfully copied from nature« veröffentlicht.

341 **bey Herder…** – Vgl. Caroline Herder an Böttiger, 18. September 1794. In diesem Schreiben lädt Caroline Herder Böttiger in ihr Haus zu einer Gesellschaft mit Rehberg und dessen Schwester ein.

opus operatum – (lat.) das ausgearbeitete Werk.

342 **verloren** – Zimmermann betrachtete seinen 1777 geistig erkrankten Sohn Johann Jakob als gestorben.

Theeacte in Boston – Der nordamerikanische Unabhängigkeitskrieg begann im Dezember 1773, als das Volk in Boston den trotz der Nichteinfuhrakte aus England importierten Tee ins Meer warf.

343 **Pyrmont** – Möser reiste von 1746 bis 1793 häufig in das wegen seiner Heilquellen berühmte Pyrmont. In späteren Jahren begleitete ihn seine Tochter.

einige Monate in Osnabrück – Von 1783 bis 1785 war Rehberg Sekretär des Herzogs von York. Während dieser Zeit hielt er sich einige Monate in Osnabrück auf.

345 **Mittwochsgeselschaft** – Vgl. 7. Anm. zu S. 92.

Rezension der Revolutionsschriften – Von 1790 bis 1793 rezensierte Rehberg in der ALZ die in Frankreich und im Ausland erschienenen Schriften über die Revolution.

Von Ramdohr – In H: Von Ramberg.

Anne Louise Germaine de Staël-Holstein

Als Napoleon Bonaparte, erster Konsul auf Lebenszeit, die Macht eines Monarchen besaß, ohne sie vererben zu können, und das labile System sichern mußte, verbannte er neben anderen verdächtigen Personen die Tochter des ehemaligen Finanzministers Necker, der ihn mit »Dernières vues de politique et de finances« angegriffen hatte. Ende Oktober 1803 brach sie in Begleitung Constants nach Deutschland auf. Nach ihrem ersten Weimar-Aufenthalt vom 14. Dezember bis zum 1. März ging sie nach Berlin. Auf der durch den verschlimmerten Gesundheitszustand ihres Vaters verursachten Rückreise nach Copet hielt sie sich vom 22. April bis zum 1. Mai 1804 erneut in Weimar auf. Frau von Staël nutzte die Deutschlandreise, um Material für das Buch »De l' Allemagne« zu sammeln, das sie 1807 schrieb. 1810 begann der Verleger Nicolle den Druck. 1811 rettete A. W. Schlegel die Druckfahnen nach Wien. Das 1813 erschienene, ein als kulturell unterlegen geltendes, militärisch unterworfenes Land feiernde Buch war eine politische Provokation. Ausgehend von dem in Frankreich herrschenden Klassizismus, stellte Frau von Staël der klassischen Dichtung, der des Südens, der Sonne, der Klarheit, des Verstandes, die romantische entgegen, die des Nordens, des Nebels, der Dunkelheit, des Gefühls. Die neue deutsche Philosophie unterschied sich so sehr von der französischen, daß Charles de Villers sich mit dem Versuch, die Kantische Philosophie in Frankreich bekannt zu machen, lächerlich gemacht hatte. Frau von Staël setzte sich für Kant ein und bemühte sich, Fichte und Schelling zu verstehen. Für die Herausbildung der französischen Romantik war »De l'Allemagne« von großer Bedeutung.

347 **[frühestens 22. Januar 1804]** – Die Datierung richtet sich nach dem erwähnten philosophischen Diner, das am 22. Januar 1804 stattfand (vgl. 7. Anm. zu S. 349).
laidron – (franz. laideron) häßliches Frauenzimmer.
Palästra – Allgemeines Zentrum des gesellschaftlichen Lebens.

348 **im Horaz** – Sermones 1, 3, 38–40.
precieuse ridicule – Anspielung auf Molières Komödie »Les précieuses ridicules«, in welcher die affektierte weibliche Salonkultur verspottet wird.
abondance du coeur – (franz.) überströmendes Herz.
Benjamin Constant – Constant hatte am 19. Oktober 1803 mit der verbannten Frau von Staël Paris verlassen. Am 8. November brachen sie von Metz nach Frankfurt auf. Frau von Staël traf am 14. Dezember in Weimar ein. Constant kam nach einem Aufenthalt in Göttingen etwa am 1. Januar dort an. Am 1. März brach er mit Frau von Staël von Weimar auf, trennte sich aber am 6. März von ihr und kehrte, während diese nach Berlin reiste, am 10. März nach Weimar zurück, wo er bis zum 18. März blieb. Am 22. April ging er ein drittes Mal nach Weimar, um Frau von Staël auf ihrer Reise in die Schweiz zu begleiten, wo ihr Vater am 9. April gestorben war. Sie verließen Weimar am 1. Mai 1804.
elle a la tête ... – (franz.) Sie hat den Kopf eines Mannes und das Herz einer Frau.

349 **Dillingen** – Die Universität Dillingen war von 1564 bis 1773 in den Händen der Jesuiten und galt als Hauptsitz der Polemik gegen den Protestantismus. 1804 wurde die Universität aufgehoben.
in Würzburg – Schelling hatte 1803, einem Ruf nach Würzburg folgend, Jena verlassen.

349 **Tieks Katechismus** – Anspielung auf »Herzensergießungen eines kunstliebenden Klosterbruders« von Wackenroder und Tieck. Dort wird im »Brief eines jungen Mahlers in Rom an seinen Freund in Nürnberg« geschildert, wie intensives Kunsterleben zur Konversion zum Katholizismus führt. Die Konversion von Tiecks Schwägerin, der Malerin Alberti, soll durch die Kunstwerke der Dresdner Galerie veranlaßt worden sein.
einbrechende Verfinsterungspolitik – Am 12. Juli 1790 ordnete die »Constitution civile du clergé« den französischen Klerus dem Staat unter. Fast alle Bischöfe und die Hälfte der Priester verweigerten dem Staat den Treueeid, der Papst verdammte die »Constitution«. Am 15. Juli 1801 wurde ein Konkordat zwischen Frankreich und dem Papst unterzeichnet. Es erkannte die katholische Religion als diejenige der Mehrheit der Franzosen an und ermächtigte den Staat, die Bischöfe zu ernennen, denen der Papst dann die kanonische Investitur erteilte. Die Nationalisierung der Kirchengüter wurde festgeschrieben, der Staat jedoch verpflichtet, den Unterhalt der Geistlichen zu sichern.
Hefte – Wahrscheinlich handelt es sich um Mitschriften der im Winter 1802/03 in Jena von Schelling gehaltenen Vorlesungen zur Philosophie der Kunst; vgl. 7. Anm. zu S. 362 und 2. Anm. zu S. 373.
Sie bat ... – Böttiger lud Robinson in einem Brief vom 14. Januar 1804 ein und bat ihn, »auf ohngefähr 8 Seiten die Hauptpunkte der Schellingischen Allphilosophie« zu entwerfen. Er wiederholte diese Einladung in seinem Brief vom 18. Januar 1804 und schlug vor, »Sonntag Nachmittag nach 2 Uhr bei ihr zu dinieren«.
philosophisches Diner – Es fand am Sonntag, dem 22. Januar 1804, statt. In Constants Tagebuch ist unter diesem Datum das Essen mit Böttiger, Robinson und Fernow verzeichnet.

350 **Genthoud** – Die Stelle ist nicht klar. Suzanne Necker war eine geborene Curchod. Zu Genthod vgl. 3. Anm. zu S. 329.
non fumum ex fulgore ... – (lat.) nicht Rauch aus dem Blitz, sondern aus dem Rauch Licht zu geben.
abandon de soi même – (franz.) Selbstvergessenheit.

351 **affichirt** – (franz. afficher) stellt zur Schau.
Ponte molle – (ital.) Mulvische Brücke. Brücke über den Tiber oberhalb Roms an der Via Flaminia.

352 **oui j'ai eu ...** – (franz.) Ja, ich hatte das Glück, seine Tochter zu sein, doch gefiel es dem Himmel, mich davon zu befreien.
de tenir une maison ... – (franz.) in Paris ein Haus zu halten.
surabondance d'esprit – (franz.) Geistesüberfluß.
allons voir Madame de Vernon – (franz.) Statten wir Madame de Vernon einen Besuch ab!

353 **[frühestens 22. Januar 1804]** – Datiert wurde nach Müllers Ankunft in Weimar am 22. Januar.

353 **Oui ... je le ferai ...** – (franz.) Ja, ich würde es getan haben, wenn ich Sie nicht hier getroffen hätte. Im übrigen werde ich wegen des Materials [für »De l'Allemagne«] dorthinfahren müssen.

ranz de vaches – (franz.) Kuhreihen. Vgl. Schillers »Wilhelm Tell«, 1. Aufzug, 1. Szene.

354 **Schellingische Definition** – Gemeint ist das 80. Athenaeumsfragment von Friedrich Schlegel: »Der Historiker ist ein rückwärts gekehrter Prophet«, auf das Frau von Staël auch im XVII. Kapitel des 2. Teiles von »De l'Allemagne« anspielt: »Prophète du passé«. Dazu die Note: »Expression de Frédéric Schlegel sur la pénétration d'un grand historien.« (Œuvres complètes, 2. Bd., S. 86)

[24. Januar 1804] – Die Datierung richtet sich nach Constants Tagebuch, das unter diesem Datum von einem Abend bei Sophie von Schardt berichtet, an dem aus »Andromaque«, »Athalie« und »Phèdre« von Racine vorgetragen wurde.

355 **ich nie in Paris geweßen bin** – In H: ich nie in Paris geweßen sind.

[25. Januar 1804] – Auf diesen Tag datiert Frau von Staël den Brief an August Leopold Emil von Sachsen-Gotha-Altenburg, in dem sie sich bedankt.

das Wort – die Lösung. Lehnübersetzung von »le mot de l'énigme«. Böttiger spielt auf eine Stelle im Brief der Staël an, die in deutscher Übersetzung lautet: »Prinz, das Wort dieses Rätsels, das sind Sie oder ein chinesischer Prinz, den Sie allein kennen, der vielleicht viel liebenswürdiger ist als Sie, aber ich, die ich mich nicht über Asien unterrichte, ich weiß, daß in Europa das Wort des Rätsels der Prinz August Leopold Emil von Sachsen-Gotha ist.«

chant de depart – Text: Marie Joseph Blaise de Chénier; Musik: Etienne Henri Méhul.

Marseiller Hymne – Von 1795 bis zum Ersten Kaiserreich franz. Nationalhymne; Text und wahrscheinlich Musik: Claude Joseph Rouget de Lisle.

God save ... – Text und Musik: Henry Carey.

Wiener Freiwilligen Marsch – Nicht ermittelt.

Mais comme ... – (franz.) Aber so wie der liebe Gott jedem Tier eine Waffe oder ein Werkzeug zu seinem Schutze gab – da gibt es zum Beispiel dieses Tier, das eine Tasche für seine Jungen hat –, gab er mir die Zerstreuung.

donné – In H: donne.

356 **C'est la manie ...** – (franz.) Das ist die Besessenheit der Deutschen, alles zu sagen.

Reichards Reise – Reichardt: Vertraute Briefe aus Paris.

Le mal ... – (franz.) Das schlimme ist, daß er sich diese Italienerin aufgehängt hat.

356 **Chacun devroit faire** ... – (franz.) Jeder sollte zweimal heiraten; das erste Mal, wenn er jung ist, das zweite Mal, wenn er reif ist.

ihrem Werke – De l'Allemagne.

C'est la plaisanterie ... – (franz.) Der Spott verstellt den Weg nach Deutschland.

Villers habe versucht – Villers hatte mehrere Werke über die deutsche Literatur und Philosophie geschrieben, z. B. »Philosophie de Kant, ou Principes Fondamentaux de la Philosophie Transcendentale« (1801).

Vous avez ... – (franz.) Ihr habt alles in den Minen, nichts ist gemünzt.

357 **daß der Mensch stets Zweck** – Dieser Gedanke findet sich im Werk Kants mehrfach in ähnlicher Formulierung. So in der »Grundlegung zur Metaphysik der Sitten«: »Handle so, daß du die Menschheit, sowohl in deiner Person, als in der Person eines jeden anderen jederzeit zugleich als Zweck, niemals bloß als Mittel brauchst.« (Kant's gesammelte Schriften. Herausgegeben von der Königlich Preußischen Akademie der Wissenschaft. Berlin 1903, I,4, S. 429; vgl. auch »Kritik der praktischen Vernunft«. Ebenda,I,5, S. 87)

Roxane – Heldin aus Racines Tragödie »Bajazet«.

c'est une femme ... – (franz.) Das ist eine hinreißende Frau, die mich nicht liebt.

358 **Traum der Athalie** – Vgl. S. 354.

[28. Januar 1804] – So datiert, weil das Gespräch über Albertine inhaltlich an den vorhergehenden Abschnitt anknüpft. Wahrscheinlich handelt es sich auch bei dem am Ende des Abschnitts erwähnten »kleinen, armseligen Verbrechen« Albertines um die bereits erwähnte Lüge. Eine andere Datierung ist nicht auszuschließen.

où on ne fait que ... – (franz.) wo man nichts anderes tut, als zu essen, und wo man über nichts anderes spricht als über das, was man unbedingt essen muß.

359 **Frau Bethmann** – Die Bezeichnung »Mme Bethmann la mère« und die Beschreibung, die ihr Frau von Staël bei der Erzählung dieser Episode im Brief an Necker vom 28. November 1803 gibt, lassen vermuten, daß es sich nicht um Frau Bethmann-Metzler, die Mutter der Frau von Schwarzkopf, sondern um Katharina Margarete Bethmann, die Mutter des Bankiers Simon Moritz Bethmann, handelte.

daß ich über ... mit ihr sprechen sollte – In H: daß ich sie über ... mit ihr sprechen sollte.

et puis elle pleure ... – (franz.) und ihr Weinen mehr von den Nerven als aus dem Herzen komme.

Wielands Psyche – Wieland hatte der Frau von Bechtolsheim in den siebziger Jahren zwei im TM veröffentlichte Gedichte »An Psyche« gewidmet.

359 **c'etoit** ... – (franz.) sie war eine geistvolle Frau, doch erzählt sie Sachen über sich selbst, die keine Frau je sagen würde. Sie war auf der Gegenseite, und ich bemerkte es nicht. Sie wollte unbedingt eine Republik und ich und meine Partei die englische Regierungsform, einen eingeschränkten König.

360 **Je n'ai fait** ... – (franz.) Ich habe nur ein armseliges kleines Verbrechen begangen.

vous ne voudrez ... – (franz.) Sie werden mich doch nicht opfern wollen.

Canvas – Vgl. 1. Anm. zu S. 158.

Putzszene und das Schränkchen – Goethe: Die natürliche Tochter, 2. Aufzug, 5. und 4. Auftritt.

bei der Vorstellung – Das Stück wurde am 26. Dezember 1803 in Weimar aufgeführt.

361 **il voudroit** ... – (franz.) Er würde uns gern überzeugen, daß die Empfindsamkeit aus der Mode gekommen sei, weil er keine mehr hat. [...] Wenn er in mein Zimmer tritt, suche ich als erstes nach einem Stuhl, um ihn zufriedenzustellen.

Eugenie – Goethe: Die natürliche Tochter.

Sachez que ... – (franz.) Sie sollen wissen, daß ich mit Ihnen schmolle und unser Gespräch folglich lebhaft sein wird. – Goethe hatte sich in seinem Brief vom 13. Januar bei der Frau von Staël dafür entschuldigt, daß er sie noch nicht sehen könne, weil ihn diese lebhaften Gespräche (»ces entretiens animés«) überfordern würden. In dem undatierten Antwortbrief der Frau von Staël heißt es: »Comme je vous *boude,* notre conversation ne sera point animée.« – Da ich mit Ihnen schmolle, wird unser Gespräch nicht lebhaft sein.

362 **Anzeige** – Goethe hatte sich die Rezension dieses Werkes vorbehalten, sie aber nicht ausgeführt; vgl. die Beilage in Goethes Brief an Eichstädt, 13. Oktober 1803.

23 Januar – Vgl. Goethes Brief an Schiller vom 23. Januar 1804.

mit tiefem Bedauern – Herder war am 18. Dezember 1803 gestorben.

mais je voudrois ... – (franz.) doch wollte ich seinen Geist in einen anderen Körper stecken können. Es ist unfaßbar, daß ein so überlegener Geist so schlecht untergebracht sein kann.

Goethe le poëte ... – (franz.) Goethe, der hervorragende Dichter, der wahre Repräsentant der einen [d. h. höchsten] Poesie, ist das ideale Schöne, Goethe, der Gatte oder Geliebte von Fräulein Vulpius, ist das empirische Schöne.

représentant – In H: représentantant.

der neuesten Schule – Neben Schelling sind möglicherweise auch die Romantiker gemeint. In den im Winter 1802/03 in Jena gehaltenen Vorlesungen, die Robinson offensichtlich hörte, äußerte Schelling, wenn man der Veröffentlichung aus dem Nachlaß folgt: »Soweit man Goethes Faust aus dem Fragment, das davon erhalten ist, beurtheilen kann, so ist dieses Gedicht nichts anderes als die innerste, reinste Essenz unseres Zeitalters: Stoff und Form geschaffen aus dem, was die Zeit in sich schloß, und selbst dem, womit sie schwanger war und noch ist. Daher ist es ein wahrhaft mythologisches Gedicht zu nennen.« (Schellings Werke. Nach der Originalausgabe in neuer Anordnung herausgegeben von Manfred Schröter. Dritter Hauptband, München 1927, S. 466)

363 **Werke** – Goethe's Schriften.

berühmten Streites – Die Philologin Anne Dacier griff Houdar de La Motte an, als er 1713 auf der Grundlage ihrer gelehrten Übersetzung der »Ilias« von 1699 eine Bearbeitung dieses Epos im Geschmack der Zeit vorlegte. 1714 erschien ihre »Considération sur les causes de la corruption du goût«. Dagegen trat Terrasson 1715 als Anhänger de La Mottes in seiner »Dissertation critique sur L'Iliade d'Homère« auf. Diese Auseinandersetzung bildete die dritte Phase des Streits um den Vorzug der antiken oder der modernen Dichtung (Querelle des Anciens et des Modernes).

test of truth – Anspielung auf »A Letter concerning Enthusiasm«.

J'y entre ... – (franz.) Ich trete ein, ich sehe da einen einzigen Mann, groß, bleich, mager, doch in einer Uniform mit Schulterstücken. Ich halte ihn für den Kommandanten der Streitkräfte des Herzogs von Weimar und fühle mich durchdrungen von Achtung für den General. Er verharrt in finsterem Schweigen am Kamin. Wartend spaziere ich im Zimmer umher. Dann kommt die Herzogin und stellt mir meinen Mann, den ich für einen General gehalten habe, unter dem Namen Herr Schiller vor. Da bin ich einige Augenblicke lang ganz sprachlos. Was würden Sie wohl denken, entgegnete Herr Goethe, wenn sie mich in demselben Kostüm erblickten [...]. Ah, ich täuschte mich nicht, sagte Frau von Stael, und dann stünde es Ihnen aufs beste – auf Grund ihrer guten und schönen (mit einer sehr bezeichnenden Geste) Rundheit!

qualifié – In H: qualifie.

364 **donc** – In H: dont.

Evadne – Goethe spielt in »Euphrosyne« auf Evadne, Tochter des Iphis, König von Argos, an, die sich mit ihrem bei der Belagerung Thebens von Jupiter durch einen Blitz getöteten Gemahl Capaneus lebend verbrennen ließ. Kreon, der Herrscher Thebens, hatte das Begräbnis der getöteten Belagerer untersagt. Das ehrenvolle Begräbnis dieser Helden wurde erst durch ihre um Hilfe flehenden Hinterbliebenen möglich. Sowohl Aischylos als auch Euripides gestalteten das Thema der Bittflehenden (Hiketiden).

365 **Ecoutez** ... – (franz.) Hören Sie, es gibt einen doppelten Goethe, den Dichter und den Metaphysiker. Der Dichter, das ist er selbst, der andere, das ist sein Phantom. Doch scheint es mir, daß er selbst vor seinem anderen Selbst oft Angst habe, so wie man sagt, daß es Seher gäbe, die sich doppelt sehen. Wenn dieses Gespenst vor seine Augen kommt, erschrickt Goethe, der er selbst ist, weicht zurück, verschließt sich in sich selbst. Könnte ihn doch ein erlösendes Schwert von diesem verhängnisvollen Doppelgänger befreien! Denn ohne diesen ist er – und wird es immer sein – der an Originalität und reinen Ideen reichste Mann Deutschlands.

Je m'étonne ... – (franz.) Ich staune über die Einfachheit und Gutmütigkeit der Gelehrten in Deutschland.

Ihr Werk – De l'Allemagne.

366 **Documentensammlung** – Die Übersetzungen von Auszügen aus verschiedenen deutschen Werken wurden in »De l'Allemagne« eingefügt.

367 **Directorialunfugs** – Von der Auflösung des Nationalkonvents (Convention) am 26. Oktober 1795 bis zum Staatsstreich am 18. Brumaire (9. November 1799) herrschte in Frankreich das Direktorium (Directoire). Durch die Staatsstreiche vom 4. September 1797 und vom 18. Juni 1799 wird es in drei Perioden unterteilt.

an einem andern Stücke – Gemeint ist das Fragment gebliebene Stück »Warbeck«; vgl. Schillers Werke, Nationalausgabe, Bd. 12: Dramatische Fragmente. Zusammen mit K. H. Hilzinger und K.-H. Hucke hrsg. von H. Kraft. Weimar 1982, S. 157–257.

368 **Caquet** – (franz.) Geschwätz, Geschnatter.

Saal-nixe – Frau von Staël hatte »Die Saalnixe«, Chr. A. Vulpius' Bearbeitung des »Donauweibchens« von K. Fr. Hensler und F. Kauer, am 1. Februar 1804 im Weimarer Hoftheater gesehen.

Ich that es – Böttiger an Schiller, 10. Februar 1804, Schiller Nationalausgabe, Bd. 40, Teil 1, hrsg. von G. Kurscheidt und N. Oellers, S. 176. Vgl. auch Schiller an Böttiger, 10. Februar 1804, Schillers Werke, Nationalausgabe, Bd. 32, hrsg. von A. Gellhaus, S. 108.

369 **Eugenie** – Goethe: Die natürliche Tochter.

370 **Que cette sensibilité** ... – (franz.) Wie hat mir diese reine Empfindsamkeit, diese engelgleiche Milde, die durch das Maßhalten ihres Geistes die schwache und nur allzu zerbrechliche Hülle meiner Seele zu schonen wußte, Achtung und dankerfüllte Liebe zugleich eingeflößt. So wage ich denn, an Sie die Worte zu richten, die der große Haller seiner strahlenden Mariane schrieb.

inspiré – In H: inspire.

Nein, Edelste ... – In Hallers Gedicht »Doris. Juni 1730« heißen die Verse: »Ich suche nicht, dich zu vergöttern, / Die Menschheit ziert dich allzu sehr.«

au travers ... – (franz.) durch alle Schleier hindurch, die ihn verbargen und umhüllten.

371 **Elle a absolument ...** – (franz.) Sie sieht ganz und gar wie eine Dienstbotin aus.

372 **Cicisbeatur** – Cicisbeo nannte man in Italien vom 16. bis zu Beginn des 19 Jh. den erklärten Begleiter einer verheirateten Dame. Die seit 1792 mit dem Lübecker Senator Rodde verheiratete Tochter Schlözers war seit 1797 mit Villers befreundet.

genommen – benommen. Das mittelhochdeutsche Verb »nëmen« hat neben der Bedeutung »nehmen« auch die Bedeutung »benehmen«.

Evangelium ... angekündigt – Vgl. 7. Anm. zu S. 356.

ihrer Schrift – De l'Allemagne.

373 **sur Montaigne** – Nicht ermittelt.

Schellings Definitionen – In der im Winter 1802/03 in Jena gehaltenen Vorlesung zur Philosophie der Kunst, die Robinson offensichtlich gehört hatte, gab Schelling, wenn man der Veröffentlichung aus dem Nachlaß folgt, folgende Definitionen: »Das Wesentliche der Tragödie ist also ein wirklicher Streit der Freiheit im Subjekt und der Notwendigkeit als objektiver, welcher Streit sich nicht damit endet, daß der eine oder der andere unterliegt, sondern daß beide siegend und besiegt zugleich in der Indifferenz erscheinen. [...] Durch die Umkehrung des Verhältnisses muß also diejenige Form entspringen, worin die Nothwendigkeit oder Identität vielmehr das Subjekt, die Freiheit oder Differenz das Objekt ist, und dieß ist das Verhältniß der Komödie [...].« (Schellings Werke. Nach der Originalausgabe in neuer Anordnung hrsg. von Manfred Schröter. Dritter Ergänzungsband, München 1959, S. 344–362)

Bayadere – Goethe: Der Gott und die Bajadere.

Pourquoi ça ... – (franz.) Warum, fragte sie, die Kritik kennt keine Schicklichkeit. Sie geht gerade auf ihr Ziel zu. Aber sie verabscheut auch die persönliche Anzüglichkeit.

374 **Toute la France ...** – (franz.) Ganz Frankreich steht Ihnen offen, aber sie werden kein Haus in Paris haben.

Là je t'attends – (franz.) Hier warte ich auf dich! Du wirst untergehen.

Die Herzogin – Gemeint ist Anna Amalia von Sachsen-Weimar-Eisenach, der Frau von Staël am 20. Februar 1804 in einem Brief dankte, in welchem sie ebenfalls Vorbehalte gegen die Allegorie äußerte.

375 **Le cadre ...** – (franz.) Der Rahmen – der Aufbau – ist schlecht.

Delphine – Gemeint ist Frau von Staël, hier benannt nach der Titelheldin eines ihrer Romane.

Pflegerin – Mlle. Geffroy.

System – Im folgenden werden Gedanken aus Schellings Jenenser Vorlesung zur Philosophie der Kunst im Winter 1802/03 aufgegriffen (vgl. 2. Anm. zu S. 373: 3. Hauptband, S. 375–507, und 3. Ergänzungsband, S. 134–387).

376 **le repos de ...** – (franz.) der Ruhepunkt des Idealen und des Realen.

mon aimable petit coeur – (franz.) mein liebenswürdiges Herzchen.

c'est la bête noire – (franz.) Er ist ihr ein Greuel. – Mit »bête noire« (schwarzes Biest) bezeichnet man im Französischen denjenigen, der einem am meisten verhaßt ist, den man bis in den Tod nicht ausstehen kann.

St. Barthelemy – Die Bartholomäusnacht, Nacht zum 24. August 1572.

conjuration ... – (franz.) Verschwörung von ganz Europa.

377 **Lord John** – Lord John Campbell.

378 **le grand ...** – (franz.) der große Konvent erniedrigt sich zu diesem kleinen Mittel.

die Lateinischen Synonyme – Nicht ermittelt.

379 **Alarcos** – Drama von K. W. Friedrich Schlegel.

turpe est ... – (lat.) Es ist häßlich, schwierigen Schnickschnack (vor sich) zu haben.

l'art plastique ... – (franz.) die Plastik führt an die Schwelle zum Leben.

380 **prolem sine matre ...** – (lat.) den ohne Mutter (denn die Vulpius kann kaum die Anerkennung als Mutter bekommen) gezeugten Nachkommen. Das Hemistichion (die zweite Hälfte eines Hexameters) findet sich bei Ovid: Metamorph. 2, 553.

Billet – Wielands Brief vom 14. Februar 1804 an Frau von Staël ist nicht überliefert; vgl. auch S. 370.

elle trouva ... – (franz.) sie fand selbst meinen Geist, wenn ich ihn verloren hatte.

tout absorbés ... – (franz.) ganz von ihren metaphysischen Ideen aufgesogen.

mon aimable enfant ... – (franz.) mein liebes Kind, ich kann nicht sagen, ahmen Sie Ihren Vater nach, denn die Gaben des Himmels lassen sich nicht nachahmen, doch seien Sie der würdige Erbe von Ihres Vaters Ruhm und erinnern Sie sich eines Verses von einem Ihrer berühmtesten Dichter.

Der Ruhm ... – Vgl. »Das Siegesfest«: »Dem Erzeuger jetzt, dem großen, / Gießt Neoptolem des Weins: / ›Unter allen ird'schen Losen, / Hoher Vater, preis ich deins. / Von des Lebens Gütern allen / Ist der Ruhm das höchste doch; / Wenn der Leib in Staub zerfallen, / Lebt der große Name noch.‹ / Tapfrer, deines Ruhmes Schimmer / Wird unsterblich sein im Lied; / Denn das ird'sche Leben flieht, / Und die Toten dauern immer«. In der Übersetzung von Frau von Staël »La fête de la victoire ou le retour des grecs, traduit de Schiller« (vgl. S. 366 und 368) ähnelt der 4. Vers der IX. Strophe dem nicht wörtlich nachgewiesenen Zitat noch stärker: »Néoptolème a fait couler le vin / Sur le tombeau qu'il élève à son père. / Achille, ô mon guerrier, qu'il est beau, ton destin / La gloire est le premier des destins de la terre. / Sur le bûcher notre corps doit périr; / Mais notre cendre est ranimée, / Quand la voix de la renommée / Nous évoque dans l'avenir. / Le choeur. / Héros, de ta noble carrière / La gloire s'étendra jusqu'à nos jours; / La vie est passagère, / Les morts durent toujours.« (Œuvres posthumes de madame la baronne de Staël-Holstein. Paris 1861, Reprint Genf 1967, S. 429)

381 **Gesandenmord in Rastadt** – Der am 9. Dezember 1797 eröffnete zweite Kongreß zu Rastatt sollte den Krieg zwischen Frankreich und dem Deutschen Reich beenden. Während die einzelnen deutschen Fürsten noch mit Frankreich über Entschädigungen für die Abtretung des linken Rheinufers durch Säkularisation geistlicher Stifte verhandelten, wurde die zweite Koalition gegen Frankreich gebildet, und der Krieg brach wieder aus. Als die französischen Gesandten am 28. April 1799 Rastatt verließen, wurden sie überfallen und Roberjot und Bonnier d'Arcq ermordet.

ihr schlechtes – In H: ihre schlechtes. Es handelt sich um eine unvollständige Korrektur. Böttiger hatte zunächst »ihre schlechten« geschrieben.

C'est la seule … – (franz.) Es ist die einzige Nation, die sich der Freiheit erfreut und über sie wacht. Ich liebe die Freiheit, alles würde ich der Freiheit opfern, das ist ein Fieber, das mich befällt.

ich kenne nur zwei … – Anspielung auf die »Kritik der praktischen Vernunft«: »Zwei Dinge erfüllen das Gemüt mit immer neuer und zunehmender Bewunderung und Ehrfurcht, je öfter und anhaltender sich das Nachdenken damit beschäftigt: Der bestirnte Himmel über mir und das moralische Gesetz in mir.« (Vgl. 1. Anm. zu S. 357: Berlin 1908, I, 5, S. 161.)

382 **die Anschauung ist ohne Begriffe blind** – In der ersten und der zweiten Ausgabe der »Kritik der reinen Vernunft« findet sich der Satz: »Gedanken ohne Inhalt sind leer, Anschauungen ohne Begriffe sind blind.« (Vgl. 1. Anm. zu S. 357: Berlin 1903, I, 4, S. 48, und I, 3, S. 75.)

Epigramm von Göthe – Epigramme, Venedig 1790.

Diese Gondel vergleich' ich der Wiege sie schaukelt gefällig,
Und das Kästchen darauf scheint ein geräumlicher Sarg.
Recht so! Zwischen Sarg und Wiege wir schwanken und schweben
Auf dem großen Kanal träumend ins Leben dahin.

einen Roman – Staël: Corinne ou l'Italie.

Et vous … – (franz.) Und Sie werden die Heldin darin sein und ein Engländer der Held.

qu'il avoit … – (franz.) daß er die Lebhaftigkeit eines Eichhörnchens hat, aber dumm ist.

383 **c'est moi** ... – (franz.) Ihren Erfolg verdanken Sie mir.
der Frau von Staël – In H: der Frau der Stael.
Siebziger – In H: Siebizer.
385 **St. Preux** – Der Held aus Rousseaus »Nouvelle Héloïse«.
ἄσπαρτα καὶ ἀνήροτα πάντα φύονται – (griech.) Ungesät und ungepflügt wächst alles (Homer, Odyssee 9, 109).
je suis ... – (franz.) Ich bin faul. Ich fürchte mich vor einem langatmigen Gedicht.
386 **air brulant** – (franz.) brennend heiße Luft.
maussade – (franz.) geschmacklos.
το πρέπον – (griech.) Schicklichen.
Supposons ... – (franz.) Nehmen wir einmal an, sagt der Liebhaber, daß Sie ausgleitend Gefahr liefen, einen furchtbaren Sturz vom Balkon zu machen. Ich eile Ihnen zu Hilfe, halte Sie auf, indem ich rufe: Bleiben Sie stehen, Sie werden sonst auf dem Pflaster zermatscht! Pfui, antwortet die Dame, lieber wollte ich den gefährlichsten Sturz tun.
pavé – In H: pave.
mais bien chatiée – (franz.) aber in eine geschliffene Sprache.
387 **nahm ... Partie** – Vgl. 1. Anm. zu S. 334.
elle epouseroit ... – (franz.) Sie würde für die schönste Sache eintreten, wenn sie der Unparteilichkeit Kraft hinzufügen würde.
les plus ... – (franz.) Die größten Gedanken kommen aus dem Herzen.
service personel – (franz.) Frondienst.
Fürsten von Dessau – Leopold III. von Anhalt-Dessau schaffte schon 1761 den Fronpfennig und 1782 die Öl- und Salzsteuer ab; außerdem schuf er mehrere soziale Einrichtungen für seine Untertanen wie z. B. 1762 eine Brandkasse, 1772 eine Armenkasse, 1793 eine kostenlose Hebammenausbildung.
Mais, Madame ... – (franz.) Aber, meine Dame, das darf man nicht mit dem französischen Geschmack vergleichen. [Sie antwortete:] Aber ich vergleiche nur mit meinem eigenen Geschmack. Was mir in der Natur nicht gefällt, wird mir auch in der Nachahmung nicht gefallen.
le gout François – In H: gout le François.
388 **Klopstocks Einfall** – Nicht ermittelt.
begeiferte – Im »Freimüthigen« (1803, Nr. 26) erschien »Lettre raisonnée sur Delphine, à Mr. De*** Par le Cte. A. de T...« sowie (Nr. 20) »Urtheil Französischer Kunstrichter über den Roman Delphine«. In der Gegenüberstellung von Frau von Staël und Stéphanie Félicité de Genlis in »Aurora« (1804, 2. Januar) wird der Staël vorgeworfen, alle Schwächen unüberlegt in Schutz zu nehmen und der Moral und den wahren Werten gegenüber blind zu sein; diese Gegenüberstellung wurde aus Tillys »Œuvres mêlées« übernommen.

389 **Kammerfrau** – Olive Uginet.
liebenswürdige und scharfbeobachtende Frau – Wahrscheinlich S. F. E. von Schardt.
Geständnisse ... – Vgl. 5. Anm. zu S. 44.
390 **Erbstatthalter** – Wilhelm V., Erbstatthalter der Niederlande.
Invasion von 1787 – Im September 1787 rückte ein preußisches Heer unter dem Herzog von Braunschweig aus Anlaß einer Beleidigung der Erbstatthalterin, einer Schwester Friedrich Wilhelms II. von Preußen, in Holland ein und stärkte den Erbstatthalter, den die antioranische Partei durch Entziehung des Oberbefehls über Flotte und Heer im September 1786 weitgehend entmachtet hatte.
mit einer Hofdame – Wilhelmina von Cramm.
391 **Russen** – Fürst Gallitzin.
392 **1799–1802** – In H: 1782.
Gefangennehmung – Am 31. Mai 1793 forderten in den Nationalkonvent eingedrungene Sansculotten die Proskription von 34 Girondisten. Am 2. Juni beschloß der Nationalkonvent, die Gefangennahme von 29 girondistischen Abgeordneten und zweier Minister. Diejenigen, die nicht geflohen waren, wurden hingerichtet.
c'est de l'amour ... – (franz.) Es ist versteinerte Liebe.
393 **Unfall** – Constant und François de Pange wurden am Abend des 7. Oktober 1795 anläßlich eines Streits mit Jean Charles Ninet eingesperrt und auf Grund der Bemühungen von Jean Baptiste Louvet und Marie Joseph Chénier zwölf Stunden später freigelassen.
im Moniteur – Am 13. Mai 1796 hatte Constant das Direktorium gebeten, ihn von dem am 10. Mai gegen die Emigranten gerichteten Gesetz auszunehmen. Um sich vor ähnlichen Gesetzen und Angriffen der Presse zu schützen, hatte er dem Direktorium einen Antrag zur Erlangung der französischen Staatsbürgerschaft unterbreitet, wobei er sich auf das Gesetz vom 9. November 1790 berief, das den Nachkommen der vertriebenen Protestanten das Recht, Franzosen zu werden, zusicherte. Im Bericht des Justizministers Merlin vom 28. Juni 1796 wurde der Antrag abgelehnt. Daraufhin wandte sich Constant an den Rat der Fünfhundert. Am 9. Juli wurde die Petition verlesen, am 29. Juni wurde sie im »Républicain français« und am 1. August im »Moniteur« veröffentlicht.
394 **Kants Idee** – In der zweiten Ausgabe der »Kritik der reinen Vernunft« handelt der 3. Abschnitt des 3. Hauptstücks der 2. Abteilung des 2. Teils der Transzendentalen Elementarlehre »Von den Beweisgründen der speculativen Vernunft, auf das Dasein eines höchsten Wesens zu schließen«. Dort heißt es: »Es sind nur drei Beweisarten vom Dasein Gottes aus spekulativer Vernunft möglich. [...] Der erste Beweis ist der physicotheologische, der zweite

der kosmologische, der dritte der ontologische Beweis.« (Vgl. 1. Anm. zu S. 357: Berlin 1903, I, 3, S. 396.) Es folgen der »4. Abschnitt. Von der Unmöglichkeit eines ontologischen Beweises vom Dasein Gottes« (ebenda, S. 397–403), der »5. Abschnitt. Von der Unmöglichkeit eines kosmologischen Beweises vom Dasein Gottes« (ebenda, S. 403–410) und der »6. Abschnitt. Von der Unmöglichkeit eines physicotheologischen Beweises« (ebenda, S. 413–419).

395 **Urtheile** – Reichardt gibt in seinen »Vertrauten Briefen aus Paris« das Urtheil Fievées ausführlich mit Zitaten wieder (vgl. 2. Aufl. 1805, 2. Bd., S. 43–55). Er schreibt das Urteil La Harpe zu.
Leonces – Leonce ist eine Gestalt aus Frau von Staëls »Delphine«.

396 **St. Thouin** – Saint-Ouen.

Johann Friedrich August Tischbein

398 **1772** – In H: 1771. Das Datum wurde verändert nach A. Stoll: Der Maler Joh. Friedrich August Tischbein und seine Familie. Stuttgart 1923.

399 **Plat-[bandes]** – Böttiger trennt das Wort am Seitenende nach der Silbe »Plat« ab und setzt es auf der folgenden Seite nicht fort; »plate-bande« (franz.) heißt die Innenfläche einer Kuppel. Der Bau des Invalidendomes war 1706 abgeschlossen worden. Gegen 1760 wurde es notwendig, in der Kuppel der Chapelle Saint-Grégoire der Eglise Royale den durch Wasserschäden beeinträchtigten Gemäldezyklus von Michel Corneille über das Leben des heiligen Gregorius zu ersetzen. Nach dem Tode Carle von Loos wurde 1765 Doyen beauftragt. Er schuf bis 1771 sechs Gemälde: Der heilige Gregorius, der sich unter das Gewölbe einer Grotte zurückgezogen hat; der römische Klerus auf einer Prozession (während einer Pestepidemie); der heilige Gregorius pflegt die Verwundeten bei der Besetzung von Rom; der heilige Gregorius wird durch den Gotenkönig verehrt; der heilige Gregorius läßt die Peterskirche in Rom erbauen; der Tod des heiligen Gregorius; der heilige Gregorius tritt in die Herrlichkeit. Der »Mercure de France« vom November 1772 kündigte an, daß Parizeau auf der Grundlage seiner Zeichnungen nach den Gemälden Stiche ausführen wolle. Doyen und Parizeau hätten in Choisy die Zeichnungen bereits dem König präsentiert, der die Widmung der Kupferstiche angenommen habe. Doch ist einzig der Stich nach dem ersten Bild überliefert.
1777 – In H: 1775 (vgl. Anm. zu S. 398).

400 **1780** – In H: 1778 (vgl. Anm. zu S. 398). Seit Juli 1780 war er Kabinettsmaler des Fürsten Waldeck-Pyrmont.

401 **ward seine Frau** – Tischbein heiratete am 5. Januar 1783 Sophie Müller.

402 **nach Dessau** – Von Dezember 1795 bis 1799 war Tischbein Hofmaler des Fürsten Leopold III. von Anhalt-Dessau mit einem Jahresgehalt von 400 Talern und sechs Monaten Urlaub.

triumviros Vimarienses – (lat.) die Weimarer Triumvirn (Mitglieder des Dreimännerkollegiums).

403 **Aus den Unterredungen**... – Wahrscheinlich ist ein Gespräch zwischen der Herzogin Louise und dem Grafen Friedrich Senft von Pilsach gemeint. In seinem Brief an Schiller vom 15. Juni 1795 kündigt Christian Gottfried Körner den Besuch des Grafen in Jena an. In der erzählten Anekdote handelt es sich nicht um Johann Friedrich August Tischbein, sondern um Johann Heinrich Wilhelm, gen. der Neapolitaner. Gemeint sind die »Têtes de différents animaux dessinées d'après nature pour donner une idée plus exacte de leurs caractères par Guillaume Tischbein directeur de l'Académie Royale de Peinture à Naple. 1796«.

Johann Heinrich Voß

405 **Voß trat** ... – Johann Heinrich Voß hielt sich vom 2. bis zum 7. Juni 1794 in Wielands Haus in Weimar auf.

[ein]ziges – Böttiger beginnt die Seite mit »ziges«.

406 **seinen Kampf** – Voß, der in Göttingen studierte, hatte bei Heyne Vorlesungen gehört und Seminare besucht. Später entstand zwischen beiden eine Feindschaft, die auf divergierenden philologischen Meinungen beruhte und öffentlich ausgetragen wurde. Voß' »Mythologische Briefe« sind besonders gegen die »Mythologie« von Heynes Schüler Gottfried Herrman gerichtet, zu welcher Heyne zwei Vorreden geschrieben hatte. In diesen »Mythologischen Briefen« heißt es über Heyne: »Armer Homer! Der will dich herausgeben und erklären, der dir nicht einmal Grundbegriffe vom Wesentlichen der Dichtkunst läßt, der weder deine Erdkunde, deine Begriffe vom Erdkreis, Himmel und Unterwelt, versteht, noch deine Fabeln, noch die Einrichtung deiner Häuser, noch die Anlage deiner Gedichte, noch die Würde des Vortrags, die Tonart, die Gedankenreihung, ihre Umfassung und Ründung, den Versbau – ich weiß nicht, was er denn eigentlich versteht.« (7. Brief)

wichtigen Aufsatz – Wieland: Briefe über die Übersetzung des Homers.

seine Theorie – Vgl. 1. Anm. zu S. 210.

deutschen Hexameter – In H: deutschen Hexametern.

Bischoff – Peter Friedrich Ludwig Herzog von Oldenburg.

407 **Socrate mourant** – Diderot hat seinen Plan, ein Drama »La

Mort de Socrate« zu schreiben, nicht ausgeführt. Doch gibt sein »Discours sur la poésie dramatique« eine Vorstellung von dem geplanten Stück. Die Figur des Sokrates lasse den Augen nicht die Zeit, die Tränen zu trocknen.

407 **Erziehung bey Klopstock** – Zwischen Stolbergs Eltern, die 1756 nach Kopenhagen gezogen waren, und Klopstock, der seit 1750 dort lebte, entstand eine enge Freundschaft. Klopstock verkehrte im Stolbergischen Hause und nahm auf die Erziehung der Söhne Einfluß, hielt sie zum Lateinstudium, zum Baden und zum Eislaufen an.

408 **durch Briefe** – Gemeint ist Voß' Brief an Wieland vom 20. April 1794.

Reinecke Fuchs – Gemeint ist vermutlich die niederdeutsche Fassung »Reinke de vos«, die erstmals 1498 im Druck erschien; 1544 erschien die erste hochdeutsche Fassung dieses Werkes, das von Gottsched in Prosa übertragen wurde. Die Prosafassung bildete die Vorlage für Goethes »Reinicke Fuchs« in Hexametern.

409 **Ihren Oberon** – Wielands »Oberon« ist in Stanzen geschrieben, in denen die Silbenzahl und das Reimschema variieren.

seine Musarion – Wielands »Musarion« ist in jambischen Versen geschrieben.

Hendecasyllaben – Ein in der Antike, insbesondere von Catull verwendeter Vers: – v – v v – v – v – v .

Ph in F. verwandelt – Vgl. Anm. zu S. 177.

Digamma Aeolicum – (lat.) Doppeltes Gamma, sechster Buchstabe des ältesten griechischen Alphabets. Der mit diesem Buchstaben bezeichnete bilabiale Reibelaut wurde zur Entstehungszeit der Homerischen Gedichte noch gesprochen, der Buchstabe findet sich aber nicht in den überlieferten Texten.

Verdruß – Es handelte sich um die Auseinandersetzung, die von Karl von Hessen-Kassel und von Mannsbach einerseits und Graf von Schmettau und Hennings andererseits um Schmettaus Schrift »Patriotische Gedanken eines Dänen über stehende Heere« (Altona 1792) geführt wurde.

Aber Fritz … – Eine ausführliche Schilderung der von ihm an Stolberg beobachteten geistigen Veränderung, die 1800 in den Übertritt zum Katholizismus mündete, gibt Voß 1819 in der Schrift »Wie ward Fritz Stolberg ein Unfreier?«.

Von seinen Reisen – Friedrich Leopold von Stolberg unternahm vom Herbst 1791 bis zum Früjahr 1793 eine ausgedehnte Italien-Reise.

410 **Mit Klopstock** – Vermutlich eröffnet Voß' Brief an Klopstock vom 10. Mai 1787 die lange Diskussion über den Hexameter; vgl. auch Klopstock an Voß, 3. Juli 1789, und Voß an Klopstock, 31. Oktober 1789. Vgl. auch 1. Anm. zu S. 210.

411 **versus spurios** – (lat.) suspekte Verse.

411 **einzelne Abhandlungen** – In Voß' »Mythologischen Briefen« heißt es in der Vorrede: »Es war seit langem mein Wunsch, der Uebersetzung Homers, woran ich siebzehn Jahre gearbeitet, wo nicht einen durchgehenden Kommentar, doch wenigstens einige Untersuchungen, über Homers Götterlehre, Weltkunde und Länderkenntnis, über die Sitten der Zeit, und die vornehmsten Einrichtungen, auch über die Art seiner Darstellung anzuhängen.«

σαυροκτονος – (griech.) der Eidechsentöter, Beiname des Apollo.

Tronk – Vgl. 2. Anm. zu S. 335.

Apollo Σμινθευς – (griech.) Mäuseapollo, Beiname des Apollo.

412 **δρακων** – (griech.) Drachen, Schlange.

οἰωνος – (griech.) Vorzeichen.

ὀφις – (griech.) Schlange.

נָחָשׁ – (hebr.) Schlange.

ὁσ τε θαλασσης ... – (griech.) der die Tiefen des ganzen Meeres sieht.

413 **λιμνη** – (griech.) See.

414 **πλωτη** – (griech.) die Schwimmende.

Phocäer – Die Bewohner von Phokäa, einer alten See- und Handelsstadt in Kleinasien.

Periplus – (griech.) Umschiffung. Titel altgriechischer Werke über die Umschiffung und Beschreibung von Küstenländern.

415 **Kassiteriden** – (griech. kassiteros: Zinn) Die Kassiteriden waren Zinninseln, deren Lage die Phönizier wegen dieses Reichtums geheimhielten.

Periplos – Vgl. 3. Anm. zu S. 414.

Eridanus – In der griechischen Mythologie der Name eines Flusses, der im Norden in den Ozean mündet.

416 **Triton** – Fluß im Altertum, der mit dem Mittelmeer und dem Tritonsee, einem großen Salzsee im heutigen Tunis, in Verbindung stand.

ἡ ἐντος θαλασσα – (griech.) das innere Meer.

Pseudoorpheus – Die früher dem mythischen griechischen Sänger Orpheus zugeschriebene »Argonautica« war, wie man 1794 schon wußte, wesentlich später entstanden. Von Voß erschien 1806 eine Übersetzung dieses Epos: »Hesiods Werke und Orfeus der Argonaut«.

Tanais – Antiker Name des Dons. Im Altertum galt der Don als Grenzfluß zwischen Europa und Asien.

Cimmereriern – Kimmerier. Kriegerisches Volk des Altertums ohne festen Staat in Asien; bei Homer ein Volk an der Küste des Ozeans, das in ständiger Finsternis lebt.

Gaditanische Meerenge – Gemeint ist der Felsen von Gibraltar.

Ister – Name der unteren Donau.

416 **ἀληθινον φως** – (griech.) wirkliche Licht.
selbst in Sicilien – Vgl. S. 62 und 1. Anm. zu S. 31.
417 **σηματα λυγρα**– (griech.) unheilbedeutenden Zeichen.
Geschichte des Bellerophon – Nach der griechischen Sage ist Bellerophon der Sohn des korinthischen Königs Glaukos. Homer beschreibt die Geschichte in der »Ilias« 6,152–205.
φοινικηΐοις – (griech.) phönizische Zeichen. Die Griechen hatten die Schrift von den Phöniziern übernommen. Nach Plinius, Naturgeschichte 7,192 brachte Kadmos das erste Alphabet nach Griechenland, daher auch Kadmische Zeichen.
Ομηρισται – (griech.) Homeriden, Schüler und Nachahmer des Homer.
Margites – Komisches griechisches Epos, das man anfangs fälschlicherweise Homer zugeschrieben hatte; es ist fragmentarisch überliefert.
den Menander – Zur Überlieferung seiner Werke vgl. 1. Anm. zu S. 251.
Erzählung des Manuzzi – In der lateinischen Vorrede des Aldo Manuzio vom 15. Juli 1498 zu »Aristophanis comoediae novem«, die die Form eines Briefes an Daniel Clarius aus Parma hat, heißt es, es werde erzählt, daß Johannes Chrysostomus achtzehn Komödien des Aristophanes immer bei sich gehabt und sogar beim Schlafen als Kopfkissen benutzt hätte. Ihnen verdanke er Strenge und Beredsamkeit.
etwas in Merkur – Ein solcher Beitrag ist nicht erschienen.
418 **im 3ten Theil seiner Briefe** – In der 3. Sammlung der »Briefe über die Humanität« schreibt Herder in den Briefen 34–36 über Homers »Ilias« (HSW, Bd. 18, S. 161–182).
εἱς κοιρανος… – (griech.) einer sei der Führer. Ilias 2, 204.
μνηστηροφονια – (griech.) Tötung der Freier.
ὀρσοθυρη – (griech.) Hochtür.
μεγαρον – (griech.) Männersaal.
λαυρη – (griech.) Galerie, Korridor.
ἑρκος – (griech.) Hof.
θαλαμος – (griech.) Schlafzimmer.
419 **καπνοδοκη** – (griech.) Rauchfang.
Ζηνος που … – (griech.) So war der Saal des olympischen Zeus von innen.
δωμα – (griech.) des Hauses, Palastes.
Gegaut – Die Lesung ist unsicher; die Person ist nicht ermittelt.
λυχνος – (griech.) Leuchte.
Samuel … – Samuel salbte Saul, der auf der Suche nach den Eselinnen seines Vaters war, zum König von Israel, später David, Isais jüngsten Sohn, der die Schafe hütete. Vgl. 1. Sam. 9,1–10,16 und 1. Sam. 16,1–14.
Reise nach Italien – Vgl. 8. Anm. zu S. 409.

420 **Partie nahm** – Vgl. 1. Anm. zu S. 334.
Lavater ... mit Reinhold – In Lavaters »Fremdenbuch von der Reise 1793« findet sich Wielands Eintragung: »Zum Andenken einer ganz unverhofften aber uns allen wohltätigen Erscheinung Lavaters in Gesellschaft meines Reinhold in meinem Hause am Abend des 31. Mai 1793.«
Heynische Partei – Vgl. 1. Anm. zu S. 406.
Hexametrirten Geßner – »Salomon Gessners auserlesene Idyllen in Verse [Hexameter] gebracht von Karl Wilhelm Ramler«.
erboten habe – In H: sich erboten habe.
421 **Hinc prima ...** – (lat.) Von hier rühren die ersten Anfänge des Kampfes her.
ἠ μ' ... – (griech.) Entweder machst du mich fertig oder ich dich.
422 **ἀνηϱ ἀπιστος ...** – (griech.) Er will ein vortrefflicher Mann sein, nicht scheinen.
die Empfehlung – An wen die Empfehlung gerichtet war, ist nicht bekannt.

Paralipomena

Johann Wolfgang von Goethe

423 **Vieles hab ich ...** – Venezianisches Epigramm.

Friedrich Johann Justin Bertuch

424 **Kraus** – In H: Kirms.

August Wilhelm Rehberg

424 **Dicken Mann** – Der 5. Abschnitt von Nicolais »Geschichte eines dicken Mannes« heißt: »Ein neuangelegtes Philanthropin. Notwendige Ehrenrettung des Herrn Rehbergs in Hannover, des Philosophen«.

Staël

424 **Napoleon Bonaparte** – Die auf dem Deckblatt des Staël-Kapitels befindliche Notiz verweist auf das 1804 anonym erschienene Buch Graf Gustav von Schlabrendorfs »Napoleon Bonaparte und das französische Volk unter seinem Consulate«.

Personen- und Werkregister

Alle historischen Personen und deren Werke, die in den Texten vorkommen bzw. auf die angespielt wird, wurden aufgenommen. Die Anordnung der Personen erfolgt alphabetisch nach den Familiennamen. Weicht die Schreibung im Text von der üblichen ab, wurde nur dann ein Verweis angebracht, wenn die abweichende Form nicht in unmittelbarer Nähe stehen würde; abweichende Schreibungen stehen immer in Klammern. Regierende Fürsten und deren Familienangehörige sind unter dem entsprechenden Land genealogisch geordnet. Die Kaiser des Heiligen Römischen Reiches Deutscher Nation und die antiken Fürsten stehen unter ihren Namen.

Die Anordnung der Werke erfolgt alphabetisch nach dem Titel, wobei die Nominativform des Artikels übergangen wird. In der Regel wird der Erstdruck angegeben, davon wird abgewichen, wenn ausdrücklich ein anderer Druck gemeint ist. Wenn der Erstdruck nicht ermittelt wurde oder nicht den Beginn der Wirkung des Werkes darstellt, wird (wie z. B. bei Werken antiker Dichter) auf Jahresangaben verzichtet. Rezensionen sind unter dem Verfasser derselben unter dem Stichwort »Rezension« innerhalb der Werke zu finden. Nicht überlieferte Werke, Vorträge und Vorlesungen stehen in eckigen Klammern. Nicht identifizierte Werke stehen ebenfalls in eckigen Klammern, mit dem Zusatz »nicht ermittelt«, wobei ihr Titel aus dem Text übernommen wurde. Anonyme Werke sowie Periodika stehen in einem gesonderten Register.

– Isla: Geschichte des berühmten Predigers Bruder Gerundio von Campazas, sonst Gerundio Zotes (2 Bde. 1773) 286
– Das Märchen von Bilboquet (1772) 286
– Rémond de Sainte Albine: Der Schauspieler, ein dogmatisches Werk für das Theater (1772) (deutsche Übers.) 300
– Rezension zu Schulz: Leben und Tod des Dichters Firlifimini. (In: Anzeiger des TM 1784) 148
– Ueber die Mahler-Farben der Chineser (In: Modenjournal 1793, 6) 51, 55
– Ueber Ursprung und Alter der englischen Gartenkunst (In: Modenjournal 1793, 1 und 4) 60f.
– Die Universalbibliothek. Ein Plan, dem gelehrten und ökonomischen Publico zur Beherzigung vorgelegt [= Vorschlag einer Nachdruckbibliothek] (In: TM 1783, August-Heft) 291f.
Bethmann, Katharina Margarete (1741–1822), geb. Schaaf, Witwe des Bankiers Johann Philipp Bethmann, Mutter des Bankiers Simon Moritz Bethmann 359
Bethmann-Metzler, Frau in Frankfurt, Verwandte des Bankiers Simon Moritz Bethmann, Mutter der Anna Sophie Elisabeth von Schwartzkopf 359
Bethoven s. Beethoven
Beust, Carl Leopold Graf von (1740–1827), Politiker, seit 1790 in Paris 56f., 296, 298
Beust, Tochter des Vorigen 57
Bianconi, Giovanni Ludovico (1717–1781), ital. Diplomat 186
Bischoff, Bertuchs Schreiber 424
Blanckenburg (Blankenburg), Christian Friedrich von (1744–1796), preuß. Offizier, seit 1778 als Schriftsteller in Leipzig 135, 311
Blumenbach, Johann Friedrich (1752–1840), Naturforscher, Prof. der Medizin in Göttingen 68
– De generis humani varietate nativa (1775) 68
Boccherini (Boccarini), Luigi (1743–1885), ital. Komponist 42
Bock (Bok), Friedrich Samuel (1716–1786), Theologe, Philologe, seit 1753 Prof. in Königsberg 124
Bode, Johann Joachim Christoph (1730–1793), Schriftsteller, Übersetzer, Verleger 33f., 42, 66, 119, 148, 158, 226, 301
– Goldsmith: Der Dorfprediger von Wakefield. Eine Geschichte, die er selbst geschrieben haben soll (1776) 66
– Fielding: Geschichte des Thomas Jones, eines Findelkindes (6 Bde. 1786–1788) 66
– Montaigne: Michael Montaigne's Gedanken und Meinungen über allerlei Gegenstände (7 Bde. 1793–1799) 66
– Sterne: Tristram Schandis Leben und Meinungen (9 Bde. 1774) 66
Bodmer, Johann Jakob (1698–1783), schweiz. Dichter, Professor 30, 167, 196, 206–208, 215f., 225, 233, 239, 261, 272f.
– Die Discourse der Mahlern s. Register der Anonyma und Periodika

Brentano, Ludovika Maria Catharina (1787–1854), Tochter von Peter Anton Brentano und Maximiliane, Enkelin der La Roche 237
Brentano, Magdalena Maria Cornelia Franziska von (1788–1861), Tochter von Peter Anton Brentano und Maximiliane, Enkelin der La Roche 237
Brentano, Sophie Marie Theresa (1776–1800), Tochter von Peter Anton Brentano und Maximiliane, Enkelin der La Roche 237, 277f.
Bretari 260
Bretzner, Christoph Friedrich (1748–1807), Librettist 102
– Don Juan 102
Brockes, Barthold Hinrich (1680–1747), Dichter 196, 210, 273f.
– Der Patriot s. Register der Anonyma und Periodika
– Irdisches Vergnügen in Gott, bestehend in physicalisch- und moralischen Gedichten [...] (1721) 273f.
Brockmann, Johann Franz Hieronymus (1745–1812), Schauspieler 314
Brown, Robert (1773–1862), engl. Botaniker 375
– De medicina Praelectoris, Societatis regiae medicae Edinensis Praesidis, Elementa Medicinae (1780) 375
Broxtermann, Theobald Wilhelm (1771–1800), Dichter, Jurist 137f.
– Benno, Bischof von Osnabrück (1788) 138
– Probe einer Uebersetzung des Orlando furioso [von Ludovico Ariosto] (In: NTM 1794, 3) 137
Brucker, Johann Jakob (1696–1770), seit 1744 Pastor in Augsburg, Historiker 266f.
Brückner, Karl August Friedrich (1769–1797), herzogl. sachs.-goth. Hofmedikus 315
– [Sprichwörterspiel] (nicht ermittelt) 315
Brun, Sophie Christine Friederike, geb. Münter (1765–1835), Dichterin 329
– Briefe eines jungen Gelehrten s. Müller, Johannes von
Brutus, Lucius Iunius (gest. 509 v. Chr.), erster röm. Konsul 103
Brydone, Patrick (1740–1818), engl. Naturforscher und Schriftsteller 100
– Reise durch Sicilien und Malta, in Briefen an William Beckford Esq. zu Sommerly in Suffolk (1774) 100
Buberhausen, schweiz. Familie 253
Buchholz (Bucholz), Wilhelm Heinrich Sebastian (1734–1798), Bergrat, Botaniker, Arzt 50, 54, 141, 292
– [Vorlesung] 54
Buck, Friedrich Johann (1722–1786), seit 1752 Prof. der Mathematik in Königsberg 125
Bückeburg s. Schaumburg-Lippe
Buffon (Büffon), Georges Louis Leclerc Comte de (1707–1788), franz. Naturforscher 272
Bünau, Heinrich Graf von (1697–1762), Staatsmann, 1750–1755 Statt-

Capitummino, Giovanna Giuseppe Maria, Schwester des Giuseppe Cagliostro 63–66
Cappelmann (Kappelmann), Geheimrat von, Oberhofmeister des Erbprinzen Peter Fr. W. von Oldenburg 108
Caprara, Giovanni Battista (1733–1810), nach dem Konkordat von 1801 päpstl. Gesandter in Paris 349
Carlin s. Bertinazzi
Carey, Henry (1696–1743), engl. Dichter und Komponist 355
– God save great George, our King (1740) 355
Casparson, Johann Wilhelm Christian (1729–1802), Prof. der Philosophie und Literatur in Kassel und Göttingen, Lehrer Tischbeins am Kasseler Karolinum 397
Cassius Dio Cocceianus (Dio Cassius) (um 150-um 235), griech. Historiker 328
Castell, Robert (gest. 1729) 61
– The villas of the ancients illustrated (1728) 61
Cato d. Ä., Marcus Porcius Censorius (um 234–149 v.Chr.), röm. Politiker 94
Catullus, Gaius Valerius (um 87–54 v.Chr.), röm. Dichter 154
– Annales Volusi, cacata carta (carm. 36) 154
Cavaceppi, Bartolomeo (1716–1799), ital. Bildhauer 335
Caviceo (1443–1511), ital. Romancier 191
– Libro del Peregrino (1508) 191
Cellarius, Christoph (1638–1707), seit 1673 Prof. der Beredsamkeit und Geschichte in Halle 109
Cervantes Saavedra, Miguel de (1547–1616), span. Dichter 155, 161, 192, 286f.
– El ingenioso hidalgo Don Quijote (1605) 155, 161, 192, 286f.
Chalmers s. Chambers
Chalotais, Louis René de Caradeuc de la (1701–1785), General-Procurator am bretonischen Parlament 329
– Essais d'éducation nationale, ou plan d'étude pour la jeunesse, […] (1763) 329
Chambers (Chalmers), Sir William (1726–1796), engl. Gartenarchitekt 61
– Dissertation on oriental Gardening (1772) 61
Chamfort, Sébastien Roch Nicolas (1741–1794), franz. Dichter 117
– Œuvres […], recueillies et publiées par un de ses amis (1795) 117
– – Rezension, s. Schlegel, August Wilhelm
Chaucer, Geoffrey (1340–1400), engl. Dichter 408
– Canterbury Tales (1775–1778) (Hrsg. von Tyrwhitt) 408
Chénier, Marie Joseph Blaise de (1764–1811), franz. Politiker und Dichter 355
– Le Chant du départ (1794) 355
Christin, Ferdinand (1763–1837), Schweizer, Berater des russ. Botschafters in Paris 377f.

Darwin, Erasmus (1731–1802), engl. Naturforscher 239
– The botanic garden; a poem, in two parts (1789–1791) 239
David, Jean Pierre (1737–1784), franz. Arzt und Physiologe 318
Defoe, Daniel (eigentl. Foe) (um 1660–1731), engl. Schriftsteller 160
– The Life and Strange Surprizing Adventures of Robinson Crusoe [...] (1719) 160
Degerando s. Gérando
Deinet, Johann Konrad (1735–1797), Eigentümer der Frankfurter gelehrten Anzeigen 122
Demokritos aus Abdera (460–371 v.Chr.), griech. Philosoph 251
Demosthenes (384–322 v.Chr.), athen. Redner 178
Descartes, René (1596–1650), franz. Philosoph 370
Dessau s. Anhalt-Dessau
Dettenrieder s. Abt
Diderot, Denis (1713–1784), franz. Schriftsteller und Philosoph 314, 407
– Discours sur la poésie dramatique (1758) 407
– – [La Mort de Socrate] (Plan, nicht realisiert) 407
Dietze, Johann Andreas (1729–1785), Bibliothekar, Professor 330
Dio Cassius s. Cassius Dio Cocceianus
Dion (ermordet 354 v. Chr.), Tyrann von Syrakus 253
Dohm, Christian Wilhelm von (1751–1820), preuß. Gesandter in Rastatt 100, 332
– Bemerkungen auf einer Reise nach der Levante. Aus dem Französischen übersetzt und mit erläuternden Anmerkungen begleitet (1774) 100
Doll, Johann Jacob (1718–1772), Rektor in Biberach 154
Doll, Maria Ursula, geb. Müller, Frau des Vorigen 154
Dominichino, eigentl. Domenico Zampieri (1581–1641), ital. Maler 70
Domitianus (Domitian), Titus Flavius (51–96), seit 81 röm. Kaiser 328
Dönhoff, Sophie Julie Friederike Wilhelmine Gräfin von (1768 bis 1834), 1790–1793 Mätresse Friedrich Wilhelms II. von Preußen 55
Douglas, engl. Konsul in Neapel 104
Douglas, Tochter des Vorigen 104
Doyen, Gabriel François (1726–1806), franz. Maler 399
Dubois, Mlle. (1706–1775), franz. Schauspielerin an der Comédie française 357
Duchesnois, Catherine Josephine (eigentl. Rafuin) (1777–1835), franz. Schauspielerin 355
Du Fresne de Francheville, Joseph (1704–1781), franz. Schriftsteller 204
– L'espion turc à Francfort pendant la diète et le couronnement de l'empereur, en 1741 (1743) 204
Du Halde (Dü Halde), Jean Baptiste (1674–1743), franz. Gelehrter 53

Fersen, Hans Axel Graf von (1755–1810), schwed. Militär in Paris 110, 352
Fichte, Johann Gottlieb (1762–1814), Philosoph, 1794–1799 Prof. für Philosophie in Jena 103, 232, 235, 250, 252, 254, 349
– Appellation an das Publikum über die durch ein Kurf. Sächs. Confiscationsrescript ihm beigemessenen atheistischen Aeußerungen. Eine Schrift, die man erst zu lesen bittet, ehe man sie confiscirt (1799) 250
Fiedler, Friedrich Wilhelm (gest. 1812), Mitarbeiter der ALZ 293f.
Fielding, Henry (1707–1754), engl. Schriftsteller 66
– Tom Jones, or the History of a Foundling (1749) 66
– – Übers., deutsche s. Bode
Fievée, Joseph (1767–1839), franz. Schriftsteller 395
– Lettres sur l'Angleterre et réflexions sur la philosophie du XVIIIe siècle (1802) 395
– Rezension zu Staël: Delphine (In: Le Mercure de France, 1803, Januar) 395
Figgin, engl. Schriftgießer 309
Fischer, Johann Ignaz Ludwig (1745–1825), Bassist am Mannheimer Theater 243
Foscarini, Marco (1695–1769), viertletzter venezianischer Doge 333
Fournier, Pierre Simon (1712–1768), franz. Typograph 310
Frank, Johann Peter (1745–1821), Mediziner, einer der Begründer der öffentlichen Gesundheitspflege, 1785 Prof. in Pavia 110f., 147
Frank, Johannes Adam (1657–1720), Chirurg und Ratsherr, angeblicher Vater von Georg Michael von La Roche 146
Frank, Frau des Vorigen, Mutter von Michael Frank von La Roche 146f.
Franke (auch Francke), August Hermann (1663–1727), Prof. der Theologie in Halle 162
Franklin (Fränklin), Benjamin (1706–1790), nordamerik. Staatsmann, Schriftsteller 53
– [Aufsatz von den Nordamerikanern] 53
Frankreich
Karl VII. König von (1403–1461) 131
Ludwig XVI. August König von (1754–1793), 1774–1791 König von Frankreich, 1791–1792 König der Franzosen 254, 296, 400
Marie Antoinette Königin von (1755–1793), Frau von Ludwig XVI. 352, 400f.
Dauphin (1781–1789), Sohn Ludwigs XVI. und Marie Antoinettes, älterer Bruder Ludwigs XVII. 401
Franz von Assisi (Franciscus) (1182–1226), Stifter des Ordens der Franziskaner 221
Franz II. Joseph Karl (1768–1835), 1792–1806 Kaiser des Heiligen Römischen Reiches Deutscher Nation, 1804–1835 Kaiser von Österreich 217, 327, 332

Gleim, Sophie Dorothea (gen. Gleminde) (1732–1810), Nichte des Vorigen 258
Glover, Richard (1712–1785), engl. Dichter 407
– Leonidas a Poem (1737) 407
Gmelin, Wilhelm Friedrich (1760–1854), deutscher Maler in Rom 105f.
Göchhausen, Luise Ernestine Christiane Juliane von (1752–1807), badische und weimarische Hofdame 41, 47, 201, 289, 382f., 393
Goeckingk (Göcking), Leopold Friedrich Günther von (1748–1828), Dichter 291
Gödicke s. Gädicke
Goethe, Kornelia Friederike s. Schlosser
Goethe, Johann Kaspar, Vater des Folgenden (1710–1782), Rat in Frankfurt 91, 231, 266
Goethe (Göthe), Johann Wolfgang von (1749–1832), 1782 geadelt 29–35, 39–45, 48, 51f., 59, 62–99, 112, 117, 122, 135, 138, 149, 165f., 168f., 172, 191, 204f., 213–215, 217, 221, 230–232, 234–236, 243–245, 247f., 251f., 255, 260f., 266, 272f., 279–281, 285, 289f., 300f., 304, 318, 335–337, 345, 360–366, 369, 372–375, 379–382, 386, 389f., 402, 405, 408f., 411–420, 422f.
– Alexis und Dora (In: Musen-Almanach für das Jahr 1797, hrsg. von F. Schiller) 213
– Amyntas (In: Musen-Almanach für das Jahr 1799, hrsg. von F. Schiller) 244
– [Anzeige der Delphine in der ALZ] (Plan, nicht realisiert) 362
– [Bernhard von Weimar] (Plan, nicht realisiert) 90
– Beyträge zur Optik. Erstes Stück mit XXVII Tafeln (1791); Zweytes Stück mit einer großen colorierten Tafel und einem Kupfer (1792) 33f., 48
– [Biographie des Tigers] (Plan, nicht realisiert) 94
– Claudine von Villa Bella. Ein Schauspiel mit Gesang (1776) 39
– Dem Menschen wie den Thieren ist ein Zwischenknochen der obern Kinnlade zuzuschreiben (1820) 68
– Der Zauberflöte zweyter Theil. Entwurf zu einem dramatischen Mährchen (In: Taschenbuch auf das Jahr 1802. Der Liebe und Freundschaft gewidmet) 68
– Des Joseph Balsamo, genannt Cagliostro, Stammbaum. Mit einigen Nachrichten von seiner in Palermo noch lebenden Familie (In: Goethe's neue Schriften, Bd. 1, Berlin 1792) 62–66
– [Dissertation über die 10 Gebote] (nicht überliefert) 92f.
– Du spottest über deinen Freund 99
– Egmont. Ein Trauerspiel in fünf Aufzügen (1788) 360
– – Übers., franz. s. Staël
– Der Empfindsame s. Der Triumph
– Epigramme, Venedig 1790 (1791) 382
– Erwählter Fels 72

Kien-long (1710–1799), 1735–1795 chin. Kaiser, Dichter 149
Kinzli, Konrektor in Winterthur 196f.
Kirchhof s. Kirchberger
Kirchberger, Samuel jun., (1735–1786) bis 1761 in Bern 181
Klein, Franz Anton von (1746–1810), Sprachforscher, Dichter 46
– [Werk] (nicht ermittelt) 46
Kleist, Bernd Heinrich Wilhelm von (1777–1811), Dichter 283
Kleist, Ernst Nikolaus Baron von (1752–1787) 45
Kleist, Ewald Christian von (1715–1759), Schriftsteller 59
Kleist, Friedrich Georg Baron von (1751–1800) 45
Kleist, Heinrich von s. Kleist, Bernd Heinrich Wilhelm von
Klettenberg, Susanna Katharina von (1723–1774) 169
Kleuker, Johann Friedrich (1749–1827), 1773–1775 Hofmeister in Bückeburg, 1791–1798 Rektor in Osnabrück 119
– Zend-Avesta, Zoroaster's lebendiges Wort, worin die Lehren und Meinungen dieses Gesetzgebers [...] aufbehalten sind. Nach dem Französischen des Herrn Anquetil (1776) 119
Kleuker, Frau des Vorigen 119
Klinger, Friedrich Maximilian von (1752–1831), Dichter 35f., 46, 73
Klopstock, Friedrich Gottlieb (1724–1803), Dichter 41, 110, 139, 161, 215, 226, 232–234, 271, 278, 310, 388, 406f., 410f.
– David, ein Trauerspiel (bei Bode 1772) 310
– Grammatische Gespräche (1794) 271
– Klopstocks Werke (7 Bde., bei G. J. Göschen 1798–1809) 310
– Der Messias. Erster (Zweiter, Dritter) Gesang (In: Neue Beiträge [...] 1748) 233
– Der Messias (4 Bde. [1.–20. Gesang] 1755–1773) 41, 161, 233, 310, 407, 410
– Oden. Aechte Ausgabe (Leipzig, bey G. J. Göschen, 1787) (folgt: Oden Hamburg. 1771. Bey Johann Joachim Christoph Bode) 310
– Der Tod Adams. Ein Trauerspiel (1757) 310
Klotz, Christian Adolf (1738–1771), Prof. in Göttingen und Halle 218
Klüber, Johann Ludwig (1762–1837), Hofrat, seit 1787 Prof. der Philosophie in Erlangen 295
– [Rezension] (nicht ermittelt) 295
Knapp (Knap), Christian, Rektor in Kloster Berge 224
Knebel, Karl Ludwig von (1744–1834), 1774–1780 Erzieher des Prinzen Constantin von Sachsen-Weimar-Eisenach, Offizier, Schriftsteller, Übersetzer 41, 52–54, 66, 73, 75, 176f., 205
– Titus Lukrezius Karus, von der Natur der Dinge. Drittes Buch (In: NTM 1794, 3) 52
– [Vortrag über die Venus] 66
– [Vortrag über Wohlwollen, Wertschätzung, Höflichkeit] 52–54
Knecht s. Abt, Elisabeth Felicitas
Knecht, Johann Georg, Chordirektor und Kantor in Biberach 199
Knigge, Adolf Franz Friedrich Ludwig Freiherr von (Pseud. Philo) (1752–1796), Schriftsteller 114

Schenberg s. Schönberg
Schenk, Johann Georg (1760–1825), fürstl. Hoforgel- und Klaviermacher in Weimar 238f.
Schiller, Johann Christoph Friedrich von (1759–1805) 37f., 76, 79, 94f., 103, 111f., 117, 129–133, 143, 165f., 168, 172f., 214–216, 235, 243, 244, 248, 253, 258, 272, 348, 350, 353, 363f., 366–368, 372, 380f., 383f., 423
– Bürgerlied (In: Musen-Almanach für das Jahr 1799, hrsg. von F. Schiller) 253
– Die Bürgschaft (In: Musen-Almanach für das Jahr 1799, hrsg. von F. Schiller) 244
– Des Mädchens Klage (In: Musen-Almanach für das Jahr 1799, hrsg. von F. Schiller) 244
– Dom Karlos. Infant von Spanien (1787) 168
– Fiesko s. Die Verschwörung des Fiesko
– Der Geisterseher. Aus den Papieren des Grafen von O. (In: Thalia, 1. Bd. 1787) 168
– Geschichte der merkwürdigsten Rebellionen und Verschwörungen (1788) 37
– Geschichte des Abfalls der vereinigten Niederlande von der Spanischen Regierung (1788) 129
– Geschichte des Dreißigjährigen Krieges (In: Historischer Kalender für Damen für das Jahr 1791) 37
– Die Götter Griechenlandes (In: TM, 1788) 168, 385f.
– Die Horen s. Register der Anonyma und Periodika
– Die Jungfrau von Orleans. Eine romantische Tragödie (In: Kalender auf das Jahr 1802) 131
– Kabale und Liebe, ein bürgerliches Trauerspiel (1784) 37
– Kassandra (In: Taschenkalender für Damen auf das Jahr 1803, hrsg. von Huber, Lafontaine u.a. 1802) 368
– – Übers., franz. s. Staël
– Musen-Almanach s. Register der Anonyma und Periodika
– Die Räuber. Ein Schauspiel (Frankfurt und Leipzig 1781) 37
– Rezension zu Bürger: Gedichte (In: ALZ 1791, 13, 14) 38
– Rückkehr der Griechen s. Das Siegesfest
– Die sentimentalischen Dichter (In: Horen 1795, 12) 130, 172f.
– Das Siegesfest (In: Taschenbuch für Damen auf das Jahr 1804, hrsg. von Huber, Lafontaine, Pfeffel, 1803) 366–368, 380
– – Übers., franz. s. Staël
– Die Verschwörung des Fiesko zu Genua. Ein republikanisches Trauerspiel (1783) 37
– Verteidigung des Rezensenten gegen die obige Antikritik (In: Intelligenz-Blatt der ALZ 1791, Nr. 46) 38
– [Vorrede zu WSW] (Plan, nicht realisiert) 172
– Wallenstein. Ein dramatisches Gedicht. Erster und zweiter Theil (1800, uraufgeführt 1798/1799) 94, 243, 248, 258, 368
– Warbeck (Fragment) 367f.

Schweitzer (Schweizer), Anton (1735–1787), Kapellmeister in Gotha, Komponist 43f., 140, 201, 240–242, 276
– Alceste. Ein Singspiel in fünf Aufzügen [s. Wieland] Uraufführung 1773 in Weimar 43f., 140, 201, 240–243, 276
– Rosamund. Ein Singspiel in drei Aufzügen [s. Wieland] Uraufführing 1780 in Mannheim 242f.
– Die Wahl des Hercules. Eine dramatische Cantate an dem hohen Geburtstagsfeste des [...] Herzogs Carl August [s. Wieland] 242
Schwerder, Prof. in Tübingen 162
Scriver, Christian (1629–1693), asketischer Schriftsteller 224
– Der Seelenschatz (5 Teile 1675–1788) 224
Seckendorff-Aberdar (Seckendorf), Karl Friedrich Siegismund Freiherr von (1744–1785), 1775–1784 Kammerherr in Weimar, preuß. Gesandter beim Fränkischen Kreis, Komponist, Schriftsteller 42, 44
Seckendorff-Aberdar (Seckendorf), Sophia Friederike von, geb. von Kalb (1755–1820), Frau des Vorigen 72, 101
See-Ma-Koung, 1086 Minister in Peking 56
– [Gedicht auf die Gartenkunst] (In: Mémoires concernant les Chinois) 56
– – Übers., deutsche s. Bertuch
– – Übers., franz. s. Cibot
Seidel, Philipp Friedrich (1755–1820), 1775–1785 Goethes Diener 235
Seidler, Johann Wilhelm (gest. 1777), Oberkonsistorialrat in Weimar 30
Seifarth, geh. Referendar von Franz Ludwig von Erthal 298f.
Seiler s. Seyler
Seneca d. J. (Seneka), Lucius Annaeus (um 4 v. Chr. – 65), röm. Politiker, Dichter 165
Senft von Pilsach, Friedrich Christian Ludwig Graf (1774–1853), sächs. Beamter 403f.
Serassi, Pietro Antonio (1721–1791), ital. Schriftsteller 369
– La Vita di Torquato Tasso (1785) 369
Seydelmann, Apolina (1767/68–1840) ital. Malerin, Frau des Folgenden 339
Seydelmann, Jacob Crescentius (1750–1829), Maler in Dresden 339
Seyffert, Madame, Schauspielerin, später Gräfin Heydeck, Mätresse von Karl Theodor Kurfürst von Bayern 242
Seyler, Abel (1730–1801), Schauspieler, Theaterdirektor 201, 240, 300
Seyler, Sophie Friederike, geb. Sparmann, verwitw. Hensel, Schauspielerin, Dichterin, Frau des Vorigen 300, 314
Shaftesbury (Shaftsbury), Anthony Ashley Cooper Earl of (1671 bis 1713), engl. Philosoph und Ästhetiker 252, 363
– A Letter concerning Enthusiasm, adressed to Lord Sommers (1707) 363
Shakespeare (Shakespear, Shakspear), William (1564–1616), engl. Dichter 37, 102, 112, 116, 166, 193, 199, 204, 208, 248, 270, 275, 358

Vulpius, Johanna Christiane Sophie (1765–1816), seit 1788 Goethes Lebensgefährtin, seit 1806 mit Goethe verh. 34, 68, 77, 91f., 98, 221, 362, 380

Wacker, Johann Friedrich (1730–1795), Inspektor des Münzkabinetts in Dresden 335

Waldeck-Pyrmont

Friedrich Fürst von (1743–1812) 398–401

Waldstein, Johann Friedrich Graf von (1756–1812), seit 1797 Domherr in Salzburg 94

Wallenstein (eigentl. Waldstein), Albrecht Eusebius Wenzel von, Herzog von Friedland und Mecklenburg (1583–1634) 94

Wallwitz (Walwitz), Georg Reinhard Graf von (1726–1807), kursächs. Konferenzminister 56

Warburton, William (1698–1779), engl. Gelehrter 208

– The Works of Shakespear in eigth volumes. The genuine text, collated with all the former editions, and then corrected and emended [...] (8 Bde. 1747) 208

Waser, Johann Heinrich (1742–1780), schweiz. Theologe, Dichter, Übersetzer 134, 196f.

– Luzians Schriften, aus dem Griechischen übersetzt (4 Bde. 1769 bis 1773) 134

– Satyrische und ernsthafte Schriften von Jonathan Swift (1756–1766) 196

Wedekind, Georg Christian Gottlieb (1761–1831), Hofrat, Arzt 283

Wedel, Otto Joachim Moritz von (1752–1794), Jagdjunker von Anna Amalia von Sachsen-Weimar-Eisenach 43

Wegelin s. Wéguelin

Wedgwood (Wedgewood), Josiah (1730–1795), engl. Keramiker, Industrieller 58

Wéguelin, Jacques (auch Jakob Wegelin) (1721–1791), schweiz. Schriftsteller, seit 1765 Prof. der Geschichte 281, 325

– Die letzten Gespräche Sokratis und seiner Freunde (1760) 281

Weiller (Weiler), Kajetan von, Philosoph 349

– Der Geist der allerneuesten Philosophie der HH. Schelling, Hegel und Kompagnie. Erste Hälfte (1803) 349

Weimar s. Sachsen-Weimar

Weimar s. Sachsen-Weimar und Eisenach

Weisbrod, Carl Wilhelm (1746–1806), Zeichner, Radierer, seit 1780 in Hamburg bei der Gräfin Bentink angestellt 399

Weiß, Sylvius Leopold (1686–1750), Hoflautenist, Vater von Therese Heyne 313

Weiße (Weise), Christian Felix (1726–1804), Dichter in Leipzig 167f., 220, 301

Wenner, Johann Konrad (1727–1803), Buchhändler 40

Wieland, Maria Louisa Charlotta (1789–1815), Tochter von Chr. M. Wieland 29, 190, 407
Wieland, Regina Katherina, geb. Kick (1715–1789), Mutter von Chr. M. Wieland 154, 174, 189, 223, 227, 247, 266, 274, 276f.
Wieland, Sophie Katharina Susanna s. Reinhold, Sophie Katharina Susanna
Wieland, Thomas Adam d. Ä. (1653–1729), Großvater von Chr. M. Wieland, Pfarrer in Oberholzheim 195, 223
Wieland, Thomas Adam d. J. (1704–1772), Vater von Chr. M. Wieland, evang. Pfarrer in Oberholzheim, seit 1736 in Biberach, seit 1761 Senior 135, 153–155, 162f., 174, 189, 194, 223f., 232, 256, 266, 270, 274, 279
Wieland, Bruder des Vorigen 162
Wieland, Urgroßvater von Chr. M. Wieland 195
Wilczek (Wilzek), Johann Joseph Maria Graf von (1738–1819), seit 1782 in Mailand als Reichsplenipotentär und bevollmächtigter Minister 110
Wille, Johann Georg (1715–1808), Kupferstecher, seit 1736 in Paris 398f.
Winckelmann (Winkelmann), Johann Joachim (1717–1768), Kunsthistoriker, seit 1755 in Italien 105
Wolf, Ernst Wilhelm (1735–1792), Kapellmeister in Weimar, Komponist 240f., 276
Wolf, Friedrich August (1759–1824), Philologe, Archäologe, Prof. in Halle 122, 164, 411f., 424
– Prolegomena ad Homerum sive de operum Homericorum […] (1795) 122
– Theogonia Hesiodea […] seorsum edita a F. A. Wolf (1783) 411
Wolf (Wolff), Johann Christian von (1679–1754), seit 1745 Reichsfreiherr, Philosoph 125, 161, 279
Wolf, Maria Caroline (1742–1820), Sängerin, Cembalistin, Kammerfrau der Herzogin Anna Amalia von Sachsen-Weimar-Eisenach, Frau von E. W. Wolf 240f., 274
Wolf 287
– [Übersetzung des Don Quixote] (nicht ermittelt) 287
Wöllner (Wölner), Johann Christoph von (1732–1800), preuß. Justizminister 55
Woltmann, Karl Ludwig von (1770–1817), Historiker, Philosoph, Prof. in Jena, Schriftsteller, Diplomat 90, 343
Wolter, Kammerdiener von König Friedrich Wilhelm III., seit 1789 Geheimer Kämmerer und Rendant der königl. Schatulle 259
Wolzogen, Adolf von (1795–1825), Sohn der beiden Folgenden 130
Wolzogen, Friederike Sophie Karoline Auguste von, geb. von Lengefeld, gesch. von Beulwitz (1763–1847), Schriftstellerin, Schwägerin Schillers 111, 130f., 235, 378f.
– Agnes von Lilien (2 Bde. 1798) 111, 130f., 235

Register der Anonyma und Periodika

Zu dieser Ausgabe

Unter dem Titel »Literarische Zustände und Zeitgenossen« wurden 1838 zum ersten Mal Teile der Aufzeichnungen Karl August Böttigers von dessen Sohn Karl Wilhelm herausgegeben. Der erste Band jener Ausgabe enthielt die Texte »Geniewesen«, »Goethe«, »Schiller«, »Herder«, »Wieland«, »Bertuch«, der zweite Band Böttigers Tagebücher seiner Reisen nach Berlin und Hamburg sowie Briefe an ihn.

Die vorliegende Ausgabe vereinigt alle Texte, die in der Sächsischen Landesbibliothek – Staats- und Universitätsbibliothek Dresden unter der Signatur: SLUB Dresden, h 37, 4°, Vermischtes IX, aufbewahrt werden, ausgenommen die Texte über Gottfried Christoph Beireis und Joachim Christoph Friedrich Schulz. In diesem Konvolut mit der Aufschrift »Literarische Zustände und Zeitgenossen« sind die Texte des zweiten Bandes der Ausgabe von 1838 nicht enthalten.

Die Neuausgabe nach der Handschrift unterscheidet sich von der alten Ausgabe erheblich. Als Böttigers Sohn die Aufzeichnungen veröffentlichte, lebten die unmittelbaren Nachkommen bzw. Ehegatten der dargestellten Personen noch, auf die er Rücksicht nehmen mußte. So unterdrückte er manchmal nur Worte, aber auch ganze Sätze und Abschnitte. Einen Teil des Wieland-Kapitels trennte er ab und publizierte ihn 1839 in Friedrich von Raumers »Historischem Taschenbuch«. Zu folgenden Personen sind in der neuen Ausgabe Texte hinzugekommen: Georg Joachim Göschen, Friedrich Wilhelm Gotter, Johann Kaspar Friedrich Manso, Johannes von Müller, Ferdinand Justus Christian Loder, Friedrich Wilhelm Basilius Ramdohr, August Wilhelm Rehberg, Madame de Staël, Benjamin Henri

Constant und Johann Heinrich Voß. Diese Texte, die in der Ausgabe von 1838 nicht enthalten sind, erschienen zum Teil in Zeitschriften, wie z.B. das Kapitel über Madame de Staël im »Morgenblatt für gebildete Leser« von 1855.

Die Texte »Bemerkungen über die Vossische Uebersetzung der Ilias« und »Unterredung mit Falk im Wagen auf der Reise nach Leipzig Ende April 1804 über Goethe und Schiller«, Böttigers Rezension des Schlegelschen »Ion« sowie ein kurzer Abschnitt über Iffland sind in der neuen Ausgabe nicht enthalten. Zu diesen Texten fanden sich in der Handschrift keine Aufzeichnungen.

Im Unterschied zur Ausgabe Karl Wilhelm Böttigers, in welcher die zeitliche Abfolge zugunsten thematischer Komplexe aufgegeben wurde, folgt die vorliegende Edition der Chronologie. Wurde ein Abschnitt von Böttiger nicht datiert, erscheint die Datierung in [ ] und wird in den Anmerkungen begründet. Konnte keine Datierung erbracht werden, wurde die Anordnung im Konvolut beibehalten.

Der vorliegende Text gibt die Handschrift in Orthographie und Interpunktion diplomatisch getreu wieder, mit Ausnahme eindeutiger Schreibversehen, auf die im Anhang hingewiesen wird. Aufgelöst wurden n̄ zu nn und m̄ zu mm. Abkürzungen außer u., v., d. h. und z.B. sind in [ ] aufgelöst, wobei die Abbreviaturzeichen (meist Punkte, seltener Schlaufen) entfallen. Bei Autorkorrekturen erscheint nur die korrigierte Form. Zusätze der Herausgeber stehen in [ ]. Randbemerkungen, deren Zuordnung Böttiger nicht eindeutig markiert hat, wurden in den Text eingefügt und durch spitze Klammern ⟨ ⟩ gekennzeichnet. Texteingriffe der Herausgeber wurden, sofern sie nicht im Text kenntlich gemacht sind, innerhalb der Anmerkungen verzeichnet. Unterstreichungen werden mit kursiver Schrift wiedergegeben.

In den französischen Textstellen wurde ebenfalls weitgehend auf Eingriffe verzichtet. Partizipien wurden im Genus nicht angepaßt. Einzig fehlendes Plural-s ist in [ ] ergänzt, da es sich um offensichtliche Verschreibung handelt. Accent aigu oder [é] wurde ergänzt, wenn das Fehlen die

Lesbarkeit beeinträchtigt, z. B. »donne« statt »donné«. In den griechischen Textstellen folgt die Setzung der Akzente und Hauchzeichen der Handschrift.

Böttigers Schreibweise ist für das 18. Jh. typisch: Graphie und Interpunktion sind uneinheitlich; denn es gibt noch keine verbindlichen Normen. Es existieren zwar Wörterbücher mit Anleitungen zum richtigen Schreiben, jedoch widersprechen sie einander oft erheblich. Jeder schreibt, wie er es gelernt hat, was von seiner sozialen Stellung und geographischen Herkunft abhängig ist. Ein und dasselbe Wort kann von derselben Person unterschiedlich geschrieben werden, und ein und dieselbe Satzkonstruktion kann eine verschiedene Interpunktion aufweisen. So finden sich Varianten wie z. B. »er reiste« und »er reißte«, »gemahlt« und »gemalt«, »Geselschaft«, »Gesellschafft« und »Geselschafft«, »bei« und »bey«, »Lärm« und »Lerm«. Bei der Schreibung zusammengesetzter Substantive können folgende Formen auftreten: »Sperlings kot«, »Theater-tradition«, »LiteraturBriefe«. Hinter Ziffern steht meist ein Punkt, weil die Ziffer innerhalb eines Textes als Abbreviatur für das Zahlwort angesehen wurde; dafür fehlt der Punkt meist hinter Ordnungszahlen, z. B. »20 April«. Steht eine Klammer vor einer Apposition oder einem Nebensatz, so steht das Komma meistens nicht wie heute nach der Klammer, sondern davor oder darin oder auch davor und darin. Karl August Böttiger gebraucht den Akkusativ und den Dativ häufig abweichend von der heutigen Norm; diese Formen wurden nicht normalisiert.

Frau Dr. Luise Hallof transkribierte und übersetzte die lateinischen und griechischen Textstellen und half bei deren Kommentierung.

Wir danken ihr sowie allen Kollegen und Freunden, die uns oft wichtige Hinweise gaben. Besonderer Dank gilt den Mitarbeitern der Handschriftenabteilung der Sächsischen Landesbibliothek – Staats- und Universitätsbibliothek Dresden.

Inhalt

Anhang

ISBN 3-351-02829-6

1. Auflage 1998

Einbandgestaltung Ute Henkel/Torsten Lemme
Satz Dörlemann Satz, Lemförde
Schrift Bembo
Druck und Binden Kösel GmbH, Kempten
Printed in Germany